서문 1

'민족공연학'에로의 큰 포부

이보형 (전 판소리학회장, 문화재전문위원)

우리 인간은 자신을 '호모 사피엔스' 지혜 있는 인류라며 스스로를 잘 안다고 넘겨짚지만, 정작 파고들면 들수록 모르는 것이 인간사다. 우리 인간들은 수많은 문화 행위를 함께 하지만 그 구현되는 집단 행위들을 구연언어로 바꿔 기술하고자 하면 잘 소통되지 않는다. 이런 것을 보면 인간 행위가 때로는 상상을 초월하는 자리에 있을 수 있다는 것을 실감한다. 인간끼리 살면서 창조·연행·학습되어 전승되는 약속된 행위가 문화로 나타나는 것이라 할 때, 문화 이론이 그와 같이 다양하고 복잡한 이유가 여기에 있으리라.

우리는 흔히 지나쳐 버리지만 정작 혜안으로 꿰뚫어 인간 행위를 파 보는 것은 때로는 가슴이 설레는 구석이 있다. 다 아는 일이지만, 스승인 프로이트에게 파문을 당하면서까지 인류의 종교행위를 파고든 칼 융이라든지, 인간을 두고 '놀이하는 인간'이라 '호모 루덴스'를 내건 요한 호이징가의 예를 들지 않더라도, 알 수 없는 인간의 문화 행위에 열광하는 일은 얼마든지 널려 있다. 더구나 인간 행위의 꽃이라 할 수 있는 공연 행위야 어찌 다 이를 것인가? 우리는 당장 농악이라 이르는 풍물굿 행위를 공연 현장에서 더러 체험하고 있지만, 그 연행 행위의 의미에 대하여서는 별로 알고 있는 바가 없다. 이를 뒤집으면 농악에서 이런 공연 행위를 파고드는 일이 굉장한 것일 수 있다는 것이다.

이런 굉장한 일에 몰두하고 있는 전북대 김익두 교수를 나는 곁에서 더러 지켜봤다. 필자는 농악, 즉 풍물굿으로 종교음악을 삼았던 보천교 유적지에 김익두 교수를 대동하고 간 적이 있다. 지금은 폐허가 다 되어 버린 전북 정읍군 입암 땅, 보천교 교당이 있던 현장을 보며 필자는 잠시 넋을 잃었다. 천하명인 김도삼 상쇠를 필두로 당대 최고 풍물굿 명인 잽이들이 어우러져 아흔 아홉 가지 진법을 구사하며, 머리 풀고 발 벗고 칠성단 앞에서 동남풍을 빌던 제갈공명의 영검이 구현되기를 열망하는 진돌기를 하였을 것이라는 상상에서였다. 하지만, 김 교수는 이미 이곳에 통달한지라 손을 들어 가리키며, 저기는 보천교 의례를 집전하던 본당이 있던 자리이고, 여기는 교주의 신주를 모신 사당이며, 여기는 김익두 교수가 주역을 배우던 재실이라고 곳곳을 소개하였다. 필자는 처음이라 어리둥절하였지만 김 교수는 이미 농악의 메카였던 이 고적지를 자기 집 드나들 듯 하였다는 것을 알 수 있었다. 그러니 그의 풍물굿에 대한 열망이 어떠하였으며 그것에 대하여 얼마나 심각하게 고민하였을까?

사람들은 흔히 보천교 의식에서 풍물패가 아흔 아홉 가지 진법을 구현할 때 실제 동남풍과 같은 영검한 일이 일어났는가 하는 데 관심이 있지, 동남풍과 같은 영검한 일을 벌이기 위하여 인간은 어떤 공연 행위를 하는 것인가, 그리고 그런 공연 행위는 어떤 문화에 말미암은 것인가 하는 문제는 무관심하다. 그러나 이를 규명하는 일이 어찌 쉬운 것인가?

도승으로 이름 있던 진묵대사가 태어났다는 전북 김제군 만경 땅에 있는 조앙사에도 김 교수와 함께 간 적이 있다. 알다시피, 진묵대사는 미륵불이 현신한 것으로 볼 만큼 대단한 도승이다. 오랜 시간이 흐른 지금도 도인들이 이 절을 심심치 않게 드나드는 데는 다 그런 내력이 있다는 것이다. 이 절 주지와 주고받는 김 교수의 범상하지 않은 담론을 훔쳐 듣노라니 필자는 김교수가 또 굉장한 일을 벌일 것이라고 생각 하였다.

김익두 교수는 이미 리차드 셰크너의 책을 번역하여 《민족연극학》이란 역서로 펴낸 일이 있고, 민족 공연 관계 논저들을 섭렵하며 이 분야 논문들을 쓰면서 '판소리의 공연학적 면모'라는 부제로 《판소리, 그 지고의 신체 전략》이라는 저서를 내었으며, 또 《한국민요의 민족음악학적 연구》라는 책자도 내었다. 필자는 그가 쓴 〈민족공연학이란 무엇인가?〉라는 논문을 보고, 기필코 그는 '민족공연학'이라는 저서를 내고야 말 것이라고 생각하였다.

그러나 이것은 몇 가지 점에서 그리 녹녹치 않은 것이란 예감이 들었다. 무엇보다도 내 좁은 소견으로는, 앞에서 말한 바와 같이, 인간의 공연 행위를 구연 언어로 기술하는 것이 쉽지 않은 일일뿐 아니라, 인간의 연행 행위 가운데에는 인간 스스로 풀 수 없는 일이 하나 둘이 아니라는 것이다. 그리고 당장 '공연학'이라는 학문이 미개척분야라서 이런 학문 분야를 학계에 천명하는 것부터가 버거운 일이다. 무엇보다 '공연학'을 어떻게 전개할 것인가 하는 전범이 없어 지표가 분명치 않다는 것이다.

이런 어려움에도 불구하고, 드디어 김익두 교수는 이번에 《한국 민족공연학》이라는 방대한 저서를 내게 되었다. 이를 살펴보니, 필자가 앞에서 예상한 바와 같이 새로운 개척 분야인 '공연학'이라는 학문 분야를 천명하기 위한 노력이 보였다. 우선 관련 서적들에 관한 논의가 매우 길게 펼쳐졌다. 공연·공연학·민족공연학의 어원·정의·범주·대상·범위·연구동향과 같은 사항들을, 수많은 해외 논문을 인용하여 논증하는 일에 전체의 4분의 1을 쓴 것이다. 이는 앞에서 필자가 예측한 대로 미개척 분야인 '공연학'의 학문 부문 설정에 대한 당위성을 학계에 천명하기 위해서 장황하게 되었다고 볼 수 있다. 이것은 일종의 통과의례와 같은 산고를 겪는 것이라 할 수 있다.

이어서 본론에서 상고시대에서 현대에 이르기까지 한국의 공연문화를 조망하고, 앞에서 제시한 공연학의 이론을 현행 한국의 주요 공연 부문에서 검증하고, 이런 이론을 통하여 한국 공연문화의 중요 부문들을 새로운 지평에서 해석하였고, 끝으로 여러 공연 각도에 걸쳐서 한국 공연문화의 원리와 이론을 도출하였다. 여기에서, 김 교수가 오랫동안 고민하였던 한국의 '민족공연학'에 대한 포부를 다 쏟아 부은 것이라 할 수 있다.

황무지를 개척하는 일은 무척 어렵고 힘들다. 흙보다 돌이 많아서 여느 쟁기로는 갈고 나갈 수 없다. 다만 송곳 같은 '따비'로 파서 돌들을 골라내며 나아가야 하니 얼마나 힘들고 어려운 일인가? 한국의 '민족공연학'을 개척한 이 저서를 읽고 난 소감은, '과연 따비를 들고 개척지를 일궈 나가는 뚝심의 김 교수가 아니면 어느 누가 이런 일을 해낼 수 있을까?' 하는 것이다. 다만, 필자는 김교수의 저서《판소리, 그 지고의 신체 전략》의 서문에서 기술한 필자의 덕담을 다시 한 번 인용할까 한다. "황무지로 남아 있는 분야를 헤쳐 나아간다는 일이 의도는 앞서지만 미쳐 내용을 채우는 데 힘이 부칠 수 있다는 데에 마음을 새겨 둘 일이다. 앞으로 더욱 정진하여 문제로 제시되는 모든 측면에서 실제 한국의 여러 공연 분문들의 사실을 실증하고 스스로 이론을 정립하는 데 매진하여, 기념비적인 결과를 얻어내기를 기대한다."

앞으로, 김익두 교수의 '민족공연학'에 영광이 있기를 빈다.

2013년 1월 23일
새해 첫달
공릉동 우거에서

서문 2

네오-르네상스의 길

김지하 (시인, 사상가)

이제 우리는 우리 자신과 다섯 나라의 세계적 네오-르네상스 '힐링'을 시작하고 성취해야 한다.

이것은 우리의 운명이요 인류의 숙명이다. '가능하겠는가?'라고 묻지 마라!

우리와 다섯 나라 (한국·북한·중국·러시아·미국)의 '네오-르네상스'의 길에서 제일 먼저 착안해야 할 이론서는 전북대학교 국문과 김익두 교수의 《한국 민족공연학》이다.

잘라 말한다.

'민족공연학 없이는 네오-르네상스 없다!'

물론 그것은 '시詩의 모심'에서 절정에 이른다. 그러나 그 시작과 전 과정은 도리어 '춤과 노래'가 그 전면이다.

이미 'K-pop'과 '말춤'이 다섯 나라뿐 아니라 온 세계를 휩쓸고 있다. 그런데도 민족의 네오-르네상스 소식은 캄캄하다.

잘 하는 짓일까?

그동안 세계의 인문학은 주로 인간의 '영성·내면·정신' 등에 몰두해 왔으며, 서양의 정신사·철학사는 그러한 경향을 가장 강하게 지향해 왔고, 이러한 방향 지향에서 그리스 헬레니즘 계통의 사변 철학과 헤브라이 계통의 기독교 사상이 그 양대 기둥 구실을 해 왔다. 이러한 경향이 결국 서양 사상을, '신체'를 소홀히 하는 이성-내면 중심주의적인 '형이상학'의 방향으로 지나치게 경도시키는 결과를 가져왔다.

상대적으로, 동양 중에서도 동아시아에서는, '신체적 인간'으로서의 인간에 관해 비교적 온건하고 조화로운 태도와 방향을 지향해 왔다. 그 가운데서, 도가 사상은 이른바 '양생술' 등을 통해서 '신체적 인간'의 문제에 깊은 관심을 기울여 왔으며, 유가 사상도 '극기복례克己復禮' 사상 등을 통해서 인간의 사회적 신체 행위 문제에 깊은 관심을 기울여 왔다. 이러한 경향은 결국 동양의 사상을 내면이 중심이 되는 형이상학의 방향보다 신체 행위를 중시하는 '윤리학'의 방향을 지향하도록 하였다.

그러나 전 세계적으로 인간의 신체적 특성, '신체적 인간'에 관하여 관심이 기울기 시작한 것은 아마도 서양의 경우 '니체' 이후 '메를로-퐁티'에 이르러서일 것이다.

바로 이 지점에 우리는 섰고, 또 동시에 '민족공연학'이 출현하는 것이다.

우리와 다섯 나라를 기축으로 하는 '세계적 네오-르네상스'의 초점은 '시김(醱酵)에 의한 힐링'에 있다.

신체를 전제로 한 '치유'라는 말이다.

'민족공연학'은 어떻게 그것을 우리에게 가르치는지, 그리하여 '입고출신入故出新'의 대변혁을 일으키는지 살펴보자.

먼저 '빅터 터너'의 지적을 보자.

역사적으로 볼 때, 민족연극학Ethnodramatics은 여러 가지 다른 문화·세계관·생활양식에 관한 지식이 증가되어서야 비로소 나타나고 있다. 즉, 서구인들이 그들 자신의 인지구조의 울타리 '안에서' 비서구적인 철학·연극학·정치학을 포착하려고 노력하는 가운데, (그들의 지혜가) 일종의 커다란 괴물로서 우리의 인식을 쪼그라들고 초라하고 인간조건의 새로운 이해에 부적절한 것처럼 보이게 만들어버리는 카오스의 제왕들인 '동방의 용들'을 알아차리고 나서야 비로소, 이 민족연극학은 나타나기 시작하고 있다.

세계문화는 이제야 바야흐로 출현하기 시작한다. '네오-르네상스'의 최적정 시기이다.

조선시대의 음악·무용은 매우 다양하고 복잡하게 전개되었는데, 궁중 및 상류층의 음악·무용에 관한 정보들은 조선시대 궁중 공연예술 전반을 기록한《악학궤범》에 자세하게 정리되어 있다.

조선시대에는 불교가 아닌 유교의 성리학을 국가적 이념으로 지향하게 되면서부터 팔관회와 연등회의 전통은 극도로 약화되거나 사라지게 되었고, 수륙재나 우란분재와 같은 불교적인 행사도 약화되었다. 또한 대규모의 궁중연회나 수희水戱를 행하는 것도 어렵게 되었다. 대신에, 중국 사신 영접행사, 나례, 과거급제자 축하연인 삼일유가三日遊街 및 문희연聞喜宴, 지방 관아 행사, 읍치제의邑治祭儀, 동제洞祭, 사대부가 잔치, 종묘제례, 문묘제례, 내농작內農作을 거행할 때 등에서, 수많은 곡예 및 가무백희가 이러한 장소와 시간에서 공연되었다.

무대도 산대山臺·오산鰲山 등 가설무대까지 활용하여, 산희山戱의 무대는 대산대大山臺, 예산대曳山臺, 다정산대茶亭山臺, 주산대

舟山臺 등등으로 다양하였다. 그 뒤 일제시대에 '민중극'으로 전통 부활의 움직임 등이 있었고, 3·1운동 이후에는 더욱 무성하여 윤백남·김운정·김우진·김광섭 등의 노력을 주시해서 보아야 한다.

또한 청중·관중의 역동적 사호작용 관계도 잘 살펴보아야 한다. 요컨대, 일본인들의 이른바 '신파조' 극복의 계기도 이미 그 당시에서부터 잡아야 하는 것이다.

그것은 곧 '획기적 재분배' 중심의 '신시神市' 회복의 길을 찾는 일이니 매우 중요하다. 세계는 문화만이 아니라 시장 등 경제와 사회의 '환귀본처還歸本處'를 갈망하고 있다. 그것이 바로 '1퍼센트 대 99퍼센트'의 대갈등大葛藤인 것이다.

《한국 민족공연학》은 참으로 우리의 '네오-르네상스 운동'을 단순한 민족문화만이 아닌 동아시아 태평양 신경제사회 건설과 새 문명 창조의 '획기적 재능'의 방향을 가르쳐 주고 있다.

나는 끝으로, 저자에게 큰 감사의 인사를 올리고 싶다. 큰절만이, 큰 '모심'만이 진정한 '시김'이요 실천적인 '힐링', 곧 '치유'이기 때문이다.

김익두 선생!

복 많이 받으소서!

2012년 12월 30일

배부른산 밑 무실리茂實里에서

서문 3

민족공연학의 거시적인 틀

전신재 (한림대 명예교수, 전 한국공연문화학회 회장)

문학 전공자와 음악 전공자와 연극 전공자가 공동으로 판소리를 연구하면 판소리의 문학적 특성과 음악적 특성과 연극적 특성을 소상하게 밝혀낼 수 있을 것이다. 그러나 이러한 연구가 판소리 자체의 실체를 온전하게 드러내지는 못한다. 마치 화폭의 한쪽 귀퉁이에 난초를 쳐놓고 나머지는 여백으로 남겨놓은 한국화처럼 극단적으로 단순화되어 있는, 그리고 다양한 차원의 시간과 공간을 자유롭게 넘나드는 판소리의 공연 구조를 밝혀내기가 그렇게 쉬운 작업은 아니다. 이러한 사정은 판소리 미학의 정곡을 짚어내기 위해서는 기존의 보편적인 장르의 이론을 원용할 것이 아니라, 판소리 자체에서 고유한 논리를 개발해내야 한다는 것을 암시한다. 음악·무용·가두 행진(퍼레이드)·곡예·연극 등이 결합되어 있는 풍물굿도 공동연구로써 그 실체를 온전하게 드러내기는 어렵다. 최근에 학제적學際的 연구를 강조하지만 공동연구가 곧 학제적 연구인 것은 아니다.

어찌 판소리와 풍물굿뿐이겠는가. 우리는 대동굿·무당굿놀이·꼭두각시놀음·탈놀음·조희調戱/우희優戱·궁중가무희宮中歌舞戱·궁중제례악, 영산재靈山齋 등 10여 가지의 전통적 공연양식들을 가지고 있다. 그런데 아쉽게도 우리는 이들 각각의 실체를 있는 그대로 꿰뚫어볼 수 있는 이론의 틀을 가지고 있지 않다.

김익두 교수의 《한국 민족공연학》은 이러한 아쉬움을 극복하려는 의지의 산물이다. 이 책에서 김익두 교수는 각각의 공연양식들이 따로 따로 지니고 있는 독특한 공연 원리가 과연 무엇인가를 탐구해낸다. 그러니까 공연양식 수만큼 공연 원리들을 정립하려고 하는 것이다. 그리고 그 각각의 원리에서 민족공연학의 원리를 찾아낸다. 기존의 이론을 연역적으로 이용하여 공연양식을 재단하지 않고, 공연양식들 각각에서 귀납적으로 이론을 정립하려는 그의 개척정신은 찬탄할 만하다. 이것은 30년 동안의 끝없는 방황과 치열한 집념 끝에 얻은 소산이다. 처음에 그는 창작희곡에 눈길을 주더니, 민족연극학 쪽으로 눈길을 돌렸고, 다시 눈길을 돌려 민족공연학으로 길을 정한 것이다.

600쪽이 훨씬 넘는 이 방대한 저서에서 김익두 교수는 한국 민족공연학의 정체성을 확립하기 위한 다각적인 논의들을 펼친다. 외국의 공연학 이론에 관하여 논의하는 부분에서는 그것을 우리가 적용할 수 있는 것과 없는 것을 구별해가면서 다루었다. 부족국가시대부터 분단시대까지의 한국 공연문화의 역사를 다루었고, 대동굿부터 마당극까지 한국 공연문화의 15개 양식들을 개관한 다음에 그 가운데서 9개 양식을 따로 떼어 심도 있는 논의를 펼쳤다. 그리고 이들 논의에서 한국 공연문화의 원리와 이론을 추출하였다. 이 부분에서는 14개 분야의 이론을 제시하였는데 이들의 기본이 되는 본질 이론으로 '생명의 원리'와 '조화의 원리'를 제시하였다. 이것이 이 저서의 결론이다.

이 저서에는 섬광처럼 번득이는 착상을 감촉하는 쾌감이 있다. 가령 한국의 공연양식에서 '우주적 생명의 약동의 흐름과 하나가 되는 원리'를 직관적으로 찾아내는 장면이 그러하다. 아마도 이것은 김익두 교수의 천성적인 시인기질에서 유래하는 것이리라.

간혹 성급하게 결론을 내린 부분도 있고, 과감하게 이론화한 부분도 있고, 독단적인 듯한 부분도 있다. 그러나 우리나라 민족공연학의 거시적인 틀을 만들어놓았다는 점에서 나는 이 저서는 획기적인 성과라고 판단한다. 미진한 부분은 이 틀 안에서 계속 논의를 심화하면서 보완해 나가야 할 것이다.

나는 아직 이런 대작에 서문을 쓸 만큼 학문이 익은 사람이 아닌데 외람되게도 서문을 쓰게 되어 송구스러울 뿐이다. 김익두 교수의 대성을 기원한다.

2013년 1월 9일

금병산 서실에서

머리말

일찍이 미당 서정주 시인은, 가람 이병기 선생님이 술만 거나해지시면 으레 부르셨다는 노래, "하늘에 해와 달은 소망에도 비친다네"를 당신의 말년 시 〈소망〉 한 가운데에 적어 놓고 세상을 뜨셨다. 가람 선생님은 저자의 스승이신 소석素石 이기우 선생님, 일산一山 김준영 선생님, 그리고 고하古河 최승범 선생님들이 모시고 배운 분이셨다.

언제부턴가, 이 노래는, 저자도 모르는 사이에 틈만 나면 혼자 중얼거리는 저자 평생의 주문呪文이 되고 말았다. 사람의 인연이, 그 가운데서도 사제간의 인연이라는 것은, '해석적'으로 이어지는 것인가 생각하니 참으로 묘한 생각이 든다.

이 시는, 해와 달, 그리고 그것을 품고 있는 하늘 전체가 통째로 땅으로 내려와, 인간이 가장 더럽게 여겨온 배설물을 받아 오랫동안 '삭힌' 똥오줌 항아리인 '소망'에도 비친다고 노래한다. 이 소망에서 삭힌 똥오줌으로 우리는 채마밭을 걸게 하고 밀보리 밭을 살찌워 먹거리를 가꾸어 먹으며 수 천 년을 이 땅에서 살아 왔다. 그리고 그렇게 산 우리의 '몸'은 다시 우리의 강토로 돌아가, 우리나라 삼천리 금수강산 산야의 온갖 생명을 살리는 밑거름이 된다. 우리식의 위대한 우주적 순환이 이루어지는 것이다.

그 과정 속에서, 우리는 우리의 똥오줌으로 만든 이 '소망' 항아리를 '거울' 삼아, 거기에 해와 달, 심지어 하늘까지 통째로 비추어 보며 살아왔다. 그뿐만 아니라, 그 '거울'에 자신의 얼굴까지 비추어 보며, 흩어진 머리를 쓰다듬어 올려 매무새를 가다듬고, 그 똥오줌 기운으로 키운 푸성귀 반찬과 보리밥을 먹고, 징 꽹과리 북 장구 반주로 함께 더불어 '신명'의 '마후래기춤'을 추며, 하늘과 땅 사이를 '풍류風流'로 그득그득히 채웠다. 이러한 우리 민족의 삶을 일찍이 가람 선생님은 이렇게 노래하셨던 것인가 한다.

"하늘에 일월님도 서강[1]에 비치신다."

삶이 우리에게 부여해준 것은, 이 우주 속에서 얼마 동안 존재하는 '몸'과 그것을 통한 마음의 활동뿐이다. 이러한 삶에 대해 그동안 인류는 여러 각도에서 온갖 말과 글들을 통해서 이야기하고, 다시 그것을 몸소 실천해 보고, 이를 통해서 삶의 보람과 의미를 찾고자 하였다.

인류는 종교·철학·역사·문학·사회학·심리학·인류학·인지학 등의 인문-사회과학과 여러 자연과학을 통해서, 인간의 삶을 개선하고, 그 의미와 가치를 찾고자 노력해 왔다. 인간의 삶은, 그동안 신의 계시로 영위되던 시대로부터 시작하여, 왕의 권위를 받들고 살던 시대를 거쳐, 해방된 고독한 '나' 곧 '자아'가 '물신'의 어두운 세계를 가로질러 삶의 숲을 헤쳐 나아가야만 했던 시대를 지나 왔으며, 이제 좀 더 큰 우주적 맥락 속에서 새로운 조화調和와 귀의歸依의 시대로 나아가고 있다.

이러한 일련의 역사적 전개 과정은, 최근에 이르러, 동양의 윤

1) 소망. 통시깐. 재래식 화장실.

리적 삶과 서양의 인식론적 삶이 '신체'를 전제로 하는 새로운 역사의 장에서 만나, '호모 퍼포먼스homo performans'의 인간관에 다다르게 되었다.

이제, 인류의 삶은 어디로 가는 것인가. 그것은 '신체를 통해서 우주와 하나가 되는 것'이다. 이 지점에서, 인류는 삶을 '완성'한다. 이는 물리적으로 몸과 우주의 융합, 곧 신체와 흙의 융합으로 이루어진다. 일찍이 이러한 합일의 경지를 고대 철학자들과 바슐라르와 같은 문학적 상상력이 풍부한 비평가들도 꿈꾼적이 있다. 이 위대한 천인합일적 물질적 완성에 관해 그동안 인류는 매우 복잡하게 설명하고 해석해 왔다. 그러나 그러한 과정은 늘 '배타적' 종교와 형이상학과 윤리학의 장에서 크게 벗어나지 못했다.

우주내적 존재로서의 인간의 삶은 배타적 종교·형이상학·윤리학 이전에 '신체적 존재'이며, 신체를 통해 무엇인가를 추구하는 '공연적 존재'이다. 그동안 인류가 보여준, 종교·형이상학·윤리학의 틀 속의 고통스러운 가나긴 여정을 돌이켜보면, 한없이 눈물겹다.

이제 인간은 그동안 자신들의 삶을 규제해온 이러한 고통의 틀을 '해체'하고 새로운 신체의 정치학과 시학을 통합하는 방향으로 나아가려 하고 있다. 전자는 역사와 현실의 지평이고 후자는 신화와 허구의 지평이다. 현실과 허구 곧 역사와 신화를 가장 드높은 현실의 지평에서 실현하고자 하는 정치학의 방향, 이것이 바로 '공연하는 인간', '호모 퍼포먼스homo performans'의 길이다.

이 책은 공연하는 존재로서의 인간 곧 '호모 퍼포먼스homo performans'로서의 인간의 특징·의미·가치·가능성 등을 '공동체'의 장에서 탐구하고자 했다. 이를 위해, 먼저 '공연performance'이란 무엇인가를 논의하고, 이어서 이것을 학문적으로 다루는 '공연학Performance Studies'의 요체들을 정리한 다음, 이 공연학을 민족 공동체의 지평에서 다루는 '민족공연학Ethno-performance Studies'의 분야를 설정했다. 그 다음에는, 이에 따라 우리 공연문화의 역사적 전개 과정을 연극적 공연 양식들을 중심으로 기술하고, 그 결과로 도출되는 우리의 주요 공연 양식들을 개괄적으로 정리한다. 이어서, 그 주요 양식별로 대표적인 사례들을 골라, 이를 공연학적으로 분석·해석하여, 그 공연적 특성·의미·가치 등을 드러내는 작업으로 나아간다. 마지막으로, 이러한 일련의 분석과 해석의 과정에서 도출되는 우리 공연문화의 몇 가지 주요 공연 원리들을 도출·정리하는 지점에서, 좀 길어진 논의를 마무리하고자 한다. 여기서 한 가지 덧붙일 것은, 이러한 논의의 과정은 규정적·연역적으로 이루어지기보다는, 가급적 기술적·귀납적으로 이루어지도록 하였으며, 최소한의 것들만을 규정하고 그 나머지 것들에 대해서는 모든 새로운 논의의 가능성들을 개방해 놓았다는 점이다.

돌이켜보면, 이 책은 참으로 많은 분들의 은혜와 노고로 점철되어 있다. 무엇보다도 저자의 은사 고故 소석 이기우 선생님은 저자를 이러한 방향의 연구로 이끌어주신 최초의 안내자 '베르길리우스'이시다. 선생님이 안 계셨으면 분명코 저자는 지금 이곳에 없었을 것이다. 뉴욕대학의 리차드 셰크너Richard Schechner 선생님은 저서와 논문 그리고 전자-메일을 통해서 많은 지식과 정보 그리고 격려를 아끼지 않으셨다. 전북대 영문학과 김연호 선생님은 저자에게 '공연'에 관한 자각에 이르는 중요한 계기들을 마련해 주셨다. 이보형·전신재·윤광봉·이애주·정병헌·채희완·박진태·이병옥 선생님은 우리 공연문화의 연구 현장에서 저자가 몸소 모시고 배워온 학문적 스승이자 선배님들이셨다. 옆에서

늘 노심초사 걱정하시고 따스하게 감싸주시는 일산 김준영 은사님, 고하 최승범 은사님은 언제나 도타운 사랑과 격려로 저자를 이끌어 주셨다. 민족문화와 민족미학의 의미와 가치와 비전을 탐구하는 길에 당당하게 앞장서서 이끌어주신 노겸勞謙 김지하 선생님은, 저자의 외로운 학문의 길에서, 항상 가장 큰 현실적 자신감의 원천이셨다. 낯선 땅에서도 편안하고 아늑한 고향처럼 느끼며 좋은 사람들과 교류하고 작업에 열중할 수 있도록 보살펴주신 옥스퍼드대학교 동양학부의 제임스 B. 루이스James B. Lewis 교수님과 강성우 박사님, 그리고 늘 따스한 사랑을 베풀어 주시던 옥스퍼드의 윤영택 목사님, 지영해 선생님과, 그 주위의 다른 교포님들과 가족분들께도, 멀리서나마 깊은 감사의 인사를 드린다. 늘 저자 곁에 있어준 삶과 학문의 도반 유화수·양병호 교수와 철없고 순수하게 뜻을 품기 시작하던 어린 날들을 함께 공유하고 사는 남성교등학교의 박영달 교장은 힘들 때마다 신뢰 가득한 우정의 술잔으로 저자를 일으켜 세워 주었다. 없는 듯이 늘 편안하게 곁에서 함께해 주신 학과의 여러 선배·동료 교수님들께, 그리고 늘 의아한 눈으로 나를 바라보곤 하던 제자들에게도, 이 자리를 빌려 감사의 마음을 꼭 표하고 싶다.

어쭙잖은 이 책에 소중한 서문을 올려주신 고하 선생님, 이보형 선생님, 노겸 선생님, 전신재 선생님께 다시금 말로 다할 수 없는 깊은 감사의 마음을 올린다. 그리고 전공이 다름에도 오랜 동안 삶을 함께 삭혀온 인연으로 발문을 얹어준 외우 유화수 선생께도 다시 한 번 깊은 감사의 마음을 표한다.

항상 꼬장꼬장하게 앞장서 가시는 우리 출판계의 존경하는 어르신, 지식산업사의 김경희 사장님께도 이 자리를 빌려 더욱 더 강건하시라는 말씀을 새해 인사를 겸해서 드린다. 그리고 이 복잡한 책의 내용을 독자들이 좀 더 수월하게 다가갈 수 있도록 요령 있고 알차고 아름답게 만들어주신 지식산업사의 김자경님과 여러 관계자분들, 그리고 미쳐 못 보는 허점들을 꼼꼼히 찾아 고쳐주곤 하는 허정주 박사에게도, 이 자리를 빌려 다시 한 번 감사의 마음을 표시한다. 연구실 주변에서, 가장 실제적인 도움을 주곤 하는 제자 진주, 남상온에게도, 고맙다는 말을 하고 싶다.

단기 4346년 서기 2013년 1월 10일 새벽
전주 우거에서
김익두

차 례

Ⅰ. 서 론

II. 공연이란 무엇인가?

Ⅲ. '공연학'이란 무엇인가?

Ⅳ. '민족공연학'이란 무엇인가?

Ⅴ. 한국 공연문화의 전통 -연극문화를 중심으로

Ⅵ. 한국 공연문화의 주요 양식들

Ⅶ. 한국 공연문화의 해석적 지평

Ⅷ. 한국 공연문화의 원리와 이론

그림 차례

Ⅰ. 서 론

1. 몇 가지 주요 전제들

1) '신체적 인간homo corporeus'

인간은 '몸'으로 이 세상에 태어나, 몸을 통해 '삶'을 영위하다가, 몸의 소멸과 함께 삶을 마감한다. 여기서, '몸을 통해'라는 말은 어쩌면 '몸으로서'라고 해야만 더 정확할 수도 있다. 이러한 인간의 특성 곧 인간은 '신체적 인간'임을 우리가 분명하게 의식적으로 인식하게 된 것은 그다지 오래된 것이 아니다.

그동안 세계의 인문학은 주로 인간의 '영성·내면·정신' 등에 몰두해 왔으며, 서양의 정신사·철학사는 그러한 경향을 가장 강하게 지향해 왔고, 이러한 방향 지향에서 그리스 헬레니즘 계통의 사변철학과 헤브라이 계통의 기독교 사상이 그 양대 기둥 구실을 해 왔다. 이러한 경향이 결국 서양 사상을, '신체'를 소홀히 하는 이성-내면 중심주의적인 '형이상학'의 방향으로 지나치게 기울어지게 하는 결과를 가져왔다.

상대적으로, 동양 가운데서도 동아시아에서는, '신체적 인간'으로서의 인간에 관해 비교적 온건하고 조화로운 태도와 방향을 지향해 왔다. 그 가운데서, 도가 사상은 이른바 '양생술' 등을 통해서 '신체적 인간'의 문제에 깊은 관심을 기울여 왔으며, 유가 사상도 '극기복례克己復禮' 사상 등을 통해서 인간의 사회적 신체 행위 문제에 깊은 관심을 기울여 왔다. 이러한 경향은 결국 동양의 사상을 내면이 중심이 되는 형이상학의 방향보다 신체 행위를 중시하는 '윤리학'의 방향을 지향하도록 하였다.

그러나 전 세계적으로, 인간의 신체적 특성 곧 '신체적 인간'에 관해서 동시대적인 관점으로 본격적인 학문적 관심을 기울이게 된 것은, 아마도 니체 이후 메를로-퐁티에 이르러서일 것이다. 니체가 서양에서 '그리스의 신체'를 재발견했다면, 메를로-퐁티는 그것을 하나의 학문적 체계로 완성했다고 할 수 있다.

20세기에 이르러, 근대 유럽식 세계 패러다임의 붕괴와, '신체적 인간'의 발견이라는 두 가지의 인문학적인 변화는, 결국 서양 연극, 나아가 서양 '공연문화' 전반에 걸친 코페르니쿠스적인 변환을 가져오게 되었다. '근대 유럽식 세계 패러다임'이란 이른바 '신' 아래에서 '이성'을 근거로 인간의 '신체성'을 배제한 세계 패러다임이었다. 이에 대해 니체는 "신은 죽었다"라고 선언함으로써, 근대적 세계 패러다임 전체를 그 존립 근거에서부터 '해체'하고, 그 자리에 '자라투스트라' 곧 '신체적 인간'을 세우고자 하였다. 니체의 이러한 '신체적 인간'을 전제로 하는 위험한 지적 모험은, 1945년에 나온 메를로-퐁티의 《지각의 현상학》 등에 의해 학문적인 체계로 구축되기에 이르렀다. 이러한 방향은 우리에게 이른바 '살 또는 신체의 존재론'이라는 지평을 열어주었다.

이러한 일련의 과정을 통해, 서양에서는 주지주의 철학과 경험주의 사상이 망각해온, 관념론과 실재론의 공통기반으로서의 '신체' 현상의 지평을 발견하게 되었다. 그동안, 서양 사상사에서, 기존의 주지주의나 경험주의에서는, '체험된 신체' 곧 신체 자신의 경험은 객관적 세계에 속하는 물리적 사물일 뿐이었다. 이러한 객관주의적 사상들은 신체에게 어떠한 주체성도 부여할 수 없었다. 그러나 메를로-퐁티 등이 추구한 '체험된 신체'의 현상학은 지각적 경험에서 신체가 수행하는 임무와 의미를 탐구하게 되었다. 그것은 신체를, 우리와 세계 사이의 살아 있는 유대의 '고리'로서, 우리를 세계와 연결하고 세계에 소속시키는 '탯줄'로서 이해한다. 이것은 인간 경험의 뿌리가 바로 '신체'에 있음을 밝혀내고, 우리가 반성적 자아이기 이전 상태, 곧 우리의 '신체적 자아'의 마당〔場〕을 드러낼 수 있게 하였다.

그 결과, 인간의 본질 규정에서도, 인간은 이제 비로소 자기 스스로를 '생각하는 인간homo sapiens'이기 전의, '신체적 인간homo corporeus'의 지평에서 볼 수 있게 되었다는 점에서, 이러한 자각과 실천은 인류 문명사에 매우 중요한 결정적인 변화의 계기를 가져왔다. 즉, 이제야 비로소 우리 인간은, '마음·정신'이라고 하는 것도 본질적으로는 그 자체로 존재하는 것이 아니라 '몸으로 된' 마음, '몸으로 된' 정신으로 존재하는 것이라는 깨달음에 이르게 되었다. 그래서 이 지점에서, 우리는 인간의 마음은 '몸으로 된 마음'이고, 인간의 몸은 '마음으로 된 몸'이라는 자각, 곧 인간은 결국 '몸으로 된 마음이자 마음으로 된 몸'라는 결론에 다다른다. 이러한 자각은, 비로소 기존의 주지주의와 경험주의로 양분되어 왔던 '분리적 패러다임'으로서의 서양 사상 또는 인문학을 '몸'을 전제로 하는 '통합적 패러다임'으로서의 사상 또는 인문학으로 전환할 수 있게 해주었다.[2)]

2) '공연적 인간homo performans'

신체 행위를 '기술craft' 또는 '재주'로 본 서양과는 달리, 동양에서는 일찍부터 우파니샤드·불교·도교·유교 사상 등을 통해서, 신체 행위를 이른바 '도道'를 깨우치기 위한 '수행' 그 자체로 보고, 인간의 신체 행위를 마음/정신의 자각을 위한 구체적인 실천으로 추구해 왔다.[3] 예컨대, 인도 '우파니샤드' 사상의 수행 방법, 불교의 '8정도八正道', 도교의 '연단법鍊丹法', 유교의 '수신修身·제가齊家·치국治國·평천하平天下'의 극기복례克己復禮 '예악법禮樂法' 등은 그 대표적인 사례들이라 할 수 있다. 우리나라의 경우에도, 고대의 제천의식과 무교巫敎의 종교적 신체 수행 및 그것들을 계승한 각종 전통적 제의 행위, 삼국시대 이후의 '풍월도風月道/풍류도風流道'의 신체적 수행 방법, 그리고 이러한 전통을 근대적으로 계승한 '동학東學' 및 '영가무도교詠歌舞蹈敎' 등과 같은 신흥종교의 신체적 수행 방법 등은, 모두 이러한 신체 행위를 인간 심신心身의 통일적인 수행 방향으로 추구한 대표적인 사례들이다.

서양에서는 20세기 초반까지만 해도 근대 자연과학적 세계 패러다임이 학문 세계 전반全般을 지배했고, 그것은 세계를 조각조각의 부분·요소들로 나누어 보는 '분리식 패러다임'이었다. 이러한 사고방식은 문화예술 분야에도 나타나, 문화예술을 문학·음악·무용·연극·미술 등등을 따로 '분리'해서 다루는 경향을 극도로 강화하게 하였다.

---

2) 메를로 퐁티 지음, 류의근 옮김(2002), 《지각의 현상학》, 서울: 문학과지성사, 696~708쪽 참조.

3) 리차드 E. 니스벳 지음, 최인철 옮김(2004), 《생각의 지도》, 서울: 김영사, '제1장 동양의 도와 서양의 3단 논법' 참조.

이러한 경향은 20세기 후반에 커다란 변화를 맞이하게 되었다. 그것은 그때까지 세계상世界像을 지배적으로 설명해 오던 서양 근대 자연과학적 세계 패러다임이 구조적으로 흔들리고, 그것이 강력하게 지탱하고 있던 합리주의적인 '근대적 세계관'을 근본적으로 붕괴시켰기 때문이다. 그러한 붕괴 작업은 주로 인문학의 영역에서는, 니체 이후의 탈구조주의/해체주의, 포스트모더니즘 등에 따라서 진행되었다.

이러한 흐름은, 문화예술 분야에 있어서도, 각종 문화예술 형식/양식들을 '분리'해서 다루고 생각하는 흐름을 점차 약화시키고, 좀 더 나아가 그러한 '분리적 패러다임'을 '해체'하고자 하는 전위적前衛的인 실천 작업들로 나타났다. 이러한 실천 작업들은 결국 '분리적 패러다임'을 '해체-대체'할 수 있는 새로운 '통합적 패러다임'의 모색으로 나아가게 되었다.

그러한 사례는 문화예술 분야에서는 이른바 '퍼포먼스 운동 Performance Movements'이라는 운동 방향으로 나타나기 시작하였다. 예컨대, 앙토냉 아르토Antonin Artaud 이후 전위극前衛劇의 전방에 섰던 '리빙 씨어터Living Theatre' 실험 이후의 연극 분야의 여러 양상, 마르셀 뒤샹Marcel Duchamp 이후 미술 분야의 여러 양상, 그리고 찰스 올슨Charles Olson 이후의 문학 분야의 양상, 그리고 최근의 백남준의 '비디오 아트' 등에 이르기까지의 정교하게 조절·혼합된 오디오-비디오 테크놀로지 매체예술 양상 등등이 그것이다.

이러한 문화예술 전반에서 '분리적 패러다임'의 해체와 새로운 '통합적 패러다임'의 추구는, 문화예술 전반을 통합적으로 사고할 수 있는 어떤 '공통분모'에 관심을 갖게 하였고, 우리는 그러한 공통분모로서, 인간의 '신체 행위'를 주목하게 되었다.

그리고 이러한 사고와 실천의 방향은, 결국 우리 인간을 '신체적 인간homo corporeus'에서 한 걸음 더 나아가, 무엇인가 '의미'를 찾고 구현하기 위해 공적-사적으로 부단히 신체의 행위behaviors를 실천해 나아가는 인간에 주목하게 되었다. 우리는 이러한 특성을 지닌 인간을 이제 '공연적 인간homo performans'이라 부를 수 있게 되었다.[4]

3) '공연performance'

공연公演 performance이란 용어에 관해서는, 학문의 여러 분야에서 수많은 학자들이 여러 가지 시각에서 다양하게 펼친 여러 논의들과 의미 규정들이 학계에 널리 퍼져 있다. 우리는 여기서 우선 이 용어를, '인간에 의해 공적으로 조직된 일련의 의미 있는 행위'로 정의할 수 있다. 그러나 이 용어는 용어 사용의 관점과 맥락과 범위에 따라 그 의미가 다양하게 변화할 수 있는 매우 복잡한 말이다. 이에 관해서는 이 책의 본론에서 다시 본격적으로 다루고자 한다.[5]

4) '공연학Performance Studies'

문화예술의 새로운 흐름과 방향은, 문화예술을 다루는 학문들에도 커다란 변화를 가져와, 인간의 문화예술을 '신체적 인간'

4) 리차드 셰크너 지음, 김익두 옮김(2006), 《민족연극학》, 서울: 한국문화사, 57쪽 참조.

5) '공연公演'에 관한 자세한 논의는 '제Ⅱ장 공연이란 무엇인가'에서 좀 더 자세히 다룸.

또는 '공연적 인간'의 관점에서 '통합적'으로 다루는 경향이 나타나기 시작했다. 그리고 이러한 일련의 학문적 방향을 좀 더 구체적인 학문 영역으로 범주화하게 되었는데, 이것을 우리는 오늘날 '공연학'이라 부르게 되었다. 이러한 학문 영역을 하나의 분과 학문으로 만드는 데 가장 중요한 구실을 한 사람으로는, 미국 뉴욕대학 '티쉬 예술학부'의 리차드 셰크너Richard Schechner 교수 등을 들 수 있다.

여기서, 우리는 '공연학'을 '공연performance'－인간에 의해 공적으로 조직된 일련의 의미 있는 행위들－과 공연에 관련된 일련의 것들을 연구하는 학문이라고 정의할 수 있다.[6)]

5) '공연문화performance culture'

공연학은 '공연문화'를 연구대상으로 한다. '공연문화'란 좁게는 인간의 문화 영역 안에서 '공연'으로 이루어지는 문화, 곧 '청관중을 상대로 한 일련의 의미 있는 신체 행위'로 이루어지는 문화를 말한다. '공연문화'는 크게 3가지의 영역으로 구분할 수 있다.

첫째, 가장 넓은 의미의 영역으로서, 인간의 신체 행위로 이루어지는 모든 문화 영역 전체를 일컫는다.

둘째, 인간의 공적인 신체 행위로 이루어지는 문화 영역 전체를 일컫는다.

---

6) Richard Schechner(2002), *Performance Studies,* London & New York: Routledge, pp.1~4 참조. '공연학Performance Studies'의 용어 정의 또는 의미 규정은 학계에서 아직 정확하게 이루어지지 않은 상태에 있다. 이에 관해서는, 'Ⅲ장 공연학이란 무엇인가?'에서 자세히 논의함.

셋째, 일정한 시공간 안에서 청관중을 대상으로 하여 이루어지는 일련의 의미 있는 신체 행위, 곧 공연자가 일정한 시공간 안에서 청관중을 대상으로 하여 어떤 의미 있는 신체 행위를 보여주는 일련의 상호적인 문화행위를 가리킨다.

이 세 가지 영역들 가운데서, 생각에 따라 '공연문화'의 영역은 그 범위가 각기 달라질 수 있다. 본 연구에서는 주로 셋째 영역을 다루게 된다.

한국 공연문화의 전통은, 부족국가 시대의 원시 제천의식에서부터 시작되어, 삼국시대·남북국시대·고려시대·조선시대를 지나면서, 이른바 '가무백희歌舞百戲' 또는 '산악백희散樂百戲'의 형태로 전승·변화·발전되어 왔으며, 갑오경장 이후에는 각종 제의·의식·놀이·음악·무용·연극·스포츠 등으로 다양하게 확대되어 전개되어 왔다.

이렇게 해서 이루어진 오늘날의 한국 공연문화의 주요 영역들로는 다음과 같은 것들이 있다. 즉, 각종 제의, 놀이, 의식, 스포츠, 각종 민속음악·궁중음악, 각종 민속무용·궁중무용, 각종 민속극·궁중극, 그리고 각종 근현대의 음악·무용·연극 등이 그것이다. 이와 같이, 공연문화의 영역은 매우 다양하고 복잡하므로, 이 연구에서는, 이 가운데 주로 연극적인 성격을 강하게 지니고 있는 공연문화 곧 '연극적 공연문화' 영역에 초점을 맞추고자 한다.

2. 연구 목적

이 연구의 목적은 공연학, '일반공연학'의 바탕 위에서, 우리나라의 공연문화를 분석하고 해석할 수 있는 '민족공연학'의 기초를 형성하고, 한국의 주요 공연문화 양식들을 분석·해석하여, 한국 공연문화의 특징과 본질을 이해하고, 이러한 과정에서 우리 공연문화의 이론적 단서들을 도출해 내는 데 있다.

이를 위해서 먼저 공연학이란 무엇인가를 논의하고, 그 일반 공연학의 바탕 위에서 우리 나름의 한국 민족공연학의 방향을 제시하며, 이러한 방향에서 한국 공연문화의 역사와 주요 양식들을 살펴본 다음, 각 주요 양식별로 대표적인 공연문화 작품들을 조사·분석·해석하여, 우리 민족공연학의 이론적 근거 원리들을 도출하는 데 이르고자 한다.

3. 연구사 검토

지금까지 나온 본 연구와 관련된 주요 연구들은 너무나 폭넓고 포괄적이기 때문에, 여기서는 그 전체를 종합해서 몇 가지로 요약해서 언급하고자 한다.

첫째, 공연학 연구는 빅터 터너Victor Turner 이후, 최근 들어 미국 뉴욕대학의 리차드 셰크너 교수를 중심으로 하여 문화학 또는 예술학의 한 분야로 자리 잡기 시작하였으며, 좀 더 넓은 의미의 공연학의 전개는 철학·미학·비평·인류학·사회학·정치학·심리학·인지이론 등 실로 다양한 분야에 걸쳐서 폭넓게 펼쳐지고 있다.[7)]

둘째, 민족공연학 연구는 공연학 연구보다 좀 더 늦게 시작된 학문으로, 역시 인류학자 빅터 터너의 '민족연극학Ethnodramatics' 및 '공연인류학anthropology of performance' 등에 따라 시작되었으며, 그로토우스키의 영향을 받은 프랑스 쪽의 장 마리 프라디에Jean Marie Pradier 등이 새롭게 창시하여 연구하고 있고, 한국에서는 저자가 일찍부터 이 방면에 관한 관심을 보여 왔다.

셋째, 한국 공연문화사 또는 한국 공연예술사에 관해서는 음악·무용·연극 등 각 분야별로 연구되어 왔으며, '가무백희'에 초점을 맞추어 역사적인 고찰을 보여준 연구는 전경욱(2004)의 연구가 돋보인다.

넷째, 한국 공연 양식사 또는 양식론은 그 연구가 매우 부진한 분야여서, 아직까지 이렇다 할 연구들이 나오지 않고 있다. 앞으로 이 분야에 관한 연구가 좀 더 활발해질 필요가 있다.

다섯째, 이 책이 다루고 있는 주요 양식별 연구, 즉 대동굿·무당굿·풍물굿·인형극·꼭두각시놀음·탈놀음·판소리·궁중가무희·신파극·신극·마당극 등의 연구사는 그 각 양식들의 작품 분석·해석의 장에서 구체적으로 언급한다.

여섯째, 이 책의 마지막 장에서 다루는 한국 공연문화의 주요 원리, 그리고 이러한 원리들로 체계화되는 한국 공연문화의 이론에 관한 연구는, 무의식적으로는 각 공연문화 양식별로 다루어져 왔고, 이것을 의식적으로 논의하고 탐구한 연구는 저자 김

7) 이에 관한 구체적인 논의는 이 책의 Ⅱ~Ⅲ장을 참조.

익두(2008)의 것이 있다.

이상에서, 전반적인 흐름만을 간략히 언급하였다. 좀 더 구체적인 논의는 이 책의 각 관련 장절들에서 이루어질 예정이다.

4. 연구방법 및 대상

이 책의 연구방법은 다음과 같다.

첫째, 제Ⅰ장~Ⅳ장 부분은 공연·공연학·민족공연학에 관련된 동서양의 최근의 새로운 논의들을 종합하여 체계화한다.

둘째, 제Ⅴ장은 한국 공연문화와 관련된 역사적인 자료들을 주로 《삼국사기》·《삼국유사》·《고려사》·《조선왕조실록》 등의 사서와 각종 문집·악서樂書·총서·연구서 등에서 찾아내어, 우리 공연문화사의 역사적 전개 양상을 간략히 정리 한다.

셋째, 제Ⅵ장은 양식사학 또는 양식론적인 입장에서 한국의 대표적인 공연문화 양식들을 선별하고, 그 양식적 특징들을 각 양식별로 설명 한다.

넷째, 제Ⅶ장은 Ⅰ~Ⅵ장에서 정리한 공연·공연학·민족공연학·한국 공연문화사·한국 공연문화 양식론 등을 논의의 기본 바탕으로 하면서, 새로운 공연학적 연구 성과들을 적절히 끌어들여, 우리의 대표적인 공연문화 양식들의 특성과 의의와 가치를 주요 작품들의 분석과 해석을 통해서 밝혀내고자 한다. 여기서 다루게 될 주요 공연 양식은 우리 공연문화의 대표적인 양식인 대동굿·무당굿·풍물굿·인형극·탈놀음·판소리·궁중가무희·신파극·신극·마당극 등이다.

다섯째, 마지막으로 제Ⅷ장에서는, 제Ⅶ장에서 구체적인 작품 분석·해석을 통해서 도출되는, 한국 공연문화의 주요 공연원리 및 그것들의 체계화로서의 한국 공연문화 이론에 관해서 논의하고자 한다. 이 작업은 우리의 공연학 곧 한국 민족공연학이 지향하고 겨냥하는 가장 최종적이고 궁극적인 목표이자 지평이다.

Ⅱ. 공연이란 무엇인가?

1. 공연의 어원

이 연구에서 '공연'을 다루기 위해서는, 먼저 여기서 사용할 '공연'이란 용어와 상응되는 대표적인 용어들과 그 의미부터 살펴볼 필요가 있겠다. 그러나 앞에서 말한 바와 같이, 공연의 범주를 어떻게 잡느냐에 따라 그것의 의미 영역도 상당히 달라지게 된다. 본 연구에서는 비교적 '좁은 의미의 공연'을 다루기 때문에, 공연의 용어와 그 의미도 주로 그런 범위에 초점을 맞추어 논의하고자 한다.

1) '굿'

'공연'에 상응하는 우리나라의 용어로는 아마도 '굿'이란 말이 가장 적절할 것으로 판단된다. 먼저, 국어사전에 따르면, '굿'이란 '볼거리' 또는 '어떤 시간과 장소에서 누군가가 볼거리를 제공하고 구경꾼들이 그것을 구경하는 행위'를 가리킨다. 이것은 그 의미 면에서 우리가 이 연구에서 설정한 가장 좁은 의미의 '공연' 범주와 정확하게 부합되는 것이다.

2) '공연公演'

우리가 동양권 곧 한자문화권에서 공통적으로 사용할 수 있는 용어로는, 아무래도 지금까지 이 책에서 전제 없이 사용해온 이 '공연公演'이란 용어가 가장 적절할 듯하다. 한자문화권에서는 아무래도 한자어로 된 용어를 사용하는 것이 언어학적으로 가장 바람직하며, 또 그런 면에서 볼 때 새로운 용어를 만들어 쓰는 것보다는, 이미 사용되어온 용어들에서 가장 보편화된 용어를 골라 활용하는 것이 좋다.

'공연公演'의 '공公'이란 단어는 '八'과 '口'가 합쳐진 단어로서, 갑골문의 역사에서 그 의미를 보자면, '八'은 어떤 장소로 통하는 통로通路를 상형象形한 것이고, '口'는 어떤 특정한 장소 곧 제사를 지내는 광장이란 뜻이다. 그래서 어원상으로 볼 때 '공公'이란 말은 '제사가 행해지는 광장, 또는 장소'란 의미의 말이다.

시간이 지남에 따라, 이 어원적 의미가 점차 전화轉化되어, 훗날에는 '공평무사하다'·'함께하다'·'겉으로 드러내다'·'공공의 장소'·'어른' 등의 뜻으로 사용되었다. 재미있는 것은, 우리나라에서 보통 난장 공연이 벌어질 때, 관습적으로 "애들은 가라"는 식의 발언들을 접하게 되는데, 이러한 관습도 이 '어른'이란 의미와 관련이 있는 것으로 보인다.

'연演'이란 단어는 '水〔물〕'와 '寅〔당기다〕'이 합쳐진 단어로서, 어원상으로는 '사물을 잡아 늘이는 뜻'을 가지고 있다. 이 어원적 의미가 전화되어, 그 후에는 '흐르다'·'물이 흘러 윤택하다'·'널리

펴다'·'잡아당기다'·'알기 쉽게 부연하여 설명하다'·'행하다' 등의 의미로 사용되었다.8)

따라서 '공公'과 '연演'의 의미들을 종합해 보면, '공연公演'이란 '공공의 장소에 함께 모여, 무엇인가를 공평무사하게 몸으로 실행하여, 겉으로 드러내 보여주는 것'이라 할 수 있다.

이런 말뜻으로 볼 때에도, '공연公演'이란 용어는 어떤 구체적인 시공간 안에서 공연자가 청관중에게 무엇인가 의미 있는 행위를 공적으로 보여준다는 '공연'의 보편적 정의에 정확하게 잘 부합하고 있다. 이런 면에서, 이 용어는 그 용어로서의 의미상의 정당성을 분명하게 확보하고 있음을 알 수 있다.

3) '퍼포먼스performance'

이 용어의 영어 어원은 중세 영어 'parfournen'인데, 이 단어는 어느 시기에 와서부터 'parfourmen'이란 말로 바뀌게 되었다. 이 말 자체의 가장 오래된 어원은 고대 프랑스어인 'parfournir'인데, 이 'parfournir'란 말의 어의語義를 분석해 보면, 'par(완전히)' + 'fournir(제공하다)'로 분석된다. 그러므로 이 'performance'라는 용어는 어원적으로 '완성에 도달함' 또는 '완성함'이라는 과정적 의미를 담고 있으며, 한편으로는 'form(형식)의 표명'이라는 구조주의적인 의미도 가지고 있다.

그러므로 'perform(공연한다)'라는 말은, 어떤 단일한 행동을 '수행한다'라는 단순한 의미의 말이라기보다는, 오히려 '일련의 과정들을 점차적으로 완성해 나아간다'는 뜻이 강하다.9)

---

8) 민중서림 편집국 편(2000), 《漢韓大字典》, 서울: 민중서림, 253쪽, 1204쪽 참조.

이러한 의미의 'performance'란 말의 어원은, 동양에서는 공자가 추구한 '인생'이라는 말과 그 뜻이 상통하고 있어 흥미롭다. 공자는 《논어論語》 〈위정편爲政篇〉에서, "15세에는 학문에 뜻을 두고, 30세에는 홀로 서고, 40세에는 현실에 현혹되어 흔들리지 않고, 50세에는 하늘의 뜻을 알고, 60세에는 귀에 거슬리는 말에도 화를 내지 않고 순순히 듣게 되고, 70세에는 마음 내키는 대로 좇아도 법도에 어긋나지 않게 되었다〔十有五而志于學 三十而立 四十而不惑 五十而知天命 六十而耳順 七十而從心所欲不踰矩〕"[10]고 말하고 있는데, 이것은 바로 서양의 'performance'의 어원적 의미가 삶 자체에 실현된 것이어서 흥미롭다.

이렇게 되면, 우리는 삶 자체를 공연으로 볼 수 있게 되고, 따라서 우리는 공연을 통해서 우리의 삶을 완성해 가는 것이라는 생각에 도달하게 된다. 그래서 일찍이 리차드 셰크너는 인간을 '호모 퍼포먼스homo performance', 곧 '공연하는 인간'이라고 하였다.[11]

2. 공연의 정의

'공연'이란 무엇인가에 관한 합의된 정의는 아직까지 나와 있지 않다. 그 중요한 이유 가운데 하나는 이러한 학문적 지평이 비교적 최근에 들어와서야 열리게 되었다는 데 있다.

---

9) 빅터 터너 지음, 이기우·김익두 옮김(1996), 《제의에서 연극으로》, 서울: 현대미학사, 21쪽.

10) 장주근 옮김(1984), 《논어》, 서울: 명문당, 69~70쪽.

11) 리차드 셰크너 지음, 김익두 옮김(2005), 앞의 책, 57쪽.

그러나 이러한 분야가 하나의 학문적 영역으로 체계화되기 위해서는, 이에 대한 더 구체적인 범주화와 의미 규정을 위한 '정의'를 필요로 한다. 지금까지 세계 학계에서 논의된 '공연'에 대한 의미 규정은 그 신축성이 매우 강하여, 그 범위와 의미가 아주 넓어지기도 하고 좁아지기도 한다.

1) 사전적 정의

이러한 점을 감안하여, 우리는 '공연'에 관한 정의를 다음과 같은 사전적인 정의에서 출발하는 것이 좋겠다.

공연performance

① 연극 또는 음악 작품과 같이, 청관중들에게 어떤 예술 작품을 표현하는 것.

② 어떤 사물 또는 어떤 사람이 기능하고, 작동하고, 행동하는 방법.

③ (종종 명사 앞에 사용되어) 어떤 사람이 자기의 직업적인 일을 행하는 방법의 효과.

④ (비정상적인 경우) 곤혹스러움을 야기하는 분노의 격발과 같이, 다른 사람에게 혐오감을 주는 공적인 행위의 표현.

⑤ 어떤 것이 성취되거나 완성되는 것.

⑥ 책무 또는 행동과 같은 어떤 것의 수행.

⑦ 언어에 대해 자신의 이해와는 다른, 어떤 화자 또는 작자가 실제로 생산해내는 언어.[12)]

---

12) Kathy Roony ed.(1990), "performance", *Encarta World English Dictionary*, Bloomsburt: Microsoft Corporation.

이상의 사전적인 정의에 나타난 바에 따르면, '공연'이란 말은 인간의 문화적인 노력의 수많은 영역으로 널리 확장되어 있음을 알 수 있다.

①의 정의는 공연을, 공연예술을 연상시키는 영역, 곧 미학적인 영역으로 생각하는 의미화의 경향을 반영하고 있다.

②~⑥의 정의는, 공연이라고 하는 것이 반드시 어떤 예술 형식인 것만은 아니라는 뜻을 내포하면서, 공연의 개념을 일상생활의 차원에서 정리해 놓고 있다. 이 의미 영역에서는, 공연이란 말이 기능적인 면에서, 생산적인 면에서, 그리고 효과적인 면에서, 양적으로 측정될 수 있는 여러 가지 영역들을 일컫는다.

④의 정의에서는, 흥미롭게도 양가적兩價的인 방법으로 '미학적인 것'과 '일상적인 것'을 연결시키고 있다.

⑦의 정의는 공연이란 것을 언어학의 영역에 적용시키고 있다. 실제로, 언어학은 하나의 중요한 개념을 공연학에 제공해 주었다. 즉, 영국의 저명한 언어분석 철학자 오스틴J. L. Austin은, 그의 책 《말과 행위How to do things with words》(1975)에서, 결혼선언문 또는 유언문과 같은 언어들, 이른바 '수행문遂行文 performatives'을 반드시 어떤 행위의 수행을 수반하는 발화 행위로 정의했다.

이후에, 실제로 쥬디스 버틀러Judith Butler, 자크 데리다Jacques Derrida, 앤드류 파커Andrew Parker 등을 포함한 수많은 철학자들과 공연 이론가들도, 오스틴의 이 '공연' 개념을 비판하기도 하고 수용하기도 하면서, 언어이론 영역은 물론 그 밖으로까지 멀리 확대시켰다.

2) 넓은 의미의 정의

'공연'의 개념은 학문적으로 보자면 매우 복잡한 용어로서, 인문-사회과학의 거의 모든 영역에 걸쳐, 다학제적인multi-disciplinary 개념 망을 형성하고 있는 용어이다.

공연학자 리차드 셰크너에 따르면, 이 용어는 연극학Theatre Studies·발화이론Speech Theory·공연학Performance Studies·무용학Dance Studies·인류학Anthropology·사회학Sociology·예술사Art History·철학Philosophy·문학비평Literary Criticism·법률Law·영화학Film Studies·매체이론Media Theory·매체Communications·문화연구Cultural Studies·페미니즘이론Feminist Theory·젠더이론Gender Studies·역사학History·심리분석학Psychoanalysis·동성애이론Queer Theory·기호학Semiotics·행동학Ethology·인공두뇌학Cybernetics·지역연구Area Studies·대중문화이론Popular Culture Theory·생태학Ecology·마르크시즘Marxism·구조주의Structuralism·후기구조주의Post-structuralism·포스트모더니즘Postmodernism 등, 거의 모든 인문-사회과학의 영역에 걸쳐서 하나의 중요한 학문적 용어로 나타나고 있다고 한다.13)

한편, 리차드 셰크너는 최근의 《공연학Performance Studies》이란 자기의 저서에서, '공연'이란 용어를 다음과 같이 4가지 차원과 관련해서 정의하고 있다.

13) Philip Auslander(2003), "General introduction", in *Performance: Critical Concepts in Literary and Cultural Studies,* London & New York: Routledge, vol. Ⅰ: p.2; Richard Schechner(2002), op. cit., p.2.

① 존재하기being
② 행하기doing
③ 행하기를 보여주기showing doing
④ 행하기를 보여주기를 설명하기explaining showing doing14)

① '존재하기being'는 모든 사물들의 실존 그 자체를 공연으로 보는 것이다. 이것은 가장 넓은 의미의 '공연'을 말한다. ② '행하기doings'는 어떤 입자들로부터 모든 지각적인 존재들과 초은하계超銀河系에 이르기까지의, 모든 사물들의 움직임을 말한다고 설명한다. ③ '행하기를 보여주기showing doing'는 공연하기performing를 말한다. 이것이 가장 좁은 의미에서의 공연, 곧 공연문화 또는 공연예술 등을 가리키는 용어이다. ④ '행하기를 보여주기를 설명하기explaining showing doing'는 공연에 관한 연구 작업, 곧 공연학의 작업을 말한다.15)

이러한 리차드 셰크너의 '공연' 정의를 분석해 보면, ④는 '공연'에 대한 정의라기보다는 공연을 연구하는 학문인 '공연학Performance Studies'을 정의한 것이므로, 순수한 의미에서는 '공연'의 범주에서 제외된다. 그렇다면, 세크너의 '공연' 정의는 다음 3가지가 된다.

① 모든 사물들의 실존
② 모든 사물들의 활동
③ 모든 사물들의 활동을 보여주기

이것을 그림으로 그려보면 다음 〈그림-1〉과 같다.

14) Richard Schechner(2002), op. cit., p.22.
15) ibid., p.22.

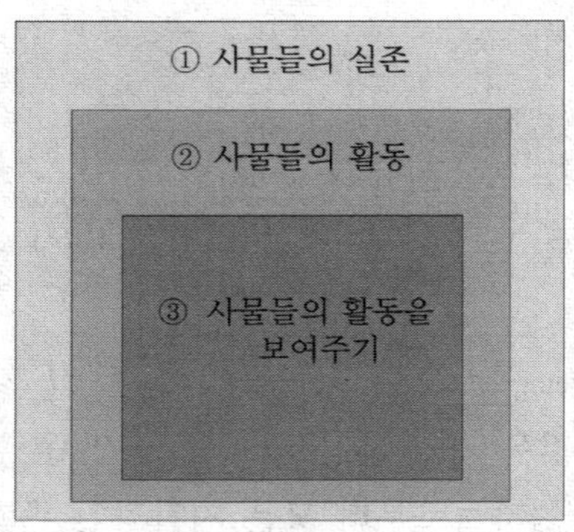

〈그림-1〉 세크너의 공연 정의

여기서 ①과 ②는 공연의 범주를 모든 우주 삼라만상들의 실존으로까지 확장한 개념이므로, 그 정의가 너무 광범위하고 모호하다. 이 개념은 포스트모더니즘 이후 서양의 근대적 패러다임의 모순에서 발생한, 존재론적 '불확정성indeterminacy' 또는 '존재론적 공허'를 타개하기 위한 개념으로 대두된 것이다.

이 개념은, 하이데거와 같은 현상학자들이 '존재의 기초'라는 것을 고취하여, '탈중심화'를 찬양하면서 '지금·이곳'에서 '현존'을 발굴하여 드러내고자 하는, 일종의 '실존적 개념' 또는 '우주적 개념'의 공연 정의라고 할 수 있다. 이러한 입장에 서게 되면, 우리는 '우주의 공연performance of cosmos'이라는 데까지 공연의 개념을 확대할 수 있게 된다.

그러나 이러한 광범위한 공연의 개념은 그 범위가 너무 넓어, 우리가 공연을 좀 더 구체적이고 학문적인 방법으로 다루기 위한 연구에서는 거의 쓸모가 없는 정의가 되고 만다.16)

16) 그러나 이러한 '공연'의 개념은 '공연학'이 도달하고자 하는 가장 궁극적인

셰크너의 공연 개념에서 우리의 주목을 끄는 것은 앞의 ③의 정의, 곧 '행하기를 보여주기'라고 정의한 개념이다. 이러한 정의가 '공연하기performing'를 말한다고 설명한 것으로 보아, 이 정의는 우리가 이 책에서 다루고자 하는 학문적 대상으로서의 '공연'과 비교적 가장 가까운 정의라고 할 수 있다.

곧, 이 정의에서 공연이 '행하기를 보여주기'가 되려면, 여기에는 일단 행하기를 보여주는 '공연자'와 그 공연자가 보여주는 행동/내용과 그 행동을 지켜보는 '청관중'을 전제로 할 수밖에 없다. 이런 면에서, 이 '공연'의 정의는 우리가 여기서 다루고자 하는 '공연'의 정의와 어느 정도 부합하는 공연의 정의가 됨을 알 수 있다.

3) 좁은 의미의 정의

그러나 이러한 공연의 정의에서는 공연 주체가 너무나 광범위하다는 것이 문제이다. 즉, 이러한 넓은 의미의 공연에서는, 공연의 주체가 인간 및 인간사회의 범위를 너무나 멀리 벗어나게 된다. 이러한 공연 정의가 우리가 목표로 하는 인간의 공연으로 좁혀지기 위해서는 공연 주체를 '인간'으로 좀 더 분명하게 제한할 필요가 있다.

이러한 측면에서, 우리는 셰크너가 정의한 앞의 공연 정의에서 ③의 정의 곧 '행하기를 보여주기'라는 정의를 구체적으로 정의하는 하위 정의 작업이 필요하다.

그것은 무엇보다도 이 정의의 적용 영역을 '모든 사물들'의 영

학문적 지평이기도 하다.

역에서 '인간'의 영역으로 좁혀서 재정의하는 작업이다. 이런 시각에서 우리는 셰크너의 이 '공연' 정의를 좀 더 '인간'의 영역 쪽으로 축소하여, 다음과 같이 재정의할 수가 있다.

① 인간의 모든 신체 행위들
② 인간의 일상적인 모든 공적 신체 행위들
③ 청관중을 대상으로 하는 인간의 비일상적인 모든 공적 신체 행위들

이 세 가지 정의를 구체적으로 설명하자면 다음과 같다.

(1) 인간의 모든 신체 행위들

이런 의미의 '공연'은 인간이 인간의 몸을 통해 행하는 모든 행위들을 가리킨다. 인간의 가장 기본적인 생존 행위인 밥을 먹거나 잠을 자거나 성적 행위를 하는 등을 비롯하여, 의식적 또는 무의식적으로 이루어지는 인간의 모든 행위들을 '공연'이라고 할 수 있다. 이것은 인간의 범위 내에서 가장 넓은 의미의 '공연'으로서, '행동심리학'이나 '게슈탈트 이론' 등에서 다루는 '행위 behavior' 영역과 거의 유사한 정도의 폭넓은 의미 영역이라 할 수 있다. 이런 공연 정의에 입각하여 우리는 인간을 '공연적 인간'이라고 부를 수 있게 된다.

(2) 인간의 모든 일상적·공적 신체 행위들

이것은 대체로 '사회학'의 영역에서 다루는 인간의 신체 행위 영역과 유사한 것으로서, 누군가와 '함께' 식사를 하거나 대화를 나누는 행위에서, 교수-학습이나 교묘한 정치적 권모술수의 행위에 이르기까지, 인간이 일상적인 사회생활 속에서 행하게 되

는 모든 신체 행위들을 지칭한다. 그러나 사회학이 이러한 신체 행위를 어떤 집단적이고 사회 구조적인 문제의 시각에서 다룬다면, '공연학'에서는 이런 행위들을 신체 행위 '그 자체'로서 인간의 삶과 결부시켜 다룬다는 점이 다르다.

(3) 청관중을 대상으로 하는 인간의 모든 비일상적·공적 신체 행위들

이것은 가장 좁은 의미의 '공연'으로서, 우리가 종래에 '공연예술'(음악·무용·연극 등)이라 불러왔던 영역보다는 넓고, 일반 사회생활 행위의 영역보다는 좁은, '공연' 그 자체에 목적을 둔 인간의 일련의 공적인 신체 행위를 말한다. 이런 의미에서, '공연'은 지금까지 음악·무용·연극 등으로 분리되어 있던 '공연예술' 전반과, 여기에 포함되지 않았던 각종 제의·놀이·스포츠·퍼포먼스 등을 좀 더 포괄적이고 통합적인 지평에서 다룰 수 있게 된다.

이상의 정의를 그림으로 도표화하면 다음의 〈그림-2〉와 같다.

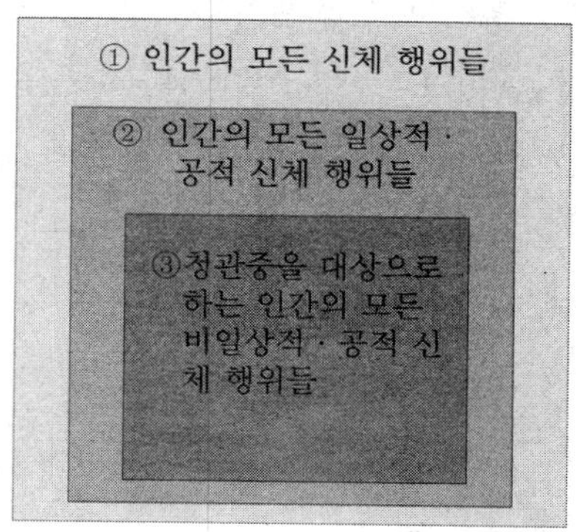

〈그림-2〉 '인간'의 영역으로 축소한 공연의 정의

우리는 여기서, '일상적 공연'과 '비일상적 공연' 사이의 차이점에 관해서 언급할 필요가 있겠다. 공연학자들은 이 양자의 차이점들에 관해서 다음과 같은 점들을 지적하고 있다.

첫째, 일상적 공연은 고정된 텍스트를 거의 갖지 않는 반면, 비일상적 공연들은 정도의 차이는 있지만 어느 정도 '고정된 텍스트fixed text'를 가지고 있다. 일상생활에서 일어나는 어떤 공연 상황은 다른 상황에서 똑같이 반복되지 않는다. 비일상적 사건들 또한 즉흥적이어서 고정된 텍스트가 없는 것들이 대부분이다. 그러나 대다수의 비일상적 공연들은 '고정된 텍스트'를 가지고 있으며, 다만 제한된 범위 내에서만 즉흥성을 발휘할 수 있다.

둘째, 일상적 공연에서는 일정한 텍스트를 '반복'하지 않는 반면, 비일상적 공연에서는 상대적으로 일정한 텍스트를 '반복'하는 경향이 있다. 예컨대, 일상생활에서 벌어지는 일상적 공연에 있어서도, 우리는 개인적인 이야기 또는 농담들을 되풀이하고, '리허설'에서 배우가 하는 반복적인 행동과 별로 다르지 않은 방식으로 의식주 행동이나 각종 일상생활 행위들을 계속해서 반복적으로 되풀이한다. 하지만 이러한 일상생활의 이야기와 행위들은 일종의 '회상'의 형식으로 존재하지 기록된 '텍스트'의 형식으로 존재하지는 않는다. 또 그런 이야기와 행동을 구성하는 연속적인 말과 몸짓 등을 그대로 정확하게 '모방'하기 위해 노력하는 것이, 개개의 발화 행동에서 필수적인 것도 아니다. 실제로 일상생활에서 이루어지는 '역할행동'의 가치는 어떤 모방적 행위의 '반복'에 있는 것이 아니라 새롭게 '변화'를 추구해 나아가는 데 있으며, 부단히 새로운 요소들을 도입하여 응용하고 변화를 조절하는 능력에 있다.

그뿐만 아니라, 일상생활에서의 역할행동은 그것을 수행하는 당사자로부터 분명하게 '분리'되지가 않는다. 이에 반해, 비일상적 공연 예컨대 어떤 배우가 어떤 희곡 작품을 가지고 공연을 하고자 할 때에는, 작품을 비록 공연의 청사진만으로 이용하거나 고쳐서 사용한다고 할지라도, 그가 최종적으로 결정한 일정한 텍스트에 자기 자신을 '분리' 고정시키게 된다. 그렇기 때문에 이런 비일상적 공연에서는 그 역할행동은 그것을 수행하는 공연자가 달라지더라도 계속해서 '반복'되게 되며, 그 텍스트와 그것을 공연하는 공연자는 분명하게 '분리'되는 것이다.

이러한 공연 행동들은 일반적으로 '가장하기make-belive'의 영역에 속한다. 즉, 비일상적 공연자들은 그들이 신성한 제의의 사제자이든, 어떤 놀이의 공연자이든, 또는 스포츠 선수이든, 연극 배우든 간에, 그들이 맡은 바 어떤 정해진 역할을 시간과 공간이 바뀌더라도 계속해서 '반복'해야만 하며, 공연자가 바뀌더라도 그들이 맡아 하는 그 역할은 바뀌지 않고 '반복'되어야만 한다. 그러한 의미에서 그 역할과 그것을 공연하는 공연자는 '분리'되어 있는 것이다.

셋째, 비일상적 공연의 공연자들은 일상적 공연의 공연자들에 비해 고도로 자의식적selfconscious이며 의도적이다. 또한 일반적으로, 사건의 수동적인 목격자로 존재하는 청관중들을 의식하면서 그들을 위해서 공연을 한다. 특히 비일상적 공연의 공연자들은 고도의 '의도성internationality'이라는 것을 가지고 공연을 한다는 점이 중요한데, 이 점이 바로 비일상적 공연을 음식점 웨이터의 공연이나 택배 배달 행위 등과 구별 지어 주는 것이다.

넷째, 비일상적 공연을 하는 공연자들은 일상적 공연을 하는 공연자들보다 신체와 목소리를 고도로 훈련시키고, 공연을 향상시키기 위한 분장·의상·조명과 같은 일련의 직업적인 항목들을 끌어들인다. 또한 신체·목소리·움직임 등과 같은 공연의 수단들을 효과적으로 가다듬고 세련시켜야 할 것으로 취급한다.

물론, 모든 사람들은 다 일종의 공연자들이다. 그러나 그들이 모두 제의의 사제자, 특정 놀이의 공연자, 스포츠 선수, 연극의 배우와 같은 비일상적 공연자들인 것은 아니다. 우리는 모두 '공연'을 할 수 있고, 또 일상적인 공연을 하고 있지만, 그렇다고 우리 모두가 천주교 사제나, 야구 선수나, 소프라노 가수가 되는 것은 아니며, 일반적으로는 여러 가지 공연 양식들에 관한 우리의 이해와 능력을 제고시켜 나아가는 것이다.

공연에 관한 경험은 그 자체가 인식의 한 방법이며, 우리 자신과 우리의 문화에 관한 앎의 한 방법이다. '공연'은 우리로 하여금 문화의 경험적/실험적 능력을 깨우쳐 주고, 우리 스스로를 공연을 통한 창조의 과정에 스스로 참여케 한다.

이상에서 살펴본 바와 같이, 우리는 '비일상적 공연'을 다음과 같이 정의할 수 있을 것이다.

비일상적 공연의 공연자는 ① 공연의 '의도'를 가지고 있으며, ② '청관중'을 위해 공연을 하며, ③ 공연을 위해 특별히 '고안된 공간' 안에서 공연을 하고, ④ 일정하게 '고정된 시간' 동안에 공연을 하며, ⑤ 공연의 수단으로 공연자 '자신의 신체'를 사용하고, ⑥ 때로는 그 신체를 공연이 요구하는 움직임과 발음을 실행할 수 있도록 엄격하게 '트레이닝'하기도 한다.[17)]

이러한 제약조건들을 근거로 해서, '공연'을 구체적으로 정의하자면, 다음과 같은 문장으로 정의할 수 있다.

공연公演: 인간의 신체 행위들 중에서 일정한 공적인 시간과

---

17) Carol Simpson Stern & Bruce Handerson(1993), *Performance: Texts and Contexts*, New York & London: Longman Publishing Group, pp.23~24.

공간 속에서 청관중을 상대로 하여 의식적·의도적으로 행해지는 일련의 의미 있는 사회적 신체 행위, 곧 인간에 의해서 공적으로 조직된 일련의 유의미한 사회적 신체 행위.

이상의 정의를, 우리는 본 연구에서 다루고자 하는 '공연'에 관한 정의로 사용하고자 한다.

3. 공연의 기원

공연의 기원이 무엇인지에 관해서는 그다지 많은 논의가 축적된 것은 아니다. 대체로 공연 이론가들은 인간 공연의 기원을 찾기 위해 사람들의 '모방 행위'에 주의를 기울여 왔으며, 다른 한편으로는 동물 일반의 행동에도 관심을 기울여 왔다.

이러한 방향에 가장 큰 영향을 미친 사람은 동물 진화론의 창시자 찰스 다윈Charles Robert Darwin(1809~1882)이다. 주지하는 바와 같이, 그는 인간보다 열등한 동물들의 행동이 점차 진화하여 인간의 행동이 되었다고 주장하였다.

그 후에 이러한 관심은 동물행동학ethology의 연구들로 이어져, 늑대의 행동에 관한 콘라드 로렌츠Konrad Lorenz의 행동주의적인 연구, 침팬지의 의식적儀式的인 인사 행동에 관한 연구, 그리고 비교적 최근에 발표된 바다표범과 고래의 행동에 관한 연구 등으로 나타나기도 하였다.

이러한 동물 행동의 연구들은 동물들이 어떤 '패턴화된 행동patterned action'을 하고 있으며, 그러한 행동의 표현 능력 속에서 그들은 자기 집단의 다른 동물들을 '모방'한다는 점을 밝혀내었다. 예컨대, 거위들의 의기양양한 춤, 백조들의 구애춤, 늑대들의 싸움춤 등이 그것이다. 특히, 늑대들의 싸움춤은 싸움에서 진 늑대가 이긴 늑대에게 항복하는 상징으로 목을 늘어뜨리는 방식으로 전개되는데, 이러한 행동은 서로를 죽이지 않고 싸움을 끝내게 하며, 영역 싸움에서 자기의 영역에 대한 지배권을 정당화한다고 한다.

이런 동물 행동을 연구하고 기술하는 민족학자들ethnologists은 이런 행동들을 일종의 '공연'으로 생각하여, 그런 동물 행동의 본능적인 특성들을 공연적 특성으로 언급한다. 그리고 동물들의 이러한 공연적 특성들은 바로 인간이 하는 공연의 원형들prototypes로 작동한다고 주장한다.

동물들의 이런 공연 행동은 다음과 같은 특징들이 있다고 한다.

① 무리들 가운데 일부는 공연자로 행동하고, 그 나머지 동물들은 청관중 또는 목격자와 같이 행동하며, 특별한 경우에는 더불어 함께 즐기기도 한다. 물론, 이들의 행동 역할은 경우에 따라 서로 뒤바뀌기도 한다.

② 그들의 행위는, 구애하고 먹고 싸우고 영역을 표시하는 행동과 같이, 효과적인 목적에 봉사하는 것처럼 보일 뿐만 아니라, 그 자체를 즐기는 것처럼 보이기도 한다.

③ 그들의 행위들 가운데서 어떤 공격적인 행위는 좀 더 놀이적인 행위들로 바뀌기도 한다.

④ 경우에 따라, 자연적 공간이 의식적儀式的인 행위의 지속을 위해 사용되는 경우도 있다.

⑤ 그들의 행위들 중에는, 무언가를 두드리고 춤을 추고 발성을

하는, 리드미컬한 행위도 있다.

⑥ 여기에는 리차드 셰크너가 모이기gathering·공연하기performing·흩어지기dispersing라고 부르는 어떤 '움직임의 패턴'도 있다.[18]

이러한 동물들의 행동은 분명, 아리스토텔레스적인 시각에서 볼 때, '처음·중간·끝'으로 이루어지는 연극적 행위와 관련지을 수도 있으며, 리차드 셰크너가 말한 '공연 이전pre-performance·공연performance·공연 이후post-performance'로 이루어지는 공연 행위들과도 관련지을 수 있다.

또한 거꾸로 축제 퍼레이드·정치 데모·장례식 과정에서 졸업식·결혼식 과정 등에 이르기까지의 수많은 '문화적 공연들cultural performances'은, 동물 행동에서 나타나는 이른바 '모이기·공연하기·흩어지기'의 구조와도 밀접하게 관련되어 있다고 볼 수 있다.

빅터 터너·리차드 셰크너·헨리 루이스 게이츠Henry Louis Gates·그레고리 베이트슨Gregory Bateson과 같은 공연 이론가들도, 동물의 공연적 행동과 인간의 공연 행위 사이의 공통점과 차이점에 관한 연구를 통해, 동물들이 이용하는 자연적인 행동 영역들이 어떻게 인간의 문화적·연극적 행위 영역들로 변이되는가를 밝혀내었다. 이들의 연구에 따르면, 동물의 공연적 행동을 모방하는 인간의 공연 행위는, 춤을 추면서 뽐내는 행위나, (거위들의 구애춤과 흡사한 방식으로) 잘난 체를 하면서 경쟁자들의 주목을 받으려고 서로 다투는 다즌스 게임dozens game[19]과 같은 데서 잘 나타난다고 한다.

18) ibid., p.21.

19) 서로 상대방의 어머니에 대한 욕을 하는 게임, 특히 흑인들의 게임에 이런 게임이 있음.

빅터 터너도 신경-정신학적 연구를 통해, 인간이 제의 과정 중에 얻게 되는 인간적 상호 결속의 한 종류인 '커뮤니타스 communitas'의 생물학적 토대를 발견할 수 있는 가능성을 제시하여 주목을 받은 바 있다. 그는 신화적 의식이나 고도의 명상성을 수반하는 총체의식과 신비의식 또는 '흐름flow'과 같은 어떤 고양된 마음의 활동 상태와 신경학의 관계에 관해서도 많은 관심을 기울인 바 있다.[20]

그러나 동물들의 본능적인 행동은 인간의 공연과는 다르다. 인간의 공연은 패턴화하기patterning, 고도의 긴장성intensity, 보여주기display, 시공간의 표시 등과 같은 몇 가지 특징들을 동물들의 행동과 공유할 뿐이다. 한 걸음 더 나아가, 우리가 인간의 예술, 그 가운데서도 공연예술을 생각할 때, 그러한 차이는 더욱 커진다. 다시 말해, 인간 공연예술의 여러 가지 특성들은 우리가 지금까지 논의해온 동물 행동과의 유사성의 차원을 훨씬 멀찌감치 벗어난다.

그것들은 그 예술을 예술이게 하는 본질적인 특징들을 동물 행동과 다른 여러 가지 고도의 차별성을 통해 미학적으로 구현한다. 그뿐만 아니라, 공연예술의 여러 가지 특성들은, 그것을 생산하는 데 관여한 예술가·예술작품·청관중 및 그것을 가능케 하는 각종 문화적 컨텍스트들과의 부단한 교섭의 과정을 통해서 형성되는 것이다.

---

20) Victor Turner(1987), "Body, Brain, and Culture", in *The Anthropology of Performance*, New York: PAJ Publications, pp.156~178.

4. 공연의 범주

공연의 범주는 관점에 따라 여러 가지로 생각할 수 있다. 우리는 다음과 같이 3가지 정도의 공연 범주 구분 방법을 생각할 수 있다. 첫째, 공연을 일련의 '연속체들continuum'로 구분하는 방법, 둘째, 공연의 '정의'와 연관 지어 구분하는 방법, 셋째, 공연의 '성격'에 따라 구분하는 방법이 그것이다.

1) 연속체로 본 공연 범주

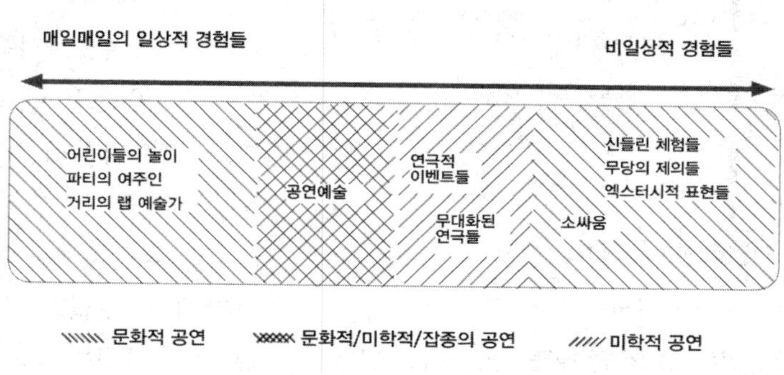

〈그림-3〉 경험 연속체로 본 공연 범주

공연의 범주를 일련의 연속체로 구분하는 방법은 다음과 같이 생각할 수 있다. 먼저 연속체의 한쪽 끝에 '일상적 공연들'을 위치시키고, 그 다른 한쪽에 '비일상적 공연들'을 위치시켜서, 그 사이에 다양한 공연 양식들을 적절하게 배치시켜, 이것들을 일련의 '연속체'로 파악하는 구분 방법이다. 이것을 하나의 도표로 정리해 보면, 위의 〈그림-3〉[21]과 같은 도표가 얻어진다.

이 〈그림-3〉은 또한 다양한 음영을 사용하여, 공연의 범주를 문화적 공연·미학적 공연·잡종적 공연 등으로 분류할 수도 있고, 종교적 공연·정치적 공연·미학적 공연·심리적 공연·문화적 공연 등으로 구분할 수도 있을 것이다.

한편, 공연을 일련의 연속체로 구분하는 다른 하나의 방법으로는, 옆의 〈그림-4〉[22]과 같이 그림의 맨 아래쪽에 '개인적 공연'을 위치시키고, 맨 위쪽에 '집단적 공연'을 위치시켜, 그 양 극단 사이에 각양각색의 수많은 공연들을 위치시키는 구분 방법이다.

집단적인 Collective

공공의 축제	Public ceremonies
에이즈 퀼트	AIDS quilt
마르디그라	Mardi Gras
투우	Bullfight
연극적 이벤트	Theatrical events
무속적 제의	Shamanic rituals
민속의 전승	Folkloric sharings
어린이들의 놀이	Children Playing
개인 서사	Personal narratives
퍼포먼스예술가	Performance artist
파티 여주인	Hostess
개인 서사	Solo performer
랩 아티스트	Rap artist

개인적인 Individual

〈그림-4〉 집단-개인 연속체로 본 공연 범주

21) Carol Simpson Stern & Bruce Handerson(1993), op. cit., p.14.
22) ibid., p.15.

2) 공연 정의로 본 공연 범주

다음으로, 공연을 그 정의와 연결 지어 생각하는 관점에서 공연의 범주를 구분해 보면, 다음과 같이 3가지 범주로 구분할 수 있을 것이다. 첫째, 넓은 범위 공연 범주, 둘째, 중간 범위의 공연 범주, 셋째, 좁은 범위의 공연 범주 등이 그것이다.

(1) 넓은 범위의 공연 범주

이 공연 범주는 우리가 앞에서 정의한 가장 넓은 의미의 공연 정의와 상응하는 것으로서, '인간의 모든 신체 행위들'을 일컫는 공연 범주이다.

여기에는, 개인적인 식사·수면·생식 행위 등, 인간의 가장 일차적인 일상적 생활 행위들로부터 시작해서, 제의·놀이·노동 등의 집단적인 공공의 행위, 그리고 연극·음악·무용·미술 행위 등의 고도로 세련되고 전문화된 모든 비일상적 공연 행위에 이르기까지, 모든 인간 행위들이 여기에 속하게 된다.

(2) 중간 범위의 공연 범주

이 공연 범주는 우리가 앞에서 정의한 두 번째 의미의 공연 정의와 상응하는 것으로서, '인간의 모든 일상적·공적 신체 행위들'을 일컫는 공연 범주이다.

여기에는 음악·연극·무용의 공연 등과 같은 예술적 공연들과 졸업식·결혼식·장례식·대동굿 공연 등과 같이 분명한 공적인 공연의 성격을 갖춘 공연들, 그리고 공적인 식사·교수–학습·마케팅·미팅 행위 등과 같이 일상생활 속에서 공적인 성격을 띠고 행해지는 신체 행위들이 포함된다. 여기에는 수면이나 비밀스런 성적 행위 등과 같이 '공적인 성격'을 갖추지 못한 인간의 행위들은 제외된다는 점에서 ①의 범주보다 좁다고 할 수 있다.

(3) 좁은 범위의 공연 범주

이 공연 범주는 우리가 앞에서 정의한 세 번째 의미의 공연 정의와 상응하는 것으로서, 분명한 그 자체의 목적을 가지고 청관중을 대상으로 하는 '인간의 비일상적인 모든 비일상적·공적 신체 행위들'을 지칭하는 공연 범주이다.

여기에 속하는 공연들로는, 청관중들에게 '보여주기 위한' 분명한 목적을 가지고 행해지는 공적인 공연 행위들로서, 제의·놀이·스포츠·공연예술 등과 같이, 분명한 공연 의도를 가지고 그 공연 행위 자체를 목적으로 삼는 전문적이고 본격적인 공연 행위들이 포함된다. 여기에는 공적인 행위들 가운데서, 공적인 식사·교수–학습·마케팅·미팅 행위 등과 같이 일상생활에서 공적인 성격을 띠고 행해지는 행위들은 제외된다는 점에서 ②의 범

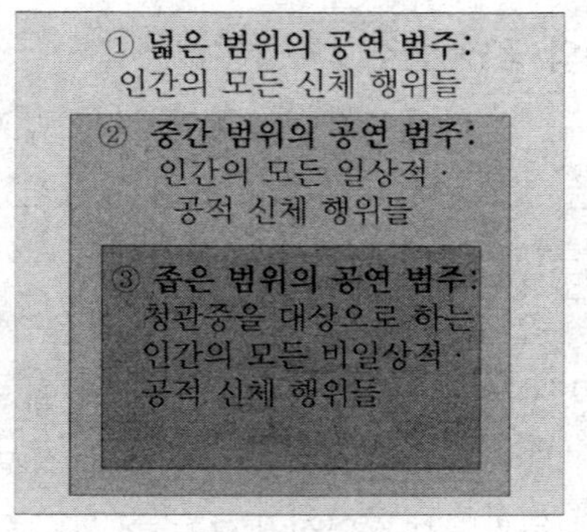

〈그림–5〉 공연의 정의로 본 공연 범주

주보다 작다.

이상의 공연의 범주 구분을 그림으로 도식화 하면 위의 〈그림-5〉와 같이 표현할 수 있다.

3) 공연의 성격·내용에 따른 공연 범주

공연의 성격 또는 내용에 따라 공연의 범주를 구분 짓는 방법으로는 다음 3가지 견해가 있다. 첫째, 범주를 둘로 나누는 양분설, 둘째, 셋으로 나누는 삼분설, 셋째, 여덟 가지로 나누는 8분설 등이 그것이다.

(1) 양분설: '공연인 것is performance'과 '공연으로 볼 수 있는 것as performance'

공연을 '공연인 것is performance'과 '공연으로 볼 수 있는 것as performance'으로 양분하는 방법이 있다. 이 구분 방법은 공연학자 리차드 셰크너에 의해 시도된 것이다.

전자는 역사적·사회적 컨텍스트, 관습, 용법, 전통 등이 그것이 공연임is performance을 말해주는 공연이다. 예컨대, 제의·놀이·게임·일상생활 역할 등은 그것에 관련된 관습·컨텍스트·용법·전통 등이 그것을 '공연이라고' 말해주기 때문에, 그것은 '공연'이 된다. 즉, 어떤 것이 '공연'이 되기 위해서는, 그것을 둘러싼 특수한 문화적 환경들이 그것을 '공연'으로 확인해 주어야만 한다는 것이다. 여기에는 연극·무용·음악·공연예술·서커스·인형극·시가낭독·영화 등이 포함될 수 있다.

후자는 엄밀한 의미에서 '공연'은 아니지만 공연으로 보고 공연이라는 개념을 '간접적으로 적용'할 수 있는 것들을 말한다.

이것은 '땅'과 '지도'의 관계로 비유할 수 있다. 즉, 지도는 땅 자체는 아니지만, 우리는 지도를 땅이라고 볼 수는 있다. 그것이 땅 자체는 아니지만 그것을 통해서 우리는 땅 자체를 효과적으로 인식할 수가 있기 때문이다.

이와 마찬가지로, 엄밀한 의미에서 '공연'은 아니지만 '공연으로 볼 수 있는 것'이 있다.[23] 예컨대, 과학적인 실험들, 사회-역사적인 여러 과정들, 정치적 행위들, 민속적 표현들, 가십gossip, 사회적 표현들, 일상적 행위들, 여러 가지 자아들, 정체 행동들, 문학 작품들, 법전들 등이 그것이다.[24] 이것을 도표화 하면 다음 〈그림-6〉과 같다.

공연인 것 is performance	공연으로 볼 수 있는 것 as performance
연극·무용·음악·공연예술·서커스·인형극·시가 낭독·영화 등	과학적인 실험들, 사회-역사적인 여러 과정들, 정치적 행위들, 민속적 표현들, 가십, 사회적 표현들, 일상적 행위들, 여러 가지 자아들, 정체 행동들, 문학작품들, 법전들 등

〈그림-6〉 양분설 공연 범주

(2) 삼분설: 문화적 공연·문학적 공연·공연예술

다음으로는, 공연의 범주를 문화적 공연cultural performance·문학

23) Richard Schechner(2002), op. cit., pp30~35.

24) Philip Auslander ed.,(2003), *Performance: Critical Concepts in Literry and Cultural Studie,* London & New York: Routledge, p.15.

적 공연literary performance·공연예술performance art 등 3가지 범주로 구분하는 방법이 있다.[25)]

'문화적 공연'에는 개인서사personal narrative, 민담 낭독, 각종 민속적 공연 이벤트, 사회극social drama, 제의rituals, 의식ceremonies 등이 포함될 수 있다.

'문학적 공연'에는 시·소설·희곡 등 각종 문학 텍스트와 관련된 공연들이 포함된다.

'공연예술'에는 미래파·다다이즘 등의 공연에서 시작하여, 백남준의 비디오 아트 등에 이르는, 각종의 '퍼포먼스들'이 모두 포함될 수 있다.

이것을 도표화 하면 다음 〈그림-7〉과 같다.

문화적 공연	문학적 공연	공연예술
개인서사, 민담 낭독, 민속적 공연 이벤트, 사회극, 제의, 의식 등	시 · 소설 · 희곡 등	미래파 · 다다이즘 · 비디오 아트 등

〈그림-7〉 삼분설 공연 범주

(3) 8분설: 여덟 가지 범주 구분

이것은 가장 최근에 들어와 리차드 셰크너에 의해 구분된 것으로서, 공연의 범주를 훨씬 더 넓히고 세분하여 다음과 같이 8가지의 영역으로 나누는 방법이다.

첫째, 일상생활 공연, 둘째, 예술 공연, 셋째, 스포츠 및 여타

25) Carol Simpson Stern & Bruce Handerson(1993), op. cit., pp.14~16.

대중오락 공연, 넷째, 비즈니스 공연, 다섯째, 테크놀로지 공연, 여섯째, 섹스 공연, 일곱째, 성속제의聖俗祭儀 공연, 여덟째, 놀이 공연 등이 그것이다.[26)]

이 공연 범주 구분은 인간 삶의 여러 영역들 가운데 '공연'으로 접근할 필요가 있다고 생각되는 주요 영역들을 모두 부각시켜 구분한 것인데, 이것은 공연을 실제로 접근해 가는 데에는 매우 효과적일 수 있다. 그러나 이러한 공연의 범주화는 보는 사람의 시각에 따라 시대·사회에 또 달라질 수 있기 때문에, 그만큼 유동성이 큰 범주 구분이라 하겠다. 그럼에도 이러한 범주 구분은 오늘날의 공연사회를 고려한 시의적절한 구분이라는 점에서 그 의의가 있다.

일상생활 공연	예술 공연	스포츠 · 대중오락 공연	비즈니스 공연
테크놀로지 공연	섹스 공연	성속제의 공연	놀이 공연

〈그림-8〉 8분설 공연 범주

5. 공연의 구성요소들

공연을 형성하는 구성요소들은 생각하기에 따라 여러 가지를 떠올릴 수 있을 것이다. 그러나 공연이 형성될 때 반드시 갖추어

26) Richard Schechner(2002), op. cit., p.25.

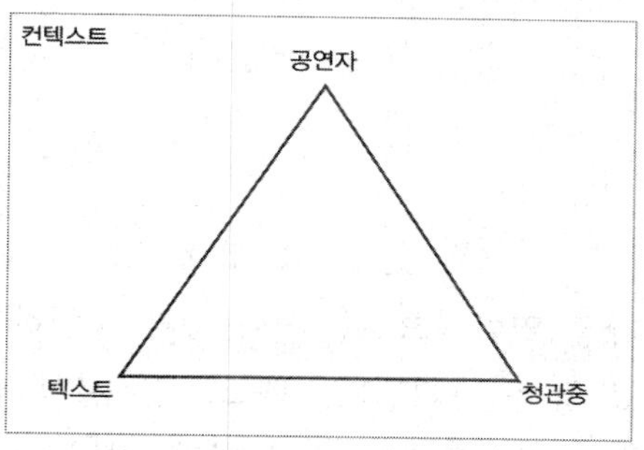

〈그림-9〉 공연의 구성요소

져야만할 필수 요소들로는 다음과 같은 4가지가 있다. 그것은, 바로 공연자performer·텍스트text·청관중audience·컨텍스트context 등의 4가지이다.

1) 공연자

'공연자'에 관한 모든 정의의 기초에는, 그 도구가 자신의 '신체'인, 인간으로서의 공연자가 존재한다. 우리는 이러한 인물을 '배우'라기보다는 '공연자'라고 부르는 것이 더 바람직하다. 연극계에서 공연자를 일컫는 틀에 박힌 용어인 '배우'보다는 '공연자'라는 용어가 훨씬 더 포괄적인 용어이기 때문이다. 이 '공연자'라는 용어는 매일 일상생활에서 상황에 따라 역할연기를 하는 역할 연기자들role-players, 소리를 내어 낭독을 하는 낭독 공연자들, 배우들 등을 두루 포함할 수 있다. 공연자는 텍스트와 컨텍스트 사이의 교차 지점에 놓여 있다.

2) 텍스트

'텍스트'는 가장 일반적으로는 공연자가 공연하는 대본·희곡·구술 녹음 자료 등을 가리킨다. '텍스트'는 문학 작품이거나 구술 기록물이거나 또는 몸짓일 수 있지만, 반드시 '반복'될 수 있어야만 한다. 이 '텍스트' 개념은 그 범위를 좀 더 확장하여 의식儀式이나 제의祭儀 등의 텍스트에도 적용할 수 있다. 그리고 가장 넓은 의미의 '텍스트'는 모든 종류의 공연 대본들descripts 또는 청사진을 일컫는 것일 수도 있다.

'텍스트'의 종류에는 기억력에 따라 구비 전승되는 '구술 텍스트oral text'와 문자 기록으로 이루어진 '문자 텍스트written text'로 나눌 수도 있다. 공연 텍스트들 가운데 전자도 후자 못지않게 큰 비중을 차지하고 있고, 역사적으로 전자가 후자보다 선행한다.

'텍스트'는 또한 그 성격에 따라 공연예술의 기본인 개인적 텍스트, 민속적 텍스트, 사회-문화적 텍스트, 미학적 텍스트 등, 여러 가지로 나누어 볼 수도 있다.

더욱이 서양의 예술적 공연은, 반복 가능한 기존의 텍스트나 악보를 한 번 실행에 옮긴 상태라는 점에서, 운동선수의 공연이나 학생의 수험 행위 등과는 분명하게 구별되어 정의된다. 그래서 예술적 공연에는 〈햄릿〉과 같은 '텍스트'가 있고, 이 텍스트에 대한 많은 '공연들'이 있으며, 이 '텍스트' 자체와 이 텍스트에 대한 다양한 '해석들'이 있게 되는 것이다.

그러나 이러한 서구중심적인 좁은 의미의 초보적인 '텍스트'의 개념은, 세계 여러 나라의 다양한 공연문화 양식들, 예컨대

'문자 텍스트'가 존재하지 않는 구비 전승 형태, 또는 행위 전승 형태의 민속적인 공연문화 양식들을 다루는 데는 적합하지 않아, 오늘날에 와서는 그 한계를 드러내게 되었다.

서양의 이러한 상식적인 정의는 중요한 한 가지 가정을 내포하고 있다. 즉, '텍스트' 그 자체는 그것의 실제적인 실현인 공연 또는 실현 가능한 공연들과는 구별될 뿐만 아니라, 그런 공연들을 '초월해서 독립적으로 존재'한다는 가정이 그것이다. 말하자면, 텍스트는 그에 따른 많은 공연들을 예측하거나 허가하며, 텍스트 속에는 그러한 공연의 다양성이 내포되어 있다는 가정이다.

이처럼, 서양에서는 그동안 전통적으로 텍스트는 그것의 표현인 공연보다 선험적인 위치를 차지하고 있으며, 공연은 텍스트 다음의 제2의 등급에 속하는 사건으로 보아 왔다.[27]

그러나 공연학의 처지에서 보자면, 이러한 서양의 '텍스트' 개념은 매우 협소하거나 잘못된 것이다. '텍스트'는 그것을 만드는 인간 행위의 산물이며, 그것이 다시 다른 인간들에게 수용되어 그들에게 의미 있는 실체가 되지 않는다면, 아무런 의미도 가치도 없는 것이다.

그러므로 적어도 텍스트의 차원과 공연의 차원은 서로 '대등'한 위상으로 인정되어야만 하며[28] 여기서 한 걸음 더 나아가, 우리는 공연 그 자체를 하나의 텍스트 곧 '공연 텍스트performance text'로 인정해야만 한다.[29] 이렇게 될 때, 여기서부터 비로소 공

27) 프랭크 랜트리키아 외 편저, 정정호 옮김(1994), 《문학연구를 위한 비평 용어》, 서울: 한신문화사, '공연' 항목 참조.

28) 폴 덤 지음, 김문화 옮김(1998), 《관객을 위하여》, 서울: 평민사, '서문' 참조.

29) Patrice Pavis(1982), *Languages of the Stage,* New York: Performing Arts Journal Publications, p.160. 이 책에서, 파비스는 '텍스트'를 '희곡 텍스트dramatic text'·'연극 텍스트theatrical text'·'공연performance'·'미장센mise-en-scène'·'연극사건

연문화에 대한 좀 더 바람직한 학문적 연구가 시작될 수 있다.

3) 청관중

'청관중'은 공연의 또 다른 중요한 구성요소이다. 이 청관중이란 요소를 공연의 주요 구성요소로 간주하는 것이 옳은가 옳지 않은가에 관한 논의도 있으나, 그러한 논의들은 이제 부정되고 있다. 청관중은 공연을 능동적 혹은 수동적으로 수용하는 사람을 말한다. 모든 공연은 처음부터 청관중의 지평 아래에서 만들어지고, 청관중의 지평 아래 놓여 있다. 공연의 모든 참여자들participants이 공연을 만들어내기 위해 노력하는 것은, 결국 그 공연을 청관중들 앞에 놓고, 청관중들에 의해 수용되도록 하기 위한 것이다. 그러므로 청관중은 공연의 시작이자 끝이라고 말할 수 있다.

청관중은 다음과 같은 특성을 가지고 있다.

첫째, 청관중은 공연의 근원적인 동기 부여자, 곧 발신자이자 수신자이다. 둘째, 청관중은 공연을 구성하는 가장 중요한 요소들 중의 하나이다. 셋째, 청관중은 '이중적 존재'이다. 청관중은 연극의 구성요소임과 동시에 일상생활의 연장선 위에 있는 존재이기도 하다. 넷째, 청관중은 익명적인 집단적 존재이다. 다섯째, 청관중은 공연의 가치 평가자이다. 여섯째, 청관중은 공연의 가장 중요한 재정적인 지원자이다. 일곱째, 청관중은 공연의 구매자/소비자이다. 여덟째, 청관중은 공연자와의 상호작용을 통해서 인간관계를 높은 수준으로 '제의화'한다. 아홉째, 그러면서도, 청

---

theatre event'·'공연 텍스트performance text' 등 6가지로 구분하고 있다.

관중은 공연 중에 자기 자신의 실제적인 인격과 자아를 고스란히 유지하고 보존한다.[30] 열째, 청관중은 '능동적 청관중'과 '수동적 청관중'으로 나눌 수 있다. 전자는 판소리나 탈놀음 등에서와 같이, 공연 중에 공연자와 청관중 사이에 매우 능동적인 상호작용을 주고받는 경우의 청관중을 지칭한다. 후자는 서양 근대 사실주의 연극에서와 같이, 공연 중에 공연자와의 사이에서 줄곧 매우 수동적인 관계만을 유지하는 청관중을 가리킨다.

청관중론은 크게 다음 두 가지의 틀로 구분할 수 있다.

첫째, 공연의 이념, 공연 제작 재료의 선택, 청관중들의 정의와 기대 등을 통해서, 일종의 '문화적 구조'와 관련되는 '외적인 틀outer frame'로서의 청관중론이 가능하다.

둘째, 공연 세계에 대한 청관중의 체험을 다루는 '내적인 틀inner frame'로서의 청관중론이 가능하다.

이 '외적인 틀'로서의 청관중론과 '내적인 틀'로서의 청관중론은 서로 긴밀하게 상호 연관되어 있으며, 상호의존적이라고 할 수 있다.[31] 즉, 전자는 후자를 문화-역사적으로 제한하며, 거꾸로 후자는 전자를 결정하는 데에 많은 영향을 미친다.

4) 컨텍스트

'컨텍스트'는 우리가 텍스트의 이해를 형성하는 사회적·정치적·심리적·미학적 요인들을 말한다. '텍스트'는 공연 그 자체의

---

30) 파벨 캄파뉘 외 지음, 이인성 옮김(1988), 《연극의 이론》, 서울: 도서출판 청하, 336~340쪽.

31) Susan Bennett(1990), *Theatre Audiences,* London & New York: Routledge, pp.1~2.

외부에 존재하는 여러 가지 요인들인 이 '컨텍스트' 의해서 제약을 받게 된다.

또한, '컨텍스트'는 어떤 종류의 공연 사건은 이해하고 다른 어떤 종류의 공연 사건은 이해하지 못하는 청관중들에게 즉각적으로 유용한, 여러 가지 사건들로 구성된다. 컨텍스트적인 문제들은 주로 텍스트 경계들의 외부 및 공연 사건들의 외부에 존재하지만, 그러나 그것들은 종종 그 내부와 깊이 연관되어 있어서, 텍스트와 컨텍스트 사이의 경계들은 종종 희미해지기도 한다.

이밖에, 다른 공연의 요소로서는, 공연자가 맡아 하는 '역할roles'과 그 공연이 의존하고 구축해내는 '형식frame'이 있으며, 또이 형식 속에 여러 켜로 성층화成層化되어 내재해 있는 여러 가지 '관습적·문화적 층위들laminations'이 있다.[32] 공연 행위는 본질적으로 살아 있는 신체의 상징적인 '형식들'을 취하고 있으며, 그것들을 통해서 여러 가지 의미를 구성하고, 개인적·문화적 가치를 인식하고 계발하는 '호모 퍼포먼스homo performance'의 길을 제공해준다.

6. 공연의 윤리학

공연에는 윤리적인 고려 사항이 뒤따르게 된다. 우리는 공연에 참여하는 '참여자participants'로서, 어떤 식으로든 자기의 '관점'을 견지할 수밖에 없다. 이 경우에 우리는 스스로 어떤 '민중적

32) Carol Simpson Stern & Bruce Handerson(1993), op. cit., pp.4~5, 16~20.

관점'을 취할 수도 있고, 어떤 윤리를 대변하는 특이한 '소수 집단의 관점'을 취할 수도 있으며, 때로는 '문화상호적인 관점'을 취할 수도 있다. 또한 경우에 따라, 우리는 어떤 문화의 '중심인中心人의 시각'을 견지할 수도 있고, '주변인周邊人의 시각'을 견지할 수도 있다.

그뿐만 아니라, 어떤 문화 예컨대 서구문화의 수많은 연극들은 연극 자체에 사로잡히지 않는, 감상 대상으로부터 좀 더 멀리 떨어진 연극 감상의 관례를 추구하는 경향이 강한 반면, 다른 문화 예컨대 동양 특히 우리나라의 대부분의 전통연극들은 감상 대상들과의 개방적인 상호작용과 공연에의 적극적인 개입을 추구하는 경향이 매우 강하다. 이처럼, '미적 거리'에 관한 관습과 태도 면에서도, 공연의 역사와 전통에 따라, 그 관점과 태도가 다르게 나타난다. 이러한 문제들은 결국 여러 가지 '공연 윤리'의 문제를 낳게 된다.

또한, 공연에서는 정치적인 태도도 매우 중요한 공연 윤리의 문제를 낳게 된다. 즉, 어떤 공연은 정치적·사회적 변화 문제에 대해 비교적 온건한 '보수적 태도'를 취하기도 하고, 어떤 공연은 이런 문제에 대해 매우 '진보적이고 공격적인 태도'를 취하기도 한다.

또한, 같은 공연에 대해서도, 어떤 청관중들은 매우 '호의적인 태도'를 보이고, 어떤 청관중들은 반대로 매우 '적대적인 태도'를 취하기도 한다. 어떤 공연에서는 '인종 문제'로 의견이 서로 대립하기도 하고, 어떤 공연에서는 '양성 문제' 또는 '젠더 문제'로 의견이 대립하기도 한다.

경우에 따라, 우리는 어떤 공연에 대해, 그 공연을 이루어낸 문화 공동체의 '내부자內部者'의 태도와 그 문화 공동체 밖의 '외부자外部者'의 태도가 서로 첨예하게 대립하기도 한다.

시카고의 난민들을 연구한 바 있는 드와이트 캉커굿Dwight Conquergood은, 도덕적인 태도면에서 다른 사람에 대해 5가지의 구별되는 공연' 자세stances가 있음을 말하고 있다. '관리자의 착취적인 자세', '광신자의 열광적인 자세', '회의론자의 회피적인 자세', '관장官長의 자기 선전적인 자세', '진정한 도덕적인 자세'가 그것이다.

첫째, '관리자의 착취적 태도'는 욕심과 이탈로 표현된다.

둘째, '광신자의 열광적 태도'는 '관리자의 착취적 자세'와는 정반대의 지나침으로 나타나며, 다른 사람들의 경험을 하찮게 여기고 그러한 경험의 차이점들을 그럴듯한 말로 얼버무려버린다.

셋째, '회의론자의 회피적 태도'는 뒤에 서서 다른 사람들을 비웃고 그가 교육을 받은 상황의 위나 바깥에 자기의 위치를 설정하여, 자기는 어떤 현상에 대해 매우 초연하다는 점을 자랑한다. 도덕적 군중으로서의 이러한 회의론자의 자세는 다른 사람들과의 대화를 두려워하는 태도라고 캉거굿은 비난한다.

넷째, '관장의 자기 선전적 태도'는 자기는 고결한 이상형 인물이라는 식의 낭만적 이념과 정서를 드러낸다.

다섯째, '진정한 도덕적 태도'는, 자기 스스로 자기와는 다른 세계관들 또는 다른 가치관들과 접촉하려고 노력하면서, 신뢰를 바탕으로 하여 서로 대화를 추구하고자 하는 자세이다.

이 가운데 '진정한 도덕적 태도'는 의도적으로 어떤 특정한 방향의 결론을 지향하는 것이 아니라, 서로가 질문하고 논쟁하고 도전할 수 있도록 하는 태도이다. 그래서 이러한 태도는 어떤 공연에 공감하여 그 공감으로 결론을 맺자는 태도가 아니라, 공감을 통해서 각자의 서로 다른 '차이들'에 관해서 서로 개방적인 인식을 추구하자는 것이다. 그리고 어떤 사람들이나

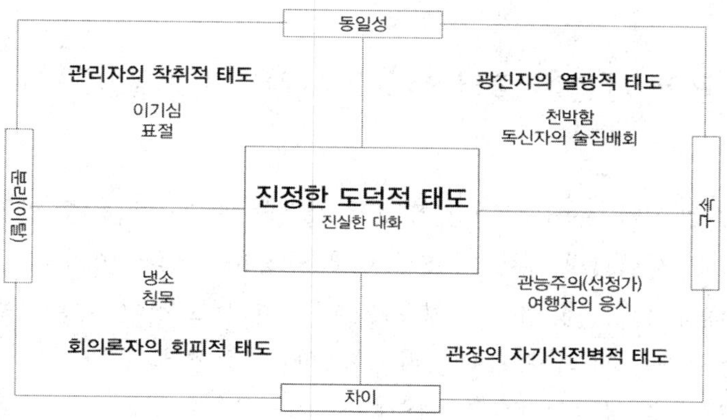

〈그림-10〉 캉거굿이 제시하는 5가지 공연윤리 태도

문화들에 관해서 일방적으로 말하는 것이 아니라, 서로가 상호 개방적으로 말을 걸고 서로 함께 대화를 나누려는 태도이다. 이러한 자세는 어떤 문제에 대해서 당장의 해결을 추구하는 자세가 아닌, 서로 다른 문화들 사이에 친밀한 대화를 통해서 미래지향적인 방향으로 함께 더불어 나아가는 태도라고 할 수 있다.[33)]

이상의 5가지 공연 윤리의 태도를 캉거굿은 위의 〈그림-10〉과 같이 도식화하고 있다.

---

33) Dwight Conquergood(1985), "Performing as a Moral Act: Ethical Dimensions of the Ethnography of Performance", in *Literature in Performance* 5(2), pp.1~13.

7. '공연' 개념을 둘러싼 최근의 주요 논의들

'공연'이란 용어는 최근 몇 년 동안에 문학이나 각종 예술들, 그리고 사회과학 분야 등에서 매우 대중화되었다. 이처럼 '공연'의 대중성과 활용성이 점차 증가함에 따라, 그것이 어떤 종류의 행동인가를 분석하고 해석하고자 하는, 공연에 관한 글쓰기의 양도 매우 복잡하게 증가하였다.

이러한 주석과 해석의 양적인 증가는 공연 연구에 관심을 기울이는 사람들에게 도움이 된다기보다 오히려 장애가 되는 것처럼 보이기도 한다. '공연'에 관해서 이렇게 많은 것들이 광범위한 분야의 전문가들에 의해서 쓰여지고, 그 과정에서 '공연'이라는 하나의 특정한 비평적 어휘의 의미망이 매우 복잡하고 다양하게 발전되어 왔기 때문에, 이에 관한 논의의 방법을 찾고자 하는 초보자들은 혼란스러움과 위압감까지 느낄 정도이다.[34)]

'공연'을 중심으로 하는 일련의 이러한 최근의 세계 문화연구의 중심 흐름의 변화에 관해서, 문화 분석가 레나토 로살도 Renato Rosaldo(1989)는 다음과 같이 말하고 있다.

> 우리 모두는 불균형, 권력, 그리고 지배 등이 배어드는, 침투성이 강한 민족적·문화적 경계들을 가로질러, 무언가를 서로 주고받는 것을 특징으로 하는 상호의존적인 20세기 후반기의 세계에 살고 있다. 사회분석의 '고전적 규범들'은 이러한 새로운 사회 세계

34) Marvin Carlson(1996), *Performance: a critical introduction,* London & New York: Routledge, p.187.

를 특징짓는 갈등·변화·불균형 등의 문제를 취급하기에는 부적절하다. 그 결과, 사회 분석가들은 더 이상 차이와 불일치를 배제하는 조화와 합의를 추구하지 않게 되었으며, 문화의 주변부들이 그 가장자리로부터 중심부로 이동하게 되었다.[35)]

일찍이 미하일 바흐친Mikhail M. Bakhtin(1986)도, 이러한 사회-문화적 변화의 조짐에 관해서, "문화의 가장 강렬하고 생산적인 생명력은 주변부들에서 생겨난다"[36)]는 말로 암시한 바 있다.

한편, 드와이트 캉커굿(1991)은 최근의 이러한 문화적 변화를 '신체의 복귀return of body'라는 말로 표현하고, 오늘날의 민족지적 관심사는 이른바 '공연 개념의 부상浮上'이며, 이러한 변화는 세계를 '텍스트'로 보는 관점으로부터 세계를 '공연'으로 보는 관점에로 변화시켰다고 말하고 있다.[37)]

스테판 타일러Stephen Tyler(1987)도 오늘날의 민족지들은 결국 '문화에 대한 총체적 감각 경험'에 관심을 기울이는 방향으로 전환하게 되었으며, 오늘날의 민족지 텍스트는 일종의 '신체화 되고 음성으로 발화되고 공연되는 텍스트'가 될 것이라고 말하고 있다.[38)]

여기서 더 나아가, 존 맥킨지Jon McKenzie(1994)는 '공연'이라고

---

35) Renato Rosaldo(1989), *Culture and Truth: The Remarking of Social Analysis,* Boston: Beacon Press, p.28, 45.

36) Mikhail Bakhtin(1986), *Speech Genres and Other Late Essays*, trans. Vern W. McGee, Austin: University of Texas Press, p.2. 이에 관한 좀 더 자세한 내용은 미하일 바흐찐 지음, 이덕형 외 옮김(2001), 《프랑수아 라블레의 작품과 중세 및 르네상스의 민중문화》, 서울: 아카넷, '서론: 문제의 제기' 참조.

37) Dwight Conquergood(1991), "Rethinking Ethnography: Towards a Critical Cultural Politics", in *Communication Monographs*, vol. 58, pp.180~190.

38) Stephen Tyler(1987), *The Unspeakable: Discourse, Dialogue, and Rhetoric in the Postmodern World,* Madison: University of Wisconsin Press, p.225.

하는 것이 '21세기의 가장 중요한 용어'라고까지 주장하고 있다.[39)]

이러한 일련의 문화적·학문적 변화는 그만큼 우리에게 '공연'이라고 하는 것에 관한 새로운 접근 방법과 인식을 강력히 요구하고 있는 것이라 하겠다. 그렇다면, 오늘날 '공연'을 둘러싸고 이루어지고 있는 학계의 주요 논의들을 여기서 살펴보기로 하자.

1) 공연과 신체

'공연'은 무엇보다도 '신체의 현존現存 presence'을 요구한다. 이런 면에서 공연은 일차적으로 공연자의 어떤 신체적 행동이 우리 눈앞에 구체적으로 나타나는, 숙련된 신체의 현존이다.[40)]

마빈 칼슨Marvin Carlson(1996)에 따르면, '공연'의 개념에서는 우선 두 가지 중요한 개념을 구분할 필요가 있다. 하나는, 어떤 '신체적인 재주craft의 표현'이라는 개념이고, 또 다른 하나는, 어떤 특별한 재주라기보다는 사회적으로 두루 알려져 인식되어 있고 문화적으로 코드화되어 있는 어떤 '행위 패턴의 표현'이라는 개념이다.[41)] 전자는 공연예술 쪽에 그 중심이 놓여 있고, 후자는 인간의 모든 문화적인 공연 양식들에 두루 적용될 수 있을 것이다.

데이비드 그레버David Graver(1997)는 공연에서 배우의 현존이

---

39) Jon McKenzie(1994), "Virtual reality: performance, immersion, and the thaw", in *TDR: The Journal of Performance Studies* 38(4): pp.83~106; Jon McKenzie(2001), *Performance or Else: From discipline to Performance,* London: Routledge.

40) 앙리 구이에 지음, 박미리 옮김(1996), 《연극의 본질》, 서울: 집문당, 19~33쪽.

41) Marvin Carlson(1996), op. cit., 'preface'.

라는 단순한 개념을 거부하고, 좀 더 복잡한 형식 속에서 '현존'의 개념을 구축할 것을 주장했다. 그는 무대 위에서 펼친 신체의 현존 양식들을 다음과 같이 7가지로 구분하여 제시한다. 등장인물characters·공연자performers·해설자commentators·가면인격personages·집단 대변자group representative, members of socio-historical groups·물질적 신체physical flesh·개인적 감수성의 신체body of private sensations 등이다. 여기서, '가면인격'이란 세상에 알려져 있는 어떤 사람의 '명성'과 같은 것으로서, 유명 인사나 유명 배우의 명성 등에서 가장 잘 나타나는 현존 양식이다. 예컨대, 브로드웨이의 길거리에서 스타들의 신체를 본다는 기대감은, 그 어떤 다른 매력들보다도 더 강력하게 사람들을 극장으로 끌어들이는 매력이 되는데, 이때에 사람들을 극장으로 끌어들이는 그 무엇은 바로 이 '가면인격'이라 할 수 있다.[42)]

2) 공연과 청관중

공연의 요소 가운데서 그동안 가장 소홀하게 다루어진 영역은 청관중에 관한 것이었다. 그런데, 최근 들어 공연에 관한 논의에서 이 분야에 관한 논의가 상당히 활발해지고 있다. 이 점은 공연 논의에서 매우 고무적인 것이다. 청관중은 공연에서 가장 중요한 기본 요소들 가운데 하나이기 때문이다.

먼저, 마빈 칼슨(1996)은 공연에서 청관중의 중요성을 다음과 같이 강조한다. "공연은, 경우에 따라서는 그것의 청관중이 자기

42) David Graver(1997), "The Actor's Bodies", *Text and Performance Quarterly* 17(3): pp.221~235; Philip Auslander ed.(2003), *Performance: Critical Concepts in Literary and Cultural Studies*, vol.Ⅱ, London & New York: Routledge, pp.157~174.

자신일 때조차도, 항상 누군가를 '위한', 즉 그것을 공연으로 확인하고 인식하는 어떤 '청관중'을 '위한' 것이다."[43]

한편, 질 돌런Jill Dolan(1993)은 오늘날의 '연극적 공연'의 '청관중' 변화 양상에 관심을 기울였다. 그는 '관찰하다' 또는 '숙고하다'와 같은 말보다는 '관여하다'라는 말을 사용하여, 연극 청관중론에 관한 자기의 핵심적인 관심사를 다음과 같이 지적한다.

> "'연극적 공연'이 여러 사회적·문화적 환경들에 관한 일종의 메타-주석에 불과하다고 하더라도, 이러한 '연극적 공연' 행위를 형성하는 그 특별한 의식성意識性은 그것을 수많은 다른 무분별한 문화행동과 분명하게 구별시켜 준다. 연극이 공연예술의 방향으로 나아가면 나아갈수록, 이러한 특별한 의식성은 더욱 더 정교화 되어 나타나게 된다. 그 결과, 오늘날에 와서는 연극 공연에서 청관중에게 기대되는 '역할'이, 공연자의 발음, 연기 동작, 특정한 문화 소재들을 해독하는 어떤 '수동적'인 해석적 과정으로부터, 이제는 훨씬 더 '능동적'인 어떤 과정으로 변화되었다. 그래서 이제는 청관중들이 그 안에서 여러 가지 의미들이 '매개'된다기보다는 오히려 의미들이 '창조되고, 의문시되고, 교섭되는' 어떤 관습 또는 어떤 컨텍스트로 나아가게 되었다. 다시 말해 '청관중'은 이제 그 연극적 사건이 생성하는 어떤 '의미와 체험의 공동 창조자'로서의 능동적인 역할을 작동시키도록 유도되고 기대되고 있다."[44]

이 놀라운 청관중론은, 바로 한국의 판소리·탈놀음·풍물굿의 청관중과 같은 그런 능동적이고 적극적인 청관중을 옹호하고 지

43) Marvin Carlson(1996), op. cit., pp.3~6.

44) Jill Dolan(1993), "Geographics of Learning: Theatre Studies, Performance, and the 'Performative'", *Theatre Journal*, vol. 45, pp.432~442.

향하고 있어, 우리의 깊은 관심을 끌어당기고 있다.

연극기호학자인 안느 위베르스펠드Anne Ubersfeld(1982)는 같은 문제를 기호학적인 관점에서 접근한다. 그녀도 청관중이 공연 속에서 자신이 능동적인 역할을 취함으로써 즐거움을 얻는다는 점에 주목하였다. 그 즐거움은 곧 연극적 기호들이 그에게 제공하는 다중적인 기호들을 해독하는 즐거움이다.[45)]

마르코 드 마리니Marco De Marinis(1987)는 경험적인 접근 방법을 활용하여 청관중의 문제를 다루고자 한다. 그는 청관중의 주의 집중 문제에 초점을 맞추어, 공연에 의해서 청관중의 주의가 어떻게 집중되고 이완되는가를 탐구했다.[46)]

이들 두 사람, 곧 안느 위베르스펠드와 마르코 드 마리니는 둘 다 청관중이 놓인 상황을 '기대의 좌절'과 '기대의 만족' 사이의 변증법적 긴장 관계로 이해하고자 한다는 공통점이 있다.

한편, 엘리자베스 클레버Elizabeth Klaver(1995)는, 오늘날 다중화된 사회-문화적 컨텍스트에 초점을 맞추어, 포스트모던 세계의 청관중을, 연극·텔레비전 등을 포함한 상호 연관되어 있는 수많은 미디어 양식들에 대한 체험에서 나오는 다중적이고 교차-참조적인 방법들에 익숙해진 존재로 본다. 그에 따르면, 이러한 청관중은 하나의 컨텍스트에서 다른 컨텍스트로 계속해서 컨텍스트를 바꾸어 나아가면서 사물을 보는 방법을 취하기 때문에, 이들의 행동 본질은 결코 어느 하나의 미디어에 의해서 결정될 수가 없다. 그래서 그는 오늘날의 청관중을 제대로 이해하기 위해서는, 지금 세계를 지배하고 있는 다양한 미디어 시스템들의 복

45) Anne Ubersfeld(1982), "The pleasure of the spectator", Pierre Bouillaguet and Charles Jose (trans), in *Modern Drama* 25(1): pp.127~139.

46) Marco De Marinis(1987), "Dramaturgy of the spectator", in *TDR: The Journal of Performance Studies* 31(2): pp.100~114.

잡한 컨텍스트들을 충분히 고려해야만 한다는 점을 분명하고 적절하게 지적한다.[47]

3) 공연과 '복원행위'

공연이란 무엇인가에 관한 논의들을 공연예술 쪽에서 가장 폭넓게 종합하고 있는 학자는 《공연학Performance Studies》(2001)이란 저서를 낸 바 있는 미국 뉴욕대학의 리차드 셰크너 교수일 것이다.

그의 '공연' 논의에서 가장 탁월한 이론은 이른바 '복원행위restored behavior' 이론이다. 그에 따르면, 공연은 일종의 '복원행위' 또는 '거듭 행위 되는 행위twice-behaved behavior'라는 것이다. 그는 공연은 마치 영화감독이 필름 조각들을 다루는 것처럼 살아있는 행위를 다루는 것이며, 그래서 공연은 그 반복성이 결코 똑같지는 않다고 할지라도, 항상 재귀적이고 반복 가능한 '복원행위'라고 주장한다.

그는 이 '복원행위'라는 개념이, 무당굿과 액막이에서 신들림에 이르기까지, 제의에서 미학적인 무용과 연극에 이르기까지, 통과의례에서 '사회극'에 이르기까지, 그리고 정신분석에서 심리극과 임상의학적 분석에 이르기까지의, 모든 종류의 공연들에서 사용되고 있다고 본다. 이런 경우에, 공연자는 다른 한 사람 안에서 또는 다른 한 사람으로 행동하는 그 어떤 사람이 된다.[48]

셰크너에 따르면, 실제로 이 '복원행위'는 공연의 가장 중요한 특성이다. 여기서, 이 모든 제의·예술·치료의 실천가들은, 어떤

47) Elizabeth Klaver(1995), "Spectatorial theory in the age of media culture", in *New Theatre Quarterly* 11(44): pp.309~321.
48) 리차드 셰크너 지음, 김익두 옮김(2005), 앞의 책, 59~60쪽.

행위들—일련의 조직화된 사건들, 편집된 행동들, 알려진 텍스트들, 기록된 움직임들—은 그 행위를 실천하는 공연자들과 '분리'되어 존재한다고 가정한다. 행위가 이렇게 행위하고 있는 사람들과 '분리'되므로, 행위는 축적될 수 있고, 전승될 수 있고, 중첩될 수 있고, 전달될 수가 있다.

그래서 공연자들은 이 행위 조각들과 접촉하면서, 그것들을 복원하고, 기억하고, 발명하며, 그 조각들에 의거하여 어떤 행위를 한다. 이러한 행위들은 역할수행이나 신들림에서처럼 행위자가 행위 조각들 '속으로 들어감으로써' 수행되거나, 브레히트의 '소격효과疏隔效果 Verfremdungseffekt'에서처럼 그 행위자가 그 행위 조각들과 나란히 '병치되어 존재함으로써' 수행된다. 이 행위의 복원 작업은, 그 행위의 리허설이나 전승 수단들을 통해서, 그 행위의 숙련자들로부터 초행자들에게로 이어진다.

'복원행위'는 '나'에게서 멀리 떨어져, 나의 '밖'에 존재한다. 그것이 비록 '이미 행해진' 것일지라도, 그것은 따로 분리되어 계속해서 작동될 수 있고 변화될 수 있다.

이러한 '복원행위'는 인간 행위의 방대한 영역에 걸쳐서 존재한다. 그것은 정신분석의 심리 치료처럼 또 다른 시간적·심리적 상태에서 '나'일 수도 있고, '그리스도의 수난'이나 발리섬에서 재상연된 랑다Rángda와 바롱Barong 사이의 투쟁에서처럼 비일상적인 사회-문화적 리얼리티의 국면 속에 존재할 수도 있고, 연극과 무용에서처럼 미학적인 관습들로 이루어질 수도 있고, 전통 의례에 참가하는 사람에게 기대되는 특별한 종류의 행위일 수도 있다.

복원행위는 또한 '상징적'이고 '재귀적'이다. 복원행위는 텅 빈 무의미한 행위가 아니라, 다의적인 의미를 방출해내는 하중荷重이 실린 행위이다. 이 어려운 용어법들이 표현하는 원리는 단일한 것이다. 그것은 자기 자신이 어떤 다른 사람이 '되어' 다른 사람으로 행동한다는 것이다. 어떤 한 사람의 사회적인 자아 또는 초개인적인 자아는 하나의 역할 또는 일련의 역할들의 집합으로 이루어진다.

'상징적이고 재귀적인 복원행위'란 인간의 다양한 사회적·종교적·미학적·의학적·교육적 행위 과정을 극장 안으로 끌어들여 그 안에 틀 지어 고정시킨 것이다. '공연'이라고 하는 것은 처음에는 아무런 의미도 없다. 그것은 두 번째 행위일 때부터 여러 번에 걸쳐서 무엇인가를 '의미하기' 시작한다. 그러므로 '공연'이란 결국 '복원행위' 곧 '거듭-행위되는-행위'인 것이다.

복원행위의 이러한 전승의 항구성은 복원행위가 여러 가지 '선택성'을 가지고 있다는 것 때문에 더욱 놀라운 것이다. 달이 일정한 주기를 반복하는 것처럼 동물들은 그들 스스로의 본능적인 행위들을 반복할 뿐이지만, 배우는 단순히 반복할 뿐만 아니라 '선택'을 할 수도 있다는 데 중요한 창조적 가능성이 놓여 있다.

이러한 복원행위의 원리를 리차드 셰크너는 다음의 〈그림-11〉과 같이 도식화하고 있다.

이 〈그림-11〉을 통해서 셰크너는 복원행위로서의 인간의 공연에는 다음과 같은 세 가지 중요한 원리가 있다고 주장한다.

첫째, '나의 특별한 자아'를 투사한 복원행위가 있다. 그것은 〈그림-11〉에서 '1→2'의 도식으로 나타난다. '현재의 나(1)'가 곧바로 미래에 '또 다른 어떤 공연자(2)'가 되는 경우이다. 이러한 경우는, 인간 행위의 특성상 실제로 거의 불가능하며, 이러한 행위들은 곧바로 '1→3→4' 형태의 행위나 '1→5a→5b' 형태의 행위로 바뀌게 된다.

둘째, 역사적으로 입증할 수 있는 과거를 복원해 놓은 복원행위가 있다. 그것은 〈그림-11〉에서 '1→3→4'의 도식으로 나타난

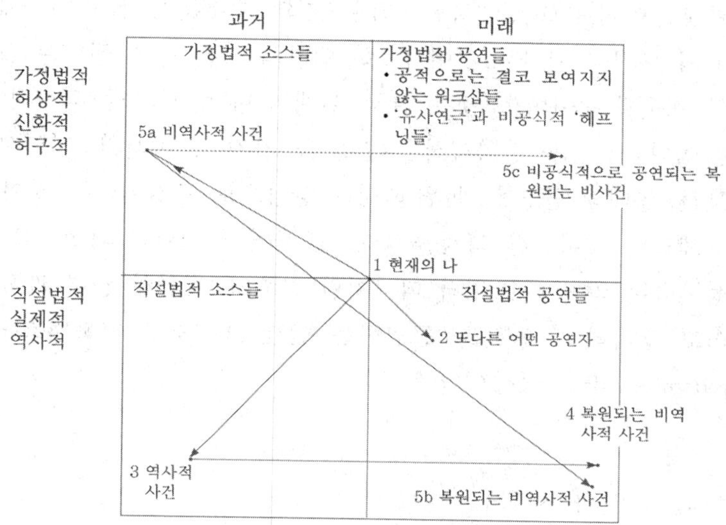

〈그림-11〉 복원행위의 원리 도식

다. 이것은 '현재의 나(1)'가 '과거의 역사적 사건(3)'을 참고로 하여, 미래의 '비역사적 사건' 형태로 복원하는 공연의 경우이다. 예컨대, 현재의 '나'가 과거의 '세종대왕'에 관한 실제의 '역사적 사건들'을 참고로 하여, 미래에 어떤 행위를 한다면, 그것은 바로 이 '1→3→4'의 도식이 된다.

셋째, 역사적으로는 결코 존재한 사실이 없는 과거를 복원해 놓은 복원행위가 있다. 그것은 〈그림-11〉에서 '1→5a→5b'의 도식으로 나타난다. 예컨대, 현재의 '나'가 과거의 '비역사적 사건'인 '춘향전'을 읽고 그것을 참고하여, 미래에 어떤 행위를 한다면, 그것은 바로 '1→5a→5b'의 도식이 된다.

셰크너가 궁극적으로 도달한 결론은, 모든 공연들은 결국 '복원행위'이며, 그러한 '복원행위'는 거의 대부분이 결국 '1→5a→5b'의 도식이 된다는 것이다. 즉, 인간의 모든 공연 행위는 일종의 '복원행위'이며, 그것은 결국 '현재의 나'가 과거의 '역사적 사건'이나 과거의 '비역사적 사건들'을 가지고, 미래의 '비역사적 사건' 형태의 공연을 '복원'해내는 양상으로 귀결된다는 것이다.

셰크너는 이러한 과정을 거쳐서, 공연이 사회적 과정들을 완성한다는 의미에서, 빅터 터너처럼 일종의 '체험의 완결 과정'이라고 생각하고, 인간을 '공연하는 인간' 곧 '호모 퍼포먼스homo performance'라고 규정했다.[49)]

4) 공연과 사회

빅터 터너(1996)는 연극적인 개념을 인류학 쪽으로 끌어들여, '공연'을 일종의 '체험의 완결'이라고 정의한다.[50)] 빅터 터너가 공연과 사회의 관계에 관해 우리에게 제시해주는 중요한 가르침 중의 하나는 다음과 같은 '사회극-무대극' 모델이다.

그에 따르면, 어떤 공동체 사회에는 항상 그 공동체의 운명을 좌우하는 중요한 사건들이 있기 마련이다. 이것을 그는 '사회극social drama'이라고 한다. 이 '사회극'은 '위반breach·위기cricis·교정 행동redressive action·재통합/분리reintegration/separation'의 4단계 구조로 이루어진다.[51)]

한 공동체 사회의 구성원들은, 그 공동체의 인간적 카리스마들의 다양한 전개 과정인 '사회극social drama'을, 공연 자체의 구

49) 앞의 책, 57쪽.

50) 빅터 터너 지음, 김익두 옮김(1996), 《제의에서 연극으로》, 서울: 현대미학사, 21쪽.

51) 앞의 책, 115~122쪽 참조.

조화 능력에 의해 확립·유지되는 어떤 정규화된 영역으로 투사하여, ‘무대극stage drama’으로 구축한다. 여기서, ‘사회극’과 ‘무대극’은 일종의 ‘뫼비우스의 띠’처럼 서로 긴밀하게 상호 연결되어 있다. 그래서 이 ‘사회극’과 ‘무대극’ 양자는, 서로를 비추어주는 일종의 상호반영적인 ‘반성적 거울’이 된다. (〈그림-12〉 참조)

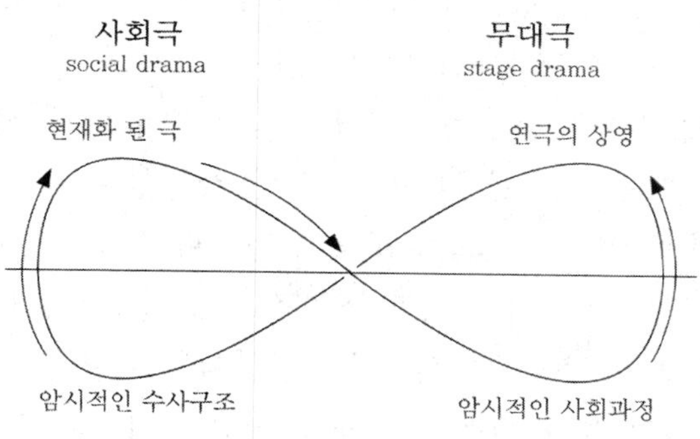

〈그림-12〉 사회극과 무대극의 관계

우리는 이 두 가지 반성의 거울을 통해서 우리 자신들의 삶을 비추어 보고, 이러한 ‘비추어 봄’을 통해서 자기 자신과 자기가 속한 공동체 사회의 문제점들을 ‘반성reflection’하여 깨달아 고쳐 나아가게 된다는 것이다.

이것은 일종의 문화적인 ‘놀이’이며, 이 놀이가 바람직한 방향으로 진행될 때는, 바람직하지 못한 권위주의적인 규칙들이 중심부에서 그 주변부로 밀려나오고, 인류의 평등주의적인 사랑이 그 중심부로 밀려들어가면서, 이러한 사랑이 우리의 사회와 문화를 계속해서 '재중심화'한다고 그는 말하고 있다.

공연과 사회의 관계를 탐구한 또 한 사람의 중요한 학자로는, 사회학자 어빙 고프만Erving Goffman(1959)이 있다. 그는 주로 여러 사회적 상황에서 인간의 상호작용 관계 행위에 주목하여, '연극적 모델'을 다양한 사회적 리얼리티에 적용하여 연구하고자 그는 인간의 일상생활의 사회적 행위를 일종의 '연극'으로 보고 연극적 모델에 따라 사회적 행위들을 분석하였다.

그는 일차적으로 노동의 사회적 정체성과 사회적 역할의 연구 초점을 맞추었다. 그에 따르면, 인간은 자기가 의도한 인상을 청관중들에게 심어주기 위해, 의상·분장·무대장치·대소도구와 같은 연극적 수단들을 활용하여, 그들의 정체성을 다른 사람들과의 관계 속에서 연극적으로 구축해 나간다고 생각한다.

그래서 그는 인간의 이러한 '사회적 상호작용'을 "서로 직접적인 육체적 현존 상태 속에서 그들 서로 행동에 미치는 인간 개개인의 상호적인 영향 관계"라고 규정하였다. 이어서 그는, 사회적 '역할행동'을 "참여자들이 여러 가지 방법으로 서로 영향을 미치도록 하는 데 기여하는, 어떤 주어진 경우에 관여되는 모든 참여 행동"이라고 규정한다.[52] 이런 상호작용 관계에서 청관중은 관찰자 또는 일반 참여자들을 모두 포함하게 된다.

공연 이론가인 마이클 커비Michael Kirby(1972)도 고프만의 이러한 견해를 상호 보완할 수 있는 견해를 제시한다. 그는 '연기 행위'와 '실제 행위'는 서로 대립되는 것이 아니라, 일련의 공연 행위 연속체 속에서 각기 그것들이 위치하는 지점들만이 다를 뿐이라고 주장했다. 그의 견해에 따르면, 어떤 행위가 '연기 행위'인가 아닌가를 일차적으로 결정하는 것은, 그것이 공연되어 청

52) Erving Goffman(1959), *The Presentaion of Self in Everyday Life,* New York: Doubleday, pp.1~16.

관중들에게 보여지고 인식되는 '컨텍스트'에 의해서, '연기 행위'로 구조화 되느냐 안 되느냐에 달려 있다고 한다.[53)]

한편, 브루스 윌셔Bruce Wilshire(1982)는 '연극drama'을 인생에 적용되는 일종의 은유로 보고, 이 은유에 관한 해박한 견해를 피력하여 공연 연구에 기여했다. 그는 '연극'을 배우가 일종의 허구를 통해서 '자기 스스로 말하는 방법'을 제시하는 과정으로 보고, '무대 안의 인생'이 어떤 측면에서 '무대 밖의 인생'과 비슷하며, 양자가 또 어떤 측면에서 서로 다른가를 논의한다. 그는 연극과 비슷한 '무대 안의 인생'의 한 사례로서의 '칵테일파티'와 '무대 밖의 인생'의 한 사례로서의 '가족 행위family behaviors'를 비교하였다. 이 책에서 그는 '무대 안의 인생' 곧 연극은 상상력을 드러내는 일종의 모방예술인 반면, '무대 밖의 역할행동'은 그것에 의해서 각 개인들이 자기 자신의 자아를 창조해가는 일종의 윤리적 과정의 일부라고 주장한다. 고프만의 사회적 상호작용의 연구가 대체로 일터에서 사례들이 취해지고 주로 공공의 영역에 초점을 맞춘 것과는 대조적으로, 윌셔는 주로 놀이의 영역에서 사례를 취하고 있다. 윌셔는 연극이라는 공연을 우리 자신의 정체성identity을 창조해 나아가는 중요한 토대로 보고 있다는 점에서, 고프만의 견해와 상당히 다르다.[54)]

53) Michael Kirby(1972), "On acting and not-acting", *The Drama Review* 16(1): pp.3~15.

54) Bruce Wilshire(1982), *Role Playing and Identity: The Limits of Theatre as Metaphor*, Bloomington: Indiana University Press, pp.217~218, pp.227~231.

5) 공연과 비평 및 철학

비평가 케네스 버크Kenneth Burke[55]는 삶을 하나의 '연극'으로 보고, 연극을 모델로 삼아 삶을 비평적으로 탐구하고자 하였다. 그는 일차적으로 인간 행위의 '동기'를 탐구하는 데 관심을 기울였다. 그래서 그는 인간의 언어·사상·정서 행위 등을 모두 일종의 '연극적 행위 양식'으로 보았다.

그는《동기의 문법A Grammar of Motive》(1969)이란 자신의 책에서, 인간 행위 동기의 발견을 위한 몇 가지 원리들을 제시했다. 그 원리는 행동act·장면scene·동작주agent·매개자agency·목적purpose·컨텍스트context의 6가지 요인으로 인간 행위의 동기를 탐구하는 것이다.

우리는 먼저 발생하는 행동이 무엇인가, 그것이 어떤 언어·사상·정서인가를 알아야만 한다. 우리는 또 그것이 벌어지는 '장면'을 확인해야만 하는데, 장면이란 행동이 발생하는 상황 곧 행동의 배경이다. 그리고 우리는 누가 그 행동을 했는가 곧 그 행동의 '동작주'가 누구인가, 그가 어떤 종류의 사람인가를 알아야만 한다. 또한 그 행동을 공연하기 위해서 어떤 종류의 수단들 또는 도구들이 사용되었는가 즉, 그 행동의 '매개자'가 무엇인가를 알아야 한다. 다음으로, 우리는 그 행동이 무슨 '목적' 또는 이유로 공연되었는가를 알아야 한다. 마지막으로, 우리는 그 행동을 수행하는 데 사용된 수단 또는 매개자뿐만 아니라, 그것이 어떤 컨텍스트 곧 맥락에서 수행되었는가도 알아야만 한다.

---

55) 20세기 문학평론가. 시·소설·평론 등의 문학적 창조 행위를 일종의 '상징 행위'로 보았으며, 인간의 모든 지식들을 이러한 '상징 행위'의 틀로 통합하려는 시도를 하였음.

케네스 버크의 이러한 연극과 인생 사이의 관계에 관한 관심과 그의 연극적 연구방법은 인생과 연극의 관계는 단지 허구에 지나지 않는 것이 아니라, 명약관화한 사실이라는 그의 확신에 근거하고 있다. 우리는 그의 이러한 방법을 활용하여, 어떤 공연 또는 작품에서, 누가, 언제, 어디서, 어떤 행동을, 무슨 목적을 가지고 어떤 맥락에서 수행하는가를 묻고 답할 수 있다.56)

그에 따르면, 인간은 태생적으로 각각 분리된 개체이며, 대부분의 인간은 타인이나 집단과의 '동일화identification'를 통해 이런 분리된 느낌을 극복하려고 한다. 인간은 타인 또는 다른 집단과의 차이를 인식할 때 이에 대한 죄의식guilty feeling을 느끼며 이런 죄의식에 대한 반작용으로 '동일화' 욕망이 더욱 심화된다고 한다. 이러한 차이에 대한 죄의식으로 말미암아 인간은 그가 속한 집단 또는 그 집단의 사람들과 밀접한 관계를 맺고 싶어 하고, 이를 통해 그가 속한 사회관계의 계층에서 일정한 위치를 차지하고 구원을 얻고자 한다.57)

그는 또한 '제의극ritual drama'을 그의 탐구의 1차적인 모델로 제안하고, 역사를 일종의 연극의 진행으로 보고자 하였다. 그는 '연극적 행위'를 인간 행위를 이해하기 위한 효과적인 틀ramework로 보고, 인간의 다양한 '자아들selves'은 인간이 일상생활에서 맡아 하는 역할들이라고 주장함으로써,58) 그 이후의 이런 방향의 공연 연구자들에게 많은 영향을 주었다.

56) Carol Simpson Stern & Bruce Henderson(1993), op. cit., pp.10~11; Creig E. Henderson(1988), *Kenneth Burke: Literature and Language as Symbolic Action*, Athens and London: The University of Georgia Press, p.130.

57) 유현석(2005), 〈케네스 버크Kennrth Burke의 레토릭 분석방법에 관한 연구〉, 《순천향사회과학연구》11권 제1호, 순천향대학교 사회과학연구소, 114~119쪽.

58) Kenneth Burke(1957), "Ritual Drama as 'hub'", in *The Philosophy of Literary Form: Stusies in Symbolic Action*, New York: Vintage Books, pp.87~113.

미첼 베너모우Michel Benamou 등(1977)의 견해에 따르면, 오늘날과 같은 탈장르적이고 문화상호적이고 포스트모던적인 문화에서 공연에 관련된 문제들은, 이제 샤머니즘의 문제에서 시작해서 우주 속에서 자아를 연출하는 인간적인 드라마의 여러 의장意匠들에 이르기까지, 매우 폭넓은 범위에 걸쳐서 존재한다고 주장한다. 이런 상황에서, 그들은 공연에 관한 논의를 제의에서 고급 수준의 테크놀로지에까지 펼쳐지는 것보다는, 차라리 근본적인 표상과 재현, 존재와 부재, 현존과 놀이 사이에 있는, 일종의 결정 불가능한 어떤 '궁극적인 것에 관한 논의'라고 하는 것이 더 정확하다고 말하고 있다.[59)]

이러한 현상에 대해, 앞의 미첼 베너모우 등은 다음과 같은 질문을 던지고 있다. "도대체 무엇이, 책 속이나 또는 박물관 벽 속에서 즐겨 자족하고 있던 예술을, '공연'으로 실연實演하도록 만드는가? 이 '새로운 현존'의 방식은 무엇이며 그것이 어떻게 그 이전에 침묵하고 있던 현존을 '공연적 현존'으로 대체하게 되었는가? 정치학으로부터 시학에 이르기까지 그 모든 것들이, 왜·어떻게 '연극적'인 것으로 되어버렸는가?"[60)]

이런 단계에까지 이르게 되면, 여기에는 이른바 존재론적 '불확정성indeterminacy'의 문제가 대두되기 시작하며, 이러한 불확정성은 텍스트의 레벨에서는 저작권의 불확정성을 요구하게 된다. 예컨대, 롤랑 바르트Roland Barthes가 주장한 '작가의 죽음'은 바로 이러한 맥락에서 나타나게 되는 것이다.

바르트는 그의 유명한 논문 〈작가의 죽음The Death of Author〉(1968)에서, '작가'는 단지 '이미 쓰인 것들'이 어떤 곳으로 모이

59) Michel Benamou & Charles Caramello eds.(1977), *Performance in Postmodern Culture*, University of Wisconsin-Milwaukee: Coda Press Inc., pp.3~7.

60) ibid., p.3.

는 '합류점'에 지나지 않을 뿐이라고 말한다. 작가는 더 이상 '기원'의 지점에 존재하지 않으며, '일반 텍스트general text'를 구성하는 담론의 여러 사슬들을 '혼합'시키는 것 외에는 그 어떤 것도 표현할 수 없다고 말한다. 작가는 자기의 텍스트를 통해서 이런 저런 것들을 얽어 짜는 담론들로 이루어지는 '거대한 사전'을 만드는 사람이라는 것이다. 이렇게 해서, 신과 같은 작가의 위상은 이제 하나의 신화적인 죽은 개념이 되어버린다. 우리는 작가를 텍스트의 기원으로 생각해서는, 더 이상 텍스트를 설명할 수 없게 된다.[61)]

이러한 방향은 20세기 후반에 서양 철학계에 대두된 실존의 '불확정성' 문제와 깊은 관련이 있으며, 핵심은 바로 이 존재론적 '불확정성' 시대의 존재를 '공연'이 대체하고 있다는 것이다.

이러한 현상을 가리켜 어떤 사람은, 내적인 존재가 점차 외적인 요인들의 부재에 반비례해서 증식되어, 차츰 현대성의 그릇을 채워나간다고 말하기도 하고, 하이데거와 같은 현상학자들은 '존재의 기초'를 내세워, 이러한 '탈중심화'의 경향들을 찬양하면서, '지금·이곳'에서의 '현존'을 실존주의적으로 발굴하여 드러내려고 시도하기도 한다.

리차드 포이리에Richard Poirier(1971)는 이러한 현상과 관련하여, '존재 형성'을 위한 총체적 행위로서, '어조'를 조절하고 집약하고 병치시키고 결집시키는 작업을 문제 삼는 그 자체가, 바로 '공연'이라고까지 말하고 있다.[62)]

오늘날, 21세기 초의 전위적인 사정을 놓고 볼 때, 니체가 근

61) Roman Selden ed.(1988), *The Theory of Criticism,* London & New York: Longman, p.305.

62) Richard Poirier(1971), *The Performing Self: Compositions and De-compositions in the Languages of Contemporary Life,* London & New York: Oxford University Press, pp.86~87.

대 합리주의적인 '신의 죽음'을 선언한 이후, 아직도 '부재absence'는 여전히 서양 철학계와 공연들을 조건짓고 있다. 그래서 우리는 아직도 어떤 서양 공연들의 상징적 본질에 대해 인식하고자 할 때에는, 허버트 블로Herbert Blau가 '일루전illusion'이라 부르고 빅터 터너가 '리미널리티liminality'라고 부른 중간적 매개 영역의 대안들을 설정하고서, 그런 대안들과 관련해서 공연에 접근하는 길을 추구할 수밖에 없을 것이다.

이러한 존재론적인 차원에서의 '공연'에 관한 논의는, 나아가 '부재absence'를 채우기 위한 존재론적 탐구의 방향을 '우주적 공연performance of cosmos'이라는 데까지 전개시킬 수도 있다. 그러나 이러한 논의는, 궁극적으로는 근대적 패러다임이 무너진 서양 학계가 새로운 현대적 존재론을 수립하기 위해 도입한 일종의 과정적 대안이라 할 수 있으며, 그렇기 때문에 그것은 서양의 '탈구조주의'·'포스트모더니즘'과 깊은 관련 속에서 논의될 수밖에 없다.

6) 공연과 '탈구조주의'·'포스트모더니즘'

오늘날, '공연' 문제를 둘러싼 서양의 논의들은, 특히 여러 가지 다양한 포스트모던한 것들의 '통합 양식' 또는 탈구축-재구축 양식인 '공연'이라는 방향의 지평으로 나아가고 있다.

이러한 방향은, 서구 전위극前衛劇의 전방에 섰던 실험연극 단체인 '리빙 씨어터Living Theatre'의 실험들에서, 정교하게 혼합된 비디오의 조정 중개 방법에 이르기까지, 이제 공연은 각종 예술과 문화 전반의 양상을 크게 변화시켰다. 예컨대, 앙또냉 아르토 이후의 서양 연극의 양상, 마르셀 뒤샹Marcel Duchamp[63] 이후의 서양 회화의 양상, 찰스 올슨Charles Olson 이후의 서구 시의 양상 등이 모두 그러한 주요 징표들이다.

한편, 서양에서 '공연예술performance art'이란 용어는 1909년에 '미래파'와 '다다파'의 공연에서부터 비롯되었으며, 1960년대 후반에 들어와 '퍼포먼스 아트Performance Art'라는 이름으로 공식화되었다. 이후의 이 용어의 의미는, 그 기능과 사용되는 컨텍스트에 기초해서 볼 때, 기존의 낡은 패러다임이 붕괴되고 아직 새로운 패러다임이 수립되지 않은 '부재'와 '모색'의 시대를 헤쳐 나아가기 위한, 일종의 '전위적 잡종' 형식으로 전면화 되어 있다고 할 수 있다.

그러나 오늘날 우리의 관점에서 다시 보자면, 이 '공연예술'이라는 용어는 이제 일부 문화권에서만 통용되는 협소한 의미의 지역적인 용어가 아니라, 전 세계의 다양한 '차이'로 존재하는 공연문화 전반을 좀 더 거시적인 지평에서 조망하기 위한 문화-교차적인 용어로 재구축된, 모든 문화권에 두루 적용할 수 있는 매우 포괄적이고 문화상호적인 차원으로 확대된 용어라 할 수 있다.

물론, 여기서도 무엇을 공연으로 보며, 무엇을 일상적 공연으로 보고 무엇을 비일상적 공연으로 보는가, 어떤 문화권에서는 어떤 것들을 일상적 공연이라 보고 어떤 것들을 비일상적 공연이라 보고, 어떤 것들을 공연예술이라 보는가 등은, 전 세계 각 공동체의 문화와 역사와 관습 등에 따라 제각기 다르다.

이러한 '공연'의 방향은, 결국 서양에서는 포스트모더니즘과 탈구조조의 이후, '구조'에서 '과정'으로의 변화를 가져왔다. 이와 관련된 변화 추이는, 이후의 인간 예술에도 큰 영향을 미치게 되

63) 프랑스 미술가로, 화장실 변기를 예술품으로 제시하여 미술과 일상 용품의 경계를 허물었으며, '도발성'을 그의 가장 중요한 작품 행위의 모티브로 삼았다.

었다. 그 결과, 이런 변화 스펙트럼의 한쪽 끝에서는 '액션 페인팅action painting'[64]과 같은 예술이 그 변화의 춤을 추고, 다른 한쪽 끝에서는 '컨셉트 아트concept art'[65]와 같은 예술이 여러 글귀들을 만들어낸다. 그래서 서양에서는 '간텍스트성intertextuality'[66]과 '인용구들'의 반짝이는 지평이, 잘 빚어진 텍스트의 깐깐한 구조적 지각성을 점차 대체해 나가게 되는 것이다.

이렇게 해서 이제, 우리는 오늘날의 공연이 처한 크나큰 변화의 추이를 받아들여야만 하게 되었으며, 그러한 변화는 대체로 다음과 같은 네 가지 변화로 요약할 수 있다. 첫째, 매체에 의한 삶의 연극화, 둘째, 예술의 놀이화, 셋째, 테크놀로지적 환경 속에서 기능성의 강조, 넷째, 현존으로서의 공연과 놀이로서의 공연 사이의 불확정성 등이 그것이다.[67].

---

64) 제2차 세계대전 후 뉴욕을 중심으로 일어난 전위적 회화 운동. 1948년 베네치아 등에서 개최된 P.구겐하임의 소장품전에서 주목을 받았고, 1952년 비평가 H.로젠버그에 따라 처음으로 이 명칭이 사용되었다. 대표적 작가는 J.폴록인데, 그는 캔버스에 점착성粘着性 안료를 떨어뜨리거나 뿌리는 따위의 즉흥적인 행동으로 작품을 제작하여, '그린다'는 공연 행위 자체를 직접적으로 표현하려고 하였다. 곧 묘사된 결과보다도 작품을 제작하는 공연 행위 그 자체에서 예술적 가치를 찾으려는 것이다. (《네이버 백과사전》, '액션 페인팅' 항목 참조).

65) 1960~70년대에 서양에서 미술계를 중심으로 시작된 예술사조 가운데 하나. 역시, 그것의 관심사는 기존의 포멀한 것보다는 새로운 아이디어에 기초한 것이었으며, 예술가의 창작 이념·과정·수단을 중시했다. 이 예술사조의 이념적인 확장은 1914년 마르셀 뒤샹이 '변기'라는 파격적인 작품을 전시하여, 예술의 상투적인 개념의 우위를 파기함으로써 시작되었다. 이러한 기존의 시각적인 개념들에 대한 비판적 태도에 따라, 컨셉아트는 예술과 청관중 사이의 전통적인 관계를 다시 정의하게 했고, 예술가들에게 새로운 활력소를 부여하여, 그들 스스로를 기존의 '갤러리 시스템'을 벗어나 활동하게 했다. ('conceptual art', *Encyclopædia Britannica*).

66) 텍스트에 포함된 관습·코드와 독자/청관중의 관습·코드 사이의 상호작용.

67) Michel Benamou & Charles Caramello eds.(1977), op. cit., p.4.

7) 공연과 대중매체 및 정보사회

레이먼드 윌리엄스Raymond Williams(1975)는 케임브리지대학 드라마 강좌 의뢰를 받아들이며 다음과 같이 말했다. "우리는 텔레비전에 의해 '극화된 사회' 속에 살고 있다. 우리가 지금 가지고 있는 것은 관습적인 체험 방법으로서의 '드라마'이다. 그것은 그전 같으면 대부분의 사람들이 전 생애에 걸쳐서 보았어야 했을 것보다 더 많은 것들을 단 일주일 만에 여러 경로들을 통해서 체험하게 만들고 있다."[68]

그러나 우리는 물론 '텔레비전에서 보이는 것'과, 표상 또는 재현 속에서 활동하는 존재들의 상실된 부분을 극화하는 '살아있는 공연 속에서 보이는 것' 사이에는, 많은 차이점들이 있다는 것을 부정할 수는 없다. 우리 사회는 텔레비전에 의해서 극화되고, 동시에 그것 때문에 오히려 실제적인 삶의 드라마는 박탈당하고 있다는 점도 놓쳐서는 안 될 것이다. 이러한 방향의 인식은 공연과 매체, 특히 대중매체와의 관계에 관한 좀 더 적극적인 우리의 인식을 요구한다.

이런 방향에서는 무엇보다도 먼저 마샬 맥루한Marshall McLuhan(1975)의 비평적 발언들이 도움을 준다. 맥루한의 대부분의 논의들은 그런 차이점들을 계속해서 강조해 왔다. 그에 따르면, 우리를 문자 이전 시대의 공연과 연결짓는 '구술성'의 개념, 부족部族 범위에 적용되던 개념, 그리고 지구촌 전체에 적용되는 개념 등 모든 개념들은, 이제 '전자 커뮤니케이션'에 의해서 재정의再定義되었다는 것을 전제로 하고 있다.[69]

68) Raymond Williams(1975), *Drama in a Dramatised Society,* Cambridge: Cambridge University Press, 'preface'.

이러한 시대적인 변화에 따라, 오늘날의 공연은 '주동적 인물들'이 문자 이전 시대, 근대 이전 시대는 말할 것도 없이 근대에서 급진적으로 변화되었기 때문에, 마르크스나 예수와 같은 '위대한' 인물들이 말이나 책을 통해서가 아니라 텔레비전을 통해서 출현한다면, 아마 이제는 그들을 예전처럼 믿는 사람은 거의 없을 것이라고 말한다.

한편, 오늘날 공연의 문제는 이와는 다른 분위기를 조성하는 또 하나의 중요한 경향이 존재하고 있다. 오늘날의 '현대성'은 (그 안에서 어떤 '메커니즘'이 공연을 하는) '테크놀로지' 사회 안에 존재하고 있기 때문에, 이제 더 이상 '의미' 또는 '존재'를 고무하는 것이 아니라, 글자 그대로 '기계적'으로 작동하는 시나 예술작품들과 더불어 존재한다는 점이다. 서양에서 1920년대에 실현된 후기 산업사회로의 진입은, 공산품이 서비스 상품에 견주어 2차적인 것이 되었고 '정보'가 가장 중요한 생산품이 되었다. 그에 따라 공연은 '대상'들에 의해서 평가되기보다는 오히려 '조직'·'과정'에 의해서 평가되게 되었다.

한편, 폴 덤Paul Thum(1993)에 따르면, 공연이 이렇게 눈부시게 발전하는 것과 동시에, 공연예술은 전통적인 공연장인 극장이나 홀에서 물러나, 무질서와 첨단 기술의 제휴 작업에 자리를 내준 것처럼 보이기까지 한다. 음악·무용·연극 등 공연예술의 포스트모던한 어떤 발전들은, 이제 그러한 장field에서 '예술작품은 죽었다'고 암시하고 있는 듯하기도 하다.

오늘날의 어떤 급진적인 공연자들은 어떤 고정된 대본이나 악보를 포기하고, 단지 느슨한 윤곽이나 우연성의 계기가 되는 실마리들만을 가지고 공연을 한다. 그것들은 컴퓨터나 신시사이저

---

69) Marshall McLuhan(1964), *Understanding Media: The Extentions of Man*, New York: The New American Library, 'preface'.

로 공연해야만 하는 경우도 있다. 또는 아주 공연 자체만이 존재할 수도 있고, 청관중이 공연의 일부분이 될 수도 있다. 이러한 변화들은 예술적 공연의 본성에서 일어난 근본적인 변화를 시사한다. 이 모든 문화적 변화는 공연의 개념 자체가 중요한 변화를 겪고 있는 중이라는 사실을 웅변적으로 나타내주는 것이다.[70)]

그러나 공연 또는 공연예술이 아무리 커다란 변화를 겪고 있다고 하더라도, 공연의 기본 요소들은 아직도 분명히 존재하며, 그것들은 서로 매우 긴밀한 상호의존 관계를 형성하고 있다. 그것은 '작가-작품, 공연자-공연, 청관중-수용'이라는 세 가지 요소이다. 이것을 그림으로 표현하면 〈그림-13〉과 같다.

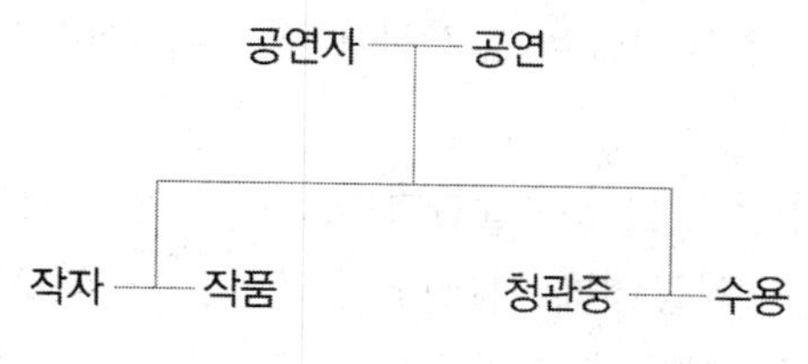

〈그림-13〉 공연의 기본 요소들과 그 상호관계

8) 공연과 놀이

앞에서 지적한 바와 같이, 이제 공연은 특수한 문화예술의 영역 안에서 뿐만 아니라, 일상생활의 영역에서도 매우 광범위하고 심각하게 문제시되고 논의되고 있다. 이제 넓은 의미에서는,

70) 폴 덤 지음, 김문환 옮김(1998), 《관객을 위하여》, 서울: 평민사, '서문'.

시·미술·이벤트들도 일종의 공연이며, 비평 즉, 텍스트들의 가장 자리에서 몸짓으로 표현하는 내용들도, 무대의 일부를 차지해서 노는 '공연'으로 볼 수 있게 되었다. 여기서 좀 더 나아가, 이런 영역들과 그리 멀지 않은 거리에서 일상과 '뫼비우스의 띠'처럼 연결되어 있는 놀이의 영역에서도 심각한 논의가 진행되었다.

하비 콕스Harvey Cox(1969)에 따르면, 자유로운 '놀이play' 또는 '신의 죽음'으로 남겨진 공허를 점령하는 니체식 단언의 심각한 놀이는, 오늘날 우리가 시도하고 있는 대부분의 여러 가지 포스트모던적 '탈출extrication' 수단들 사이의 공통적인 '연결고리'가 되었다.[71] 그리고 이런 놀이는 이제 엄밀한 '실증주의적 인과성'에서 빠져나와, 신성한 질서를 대체하는 '즉물적'인 메커니즘 속의 중심을 이루게 되었다. 따라서 우리는 이러한 놀이들과 그것의 문제점들과 가능성들을 심각하게 탐구해 나아가야만 하게 되었다.

좀 더 형이상학적으로 말한다면, T. S. 엘리어트의 《황무지Waste Land》의 주인공에게 나타나는 것처럼, 서구 모더니즘 문화의 영웅은 중심 신념의 소멸을 대체할 일종의 지주支柱를 찾기 위해, '신화'와 '개인적 상징'으로 회귀했던 반면에, 오늘날의 예술가들은 어떤 우연한 기회의 작동, 통제에서의 해방, 일종의 집단적 참여를 신봉하는 '공연' 추구 등의 방향으로 나아가는 변화를 모색하게 된 것이다. 이러한 방향은 바로 '놀이'로의 방향이라고 말할 수 있다. 이런 시점에서, 공연에 있어서의 가장 궁극적인 것은, '현전'과 '놀이' 사이의 그 무한한 중간지대를 탐구하고 인식하는 것이라고 할 수도 있다.

오늘날, 공연은 이제 우리를 빈틈없이 둘러싸고 있는 것처럼

---

71) Harvey Cox(1969), *The Feast of Fools*, Boston: Harvard University Press, p.84, pp.255~257.

보인다. 공연은 비디오 녹음이나 콤팩트디스크 등의 과학기술을 통해 우리의 거실 및 침실에까지 침투해 들어와 있다. 우리가 늘 상 '놀이'를 하고 있다고 알려주는 사회학자들에 따르면, 공연은 놀이의 형태를 하고서 우리의 삶 그 자체 속으로 아주 깊숙이 침투해 들어와 우리의 삶 자체가 되고 있는 것이다.

9) 공연과 심리학

오늘날의 이러한 방향은, 심리학적으로 보자면, '프로이트식 모델' 또는 '르네상스적 모델'을 거부하는 방향을 취하고 있다는 점도 생각할 필요가 있을 것이다. 프로이트는 연극이 어머니의 가슴에서 떨어져 나오는 인간의 고통으로부터 생겨났다고 한다. 연극이 근원적인 고통으로부터 생겨났기에, 연극은 그러한 근원적인 상처를 치료해줄 수가 있다는 것이다.[72]

그러나 이러한 프로이트식의 견해를 장-프랑스와 리요타르 Jean-Fraçois Lyotard(1974)는 '부정적인 신학'이라고 반박하고 있다.[73] 그 이유는, 이러한 프로이트식 모델이 근대적, 또는 르네상스적 무대의 성격을 지니고 있다는 점 때문이다. 여기서 어머니/어린이의 분리는 집/무대, 현존/재현, 기호/실재의 이중적 분리와 같은 근대적 도식으로 고안된 것이라는 것이다. '프로이트식 모델'의 연극 심리학은 무대/객석의 분리, 공연자/청관중의 분리를 가져왔으며, 더 나아가 공연자/청관중의 상호 관계를 '지배-

72) 마빈 칼슨 지음, 김익두 외 옮김(2004), 《연극의 이론》, 서울: 한국문화사, 422~423쪽.

73) Jean-François Loytard(1974), *Economie Libidinale,* Paris: Editions de Minuit, pp.31~34.

복종'의 '소외적 단절 관계'로 전락시키는 커다란 문제를 낳게 되었다.

이 '프로이트식 모델'은 현대적인 공연 모델 곧 '현존/부재' 증후군에 근거한 상징적 행위로서의 공연을 탐구하기에는 부적절한 개념이라고 보는 것이 타당할 것이다. 이러한 프로이트식 '분리' 개념의 부정은 결국 어떤 새로운 '재구축' 또는 새로운 '통합' 개념의 '공연 심리학'을 추구할 필요성을 대두시키게 되었다.

10) 공연과 정치학: 들뢰즈와 가타리

우리는 여기서 들뢰즈·가타리Deleuze & Guattari(1972)의 '서양의 문자중심의 글쓰기' 역사에 대한 비판이 우리에게 가져다주는 다음과 같은 심각한 정치적 반성을 상기할 필요가 있다.

> "구술사회에서는 목소리와 신체상의 특징들과 1차적인 글쓰기 등이 서로서로 '병립적'인 반면, 문자사회/필사적筆寫的 문명사회에서는 목소리의 '선조성線條性' 위에 도표적인 체계들이 한 줄로 정렬된다. 이렇게 해서 그것은 더 이상 노래로 불려지는 목소리가 아니라, 받아 쓰여진 명령들이 된다. 이런 사회에서는 글쓰기는 춤이 되지 못한다. 그것들은 '신체'에 생기를 불어넣지 못하고, 테이블 위에, 돌 위에, 그리고 책 위에, 고정되어 붙어버린다."[74]

이런 지적은 그리스 이후, 문자중심의 서양 문화 전체에 대한 비판을 '신체의 공연성'의 관점에서 비판한 것이다. 이들은 신체에

---

74) Gilles Deleuze & Flix Guattari(1972), *L'Anti-Oedipe*, Paris: Editions de Minuit, p.243.

'생기'를 불어넣는 방법으로서의 '공연'이야말로 우리가 처한 문자중심/이성중심의 비활성화된 20세기 말의 세계문명을 다시 재활성화할 수 있는 중요한 '탈출구'로 생각하고 있음을 알 수 있다.

이런 상황에서, 우리가 '공연'을 통해 '선조적線條的 글쓰기'가 신제국주의적 국가 패권주의에 봉사하는 것을 공격하면서, 고착화된 글자들을 다시 '춤추게' 하고, 고정되어버린 문자 기록에서 벗어나 우리의 목소리가 자발적으로 '노래하게' 하며, 제국주의적인 국가가 역사적으로 기초해 있는 바로 그 문자중심의 의미체계 자체를 공격하여 '해체'한다면, 그것은 절대로 하찮은 것이 아닐 것이다.

이러한 방향의 거대한 실천적 모색은, 아마도 '공연'을 통해서 우리가 모색하고자 하는 가장 거시적인 '정치적 기획'이 될 것이다.

Ⅲ. '공연학'이란 무엇인가?

1. 용어 정의

오늘날, 서양에서는 'Performance Studies' 곧 '공연학'이란 학문적 방향이 성립되어 있다. 그러나 이 용어는, 엄밀히 말하자면, 아직은 완전한 하나의 독립된 학문 분야로 확정되지 않고, 하나의 학문 분야로 나아가는 일련의 학제적이고 매우 통섭적인 연구 영역이기 때문에, 우리말로는 '공연 연구'라고 하는 것이 더 정확할 것이다. 이것은 마치 'Cultural Studies'를 '문화학'이라고 번역해 사용하지 않고, 그냥 '문화 연구'라고 번역하여 사용하는 경우와 비슷하다.

현재 서양의 'Performance Studies'라는 학문 영역도 넓은 의미에서는 'Cultural Studies' 못지않게 폭넓고 포괄적인 학문 영역임은 앞장을 통해서 확인할 수 있었다. 가장 넓은 의미에서는 우주의 존재 문제 전체를 망라하여 다루는 학문이라고 할 수 있다. 그래서 우리는 앞장에서 '공연'의 가장 넓은 의미 범주를 '사물의 실존 전체'를 망라하는 용어로 규정한 바 있다.

그러나 본 연구에서는 '공연 연구'라는 용어보다는 '공연학'이라는 용어를 사용하고자 한다. 그 이유는 다음과 같다.

첫째, 어떤 학문 분야, 특히 인문-사회학 분야에서는 우리 식의 용어 규정도 필요하다.

둘째, 서양의 'Performance Studies'는 'Cultural Studies'와 유사하게, 하나의 학문을 일컫기보다는 '학문적 방향'을 일컫는 성격이 강하지만, 전자가 후자보다 포괄하는 영역이 좀 더 구체적일 수 있다.

셋째, 'Performance Studies'는 하나의 독자적인 학문 영역을 개척하고 구축해 나아가고 있다. 구체적으로 음악·무용·연극 등 기존의 분리된 공연예술 영역들을 통합적으로 다루기 위해 독자적인 연구방법들을 개척해 나아가고 있다. 본 연구에서 '공연학'은 주로 '좁은 의미'의 범위에서 활용되는 용어로 사용하고자 한다.

넷째, 학문의 일반적인 성격상 우리는 이 'Performance Studies'의 범위를 너무 크게 잡아서는 곤란하다. 자칫 잘못하여 연구 영역의 범위를 크게 잡다보면, 그 범위가 '인문학' 또는 '사회학' 전반을 일컫는 '인간학'이란 용어처럼 그 범주 경계가 너무 넓고 모호해지기 때문이다.

다섯째, 어떤 학문 분야의 실제적인 발전을 도모하기 위해서는, 일단 그 범위를 좀 더 분명하게 설정할 필요가 있다.

이상의 이유들 때문에, 이 연구에서 우리는 '공연학公演學'이라는 용어를 설정하고, 이 용어를 영어 명칭 'Performance Studies'와 상응하는 것으로 사용하기로 한다. 공연예술을 중심으로 인간 공연문화 전반을 연구하는 학문인 '공연학'은 다음과 같이 정의할 수 있다.

공연학公演學 Performance Studies: 인간에 의해 공적으로 조직된 일련의 의미 있는 행위들인 '공연' 및 '공연과 관련된 일련의 과정들 및 실체들'을 연구하는 학문으로, 구체적으로는 공연예술을 중심으로 한 인간의 공연문화 전반을 연구하는 학문이다.

2. 공연학의 특징

리차드 셰크너는 최근에 나온 그의 저서에서 '공연학'의 특징으로 다음과 같이 5가지를 언급하고 있다. 물론, 이러한 특징들 외에 다른 특징도 거론할 수 있겠으나, 그의 언급은 공연학의 특징과 최근의 흐름을 파악하는 데 많은 도움을 준다.

첫째, 공연학은 일련의 인간 행위behaviors를 연구대상으로 하는 학문이다. 공연학자들이 각종의 '아카이브archive'－예컨대, 도서 형태의 자료들, 사진 형태의 자료들, 고고학적 기록들, 역사적 잔존물들 등의 자료들－를 폭넓게 활용한다고는 해도, 공연학자들은 사람들이 수행 '행위' 속에서 수행하는 것들을 다룬다.

둘째, 공연학은 인간의 행위들 가운데서 예술적 행위들을 매우 비중 있게 다룬다. 또한 공연학자들 가운데에는 공연예술 분야나 그 밖에 다른 예술 분야에서 작업하는 실천 예술가들이 많고, 동서양의 다양한 전통적 공연 양식들에 숙달해온 사람들도 많다. 그렇기 때문에, 공연학과 공연의 실천들과는 매우 긴밀한 통합적인 관계를 가지게 된다.

셋째, 공연학은 '참여관찰법participant observation'을 중요한 연구방법으로 삼는다. 이 방법은 인류학 현지답사field works 방법의 하나이지만, 공연학에서는 그것을 좀 다른 각도에서 활용한다. 인류학 현지답사의 '참여관찰법'은 대체로 현지답사자 자신의 문화와는 다른 문화들에 관한 연구를 위한 방법이다. 인류학에서는 대체로 '자문화home culture'는 서양 문화이고, '타문화other culture'는 비서양 문화로 규정된다. 그러나 공연학에서는 '타문화'가 (비서양 문화이든 서양 문화이든) 자기 자신의 문화의 일부일 수도 있고, 심하면 자기 자신의 행위의 어떤 측면일 수도 있다.

그뿐만 아니라, 공연학의 현지답사자는 자기가 답사하는 대상에 대해 동정적인 참여 자세를 취할 수도 있고, (비평·아이러니·개별적 설명을 위해) 브레히트식 테크닉인 소격효과疏隔效果 Verfremdungseffekt 를 활용하여 대상과 거리를 두는 자세를 취하기도 한다. 즉, 공연학자는 경우에 따라 매우 유연하게 '능동적인' 방법으로 현지답사를 수행한다. 이렇게 능동적인 자세를 취하는 것은, 연구대상에 관한 지식을 포함한 모든 사회적 환경들에 대한 고정적인 인식의 방향을 추구하는 것이 아니라, 부단한 실험과 수정의 '리허설적인 과정'으로 추구하고자 하기 때문이다.[75)]

넷째, 공연학은 사회적 실천과 옹호의 행위에 능동적·실천적으로 관여한다. 그래서 공연학자들은 정치-사회적으로 이데올로기적인 중립성을 옹호하지 않는 경향이 강하다. 어떤 실천적 주장이라고 하는 것은 '중립적'인 입장이나 방법으로는 사실상 불가능하기 때문이다. 이러한 능동적인 관여 방향은 다른 사람들과 여러 가지 관계에서 자기 자신의 자세를 가능한 한 잘 인식하게 해주며, 더 나아가 여러 가지 입장들을 견지하고 변화시키는 현장으로 나아가도록 해준다.

다섯째, 공연학은 인간의 행위를 '문화 상호적인' 태도로 다룬다. 공연학은 지나친 문화적 고립성도, 지나친 이론적 보편성도 모두 거부한다. 공연학에서는 그 연구대상인 인간의 행위 또는

75) Richard Schechner(2002), op. cit., pp.1~2.

그것의 결과물인 문화를 다룰 때, 그것들이 항상 '상호작용적'이어서 어떤 행위도 문화도 고립되어 존재할 수는 없다고 본다. 동시에, 각 문화들은 서로 다른 많은 '차이점들'을 가지고 있기 때문에, 그것들 모두에게 똑같이 적용될 수 있는 어떤 보편적인 이론은 존재하지 않는다고 본다. 여러 문화들은 서로 끊임없이 접촉하고 상호 영향을 주고받는다는 것은 인정하지만, 그 어떤 상호 영향관계에도, 똑같은 동일 수준에서 영향을 주고받는 그런 경우는 없다고 본다.[76]

3. 목표 · 대상 · 범위

1) 목표

공연학의 '목표'는, 가장 포괄적으로 말하자면, '몸'이라고 하는 필연적 제약 조건에서 몸을 통해 무엇인가를 행동으로 실현하는 인간, 곧 '호모 퍼포먼스homo performance'의 본질과 특성과 가치와 가능성들을 탐구하고 해석하는 것이다.

이 목표의 실현을 위해, 언어학·기호학·철학·인류학·사회학·심리학·연극학·무용학·음악학·예술사·문학·매체이론·영화학·커뮤니케이션 이론·문화연구·페미니즘 이론·젠더이론·행동학·지역연구·구조주의·후기구조주의·포스트모더니즘 등, 거의 모든 인문-사회과학의 학문 분야들이 서로 학제적·통섭적으로 연결되

76) ibid., pp.2~3.

고 융합되면서, 공연학의 연구가 기획되고 실행되고 있다. 이러한 다양한 연구 동향들은 뒷장에서 좀 더 구체적으로 논의하고자 한다.

또한 역으로, 여러 학문 분야에서는 제각기 적절한 방법으로, 공연학의 방법들을 끌어다가 활용하기도 한다. 그 대표적인 분야는 철학·인류학·사회학·심리학·연극학 등에서 다양하게 나타나고 있다.[77]

2) 대상·범위

공연학의 연구대상과 범위를 한마디로 말한다면, 그것은 인간의 공연 행위 및 이것과 관련된 여러 가지 과정들과 실체들이라고 할 수 있다.

이에 관해서는 스턴 및 핸더슨의 견해와, 셰크너의 견해가 있다. 이를 살펴보면 다음과 같다.

(1) 스턴 및 핸더슨의 견해

앞에서 인용한 바 있는 캐럴 심슨 스턴과 브루스 헨더슨의 견해에 따르면, 공연학의 대상·범위는 다음과 같이 3가지 분야로 나눌 수 있다. 그것은, 문화적 공연cultural performance·문학적 공연literary performance·공연예술performance art이다.[78]

'문화적 공연'이란 어떤 문화의 문화적 정체성을 중심으로 개인적·집단적으로 이루어지는 공연들을 말한다. 여기에는 어떤 한 개인이 자기의 삶을 영위하기 위해 이행하게 되는 일상생활

77) 자세한 내용은 이 장의 '5. 최근의 공연학 연구 동향'을 볼 것.
78) Carol Simpson Stern & Bruce Henderson(1993), op. cit., 'contents'.

로서의 개인적 공연, 어떤 민족 공동체의 정체성과 관련된 집단적 공연, 한 사회 전체의 중심 문제 해결과 관련되는 사회극적 공연, 어떤 집단 내의 대중적 정체성과 관련된 대중의식적大衆儀式的 공연 등이 포함될 수 있다.

'문학적 공연'이란 언어를 중심 수단으로 하여 이루어지는 공연을 말하며, 여기에는 문학을 중심으로 하는 놀이, 문학적 요소들과 컨텍스트들이 크게 작동하는 각종 공연들, 문학과 직결된 언어학적·심리학적·사회-정치적 '자아'의 신체적 수행의 문제, 문학과 관련된 개인·민족·젠더gender의 수행 문제, 문학과 관련된 각종 공연에서 대사 수행의 문제 등이 유니크한 방법으로 다루어질 수 있다.

'공연예술'이란 지금까지 공연예술performing arts로 다뤄온 음악·무용·연극·각종 이벤트들 등의 공연을 말하며, 여기에는 공연예술의 다양한 정의와 범주들, 공연예술과 각종 아방가르드들과의 관계, 최근 나타나고 있는 새로운 양식들로서의 공연예술의 동향 등을 다룰 수 있다.

(2) 리차드 셰크너의 견해

최근에 들어와 리차드 셰크너는 공연학의 연구대상·범위를 매우 폭넓게 잡아, 다음과 같이 8개의 영역으로 정리하고 있다. 이 견해는 그 대상·범위를 좀 더 구체적이고 실제적으로 명시해 놓고 있어서, 우리가 공연학의 연구대상·범위를 생각하는 데 많은 도움을 준다.

① 일상생활에서의 공연
② 예술에서의 공연
③ 스포츠 및 각종 대중적 오락에서의 공연

④ 비즈니스에서의 공연
⑤ 테크놀로지에서의 공연
⑥ 섹스에서의 공연
⑦ 제의에서의 공연
⑧ 놀이에서의 공연[79)]

'일상생활에서의 공연'이란 우리의 식사·쇼핑과 기본 생활을 비롯해서, 사회생활의 기본이 되는 각종 회합meetings 및 집회, 각급 학교에서 이루어지는 여러 가지 형태의 교수-학습 행위 등, 그 다양한 종류와 영역들은 헤아릴 수 없이 다양하고 많다.

'예술에서의 공연'이란 앞에서 스턴과 핸더슨이 '공연예술'로 구분한 범주와 같은 것으로, 음악·무용·연극 및 각종 다양한 형태의 이벤트 등이 다 여기에 속한다.

'스포츠 및 각종 대중오락에서의 공연'이란 앞의 '공연예술'을 제외한 좀 더 넓은 공연 영역에서 공연들을 다루는 범위로서, 프로야구·축구·테니스 등의 개별 스포츠 종목들과 올림픽·월드컵 축구 등과 같은 대형 스포츠 이벤트, 그리고 각종 게임·파티 등등의 대중적인 오락이 모두 여기에 포함되어 다루어질 수 있다.

'비즈니스에서의 공연'이란 오늘날의 거대한 자본주의 아래에서 이루어지는 복잡하고 다양한, 경제적 판매-구매를 위한 상업적 공연 행위 전반을 다룰 수 있다. 예컨대, 길거리의 물건 판매 공연, 시장의 상품 전시 판매 공연, 백화점의 화려한 전시 판매 공연, 라디오·텔레비전에서의 상품 선전 공연 등, 매우 다양한 공연 양식들을 포함하여 다룰 수 있다.

'테크놀로지에서의 공연'이란 오늘날 새롭게 등장한 테크놀로

---

79) Richard Schechner(2002), op. cit., p.25.

지 기술에 의해서 이루어지는 공연으로, 예컨대 각종 기구를 이용한 공연들, 로봇을 이용한 공연들, 컴퓨터 그래픽을 활용한 공연 등이다. 최근 들어 무서운 속도로 발전하면서 우리의 일상생활과 공연 전반으로 침투해 들어오고 있는 전기-전자 테크놀로지의 공연을 이 연구대상·범위에서 다룰 수 있다.

'섹스에서의 공연'은 얼핏 생각하면 의아할 수도 있으나, 우리가 오늘날 우리의 생활과 문화 전반에 침투해 있는 거대한 '섹스 산업들', 예컨대 우리의 인터넷 '밤 문화'를 크게 점령하고 있는 이른바 '야동'을 떠올려보기만 하더라도 이 연구대상·범위가 결코 하찮거나 만만한 영역이 아님을 곧바로 알 수 있다.

'제의에서의 공연'은 인생의 전체 삶의 과정에서 성인식·결혼식·장례식·기제사忌祭祀 등과 마을 공동체의 안녕과 풍요를 기원하는 마을굿, 어떤 고을 전체의 안녕과 풍요를 기원하는 고을굿, 나라 전체의 안녕과 풍요를 기원하는 나라굿, 비를 기원하는 기우제, 민속제의 및 일반 종교의식 등, 이런 각종 제의들은 모두 이 영역에 포함시켜 다룰 수 있을 것이다.

마지막으로, '놀이에서의 공연'에서는 제기차기·윷놀이·종경도놀이·강강술래 등의 각종 민속놀이를 비롯해서, 과거의 다양한 가무백희의 곡예/서커스, 화투·트럼프·카드 등의 근대적인 놀이, 그리고 슬롯머신과 같은 현대적인 놀이에 이르기까지 다양한 놀이의 영역을 다룰 수 있다.

이상에서 살펴본 스턴·헨더슨의 견해와 셰크너의 견해들은 우리가 공연학의 대상·범위를 고려할 때 많은 참고가 될 것이다. 그러나 이러한 대상·범위의 구분들이 결코 완전하다고는 볼 수 없다. 여기서 언급하지 않은 중요한 공연학의 연구 영역들도, 연구자의 의도에 따라 얼마든지 공연학의 연구대상·범위로 끌어들일 수 있다.

공연학은 그것을 다루는 학자들의 관점이나 컨텍스트 등에 따라 그 대상·범위도 많은 개방적인 변개가 가능하다. 다만, 위에서 제시한 대상·범위는 물론 서양 공연학에서 제시한 개설적인 방향을 제시한 것이며, 우리의 공연학은 우리 나름의 공연학, 곧 '민족공연학Ethno-performance Studies'의 방향에서, 우리 나름의 독자적인 연구대상·범위를 다시 설정하여 연구를 진행해 나아가야 할 것이다. 이에 관해서는 뒷장에서 다시 좀 더 구체적으로 논의하고자 한다.

4. 연구방법

앞에서 잠깐 언급한 바와 같이, '공연학'이란 학문은 아직도 그 형성 과정의 초기에 있는 학문이다. 이 학문의 연구방법도 확고하게 수립되어 있는 것이 아니라, 연구방법의 확립을 위해 앞으로 나아가는 학문이며, 매우 포괄적·학제적·생성적·과정적인 학문이라고 할 수 있다.

본 연구는 전반적으로 현재 공연학의 전체적인 방향과 개괄적인 윤곽을 공유하면서, 구체적인 개별 연구 영역에서는, 기존의 여러 학문 분야들에서 발전되어 온 각종 연구방법들을 각 경우에 맞게 '학제적'으로 적절히 끌어들여 활용하면서 연구를 진행한다고 말하는 것이 좀 더 정확한 표현이 될 것이다.

예컨대, 공연학의 주요 연구대상인 제의ritual 연구의 경우를 보자면, 앞에서 논의한 공연학의 전제에서 출발하여, 구체적인 연구로 들어가게 되면, 종래 제의 연구가들인 판 헤네프·제임스

프레이저·빅터 터너의 연구방법들을 두루 활용해서 연구되고 있음을 발견하게 되는 것이다.

공연학의 연구방법을 캐럴 심슨 스턴 및 브루스 헨더슨Carol Simpson Stern & Bruce Henderson(1993), 콜린 카운셀 및 로리 울프Colin Counsell & Laurie Wolf(2001), 리차드 셰크너(2001) 등의 저서들[80]을 참고하여 정리해 보면 다음과 같다.

첫째, 인간의 행위를 연구대상으로 삼아야 한다. 그 가운데서도 '인간에 의해 공적으로 조직된 의미 있는 신체 행위'로서의 '공연'을 연구한다.

둘째, '공연' 가운데서도 특히 공연예술의 '실천적 사례들'을 중요하게 다루고, 예술적인 실천들과 매우 긴밀한 상호관계를 유지한다.

셋째, 인류학적 연구방법, 특히 현지조사 방법 가운데 하나인 '참여관찰법'을 중요한 연구방법으로 활용한다. 그러나 이 방법을 인류학처럼 서구인의 견해를 중심으로 활용하고자 하는 것이 아니라, 상대적·다민족주의적인 입장에서, 그 학자가 속해 있는 사회나 그 자신의 관점과 가치관에 따라 활용한다.

넷째, 사물을 '가치중립적'인 태도가 아닌 '가치지향적'인 태도로 다룬다. 공연학은 어떤 사회적 실천 행동들과 사회적 가치 옹호 행동들에 능동적으로 관여하는 학문이다. 공연학에서는 이 세상에 '중립적인 가치'란 존재할 수 없다고 생각한다. 공연을 통해서 이루어지는 모든 인간의 행위들은 어떤 역사적·사회적·

80) Richard Schechner(2002), op. cit.; Carol Simpson Stern & Bruce Henderson(1993), op. cit.; Colin Counsell & Laurie Wolf eds.,(2001), *Performance Analysis: An Introductory Coursebook*, London & New York: Routledge.

문화적·정치적인 컨텍스트 속에서 이루어지며, 그러한 컨텍스트들은 그 행위들 속에 반영될 수밖에 없기 때문이다.

다섯째, 사회학·페미니즘이론·젠더이론·역사학·정신분석학·동성애이론·기호학·행동생물학·인공두뇌학·지역연구·매체이론 및 대중문화이론·문화연구 등, 광범위한 여러 학문 분야들에서 나온 연구방법들을 '학제적으로 종합'하여 활용한다.

여섯째, 공연 행위들을 고립시켜 다루는 것이 아니라, '문화상호적인 관계' 속에서 다룬다. 예컨대, 한국의 '판소리'를 공연학에서 다룬다면, 판소리 자체만을 따로 다루는 것이 아니라, 이것과 문화적으로 관련될 수 있는 중국의 대고大鼓·평탄評彈, 일본의 분라쿠文樂 등과도 관련지어 연구하고, 서양 고대의 서사시敍事詩나 현대 서사극敍事劇 epic theatre 등과도 관련짓는다. 나아가서는 오늘날의 전 세계의 문화-정치적 맥락들과도 연관지어 연구한다.

일곱째, 각 문화들의 '차이'를 중시하고 존중하며, 그런 차이들에 맞게 특수하고 독자적인 학제적 방법으로 연구대상을 다룬다. 예컨대, 한국의 판소리와 중국의 대고와 일본의 분라쿠를 서로 문화 상호적으로 관련지어 연구한다고 하면, 이 세 가지 공연양식들이 가지고 있는 공통점에 초점을 맞추기보다는, 이것들이 가지고 있는 '차이'를 염두에 두고 연구한다.

여덟째, 항상 새로운 방향을 지향하는 매우 '전위적인 학문'이며,[81] 현재 진행 과정에 있는 새로운 학문이기에, 현실에 안주해서는 결코 새로운 성과를 기대하기 어렵다. 공연학은 스스로 새로운 길을 개척해 나아가는 전위적인 학문일 수밖에 없다.

아홉째, 공연학 연구를 시작하기 위해서는 가장 먼저 어떤 대상을 연구하고자 하는 '연구 동기'가 부여되어야만 한다. 즉, 연

81) Richard Schechner(2002), op. cit., pp.1~4.

구자가 공연학 연구를 하지 않을 수 없는 내적인 욕구와 열정과 실제적인 가능성을 바탕으로 해서 연구의 일차적인 '동기부여'가 이루어져야 한다.

열째, 연구 동기가 작동되면, 다음에는 더 구체적인 '연구목표'가 수립되어야 한다. 수많은 공연들의 범주와 종류 가운데서 어떤 종류의 어떤 범주의 공연을 연구할 것인가, 아니면 기존에 수립되어 있는 공연학의 어떤 이론의 문제점을 구체적으로 다룰 것인가 등의 확인 작업이 그것이다.

열한째, 연구목표가 수립되면, 다음 단계로는 '연구계획'이 수립되어야 한다. 즉, 구체적으로 언제 어디서 무엇을 어떻게 왜 연구하겠다는 구체적인 계획의 수립이 필요하다. 이 과정에서는 구체적인 논문이나 저술 등의 '아우트라인' 작성도 필요하다.

열두째, 이러한 '연구계획'이 구체적으로 수립되면, 다음 단계로는 그 연구목표와 연구계획의 실행 달성에 적합하다고 생각되는 '자료조사' 작업에 들어간다. 이 과정은 '문헌조사 혹은 아카이브조사'[82]와 '현지조사'로 나누어 진행해야 한다. 그러나 공연학에서는 특히 공연이 실제로 행해지는 시간과 장소에서의 현지조사, 그 중에서도 연구자가 직접 그 공연 현장에 참여해서 조사하는 '참여관찰법'을 구체적으로 적절히 활용해야 한다. 공연학은 신체적 현존으로서의 인간 행위를 연구하는 학문이기 때문이다.

열셋째, 자료조사 작업이 어느 정도 이루어지면, 그 자료들을 토대로 하여 연구목표에 알맞은 방향으로, '자료분석' 작업에 들어간다. 이러한 과정은 다른 분야의 연구와 별반 큰 차이가 없으나, 여기에서는 '참여관찰법'으로 얻어진 생생한 현장 자료들에

82) 오늘날, 공연과 관련된 자료들은 '문헌자료'보다는 시청각 '오디오-비디오 자료'가 갈수록 더 큰 비중을 차지하고 있다. 이런 면에서, 기존의 '문헌조사'는 점차 문헌 및 시청각 자료 전체를 아우르는 '아카이브조사'가 되어가고 있다.

의한 실제적인 논증이 매우 중요하다. 이 과정에서 빼놓을 수 없는 중요한 과정은 '비교분석comparative analysis'이다. 공연학은 인간 행위의 보편적 성격과 가능성보다는, 그러한 행위의 개인적·집단적·문화적·역사적 '차이'와 독창성을 탐구하는 학문이기 때문이다. 따라서 연구 테마가 다루는 대상의 특성을 비교·대조의 방법으로 드러내는 것이 중요하다. 이 자료분석의 과정에서는, 인류학·사회학·심리학·연극학 등 여타 관련 학문의 방법론들이 각 경우에 알맞게 적절히 활용되어야 한다.

열넷째, 자료분석 작업이 어느 정도 진전되면 자료분석 작업과 병행하여, 그 분석 자료들을 토대로 하여 연구목표에서 정한 방향으로 '자료해석' 작업을 수행해야만 한다. '자료분석'이 자료들에 대한 객관적인 사실들의 체계화 작업이라면, '자료해석' 작업은 그러한 체계화된 객관적인 사실들에 대한 주관적인 '의미부여' 작업 곧 그 자료들의 의미와 가치와 가능성들을 탐구하는 작업이다.

열다섯째, 이러한 분석 및 해석 작업을 통해 얻어진 결과들을 기존의 학자의 '이론들'과 결부시켜 보는 작업으로 나아간다. 이러한 작업 과정에서 중요한 것은, 그 연구의 결과가 기존의 연구 결과들을 어떤 측면에서 수정·보완해 주는가, 아니면 근본적으로 기존의 이론을 전복시키는가를 분명하게 밝히는 작업이다.

열여섯째, 자료분석과 자료해석작업이 어느 정도 마무리되면, 앞서 수립된 연구계획의 '아우트라인' 구성에 따라, 연구 과정에서 얻어진 분석·해석의 결과들을 가지고, 실제의 논문 작성 또는 저술 작업에 들어간다.

열일곱째, 이상의 과정을 거쳐서 집필된 원고는 적절한 수정·보완의 과정을 거쳐서 완성한다.

이상의 전체의 과정은, 이어져 돌아가는 '뫼비우스의 띠'와 같은 일종의 '해석적 순환'의 과정이며, 이러한 과정 속에서 공연학은 구체적이고 실제적으로 발전하고, 이러한 발전 과정 속에서 더 나은 공연학의 미래적 지평이 열리게 될 것이다.

5. 최근의 공연학 연구 동향

오늘날 공연학 연구는 대체로 다음과 같은 광범위하고도 다양한 지평에서 이루어지고 있다. 그것은 공연 개념의 연구, 신체의 연구, 현존/재현의 연구, 청관중 연구, 매체·테크놀로지 연구, 공연예술 연구, 인류학적 연구, 사회학적 연구, 문학적 연구, 정치학적 연구, 비서구권 연구, 기타 연구 등등으로 나누어 살펴볼 수 있다.

1) '공연' 개념의 연구

먼저, '공연' 개념의 연구에는, 인류학자 밀턴 싱어Milton Singer, 공연학자 리차드 셰크너, 조세트 패럴Josette Péral, 샨탈 폰트리안Chantal Pontbriand, 앤드류 머피Andrew Murphie, 닉크 카예Nick Kaye, 연극학자 마빈 칼슨, 버트 O. 스테이트스Bert O. States, 데이비드 설츠David Saltz, 자넬 라이넬트Janelle Reinelt 등의 연구가 눈에 띈다.

밀턴 싱어(1972)는 그의 유명한 신조어인 '문화적 공연cultural performance'이라는 용어를 창안하여, 공연의 범주를 미학적인 영역 너머까지 확장하였다. 싱어는 이 범주에다가 가치 의식과 주어진 문화의 우선권을 가져다주는 모든 미학적·제의적·의식적儀式的 사건들을 다 포함시켰다. 그리고 이 용어를 사용하여 여러 공연 장르들을 가로지르는 비교론적인 방향을 취하여 어떤 단일 문화 안에서 생산되는 모든 공연 양식들이 서로 유기적으로 연결되는 것으로 고찰하고 있다.[83)]

리차드 셰크너(1981)는, 여러 가지 공연들이 참여자의 '일시적 변환transportation'과 '지속적 변환transformation' 모두에 걸쳐서 변화를 일으키는 방법을 논의하기 위해, 연극과 제의를 포함하는 문화적 공연을 동양과 서양 양쪽에서 고찰하고 있다. 셰크너에게 이 '일시적 변환'과 '지속적 변환'이란 개념은 서로 다른 문화적 공연 장르에 따라 다르게 강조되는 공연의 기능들이다. 예컨대, 결혼식에서, 어린 소녀는 꽃을 드는 역을 하는 사람으로 '일시적 변환'을 할 수가 있는데, 그녀가 맡은 이 역은 단지 그 결혼식이 진행되는 동안에만 지속되는 것이다. 그러나 다른 한편에서는 이 결혼식을 통해, 신랑과 신부가 남편과 아내로 '지속적 변환'을 겪게 된다.[84)]

조세트 패럴(1982)에 따르면, 공연은 그것을 구성하는 재료가 연극의 재료들과 유사하게 활용되지만, 결말은 연극과는 거의 반대일 정도로 매우 다르게, 보인다. 공연은 연극의 재현과 내러티브에 의존하지 않고 어떤 것에 관해서도 말하지 않고 어떤 사람도 모방하지 않는다. 그래서 공연은 모든 환상illusion과 재현representation을 벗어난다고 생각한다. 그는 공연은 과거도 미래도 없이 항상 현재에 '발생한다'고 말한다.[85)] 이 논의는 연극과의 긴

83) Milton Singer(1972), "Search for a great tradition in cultural performances", in *When a Great Tradition Modernizes,* New York: Praeger, pp.67~80.

84) 리차드 셰크너 지음, 김익두 옮김(2005), 앞의 책, 201~257쪽.

밀한 관계 속에서 전개된 서양의 공연문화 속에서, 연극 중심의 공연 개념에서 벗어나고자 하는 노력을 보여준다는 점에서, 우리의 주목을 끈다.

샨탈 폰트리안(1982)도 역시, 연극성의 한계를 탈출하려는 공연의 종류를 상상하여, 다음과 같은 생각을 전개하였다. 즉, 기술적인 매체에 따르건 또는 그와 유사한 효과를 산출하는 공연 전략을 통해서건 영화적 이미지군을 라이브 퍼포먼스에 침투시키는 것은, 오늘날의 연극이 연극의 불가능성을 극복하기 위해, '영화의 길'을 선택한 것이라고 결론짓고 있다.[86)]

앤드류 머피(c.1990)는, 공연예술과 연극과의 차이점을 매체 기술과 관련하여 논의하면서, 비디오와 컴퓨터 기술의 사용이 연극적 서사의 선조성linearity에 저항해서 작동하는 경향이 있다고 주장한다. 이 점은 들뢰즈-가타리의 '병치주의'적 견해와 서로 상통하는 점이 있다. 그는 또한 자율적인 공연 요소, 인간 공연자의 육체적 현존으로의 표현과 매체 기술들 사이의 관계를 고찰하는 과정에서, 이러한 육체적 현존의 공연들이 결국 "이러한 기술의 시대 속에서, 인간의 신체를 다만 여러 가지 기술적 임무들을 수행하기 위해 순응만을 하도록 만들어버릴 것인가"에 관해 의문을 제기하고 있다.[87)]

한편, 닉크 카예(1994)는 공연예술performance art과 라이브 아트live art가 서로 관련은 있으나, 역사적·지역적으로는 서로 다른

85) Josette Péral(1982), "Performance and Theatricality: the subject demystified", translated by Terese Lyons, in *Modern Drama* 25(1): pp.171~181.

86) Chantal Pontbriand(1982), "The audience: subjectivity, community and the ethics of listening", in *Journal of Dramatic Theory and Criticism* 7(2): pp.3~24.

87) Andrew Murphie(c.1990) "Negotiating presence: performance and new technologie", in Philip Hayward(ed), *Culture, Technology & Creativity,* London: John Libbey, pp.209~226.

실천 행위들이며, 서로 다른 예술적 프로젝트와 감수성의 표현이라고 주장한다. 즉, 전자는 일차적으로 미국에서 일어났고, 후자는 주로 영국에서 발생했다는 것이다.[88)]

마빈 칼슨(1996)은 '공연'을 매우 포괄적이고 종합적으로 논의하고 있다. 그는 인류학·사회학·심리학·언어학·공연예술, 그리고 포스트모더니즘 이론 등, 인문–사회학 전반에 걸친 광범위한 영역에 걸쳐서 '공연'에 관한 텍스트와 컨텍스트들을 검토하면서, '공연' 개념의 다양한 쓰임새들을 탐구하고 있다. 그에 따르면, 공연은 인간의 행위로 이루어지며, 그 행위는 본질적으로 살아 있는 '신체'와 상호작용적이고 상징적인 '형식들'을 가지고 있고, 그 형식들을 통해서 인간은 여러 가지 의미를 구성하고 개인적·문화적 가치를 확인하는 길을 찾고자 한다. '공연'에는 두 가지 다른 개념이 존재할 수 있다. 하나는 특별한 솜씨 곧 어떤 '신체적인 재주의 표현'이라는 개념이고, 또 다른 하나는 두루 알려져 인식되어 있고 문화적으로 코드화되어 있는 어떤 '행위 유형의 표현'이라는 개념이다. 전자는 공연예술 쪽에 그 중심이 놓여 있고, 후자는 인간의 모든 문화적인 공연 양식들 전체에 적용될 수 있다.[89)]

버트 O. 스테이트스(1996)는 '공연'이라는 용어의 광범위하고 은유적인 확장으로 말미암아 공연의 개념이 지나치게 폭넓게 적용됨에 따라, 개념의 통일성을 상실하는 문제를 제기하고 있다. 그의 견해에 따르면, '공연'의 '존재론적 기반'인 공연이 '발생하여 나오는 토대'는 바로 그 공연의 목적과 수단이다. 그런데 그 목적과 수단이 분리됨에 따라, 공연의 분명한 개념도 붕괴되고 있다. 이런 관점에서, 스테이트스는 메싱어Messinger 등이 제기하는 문제의식과 비슷한 방법으로, 일상생활을 다루는 고프만

88) Nick Kaye(1994), "British live art", in *Contemparary Theatre Review* 2(2): pp.1~7.
89) Marvin Carlson(1996), op. cit., pp.3~6.

Goffman의 연극학적 분석방법을 문제 삼는다.[90] 이 연구는 공연 연구가 인문-사회학 전반으로 확장되는 데서 발생하는 용어의 혼란 문제를 다루고 있다는 점에서 우리에게 참고가 된다.

데이비드 설츠(1997)는 오늘날 공연 속에 넓고 깊게 침투해 들어와 있는 '디지털 설비들'이 공연으로 다루어질 수 있는가에 관심을 기울였다. 그는 이러한 설비들을 가진 공연 양상들과 실험연극과의 유사성을 탐구하여, 어떤 예술 형식은 공연예술 없이도 '공연적'일 수 있다고 주장했다.[91] 그의 이러한 주장에 의해서, 공연의 장르들은 이제 전통적인 연극·무용·음악의 범주들로 좁혀지는 것이 아니라, 공연예술, 예술적 공연, 라이브 아트 등으로 확장되고, 이러한 영역을 간단히 공연으로 부르게 된다.

쟈넬 라이넬트(2002)는 '공연성performativity'과 '연극성theatricality'이라고 하는 이론적 용어의 발전과 관련해서, 계속 변화하는 정의의 지형도를 탐구한다. 공연과 라이브 아트가 일련의 '사건들'을 가리키는 반면, 공연성과 연극성은 그 사건들의 자질을 가리킨다. 그에 따르면, '공연'에 관한 담론들은 북미와 유럽에서 함께 발전되었으나, 북미 쪽에서는 '공연'과 '공연성'이란 용어가 더 유행한 반면, 유럽 쪽에서는 '연극'과 '연극성'이란 용어를 좀 더 유용한 용어로 받아들이고 있다고 지적한다.[92] 이 논의는 앞에서 살펴본 닉크 카예(1994)의 논의와 함께, 영국 등을 비롯한 서유럽 공연과 미국 쪽의 공연이 경향상으로 보여주는 차이점을 알려준다는 점에서 우리에게도 도움을 준다.

---

90) Bert O. States(1996), "Performance as metaphor", in *Theatre Journal* 48(1): pp.1~26.

91) David Z. Saltz(1997), "The art of interaction: interactivity, and computers", in *The Journal of Aesthetics and Art Criticism* 5(2)(1997): pp.117~127.

92) Janelle Reinelt(2002), "The politics of discourse: performativity meets theatricality", in *SubStance* 31(1-2).

2) '신체'의 연구

인간의 '몸'에 대한 연구는 공연 연구에서 가장 기본이 되는 연구라고 할 수 있다. 인간의 '몸'에 관한 연구로는 메를로-퐁티M. Merleau-Ponty, 데즈먼드 모리스Desmond Morris, 존 에릭슨Jon Erickson, 데이비드 그레버David Graver, 앤 쿠퍼 올브라이트Ann Cooper Albright 등의 연구가 돋보인다.

메를로-퐁티(1945)는 앞에서도 잠깐 언급한 바와 같이, 이전까지 '부재'의 상태로 방치되어 온 인간의 '몸'의 존재를 철학적인 지평에서 되찾아준 기념비적인 연구로서, 이후 공연 및 공연학의 전개에서 철학적인 면에서 가장 결정적인 역할을 한 연구라고 할 수 있다.[93]

데즈먼드 모리스(1978)는 동물행동학의 측면에서 인간의 수많은 행동들을 과학적으로 관찰하여, 동작·제스처·신호·표현 등등, 인간의 행위들을 '의미'와 관련하여 구체적으로 다룰 수 있는 과학적인 길을 열어놓았다.[94]

존 에릭슨(1990)은 일종의 '기호 매체sign vehicle'로서의 배우의 신체와, 그 자체가 물질적으로 현존하는 어떤 것으로서의 배우의 신체 사이의 변증법에 의해서 형성되는, 모더니스트 연극의 방법들을 논의하고 있다.[95]

한편, 데이비드 그레버(1997)는 배우의 신체적 현존을 단순한

---

93) Maurice Merleau-Ponty(1945), *Phenomenologie de la Perception,* Paris: Gallimard. 〔류의근 옮김(2002), 《지각의 현상학》, 서울: 문학과 지성사〕.

94) Desmond Morris(1978), *Manwatching-A Field Guide to Human Behavior* (Grafton). 〔과학세대 옮김(1994), 《맨워칭: 인간 행동을 관찰한다》, 서울: 까치〕.

95) Jon Erickson(1990), "The body as the object of modern performance", in *Journal of Dramatic theory and criticism* 5(1): pp.231~245.

개념으로 다루는 것에 반대한다. 그는 이것을 좀 더 복잡한 형식의 지평에서 다룰 것을 주장하여, 무대 위에서 배우의 현존을 등장인물character·공연자performer·해설자commentator·페르소나personage[96]·집단대표자group representative·육체flesh·감각sensation 등 7가지 현존으로 구별하고 있다.[97] 예컨대, 겉으로는 매우 단순해 보이는 판소리와 같은 공연 양식의 경우, 여러 가지 현존 양태를 생각해 보면, 실제로는 매우 복잡한 공연 양식임을 알게 된다.

앤 쿠퍼 올브라이트(1998)는 '무능력과 춤'에 관한 논문에서, 공연에서의 몸에 관한 대부분의 이론적 비평적 담론들이 정상적인 몸을 가정하는 것의 문제점을 지적한다. 이런 관점에서 그는 무능력화된 비정상적인 몸이라는 가정 아래서, 춤의 실제 사례들과 그것들의 전통적인 춤 연습 방법 및 미학과의 관계를 탐구하는 연구 프로젝트를 추진하고 있다.[98]

3) '재현'의 문제: '탈구조주의' 및 '페미니즘'의 시각

최근의 공연 연구에는 공연의 본질적인 문제 가운데 하나인 '재현representation'의 문제를 다루는 연구가 눈에 띈다. 이 방면의 연구로는, 프랑스 철학자 자크 데리다, 장 프랑스와 리요타르Jean François Lyotard, 마빈 칼슨Marvin Carson, 엘리노어 푸쉬Elinor Fuchs, 바바라 프리드먼Barbara Freedman, 질 돌런, 페타 테이트Peta Tait 등

---

96) 사회적 인격, 우리가 바깥 세상에 나타내는 배우적인 가면.

97) David Graver(1997), "The actor's bodies", in *Text and Performance Quartely* 17(3): pp.221~235.

98) Ann Cooper Albright(1998), "Strategic abilities: negotiating the disabled body in dance", in *Michigan Quarterly Review* 37(2): pp.475~501.

의 연구가 있다.

자크 데리다(1978)는, 아방가르드 연극 이념론자인 앙토냉 아르토 연극 이론의 문제점을 '재현'에 초점을 맞추어 논의한다. 이 논의에서 그는, 아르토가 자기의 연극 이론의 핵심인 이른바 '잔혹연극' 이론에서, 연극에서는 '재현'을 폐지할 수 있다고 상상하고 있으나, 본질적으로 연극에서 '재현'을 폐지한다는 것은 불가능하며, 실제로 '재현'을 회피할 수 있는 연극은 존재하지 않는다고 주장하고 있다.[99] 이러한 주장은 연극적 재현에서는 적절한 주장으로 보인다. 그러나 연극적 공연이 아닌 공연, 예컨대 순수한 음악적 공연 등에서는 이러한 연극적 재현, 곧 등장인물의 '현전presence'이 존재하지 않기 때문에 이런 공연 양식에는 해당되지 않는다는 점도 우리는 고려할 필요가 있다.

장 프랑스와 리요타르(1976)는 데리다와 함께 프랑스의 후기구조주의 운동가의 한 사람이긴 했으나, 연극적 '재현'의 문제에 관해서는 서로 다른 시각을 보이고 있다. 그는 연극에서 사용되는 '정신적·물질적 에너지'에 주목하여, 어떤 생산물이나 청관중들의 반응을 약속하지 않고도, '에너지'가 팽창되는 연극은 '재현'을 폐지할 수 있다고 주장하였다.[100] 그러나 리요타르 자신도 데리다처럼 이러한 연극이 실제로 가능한지에 대해서는 의심하고 있다. 또한, 연극적 공연 자체가 '재현'을 전제로 한다는 점을 생각할 때, 이러한 견해는 다소 모순된 논리를 보이고 있다.

마빈 칼슨(1985)은 연극의 오랫동안 지속되어온 연극의 '텍스트'와 '퍼포먼스'의 관계에 관한 논쟁에다가 '탈구조deconstruction'

---

99) Jacques Derrida(1987), "The Theater of cruelty and the closure of representation", in *Writing and Difference*, Alan Bass(trans), Chicago: University Chicago Press, pp.232~250.

100) Jean François Lyotard(1976), "The tooth, The palm", Anne Knap Michel Benamou(trans), in *Substance* 15: pp.105~110.

라는 개념을 적용하여, '텍스트'와 '퍼포먼스' 가운데 그 어느 쪽에도 특권을 부여하지 않고서 양자의 관계를 매우 온건하게 기술하는 방법을 취하고 있다.[101] 이는 데리다가 제시한 '재현'에 관한 주장의 가치를 옹호하고 있는 셈이다. 그러나 이것도 역시 연극적 공연의 범주 중심으로 공연을 생각하는 서양 공연학계의 성향과 관련이 있는 것으로 보인다.

그러나 엘리노어 푸쉬(1985)는 프랑스 후기-구조주의의 관점에 서서, 연극의 실천에 미친 후기-구조주의의 충격을 강조하면서, '텍스트성textuality'에 관한 좀 더 새로운 접근 방법을 시도한다. 그는 연극적 '재현'이 텍스트에 의존한다는 견해를 반박하고 탈구축하고자 한다. 푸쉬는, 연극적 재현의 문자 텍스트의 의존성을 부정하기 위해, 연극적 아방가르드의 편에 서서, 자기의 이러한 전략적 견해들을 기존의 견해들과 대조시킨다.[102] 이것은 아리스토텔레스 이후 서양 공연학계에 뿌리 깊은 텍스트 중심적 사고를 후기 구조주의의 입장에서 '해체'하고자 한 노력의 결과이다. 이러한 방향은 결과적으로는 오랫동안에 걸쳐서 구비 텍스트에 의존해온 동양연극 나아가 동양 공연문화를 옹호하는 논의의 지평을 열어주고 있다는 점에서, 우리에게는 매우 고무적인 연구이다.

한편, 바바라 프리드먼(1988)은 페미니즘의 시각에서 심리분석과 영화이론을 토대로 '재현'의 문제에 접근한다. 그녀는, "기존의 전통 연극들이, 어떤 '재현적 모델들'의 구속을 받기에, 그것들의 주제에 맞도록 구조를 제대로 수정하지 못하는가"를 탐구

101) Marvin Carlson(1985), "Theatrical performance: illusion, translation, fullfillment, or supplement?", in *Theatre Journal* 37(1): pp.5~11.

102) Elinor Fuchs(1985), "Presonce and the revenge of writing: rethinking theatre after derrida", in *Performing Arts Journal* 9(2/3): pp.163~173.

하였다. 이런 탐구의 주요 대상에는 역시 프랑스 고전주의의 '3일치 법칙'과 같은 것들이 대표적인 표적이 되고 있다. 그녀는 전통 연극들의 재현은 매우 불안정하고 복잡하며, 이러한 성격들 자체가 전통적 구조의 새로운 수정 작업을 위한 전략들을 제시할 수 있다고 주장했다.[103] 이 연구는 구조적인 측면에서 서양 연극의 재현 문제를 지적한 논의라는 점에서 그 의의를 찾을 수 있다. 즉, 동양 연극, 나아가 동양 공연문화가 아리스토텔레스 이후에 오랫동안에 걸쳐서 구축한, 서양 연극 및 공연문화가 이룬 인과적·필연적 재현 구조의 문제점을 알리고, 동양 연극과 공연문화 전통이 이룬 반복적·순환적·축적적 재현 구조의 가능성과 가치를 옹호하는 논의의 지평을 열어주고 있어서 흥미를 끈다.

질 돌런(1987)은 '재현'을 남권주의자의 것으로 보는 페미니즘의 편에 서서, 레즈비언 페미니스트의 시각에서 구축된 연극적 재현들이, 기존 관습적인 재현 양식들을 완전히 포기하지 않고도, 새로운 의미를 표현하기 위한 가능성의 출구를 열어 준다고 주장한다.[104] 이 논의는 기존의 '재현' 논의를 여성주의적 시각에서 '해체'하고, 그것을 다시 긍정적으로 '재구성'하고자 한다는 점에서 주목할 필요가 있다. 이러한 논의의 방향은 우리의 '꼭두각시놀음'과 같은 작품들을 다루는 데 많은 도움을 줄 것이다. 즉, '꼭두각시놀음'을 남성중심의 시각에서 구축된 '재현'으로 보고, 그 속에 깊이 감추어져 있는 여성주의적 '공허', 예컨대 작품의 제목이 '꼭두각시놀음'이면서도 실제로는 '꼭두각시'란 등장인물이 작품 내부에서는 거의 완전히 '소외'되고 있는 양상 등에

103) Barbara Freedman(1988), "Frame-up: feminism, psychoanalysis, theatre", in *Theatre Journal* 40(3): pp.375~307.

104) Jill Dolan(1987), "The dynamics of desire: sexuality and gender in pornography and performance", in *Theatre Journal* 39(2): pp.82~94.

접근한다면, 상당한 성과가 있을 것이다.

페타 테이트(1996)는, 서커스 공중 공연자들의 공연을 분석하여, 매우 흥미로운 의견을 제시한다. 그녀는 서커스가 여성들에게 실제 사회 안에서는 허락되지 않는 육체적 자유를 일종의 상징적 환상의 공간 안에서 허락해주는 것이라고 주장한다. 그녀에 따르면, 서커스는 그것의 관습들과 사회적 위상이 연극의 그것들과는 다른 하나의 대중적인 문화적 공연 양식으로서, 거기에는 현실과는 다른 다양한 종류의 '재현들'이 초대될 수 있다고 한다.[105] 이 연구는 연극과 다른 다양한 공연 양식들을 재현의 관점에서 다룰 수 있는 길을 열어놓고 있다.

4) '청관중' 연구

'청관중' 연구는 비교적 최근에 들어와 논의가 진전되고 있는 연구 분야로서, 안느 위베르스펠트, 허버트 블로, 마르코 드 마리니, 수잔 베네트Susan Bennett, 엘리스 라이너Alice Rayner, 엘리자베스 클레버 등의 연구가 돋보인다.

안느 위베르스펠트(1982)는 기호학적 관점에서 청관중의 문제에 접근하여, 청관중은 연극적 기호들에 의해 제공되는 다중적인 기호들을 해석하는 '능동적인 역할' 수행으로부터 즐거움을 얻게 된다는 견해를 제시하였다.[106] 이것은 기호학자의 입장에서, 공연에서 청관중의 능동적인 역할과 가능성에 관한 의견을

105) Peta Tait(1996), "Feminine free fail: a fantasy of freedom", in *Theatre Journal* 48(1): pp.27~34.

106) Anne Ubersfeld(1982), "The pleasure of the spectator", Pierre Bouillaguet and Charlse Jose(trans), in *Modern Drama* 25(1): pp.127~139.

제시했다는 점에서, 종래의 수동적인 입장의 청관중론을 진전시킨 것이라 볼 수 있다.

허버트 블로(1985)는 오늘날과 같은 포스트모던 세계의 변모된 여러 가지 공연 컨텍스트들에 초점을 맞추어 공연의 청관중 논의에 가담하고자 한다. 그는, 청관중이 놓여있는 오늘날의 역사적인 '상황성'에 관심을 기울인다. 그는 오늘날의 상황을 전통적 정체성 및 사회적 결속들이 소멸되거나 또는 다만 '흉내내어지고 있는' 포스트모던 세계로 진단한다. 그는 이러한 상황에서 청관중이란 어떤 것이고 또 어떤 것일 수 있는가에 깊은 관심을 보이고 있다.[107] 이 논의는 오늘날 변화된 문화적 컨텍스트 속에서 청관중의 특징 및 문제들을 논의한다는 점에서 주목을 요한다.

마르코 드 마리니(1987)는 안느 위베르스펠트와 같이 기호학적인 관점에서 청관중의 주의 집중의 문제에 접근하여, 청관중이 공연에 몰입되고 이완되는 방법에 관심을 기울인다. 구체적으로, 청관중 주의 집중의 몇 가지 결정적인 특징들, 주의 집중의 방법, 청관중의 주의를 집중시키는 요소들, 배우의 주의 집중 기술들 등에 관해서 논의하고 있다.[108] 이는 '긴장-이완'의 복잡하고 다양한 상호관계를 추구하는 우리의 판소리와 같은 공연예술을 다룰 때 상당한 암시를 받을 수 있다는 점에서 역시 흥미를 끈다.

수잔 베네트(1990)는 기존의 청관중 논의들을 전체적으로 종합하면서, 청관중이 연극적 생산 또는 공연 속에서 갖게 되는 능

107) Herbert Blau(1985), "Odd, anonymous needs: the audience in a dramatized society(Part One)", in *Performing Arts Journal* 9(2-3): pp.199~212.

108) Marco De Marinis(1987), "Dramaturgy of the spectator", in *TDR: The Journal of Performance Studies* 31(2): pp.100~114.

동적이고 창조적인 역할을 강조하고, 이를 본격적으로 탐구하고자 한다.[109] 그녀는 이 작업을 하나의 논저 형태로 다루고 있어, 이 논저는 아마도 청관중에 관해서 본격적으로 접근한 최초의 현대적 논저로 보인다.

엘리스 라이너(1993)는 '다중적인 개인들로 이루어진 단일한 실체'라는 역설적인 존재로서의 청관중에 대한 이론적 딜레마를 논의 한다. 라이너는 청관중의 본질과 그것이 차지하고 있는 주제상의 위치에 관한 문법적인 분석으로부터 논의를 시작하여, 청관중이라는 말 자체 속에 내포되어 있는 발화와 청취 사이의 관계에 수반되는 상호적인 임무들에 관한 '윤리적인 분석'으로 이동해 간다.[110]

엘리자베스 클레버(1995)는, 허버트 블로(1985)와 비슷한 관점에서, 포스트모던 문화 곧 매체화된 문화 속의 청관중 문제에 관심을 기울인다. 이 연구는 포스트모던 시대의 청관중을 텔레비전과 연극을 포함한 다양한 공연매체 형태에 익숙해진 청관중으로 본다. 이러한 청관중은 하나의 컨텍스트에서 다른 컨텍스트로 재빠르게 시선을 이동시키면서 공연을 관람하기 때문에, 그의 행동의 본질은 어느 한 매체에 의해서 결정되지 않는다는 점을 강조하면서 청관중 문제에 접근한다.[111] 이 논의는 오늘날, 매체화된 공연 양식들의 청관중 문제를 다루는 데 도움을 준다는 점에서 가치가 있다.

---

109) Susan Bennett(1990), *Theatre Audiences: A Theory of Production and Reception*, London & New York: Routledge.

110) Rayner, Alice(1993), "Subjectivity, community, and the ethics of listening", in *Journal of Dramatic Theory and Criticism* 7(2): pp.3~24.

111) Elizabeth Klever(1995), "Spectatorial theory in the age of media culture", in *New Theatre Quarterly* 11(44): pp.309~321.

5) '매체'와 '테크놀로지' 연구

매체와 테크놀로지에 관해서는 많은 학자들이 관심을 기울였는데, 로저 코프랜드Roger Copeland, 테오도르 그라식Theodore Gracyk, 매슈 코세이Matthew Causey, 스티브 틸리스Steve Tillis 등의 연구가 특히 우리의 주목을 끈다.

로저 코프랜드(1990)는 매체화된 문화 환경이 청관중의 지각과 기대를 조건짓는 여러 가지 방법에 관심을 기울였다. 구체적으로, 연극의 본질 문제, 연극적 현존의 다양성, 현존과 재현의 문제, 현존과 시각예술들, 매체의 연극 등에 관해서 논의를 진행한다.[112] 그러나 그는, 매체의 침투를 받은 문화 속에서 인간 현존의 운명을 논의하면서, 우리가 학문적으로 많은 자극을 받아온 후기-구조주의의 이론들을 의문시하고 있다는 점에서 문제를 드러내고 있다.

테오도르 그라식(1997)은 각종의 매체들로 컨텍스트화된 문화를 전제로 하면서, 음악적인 측면에서 매체의 문제에 접근한다. 그는 오늘날의 청관중들이 매체화된 소리들과 시청각 기록물들을 통해서 음악을 체험한다는 것을 강조하고, 레코드화된 자료들을 통한 음악 체험이 라이브 공연을 통한 음악 체험보다 열등한 미학적 체험을 제공한다는 일반화된 견해에 반대하고 있다. 그는 결국 오늘날의 '매체화된 사회'의 공연적 체험들을 긍정적으로 옹호하고 나선다.[113]

---

112) Roger Copeland(1990), "The Presence of meditation", in *TDR: The Journal of Performance Studies* 34: pp.28~44.

113) Theodore Gracyk(1997), "Listening to music: Performances and recondings", in *The Journal of Aesthetics and Art Criticism* 55(2): pp.139~151.

메슈 코세이(1999)도 역시 전통적 공연 형식들에 영향을 미친 테크놀로지의 충격들을 탐구하고 있다. 그는 혁신적인 테크놀로지와 연극의 불가피한 협력 관계는 연극의 재정의를 가져왔고, 영화·비디오와 같은 다른 문화 형식들과 연극의 관계도 재정의하게 만들었다고 주장한다. 그는, 인간 공연자가 자기의 이미지를 기술적으로 '다중화'하고 '파편화'하여, 탈중심화된 포스트모던 시대의 주제가 되는, 여러 가지 방법들을 논의하고 강조한다.[114]

한편, 스티브 틸리스(1999)는 오늘날의 디지털 애니메이션의 발전이라는 문화적 컨텍스트 속에서 변화되는 인형극의 기본적인 문제들을 탐구하고 있다. 그는 인형이 실체 있는 대상이든 가상의 대상이든, 반드시 인형을 실체 있는 명백한 대상으로 규정하는 것에 반대한다. 이 논의에는 인형극을 오늘날의 테크놀로지 매체사회의 맥락에서 재정의하려는 의도가 담겨져 있다.[115]

6) '문학적'·'비평적' 연구

문학적·비평적 연구에 초점이 맞추어진 연구로는, 리차드 포이리에, 로널드 J. 펠리아스·제임스 반우스팅Renald J. Pelias & James VanOosting, 릭 알소프Ric Allsopp, 킴벌리 W. 벤스톤Kimberly W. Benston 등의 연구들이 보인다.

비평가 리차드 포이리에(1971)는 흥미롭게도, 문인들의 글쓰기 행동을 일종의 공연으로 다루고자 한다. 그는 헨리 제임스Henry

114) Matthew Causey(1999), "The Screen test of th double: the uncanny performer in the space of technology", in *Theatre Journal* 51(4): pp.383~394.

115) Steve Tillis(1999), "The art of puppetry in the age of media production", in *TDR: The Journal of Performance Studies* 43(3): pp.182~195.

James·로버트 프루스트Robert Frost·로먼 메일러Roman Mailer 등과 같은 문인들의 시와 산문을, 문인들 각자가 공연자로서의 자기 자신을 자의식적으로 공연한 것으로 보고, 이들의 글쓰기 행동을 일종의 공연 행동으로 관찰한다. 이런 관점에서, 포이리에는 또한 비희곡적인 문학조차도 무용·음악·영화·스포츠 등과 같은 공연 형식들과 비교할 수 있는 문학 연구의 분야를 요구하고 있다.116) 그의 이러한 연구는 정태적인 문학 장르를 역동적인 공연 장르의 일종으로 재정의 하고자 하는 면에서 매우 흥미로운 관점을 제공해 준다.

로널드 J. 펠리아스·제임스 반 우스팅(1987)은 전통적인 발화 및 구전의 해석 분야로부터 새로운 공연학 분야의 출현 가능성을 고찰하고 있다. 이들은 공연학을, 텍스트·이벤트·공연자·청관중·참여관찰 등과 같은 전통적인 범주들을 확장시키는 학문으로 본다.117)

릭 알소프(1999)는 공연을 '위한' 글쓰기라는 생각과 공연 '으로서'의 글쓰기라는 두 가지 견해를 중요시하는 입장에서, 문학 '텍스트'와 그것의 실천인 '공연' 사이의 관계를, 최근의 실험들을 통해서 논의하고 있다. 알소프도 포이리에처럼, 문학 비평가의 관점보다는 작가 또는 공연자의 관점에서, 글쓰기 행위 및 독서 행위의 공연성에 깊은 관심을 기울이고 있다.118)

한편, 킴벌리 W. 벤스톤(2000)도, 문학 텍스트 및 음악 텍스트들을 작가의 자의식적인 정체성 공연으로 고찰한다. 그는 아프리

116) Richard Poirier(1971), *The Performing Self: Compositions and Decompositions in the Languages of Contemporary Life*, New York: Oxford University Press.

117) Ronald J. Pelias and James VanOosting(1987), "A paradigm for performance studies", in *Quarterly Journal of Speech* 73(2): pp.219~231.

118) Ric Allsop(1999), "Performance writing", in *Performing Arts Journal* 21(1): pp.76~80.

카계 미국인 예술가들이 그들의 예술적 생산물들을 통해서 아프리카계 미국 흑인 정체성을 어떻게 '공연'하는가를 탐색한다.[119]

7) '인류학적' 연구

공연에 관한 인류학의 연구로는, 아놀드 반 게넵Arnold Van Gennep, 빅터 터너, 클리포드 기어츠Clifford Geertz, 에릭카 피셔 리히테Erika Fischer-Lichte, 브리타 B. 윌러Brita B. Wheeler 등의 업적이 돋보인다.

벨기에의 인류학자 아놀드 반 게넵(1960)은 1908년에 나온 그의 저서 《통과의례The Rites of Passage》에서 공연에 관한 담론에 중요한 발전의 '씨앗'을 뿌렸다. 정체성과 관련된 사회적 변환을 가져오는 제의에 관한 반 게넵의 관점과 그가 통과의례를 '프리리미널preliminal·리미널liminal·포스트리미널postliminal'의 3개 국면으로 구분한 이론은, 인류학적으로 이루어지는 수많은 공연 이론에 아직도 기본 바탕이 되고 있다.[120] 리차드 셰크너의 작업도, 그의 영국인 동료 인류학자인 빅터 터너와 같이, 반 게넵의 이러한 제의 개념에 강력한 영향을 받았다. 터너 자신의 불확정성 및 (사회적이자 예술적인) 잠재적 혁신 조건으로서의 '리미널'에 관한 강조도, 바로 반 게넵의 이러한 이론에서 나온 것이다.

빅터 터너(1980)의 영향력 있는 공연 이론인 '사회극social drama'의 이론도 반 게넵의 '통과의례 3국면' 이론에 영향을 받아

---

119) Kimberly W. Benston(2000), "Prologue: performing blackness", in *Performing Blackness: Enactments of African-American, Modernism*, London: Routledge, pp.1~21.

120) Arnold Van Gennep(1960), *The Rites of Passage* (originally published in 1908), Monika B. Vizedom & Gabrielle L. Caffee trans. [전경수 역(1985), 《通過儀禮》, 서울: 을유문화사].

이루어진 것이다. 터너에게 '사회극'이란, 친밀한 개인 사이의 관계에서 각종 사회의 내부에 걸쳐서 일어나는 갈등에 이르기까지 모든 사회적 레벨에서 작동하는, 갈등과 문제 해결의 보편적 패턴이다. 터너가 수립한 '사회극'의 구조는, 반 게넵이 제시한 통과의례의 3국면 이론과 달리, '위반breach·위기crisis·교정행동redressive action·재통합/분열reintegration/schism'이라는 4국면 구조로 이루어져 있다.[121)]

한편, 미국의 인류학자 클리포드 기어츠(1979)는, 터너의 이러한 이론이 어떤 단일한 행위의 틀에 모든 행위들을 다 집어넣음으로써, 본질적으로 서로 다른 다양한 세계의 사회적 리얼리티들을 서구적인 틀로 '균질화'하였다고 비판하고 있다. 또한 그는 공연적 사고방식 가운데서도 연극적 사고방식을 중심으로 하여 재정의되고 있는 최근 학계의 동향을 '연극 유추drama analogy'라는 말로 용어화하여 제시함으로써, 인류학에서 공연학 연구에 크게 기여하였다. 그는 또한 해석적인 방법론을 탐구한 많은 사회과학자들이 기호학적이고 공연학적인 모델을 찾기 위해 인문학에 관여하고 있음을 관찰하고 있다. 기어츠는, 거대한 충격을 가져온 3가지 모델은 게임 모델, 제의를 포함한 연극 모델, 그리고 새로운 텍스트 모델이라고 주장한다. 이러한 인문학적 모델의 침식과 붕괴에 관한 보고는, 기존의 인문학의 전통과 방법론과는 다른, 새로운 사회과학의 도전 방법, '공연성'을 매우 중시하는 새롭고 도전적인 실천 방법을 우리에게 가져다주었다.[122)]

독일의 연극 학자 에리카 피셔-리히테(1997)는 몇몇 공연예술

121) Victor Turner(1980), "Social dramas and stories about them", in *Critical Inquiry* 7(1): pp.141~168. [김익두 외 옮김(1996), 《제의에서 연극으로》, 서울: 현대미학사, 101~146쪽].

122) Clifford Geertz(1979), "Blurred genres: the refiguration of social thought". in *The American Scholar* 49(2): pp.165~179.

에서 제의 및 제의적 행동의 활용법을 논의하여, 제의적인 것이 예술 작품에 포함될 때에도 그것이 여전히 제의적인 것으로 남아 있는가 하는 문제를 제기한다. 그녀는, 제의가 일단 공연예술과 통합되면, 신념을 공유하는 어떤 사회로부터 '단절'이 되므로, 그 제의들은 이제 더 이상 제의로서 작동하지 않게 된다고 본다. 그러나 그것을 보는 청관중들이 그 공연자가 하는 행동의 기본적인 제의적 육체성을 이해할 수는 있다고 주장한다. 그래서 그녀는, 반 게넵의 주장을 인용하여, 제의적인 성격의 공연예술도 사회구조적이고 인식론적인 측면에서 '지속적 변환transformation'[123]의 방향을 지향한다고 주장한다.

사회학자 브리타 B. 윌러(1999)는 공연예술과 관련된 비평적 담론들을 인류학 이론과 관련시켜 관찰하고 있다. 그녀는 미국에서 공연예술들을 둘러싼 논쟁들을 다루기 위한 수단으로 빅터 터너의 '사회극' 개념을 활용한다. 흥미롭게도 이 연구에서 윌러는, 논쟁들의 구조 자체도 터너의 '사회극' 패턴을 따르고 있다는 주장을 전개하고 있다.[124] 이러한 연구는 비평적인 메타언어들로 이루어지는 담론들에도 터너의 사회극 이론이 적용될 수 있음을 보여준다.

123) 리차드 셰크너가 그의 연구들에서 매우 중요하게 다룬 용어로서, 성인식·결혼식 등에 참여하는 당사자들과 같이 그 의식을 통해서 자기 자신의 사회적 위상이 성인·남편/아내 등으로 지속적으로 변화되는 경우를 말한다. 이와는 대조적으로, 연극 공연 등에서와 같이 참여자들이 그 공연이 진행되는 동안에만 일시적으로 자신들의 정체성이 등장인물 또는 청관중 등의 역할로 변환되는 것을 '일시적 변환transfortation'이라고 한다.

124) Britta B. Wheeler(1999), "Negotiatong deviance and Normativity: performance art, boundary transgressions, and social change", in *Interogating Social Justice: Politics, Culture and Identity*, Marilyn Corsianos and Kelly Amanda Train(eds), Toronto: Canadian Scholars' Press, pp.155~179.

8) '역사·사회학적' 연구

공연에 대한 '사회학적' 연구들로는, 케네스 버크, 어빙 고프만, 셸던 L. 메싱어Sheldon L. Messinger·헤럴드 셈슨Harold Sampson·로버트 D. 타운Robert D. Towne, 마이클 커비, 캔데이스 웨스트Candace West·수잔 펜스터메이커Susan Fenstermaker, 수-엘런 케이스Sue-Ellen Case, 버나드 J. 히비츠Bernard J. Hibbitts, 엘리자베스 벨Elizabeth Bell 등의, 매우 다양하고 복잡한 논의들을 찾아볼 수 있다. 물론, 여기에 언급한 학자들 가운데는, 그의 전공이나 주 관심사가 사회학이 아닌 사람들도 있다.

비평가 케네스 버크(1957)는 '제의극ritual drama'을 인간적 행위 시도의 일차적인 모델로 제시한다. 나아가, 그는 역사를 끊이지 않고 지속되는 일종의 '드라마'로 보고, 드라마의 행동은 인간의 행위를 이해하는 데 유용한 틀이라고 생각했다. 그에 따르면, 우리의 여러 가지 '자아들selves'은 우리가 역사와 사회생활 속에서 맡아 하는 여러 가지 역할들이라는 것이다.[125] 이러한 견해는 앞서 언급한 사회학자 어빙 고프만의 견해와 그다지 멀지 않은 사회-역사적인 견해이다.

연극적 모델을 사회적 현실에 적용한 가장 유명한 사례들 가운데 하나는 캐나다의 사회학자 어빙 고프만(1959)이다. 그는 일상생활 행동을 연극으로 보고, 일상생활을 연극적인 틀로 분석하였다. 고프만의 생각에 따르면, 사람들은 그들의 정체성을 다른 사람들과 연극적인 관계 속에서 구축하게 된다. 이때, 그들은 의상, 개인적 외모, 무대 배경, 소품 등과 같은, 청관중에게 어떤

125) Kenneth Burke(1957), "Ritual drama as 'hub'", in *The Philosophy of Literary Form: Studies in Symbolic Action*, New York: Vintage Books, pp.87~113.

인상을 만들어주는 연극적 수단을 채용하게 된다고 한다.[126)]

셀던 L. 메싱어·헤럴드 셈슨·로버트 D. 타운(1962)은 어빙 고프만의 연극학적 사회연구방법을 다음과 같이 비판한다. 일상생활의 공연자들은 무대에서 배우들이 공연을 의식하는 식으로 일상생활에서 공연을 의식하지는 않는다. 그러므로, 사회 현실을 분석하기 위한 고프만의 연극학적 연구방법을 지탱해주는, 무대의 '배우'와 실제 생활의 '공연자' 사이의 유추관계analogy는 불명확한 것이다. 실제 생활의 공연자가 공연과 맺는 관계와 공연을 실행하면서 조절하는 정도는, 어떤 무대의 배우가 자기의 공연과 맺는 관계와 공연을 조절하는 정도와는 서로 대등하지 않다.[127)] 그러나 이러한 비판에도 불구하고, 고프만의 견해가 완전히 부정될 수 있는 것은 아니다.

이와는 대조적으로 공연 이론가 마이클 커비(1972)는 다음과 같이 고프만의 견해에 대해 동조하는 입장을 보인다. 커비는 연극의 '연기 행위'와 일상생활의 '실제 행위'는 서로 대립되는 것이 아니라, 일련의 연결된 행위 연속체 위에 존재하며, 존재하는 지점들만이 다른 것이라고 주장한다. 커비의 생각에 따르면, 어떤 특정한 행위를 연기로 여길 것인지 아닌지를 결정하는 가장 일차적인 결정인자는, 그것을 지각하는 '컨텍스트'에 달려 있다고 한다. 즉, 어떤 행위가 연기 행위가 되는 것은, 그것의 '컨텍스트' 자체가, 공연자가 자기의 행위를 연기로 구조화하고 청관중이 그것을 연기로 지각하는 '컨텍스트'로 형성되기 때문이라는 것이다.[128)]

---

126) Erving Goffman(1959), *The Presentation of Self in Everyday Life*, New York: Doubleday. 〔김병서 옮김(1987), 《자아표현과 인상관리》, 서울: 경문사, '서론'〕.

127) Sheldon L. Messinger, Harold Sampson and Robert D Towne(1962), "Life as Theater: sone notes on the dramaturgy approach to social reality", in *Sociometry* 25(1): pp.98~110.

사회학자 캔데이스 웨스트·수잔 펜스터메이커(1995)는 젠더·종족·계층 정체성의 구조 등에 관한 그들의 논의 속에서, 연극적 또는 공연적 어법을 간접적으로 활용하여, 고프만과 유사한 방법으로 문제에 접근한다. 이들은 인간의 젠더·종족·계층 정체성 등은, '사람들이 되는 것things people are' 또는 '사람들이 타인들과의 상호작용 속에서 얻게 되는 것'이 아니라, '사람들이 행하는 것things people do'이라고 주장하고 있다.[129] 이것은 인간의 정체성은 '행위' 속에서 구축되는 것임을 사회학적 관찰에서 분명히 함으로써, 인간의 사회성에 관한 공연학적 성찰을 우리에게 가져다준다.

공연 이론가이자 큐어 이론가인 수-엘런 케이스(1995)는 '레즈비언의 사회적 정체성' 표현 문제에 깊은 관심을 기울인다. 그의 주장에 따르면, 그가 하는 작업들이 이른바 '글쓰기의 인식론'에 의해서 세상에 알려지기 때문에, 인쇄 문화가 전자 문화에 길을 내어주고 있는 현재의 역사적인 시점에서는, 그의 작업은 제한된 가치를 가질 수밖에 없다고 한다. 이러한 전자 문화의 새로운 틀 속에서 레즈비언의 정체성 공연을 이론화하면서, 케이스는 막연한 개념들을 쇄신하여 이와는 매우 대조적인 '물질적 신체'에 대한 적극적이고 긍정적인 생각들을 그의 논의 속으로 끌어들이고자 한다. 그는 먼저 플라톤식의 남성 중심적 본질주의를 레즈비언의 페미니즘적인 입장에서 공격하고, 큐어queer의 공연성에 관해서 논의한 다음, '살아 있는 몸'을 내세워 세상을 다시 볼 것을 제안하고, '인쇄 문화print culture'의 종언을 고한다.[130]공

128) Michael Kirby(1987), "acting and not-acting", in *The Drama Review* 16(1): pp.3~15.

129) Candace West & Susan Fenstermaker(1995), "Doing difference", in *Gender and Society* 9(1): pp.8~37.

130) Sue-Ellen Case(1995), "Performing lesbian in the space of technology", in *Theatre*

연에 대한, 페미니스트의 매우 경력한 옹호이다.

버나드 J. 히비츠(1995)도, 글쓰기에 기초한 텍스트적 모델의 한계를 벗어난다는 점에서, 수-엘런 케이스와 공통점이 있다. 그는 논의 속에 '신체'를 끌어들이기 위해, 글쓰기의 한계를 더욱 넓혀서, 법률과 같은 비예술적 텍스트에까지 텍스트성의 개념을 확장할 것을 주장한다. 그 결과, 일반적으로 법률 텍스트는 어떤 공연된 법적 행동에 관한 설명으로 제시되는 '기록된 자료'라고 생각되는 반면, 히비츠는 법률 텍스트의 텍스트성의 개념을 확장하여, 그 법률 텍스트 개념 속에는 그것과 관련된 또는 그것 속에 내포된 '공연' 그 자체들까지도 포함시켜야 한다고 주장한다. 그래서 그는, 수-엘런 케이스처럼, 법률적 텍스트의 이러한 역할을 충분히 충족시킬 수 있는 어떤 행동의 공연을 역사적인 사례로 들어, 오늘날의 인쇄문화 중심의 문화적 환경을 비판한다. 즉, 우리가 법률적 사건에 대해 어떤 새로운 '육화 의식'을 가지게 되면, 법적인 행동에 관한 기록물들을 공연으로 이루어진 제스처·표현·억양 등을 가진 일종의 '공연'으로 볼 수 있다. 그리고 이러한 관점에서 인쇄문화를 발화된 말보다 더 중시하는 인쇄문화 이후의 문화적 환경에 대해 매우 비판적인 방향을 찾을 수 있다는 것이 그의 견해이다.[131] 그의 이러한 연구는 공연연구를 법률의 영역에까지 확대하고 있다는 점에서 매우 고무적이고 도전적이다.

엘리자베스 벨(1993)은 공연학의 발전에 관한 페미니즘적인 독해법을 보여준다. 그녀는 공연학 및 공연 그 자체는 종종 여성들의 관습적인 사회적 역할들을 생각나게 하는 여러 가지 방법

Journal 47(1): pp.1~18.

131) Benard J. Hibbits(1995), "Making motions: the embodiment of raw in gesture", in *Journal of Contemparary Legal Issues* 6: pp.51~58.

들로 특징지어지고, 또 그러한 방법들로 이루어지게 된다는 견해를 제시한다.132) 이 연구는 공연 및 공연학의 논의를 페미니즘적인 관점과 연계시켜 그 시야를 확장해준다는 점에서 우리에게 도움을 준다.

9) '정치적' 연구

여기에 속하는 연구로는 리 박산달Lee Baxandall, 쥬디스 버틀러, 엘린 다이아몬드Elin Diamond, 페기 펠란Peggy Phelan, 우나 초두리Una Chaudhuri, 리차드 A. 로저스Richard A. Rogers, 바즈 커쇼Baz Kershaw, 필립 오스랜더Philip Auslander, 미란다 조셉Miranda Joseph, 수잔 레이 포스터Susan Leigh Foster, 조셉 로취Joseph Roach, 등의 연구가 보인다. 이들의 연구는 공연학 또는 연극학dramaturgy을 공적인 정치적 행동들을 논의하기 위해 사용한다.

박산달(1969)은, 공적인 모의 연설에 주목한다. 하나는 스펙터클 매니저가 어떤 현상을 표현하는 '공적인 모의 연설'이고, 다른 하나는 급진적인 선동가의 '정치적인 모의 연설'이다. 그의 공적인 모의 연설의 표현에 관한 연구를 통해서 그는, 베트남 지역에서 정치적 투쟁을, 어떤 플롯들과 시나리오들을 공적인 무대에서 공연되도록 할 것인가를 결정하기 위한, 일종의 권력 투쟁 연극으로 표현한다.133)

철학자 쥬디스 버틀러(1988)는 다음과 같이 말함으로써, 공연

132) Elizabeth Bell(1933), "Performance studies as women's work: historical sights/sites/citations from the margin", in *Text and Performance Quarterly* 13(4): pp.350~374.

133) Lee Baxandall(1969), "Spectacles and scenarios: a dramaturgy of radical activity", in *The Drama Review* 13(4): pp.52~71.

에서 드러난 '젠더 정체성'에 관한 그녀의 사회학적 관점을 표현한다. "젠더 정체성이란, 사회적인 허가와 금기의 제약 속에서 추구되는 일종의 공연적인 성취이다." 분명, 버틀러의 이러한 허가와 터부의 '젠더 정체성' 개념은, 앞의 캔데이스 웨스트·수잔 펜스터메이커(1995)가 언급한 바, 젠더·종족·계층 정체성에 관한 견해와도 깊은 관련이 있다. 이 연구는 한 개인이 자기의 사회적 정체성을 표현하기 위한 메커니즘으로서의 공연 이념을 생각하고 있다. 그리고 그것은 어떤 규범적 정체성을 개인들에게 강제적으로 부과하려는 개념이 아니라, 오히려 그러한 강제적 부과에 대한 반작용의 방법을 제시하기 위해서 정체성의 이론화라는 정치적 프로젝트를 기획하고 있다. 이런 면에서 이 연구는 매우 정치적인 방향을 지향하는 연구이다.[134]

엘린 다이아몬드(1988)는 독일의 극작가·연출가이자 마르크스 이론가인 베르톨트 브레히트Bertolt Brecht의 연극으로 거슬러 올라가, 브레히트식 테크닉인 '소격효과Verfremdungseffekt'와 '전경화foregrounding'를 활용하여, 젠더에 관한 표현을 활성화하는 데 기여할 수 있다는 의견을 제시한다. 그녀는 자기의 비평적 방향을, 젠더에 관한 사회적 태도가 희곡 텍스트 속에서 표현되는 동기들을 '소격'시키거나 '전경화'하고 그러한 동기들을 "여러 가지 이미지들의 표현 속에 존재하는 역사적 물질적 억압들"로 폭로하는 지평으로 향하고 있다. 이러한 그녀의 요구는 뒤에서 살펴볼 초두리Chaudhuri의 연극 생태비평의 형태와 상응한다.[135] 비록 두 사람의 비평적 실천은 서로 다른 문제들에 초점을 맞추고는

134) Judith Butler(1988), "Performative acts and gender constitution: an essay in phenomenology and feminist theory", in *Theatre Journal* 40(4): pp.519~531.

135) Elin Diamand(1988), "Breachtian theory/femenist theory: toward a gestic femenist criticism", in *TDR: The Journal of Performance Studies* 31(2): pp.82~94.

있으나, 두 비평가의 비평적 실천은 연극 텍스트 속에 있는 사회 권력구조의 정치적 흔적들을 폭로하려고 한다는 점에서는 비슷하다고 할 수 있다.

페기 펠란(1993)은, 공연의 정치학이 불가시성 속에 존재한다는 입장을 취하고 있다. 펠란의 정치적 담론으로서의 공연의 권력은 그것의 가시적인 사라짐 속에 존재한다. 라이브 공연은 다만 그 순간에만 존재한다. 펠란의 견해에 따르자면, 그것은 바로 사라지며, 그래서 생산·재생산, 또는 부단한 재생산의 순환 속에 기초를 둔 일종의 정치적 경제에 저항하며, 바로 이런 면에 공연의 정치학은 존재한다는 것이다.[136] 이러한 견해는 공연이 신체적 현존성을 활용하여, 인간의 호모 퍼포먼스homo performance로서의 가능성을 제시하는 것 자체가 공연의 정치학이라고 보는 견해이다.

우나 초두리(1994)가 연극 정치학을 활용하는 방법은, 그녀가 채용하는 각별한 정치적 생태비평eco-criticism의 방법과는 달리 매우 전통적이다. 초두리의 연극적 생태비평의 관점은, 생태학적 문제들 및 체계들과 그것들이 암암리에 인간과 자연 세계와의 관계를 표현하는 지시적·은유적 언급 방법들에 따라, 희곡 작품들을 읽을 것을 요청한다. 이러한 관점은 또한 문화 생태학에서의 연극의 역할을 심사숙고할 것을 요구한다. 연극이 반생태학적인 지배 질서와 공모 관계에 있을 수도 있으나, 그렇다고 하더라도 그것은 적어도 자신의 공모 관계를 무대화하고 드러낼 수는 있다고 주장한다. 초두리의 이러한 분석은, 사물을 '보이게 만든다는 것'이 일종의 정치적 행동이라는 생각을 전제로 한다

136) Peggy Phelan(1993), "The ontology of performance: representation without reproduction", in *Unmarked: The Politics of Performance*, London: Routledge, pp.146~166.

는 점에서, 전통적인 분석이라고 볼 수 있다. 이렇게 해서, 그녀는 연극을 통해서 생태학적 이슈들을 청관중들에게 보여줄 수 있고, 생태 비평가들을 통해서 드라마 텍스트 및 구조들의 생태학적 의미들을 드러낼 수 있다고 주장한다.[137]

리차드 A. 로저스(1994)는 이른바 '리듬'이라는 독특한 개념을 통해서 공연을 생산 및 생산성과 연결시킨다. 그가 말하는 '리듬'의 개념은 생산노동과 문화적 공연들이 가지고 있는 중요한 공통 특징으로서, 여러 가지 주제들을 생산 질서 속에 결합시키거나 또는 지배적 질서를 전복시키는 여러 가지 패턴들을 제공해줄 수 있는 이념으로 표현되어 있다.[138] 이 연구는 '리듬'이라는 독특한 공연적 개념을 사용하여, 공연이 사회의 생산적 지배 질서를 좌우하는 패턴이 될 수 있음을 다룬 정치-경제적인 논의이다.

바즈 커쇼(1997)는, 앞에서 살펴본 박산달의 관점에 동조하여, 정치적 저항의 연극학이 시간에 따라 어떻게 변화하는가를 조망한다. 그의 정치적 저항의 연극학은 저항들이 사회적 붕괴를 가져오는 표현보다는 창조적 재생의 표현들을 만들어가는 방법을 강조한다. 그의 정치적 저항의 연극학은 부단히 변화하는 저항의 형식들이 어떻게 정치적 변화를 반영하는가를 인식하는 방법들을 우리에게 제시해 준다.[139] 이러한 연구는 정치적 변화를 역동적으로 반영하는 연극적 공연들을 다루는 데 매우 요긴하다. 예컨대, 우리나라의 1980년대 '마당극'과 같은 정치적인 연극 양식들이 어떻게 당대의 정치적 변화를 반영하는 가를 다루는 데

137) Una Chaudhuri(1994), "There must be a lot of fish in that lake: toward an ecological theater", in *Theater* 25(1): pp.23~31.

138) Richard A. Rogers(1994), "Rhythm and the performance of organization", in *Text and Performance Quarterly* 14(3): pp.222~237.

139) Baz Kershaw(1997), "Fighting in the sreets: dramaturgies of popular protest 1968~1989", in *New Theatre Quarterly* 13(3): pp.255~276.

에도 도움을 받을 수 있다.

필립 오스랜더(1997a)는, 미국의 법률이 어떤 범죄는 그에 관련된 '기억들'까지도 법률이 작용하는 범위의 일부분으로 취급한다는 이유를 들어, 앞서 살펴본 바 있는 페기 펠란의 견해에 문제를 제기한다. 페기 펠란은 공연이 끝남과 동시에 물질적으로 그 존재가 사라지며 그 후에는 그것이 청관중의 기억 속에서만 존재하는데, 이러한 비생산적 특성 자체가 세상을 조절하는 정치적 권력에 저항하는 것이라는 견해를 제시하고 있으나, 오스랜더는 공연이 그렇게 사라지는 것이 아니라 어떤 '기억의 형식들'에 의해 존재한다는 생각을 법률의 분석을 통해서 주장하고 있다.[140]

미란다 조셉(1998)도 공연이 비생산적이라는 페기 펠란의 주장을 문제 삼는다. 그의 견해에 따르면, 마르크스주의자들의 생산 개념 그 자체도 일종의 공연적 과정으로 이해될 수 있기 때문에, 공연은 "어떤 사회적 가치(용도·변화·잉여·지위)를 지니면서, 물질적 상품으로서의 주제들과 사회적 형식들을 생산할 수 있다"고 한다. 다시 말해 공연이 비생산적이라고 말한 페기 펠란의 주장은 잘못된 것이라는 것이다.[141]

무용 이론가 수잔 포스터(1998)는, 버틀러(1988)가 어떤 막연한 모델에 너무 지나치게 의존하여, 구체적이고 육체적인 정체성 체험을 소홀하게 다루었다고 비판한다. 포스터의 견해에 따르면, 모든 공연 장르들 가운데서 무용은 '젠더 정체성'이 형성되는 방법을 탐구하는 하나의 훌륭한 모델이 되는데, 그것은 문화적·사

140) Philip Auslander(1997a), "Legally live", in *TDR: The Journal of Performance Studies* 41(2): pp.9~29.

141) Miranda Joseph(1998), "The Performance of production and consumption", in *Social Text* 16(1): pp.25~61.

회적인 젠더를 결정하는데 무용이 육체적으로 큰 영향을 미치기 때문이라고 했다. 그래서 포스터는 젠더에 관한 기존의 언어적·연극적 모델을 무용으로부터 나온 모델로 대체할 것을 제안한다. 그렇게 되어야만 비로소, 젠더는 '신체 위에' 안무화 할 수 있으며, 그렇게 되어야만 젠더는 실제로 각 개인들에 의해 다양한 방법으로 공연될 수가 있다는 것이다.[142)]

조셉 로취(1998)는, 러시아 구성주의자constructivist 메이어홀드 Vsevolod Meyerhold의 '생체역학biomachanics'이란 개념을 공연 연구 안으로 끌어들여, 새로운 노동과 경영의 이론들 및 후기 산업사회의 소외되지 않는 노동 미학을 추구함으로써, 오늘날의 이론들 안에서도 작동할 수 있는 새로운 공연 미학의 기초를 수립하고자 한다.[143)]

10) '문화연구'와의 관계

공연학이 연구방법이나 연구대상 면에서 종종 겹치게 되는 대표적인 다른 학문 분야가 '문화연구Cultural Studies'이다. 그래서 어떤 사람들은 공연학이 문화연구의 한 분야인가를 문제 삼기도 한다.

이러한 문제에 대해서 레이먼드 윌리엄스(1975)는 다음과 같이 주장하고 있다. 연극적 표현/재현은 그것을 낳은 문화와의 복잡한 관계 속에서 존재하며, 연극은 각종 사회적·문화적 조건들을 반영한다. 오늘날 서구 문화 속에 두루 퍼져 있는 연극적 표현들은 그 자체가 서구문화를 자의식적으로 '연극적인 문화'로

142) Susan Leigh Foster(1998), "choreographies of gender", in *Signs* 24(1): pp.1~34.
143) Joseph Roach(1998), "The future that worked", in *Theater* 8(2): pp.19~26.

만들어지도록 추동하는 사회적 사실이다.[144)]

샤논 젝슨Shannon Jackson(2001b)은 문화연구의 시각에서, 드라마를 오늘날 문화의 중심에 작동하는 지배적인 문화 양식으로 보고자하는 레이먼드 윌리엄스의 주장에 동조하여, 레이먼드 윌리엄스를 연극학Theatre Studies과 문화연구 양자의 발전에 기여한 중요한 인물로 부각시키고자 한다. 현대 사회의 '연극화'에 관한 윌리엄스의 이러한 지적과 연구 영향은, 문화연구의 발전에 중요한 역할을 한 여러 가지 개념들의 형성에 많은 영향을 끼쳤다. 이런 점을 바탕으로, 샤논 젝슨은 드라마·연극·공연의 연구가 문화연구와 제휴할 수 있는 학문일 뿐만 아니라, 문화연구 프로젝트를 추진하도록 도와준 분야이기도 하다라는 의견을 제시한다.[145)]

제인 C. 데스먼드Jane C. Desmond(1993~4)는 공연학과 문화연구의 관계를 무용에까지 확장시켜, 다음과 같은 주장을 하고 있다. 무용학Dance Studies은, 그 실천가들이 하나의 문화적 컨텍스트에서 다른 하나의 문화적 컨텍스트로 이동함에 따라, 그 안에서 무용이 변화를 이룩하는 문화적 전달의 과정들에 세심한 주의를 기울임으로써, 많은 이익을 얻을 수 있다. 그리고 문화연구는, 그 무용 실천가들의 전형적인 텍스트나 연구대상들을 그 분석 대상으로 사용하여, 그 표현적인 활동을 일종의 문화연구의 범주에 포함시킴으로써, 많은 이익을 얻을 수 있다.[146)]

---

144) Raymond Williams(1975), *Drama in a Dramatised Society*[pamphlet], Cambridge: Cambridge University Press.

145) Shannon Jackson(2001b), "Professing performance", in *TDR: The Journal of Performance Studies* 45(1): pp.84~95.

146) Jane. C. Desmond(1993~4), "Embodying difference: issues in dance and cultural studies", in *Cultural Critique* 26: pp.33~63.

11) 비서구권의 연구

비서구권에서의 공연 연구는 아직 그다지 활발하게 진행되고 있지는 않으나, 다음과 같은 사례들이 서양 학계에 보고되고 있다. 신시아 워드Cynthia Ward, 프란세스 하딩Frances Harding, 아반티 메두리Avanthi Meduri, 다릴 친Daryl Chin 등의 연구가 그것이다.

신시아 워드(1994)는 서양의 아방가르드 연극에 인접한 서아프리카의 자국 연극을 논의하면서, 이러한 비교연구가 서양 연극과 자국의 연극을 상호적으로 조명해주는 바가 있음을 지적한다. 그에 따르면, 서양의 아방가르드 공연 형식이, 서아프리카 연주의 사회적 관습과 유사한 청관중 참여의 관습을 보여준다고 한다. 그는 포스트모던 시대의 전자미디어 도입 이후의 서양문화가 점차 아프리카 자국문화를 닮을 수 있다는 의견을 제시함으로써, 자국의 전통문화와 서양의 현대문화 사이의 관습적인 대립을 해체시키고자 한다.[147)]

프란세스 하딩(1999)은 마이클 커비(1972)의 서양 연극 연기 분석법[148)]을 활용하여, 아프리카 공연에서 공연자 역할을 다루고 있다.[149)]

아반티 메두리(1992)는, 아시아계 인도 무용의 공연이 서양 페미니스트의 시각에서 어떻게 지각되는가를 논의하기 위해, 연극

---

147) Cynthia Ward(1994), "Twins seperated at birth West African veracular and Western avant garde performativity in theory and practice", in *Text and Performance Quarterly* 14(4): pp.269~288.

148) Michael Kirby(1972), "On acting and not-acting", in *The Drama Review* 16(1): pp.3~15.

149) Frances Harding(1999), "Presenting and representing the self: from not-acting to acting in African performance", in *The Journal of Performance Studies*43: pp.118~135.

적·비평적 개념들을 문화-교차적으로 적용할 때 발생할 수 있는 몇 가지 해석적인 문제들을 다루고 있다. 메두리는 또한 서양의 젠더 분석 방법을 아시아의 공연에 생산적으로 적용하는 방법도 제시한다.[150)]

미국의 극작가이자 비평가인 다릴 친(1989)은, 공연에 관한 비평적 담론보다는, 여러 가지 공연들 자체에 논의의 초점을 맞추어, 서양의 실험 연극 실천가들에 의한 비서구적 모티프들의 사용에 나타나는 문화 제국주의의 경향을 날카롭게 비판한다. 그러면서도, 그러한 문화상호적인 차용들 및 잘못된 해석조차도, 예술 작업을 위해서는 가치 있는 자극제일 수 있는 가능성을 배제하지 않는다.[151)]

12) 기타 연구

인류학자 리처드 바우만Richard Bauman(1975)은 민속 연구에 공연 중심적 연구방법을 끌어들였다. 그러나 그는 민속자료들이 희곡이나 연극과 같은 공연으로 이해된다는 의견을 제시하지는 않았다. 오히려 그는 한 종류의 문화적 실천과 다른 한 종류의 문화적 실천 사이의 유추-예컨대, 구비 민속예술과 연극 사이의 유추-를 통해서, 민속자료의 존재론적 층위를 사고하는 하나의 방법으로, 공연 패러다임을 활용할 것을 제안하고 있다. 그의 견해에 따르면, 구비 민속자료들은, 역사적 자료 곧 과거에 일어난

150) Avanthi Meduri(1992), "Western feminist theory, Asian Indian performance and a notion of agency", in *Woman and Performance* 5(2): pp.90~103.

151) Daryrl Chin(1989), "interculturalism, postmodernism, plualism", in *Performing Arts Journal* 11(3)/12(1): pp.163~175.

행동들을 기록한 텍스트를 고정된 것으로 보지 말고, 그것들이 창조되는 데 작동한 사회적 환경 및 역할과 결부된 사건들의 맥락적이고 임의적인 자질들을 강조하는 렌즈를 통해서 보아야만 한다고 주장한다. 그래서 바우만은 민속을 '닫혀진 텍스트들a set of texts'로 보기보다는 오히려 '열려진 사건들a series of events'로 볼 것을 제안한다.152)

비비안 파트라카Vivian Patraka(1996)도 이와 같은 관점과 방법을 보여주고 있다. 그녀는 유태인 대학살 박물관을 분석하면서, 박물관을 역사적 사실들의 서사적 표현으로 보지 않고, 관련된 여러 가지 작품·전시물·공적 간행물들뿐만 아니라, 거기에 참여하는 방문객들의 참여행동 역할을 (유태인 대학살의 역사 속에다) 포함시킴으로써, 박물관을 구성하는 모든 작업들을 역사의 '공연적 재현'으로 본다.153)

로저 D. 에이브람스Roger D. Abrahams(1970)도 이와 비슷한 방향에서 '가십gossip'을 분석했다. 그는 영국령 서인도제도의 성 빈센트 지역 주민들 사이에서 유통되는 흥미로운 가십들을 공연적인 관점에서 고찰하고 분석했다. 이 과정에서 그는, 가십을 사회적 규범과 계층을 유지시키는 기능을 하는 방법뿐만 아니라, 승마·이야기·일상적 대화를 포함한 다른 '문화적 공연의 실천 영역들'과 관계를 맺는 방법으로서도 고찰하고 있다.154)

로버트 P. 크리스Robert P. Crease(1993)는 '연극'이라는 공연적 어

152) Richard Bauman(1975), "Verbal art as performance", in *American Anthropologist* 77(2): pp.290~311.

153) Vivian M. Patraka(1996), "Spectacles of suffering: performing presence, absence, and historical memory at U.S. Holocaust museums", in *Performance and Cultural Politics*, Elin Diamond(ed), London: Routledge, pp.89~107.

154) Roger D. Abrahams(1970), "A performance-centered approach to gossip", in *Man, New Series*, 5(2): pp.290~301.

휘를 과학의 실천을 이해하기 위한 도구로 채용하여, 다음과 같은 의견을 제시하기도 한다. 그의 주장에 따르면, '연극'이라는 문화 양식은 실험과학의 과정 절차, 과학자들의 사회생활, 그리고 실험과학의 결과들이, 과학사회의 내부와 외부로 전달되는 방법들을 연구하기 위한 유용한 모델로 사용될 수 있다고 한다.[155)]

155) Robert P. Crease(1993), "Performance and production: the relation between science as inquiry and science as cultural practice", in *The play of Nature: Experimentation as Performance*, Bloomington: Indiana University Press, pp.158~177.

Ⅳ. '민족공연학'이란 무엇인가?

지금까지 논의되어온 공연학의 방법론 가운데, 우리의 관심을 가장 강하게 끄는 것은, 빅터 터너와 리차드 셰크너가 추구한 '연극인류학Theatre Anthropology' 또는 '민족연극학Ethnodramatics'의 방향이다.[156] 이 연구의 방향은 공연학의 방향을 필자가 지향하고 있는 '민족공연학'의 지평으로 인도해 간다. 본 장에서는 이러한 연구 방향에 관해서 좀 더 구체적으로 논의하고자 한다.

1. 정의

'민족공연학'이란, 공연학 가운데서도 어떤 민족 또는 공동체의 공연, 특히 그 공동체가 가지고 있는, 다른 공동체와는 다른 독자적인 '정체성identity'과 '차이differences'와 관련하여, 인류학적인 관점을 중시하면서 공연을 연구하는 학문의 한 분야라고 정의할 수 있다.

따라서 이 학문은 일반공연학－지금까지 우리가 논의해온 공

156) 빅터 터너 지음, 김익두 외 옮김(1996), 《제의에서 연극으로》, 서울: 현대미학사, 166~167쪽 참조.

연학—을 바탕으로 해서 연구 작업을 진행하면서도, 어떤 민족 또는 공동체의 공연이 가지고 있는 독자적인 정체성과 차이에 초점을 맞추어, 그러한 공연들의 독자적인 본질·특성·의미·가치·가능성 등을 구명하는 데 연구의 목적을 둔다.

이런 방향에서 보자면, 세계의 '공연학' 곧 '일반공연학'은 지역적으로는 모두 '민족공연학'이 된다고 말할 수 있다. 이것은 마치 우리가 세계의 모든 '문학'은 결국 '민족문학'이라고 생각하고 말할 때의, '문학'과 '민족문학'의 관계와 같은 것이다.

따라서 민족공연학은 세계의 다양한 공연 양식들 중에서도 특히 어떤 민족 또는 공동체의 독자적인 정체성과 차이를 잘 드러내는, 독특한 공연문화 양식들을 그 주요 연구대상으로 삼게 된다.

이러한 방향에서의 학문적인 각성은 다음과 같은 빅터 터너의 지적에서 많은 자극을 받고 있다.

> 역사적으로 볼 때, 민족연극학Ethnodramatics은 여러 가지 다른 문화·세계관·생활양식들에 관한 지식이 증가되어서야 비로소 나타나고 있다. 즉, 서구인들이 그들 자신의 인지구조의 울타리 '안에서' 비서구적인 철학·연극학·정치학을 포착하려고 노력하는 가운데, (그들의 지혜가) 일종의 커다란 괴물로서 우리의 인식을 쪼그라들고 초라하고 인간조건의 새로운 이해에 부적절한 것처럼 보이게 만들어버리는 카오스의 제왕들인 '동방의 용들'을 알아차리고 나서야 비로소, 이 민족연극학은 나타나기 시작하고 있다.
>
> 데카르트의 이원론은 주관과 객관의 분리, 우리와 그들의 분리를 주장했다. 참으로 이것은, 극대화–극소화의 도구를 사용하여 보는 것을 과장함으로써, 서구인들을 '관음증 환자'로 만들어버렸으며, 더 나아가 세계를 '구조의 눈'을 가지고 탐구할 수 있는 것

> 이라고 배우게 하였다. 신체와 정신, 무의식적 사고와 의식적 사고, 종種과 자아 사이의 깊은 유대는, 분석적인 여러 가지 목적들을 위해서 부적절한 것처럼 무시된 채 다루어져 왔다.[157)]

이상의 발언은, 서양에서 '민족연극학'이 탄생하게 된 문화적·사상적 배경을 지적한 것으로서, 그것은 바로 민족연극학이 서양 중심주의적 사고와 그것의 근거를 이루고 있는 데카르트식 이원론의 문제점에 관한 서양인들의 자각을 통해서 시작되었다는 지적이다.

여기서 한 걸음 더 나아가, 터너는 다음과 같이 조심스럽게 '공연인류학anthropology of performance' 곧 '민족공연학'의 방향을 제안하고 있다.

> '공연인류학'이 인류학으로부터 그들의 어떤 이론적인 도움을 찾고 있는 연극 공연자들과 조우하려 해야만 한다는 것은 자연스럽다. 여러 가지 다양한 종류의 공연에 의해 작동되는 과정으로서의 사회가 새롭게 강조됨으로써, 제의·의식·카니발·페스티벌·게임스펙터클·퍼레이드·스포츠·이벤트와 같은 장르들은, 다양한 레벨들과 다양한 언어적·비언어적 코드들로 일련의 교차적인 메타언어들을 구성할 수 있다는 견해가 이미 발전되기에 이르렀다. 집단이나 공동체는, 이러한 공연들과 조화·일치되어 '흘러갈' 뿐만 아니라, 좀 더 활동적이게는 이러한 공연들 속에서 그 집단이나 공동체를 변화시키기 위해 그 집단이나 공동체 자체를 '이해'하고자 한다. '흐름'과 '반성' 사이의 이러한 변증법은 공연 장르들을 특징짓는다.[158)]

---

157) 앞의 책, 166쪽.
158) 앞의 책, 167쪽.

이상의 발언은 '공연인류학', 곧 '민족공연학'의 두 가지 방향과 목적을 암시하고 있다. 첫째, 다양한 레벨들과 여러 언어적·비언어적 코드들로 일련의 교차적인 메타언어들을 구성하는 제의·의식·카니발·페스티벌·게임스펙터클·퍼레이드·스포츠·이벤트와 같은 장르들의 구성을 파악하고 이해하는 방향, 둘째, 여러 가지 다양한 종류의 공연에 의해 작동되는 과정으로서의 사회를 이해하는 방향이 그것이다. 전자는 이른바 '무대극stage drama'의 연구 방향이고, 후자는 '사회극social drama'의 연구 방향이다. 전자는 '공연의 시학'을 연구하는 방향이고, 후자는 '공연의 정치학'을 연구하는 방향이 될 것이다.

터너는 또한 이 '민족공연학'의 미래에 관해서 다음과 같은 의견을 제시하고 있다.

> 만일 인류학자들이 '민족연극학'을 진지하게 받아들인다면, 우리의 이 학문 분야는, 머릿속에서나 놀고 지루한 정기 간행물들 속에나 기록되는 지적인 게임 이상의 어떤 것이 되어야 할 것이고, 우리는 그렇게 할 수 있도록 노력해야 할 것이다. 우리는 우리 스스로가 공연자가 되어야만 할 것이고, 지금까지 다만 정신주의적인 계획안에 불과했던 것들을 인간적·존재론적 만족을 가져다 줄 수 있는 것으로 변화시켜야만 할 것이다. 우리는 인류의 공통 과제들과 그러한 과제들에 대한 희귀한 상상적 초월 작업들을 추구하면서, 점점 스스로를 자각해 가는 소위 '원시부족들·야만인들·유태인식 이교도들·기타 이교도들·변방인들'[159]과의 상호관계 속에서, 좀 더 심원한 지식을 얻어, 이 연극적인 감정이입·공감·우정·사랑에 의해서, 정치와 인지구조 사이의 경계를 허물고 극복하

159) 서구인들을 제외한 세계 도처의 민족들, 인종들을 말함.

는 방법을 찾아야만 한다.[160)]

여기서 지적되고 있는 것은 이 '민족공연학'이 지향하는 주요 특성들인, 이 학문이 지향하는 행위적 실천성, 탈서구 중심주의적인 상대주의적 태도, 그리고 학제적·통섭적인 연구 경향 등이다. 이러한 방향의 연구는 그의 마지막 저서인 《공연인류학Anthropology of Performance》이란 책에서 여러 각도로 다양하게 펼쳐지고 있다.[161)]

용어는 다소 다르지만, 프랑스 쪽에서 저지 그로토우스키Jerzy Grotowski의 영향을 받아 이루어진 '에트노세놀로지Ethnoscénologie'라는 학문도 우리가 지향하는 '민족공연학'과 매우 유사한 방향을 지향하고 있어 우리에게 중요한 암시를 준다.

'에트노세놀로지'는 1995년 UNESCO 대회 때 탄생된 새로운 학문 방향을 설정하는 신어新語이다. 연극-중심주의 속에 내재한 서구문화 우월주의적 연구방법론에 대한 반성으로 탄생된 이 학문은, 인류학을 중심으로 다학문적 접근방식을 통하여 연극을 포함한 지구 전체의 문화 공동체와 다양한 그룹들의 '행위적 실천Performait Pratique'들을 연구한다.

'행위적 실천'이란 인간의 '스펙터클한 형태의 실천'을 지시하는 말로서 1997년 3월 24일 콜레쥬 드 프랑스Collége de France에서 그로토프스키Grotowski가 '연극인류학'의 강좌를 개설하는 첫 수업에서 제안한 새로운 용어에 근거한다. 이 단어는 단지 관객이나 목격자에 따라 인식되는 순간에 드러나는 양상에만 한정되는 것이 아니고, 실천을 이끌어내는 과정과 연구되어진 현상 전체를 강조하는

160) 앞의 책, 167쪽.
161) Victor Turner(1987), *The Anthropology of Performance*, New York: PAJ Publications.

> 것이다. 즉, 그것은 '조직화된 스펙터클한 인간 행동과 실천 PCHSO(Pratiques et Comportements Humains Spectaculaire Organisés)' 전체를 의미한다. 이 무겁고 긴 어휘는 기존의 유럽어로서는 표현의 한계를 가질 수밖에 없으므로 고육지책으로 만들어낸 새로운 개념이라고, 이 학문의 창시자 중 한 명인 장 마리 프라디에는 말한다. 엄밀한 의미에 있어서 연극은 '조직화된 스펙터클한 인간행동과 실천'의 문화적 부분인 것이다. 그럼에도 유럽 연극의 모델이 비서구의 스펙터클한 형태의 속성과 분석에 있어서 그 우열의 기준점으로 강하게 작용하고 있다.[162)]

위의 글에서 '에트노세놀로지'는 다음과 같이 정의되고 있다. '에트노세놀로지'는 서구의 '연극 중심주의 속에 내재한 서구문화 우월주의적 연구방법론에 대한 반성으로 탄생된 학문'으로, '인류학을 중심으로 하여 다학문적 접근방식을 통하여 연극을 포함한 지구 전체의 문화 공동체와 다양한 그룹들의 행위적 실천들을 연구하는' 학문이다. 이러한 '에트노세놀로지'는 우리가 지향하는 '민족공연학'과 그다지 멀지 않은 거리에 있음을 알 수 있고, 그 지향하는 방향에서는 거의 동일하다고 할 수 있다. 더욱이 '연극 중심주의 속에 내재한 서구문화 우월주의적 연구방법론에 대한 반성으로 탄생된 학문'이란 말은, 우리가 지향하는 '민족공연학'의 방향과 일치하는 것으로 보인다.

---

162) 나진환(2006), 〈공연학으로본 판소리 공연예술의 미학적 특질: 신재효의 〈광대가〉를 중심으로〉, 《판소리연구》21집, 판소리학회, 326쪽.

2. 의의

오늘날 전 세계는 각종 채널들과 정보 네트워크들을 통해서 매우 빠른 속도로 문화상호적으로 연결되고 소통되면서, 정치적·군사적·경제적으로 나약한 문화 단위들은 급격하게 파괴되고 붕괴되고 묵살되고 있다. 민족공연학의 의의와 가치는, 이렇게 '혼란'되거나, '단일화'되는 세계 문화 판도의 급속한 변화 현상을 막거나 지연시키면서, 그 각 문화단위들이 자기 문화의 정체성과 다양성과 차이점들을 확보·유지·보존하고, 그것을 바탕으로 전 세계 각 민족들 또는 공동체들이 스스로 자발적이고 창조적인 공연문화를 창출할 수 있는 비전과 방법을 암시하거나 구체적으로 제시하는 데 있다.

이러한 관점에서, 민족공연학의 의의를 종합적으로 정리하면 다음과 같다.

첫째, 인류가 오랫동안 창조·전승·수정해온 '신체 행위'의 다양한 양식들과 그 가치 및 미래의 가능성을 탐구할 수 있다. 민족공연학을 가장 넓은 시야에서 볼 때, 이 학문은 지구상의 여러 민족들이 형성해온 다양한 인간 신체 행위 양식들을 다룬다. 이런 측면에서, 민족공연학은 그러한 인간의 다양한 행위 양식들의 특징·차이·가치·가능성 등을 학문적·실천적으로 탐구할 수 있다.

둘째, 민족공연학은 수 천 년에 걸쳐 전 세계 도처에서 다양하게 전개·발전되어온 각 민족 또는 공동체의 독특한 '공연문화 양식들' 정체성·차이·의미·가치·가능성 등을 밝혀낼 수 있다. 세계 도처에는 서로 다른 전통과 역사 속에서 이루어지고 발전해 온 수많은 공연문화 유산들이 존재하고 있다. 이러한 공연문화 양식들은 현재 다양한 '세계화'의 문화상호적 네트워크들 속에서 급속하게 소멸하거나 왜곡되는 변화들을 겪고 있다. 이런 현실에 구체적인 대안을 제시하는 학문으로서의 역할 또한 민족공연학의 중요한 임무이다.

셋째, 각 민족 또는 공동체들의 공연문화 양식들이 서로 대등한 '상대주의적인 입장'에서 연구됨으로써, 지금까지 서구 우월주의적인 시각 혹은 유럽 중심주의 시각에서 연구해온 학문상의 제국주의적 경향을 극복할 수 있는 길을 찾을 수 있다. 공연학상에서의 가장 극단적인 절대주의의 사례를 든다면, 아마도 우리는 아리스토텔레스의 《시학詩學》이 세계 연극계에 작용해온 그 절대적인 권위와 지배력을 들 수 있을 것이다.

넷째, '보편학'으로서의 '공연학'에 상응하는, '특수학'으로서의 '민족공연학'이 추구됨으로써, 공연학 전반의 조화로운 발전을 기할 수 있다. 이것은 마치 '일반 언어학'과 '특수 언어학(한국어학·중국어학·일본어학 등)'이 서로 상응하여 언어학 전반이 조화롭게 발전하는 것과 마찬가지라고 할 수 있다.

다섯째, 이론과 실제의 조화로운 일치를 추구할 수 있게 한다. 지금까지의 우리의 공연 연구는, 서양의 이론을 가져와 우리의 공연에 일방적으로 적용하는 식의 연구 경향을 강하게 보였다. 그러다 보니, 우리 공연문화의 실제와 그것을 분석하는 이론이 서로 맞지 않고 괴리되는 경우가 많았다. 예컨대, 판소리나 탈놀음의 구성 원리를 '갈등' 이론을 중심으로 하는 서양의 '플롯plot' 이론만으로 분석 설명하려는 경우 같은 것이 대표적인 사례이다. 판소리나 탈놀음의 구성 원리는 서양의 '갈등' 중심의 플롯 이론만으로는 그 해명이 거의 불가능하다. 판소리나 탈놀음의 구조화 원리는 판소리나 탈놀음에서 귀납적으로 도출해낸 그 나름의 이론들로 설명되고 구축되어야만, 진정한 의미에서 이론과 실제의 자연스러운 조화를 이루게 될 것이다.

여섯째, 새롭고 다양한 공연 실험을 자극하고 촉발시킬 수 있다. 지금까지는 서양의 이론들이 세계 도처의 다양한 공연문화들을 지나치게 지배함으로써, 제국주의적 이론 지배의 힘에 눌려, 새로운 공연 실험들이 제대로 나타나지 못하였다. 그러나 민족공연학을 통해서 세계 도처의 다양한 공연문화들로부터 도출되어 나온 다양한 공연 이론들이 밝혀지고 체계화된다면, 그러한 이론들을 토대로 하는 다양한 공연 실험들이 촉발될 수 있을 것이다.

3. '공연학/일반공연학'과 '민족공연학'의 관계

앞에서도 잠깐 논의한 바와 같이, 공연학과 민족공연학은 서로 긴밀한 상호관계를 가지고 연결되어 있다. 그 관계는 다음과 같이, '보편학'과 '특수학', '일반학'과 '개별학', '연역학'과 '귀납학', '이론학'과 '실천학' 등으로 설명할 수 있다.

1) '일반학'과 '개별학' 또는 '보편학'과 '특수학'

앞장에서 '공연학'과 '민족공연학'의 관계는 '일반언어학'과 '개별언어학들'의 관계와 같다는 점을 논의했다. 이런 의미에서 전자를 보편학이라고 한다면, 후자는 특수학이라고 할 수 있다.

공연학에서 이 양자 관계는 다음과 같이 설명할 수 있다. 예컨대, 세계 여러 공연예술들의 미학을 탐구한다고 하면, 일반공연미학이 먼저 연구된다기보다는 개별공연미학 곧 각 민족 또는 공동체들이 이룩해낸 공연미학이 먼저 연구되어야 하고, 이런 개별공연미학들을 서로 비교·대조하는 과정을 거쳐서 각 공연미학들의 차이점과 정체성이 분명하게 드러나야 한다. 그런 다음에, 이런 각 '개별공연미학들'이 어떤 '귀납적 유추analogy'와 '추상화'의 여러 과정과 단계들을 거쳐서, 세계 공연미학 곧 '일반공연미학'이 추출될 수 있는 것이다. 그래서 전자는 '개별학/특수학'이 되고 후자는 '일반학/보편학'이 된다.

그런데, 지금까지 공연미학 연구는 이런 조화로운 여러 과정을 거쳐서 구축되었다기보다는, 어떤 개별공연미학, 주로 서양 그리스-로마에 그 오리엔테이션을 둔 공연미학을 '선험적'·'연역적' 가치기준으로 전제하고, 그 역사와 전통이 제각기 다른 전 세계의 수많은 공연문화들의 공연미학을, 이 가치기준에 맞추어 '재단'하는 식의 연구가 지배해 왔다.

그러나 이런 식의 연구는 그 과정이나 논리적으로 크나큰 모순에 빠져 있다. 즉, 하위 단계의 각 개별 공연미학들이 먼저 연구된 다음에, 그것들을 비교 연구하여 그 다음 상위 단계의 공연미학 곧 일반 공연미학이 '귀납적'으로 유추되거나 추상되어야만 할 것을, 어느 한 하위 단계의 특수 공연미학 곧 서양 공연미학을 마치 상위단계의 일반 공연미학으로 비약시켜 놓고, 그것에 맞추어 그 하위단계의 각 개별 공연미학을 '재단'해 왔기 때문이다.

이러한 결과는, 결국 전 세계의 다양한 공연미학들이 그리스-로마의 공연미학에 근원을 둔 서양 공연미학의 가치기준에 의해 '재단'되어, 그 기준에 적합한 정도에 따라 각 개별 공연미학의 우열과 가치가 결정되는 식의, 제국주의적 연구 풍토가 형성되어 왔던 것이다. 예컨대, 그리스 연극의 '갈등conflict' 중심의 플롯 이론을 우리나라 판소리나 탈놀음에 그대로 적용시켜 판소리나 탈놀음의 공연 구조를 분석하려했던 것은 그 좋은 사례라 하겠다.

이러한 연구방법의 가장 큰 모순과 문제점은, 이 지구상의 다양한 공연문화의 이론이나 비전이 자유롭게 유통되고 전파되고 뿌리를 내려, 새로운 공연의 이론과 비전과 실천이 모색되고 실현될 수 없다는 데 있다. 즉, 비서구권의 다양한 공연문화의 규범과 가치가 무시되고 오직 서양 공연문화로부터 나온 가치와 규범들만이 가치 평가의 기준으로 존재함으로써, 세계 공연문화의 획일화·단일화를 가져오게 되는 문제를 낳게 된다.

'민족공연학'의 입장에 서면, 이러한 종래의 제국주의적 학문 풍토의 모순을 아주 극명하게 극복할 수 있는 방향이 설정된다는 점에서, 우선 민족공연학의 가치를 인정할 수 있다. 이런 모순을 근본적으로 극복할 수 있을 때, 비로소 일반공연학과 개별 공연학/민족공연학의 조화로운 상호관계를 구축할 수 있다. 이렇게 볼 때, 공연학/일반공연학은 수많은 민족 또는 공동체들의 개별 공연들을 다루는 여러 개별 공연학들 곧 여러 민족공연학들의 연구를 전제로 할 때 구축될 수 있는 일종의 '메타 학문'이라고 할 수 있다.

일반공연학은 여러 개별공연학, 곧 민족공연학들의 실천적 활동들을 통해 그 존재 의의와 긍정적인 가치를 발휘할 수 있다. 이것을 비유적으로 말하자면, 수많은 실제의 개별 '자동차들'이 있어야만 일반 '자동차'라는 개념이 있을 수 있고, '자동차'라는 단어도 의미와 가치를 발휘할 수 있는 것과 같다.

우리가 어떤 공연 양식들의 '구조'를 설명하고자 할 때, 우리는 그 구조를 설명하기 위한 기초로서의 '이론'이 필요하다. 그 대표적인 이론 가운데 하나가 오랫동안 세계적인 일반이론의 반열에 부상해 있는 아리스토텔레스의 이른바 '플롯plot' 이론이다. 만일, 우리가 한국 탈놀음의 '구조'를 설명하고자 할 때, 우선 그 일반이론으로서 '플롯' 이론을 도입할 수 있다. '플롯' 이론이 속해 있는 학문 분야는 일반공연학이라 할 수 있고, 한국 탈놀음의 구조 이론이 속해 있는 학문 분야는 개별 공연학 곧 한국의 민족공연학이라 할 수 있다. 이 양자의 관계는 상호 '해석학적 순환'의 관계에 있다고 할 수 있다.

아리스토텔레스가 개발해 놓은 '플롯' 이론은 그동안 수 천 년 동안이나 전 세계의 여러 공연문화 양식들에 적용되어 그 가치를 인정받은 보편적인 '일반이론'이다. 그러나 이 이론은 서양 고대 그리스의 이른바 이성 중심적인 세계관에 근거한 사건의 인과론적 구성 원리에 입각해 있기 때문에, 이 이론은 그 환경-역사-문화적 컨텍스트가 다른 문화에서 나온 공연 양식들에는 잘 맞지 않을 수도 있다. 우리나라 탈놀음의 구조를 설명하기 위해 이 '플롯' 이론을 적용해 보면, 탈놀음의 구성은 각 '과장' 또는 '거리'의 연결이 사건의 인과적 연결이라는 서양 '플롯'의 구성 원리를 따르지 않는다는 사실이 분명하게 드러난다. 그것은 오랫동안 한국의 민중층에 의해서 축적된 '체험'의 덩어리들을 기차 차량을 이어놓듯이 연결해 놓은 구조, 곧 '옴니버스식' 구조로 이루어져 있음을 알게 된다.

이러한 경우에, 우리는 아리스토텔레스의 '플롯' 이론을 우리의 민족공연학에서 폐기해야만 할 것인가, 아니면 이것의 의미를 보충·확장해서 사용할 것인가의 문제가 생기게 된다. 우리가 이 용어를 폐기하지 않는 경우, 원래의 의미인 '사건의 인과적 연결 방법'을 '사건의 인과적 연결 등, 작품 속에서 사건을 구체적으로 전개하는 방식'이라고 재정의하여 사용할 수가 있다.

이렇게 되면, 결국 '일반학'으로서의 서양의 '플롯' 이론은 '개별학'으로서의 '한국 탈놀음 구조' 이론에 의해 수정되고, '개별학'으로서의 '한국 탈놀음 구조' 이론은 '일반학'으로서의 '플롯' 이론에 의해 공연학에서 그 학문적인 위상을 획득하게 된다. 이러한 양자의 관계는 곧 '해석학적 순환'의 바람직한 상호작용 관계라 할 수 있다.

2) '연역학'과 '귀납학'

일반공연학은 여러 공연문화에 두루 통용될 수 있는 보편적인 이론을 지향하고 추구하기 때문에, 일반공연학에서 수립된 이론들은 각각의 개별 공연문화들에 '연역적'으로 적용될 수 있다. 그래서 일반공연학은 '연역학'이라고 할 수 있다. 예컨대, 아리스토텔레스가 이론화한 일반공연학의 이론으로서의 '플롯plot' 이론은 전 세계 도처의 다양한 특정 공연문화들에 연역적으로 적용하여 효과적으로 활용될 수 있다.[163]

반면에, 민족공연학은 이와는 다른 방향에서, 각각의 개별 공연문화들의 특수한 성격들의 정체성을 지향하기 때문에, 그러한 특수한 이론들을 그 각각의 개별 공연문화들 속에서 '귀납적'으로 도출해 내야만 한다. 그래서 민족공연학은 '귀납학'에 가깝다고 할 수 있다. 그렇게 찾아낸 판소리 공연의 구조화 원리 가운데 하나가 '비움-채움의 원리'이다.[164] 판소리의 공연 구조를 보

163) 물론, 그렇다고 해서, 이 '플롯' 이론이 전 세계의 모든 공연문화 양식들에 두루 그대로 적용될 수 있는 것은 결코 아니다. 그것은 그리스-로마 문화권의 한계 안에서 만들어진 이론이기 때문이다.

면, 공연자가 공연 텍스트 안에다가 '시간적 공소空所 blanks'를 만들어 나아가고, 청관중은 그 공소를 '추임새'로써 메워 나아간다는 것을 알 수가 있다. 우리는 이러한 공연상의 구조적 특징을 하나의 원리로 이론화하여, 그것을 '비움-채움의 원리'라고 명명할 수 있다.

한편, '일반공연학'과 '민족공연학'의 관계는 항상 길항적拮抗的 경쟁관계에 있다. 일반공연학은 계속해서 자기의 이론적 정당성을 여러 구체적인 새로운 사례들을 통해서 입증받기를 원하고, 민족공연학은 그러한 기존 이론의 정당성을 허물고자 한다. 이러한 상호 경쟁적 관계 속에서 양자는 서로 발전의 길을 찾아 나아가게 된다. 즉, 전자는 세계 도처의 다양한 개별적 사례들 속에 '연역적'으로 적용되어 그 이론적 정당성을 두루 입증받기를 바라고, 후자는 그런 전자의 기존 이론들을 자기가 다루는 구체적인 사례들을 통해서 '귀납적'으로 허물고자 하는 것이다. 일반공연학은 공연학이 수립해 놓은 기존의 이론들을 고수하려 하고, 민족공연학은 기존의 공연학이 수립해 놓은 이론들을 구체적인 사례들을 통해서 무너뜨리고 새로운 이론을 수립하고자 하는 것이다.

일반공연학과 민족공연학의 이러한 길항적 상호관계는 마치 어떤 공동체 사회의 관습·도덕과 새로운 관습·도덕의 관계와 비슷하다. 기존의 관습·도덕은 계속해서 기존의 상태를 지속하고자 하는 경향이 있고, 새로운 관습·도덕은 그러한 기존의 관습·도덕을 무너뜨리고자 한다. 그러나 이 양자의 그러한 길항적 상호관계 속에서 그 사회의 관습·도덕은 성장 발전하게 된다. 이와

164) 김익두(2008), 《한국 희곡/연극 이론 연구》, 서울: 지식산업사, 357쪽.

마찬가지로, '일반공연학'과 '민족공연학'은 서로 길항적인 상호 견제관계에서 공연학의 발전을 도모한다고 할 수 있다.

'플롯' 이론을 한국 탈놀음에 적용한다고 할 때, 우리는 이미 만들어 놓은 이론을 구체적인 사례에 적용하는 것이므로, '연역적인 방법'을 사용하는 것이다. 역으로 한국 탈놀음의 여러 사례들, 예컨대 강령탈춤·양주별산대놀음·강릉관노가면극·동래야류·고성오광대 등등의 사례들의 구조를 분석하여 '옴니버스식 구성'이라는 구성 원리를 추출해냈다면, 이것은 '귀납적인 방법'을 사용한 것이다. 그러므로, 일반공연학이 '연역학'을 지향한다면, '민족공연학'은 거꾸로 '귀납학'을 지향한다고 할 수 있다.

이렇게 해서, 일반공연학은 민족공연학에 대해 기존의 논증 자료들의 근거를 들어 늘 자기가 옳다고 주장하려 하고, 민족공연학은 새로운 사례들을 들어 기존의 일반공연학 이론의 모순을 지적하여, 공연학 이론을 좀 더 확대·심화하고자 한다. 이러한 과정을 통해서, 민족공연학은 세계 도처의 다양한 공연들의 이론을 귀납적으로 추출해냄으로써, 지금까지 세계 공연문화를 지배해온 서양중심 공연 이론의 부족한 점들을 보완하고 각각의 공연문화에 맞는 다양한 공연 이론들을 추구할 수 있다.

세계의 자연과 식생들이 지역과 풍토에 따라 천차만별로 다른 것처럼, 세계 여러 지역의 공연문화도 제각기 다른 점들이 있을 수밖에 없다. 그럼에도, 지금까지의 세계 공연학의 이론은 주로 서양 그리스의 전통에서 나온 이론들의 강력한 지배를 받아 왔다. 그러나 세계 공연문화 속에는 그런 전통에서 나온 이론들만이 있는 것이 결코 아니며, 오히려 그런 전통에서 나온 이론들의 모순과 문제점들을 보완·극복해줄 수 있는 아주 중요한 이론들이 다른 지역의 여러 공연 전통들 속에 다양하게 존재한다. 예컨대, 서양연극의 핵심 이론 가운데 하나인 '갈등conflict' 이론은 인간의 삶을 비반복적·폐쇄적인 인과론의 대립적 연쇄로 보도록 함으로써, 인간의 삶의 조화로운 상호 보완적 협동 관계의 측면을 보기 어렵게 한다. 그러나 동양 특히 한국의 공연문화 양식들이 가지고 있는 공연자-청관중의 반복적·개방적 상호작용의 이론인 '비움-채움의 원리'는 인간의 삶을 조화로운 상호 보완적 협동 관계로 보게 해준다.

4. 연구대상

민족공연학의 연구대상은 어떤 민족 공동체의 전통과 정체성을 가지고 있는 공연문화 전반이다. 우리는 앞에서 민족공연학이 어떤 민족 또는 공동체의 독특한 정체성이나 차이에 관심을 기울이며, 그러한 정체성이나 차이를 잘 표현하는 공연문화를 중시한다고 했다. 이런 측면에서, 민족공연학은 어떤 민족 또는 공동체의 독특한 정체성이나 차이를 잘 갖추고 있는 공연문화 양식들을 그 연구대상으로 할 수밖에 없다.

이런 관점에서 볼 때, 우리 민족공연학의 일차적인 연구대상은 대체로 우리 민족이 오랫동안에 걸쳐서 이룩해온, 우리 민족 공동체의 독특한 정체성과 질적인 차이를 갖추고 있는 한국의 공연문화 양식들이다. 이러한 우리의 공연문화 양식들로는 의식주생활·사회생활과 같은 일상 생활문화의 공연 양식들을 비롯해서, 제의·의식·놀이 등과 같은 문화적 공연 양식들, 그리고 좁게는 음악·무용·연극 등과 같은 공연예술 양식들에 이르기까지, 매우 다양한 스펙트럼을 형성하고 있다.

그러나 앞에서도 언급한 바와 같이, 우리가 이러한 공연문화 양식들 전반을 모두 다룬다는 것은, 우리의 삶의 양식 전체를 다룬 다는 것이 될 정도로 그 범위가 너무 광범위하다. 따라서, 우리는 그 연구대상 범위를 좀 더 좁혀서 설정할 필요가 있다. 본 연구에서는, 우리 민족 공동체의 독자적인 정체성과 차이를 잘 드러내고 있다고 여겨지는 우리의 전통적인 공연문화 양식들을 주요 연구대상으로 삼고자 한다.

이 책에서 다루고자 하는 우리 민족공연학의 대표적인 주요 연구대상들은 다음과 같다.

나라굿: 동맹東盟·영고迎鼓·무천舞天·개천절 행사 등과 같이 우리 국가 공동체 구성원 전체가 집단적으로 관여하는 일련의 축제적 공연 행위들.

고을굿: 익산 기세배, 강릉 단오제, 영산 줄다리기 등과 같이 어떤 '고을' 구성원 전체가 집단적으로 관여하는 일련의 축제적 공연 행위들.

마을굿: 어떤 마을의 '산신제'·'당산제'·'용왕제' 등과 같이 한 마을 공동체 구성원 전체가 집단적으로 관여하는 일련의 축제적 공연 행위들.

무당굿: 어떤 개인·가정 등의 문제를 해결하기 위해 무당의 굿을 중심으로 하여 이루어지는 일련의 제의적 공연 행위들.

풍물굿: '쇠잽이'·'징수'·'북수'·'장고잽이'·'소고잽이' 등 풍물패/농악대 구성원들을 중심으로 이루어지는 일련의 공연 행위들.

탈굿/탈놀음: '말뚝이'·'취발이'·'양반'·'노장'·'영감'·'할미' 등의 탈을 쓴 주요 등장인물들을 중심으로 이루어지는 일련의 전통 가면극 공연 행위들.

인형극/꼭두각시놀음: '홍동지'·'박첨지'·'꼭두각시' 등의 주요 인형 등장인물들을 중심으로 이루어지는 일련의 전통 인형극 공연 행위들.

판소리: '광대'·'고수'·'청관중' 등이 광대를 중심으로 하여 이루어지는 일련의 연극적 공연 행위들.

궁중가무희宮中歌舞戲: 고려·조선시대 궁중의 축연 및 제사 등에서 행해지던 일련의 공연 행위들.

영산재靈山齋: 죽은 이의 영혼을 극락왕생으로 천도하거나 국가·단체·기관 등의 안녕과 번영을 비는 불교적인 제사 행위들.

창극唱劇: 조선 후기, 근대 초기에 주로 중국 청나라 연희의 영향을 받아 판소리를 근·현대적인 음악극 양식으로 재창조한 연극 양식.

신파극新派劇: 조선시대 봉건사회 신분에서 해방된 민중들이, 일본의 근대적 연극 양식인 '심파게키新派劇'의 영향을 받아 만들어낸 근대적 연극 양식.

신극新劇: 서양 연극, 그 가운데서도 서양 근·현대 연극의 영향을 받아 이루어진 서양 양식 모방적인 우리의 근·현대 연극 양식.

마당극: 우리나라 전통 풍물굿/농악·탈놀음 등의 전통 공연 양식을 계승하여, 사회적인 문제를 비판적으로 다루는 양식으로 재창조한 1970~80년대 연극 양식.

마당놀이: 판소리 및 창극의 전통을 계승하여 오늘날의 대중적 취향에 맞게 재창조한 마당놀음 형태의 연극 양식.

5. 연구방법

1) 기본 방향

민족공연학은 공연학의 하위 분야로서, 각 민족 또는 공동체의 공연문화 양식들의 독자적인 '정체성'과 '차이'를 탐구하는 것이 그 중요한 특징이다. 이러한 민족공연학의 특징과 관련되는 발언으로, 프랑스 쪽의 '에트노세놀로지'의 연구방법에 관한 다음과 같은 발언이 우선 중요한 참고가 될 수 있을 것이다.

> 새로운 학문 영역인 '에트노세놀로지'는 극명하게 서로 다른 문명에 고유한 예술과 실천을 연구 영역으로 설정하고, 그것을 그들의 특수한 아이덴티티의 문맥 안에서 연구한다.
>
> 그러므로 ('에트노세놀로지'의) 이상적인 접근 방법은 우리가 관찰하는 대상에 대하여 시각의 방향을 결정하는 어떠한 '선험적인 가정'도 설정해서는 안 되며, 연구대상의 특징에 적당한 방법론을 찾아야 한다.
>
> 이 말은 방법론적 출발점이 전혀 없다는 말이 아니며, 방법론적 원칙이 존재한다는 것을 의미한다. '에트노세놀로지'는 연구대상의 문화적 특성, 즉 그들의 고유한 판단 기준으로부터 출발하는 '내적 분석analyse interne'과, 현재 검증되어 사용 중인 과학적 방법과 개념들을 근거로 하는 '외적 분석analyse externe'을 교차 사용하여 연구한다.
>
> 왜냐하면, 모든 '선험적인 묘사'는, 선험적인 관찰 속에 내재하

> 여 자기가 볼 줄 아는 부분만을 관찰하여 대상을 뒤틀리게 하는 자기 학습의 관점을 끌어들이기 때문에, 전적으로 '선험적 묘사'의 과학이나 (이에 바탕을 둔) 단순한 해석의 과학을 구축하는 것은, 다변적이지 못한 하나의 모습만을 고집하는 일형성적一形性的 환상을 강화시키는 결과만을 낳을 수 있기 때문이다.[165]

이상의 논의는 '민족공연학'의 매우 중요한 전제적 방향 명제들 몇 가지를 아주 극명하게 강조하고 있어 주목된다. 즉, 그것은 다음 다섯 가지이다.

첫째, 민족공연학은 '서로 다른 문명/문화의 고유한 예술과 실천을 연구 영역으로 설정한다.

둘째, 그러한 연구 영역을 그것들이 낳은 특수한 정체성의 컨텍스트들을 고려해서 연구한다.

셋째, 연구하는 대상에 대한 선험적·연역적인 가정보다는, 연구대상에 맞는 경험적·귀납적인 분석에 의존한다.

넷째, 연구대상 문화의 내적 가치 기준에서 출발하는 '내적 분석'과 연구대상 문화의 외적 가치 기준에서 나온 '외적 분석'의 방법을 함께 활용한다.

다섯째, 일원론적·절대적 가치 기준을 지양하고, 다원론적·상대적 가치기준을 지향한다.

2) 연구 과정

'민족공연학'의 연구는 대체로 동기 부여, 목표 설정, 일정 계

165) 나진환(2006), 〈공연학으로 본 판소리 공연예술의 미학적 특질: 신재효의 〈광대가〉를 중심으로〉, 《판소리연구》21집, 판소리학회, 327쪽.

획, 자료조사, 자료분석, 자료해석, 이론 도출, 개요 작성, 초고 작성, 논문 완성 등의 과정을 거쳐서 이루어진다. 이 과정을 구체적으로 설명하면 다음과 같다.

(1) 동기 부여

연구를 시작하려면 우선, 연구자가 민족공연학적 연구를 하고 싶다는 강렬한 ‘욕구’가 발생해야만 한다. 이러한 욕구가 강렬할수록 훌륭한 연구 결과를 낳을 가능성이 크다. 어느 날 한 연구자가 우연찮게 판소리 ‘쑥대머리’ 한 대목을 듣고, 판소리를 좀 더 깊이 알아보고 싶은 어떤 강렬한 욕구가 일어났다면, 이것은 일단 판소리에 관한 민족공연학적 연구의 ‘동기 부여’가 되었다고 할 수 있다.

(2) 목표 설정

그 다음에는, 구체적으로 무엇을 연구할 것인가를 좀 더 구체적으로 확정해야 한다. 이 단계는 연구의 ‘목표 설정’ 단계이다. 아무리 연구하고 싶은 욕구가 강렬해도, 구체적인 목표를 설정하지 않으면 실제적인 성과를 얻기 어렵다. 이것은 마치 햇볕이 좋다는 것만을 알아가지고는 종이를 태울 수 없고, 렌즈를 통해서 그 햇볕을 일정한 지점에 집중적으로 모아야만 종이를 태울 수 있는 것과 마찬가지이다.

판소리 연구에 대한 강렬한 욕구를 갖게 된 연구자가 판소리의 독특한 ‘공연 양식’에 특히 마음이 끌린다면, 그는 연구목표를 ‘판소리의 양식적 특성 탐구’라는 것으로 설정할 수 있을 것이다.

(3) 일정 계획

이렇게 '연구목표'가 구체적으로 설정된 다음에는, 이 연구목표를 달성하기 위한 구체적인 '연구 일정'을 짜야만 한다. 이 연구 일정은 연구를 언제·어디서·어떻게 진행하겠다는 구체적인 연구 작업 일정표의 작성을 말한다. 이 과정은 1차적인 '연구계획서 작성' 단계이기도 하다.

(4) 자료조사

다음 단계는 '자료조사' 과정으로 이어진다. 이 과정은 '문헌조사'[166]와 '현지조사'로 나누어 진행되어야 한다. 이때 주의할 것은 반드시 연구자가 정한 연구목표에 맞추어 자료조사가 이루어져야만 한다는 것이다.

'문헌조사'는 주로 도서관과 연구 정보 관련 인터넷 등을 이용하여 진행하고, '현지조사'는 연구자가 직접 공연 현장에 참여해서 연구대상을 조사하는 '참여관찰법'을 효과적으로 활용해야만 한다. 앞의 판소리 연구자라면, 현지조사는 판소리의 공연의 '준비 과정·공연 과정·공연 이후 과정' 등, 판소리 공연과 관련된 '전체 과정'을 모두 자세히 조사 정리해야 한다.

앞의 연구자라면, 무엇보다도 판소리 '공연 과정'에서 나타나는 양식적 특성에 주목하여 자료들을 조사 정리한다. 오늘날 이 과정에서 가장 효과적으로 활용할 수 있는 기구는 카메라·녹음기·녹화기 등이다. 카메라로 주요 장면들을 촬영하여 사진 자료들을 확보하고, 녹음기로 판소리의 음악적인 측면을 기록하여 자료를 정리하며, 녹화기로 공연과 관련된 전체 과정을 오디오-비디오 상태로 녹화하여, 공연의 입체적인 시청각 자료를 정리

166) 이 문헌조사는 오늘날에는 문헌자료·시청각자료 등을 모두 아우른 '아카이브자료' 조사로 변환되고 있다.

한다.

이 '자료조사' 단계에서는 비교 자료들의 조사도 매우 필수적이다. 앞의 연구자가 판소리 공연의 양식적 특징을 파악하기 위해서는, 판소리 관련 자료들뿐만 아니라 판소리와 유사한 다른 공연 양식에 관한 자료들에 관한 조사도 반드시 필요하다. 왜냐하면, 어떤 실체의 특징을 파악하기 위해서는 그것과 비교 대조할 수 있는 '비교 대상'이 있어야만 하기 때문이다.

그러므로, 판소리 공연의 양식적 특징을 파악하려 한다면, 판소리와 가장 효과적으로 비교할 수 있는 비교 대상에 관한 자료조사가 이루어져야만 한다. 예컨대, 여러 면에서 볼 때 판소리와 비교할 만한 양식인 인근 지역 중국의 대고·평탄과 일본의 분라쿠에 관한 문헌조사와 현지조사가 이루어져야만 할 것이다.

(5) 자료분석

이렇게 얻어진 자료들, 곧 '문헌조사'를 통해서 얻어진 관련 기록 자료들과 '현지조사'를 통해서 얻어진 시청각 자료 및 현지 기록 자료 등은, 연구자가 처음에 의도한 '연구목표'에 맞추어 자료분석 단계로 넘어간다.

앞에서 예로 든 연구자라면, 그의 연구목표인 '판소리의 양식적 특성 파악'이라는 일차적인 목표에 초점을 맞추어, '자료분석'에 임해야만 하고, 다음과 같은 과정으로 나아가야 한다. 먼저, 판소리 공연 양식에 관한 문헌 기록 자료들(사료·잡지·논문·저서·잡문 등)의 분석이 '연구목표'에 맞게 이루어져야 하고, 각종 아카이브 자료들의 분석도 이루어져야 한다.

다음으로 판소리 관련 현지조사 자료들 역시 '연구목표'에 맞추어 분석되어야 한다. 이 과정에서는 특히 판소리 공연 자료에 나타나는 판소리 공연의 '구조 분석'이 치밀하게 이루어져야만 한다.

다음 단계로는, '비교분석comparative analysis' 단계로 나아간다. 앞의 판소리 연구자라면, 판소리 공연의 양식적 특성 파악을 위해, 판소리의 이러한 특성을 효과적으로 드러내줄 수 있는 비교 대상들을 찾아내고, 그것들의 양식적 특성을 파악해야 한다. 이를 위해 이 연구자는 중국의 대고·평탄, 일본의 분라쿠 등의 조사자료들을 분석해야 할 것이고, 그런 다음 이러한 공연 양식들과 판소리 공연 양식의 '비교분석'을 해야만 할 것이다.

이 비교분석의 과정에서는 일찍이 리차드 셰크너가 개발한 다음과 같은 6가지 관점과 방법[167]이 매우 효과적으로 활용될 수가 있다. 정리해 보면 다음과 같다.

첫째, 공연에서 그 공연에 관여하는 참여자들participants, 즉 공연자·청관중·연출가·제작자 등이, 그 공연을 통해서 자기의 '존재being와 의식conscience' 을 어떻게 변화시키는가하는 점을 고찰한다.

공연의 참여를 통해서, 우리는 자기의 사회적 존재와 내면 의식이 모두 변화되는 경우도 있고, 어떤 경우에는 사회적 존재만이 변화되고 내면 의식은 변하지 않는 경우도 있고, 사회적 존재는 변하지 않고 내면 의식만 변화되는 경우도 있다.

예컨대, 원시적인 부족사회 내의 성인식 공연에 참여하여 고된 시련 과정으로 이루어진 성인식을 치르고 있는 미성년자들은, 그 성인식이 끝나면 일반적으로 그들의 사회적 존재와 그들의 내면 의식 모두가 완전히 미성년에서 성인으로 변화된다고 볼 수 있다. 그러나 오늘날 사회에서 결혼식을 치르고 있는 두 남녀는, 결혼식이 끝난 뒤에 기혼의 남편과 아내라는 사회적 지

167) 리차드 셰크너 지음, 김익두 옮김(2005), 앞의 책, 1~57쪽 참조.

위가 부여되어 사회적 존재는 분명 크게 변화되지만, 그들의 내면 의식은 결혼 전 연애 시절에 이미 부부의 의식으로 변화되어 있을 수도 있다. 이 경우는, 결혼식 공연을 통해서 사회적 존재는 변화되지만, 내면 의식이 분명하게 변화되는 것은 아니라고 볼 수 있다. 또한, 극장에서 공연되는 각종 공연예술 양식들의 경우, 여기에 관여한 참여자들(공연자·청관중 등) 중 매우 감동한 일부 사람들은, 그 공연 후에 그것을 통해 자기의 사회적 존재가 변화되는 것은 아니라고 할지라도, 그들의 내면 의식은 크든 적든 상당히 변화된다고 보아야 한다.

이러한 '존재'와 '의식'의 변화는 크게 '지속적 변환transformation'과 '일시적 변환transportation'으로 나눌 수 있다. 앞에서 예로 든 원시부족의 성인식에 참여한 미성년자나 결혼식에 참여하여 결혼식을 올린 처녀·총각들은 그 의식ceremony의 공연을 통해 이루어진 그들의 사회적 존재나 내면 의식상의 변화를 죽을 때까지 지속해가게 된다. 이러한 변화를 '지속적 변환transformation'이라 한다. 반면에, 극장에서 공연되는 각종 공연예술(음악·무용·연극 등)의 공연에 참여했던 참여자들은 그 공연 중에는 '공연자(가수·무용수·배우 등)'나 '청관중' 등으로 변화되지만, 그 공연이 끝나면 공연 이전의 사회적 존재로 다시 되돌아가게 된다. 이러한 참여자들은 대체적으로 보아 공연 중에만 자기의 존재와 의식의 변화를 기하고 공연이 끝나면 자기의 존재와 의식이 원래의 상태로 돌아오는 변화를 겪는다. 이러한 존재와 의식의 변화를 '일시적 변환transportation'이라 한다. 셰크너는 이러한 변화의 문제를 주로 연극의 범위 안에서 고찰했으나, 그 적용 범위를 공연문화 전반으로 확장해서 활용할 수도 있다고 본다.

둘째, 공연에서 그 공연의 긴장성intensity은 어떻게 어떤 방법을 통해 구축되는가를 고찰한다.

공연에서는 시간과 리듬이 마치 구체적·물질적이고 살아있는 사물들처럼 에너지를 모을 수 있으며, 그래서 시간과 리듬도 텍스트·소품·의상·육체와 같은 방법으로 사용될 수 있다. 훌륭한 공연은 소리와 침묵 사이의 간격을 적절하게 조절하고, 사건들의 상승도와 하강도를 시간적·공간적·정서적·지각적으로 조절하는 가운데, 공연을 구성하는 여러 요소들이 (단순한 것으로 체험되는) 복잡하고도 불가피한 공연 패턴 속으로 짜여져 들어간다.

이러한 긴장성 구축의 틀, 곧 구성의 패턴은 각 민족의 공연 양식들에 따라 매우 다양하게 나타난다. 예컨대, 우리나라의 전통 풍물굿 등에서와 같이 반복·순환·축적의 패턴으로 구축되기도 하고, 그리스 이후 서구의 연극 플롯에서처럼 비반복적·계기적·종결적인 패턴으로 구축되기도 한다. 어떤 경우에는, 혈압과 심장의 박동수가 감소하고 동공이 수축하고 뇌파가 동시적으로 일어나고 트랜스trance 상태와 가수면 상태가 되는 경향을 보여주는 '총체적 저조의 긴장성total low intensity' 패턴으로 구축되기도 하며, 반대로 혈압과 심장의 박동수가 증가하고 동공이 팽창하며 뇌파가 계기적으로 일어나며 고도의 흥분과 각성이 나타나는 경향을 보이는 '총체적 고조의 긴장성total high intensity' 패턴으로 구축되기도 한다. 전자를 '트로포트로픽trophotropic 패턴'이라 하고, 후자를 '에르고트로픽ergotropic 패턴'이라 한다. 더 나아가, 빅터 터너가 말하고 있는, 어떤 공동체 사회 전체를 지배하는 사회적 사건들인 '사회극social drama'의 구조 패턴처럼, 위반breach–위기crisis–교정행동redressive action–재통합reintegration/분리schism의 4간계 패턴으로 이루어지는 긴장성 패턴의 구축 방법도 생각할 수 있다.

공연의 긴장성 구조 곧 공연의 구조나 패턴을 파악하기 위해서는 다음과 같은 작업들이 필요하다.

① 그 공연이 어떻게 공연 현장에서 여러 가지 요소들을 축적하고 활용하는가를 세부적으로 탐색해야 한다.
② 그 공연 텍스트 전체에 대한 면밀한 고찰을 해야 한다. 여기에는 공연 참여자들을 어떻게 공연 안으로 끌어들이고 배척하는가, 대본을 어떻게 활용하는가 등을 살피는 작업도 포함된다.
③ 연출가부터 잠자는 어린 청관중까지의 모든 공연 참여자들의 체험과 행동들을 면밀하게 관찰하고 기술한다.
④ 그 공연만이 구축하고 있는 독자적인 긴장성의 틀, 곧 공연 구조 또는 공연 패턴을 찾아낸다.
⑤ 이렇게 찾아낸 그 공연 양식의 긴장성의 틀, 곧 공연 구조 또는 공연 패턴을, 다른 공연 양식들의 그것과 비교하여, 공연학적 의의와 가치를 부여한다.

셋째, 어떤 공연에서 공연자와 청관중은 어떻게 서로 '상호작용 관계'를 형성하는가를 관찰한다. 그것은 서구의 근대 리얼리즘 연극의 '훔쳐보기'식 또는 '관음증적'인 '닫힌 구조'의 상호작용 관계에서, 한국 판소리의 ('추임새'를 통한) '열린 구조'의 상호작용 관계까지, 매우 다양한 정도와 방법의 상호작용 관계의 스펙트럼들이 나타난다.

민족공연학은, 공연을 중심으로 이루어지게 되는 이런 공연자와 청관중 사이의 다양한 상호작용관계를 관찰하고 그것들을 서로 비교·분석해서, 각 공연들이 구축하고 있는 상호작용관계들의 독자적인 '차이들'을 찾아내는 연구 작업을 수행해야 한다.

넷째, 어떤 공연이 이루지는 '전체 과정' 상의 특징이 어떻게 나타나는가를 면밀히 관찰한다. 공연의 '전체 과정'은 대체로 공연의 준비과정, 공연 과정, 공연 이후 과정 등, 세 과정으로 크게 나눌 수 있다.

이 가운데서, 공연의 '준비 과정'은 트레이닝·워크샵·리허설·워밍업 등으로 이루어지며, '공연 과정'은 공연performing·냉각cool down 등으로 이루어지고, '공연 이후 과정'은 여파aftermath 등으로 이루어진다. 여기서 '냉각cool down'이란 공연이 끝난 직후 공연의 열기나 감동을 정리하거나 확장하기 위한 '뒤풀이'와 같은 일련의 행동 과정을 말한다. '여파aftermath'란 그 공연이 종결된 이후에 공연 밖으로 퍼져나가게 되는 공연의 영향력을 말한다. 그리고 이러한 전체 과정은 서로 연결된 일련의 과정으로서, 서로 피드백 되고 순환되는 과정이다. 이를 도표화하면 다음과 같다.

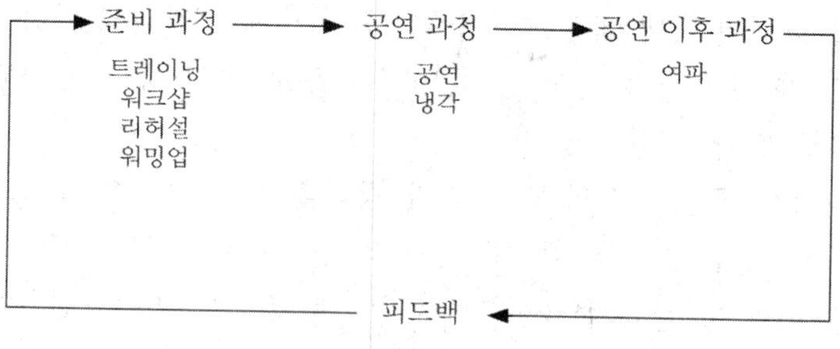

〈그림-14〉 공연의 전체 과정

다섯째, 공연 지식이 어떻게 전승되고 전파되는가를 관찰한다. 공연 지식은 문자 기록, 구비 전승, 행위 전승 형태로 전승·전파되기도 한다. 경우에 따라 이 가운데 몇 가지 또는 세 가지가 다 활용되기도 한다.

공연의 전통·역사·문화·양식·관습 등에 따라, 공연 지식의 전승·전파는 서로 각기 다른 면모를 지니고 있다. 우리의 마을굿·무당굿·풍물굿·탈놀이·판소리·꼭두각시놀음·민속놀이·창극·(신파극) 등의 전통 민속 공연물들은, 구비 전승과 행위 전승을 통해 전승되어 왔으며, 궁중무용·궁중음악·각종 상류층 공연물들은 문자 전승의 방법을 주로 활용하면서 전승·전파되어 왔다.

또, 세계 여러 민족들의 공연 지식 전승·전파 방법을 관찰해 보면, 공연의 전체 과정—준비 과정·공연 과정·공연 이후 과정—중에서 어떤 공연 양식은 우리의 판소리와 같이 '준비 과정'을 중시하는 공연 양식도 있고, 어떤 공연 양식은 서양의 현대극처럼 '공연 과정'을 강조하는 것도 있으며, 어떤 공연 양식은 우리의 무당굿 공연과 같이 공연 이후 과정을 중시하는 경우도 있다.

그뿐만 아니라, 어떤 공연에서는 공연 지식이 판소리와 같이 주로 공연의 준비 과정 중 '트레이닝' 과정에서 전승되는 경우도 있고, 또 풍물굿과 같이 공연 지식이 주로 공연 중에 전승되는 경우도 있다.

따라서 공연 지식의 전승·전파 방식을 자세히 종합적으로 고찰하고 기술하여, 그 '차이들'을 드러내어 비교분석을 통해서 각 전승·전파 방법의 의의와 가치를 밝히는 작업도 민족공연학에서 소홀히 할 수 없는 매우 중요한 영역이다.

여섯째, 공연들이 어떠한 방법으로 생성·평가되는가를 관찰한다. 이것은 주로 공연의 '가치 평가evaluation' 문제로 공연에 대한 가치 평가가 어떤 방법으로 이루어지는가에 대한 고찰이다.

어떤 공연들은 판소리와 같이 공연 중에 그 공연에 참여한 청관중들의 '추임새'에 의해 그 가치가 직접적으로 평가되는 공연도 있고, 우리 전통 사회의 풍물굿과 같이 공연 중에 이룩하게 되는 '청관중의 공연자화'의 정도에 의해 평가되는 공연도 있으며, 오늘날의 현대극과 같이 주로 공연이 끝난 다음에 전문적인 비평가들에 의해 평가되는 공연도 있다.

여기에서는 또 가치 평가의 기준, 가치 평가의 주체, 객관적 평가와 주관적 평가의 문제, 미학의 문제, 가치 체계의 문제 등도 다루어져야 하며, 이런 문제들을 각 공연물, 또는 공연 양식별로 구체적으로 고찰·분석·종합한 다음, 그것들을 서로 비교함으로써, 각 민족 공연 양식들의 독자적 특성과 가치와 가능성들을 밝혀낼 수 있게 되는 것이다.

이상은 리차드 셰크너가 주로 민족연극학적인 관점에서 세워 놓은 공연분석의 모델이지만, 여기서 살펴본 바와 같이 연극뿐만 아니라 그 밖의 여러 공연 양식들과 공연물들에 대해서도 적용할 수 있는 매우 포괄적이고 유연한 모델임을 알 수 있다.

(6) 자료해석

다음은 앞에서 이루어진 자료분석 내용을 가지고, '자료해석' 작업을 진행해야 한다.

'자료분석'이 자료들에 대한 객관적 사실들의 체계적인 파악 작업이라면, '자료해석'은 이 '자료분석'에서 이루어진 결과들에 대한 주관적인 '의미 부여'의 작업이다. 예컨대, 판소리 공연 양식이 중국의 대고 및 일본의 분라쿠의 공연 양식과 비교분석을 해 본 결과, 어떠한 양식적 특징들이 드러났다면, 그러한 양식적 특징들은 공연학적으로 어떤 의미와 가치가 있는가를 밝히는 작업이 이루어져야만 한다는 것이다. 이러한 단계의 작업이 바로 '자료해석'의 과정이다.

앞서 예로 든 판소리 공연 양식의 특성 연구 경우라면, 이 단계에서는 앞의 과정에서 밝혀진 판소리 공연 양식의 특성이 세계의 다른 공연 양식들과 비교해 볼 때, 어떠한 차이점들이 있고, 그러한 차이점들은 판소리 공연 양식에 어떠한 양식적 의의와 가치를 부여해주는 것인가를 이 '자료해석'의 단계에서 따져보아야 한다.

이 과정에서는, 앞서 이루어진 '자료분석'의 결과들을 좀 더 주관적인 시각에서 그 의미와 가치를 따지고 부여하는 과정이기 때문에, 연구자가 해석자로서의 깊고 해박한 식견과 원만구족圓滿具足한 주관이 요구된다. 만약 해석자의 주관이 지나치게 협소하고 그 해석 대상이 속해 있는 분야와 그 바깥 분야에 관한 폭넓은 파악이 불가능한 상태라면, 그 해석은, 자칫하면 '주관적 오류'에 빠지기 쉽다는 점도 경계해야 할 점이다.

(7) 이론 도출

'자료해석' 작업이 이루어지면, 얻어진 연구 결과를 기존의 권위 있는 관련 학설과 비교하는 작업 단계로 나아가야 한다.

이 과정은 연구의 거의 최종 단계로서, 연구를 통해서 얻어진 결과가 기존의 관련 이론과 어떤 관계를 가지는가, 기존의 관련 이론과 어떻게 다른가, 기존의 관련 이론에 귀속되는가, 아니면 기존의 관련 이론을 수정·보완하는가, 아니면 혁신하는가 등을 구체적으로 따져보는 작업이 최종적으로 이루어지게 되는 것이다.

앞서 든 판소리 연구의 사례로 보자면, 이 단계에서는, 판소리 공연 양식 이론이 이와 관련된 세계 공연 양식 이론들과 어떤 관련을 가지며, 그런 관련 속에서 볼 때, 판소리 공연 양식 이론이 세계 공연 양식 이론을 어떻게 수정·보완하는가 또는 혁신하는가를 구체적으로 따져보아야 한다.

(8) 개요 작성

이러한 '자료분석'·'자료해석'·'이론도출'의 단계가 마무리되면, 다음으로는 이렇게 이루어진 연구 내용들을 일정한 논문의 틀에 맞추어 기술하기 위한 '아우트라인 작성' 곧 '개요 작성' 단계로 나아간다. 이것은 논문 서술 계획서 작성 단계라고 할 수 있다.

이 단계에서는, 다른 일반 연구들의 논문 작성법과 관련된 지식들이 효과적으로 활용될 수 있으며, 각 논문의 성격과 특징에 따라, 거기에 걸맞은 적절한 논문 형식을 취하도록 해야 한다. 어떤 공연물에 관한 조사 보고서 형태의 논문이라면, 그러한 조사 보고서 형태의 논문 작성 패턴을 따라 개요를 작성하도록 하고, 조사 자료들을 분석하여 자료들에 관한 객관적이고 체계적인 지식들을 제시하는 분석적 연구에 그 초점이 맞추어진 논문이라면, 그러한 논문 작성 패턴에 따라 개요를 만들도록 한다. 또한, 그 논문 내용이 고도의 해석을 요하는 이론적 논문이라면, 그 개요도 그에 맞게 이론적 논문의 작성 패턴을 따라야 할 것이다.

(9) 초고 작성

개요 작성이 마무리 되면, 지금까지 조사·정리·분석·해석한 내용들을 개요 작성 틀에 맞추어 논술해 가는 '논문 작성' 단계로 나아간다. 이 과정에서는 먼저 철저한 논증 형식을 유지해야 하고, 연역법·귀납법·삼단논법 등, 논리적 정합성에 모순이 발생하지 않도록 논증 과정에서 유기적인 연결 관계를 철저하게 따져야만 한다.

민족공연학의 특성상, 각종 오디오·비디오 관련 자료, 분석 도표, 그림 등의 생생한 참여관찰 자료들이, 논증의 중요한 논거들도 효과적으로 제시될 필요가 있다.

(10) 논문 완성

초고가 작성된 다음에는, 다시 초고의 내용과 형식을 수정·보완하는 퇴고의 과정을 거쳐서, 하나의 완성된 논문을 만든다. 이 과정에서는, 논증의 논리적 모순을 바로잡고, 부족한 논거 자료들을 철저하게 보충하고, 혹시라도 잘못 제시된 자료들이 있다면 그런 자료들을 삭제하거나 올바른 자료로 대치하는 작업들을 실행해야 한다.

V. 한국 공연문화의 전통 -연극문화를 중심으로

1. 기원: 부족국가의 제천의식

1) 제천의식祭天儀式

우리 공연문화의 기원은 부족국가시대의 원시 제천의식에서 찾을 수 있다. 구체적으로는, 부여의 영고迎鼓, 고구려의 동맹東盟, 동예의 무천舞天, 삼한/마한의 오월제五月祭·시월제十月祭 등과 같은 것이다. 이러한 원시 제천의식은 악가무희사樂歌舞戲詞가 구비 전승의 상태로 융합된 이른바 '원시종합예술原始綜合藝術 ballad dance' 형태로 이루어진 것이었다.

이 시기에는, 하늘에 제사를 드리는 천신제天神祭 외에도, 땅에 제사를 지내는 지신제地神祭, 물에 제사를 지내는 수신제水神祭, 신성한 동물들에게 제사를 지내는 수신제獸神祭, 죽은 조상신들에게 제사를 지내는 조상신제祖上神祭, 집안에 거주하는 신들에게 제사를 지내는 가신제家神祭 등도 있었다.[168]

2) 신성제·세속제의 분리

이 시기에는 이미, 신성한 제사장이 주관하는 신성제神聖祭 sacred ritual와 군장君長이 주관하는 인간적인 세속제世俗祭 profane ritual가 분리되기 시작하였음을 알 수 있다. 이러한 증거는 이 시기 마한馬韓 지역의 '소도蘇塗'에 관한 기록[169]에서 분명하게 확인할 수 있다.

여기서 '소도'란 오늘날의 '솟대'와 관련된 것으로서, 일반인들의 출입이 제한된 채 '천군天君'이라는 제사장이 다스리는 일종의 신성한 성역으로 되어 있다. 이것은 이미 이 시대에 와서 제사장이 다스리는 '신성 지역'과 정치 지배자 곧 군장君長이 다스리는 '세속 지역'이 분리되었음을 암시해주는 것이다. 이러한 분리에 따라, 이 시기에 이미 우리의 공연문화도 '신성한 공연'과 '세속적 공연'의 분리 현상이 나타나고 있음을 알 수 있다.

3) 공연 양식

이 당시의 이러한 원시 제천의식 형태로 행해졌던 원초적인 공연문화 양식은 앞에서 언급한 바와 같이 집단의 안전과 풍요를 기원하기 위한 원시 제천의식에서 행해진, 악가무희사가 종합된 원시종합예술 형태로서, 장단·노래·춤·몸짓·말 등이 한데 어울린 것이었다.

---

168) 《삼국지》 위서 동이전 참조.
169) 앞의 책, 위서 동이전 마한.

4) 최초의 공연자: '천군天君'

이 시기의 기록에는, 우리의 공연문화 관련 기록에서 최초의 공연자가 나타난다. 그는 바로 마한의 '천군'이란 존재이다. 천군은 부족국가시대의 공동체 제사의 제사장으로서, 이후에는 무당의 전통으로 지금까지 이어져 왔다.

천군은 해마다 5월 씨뿌리기를 마친 다음과 10월 농사일을 마친 다음에 '북·방울' 등의 도구를 사용하여 하늘에 제사를 지냈으며, 제사 때는 사람들이 떼를 지어 모여 장단에 맞추어 노래하고 춤을 추고 술을 마시고 밤낮을 가리지 않고 놀았다.[170] 이러한 공연 행위 자체가 원시종합예술 형태를 띠었고, 그런 공연 행위의 중심에 바로 '천군'이란 제의적 공연자가 있었다.

이런 점에서, '천군'은 바로 기록상에 보이는 우리나라 최초의 공연자라고 할 수 있다. 이 천군의 전통은 오늘날의 '무당'의 공연 전통으로 계승되어 왔다.

5) 음악·무용

이 시대의 공연에 사용된 음악·무용 등에 관한 기록들도 발견된다. 특히 음악에 관한 자료들에서는 구체적인 악기와 음곡에 관한 기록들도 찾아볼 수 있다. 앞서 인용한 바 있는 진수의 《삼국지》 위서 동이전 기록을 보면, 다음과 같은 사실들을 알 수 있다.

첫째, 이 당시 우리 민족이 세운 모든 부족국가들이 노래와

170) 앞의 책, 같은 곳.

춤과 유희를 매우 즐겼다. 둘째, 비파琵琶라는 악기, 그 비파로 연주하는 음악과 음곡音曲, 중국의 탁무鐸舞와 흡사한 장단과 가락의 음악 등이 있었다. 셋째, 중국의 탁무와 흡사한 율동의 무용, 즉 비파 가락과 음곡에 맞추어 추는 춤 등이 있었다. 이러한 사실들은, 이 당시에 이미 우리의 공연문화가 매우 다양한 형태의 음악·무용·유희 등을 확보하고 있었음을 알 수 있다.

6) 인형人形의 출현

이 시기에는 이미 원초적·원형적인 인형의 모습이 나타난다. 앞서 말한 《삼국지》 위서 동이전에 "제사祭祀를 지내는데, 나무로 만든 수신隧神을 신神의 좌석에 모신다"[171]는 기록이 있다. 이것은 나무를 깎아 신의 모양을 만들었다는 것이니, 나무로 새긴 신의 인형이 있었음을 알 수 있다. "죽은 사람의 숫자대로 살아 있을 때와 같은 모습으로 나무로 모양을 새겨 둔다"[172]는 기록도 있다. 이것은 나무를 깎아 인형을 만들었다는 것이니, 역시 인형문화의 시작을 알려주는 기록이다.

7) 탈〔假面〕의 흔적

이 시기의 자료들에는 우리나라 탈〔假面〕의 원초적·원형적인 모습도 찾아볼 수 있다. 앞절의 두 가지 기록에서 신의 형상과

171) 《삼국지》 위서 동이전 고구려.
172) 앞의 책, 위서 동이전 동옥저東沃沮 및 《후한서》 동이열전 동옥저.

사람의 형상을 나무로 깎아 만들었다는 기록은, 신과 사람 모양의 탈/가면을 만들었다는 기록으로도 볼 수 있다. 이것은 바로 이 시기에 이미 희미하게나마 탈/가면의 흔적이 나타나기 시작했음을 알려주는 것이다.

8) 공연장·무대·기타

공연장과 무대는 자연 상태를 일부 변형했을 것으로 보이나, 전체적으로는 객석과 무대가 고정적으로 분리되지 않은 개방적인 '마당' 형태를 취했을 것으로 판단된다. 이는 이 시대의 원시 제천의식인 '국중대회國中大會'에 관한 기록들[173]에서 찾아볼 수 있다.

이 시대의 공연장은 '천군'과 같은 제사장의 주관 아래 관리되고, 세속과는 엄격히 분리되는, 마한의 '소도'와 같은 신성지역이었다.

한편, 이 시대의 의상 문화에서는 다음과 같은 몇 가지 특성들을 찾을 수 있다. 이것은 그 당시 무대의상과 밀접한 관련이 있을 것이다.[174] 첫째, 색상 면에서는 흰색이 기본이었다. 둘째, 재료로는 베·비단·모직·짐승 가죽 등을 사용했다. 셋째, 머리에는 상투를 틀고 상류층은 계층에 따라 절풍折風·책幘 등의 모자를 썼다. 넷째, 몸에는 소매 달린 도포·곡령·바지 등을 입었다. 다섯째, 발에는 가죽신을 신었다. 여섯째, 금·은·구슬로 만든 장신구를 사용했다. 이 시기에 이르러 우리의 전통 의상의 기본 형태인 머리쓰개·저고리·바지/치마·신발·겉옷·허리띠·장신구 등의

173) 《삼국지》 위서 동이전 마한.
174) 《삼국지》 위서 동이전 부여·고구려·동예·마한.

형태가 갖추어지게 되었다.[175] 이것은 우리 공연문화 전통 의상의 기본이 이루어졌음을 말해준다.

9) 대소도구

이 당시 공연문화의 대소도구에 관한 정보들도 발견된다. 예컨대, 마한馬韓의 신성 제의의 연행 장소인 소도에서는 주요 대소도구로 '장대·방울·북' 등을 사용했다. 다음 기록은 이것을 알려준다.

> 여러 나라에는 각각 별읍別邑이 있으니 그것을 소도蘇塗라 한다. (그곳에) 큰 나무를 세우고 방울과 북을 매달아 놓고 귀신을 섬긴다.[176]

2. 삼국시대

1) 가무백희歌舞百戲

이 시대에 들어오면, 이른바 '가무백희'[177] 또는 '산악백희散樂

---

175) 김익두(1998), 《우리문화 길잡이》, 서울: 한국문화사, 189쪽.
176) 《삼국지》 위서 동이전 마한.
177) 《삼국사기》권1 〈신라본기〉제1 '유리이사금'.

百戱'라 불리는 형태의 공연문화가 중심에 자리를 잡는다. 이것은 곧 음악·무용·연극·놀이·곡예 등으로 이루어지는 일종의 '버라이어티 쇼variety show'였다.

2) 제정분리祭政分離의 강화와 공연 변화

이 시기에 오면, 제의를 주관하는 제관과 정치를 주관하는 군장 사이의 관계가 분리되고, 군장의 권한이 상대적으로 더 강화됨으로써, 공연문화가 정치적 군장인 임금의 주관 아래 이루어지고, 실제로는 임금 휘하의 제관들이 그 실무를 담당하였다. 신라의 종묘제도에서 시조신에 대한 제사를 왕이 직접 주관하지 않고, 왕인 박혁거세의 제사를 그의 친 누이동생 아로阿老에게 주관케 한 사실[178]은 그러한 사정을 알려준다.

이 시대의 제천의식은 제의적인 성격이 약화되고, 좀 더 실제적이고 세속적인 국조신제國祖神祭·조상신제祖上神祭·사직단제社稷壇祭·농신제農神祭·산신제山神祭·풍신제風神祭 등과 같은 제의 형태로 변화되었다. 예컨대, 고구려 건국신화에 나오는 영웅 주몽朱蒙이, '영고迎鼓'와 같은 국중대회 제천행사의 대상 신이 아닌, 시조신 곧 국조신國祖神 제사의 대상 신으로 변하고 있다. 또 다른 자료에서는 신라의 시조신 혁거세赫居世와 미추왕, 문무왕 등을 왕조신으로 모시는 기록도 보인다. 한편, 사직단제·농신제·풍신제·우신제·명산대천제의 양상도 여러 기록에서 찾아볼 수 있다. 이 시기의 이러한 제의상의 변화는 이 시기 공연문화의 형식과 내용상의 큰 변화를 암시해 주고 있다.[179]

---

178) 앞의 책, 같은 조.

179) 《삼국사기》32권 잡지 제1, '제사'조 참조.

3) 세속적 공연문화의 분리

이처럼 이 시기에는, 제사장이 주재하는 제의적 공연들보다는, 군장이 주재하는 인간 중심의 속화된 세속적 공연문화의 비중이 점차 더 강화되었다. 이러한 사정은, 이전 시기에서처럼 신성한 제천행사祭天行事로서의 제의적 공연이 아닌, 궁중과 민간에서의 축제와 놀이로서의 공연문화와 관련된 기록들이 이 시기에 많이 나타나는 사실들을 통해서 알 수 있다.

그 결과, 이 시기의 공연문화는 좀 더 세속전인 '가무백희' 또는 '산악백희'라는 형태로 구체화되었다. 즉, 이전의 부족국가시대에는 악가무희사가 하나의 총체로 융합된 '미분화' 상태를 유지한 데 견주어 이 시기에 들어와서는 그것들이 여러 가지 레퍼토리들로 '분화'되어 나타난다. 이것은 이 시기에 우리의 공연문화 양식들이 독립된 공연예술 양식으로 '분화'되어 따로 존재하지는 못했으나, 그 이전의 부족국가시대에서처럼 완전히 하나의 무의식적인 원시 종합예술 형태로 머물러 있었던 것은 아님을 말해준다.

이것은 이 시기의 기록들에서, 가무백희의 구체적인 레퍼토리들이 따로 구분되어 나타나는 것으로 보아 그러한 사실을 알 수 있다. 예컨대, 백제의 기악伎樂, 신라의 '오기五伎'[180] 등 당시의 가무백희 레퍼토리들을 우리는 당시의 기록들을 통해서 알 수 있다.[181]

---

180) 《삼국사기》32권 〈잡지〉 '악樂' 조 참조. 여기에, 최치원이 쓴 시 〈향악잡영鄕樂雜詠〉 5수가 실려 있다.

181) 최치원의 〈향악잡영鄕樂雜詠〉 5수는 이 시기의 것이 아니라, 그 다음 시기인 통일신라시대의 자료이다. 그러나 우리는 이 자료를 통해서 그 이전 시기의 공연문화 사정을 어느 정도 유추해 볼 수 있다. 즉, 이 자료에서 묘사하고 있는 이른바 '5기五伎'란 곧 다섯 가지 기악伎樂이란 말이고, 이 '기악伎樂'은 이미

4) 가무백희의 공연 양식들

이 시기의 '가무백희' 속에 포함되어 있던 대표적인 양식 명칭들을 들어 보면 다음과 같다. 고구려의 가무인 호선무胡旋舞·광수무廣袖舞, 고구려의 인형극 괴뢰희傀儡戲[182], 백제의 미마지味摩之가 일본에 전했다는 기악伎樂과 관련된 용상踊襐[183]·적취笛吹·모관帽冠·타내打內·사자무獅子舞·오공吳公·가루라迦樓羅·파라문婆羅門·곤륜崑崙·역사力士·대고大孤·취호醉胡·무덕악武德樂[184], 그리고 신라 쪽에서 발견되는 검무劍舞·무애무無碍舞[185]·처용가무處容歌舞[186]·금환金丸[187]·월전月顚[188]·대면大面[189]·속독束毒[190]·산예狻猊[191] 등이 그것이다.

또한 중국 후한後漢 때의 장형張衡(78~139)이 쓴 〈서경부西京賦〉에 따르면, 이 시대 '가무백희'의 주요 양식들로는, 오획강정烏獲扛鼎[192]·도노심동都盧尋橦[193]·도환검跳丸劍[194]·주삭走索[195]·탄도呑

삼국시대 백제에도 있었다. 즉, 삼국시대 백제에 있었던 '기악伎樂'이 백제를 복속시킨 통일신라에 계승된 것이 '오기五伎'라 볼 수도 있다.

182) 《구당서舊唐書》, 음악지音樂志. 오늘날 전해지는 '꼭두각시놀음'의 원조 격인 고대의 인형극 형태로 추정됨.

183) 역귀를 쫓는 춤으로 보인다.

184) 正宗敦夫 編(1928), 《教訓抄》上, '伎樂'.

185) 바가지춤을 뜻한다.

186) 제의적인 탈놀이.

187) 롱주지희弄珠之戲.

188) 서역지방 우전국于闐國에서 전한 탈춤으로 추측된다 함. 매우 익살스런 집단 광대놀이로 보임.

189) 악귀를 쫓는 일종의 구나무驅儺舞적 성격의 탈놀이로 보임.

190) 중앙아시아의 타슈켄트와 사마르칸트 지방에서 전래된 건무健舞인 호선무胡旋舞·호등무胡騰舞와 같은 빠른 템포의 춤의 영향을 받은 춤으로 보인다 함.

191) 사자탈놀이.

192) '오획烏獲: 전국시대의 역사力士의 힘 자랑' 정도의 뜻.

刀[196]·토화吐火·희표무비戲豹舞羆[197]·백호白虎[198]·창룡蒼龍[199] 등의 가면희와 여와좌이장가女媧坐而長歌[200], 그리고 동해황공東海黃公의 고사古事를 부연敷衍한 조희調戲[201] 등이 있었다고 한다.

5) 공연자의 행방

이 시기의 명칭 가운데 공연자를 지칭하는 용어로는, 국가의 악가무희樂歌舞戲를 담당하는 전문인들을 지칭하는 '악공樂工'이란 말과, 신라의 '척尺'이란 말이 보인다.[202] 이것은, 이 시기에 이르러 전문적인 공연자를 지칭하는 공식적인 명칭이 생겼음을 말해준다. 또한 공적인 명칭의 발생은 전문적인 공연자들이 사회적으로 존재했다는 것을 의미하는 것이기도 하다.

또한, 이 명칭에서 어떤 제의적인 신성성이 부여되어 있지 않다는 것을 짐작할 수 있다. 이러한 특징은, 공연자들이 제의의 주재자가 아닌, 예술적인 능력 또는 어떤 특별한 재주를 가진 전문인으로 인식되기 시작하였음을 말해준다.[203]

---

193) '도노都盧: 몸이 가벼워 장대 등을 잘 타는 사람의 장대타기 놀이' 정도의 뜻.

194) 공놀이와 칼놀이.

195) 줄타기.

196) 입에 칼을 물고 하는 곡예.

197) 표범놀이와 곰놀이.

198) 가면희의 일종.

199) 가면희의 일종.

200) 가무의 일종.

201) 어떤 고사古事를 부연하거나 시사적인 이야기를 재담에 의존하여 전개하는 일종의 소극笑劇 farce 형식의 연극을 말한다. 오늘날의 화극話劇의 원류라고 할 수 있다.

202) 《삼국사기》권32, 잡지1, 악樂 참조.

6) 음악·무용

이 시대에 들어와서는 음악과 무용도 매우 다양하고 복잡하게 발달하였다. 이것은 이 당시 관련 기록들에 나타난 각종 음악·무용 명칭과 내용들에서 입증된다. 이 시기의 악기로는 대금·중금·소금의 3죽三竹, 현금·가야금·비파의 3현三絃, 박판拍板(박자 맞추는 나무쪽)·북·오현금五絃琴·쟁箏·필률篳篥·횡취橫吹·소簫·적笛·도피필률桃皮篳篥·공후箜篌·각角·저竽·지篪·등이 보이며, 이러한 악기들로 연주하는 수많은 악곡들과 그런 악곡들로 연주하는 여러 가지 무용의 명칭들이 보인다.[204]

7) 공연장·무대·기타

이 시기에 처음으로 객석과 무대가 의식적으로 분리·구분된 공연장과 무대가 등장한다. 그것은 가설극장 무대인 '채붕綵棚'[205]이라는 것이다. 앞의 각주 기록에 따르면, 이것은 가무백희를 공연하는 공연장으로서, 비단을 둘러친 다락 모양의 가설무대였다. 이 당시 우리나라의 극장과 무대 모양은 중국 쪽의 당대 기록[206]을 통해서도 간접적으로 추측해볼 수 있다.

또한 이 시기 공연문화는 의상과 분장도 좀 더 다양하게 발전하였다. 이러한 사정은 《구당서》·《문헌통고》·《삼국사기》[207] 및

203) 앞의 책, 같은 곳.
204) 앞의 책, 같은 곳.
205) 《증보문헌비고增補文獻備考》권107 속악부 2.
206) 《수서隋書》권15, 지志 제10, 음악音樂 하.

이백李白의 악부시 〈고구려高句麗〉[208], 그리고 고구려 벽화 등을 통해서 어느 정도 그 내막을 짐작할 수 있다. 이러한 의상과 분장에 대한 기록과 묘사는 고구려 무용총舞踊塚 벽화에 그려져 있는 춤추는 무용수들의 의상과도 매우 유사한 느낌을 준다.

3. 남북국시대

1) 팔관회八關會의 시작

남북국시대에는 처음으로 팔관회[209]라는 좀 더 민족 대동적인 차원의 축제가 형성된다. 이에 따라, 공연문화도 이전 시대와는 달리 전통적인 것들과 외래적인 것들, 그리고 중앙적인 것들과 지방적인 것들이 두루 적절히 융합된 새로운 '민족적'인 차원의 가무백희 형태로 점차 정비·발전되어 나아갔다.

팔관회의 전통은 이미 앞선 시대인 삼국시대에도 있었음을 알 수 있다.[210] 또한 팔관회는 이후에 남북국시대에 들어와서도 통일신라에서 계속해서 행해졌다.[211] 그것은 불교적인 성격을 띤 것이었다. 그리고 앞서 논의한 바 있는 최치원의 《향악잡영鄕樂雜詠》 5수의 시를 통해서, 이러한 팔관회에서 공연되었을 것으로

207) 《삼국사기》권32 잡지雜志 악樂 조 및 《구당서舊唐書》권29, 지志9 음악2.

208) 이백, 〈고구려高句麗〉

209) '팔관八關'이란 말은 '불 곰' 곧 '밝음'이라는 말에 그 어원이 있다고 한다.

210) 《삼국사기》권4 신라본기 제4 진흥왕, 《삼국사기》권44 열전 제4 거칠부.

211) 《삼국사기》권50 열전 제10 궁예 조.

보이는 '백희가무百戲歌舞'의 구체적인 레퍼토리와 공연 내용들을 알 수가 있다. 그러나 이 시대의 이와 같은 행사는 고려시대 만큼 큰 규모의 국가적인 행사로 완전히 발전한 것은 아니었다.

이 팔관회의 제의적 중심 세력은 역시 표면적으로는 임금이었으며, 실제적으로는 이전 시기의 천군과 같은 제사장의 전통을 이어받은 불교 승려 계통의 제관들이었을 것으로 추측된다. 이러한 사실은, 위의 두 각주 기록에서 드러나는데, 왕이 직접 행사를 주관한 것이 아니라, 불교적인 사제자들로 하여금 주관하도록 하였다는 것을 알 수 있다.

2) 공연문화 이념의 변화

이 시대에 들어와서는 더 넓은 영역에 걸쳐 국가의 영토가 확장되고 민족국가적인 정체성이 더욱 강화되었다. 그에 따라 공연문화도 가무백희의 종목들을 중심으로 좀 더 다양하게 분화·발전하였으며, 처음으로 우리 공연문화상에서 '민족적 이념'이 생성되기 시작했다.

최치원의 《향악잡영》 5수는 다음과 같은 민족적 공연 이념들을 드러내고 있다. 첫째, 이 당시에 이미 우리 민족은 우리 민족 나름의 민족문화의 자주성과 정체성을 대외적으로 자각하여 가지고 있었다. 예컨대, 최치원은 본인이 감상한 '가무백희'를 '향악鄕樂'이라고 부르고 있다. '향악'이란 외래악인 '당악唐樂에 대하여 상고시대부터 발달하여 내려온 우리 고유의 악樂을 일컫는 말'이다.[212] 둘째, 당시 우리의 향악은 당대에 매우 긍정적인 공

212) 이희승 편(1981), 《국어대사전》, 서울: 민중서관, '향악' 조.

연문화로 인식되고 있었다. 최치원 같은 당대의 지식인이 그것을 매우 긍정적으로 묘사하고 있다는 사실에서도 이점이 입증된다. 셋째, 당시의 공연문화 이념은 매우 개방적인 자주성을 보여주고 있다. 최치원이 '향악'이라 부르고 있는 가무백희 종목들은 거의 대부분이 외래적인 양식들이다. 그런데도 이것들을 그가 '향악'이라 부르고 있다는 것은, 이 당시의 공연문화 이념이 국제적 개방성을 견지하고 있었음을 말해준다.

한편, 이 시기의 또 하나의 민족국가 발해渤海에서도 이러한 공연문화 이념의 자주적인 변화는 마찬가지였다. 예컨대, 발해의 '풍속가무' 양식으로 보이는 '답추踏鎚'라는 공연문화 양식은 국내에서 널리 유통되고 있었을 뿐만 아니라, 일본에까지 전해져 일본 쪽의 역사 기록에도 자주 나오고 있다.[213]

3) 공연문화 양식의 다양화

이 시대에는, 신성한 제의적 공연 양식들보다는 세속적 공연 양식들이 그 이전 시기보다 더욱 더 강화되고, 형식과 내용도 그 이전 시대보다 훨씬 더 정비되고 정형화되고 다양화되었음을 확인할 수 있다. 이러한 사실은 앞에서 거론한 최치원의 시《향악잡영》5수 등 각종 사료들을 통해서 확인할 수 있다.

최치원의《향악잡영》5수의 내용을 검토해 보면, 제의적 공연 양식은〈대면大面〉한 가지뿐이고, 나머지〈금환金丸〉·〈월전月顚〉·〈속독束毒〉·〈산예狻猊〉등은 모두 세속적 공연 양식의 성격

213)《일본후기日本後紀》권17 평성기 대동 3년 11월 임진 조에 다음과 같은 구절이 있다. "808년 11월 일본에 간 발해 음악무용단은 풍락전豊樂殿에서 발해의 풍속가무인 '답추踏鎚'를 공연하였다."

을 매우 강하게 띠고 있다. 그뿐만 아니라, 이러한 제의적 공연 양식과 세속적 공연 양식이 한 장소에서 함께 공연되었다는 것은, 그만큼 이 당시의 공연문화가 세속화 또는 전문화되었다는 것을 말해주는 것이다.

또한 이 시대에 들어오면, 공연 양식들이 매우 다양해진다. 이전 시기까지는 보이지 않던 여러 가지 구체적인 공연 양식 명칭들이 새로 나오기 시작한다. 삼국시대에는 보이지 않던 제의적인 가면무극假面舞劇으로 보이는 〈처용가무處容歌舞〉·〈황창무黃倡舞〉·〈대면大面〉, 세속적인 가면무극으로 보이는 〈월전月顚〉·〈속독束毒〉·〈산예狻猊〉 등이 모두 그러한 사례이다.

그리고 최치원이 《향악잡영》 5수에서 이 당시 공연되던 가무백희들을 한꺼번에 통째로 '가무백희'라고 명명하지 않고, 5가지를 제각기 따로따로 나누어 〈금환金丸〉·〈월전月顚〉·〈대면大面〉·〈속독束毒〉·〈산예狻猊〉 등으로 구별해서 양식 명칭들을 붙인 것을 보면, 이 시대에 들어와 새로운 공연 양식들이 이미 그만큼 분화되고 정형화했음을 알 수 있다.

4) 전문 공연자: '척尺'

자료들을 통해서 유추해 보면, 이 시기에 들어와 좀 더 전문적인 공연자가 등장했을 것으로 보인다. 이것은 이 당시 각종 악기를 다루는 전문적인 악공들에 관한 기록을 다수 확인할 수 있기 때문이다. 이 당시의 '악공'이란 말은 단지 음악을 연주하는 사람만을 가리키는 것이 아니라, 음악·무용·연극 등 공연 예능 전반에 종사하는 사람들 전체를 가리키는 용어로 사용되고 있다.[214] 그리고 그런 직업을 가진 사람들을 따로 '척'이란 명칭으로 부르고 있는 것으로 보아, 이런 악공들은 전문화된 공연자들이었음을 알 수 있다.

5) 음악·무용

이 시기의 음악과 무용은 좀 더 다양하고 세련된 형태로 창조되고 전문화되었다. 이러한 사정은《삼국사기》에 자세히 기록되어 있다.[215] 이런 기록에 따르면, 이 시대에 이미 수백 종의 음악과 무용들이 존재한 것으로 보인다. 이것은 바로 음악과 무용이 함께하는 연극도 많았을 것임을 암시한다. 이 시대에는, 앞에서 여러 번 강조한 바와 같이, 어떤 공연 양식이 따로 독립하여 존재한 것이 아니라, 악가무희사가 하나의 '버라이어티 쇼' 형태로 혼합되어 존재했기 때문이다.

6) 공연장·무대

전해지는 관련 자료를 놓고 볼 때, 이 시대의 공연장과 무대는 이전 시대보다 좀 더 정비된 형태의 '채붕'과 같은 것들이 더 많이 나타났을 것으로 추측된다. 다음을 보자.

> 신라新羅 진흥왕眞興王 때 팔관회八關會를 베풀었는데, 그 법은 매년 중동仲冬(11월)에 승도僧徒를 대궐 뜰에 모으고, 윤등輪燈 한 좌座를 놓고, 향등香燈을 사방에 벌여 놓으며, 또 두 채붕綵棚을 매

214)《삼국사기》권31,〈잡지〉제1 악樂.
215)《삼국사기》권32,〈잡지〉제1 악樂.

고, 백희가무百戲歌舞를 올려서 복을 비는 것이었다.[216]

여기서 '채붕'이란 그 시대 여러 가지 공연물들의 총합인 가무백희를 공연하기 위해 적절한 장소에 임시로 높다랗게 설치한 무대장치를 말한다. 이 자료는 남북국시대 이전 삼국시대 신라 쪽의 자료이다. 그렇다면, 그 이후 시대인 이 남북국시대에 이르러서는, 이보다 훨씬 더 발전된 '채붕' 등의 무대 시설들이 존재했을 것으로 보인다. 그러나 이 시기의 공연장과 무대에 관한 다른 기록들을 찾을 수 없어, 현재로서는 그 자세한 내막은 알 수 없다.

4. 고려시대

1) '민족공연' 이념의 확립

이 시대에 이르러 비로소 좀 더 완전한 민족국가가 완성됨으로써, '민족문화'라는 범주가 확립되고, 분명한 의미의 '민족공연'을 추구할 수 있게 되었다. 다음과 같은 글은 이 시대의 민족적인 자각을 여실히 보여주는 중요한 자료이다.

그러나 시詩는 중국말로 지었으므로 5언7자로 이루어졌고, 가歌는 우리말로 배열했으므로 3귀6명三句六名으로 이루어졌다. 성음聲

216) 《증보문헌비고增補文獻備考》권107 속악부 2.

音으로 논하면 삼성參星과 상성商星처럼 서로 떨어져 있으므로 동방과 서방은 쉽사리 분별할 수 있으나, 이치에 의거하면 창과 방패처럼 실력이 맞서므로 서로 강하고 약함을 분간하기 어렵다.

비록 문장으로써 서로 자랑했으나, 그 뜻에서는 함께 귀착됨을 인정할 수 있다. 저마다 그곳을 얻었으니 좋지 않은 것이 어디 있으랴?

다만 한이 되는 것은 우리나라의 재자 명공들은 당시唐詩를 읊을 줄 알지만, 중국의 거유巨儒·석덕碩德들은 향가를 알지 못한다는 점이다.[217)]

이 글은 고려 초인 광종(950~975) 때의 문신 최행귀崔行歸가 쓴 글이다. 이 시대 초기의 저명한 지식인이 이미 이와 같이 민족문화의 독자적인 정체성과 자주성에 대한 분명한 자각을 보여주고 있다는 것은, 이 시대가 그만큼 민족 자주적인 자각을 분명하게 한 시대였음을 보여주는 것이라 할 수 있다. 그 시대 지식인들의 이러한 자각은 다만 이런 문학 분야에서 뿐만이 아니라, 다른 문화 영역 곧 공연문화 분야에서도 마찬가지였을 것임은 추론해 볼 수 있다.

2) 팔관회의 민족 축제화

이 시기에 이르러서는 나라굿이 민족 축제 형태로 정립되었으며, 그것은 전통적인 민족 축제인 '팔관회'[218)]와 외래적인 민족

217) 최행귀(10세기 중엽), 《균여전均如傳》 서문. 〔일연 지음·이재호 옮김(1997), 《삼국유사》, 서울: 솔출판사, 459~463쪽〕.

218) '팔관八關'이란 말의 어원은 '불곰' 곧 '밝음'에서 나왔다 한다.

축제인 '연등회燃燈會'라는 두 가지 형식으로 확립되었다. 이에 관한 기록은 다음과 같은 사료에 비교적 자세하다.

> 태조 원년 11월에 유사가 말하기를, "전의 임금님은 해마다 중동仲冬에 크게 팔관회를 설하여 복을 빌었사오니 빌건데 그 제도를 따르소서." 하니, 왕이 이를 수락하여 드디어 구정毬庭에 윤등輪燈 일좌一座를 두고 향등香燈을 사방에 나열하였으며, 또 채붕綵棚 두 개를 맺었는데, 그 높이가 각각 다섯 길이 넘고, 백희가무百戲歌舞를 앞에서 보였는데 그 사선악부四仙樂部와 용龍·봉鳳·상象·마馬·거車·선船은 모두 신라의 고사故事였다. 백관이 포홀袍笏로 행례를 하니, 보는 사람들이 도성을 가득 메웠으며, 왕이 위봉루威鳳樓에 올라 이를 구경하였고, 이것을 해마다 행하도록 하였다.[219]

이 기록은 고려시대 초기에 팔관회가 어떻게 사회적으로 자리를 잡게 되었는가를 잘 알려주는 중요한 자료이다. 이 자료에 따르면, 고려의 팔관회는 통일신라의 제도를 계승한 것으로서, 이 의식에서 채붕이라는 무대 장치를 설치하고 그 앞에서 가무백희를 연행하였음을 알 수 있다.

연등회 때도 다양한 가무백희가 다채롭고 화려하게 행해졌다.[220] 팔관회는 개경과 서경에서만 행해졌고, 전국적으로는 연등회가 행해졌다. 그러나 그 의식면에서 보면 별 차이가 없었다.[221]

---

219) 《고려사》권69 지志 제23 예禮 11.
220) 《고려사》권129 열전 권42 최이崔怡.
221) 《야후백과사전》 '팔관회' 조 참조.

3) 가무백희의 전개 양상

이 시대에는 '가무백희'가 공연문화의 중심부에 확고하게 자리를 잡았다. 이 시대 가무백희의 구체적인 전개 양상을 알려주는 중요한 자료는 목은牧隱 이색李穡의 〈구나행驅儺行〉이란 시[222]이다.

이 시의 내용은 고려시대 나례의식儺禮儀式 행사의 내용을 읊은 것인데, 전반부 1~13행까지는 잡귀를 쫓는 나례의식을 노래하고, 후반부는 14~28행 끝까지는 나례의식이 끝난 다음에 펼쳐지는 나희儺戱 곧 가무백희를 노래한 부분이다. 이 후반부에 이 시대까지 전해 내려오던 여러 가지 '가무백희'가 묘사되어 있다.

여기에 나오는 가무백희의 내용은 다음과 같다. ① 나희 광대들이 빠른 걸음으로 등장하는 모습, ② 오방신장무五方神將舞, ③ 몇몇 현전 탈놀음에도 전승되는 신이한 동물춤, ④ 불품기〔吐火〕, ⑤ 칼삼키기〔呑刀〕, ⑥ 서역인西域人 모습의 탈놀음, ⑦ 남극노인〔南極星〕 형상의 탈놀음, ⑧ 장사꾼과 난쟁이 탈놀음, ⑨ 처용 탈놀음, ⑩ 각종 동물 탈놀음(누렁개, 용 등) 등, 대체로 10여 가지 정도이다. 이 자료로 볼 때, 이 시대에는 그 이전 시기보다 더 다양한 가무백희 종목들이 공연되고 있었음을 알 수 있다.

4) 가무백희의 국제화·체계화·전문화

이 당시의 공연문화는, 민족 축제인 팔관회와 연등회를 중심

222) 목은 이색, 〈구나행驅儺行〉.

으로, 기본적으로는 전대에 수립된 가무백희의 전통을 계승한 '전정백희殿庭百戱'와, 외래의 공연문화를 더욱 폭넓게 받아들인 '전상가무殿上歌舞'로 체계화된다. 전상가무에는 송나라로부터 수입한 궁중가무희인 〈헌선도獻仙桃〉·〈수연장壽延長〉·〈오양선五羊仙〉·〈포구락抛毬樂〉·〈연화대蓮花臺〉 등이 있었다. 여기에 속한 석노교곡파惜奴嬌曲破·만년환만萬年歡慢은 가무희라기보다는 악곡이었다.[223] 이러한 과정에서 이 시대의 공연문화는 좀 더 국제화된 차원으로 두루 종합되고 확장되었다. '전상가무' 중, 〈헌선도〉·〈오양선〉·〈연화대〉는 일종의 가무악극이고, 〈포구락〉은 가무악이다.

이 시대의 공연문화는 좀 더 본격적으로 체계화·전문화 되어 갔다. 이러한 사실은 당대의 음악·무용·연극 관련 자료인 《고려사高麗史》 〈악지樂志〉의 관련 자료분석을 통해서 분명하게 파악된다.

5) 기악伎樂·잡희雜戱의 발전

이 시기에는 가무백희의 전통이 좀 더 세속적인 방향으로 다양하게 발전하여, 제의적인 공연문화 양식들보다는 세속적이고 놀이적 공연문화 양식 쪽으로 많은 발전을 이룩하였다. 그 대표적인 방향 가운데 하나가 기악·잡희의 발전이다. 이것은 '가무백희'가 좀 더 세속적인 방향으로 발전한 것으로 대표적인 증거 자료들을 《고려사》 속에서 매우 빈번하게 나타난다.[224]

---

223) 이두현(1994), 《한국연극사》, 서울: 학연사, 66쪽.

224) 이와 관련된 자료들은 다음 자료들에서 산견된다. 《고려사》권18 세가 제18 의종 2 정해 21년(1167), 《고려사》권30 세가 제30 충렬왕 3 을유 11년(1285),

이러한 가무백희들은 진지한 제의적 공연 양식으로보다는, 주로 연회와 같은 공공 행사에서의 세속적이고 놀이적인 기악·잡희雜戲로 발전하였다. 그리고 나례儺禮와 같은 제의적인 공연 행사에서조차도, 매우 활기차고 개방적이고 세속적인 분위기의 잡희들이 공연되었음을 알 수 있다. 그리고 이 잡희들은 궁중에서는 대체로 채붕이라는 무대 설비를 만들고 놀았다는 점도 주목된다.

6) 주요 공연문화 양식들

이 당시의 공연문화 전통도 종래의 가무백희의 전통에서 아주 벗어난 것은 아니었으나, 각 양식들의 분화와 독립이 상당한 수준으로 이루어졌다. 그래서 이 시기의 주요 공연문화 양식들은 미분화된 가무백희의 레퍼토리에서 독립하여, 하나의 독자적인 공연 양식들로 자리를 잡아 나아갔다.

이렇게 그 독자적인 공연문화 양식으로 독립한 대표적인 양식들로는, 통일신라시대 이후 계속해서 전승되어온 전통 가무인 처용희處容戲를 비롯하여, 송나라로부터 수입한 궁중가무희宮中歌舞戲/교방가무희敎坊歌舞戲, 그리고 삼국시대부터 그 증거 자료들이 보이는 인형극 꼭두각시놀음·탈놀음/가면극·조희調戲/우희優戲 등이 있었다.

《고려사》권35 세가 제35 충숙왕 을축 12년(1325), 《고려사》권43 세가 제43 공민왕 6 임자 21년(1272), 《고려사》권129 열전 제42 반역 3 최충헌[1], 《고려사》권129 열전 제42 반역 3 최충헌[2], 《고려사》권135 열전 제48 신우 3 갑자 10년(1384)[1], 《고려사》권36 세가 제43 공민왕 6 임자 21년(1272), 《고려사》권135 열전 제48 신우 3 계혜 9년(1383), 《고려사》권19 세가 제19 의종 3 경인 24년(1170)[1], 《고려사》권128 열전 제41 반역 2 정중부. 《고려사》권30 세가 제30 충렬왕 3 무자 14년(1288), 《고려사》권64 지志 제18 예 6 군례.

(1) 처용희

처용희는 기존의 토착 가무백희의 전통, 즉 '향악백희鄕樂百戱'의 전통을 발전적으로 계승한 가장 대표적인 공연문화 양식이다. 고려시대의 처용가무와 관련된 대본은 여러 기록에 나타난다. 지금 전해지는 〈처용가〉는 고려가요로 전해지며, 그 자체가 완전한 공연 대본은 아니다. 이것은 《악학궤범》이란 조선시대의 악서樂書에 여기女妓가 부르는 노래 가사로 기록되어 있다.[225]

고려시대 당시의 '처용가무' 대본이 구체적으로 어떠하였는지는 기록된 자료가 없어 자세히 알 수 없다. 그러나 고려시대의 처용가무는 매우 활달하고 개방적이고 놀이적인 성격의 가면극이었을 것으로 보인다. 이와 같은 사실은 《고려사》의 여러 곳의 기록들[226]에서 발견된다. 이러한 자료들은 처용희는 모두 즐겁고 개방적인 분위기에서 호탕하게 노는 일종의 탈놀이〔假面戱〕였음을 알게 한다. 이러한 사정은 물론 개방적이고 인간적인 고려시대의 시대적 분위기와도 깊은 관련이 있을 것이다.

(2) 교방가무희

이 공연문화 양식은 고려 문종(1046~1083) 때 송나라로부터 수입한 것으로, 궁중의 대표적인 '전상가무殿上歌舞' 양식이다. 《고려사》 악지에 보이는 당악唐樂의 종목 가무희歌舞戱의 형태를 갖춘 것은 〈헌선도獻仙桃〉·〈수연장壽延長〉·〈오양선五羊仙〉·〈연화대蓮花臺〉 등이 있다. 이것들은 하나씩 따로 독립된 일종의 아정雅正한 궁중 가무악극歌舞樂劇이며, 이것들의 희곡 대본이 《고려사》

225) 《악학궤범樂學軌範》권5 및 《악장가사樂章歌詞》. 현대어로 쉽게 풀어 놓은 것. 원문은 본서의 '부록'을 참조. 성현의 《용재총화》에도 이에 관한 기록이 있음.

226) 《고려사》권36 세가 제36 충혜왕 계미 후 4년(1343), 《고려사》권135 열전 제48 신우3 을축 11년(1385), 《고려사》권136 열전 제49 신우4 병인 12년(1386).

악지에 남아 전한다.

〈헌선도〉는 선경仙境에 사는 신선 '서왕모西王母'가 대궐로 찾아와 대왕께 선도仙桃 복숭아를 바치는 이야기로 만들어진 매우 훌륭한 가무악극이다. 〈오양선〉도 하늘에 사는 5명의 신선이 궁궐로 내려와 임금의 만수무강과 나라의 태평성대를 축수하고 돌아가는 내용의 가무악극이다. 〈포구락〉은 용의 알인 공 모양의 '포구抛毬(용알)'를 포구문抛毬門에 던져 넣는 놀이를 우아한 궁중 가무악으로 만든 것이다. 〈연화대〉는 신선들이 사는 선경인 봉래산의 선녀仙女가 성상聖上의 덕화德化에 감동되어 연꽃을 타고 대궐로 내려와 노래와 춤으로 임금에게 위안을 드리는 내용으로 된 가무악극이다. 그리고 이 가무악극은 '춤을 추는 처녀/선녀가 연꽃 속에 숨어 있다가 꽃잎이 열리면서 나타나므로, 모든 춤 가운데서도 가장 우아하고 절묘한 춤'으로 알려져 있다. 이 가운데서 연극 형태를 가장 잘 갖춘 작품은 〈헌선도〉인데, 이 공연 작품은 그 희곡 텍스트가 온전하게 기록[227]되어 있어서, 그 구체적인 내용을 살펴볼 수 있다.

(3) 인형극

이 시대 인형극을 살펴볼 수 있는 좋은 자료로는 다음과 같은 이규보의 〈롱환유작弄幻有作〉[228]이란 시가 있다. 이 시의 한 대목인 "고개를 들었다 숙였다, 얼굴을 찡그렸다 폈다, 신체의 미묘함을 갖추니"라는 부분은, 오늘날 전해지는 〈꼭두각시놀음〉 대본의 맨 앞부분인 '몰락 양반 박첨지의 딸과 며느리가 뒷절 중들과 놀아나는 장면'[229]과 비슷하다.

227) 《고려사》 악지 당악 조 '헌선도' 전문.
228) 《동국이상국집東國李相國集》권3 고율시古律詩.
229) 심우성(1974), 《남사당패 연구》, 서울: 동화출판공사, 309~310쪽.

좀 더 진지하고 숙연한 내용의 새로운 인형극의 가능성을 암시하는 자료[230] 도 있다. 이 기록에는 김락과 신숭겸의 '가상假像'이 나오는데, 이것은 짚으로 만든 '인형'의 형태이다. 나중에 이것을 궁정에 배설하여 정기적으로 공연하게 하였다면, 이것은 '가상假像'이 움직이는 공연물, 곧 '신숭겸과 김락이란 '등장인물들'이 나와 관복을 입고 홀기를 들고 금판을 돌리며 말을 타고 궁정의 뜰을 뛰어 도는' 그런 내용의 인형극이 되었을 것이란 추측이 가능하다.

(4) 탈놀음

탈놀음과 관련된 기록들[231]도 여러 곳에서 발견된다. 자료에 따르면, 이 시대에는 가면을 쓰고 하는 탈놀음/가면극을 '나희儺戲'라고도 불렀으며, 이런 나희는 잡귀를 축출하기 위한 '나례儺禮'에서도 하였지만, 그렇지 않은 즐거운 일반 연회에서도 많이 하였음을 알 수 있다.

이 시대 탈놀음에 관한 가장 자세한 문헌 자료는 앞에서도 한 번 살펴본 바 있는, 목은牧隱 이색의 〈구나행〉이란 시이다. 이 시의 내용 가운데 '탈놀음'에 관한 부분이 기술되어 있는 곳은 후반부 14행~28행 끝행 부분 곧 나희 부분이다. 이 부분 가운데 탈놀음과 관련된 부분을 보면, ① 나희 광대들의 빠른 걸음의 등장 모습, ② 오방신장무五方神將舞, ③ 몇몇 현전 탈놀음에도 전승되는 신이한 동물춤, ④ 서역인西域人 모습의 탈놀음/가면극, ⑤ 남극노인〔南極星〕 형상의 탈놀음/가면극, ⑥ 장사꾼과 난쟁이 탈놀

230) 《평상신씨 고려태사장절공유사平山申氏 高麗太師壯節公遺事》.

231) 《고려사》권36 세가 제36 충혜왕 계미 후 4년(1343), 《고려사》권36 세가 제43 공민왕 6 임자 21년(1272), 《고려사》권135 열전 제48 신우 3 계해 9년(1383).

음, ⑦ 처용 탈놀음, ⑧ 각종 동물 탈놀음(누렁개, 용 등) 등이다. 대략 7가지 정도의 탈놀음이 기술되어 있다.

이 자료에 보이는 이 당시 탈놀음의 레퍼토리는, 이 시대 이전인 남북국시대의 통일신라 쪽의 탈놀음 레퍼토리를 계승한 것임을 짐작케 한다. 즉, 이색의 〈구나행〉에 나오는 탈놀음 레퍼토리들을 그 이전 시기 통일신라 쪽 최치원의 《향악잡영》 5수에 나오는 탈놀음 레퍼토리들과 비교해 보면, 상당히 비슷하면서도 다른 점들이 발견된다. 이런 점에서, 최치원의 《향악잡영》 5수와 이색의 〈구나행〉은 고려시대 이전의 탈놀음과 그 이후의 탈놀음을 비교하는 데 매우 귀중한 자료이다.

(5) 조희/우희

조희調戱는 옛날의 고사古事를 부연하거나 당대의 시사적인 소재들과 문제들을 대화체로 표현하는 일종의 소극적笑劇的인 대화극對話劇을 말하며 우희優戱라고도 불린다. 이 연극 양식은 조선시대까지 활발하게 지속되었다. 조희에 관해서는 많은 자료들232)이 발견되고 있어, 이 시대에는 조희가 매우 발달하고 일반화했음을 알게 한다.

이 자료들이 기록하고 있는 내용들을 분석해보면, 고려시대의 조희는 대체로 다음과 같은 특징을 가지고 있다. 첫째, 그 제재는 주로 당대 현실의 시사적인 이야기들에서 구하였다. 둘째, 그러다보니, 그 내용은 주로 그 시대 사회의 시사적인 문제들이었다. 이것은 이 연극 양식이 그 시대 사회의 중심 문제들을 다루는 일종의 '사회극' 형태를 취하였다. 셋째, 연극의 표현 방식은

232) 《고려사》권13 세가 권13 예종 경인 5년, 《고려사》권126 열전39 간신2 염흥방廉興邦, 성현, 《용재총화慵齋叢話》권3, 《고려사》권18 세가 제18 의종 을유 19년, 《고려사》권30 세가30 충렬왕 무자 14년.

시사적인 이야기를 배우들 사이의 '우유적寓喩的'인 대화들을 통해서 비판적으로 표현하는 방향을 취하였다. 넷째, 연극의 길이와 구성은 시사적인 문제의 핵심을 짧은 시간 동안에 효과적으로 드러낼 수 있도록 짤막한 촌극寸劇 형태를 취하고 있다. 다섯째, 이 양식은 미리 작품을 정교하게 짜서 만드는 예술극이라고 하기 보다, 그때 그때 발생하는 문제적 상황에 따라 배우들이 사건을 즉흥적으로 꾸며 전개해 나아가는, 일종의 시사적인 '즉흥극improvisation' 형태를 취하였다. 여섯째, 이 연극 양식에는 탈〔假面〕이 사용되지 않은 것으로 보인다.

7) 공연장·무대

이 시기의 공연장과 무대로는, 전대의 '채붕'과 함께 '산붕山棚'·'산대山臺'라는 용어가 나타난다. 그리고 이 당시 공연에 관한 기록에 이러한 용어들을 중심으로 화려하게 펼쳐지는 가설무대에 관한 묘사들이 자주 나타난다. 이것은 기존의 극장과 무대가 이 시대에 들어와 좀 더 다양하고 세련되게 발전하는 것을 보여주는 증거라 하겠다. 또한, 이 시대의 공연장과 무대가 길거리의 축제적 행진parade을 위한 전시용 '거리 공연장' 또는 '거리 무대' 형태로도 많이 존재했음을 알 수 있다. 이러한 공연장과 무대의 관습은 특히 외국 사신들의 영접과 왕이나 고위 관리들의 행차를 위한 일종의 환영의식의 일환으로 주로 행하여졌으며, 심지어 뱃놀이를 하는 배 안에서도 행해졌다.

이에 관한 대표적인 자료들[233]을 검토해 보면 다음과 같은 특

233) 《고려사》권35 세가 제35 충숙왕 을축 12년(1325), 《고려사》권129 열전 제42 반역 3 최충헌, 《고려사》권19 세가 제19 의종 3 경인 24년(1170), 《고려사》권

징들을 찾아볼 수 있다. 첫째, 이 시대의 공연장은 우선 상설 공연장이 아니라, 공연이 이루어질 때마다 임시로 설치하는 '가설 공연장'이었다. 둘째, 이런 무대는 궁중·거리·선상 등 경우에 따라 곳곳에 가설할 수 있었다. 셋째, 공연장은 폐쇄적인 실내 공연장이 아니라 매우 개방적인 '실외공연장'이었다. 넷째, 지상 위로 '산처럼 높게' 달아 올리거나 세워 올려 만든 무대 장치를 사용하였다. 그래서 이런 무대 장치를 '산대山臺' 또는 '산붕山棚'이라 불렀다. 다섯째, 무대 둘레를 비단 등의 천으로 둘러싸기도 하였다. 그래서 이런 무대 장치를 '채붕綵棚'이라 부르기도 했다. 여섯째, 그 무대 장치를 비단·비단꽃·은자개 장식 분盆·얼음산·생화 화병 등의 대소도구들로 장식하였다.

> 32년 4월 8일에 최이가 연등회燃燈會를 하면서 채붕綵棚을 가설하고 기악伎樂과 온갖 잡희雜戲를 연출시켜 밤새도록 즐겁게 놀게 하니, 도읍 안의 남녀노소 구경꾼이 담을 이루었다. 또 5월에는 종실宗室의 사공司空 이상과 재추들을 위하여 연회를 베풀었다. 이때 산처럼 높게 채붕을 가설하고 수단 장막과 능라 휘장을 둘러치고 그 안에 비단과 채색 비단 꽃으로 장식된 그네를 매었으며 은과 자개로 장식한 큰 분盆 4개를 놓고 거기에다가 얼음산을 만들었고 또 큰 통 4개에다가 10여 종의 이름 난 생화들을 꽂아 놓아서 보는 사람의 눈을 황홀케 하였다. 그리고 기악과 온갖 잡희를 연출시켰는데 팔방상공인八坊廂工人 1천 3백 50여 명이 모두 성대히 옷차림 하고 뜰로 들어와서 주악奏樂하여 각종 악기소리가 천지에 진동했다.[234)]

---

30 세가 제30 충렬왕 3 을유 11년(1285), 《고려사》권18 세가 제18 의종 2 정해 21년(1167). 《목은집牧隱集》권33 〈산대잡극山臺雜劇〉.

234) 《고려사》권129 열전 제42 반역 3 최충헌[2].

여기에는 이 시대의 화려한 가설극장의 모양이 상당히 자세하게 묘사되어 있다. 이 공연장과 무대는 이 당시 가장 호사스러운 공연장 무대에 대한 다소 비판적인 태도의 묘사라는 점에서 볼 때, 이보다 더 소박한 형태의 공연장과 무대도 많았을 것으로 추측된다. 그렇다 하더라도, 우리는 여기서 묘사되고 있는 공연장 무대의 일반적인 형태와 구조는 대체로 널리 일반화되어 있었을 것으로 추정할 수 있다.

8) 다양한 전문 공연자들의 등장

이 시기에 들어오면 전문적이고 직업적인 공연자가 사회의 전면에 좀 더 분명하게 나타난다. 이러한 사실은 이 시기의 기록들[235]을 통해서 확인할 수 있다. 이 당시의 전문 공연자, 특히 직업적인 배우를 가리키는 명칭으로는 영관伶官·창우倡優·우인優人·광대廣大 등이 있었다. 이 당시의 '광대'란 말은 가면극/탈놀음을 하는 배우를 일컫는 용어로 나타난다. 영관伶官이란 국가기관의 전문 배우를 일컫는 용어였으며, '창우' 또는 '우인'이란 당시대의 배우를 일반적으로 일컫는 보편적인 용어였던 것으로 보인다.

235) 《고려사》권72 악지, 《고려사》권136 열전 권49, 《고려사》권121 열전 권34, 《고려사》권129 열전 권42, 《고려사》권124 열전 권37.

5. 조선시대

1) 전반적인 상황

조선시대 공연문화는 전반적으로 다음과 같은 변화 속에서 새로운 시대를 전개하였다.

첫째, 공연문화 관련 자료들이 이전 시기에 견주어 크게 증가한다.

둘째, 단일 민족국가의 주체적 이념이 더욱 강력하게 진전되며, 정치적 이념이 불교적 이념에서 유교적 이념으로 전환되면서, 유교 문화가 크게 발전한다. 그 결과, 기존의 전통 토착 문화와 그 이후의 불교 문화와 새로 등장하는 유교 문화가 서로 활발한 상호작용을 일으키게 된다.

셋째, 이러한 과정에서, 우리 민족 문화의 폭과 깊이가 심화·확장되었고, 이에 따라, 우리의 공연문화도 크게 발전했다.

넷째, 국가적인 축제 행사도 매우 다양하게 발전했다. 기존의 고유 전통 축제인 팔관회나 불교적인 축제인 연등회의 전통은 영산재靈山齋 등으로 변화·발전하면서 사회의 후면에서 폭넓은 기반을 형성하기도 하였다. 나례와 산대잡극山臺雜劇의 전통은 계승되어 더욱 성행하였다. 그리고 단군제檀君祭 등의 나라굿 전통, 여러 마을들이 연합하는 고을굿, 각 마을 단위의 마을굿 등, 축제 전통이 다양하게 발전하였다. 또한 유교식 전통 축제인 문묘제례文廟祭禮와 종묘제례宗廟祭禮 등이 새로운 국가적인 축제문화의 중심에 자리를 잡게 되었다.

다섯째, 가무백희가 좀 더 다양하게 발전하였다. 즉, 잡귀를 쫓는 구나의식驅儺儀式인 나례도 제의적인 전반부인 나례 부분보다 놀이적인 후반부인 나희 부분이 더욱 더 강화되어 나타났다.[236] 그뿐만 아니라, 종래에 없던 판소리와 같은 새로운 공연 양식이 나타났다.

여섯째, 가무백희를 관장하는 국가기관이 갖추어져, 제도적인 기반이 마련되었다. 즉, 산대희山臺戲/산대잡극, 곧 산대山臺라는 무대설비를 갖추고 공연하는 가무백희는 조선시대에 들어와서는 '나례도감' 또는 '산대도감山臺都監' 등의 국가 기관에서 관장하였으며, 그 명칭은 '산대희'·'산대나례山臺儺禮'·'산대잡희山臺雜戲'·'나희' 등으로 불렸고, 사신의 영접, 겨울철 나례의식, 과거시험, 진풍정進豊呈, 내농작內農作, 각종 환영식, 국가 연회 등에 광범위하게 사용되었다.[237]

2) 가무백희의 행방

이 시기의 주요 관련 자료들[238]을 검토해 보면, 가무백희의 전통은 조선시대로 계속 이어지면서, 많은 변화와 발전이 있었다. 특히 중국 사신을 맞이할 때에는 사신들의 행로 곳곳에 걸쳐 무대 설비인 채붕을 설치하고 성대하게 가무백희가 행하여졌음을 알 수 있다.

---

236) 이두현(1994), 앞의 책, 86쪽 참조.

237) 이두현(1994), 앞의 책, 86~87쪽 참조.

238) 동월董越, 《조선부朝鮮賦》, 《문종실록》원년 6월 5일(정축), 《문종실록》원년 6월 10일(임오).

주요 레퍼토리들로는, 광대·서인西人·주질注叱·농령弄鈴·근두斤頭 등과 같은 '규식規式이 있는 유희〔規式之戲〕'와 수척水尺·승광대僧廣大 등이 벌이는 '웃고 희학하는 놀이〔笑謔之戲〕'로 구분되기도 했다. 이러한 구분을 했다는 것은 이 시기에 들어와 그만큼 가무백희가 다양해졌다는 것을 말해준다. 1810년대에 창작된 것으로 보이는 송만재의 《관우희觀優戲》라는 시에 따르면, 이 당시의 가무백희로는 단가/가곡·판소리·줄타기·땅재주 등이 매우 성행하였음을 알 수 있다.[239)]

3) 가무백희 전통의 다양한 분화

이 시대의 공연문화는 후기로 오면서 기존의 궁중 가무백희 전통이 약화되고, 그로 말미암아 다양한 서민적 분화를 이룩하였다. 그 대표적인 양식들로는 기존의 궁중가무희, 조희/우희 등과, 조선시대 후기부터 서민층을 중심으로 발전한 무당굿놀이·풍물굿·꼭두각시놀음·탈놀이, 그리고 조선 후기에 새로 나타난 판소리 등이 있다.

(1) 궁중가무희

이 시대의 궁중가무희는 고려시대의 양식을 계승·발전시켰다. 대표적인 사례는 현재 《악학궤범》에 실려 전하는 〈학·연화대·처용무 합설鶴蓮花臺處容舞合設〉이란 궁중가무희 작품이다.[240)] 이것은 고려시대에 크게 유행하던 '처용희'가 좀 더 정형화하여 이루

239) 윤광봉(1987), 《한국의 연희시》, 서울: 이우출판사, 110~183쪽.

240) 성현 편찬, 이혜구·정연탁 옮김(1978), 《악학궤범》Ⅱ, 민족문화추진회, 29~44쪽 참조.

어진 것이다. 이 기록에 따르면, 이 시대의 '처용가무'는 일종의 구나의식의 성격을 지닌 무언 탈놀음〔假面劇〕이었으며, 이 처용가무는 여러 가지 기악이 연주되고 노래가 불리는 가운데, 5명의 '처용' 등장인물들이 무대에 나와 가면무를 추는 악가무희 종합 형태의 무언 가면가무희無言 假面歌舞戲였다.

(2) 조희/우희

조희는 앞장에서도 보았듯이, 일종의 시사적인 성격의 대화극으로, 조선시대에 들어와서는 '소학지희笑謔之戲'·'잡희雜戲'·'창우지희倡優之戲'·'배우희俳優戲'라고도 불렀다. 이 시대에는 조희에 관한 자료들[241]이 크게 증가하여, 이를 통해서 이 당시 조희/우희에 관해서 좀 더 자세하게 살펴 볼 수 있다.

관련 자료들을 분석 검토해 보면, 조선시대에는 고려시대보다 훨씬 더 다양한 조희/우희 자료들이 발견되며, 이러한 연극 양식은 가면을 쓰고 하는 탈놀음〔假面劇〕 양식이 아니라, 오늘날의 연극과 같이 배우들이 등장인물로 분장을 하고〔扮〕 역할행동을 하는 일종의 화극話劇이었음을 알 수 있다.

이러한 화극의 전통은 적어도 고려시대부터 면면히 이어져 내려온 우리의 중요한 공연문화 전통이다. 이 전통은 조선시대에 들어와 크게 발전하였고, 다시 오늘날의 신파극·신극·마당극·마당놀이와 같은 전통으로 계승되었다. 이런 자료들은 우리나라의

241) 《세조실록》권46 세조 14년 5월 17일(병자), 《세조실록》권34 세조10년 12월 28일(정미), 《예종실록》권4 예종 1년 3월 11일(을미), 《연산군일기》권35 연산군5년 12월 19일(계묘), 《연산군일기》권35 연산군 5년 12월 30일(갑인), 《연산군일기》권60 연산군 11년 12월 29일(기묘), 《중종실록》권60 중종 22년 12월 23일(병인); 유몽인 지음, 시기선·이월영 역주(1996), 《어우야담》, 서울: 한국문화사, 72~74쪽; 어숙권魚叔權, 《패관잡기稗官雜記》권2, 《지양만록芝陽漫錄》, 《성호사설류선星湖僿說類選》권5 하; 최남선(1947), 《조선상식문답》, 서울: 동명사.

근·현대 화극 양식이 결코 서양으로부터 수입한 것이 아니라, 우리의 아주 오랜 공연문화 전통 속에서 형성된 것이라는 점을 분명하게 확인해준다는 점에서도 매우 중요하다.[242)]

(3) 무당굿 · 무당굿놀이

무당굿의 역사와 전통은 매우 깊고 오래되어 부족국가시대까지 거슬러 올라갈 수도 있으나, 오늘날처럼 무당굿이 하나의 주요 공연 양식으로 사회적으로 분명하게 자리를 잡은 것은 조선시대에 들어서인 것으로 추정된다. 그 근거로는 조선시대에 와서 국가에서 활인서活人署와 같은 무당을 관리하는 공식적인 국가기관을 운영하고, 무업세巫業稅·무업포巫業布 등을 거두어들이고, 공식적·비공식적인 국가 행사에 무당을 동원한 기록들이 많이 나타나기 때문이다.[243)]

오늘날 전해지는 무당굿 공연 자료들로 미루어 보건대, 우리나라의 무당굿은 공연학적으로 크게 두 가지 계통의 무당굿이 있다. 하나는 중부 이북에서 주로 성행하는 무당굿으로서, 무당이 직접 신이 되는 강신무계 무당굿이며, 다른 하나는 중부 이남에서 주로 성행하는 무당굿으로서, 무당이 직접 신이 되지 않고 다만 신의 뜻을 전하는 서사자로 존재하는 세습무계 무당굿이 그것이다. 전자가 연극적·시각 중심적 공연 양식인 반면에, 후자는 서사적·청각 중심적 공연 양식이다. 전자가 삶과 죽음을 '연극적'·'현전적'으로 통합하는 공연 양식이라면, 후자는 삶과 죽음을 '서사적'으로 통합하는 공연 양식이다.[244)] 이에 관해서는 뒷장

242) 이 조희/우희의 주요 양식적 특성에 과해서는 앞장 '고려시대'의 '조희/우희' 항목을 참조.

243) 이능화 지음, 이재곤 옮김(1995), 《조선무속고》, 서울: 동문선, 52~100쪽.

244) 김익두(2011), 〈무당굿의 공연학적 특성: 서울 진오기굿의 경우〉, 《공연문화연구》22집, 한국공연문화학회, 56~57쪽.

에 가서 좀 더 자세히 다루고자 한다.

중부 이북 지방의 강신무 무당굿은, '청신-오신-공수-송신'의 순으로 전개되는데, 이 굿 진행 순서의 '청신' 과정 이후에 무당은 사제에서 신으로 그 성격이 전환되므로, '청신' 과정 이후 무당이 '트랜스trance' 상태에서 행하는 공연 전체를 하나의 연극으로 볼 수도 있다. 또한 중부 이남 세습무 무당굿은 여러 굿거리 중에서 후반부인 '무당굿놀이'는 신이 노는 모양을 골계적인 대사와 행위로 나타내는데, 이 부분만을 따로 떼어 연극이라고 보는 것이 타당하다. 무당굿놀이는 좁은 의미에서 무당굿 공연 중에 등장인물들이 등장하여 극적인 대화와 행위를 통하여 연극적으로 전개되는 부분을 말하며, 이것을 '무극巫劇' 또는 '굿놀이'라고도 한다. 이 무당굿놀이는 무당굿 전체 굿거리의 한 부분으로 삽입되어 있는 것도 있고, 어떤 굿거리는 전체가 굿놀이로 되어 있는 경우도 있다. 이 시대의 무당굿놀이가 실제로 어떠하였는가는 구체적인 기록이 없어 자세히 알 수 없으나, 오늘날까지 전승되고 있는 무당굿놀이들을 통해서 간접적으로 유추해볼 수 있다.

유추해 본 무당굿놀이의 공연 방법은 대체로 다음과 같다. 우선 모든 연극적 처리는 몇 마디 말과 행동으로 간단히 이루어진다. 내가 누구라고 하는 공연자의 몇 마디 말로 등장인물의 성격이 구현되고, 젓는 흉내를 내면 극중 장소는 바다가 되고, 밥하는 행위를 하면 부엌이 되며, 거름 주는 행위를 하면 논이나 밭이 된다. 장단에 맞추어 굿판을 한 바퀴 돌면 공간이 시골에서 서울로 단번에 변환되고, 몇 발자국 걷고 나면 집에서 장터로, 또는 집에서 들판으로 이동된다. 시간의 처리도 자유롭게 축약처리된다. 아기를 낳고 기르고 병이 들고 죽고 하는 과정도 몇 마디 말고 행동으로 잠깐 사이에 전개된다. 극중 장소와 극중 시간이 공연 장소와 공연 시간과 수시로 일치되고, 그래서 극의 전개 과정에 청관중들이 상당히 자유롭게 개입할 수 있다.

무당굿놀이의 유형은 크게 두 가지가 있다. 하나는 주무당이 악사/반주무당의 도움을 받아가며 여러 등장인물들의 배역을 맡아 '1인다역식一人多役式'의 유형으로 공연을 진행시키는 방식이고, 다른 하나는 둘 이상의 등장인물이 굿판에 등장하여 배역을 분담하여 진행하는 '다인다역식多人多役式' 유형이다.

'일인다역식' 무당굿놀이 유형에서는, 주무당은 서서 등장인물들의 역할 연기를 하고, 악사/반주무당은 앉아서 주무당의 연기 행동을 도와주는 식으로 공연이 진행된다. 악사/반주무당은 주무당이 묻는 말에 대답을 하기도 하고, 주무당이 이야기하는 도중에 말참견을 하기도 하며, 주무당이 노래를 부르거나 춤을 출 때 장단을 맞추어주기도 한다.

주무당은 일정한 이야기를 하되 그 이야기를 행위로 묘사하여 극적인 제시를 할 뿐만 아니라, 때에 따라 필요한 등장인물을 청관중들 사이에서 지적하여 굿판으로 끌어내어 배역을 맡기고, 즉흥적으로 극적인 행위를 연출하기도 한다.

주무당의 분장은 극중 등장인물의 성격에 따라 수시로 변하며, 그 역할이 일인다역이므로, 굿판 내에서 분장에 필요한 의장과 도구들을 조달받는다. 주무당이 〈며느리거리〉를 할 때는 청관중석에서 치마를 빌려 입고 수건을 빌려 쓰며, 〈어부거리〉를 할 때는 평복을 입고 수건을 이마에 두르고 장대를 들고 등장하여, 노 젓는 모습을 연출한다. 이와 같이 등장인물의 분장은 기본적인 특징을 나타내는 정도에 그치고, 그 도구들은 현장에서 조달받는다.

한편, 청관중들 가운데서 뽑혀 등장한 등장인물은 주무당의 지시에만 따르며, 자신의 창조적인 행동은 없다. 주무당이 시키는 대로만 할 뿐이다. 이 방식의 대표적인 사례로는 경기도 양주의 〈양주 소놀이굿〉과 동해안 무당굿의 〈거리굿〉, 그리고 호남 세습무굿의 〈중천멕이〉 등을 들 수 있다.

'다인다역식' 무당굿놀이 유형에서는, 몇 사람이 미리 배역/등장인물을 나누어 등장하여 이들의 대화와 행동으로 공연이 이루어진다. 이 방식에는 반주무당이 나타나지 않거나 나타나더라도 극의 진행에 직접 개입하지 않고 필요할 때 장단만 쳐준다.

장면이 바뀌면 하나의 배역을 맡았던 사람이 다른 등장인물의 분장을 하고 다른 등장인물로 등장하기는 하지만, 여러 극중 등장인물의 배역을 한 명의 주무당이 간단한 설명만으로 혼자서 감당하지는 않는다.

분장이나 도구도 미리 준비한 것들을 사용하고, 굿판 현장에서 조달받지 않는다. 이러한 형태의 무당굿놀이는 전자 곧 일인다역식 무당굿놀이보다 더 완벽한 연극적 형태를 갖추고 있다. 이 방식의 대표적인 사례로는 동해안 무당굿의 〈도리강관원놀이〉·〈탈굿〉, 황해도 무당굿의 〈사또놀이〉 등이 있다.

무당굿놀이의 주제는 일상생활의 묘사, 성적인 내용의 노출, 상류층에 대한 풍자 등이 그 주류를 이루며, 넓은 의미에서 볼 때 가면극/탈놀이와 유사한 점이 많다.[245)]

(4) 풍물굿 · 잡색놀음

풍물굿/농악은 부족국가시대 또는 삼국시대 이전부터 존재해 왔다고 하며, 그런 증거들도 찾아볼 수 있다.[246)] 남북국시대를 거쳐, 고려시대의 기록에도 일부 그 존재를 확인할 수 있으

245) 서대석(1991), 〈희곡무가〉, 《한국민족문화대백과사전》25권, 성남: 한국정신문화연구원, 770~771쪽.

246) 홍현식 외(1967), 《호남농악》, 문교부 문화재관리국, 7~8쪽.

나,[247] 역시 자세한 기록은 찾기 어렵다. 이렇게 된 이유는 풍물굿이 주로 서민들의 공연문화 양식으로 존재해 왔기 때문이다. 조선시대부터는 풍물굿/농악에 관한 기록이 상당 수 나타난다.[248]

이런 자료들을 검토해 보면, 15세기에 이미 축원 풍물굿, 두레 풍물굿에 관한 기록[249]이 보이며, 18세기에는 호남지방에 두레농악이 극도로 성행하였음을 알 수 있는 기록도 보인다. 19세기에는 처음으로 '농악農樂'이란 용어가 등장한다.[250] 지금까지 논의된 바에 따르면, '농악'이라는 용어는 20세기 일제강점기 무렵 일본인 학자 무라야마 지준村山智順의 저서 《부락제部落祭》에서 처음 사용된 것으로 되어 있다.[251] 이 '농악'이라는 용어는 역시 19세기에 매천梅泉 황현黃玹에 의해 좀 더 구체적으로 설명된다.

무당들의 '걸립乞粒'에 관한 기록,[252] 승려들의 '걸립乞粒'에 관한 기록들[253]도 눈여겨 볼만하다. 정초에 하는 승려들의 마당밟이를 '법고法鼓'·'걸공乞功'이라는 명칭으로 부르기도 하였다. 또한 마당밟이·걸립풍물굿에 관한 기록들[254]과 '잡색놀음'에 관한

247) 정병호(1986), 《농악》, 서울: 열화당, 29쪽.

248) 《삼탄선생집三灘先生集》권4, 《신증동국여지승람》권7(경기 여주목), 《용재총화慵齋叢話》권2, 《학봉집鶴峯集》권2, 《조선왕조실록》영조 14년 무오, 《속음청사續陰晴史》권5 신묘, 《매천야록梅泉野錄》하권, 《동국세시기》정월 원일 및 12월 제석, 《총쇄록叢鎖錄》12 및 17(1898), 《노상추일기盧尙樞日記》권4 순조11년 신미, 《봉성문여鳳城文餘》. 〔정용수 옮김(2001), 《봉성에서》, 서울: 국학자료원, 109, 111~112쪽〕; 《여지도서輿地圖書》하권 보유편 경상도,

249) 《삼탄선생집三灘先生集》권4, 《신증동국여지승람》권7(경기 여주목).

250) 《속음청사續陰晴史》권5 신묘.

251) 정병호(1986), 《농악》, 서울: 열화당, 17쪽.

252) 《노상추일기盧尙樞日記》권4 순조11년 신미, 《동국세시기》정월 원일, 《총쇄록叢鎖錄》권17.

253) 《동국세시기》정월 원일 및 12월 제석,《총쇄록叢鎖錄》12.

254) 《여지도서輿地圖書》하권 보유편 경상도, 《봉성문여鳳城文餘》. 〔정용수 옮김(2001), 《봉성에서》, 서울: 국학자료원, 109쪽〕.

기록들[255]도 나타난다. 잡색에 관한 기록으로 서생·노파·귀신 형상의 가면을 쓰고 벌이는 '잡색놀음'을 찾을 수 있다.

《봉성문여鳳城文餘》에는 '걸립 풍물패'의 마당밟이굿에 관한 기록도 보인다. 당시 걸립 풍물패가 꽃을 단 전립을 쓰고 기수-동발(꽹과리)-징-북 등의 순서로 행진하며, 집안에서 굿을 치면 주인이 소반에다 쌀을 받쳐 내온다고 기술하고 있는데, 이는 오늘날의 마당밟이굿과 비슷하다. 이 글에 장고 관련 기록이 없는 것은 서술 대상이 장고보다 북을 중시하는 영남 농악이었기 때문인 것으로 짐작된다.

《봉성문여鳳城文餘》에서는, '매귀희魅鬼戱'와 '걸공乞供'의 차이를 구분하여, '매귀희'는 제의 행위 자체를 일컫는 것으로, '걸공'은 그 제의 행위의 대가로 쌀과 돈을 얻는 행위를 뜻하는 것으로 설명하고, 디딤새와 상모놀이에 관해서도 언급하고 있다.

구례지방의 풍물굿을 노래한 한 매천 황현의 시[256]에는, '춤은 너울너울 사나운 짐승탈에 높다란 범관', '종규鍾馗가 잡자마자 눈알을 파먹으니 피 뿜으며 불붙어 온몸이 타버리네' 등의 구절이 있다. 이것은 이 시대의 풍물굿/농악 속에 제의적인 성격의 탈놀음이 존재했음을 알 수 있다. 이러한 기록은, 오늘날 조사된 구례지방의 풍물굿 관련 민속 조사 기록[257]과도 연결되고 있어, 그 전통의 유구함을 보여주고 있다.

---

255) 《봉성문여鳳城文餘》. 〔정용수 옮김(2001), 《봉성에서》, 서울: 국학자료원, 109쪽〕; 황현(2005), 〈상원잡영上元雜詠〉. 〔국립민속박물관(2005), 《조선대세시기Ⅱ》, 287~288쪽에서 재인용〕.

256) 상원잡영上元雜詠.. 〔국립민속박물관(2005), 《조선대세시기Ⅱ》, 287~288쪽 재인용

257) 문화재관리국(1969), 《한국민속 종합조사 보고서》(전라남도편), 서울: 민속원, 582~586쪽.

(5) 인형극: 꼭두각시놀음

인형극/괴뢰희는 삼국시대 또는 그 이전부터 그 존재가 확인되는 인형극 양식으로, 이 시대까지 그 구체적인 전승이 이루어졌으며, 나중에 남사당패에 의해서 오늘날까지 전승되었다. 조선시대에 기록된 구체적인 대본이나 공연 기록 자료들은 찾기 어려우나, 오늘날 전해지는 인형극 〈꼭두각시놀음〉 대본과 조선 성종 때 성현(1439~1504)이 지은 〈관괴뢰잡희시觀傀儡雜戲詩〉[258]와 〈관나시觀儺詩〉[259] 등을 통해서 이 당시 인형극의 양상을 짐작할 수 있다.

앞의 두 시 자료에 따르면, 이 당시 인형극의 인형들이 나무와 실로 만들어졌고, 그것을 만드는 장인의 솜씨가 매우 뛰어났다는 것을 알 수 있으며, 이 당시 인형극은 궁전 뜰에 높다랗게 매어 놓은 채붕이란 무대 설비에서 구슬놀이〔弄丸〕·줄타기〔步索〕·솟대놀이〔長竿戲〕·창우희倡優戲 등과 함께 가무백희의 한 종목으로 공연되기도 했음을 알 수 있다. 이 양식은 현재 조선 후기 유랑 예인집단인 남사당패의 후예들에 의해서 계승되고 있다.[260]

이 인형극 양식은 우리 연극사 속에 존재하는 매우 중요한 전통 '서사극epic theatre'양식이다. 그것은 전체적으로 몰락 양반 박첨지가 자기 자신의 새로운 근대적 정체성을 찾아가는 과정을 자기 자신의 입장에서 보여주는 서사극으로 형태로 구성이 짜여 있다.[261] 이 연극 양식은 오늘날 남아 있는 우리나라 유일의 전

258) 성현, 〈관괴뢰잡희시觀傀儡雜戲詩〉, 《허백당집虛白堂集》권4.

259) 성현, 〈관나시觀儺詩〉, 《허백당시집虛白堂詩集》권7.

260) 남사당패의 공연 레퍼토리는 풍물/농악·버나/대접돌리기·살판/땅재주·어름/줄타기·덧뵈기/탈놀음·덜미/꼭두각시놀음 등 여섯 종목이 남아 전한다. 얼른/요술 등의 종목은 이미 사라졌다. 〔심우성(1974), 《남사당패 연구》, 서울: 동화출판공사〕.

261) 김익두(2001), 〈꼭두각시놀음의 의미와 그 한계〉, 《한국극예술연구》13집,

통 '서사 인형극'이다.

(6) 탈놀이

가면극/탈놀이는 이 조선시대에 들어와 전반기에는 산대나희 형태로 크게 성행하였으나, 조선시대 후기에 들어와서는 여러 가지 정치적 경제적인 사정으로 인하여 국가적인 행사로서는 점차 약화되고, 민간의 연극 양식으로 각 지역으로 퍼져나가 여러 지역에 정착되기에 이르렀다.

조선시대 전기의 가면극/탈놀이에 관한 자료로는 중국 명나라 사신 동월董越의 시 〈조선부朝鮮賦〉(성종 19년, 1488)[262]의 내용을 보면, 물고기가 용으로 변하는 과정을 연희한 놀이로 보이는[263] '어룡놀이(魚龍曼衍)'와 그 밖의 무동춤·곤두박질/땅재주·마상재·줄타기·동물탈/동물가면극 등의 가무백희가 묘사되어 있는데, 그 가운데서 동물탈 및 동물가면극의 모습을 어렴풋이 짐작할 수가 있다.

또한, 유득공(영조 25년~미상, 1749~미상)의 《경도잡지京都雜誌》의 기록[264]을 보면, 다음과 같은 당시의 탈놀이 관련 사항이 나온다. 첫째, 처음으로 '연극演劇'이란 말이 나오는데, 여기서는 '극을 연출한다'는 뜻으로 사용된 것으로 보인다. 둘째, 탈놀이를 '나례도감儺禮都監'이라는 국가기관에서 연극을 관리했다. 셋째, 연극은 '산희山戲'와 '야희野戲'로 구분된다. '산희'는 다락을 매고 포장을 쳐서 '산대山臺'를 만들고 그 위에서 사자춤·호랑이춤·만

한국극예술학회, 12~19쪽.

262) 동월董越, 《황화집皇華集》권10, 〈조선부朝鮮賦〉 9면.

263) 이혜구(1996), 《한국음악연구》, 서울: 민속원, 321~322쪽; 이민홍(2001), 《한국 민족예악과 시가문학》, 서울: 성대출판부, 90~94쪽 참조.

264) 유득공, 《경도잡지京都雜誌》권1 성기聲伎.

석중춤 등을 공연하는 것이고, '야희'는 (산대와 같은 다락무대가 아닌 마당에서) '당녀唐女'·'소매小梅' 등의 등장인물들로 분장을 하고 연극〔戲〕을 하는 것이다. 이 기록에서 따르면, 가면극/탈놀이는 후자, 곧 야희野戲 쪽에 속해 있었던 것으로 보인다. 그것은 오늘날까지 전승되는 가면극의 등장인물인 당녀·소매 등과 같은 인물들이 이 '야희' 속에 들어 있기 때문이다.

(7) 판소리

판소리는 이 시대에 처음 나타난 새로운 연극 양식으로, 조선시대에 판소리 양식이 어떠했는가는 송만재宋晚載(1788~1851)의 〈관우희觀優戲〉라는 시에 잘 나타나 있다. 이 시는 50수에 달하는 장시長詩로, 이 시기 우리 공연문화, 그 가운데서도 판소리와 관련해 볼 때, 여러 면에서 매우 귀중한 자료이다. 이 시는 조선시대 후기인 순조 10년(1810) 무렵에 창작된 것으로 추측되는데,[265] 그 분량이 너무 방대하여 원문 인용을 생략한다.

이 시에서 판소리와 관련된 내용을 서술한 부분은 총 50수 가운데 1수~5수와 마지막 결사 부분인 43~50수이다. 이 시는 전체에서 절반을 판소리와 관련된 내용으로 채우고 있을 정도로 판소리를 중심 양식으로 다루고 있다. 판소리에 대한 부분의 내용을 분석해 보면, 이 시대의 판소리에 관해 다음과 같이 말하고 있다.

첫째, 판소리는 정자 등에서 높다랗게 횃불을 밝히고, 공연장의 북쪽에 청관중의 중심이 자리 잡는다. 그 서쪽에 소리꾼이 서고, 동편에 고수가 자리를 잡는다. (제2수 참조) 둘째, 판소리 청관중석으로는, 당상의 자리보다는 당하의 자리가 '대중과 함께 즐길 수 있기 때문에' 더 좋다고 생각하는 경향도 있었다. 셋째,

265) 김동욱(1968), 〈판소리사 연구의 제 문제〉, 《인문과학》20집, 연세대 인문과학연구소, 1~28쪽 참조.

판소리/본사가本事歌를 부르기 전에 먼저 가곡歌曲/단가短歌/허두가虛頭歌를 불렀으며, 그것을 '영산靈山'이라 일컬었다. 넷째, 판소리 광대의 소리와 그 곡조는 문장법과 잘 조화를 이루어야 했다. 다섯째, 이 시대의 유명한 가곡/허두가로서는 〈진국명산鎭國名山〉, 송강 정철의 가사인 〈관동별곡關東別曲〉 등이 있었던 것 같다. 여섯째, 이 당시 판소리의 레퍼토리로는 〈춘향가〉·〈적벽가〉·〈흥보가〉·〈강릉매화타령〉·〈변강쇠가〉·〈왈자타령〉·〈심청가〉·〈배비장타령〉·〈옹고집타령〉·〈가짜신선타령〉·〈토끼타령〉·〈장끼타령〉 등의 '12마당'이 있었음을 알 수 있다.[266] 일곱째, 판소리 광대는 오래도록 소리를 해도 목이 잘 쉬지 않았다는 것을 알 수 있다. 여덟째, 판소리 광대는 청관중의 반응 곧 '추임새'를 유도하기 위해 여러 가지 표현 기법(창·아니리·발림 등)을 사용한다. 아홉째, 이 당시 판소리의 언어 표현 방법에는 전라도 사투리와 상말과 익살이 적절하게 활용되었으며, 장단을 공유하면서 광대·고수·청관중들이 혼연일체가 되고, 광대는 즉흥성을 효과적으로 발휘하였다. 열째, 이 당시에도 판소리 광대는 부채를 '타선가영打扇歌詠'의 소도구로 효과적으로 사용하였다. 열한째, 판소리 광대는 온갖 인정곡절仁情曲折을 온갖 몸재주(창·아니리·발림)를 동원하여 그리고자 하였다.

4) 공연대본의 동향

이전 시기와는 달리, 이 시기에 들어서면, 문자 기록 형태로 이루어진 공연 대본이 점차 증가하기 시작한다. 그 대표적인 자

266) 이혜구(1996), 《한국음악연구》, 서울: 민속원, 318~364쪽 참조.

료들로는, 유진한柳振漢(1711~1791)의 〈가사춘향가歌詞春香歌〉(200구), 문양산인汶陽山人이 썼다고 전해지는 〈동상기東廂記〉(1791), 윤달선尹達善의 〈광한루악부廣寒樓樂府〉(1852)(108첩), 그리고 동리 신재효의 판소리 사설집 등이 있다. 이 공연 대본 자료들은 우리나라 공연 대본의 관습을 마련하는 데 있어서 매우 중요한 구실을 하였다. 이를 차례대로 검토해 보면 다음과 같다.

유진한의 〈가사춘향가歌詞春香歌〉(200구)는 판소리 〈춘향가〉의 이야기를 일종의 서사시 형태로 쓴 작품이다. 이것을 일명 '만화본晩華本 춘향가春香歌'라고도 부른다. 이 작품은 우리가 현재 볼 수 있는 가장 오래된 문자 기록 형태의 판소리 '공연 대본'이라는 의의를 지닌다. 이 작품은 비록 완전한 희곡 형태의 텍스트는 아니지만 판소리 〈춘향가〉를 기록한 일종의 유사 공연 대본 텍스트이다. 이런 면에서, 이 작품은 우리 공연 대본 발전사 연구에서 매우 중요한 의의를 지닌 자료라 하겠다.

다음으로 나온, 문양산인汶陽山人의 〈동상기東廂記〉(1791)는 우리의 공연 대본 역사상 다음과 같은 몇 가지 중요한 의의를 지닌다. 첫째, 이 작품은 유진한의 〈가사춘향가歌詞春香歌〉 이후에 나온, 우리나라 최초의 완전한 형태의 판소리 희곡 텍스트이다. 물론 그 시대의 중국 희곡의 영향을 받아 창작된 한문漢文 희곡이긴 하지만, 이 작품의 의의는 인정할 만한 것이다. 둘째, 이 작품은 우리나라 공연대본의 역사에서 처음으로 등장인물별로 대사를 나누어 기록하는 최초의 분창형식分唱形式의 대본 양식을 보여준 작품이다. 셋째, 이 작품은 오늘날 쓰이는 희곡 작품의 모든 관습들, 곧 해설·지문·대사 및 노래와 대사의 구분, 도창導唱 또는 코러스의 구분 등, 희곡이 갖추어야 할 모든 의장과 관습들conventions이 두루 갖추어져 있다. 넷째, 이 작품은 또한 오늘날 창극唱劇 또는 악극樂劇이 갖추어야 할 거의 모든 희곡적 관습들을 두루 갖추고 있다. 더욱이 희곡의 모든 부분에 필요한 경우, 큰 방점과 작은 방점들을 찍고 악곡 이름들을 기록하여, 음악극으로서의 지시 사항들을 자세히 기록한 것은, 우리 공연대본의 역사에서 매우 중요한 진전이자 발전이다.

윤달선尹達善의 〈광한루악부廣寒樓樂府〉(1852)(108첩)는 악부樂府 형태의 장편 시로서, 요령要令(2첩)·전화轉話(1첩)·이생창李生唱(55첩)·향낭창삼십오첩香娘唱(35첩)·관동창官童唱(3첩)·월매창月梅唱(4첩)·농부창農夫唱(5첩)·단낭창壇郎唱(1첩)·총론總論(2첩) 등 모두 108첩으로 이루어져 있는, 장편의 가극歌劇 양식의 작품이다. 이 작품에서 우리는 다음과 같은 공연 대본의 역사에서 몇 가지 특징을 찾아볼 수 있다. 첫째, 이 작품은 판소리 〈향낭가香娘歌〉/〈춘향가〉를 장편 '악부시樂府詩' 형태로 개작한 작품으로, 그 양식적 특징은 오늘날의 가극 형태를 취하고 있다.[267] 다시 말해, 이 작품은 각 첩疊마다 노래〔樂府〕를 부르는 주체가 달라지며, 그것을 부르는 주체가 한 사람씩으로 정해진다. 그래서 각 첩은 악극의 한 노래 파트로 되어 있다. 이러한 악부 형식을 취한 악극이라는 희곡 양식이 작품을 통해서 우리 희곡사에 처음으로 분명하게 나타났다는 점에서, 이 작품은 매우 중요한 의의가 있다. 오늘날의 뮤지컬 드라마의 대본 전통을 이 작품에서 찾을 수 있다는 점도 중요하다. 둘째, 이 작품은 이 작품이 쓰인 1852년 당시의 판소리계에 관한 몇 가지 정보를 준다. 이 당시에 고수관·송흥록·염계달·모흥갑 등의 판소리 명창 광대들이 활동하고 있었음을 알려준다.

이 작품 이후 약 한 세기가 지난 뒤, 고창 사람 동리 신재효는 판소리 사설/대본 여섯 마당–춘향가·심청가·토별가·박타령·적

267) 윤달선 지음, 권택무 옮김(1989), 〈광한루 악부〉, 《조선 민간극》, 서울: 예니, 308~309쪽.

벽가·변강쇠가-을 정리하여, 판소리의 새로운 대본 관습을 이룩해 놓았다. 그 중요한 업적은 ① '동창童唱'·'남창男唱' 등의 '분창分唱'의 관습을 마련한 점, ② 구비 전승으로 전해지던 판소리 창본/대본을 비교적 구술성을 잘 살려 가다듬은 문자언어 텍스트로 정리 기록한 점 등을 들 수 있겠다.

5) 공연자

조선시대에 오면, 공연자들은 매우 다양해진다. 그러나 그 계통상으로 보면 대체로 4가지 계통으로 나누어볼 수 있다. 즉, 고려시대 교방敎坊의 전통을 이어받은 궁중 계통, 세습무 계통의 공연자들, 북방 유목민 계통의 공연자들, 그리고 승려 계통의 공연자들이다.[268]

먼저, 궁중 계통의 공연자들로는 궁중 무용 등을 담당한 영기伶妓·여령女伶 등이 있고, 세습무 계통의 공연자들로는 재인才人 또는 광대廣大·창우倡優라고 불렀는데, 이들은 다시 그 담당 영역에 따라 광대·재인·무동·공인 등으로 나누어진다. 유목민 계통의 공연자들은 수척水尺·반인泮人 등이 있었고, 승려 계통의 공연자들로는 재승才僧·승광대僧廣大·사장社長·사당社堂·거사居士 등이 있었다.

수척水尺은 일정한 재산이나 거소가 없이 이리저리 떠돌며 살면서 곡예 등의 예능을 담당하던 유랑인으로 '양수척揚水尺'/'무자리'라고도 하고, 세종조 이후에는 '백정'이라 하였다. 사당은 조선시대 후기에 재승 계통의 승려들과 관련된 여성 가무백희

268) 전경욱(2004), 《한국의 전통연희》, 서울: 학고재, 319쪽.

공연자를 말하고, '거사'는 이런 계통의 남성 공연자를 일컫는다. 광대는 다시 판소리를 담당하는 소리광대, 줄을 타는 줄광대, 고사광대, 선증애끈(선굿창부) 등으로 나누어진다.[269)]

승려 계통의 재승才僧·사장社長·사당社堂·거사居士·남사당 등은, 주로 불교 사찰과 깊은 관련을 가지면서 활동한 공연자들이다. 여자를 사당, 남자를 거사라고 구별하기도 했으며, 거사를 회사回寺라고도 불렀다. 사당패의 우두머리는 '모갑某甲'이라 부르고, 그 밑에 거사라는 사내들이 사당 하나씩과 짝을 맞추었다. 이들의 본거지는 경기도 안성 청룡사와 그 부근의 당골, 경상도 하동 쌍계사와 그 부근의 사당골, 전라도 강진 정수사와 그 부근의 사당골(사당리), 경상남도 남해의 화방사와 그 부근의 사당골[270)], 전라도 함열의 성불암, 창평의 대주암, 함평의 월량사, 정읍, 담양 동복 등에서 나타난다.[271)]

조선 후기의 유랑예인 집단으로는, 주로 남자들로 구성된 남사당패[272)]와 여성들로 구성된 사당패 또는 여사당패, 장날에 맞추어 각 지방의 장터를 떠도는 유랑예인 집단인 대광대패, 솟대란 긴 장대를 세우고 그 위에서 갖가지 재주를 부리는 솟대쟁이패, 상이군인들의 통솔하에 군인 또는 관노 출신들이 주종을 이루는 초라니패, 주로 장애인들로 구성되어 민간을 떠돌아다니며

---

269) 앞의 책, 320쪽.

270) 이능화 지음, 이재곤 역(1927), 《조선해어화사》, 서울: 동양서원, 142쪽.

271) 강한영(1971), 《신재효 판소리 사설집》, 서울: 민중서관, 425쪽.

272) 연희 집단으로서의 '사당패'는 조선 중기부터 출현했으며, 그 명칭은 '거사배-가리내패-사당패-남사당패, 여사당패'로 역사적 변천과정을 거치며 사용되었다. 19세기 말에서 20세기 초의 '남사당패'는 오늘날의 '남사당패'와는 구별되며, 남자로만 구성된 것을 세하고는 '사당패'와 다를 바 없었다. 그러므로 오늘날의 '남사당패'는 그 명칭만 '사당패'를 이어 받았지, 공연내용에서는 전혀 다른 집단으로 변모하였다. [장휘주(2006), 〈사당패 관련 명칭에 대한 사적 고찰〉, 《공연문화연구》제13집, 363~387쪽].

소리, 퉁소, 가야금, 해금, 북, 검무 등을 공연하는 풍각쟁이패, 삼현육각·판소리·민요창·무용·줄타기·땅재주 등을 공연한 광대패, 풍물·버나·땅재주·줄타기·한량굿 등을 공연한 굿중패, 풍물·줄타기·비나리 등을 공연한 걸립패, 풍물·불경·가면극 등을 공연하는 중매구패 등이 있었다.[273)]

6) 음악·무용

조선시대의 음악·무용은 매우 다양하고 복잡하게 전개되었는데, 궁중 및 상류층의 음악·무용에 관한 정보들은 조선시대 궁중 공연예술 전반을 기록한《악학궤범》에 자세하게 정리되어 있다. 이에 관한 내용은 지면 관계로 여기서는 생략한다.

대체로, 궁중의 아악·정악에서는 이《악학궤범》에 준하는 관습 속에서 음악과 무용의 공연이 이루어졌고, 양반 상류층 및 지방 관아 등에서는 이런 관습 및 각 지방의 토속 악가무 전통과의 연계 속에서, 가무백희와도 관계를 가지면서 악가무가 행하여졌다. 그리고 일반 서민 민중 사회에서는 이러한 상류층 궁중 및 지방 관아의 음악·무용의 영향을 받으면서도, 그들 나름의 지역적 정체성을 띤 악가무 공연 양식들이 이루어졌다.

7) 공연장·무대

조선시대에는 불교가 아닌 유교의 성리학을 국가적 이념으로

273) 전경욱(2004), 앞의 책, 562~576쪽.

지향하게 되면서부터 팔관회와 연등회의 전통은 극도로 약화되거나 사라지게 되었고, 수륙재나 우란분재와 같은 불교적인 행사도 약화되었다. 또한 대규모의 궁중연회나 수희水戲를 행하는 것도 어렵게 되었다. 대신에, 중국 사신 영접행사, 나례, 과거급제자 축하연인 삼일유가三日遊街 및 문희연聞喜宴, 지방 관아 행사, 읍치제의邑治祭儀, 동제洞祭, 사대부가 잔치, 종묘제례, 문묘제례, 내농작內農作을 거행할 때 등에서, 수많은 곡예 및 가무백희가 이러한 장소와 시간에서 공연되었다.

공연 장소는 각 경우에 따라 그에 적합한 야외무대 또는 실내무대를 활용하였으며, 무대는 임시로 설치한 가설무대인 산대山臺 또는 오산鰲山[274]이라는 다락형 가설무대를 만들고 그 무대설비를 활용하여 산희라고 하는 무대 종목들을 공연하고, 아래의 마당 공간에서는 야희라는 마당 종목들을 공연하는 형식을 취하기도 하였다. 또한 산대의 종류로는 대산대大山臺·예산대曳山臺·다정산대茶亭山臺 등이 있었다.[275]

한 자료[276]에 따르면, 나례와 잡희가 벌어진 장소로는 종묘의 동구, 종루의 서쪽 거리, 혜정교 옆, 그리고 경복궁 문밖 등으로 계속 이어지고 있다. 또한, 성현의 시[277]를 보면, 궁궐 안의 나례에서 솟대놀이 곡예도 행해졌음을 알 수 있다.

무대로서 산대와 채붕이 달랐던 것으로 보인다. 명나라 사신 영접을 준비할 시간이 없으면 '산대'를 설치하지 말고 '채붕'만을 설치하라[278]는 기록이 있다. 이때 큰 채붕은 길이가 칠십오 척에

274) 전경욱(2004), 《한국의 전통연희》, 서울: 학고재, 256쪽.

275) 산대에 관한 자세한 내용은 사진실(1998)의 논문 〈산대의 무대 양식적 특성과 공연방식〉, 《구비문학연구》7집 참조.

276) 《세종실록》권24, 6년 6월 6일, 정사.

277) 성현(1439~1504), 〈관나시觀儺詩〉, 《허백당시집虛白堂詩集》권7.

278) 《세조실록》권15, 5년 3월22일, 정사.

너비가 육십 척이며, 중간 채붕은 길이가 육십 척이고 너비는 사십 척이었다.[279] 지방 관아의 무대는, 관아에 소속된 누정·누대 또는 사가의 정원이 주무대였다.[280] 민간에서는, 세시의례 및 굿판에서 기를 앞세우고 마을의 광장, 논바닥, 나루터, 백사장, 시냇가 및 사문 앞의 놀이터 등을 주로 가무백희의 공연 장소로 이용하곤 하였다.

8) 의상·대소도구

조선시대의 상류층 공연 의상에 관해서는 앞서 인용한《악학궤범》에 매우 자세하게 기술되어 있다. 일반 서민들의 공연 의상은 대체로 평상복이나 궁중 및 지방 관아에서 공연할 때 입은 공연 의상의 영향을 받은 의상들을 공연 의상으로 사용하였다.

공연에 사용되는 대소도구도 상류층의 것은《악학궤범》에 자세하게 기술되어 있으며, 대체로 이러한 관습과 그 영향 아래에서 대소도구들이 사용되었다. 그러나 조선시대에는 공연 종목들과 그 세목들이 매우 복잡하게 제도화되어 있어서, 그 각각의 공연 양식에서 사용되는 대소도구들을 여기서 일일이 기술하기는 어렵다. 또한 일반 서민 사회의 공연 양식들도 매우 다양하게 분화·발달되어, 그에 따른 각종 대소도구들도 다양하게 사용되었다. 그러나 그것은 상류층만큼 그렇게 복잡하게 제도화하지는 않았다.

---

279)《문종실록》권12, 2년 3월 8일, 신축.

280) 신선희(2006),《한국 고대 극장의 역사》, 파주: 열화당. 246쪽, 254쪽.

6. 근대: 갑오경장 이후

1) 새로운 양식들의 탄생

이 시기에는, 이전 시대에는 없었던 새로운 공연 양식들이 새로 탄생했는데, 그 대표적인 것들로는 기존의 판소리를 서양 근대의 무대극 양식으로 재창조한 '창극唱劇', 갑오경장 이후 신분이 해방된 민중들이 자기들의 공연 문화적 욕망을 연극 양식으로 표출한 '신파극新派劇', 서양 근대극의 영향을 받아 만들어진 '신극新劇' 등을 들 수 있다. 음악 쪽에서는 일본의 영향을 크게 받은 이른바 트로트풍의 '대중가요', 서양식 어법으로 이루어지는 각종 성악과 기악들이 점차 사회의 중심부로 들어오게 된다. 특히, '벨칸토 창법'의 '가곡' 과 같은 각종 '성악곡', 서양식 '7음계' 선법으로 된 각종 '기악곡'들이 우리 음악문화의 전면을 차지하게 된다. 무용 쪽에서도 서양식 고전무용인 '발레', 각종 서양식 민속무용 등이 우리나라에 유입되어, 무용문화의 전면을 장식하게 되었다.

2) 구비대본에서 문자대본으로

이 시기의 또 하나의 중요한 변화는 공연문화의 대본이 구비대본口碑臺本 중심의 전통에서 '문자대본文字臺本' 중심의 전통으로 바뀌는 커다란 변화를 겪게 되었고, 이러한 변화를 통해서 수많은 문자대본들이 창작되었다.

아울러 종래에 입에서 입으로 전승되어 오던 무당굿·탈놀이·꼭두각시놀음·판소리 등의 구비 대본들이, 조사 연구자들의 손에 의해 점차 문자 대본 형태로 정리되는 변화도 일어났다. 또한, 출판문화의 발달로 말미암아, 공연문화와 관련된 기록 자료들이 엄청나게 증가하였다. 더욱이 각종 신문·잡지들의 발달은 이 시기의 한국 공연문화 발달에도 크게 기여하였다.

3) 새로운 전문가들의 분화와 탄생

우리 공연문화계에 여러 분야에서 다양한 전문가들이 나타나게 되었다는 점도, 매우 중요한 변화이다. 종래의 우리 공연문화계의 전문가로는 주로 공연자들이 대부분을 차지하고 있었다. 그러나 이 시기에 들어와서는, 음악가·무용가·배우 등의 공연 전문가들 외에도, 각 공연문화 장르들의 전문 작가·연출가·비평가, 그리고 의상·분장·조명·음향·무대 디자이너 등의 각종 디자이너들이 우리 공연문화의 전면에 등장하게 되었다.

4) 새로운 공연장 문화의 도입

이 시기에는 새로운 극장문화가 대두하였다는 점도 반드시 언급할 필요가 있겠다. 이전의 우리 공연장 문화는 앞서 기술한 바와 같이, 오직 공연예술의 공연만을 위한 전문극장이 거의 존재하지 않았다. 궁중에서도 궁중의 어떤 건물이나 공간을 필요에 의해 예술 공연장으로 활용했고, 지방 관아에서도 마찬가지였으며, 일반 서민사회에서는 두말 할 것도 없었다. 상하귀천을 가리지 아니하고 공연이 이루어질 때마다 임시로 공연장과 무대를 개설하는 임시 실외 공연장 및 무대와 임시 실내 공연장 및 무대가 우리나라 공연장·무대의 전통이었다. 그 대표적인 전통 양식 가운데 하나가 바로 '채붕'·'산대'의 공연장·무대 관습이다.

그러나 이 시대에 들어오면서 점차적으로 공연예술 공연을 위한 전문 실내 공연장·무대가 설립되기 시작했다. 그 최초의 실내 공연장·무대는 1908년 지금의 '새문안교회' 자리에 설립되었던 '원각사圓覺社'라는 실내극장·무대였다.

5) 서양 및 일본 공연문화의 번역·수용

이 시기의 한국 공연문화계는, 새로운 한국 공연문화 이론을 수립해 나아가기 위해, 공연문화와 관련된 기존의 전통 자료들 및 중국·일본·서양 쪽의 공연문화 관련 자료들을 다양하고 폭넓게 번역·소개하는 작업을 활발하게 진행하였다.

특히, 이 시기에 와서는, 한국 공연문화 이론도 기존의 가무백희의 전통 이론에서 벗어나, 서양에서 들어온 서양의 '근대 공연문화 이론'의 영향 속에서, 새로운 공연문화 이론을 모색·추구해야만 하였다. 이 과정에서, 공연의 구조화 이론도, 기존의 가무백희의 전통 이론과는 매우 다른, 아리스토텔레스의 《시학De Arte Poetica》에 근거한 이른바 인과론적 갈등구조 이론과 같은 것들이 우리의 새로운 공연문화계의 중요한 구조적 전범이 되었다.

6) '민족공연'의 새로운 방향 모색: 민중극 이론

이 시기에는 서양의 여러 공연 이론을 참고로 하여, 우리 공연문화의 새로운 방향을 모색하는 이론적인 작업도 매우 활발하게 진행되었다. 그 구체적인 모색 작업들을 연극문화 쪽에서 찾아보면 다음과 같은 중요한 사례들이 발견된다.

윤백남은 이 시대 한국 연극의 역사적인 방향이 "신흥 국민의 원기를 고무시키고 새로운 활동력과 새로운 생명의 길을 인도함"에 있다고 보고, 연극의 방향은 바로 새로운 신흥 계급인 '민중民衆' 곧 시민을 중심으로 하여 이루어져야만 한다고 생각하여, 이러한 방향의 연극을 '민중극民衆劇'이라 하였다.[281]

또한, 그는 '외래의 빌려온 문명'을 극복하고 새로운 조선 문명을 건설하기 위해, 다음과 같은 민중극의 대안을 제시했다. 첫째, 배우를 천대하고 연극을 무시하는 그릇된 악습을 타파할 것, 둘째, 연극을 부흥시키기 위해 국가적으로 큰 힘을 기울인 일본의 사례를 본받을 것, 셋째, 무대 기술을 제대로 갖춘 각본을 창작할 것, 넷째, 대소도구를 완전하게 갖추도록 할 것, 다섯째, 무대 배경을 제대로 처리할 수 있는 전문 화가를 확보할 것, 여섯째, 무대 감독을 확보할 것, 일곱째, 무대 장치의 불완전함을 극복할 것, 여덟째, 자본가를 확보할 것, 아홉째, 창조력을 지닌 배우를 확보할 것, 열째, 흥행에서 잘못된 인습을 타파할 것, 열한째, 연극 전용 극장을 설립할 것 등이 그것이다.[282]

이것은 그 나름대로 3·1운동 이후 당시대 우리 민족의 이념적

281) 윤백남(1920), 〈연극과 사회: 병竝하야 조선현대극장을 논함〉, 《동아일보》5월 4일~5월 16일자.

282) 윤백남(1920), 앞의 글.

방향이었던, 반봉건·반외세의 근대 민족국가의 수립이라는 목표와 부합하는 방향으로 그 시대 연극의 방향을 설정하고 있으며, 이러한 방향 설정은 처음으로 우리나라 근대 민족극의 역사적인 방향과 구체적인 대안들을 제시한 것이라는 점에서, 매우 중요한 의의와 가치를 지닌다.[283] 현철·김운정·김우진·김광섭 등도 이러한 방향에서 이론적·이념적 주장을 보완하고자 했다.

7) 청관중 이념의 변화

이 시기에 들어와, 청관중론도 크게 변화되었다. 우리의 청관중론은 전통적으로 공연자-청관중의 개방적인 상호작용 관계를 중시하는 '능동적 청관중' 이론을 지향해 왔다. 이러한 청관중론은 조선후기 송만재의 〈관우희觀優戲〉, 동리 신재효의 〈광대가廣大歌〉 등으로 이어져 왔다.

그러나 이 시기에 전통적 청관중론은 다르게 변모한다. 이것은 당시 김광섭의 〈관중시론觀衆試論〉이란 글에 잘 나타나 있다. 그는 우선 청관중론의 기본을 공연자-청관중 사이의 역동적인 상호작용 관계로 본다.[284] 이 점에서는 기존의 전통적 청관중론과 같다. 그러나 그는 이런 주장에 이어서 청관중은 '연극에 지배되는 수동적 입장의 형식을 가진다'고 주장함으로써,[285] 서양 근대극의 수동적 청관중론을 내세운 다음, 다시 청관중은 '이성의 논리적 비판력'을 가져야 한다고 주장하며, 청관중의 '이성적

283) 그는 근대극 전문가로는 처음으로 우리나라 연극의 전통과 전통극에 관한 관심도 보이고 있다.

284) 김광섭(1934), 〈관중시론〉, 《극예술》12월호, 13쪽.

285) 김광섭(1934), 〈관중시론〉, 《극예술》12월호, 13쪽.

비판능력'을 강조하는 베르톨트 브레히트의 서사극 청관중론으로 나아가고 있다.[286] 이러한 그의 청관중론은 우리 공연문화 이론의 역사에서 본격적인 청관중론을 처음으로 제시하고, 그것을 이론적으로 모색했다는 점에서 주목을 할 만하다.

8) 새로운 사조의 도입: 리얼리즘

1930년대는 우리 공연문화계에 서양 근대 '리얼리즘' 사조가 본격적으로 대두되었다. 이것은 크게 공연문화 양식 자체의 '리얼리티' 문제와 하나의 시대적 예술 사조로서의 '리얼리즘'이라는 두 가지 측면에서 우리 공연문화계에 지대한 영향을 미쳤다.

이러한 영향 아래서, 이 논의는 서양의 우파의 '자연주의적 리얼리즘' 이념과 좌파의 '사회주의적 리얼리즘' 이념의 둘로 나뉘어 전개되면서, 이 시대 우리나라 공연문화의 리얼리티와 예술 사조의 문제를 이른바 '진보적 리얼리즘'이라는 방향으로 심화시켜 나아갔다.[287]

9) 근대적 연출법의 등장

이 시기에는 공연문화의 '연출론'도 본격적으로 제기되었다.

---

286) 김광섭, 앞의 글, 14~15쪽.

287) 양승국(1996), 《한국 근대 연극비평사 연구》, 서울: 태학사, 304~312쪽 참조. 이러한 '리얼리즘'을 논의한 글들로는 다음과 같은 것들이 있다. 박영호(1936), 〈극문학 건설의 길-리얼리즘적 연극성의 탐구〉, 《동아일보》4월2일~10일자; 박영호(1936), 〈희곡의 리얼리즘-극문학 건설의 길〉, 《동아일보》 4월12일~18일자; 한효(1937), 〈극작활동의 신전망〉, 《조선문학》1월호.

홍해성은 서양연극의 '제4의 벽' 이론을 바탕으로 하면서, 연출을 "현실의 생활을 떠난 극장이란, 건축물 속에 집합한 관객들에게, 광학적·음향학적 관계를 맺은 극장 안에 어떠한 제한을 주면서, 무대 위에서 일어나는 모든 경과와 형태들에 대한 모든 처리 작업을 하는 것"이라 정의하고 있다.[288] 이것은 '연출'이라고 하는 생소한 영역을 서양의 연출 이론을 받아들여 정리한 우리나라 최초의 본격적인 연출론이라 할 수 있다.

이용규는 연출가의 기능을 "무대와 연기자에 대한 정확한 이해, 권위와 민감을 가지고 희곡이라는 총악보의 창작을 연출·재현시키는 것"으로 보았고,[289] 한로단은 스타니슬랍스키와 고든 크레이그의 연출론을 받아들여, 다음과 같이 기존의 '수동적인 연출론'을 좀 더 적극적이고 '능동적인 연출론'으로 전환시킨다.

> 연출가의 예술 즉 연출이란 극을 무대 위에 형상화함에 있어 극을 구성하는 각 인자－배우의 연기(언어와 동작), '씨-s', 의상, 조명, 율동 등－를 한 '안삼-블'로 '뉴안쓰'를 조화롭게 통제하여 가며 완전한 극으로 구성화해 가는 예술적 창조 과정의 전부를 의미한다.[290]

10) 무대 장치·조명·음향

이 시기의 '무대 장치·조명·음향' 분야에서도 한 두 편의 글이 발견된다. 무대 장치 분야에서는 조우식이 무대장치를 "희곡을

288) 홍해성(1934), 〈연출론에 대하야〉, 《극예술》12월호, 26~28쪽.
289) 이용규(1934), 〈연출의 개성과 통일〉, 《극예술》1월호, 28쪽.
290) 한로단(1937), 〈연출론〉, 《조광》26호(12월).

통해 극작가의 의도를 이해하고, 연출가의 계획을 고려하여, 무대적 형상을 창조하는 작업"이라 정의하였다.[291] 김수효는 "무대장치의 구조, 각 장의 조직, 연출자의 무대 정경 의도, 경제적 요건 등"을 지적하였다.[292]

조명 분야에서는, 이상남·박의원 등의 글이 보이는데, 이상남은, "조명은 단순히 무대 위에 사물의 존재를 보여주기 위한 것이 아니라, 연출가의 '의도'에 맞추어 광선의 농담과 음영을 이용하여 장치를 입체화할 수 있는 작업이어야 함"을 강조했으며,[293] 박의원도 조명의 역할을 "무대장치, 인물, 기타 물적 형태와 그것들이 갖는 색채 위에다가 어떤 승화된 현실성을 가져오게 하여, 연극적 분위기를 조성하는 작업"이라고 주장했다.[294] 이러한 이들의 주장은 말할 것도 없이 대개 당시 일본을 통해 들어온 '서양'의 조명 이론이긴 하지만, 우리나라 조명 이론을 추구하는 데서 중요한 기초가 된 것만은 사실이다.

음향 분야에서는, 음향 담당자가 연출가의 '이미지네숑' 곧 연출 의도를 잘 파악하고, 그 의도에 예술적인 음향 계획과 음향의 '리얼리티'에 전체 에너지를 집중하며, 나아가 영화와 같은 '두뇌적 융합성'도 필요하다고 주장한다. 음향이 이런 방향을 취하게 되면, 현실의 모방뿐만 아니라, 비사실적인 무대적 현실성까지도 음향효과를 통해 충분히 말할 수 있다고 주장한다. 그는 음향학은 물리적 음향학에서 심리적 음향학에로까지 발전시켜 나아갈 수 있다고 하였다.[295]

---

291) 조우식(1938), 〈무대장치의 태도〉, 《막》2호(3월).
292) 김수효(1935), 〈신흥연극의 무대장치 실제〉, 《예술》1월호.
293) 이상남(1936), 〈무대와 조명에 대하야〉, 《극예술》5호, 22쪽.
294) 박의원(1939), 〈무대조명이란〉, 《막》3호, 7쪽. 〔양승국(1996), 앞의 책을 참조〕.
295) 양승국(1996), 앞의 책, 340쪽.

11) 음악극·기타

이 시기에는 근대적인 '음악극'도 등장하게 된다. 이것은 가무악극歌舞樂劇의 전통을 오랫동안 계승해온 우리나라 공연문화 전통이 서양의 문화적 영향으로 인해 어떻게 변모되는가를 살피기 위해서도 중요하다. 이 시기의 '음악극론'은 서양의 음악극이 어떤 배경으로 발생하였고, 어떤 과정을 거쳐 발전하게 되었는가를 설명한다. 그리고 음악극이란, 오페라의 그릇된 미학에 종지부를 찍고 연극과 음악의 삼투적인 상호작용의 결과로 생겨난 새로운 장르라 주장한 다음, 오페라에서 음악극으로 발전해 오는 과정을 간단히 설명하였다.[296]

이 시기에는 '라디오 드라마'도 등장하게 된다. 이석훈은 '라디오 드라마'를 '라디오 풍경'과 구별하여, 전자를 '순전히 방송을 위해서 새로이 만들어진 각본'이라 정의하고, 후자는 '뚜렷한 극적 전개를 갖지 않은, 자유스러운 방송 대본'이라 규정하며, 무대극을 방송으로 옮긴 것을 '방송 무대극', 영화를 희곡화하여 라디오 방송극으로 만든 것을 '영화극'이라고 하였다.[297] 이동근은 라디오 드라마를 '각종 음향들을 표현 수단으로 하여 이루어지는 청각적 예술 분야의 극예술'이라 정의하고, 따라서 라디오 드라마의 특징은 '듣는 청각을 직접적으로 구비하고, 보는 시각을 간접적으로 구비한 극'이라는 점에 있다고 하였다.[298] 또한, 양훈은 라디오 드라마의 연출법을 설명하면서, '청각본위의 리드미컬한 발성법'과 '뉴앙스의 세리프'가 가장 기본을 이루어야 한다고 주장한다.[299]

---

296) 박용구(1939), 〈서론적緖論的인 음악극론〉, 《막》3호, 7쪽.
297) 이석훈(1933), 〈'라디오 풍경'과 '라디오드라마'〉, 《동아일보》10월 1일자.
298) 박동근(1936), 〈방송극소설〉, 《창작》2호, 34쪽.

7. 해방기와 분단 이후

1) 분단시대의 전반적인 상황

이 시기는, 일본 군국주의/제국주의가 우리 강토에서 물러가고, 이른바 '냉전체제'라는 새로운 정치적 시련이 우리에게 가해져, 일제 강점기와는 또 다른, 민족과 국토의 분단이라는 상황에 놓이게 된 시기이다. 그래서 국토의 북쪽에는 냉전체제의 반쪽인 사회주의 정권이 들어서고, 국토의 남쪽에는 냉전체제의 다른 반쪽인 자본주의 정권이 자리를 잡게 되었다. 이러한 새로운 정치적 상황 변화 속에서, 우리의 공연문화도 분단 상항을 극복하지 못한 채 새로운 민족공연의 이념과 이론을 수립하기 위한 노력을 계속하고 있었다.

이 시기의 한국 공연문화 관련 자료들은 너무나 다양하고 복잡하여, 앞으로 자세한 정리와 분석을 필요로 한다. 따라서 여기서는 가장 핵심적인 자료들을 통해서 추출될 수 있는 몇 가지 중요한 논점들만을 연극문화를 중심으로 정리하는 것으로 본 장의 논의를 대신하고자 한다.

첫째, 우선 이 시기에 오면 북한에는 사회주의적 공연문화 사회가 자리를 잡게 되었고, 남한에는 자본주의적 공연문화 사회가 자리를 잡게 되었다.

---

299) 양훈(1937), 〈라디오 드라마 예술론〉, 《동아일보》10월 13일자.

둘째, 지구촌시대의 전 세계 주요 공연문화 양식들을 받아들여, 이를 바탕으로 우리 나름의 독자적인 현대 공연문화 양식들을 본격적으로 모색하였다.

셋째, 외세에 대한 주체성 자각도 분명하게 이루어져, 북한 쪽에서는 이른바 '주체극 이념' 등이 발전해 나아갔으며, 남한 쪽에서는 '민족극 이념' 등이 발전해 나아갔다.

넷째, 이 시기의 공연문화는 각 영역별로 현대적인 공연문화 양식들이 문화예술의 중심부로 이입되었다. 앞에서 논의해온 전통적 공연문화 양식들 외에도, 새로운 음악·무용·연극·영화·TV·스포츠·놀이·게임 등, 수많은 새 양식들이 공연문화 현장을 다양하게 수놓고 있다.

다섯째, 공연 관련 매체들이 매우 복잡하고 다양하게 각종 공연문화 양식과 현장들을 연결하고 소통하게 하고 있다.

여섯째, 남한의 경우, 공연문화 분야에 투여되는 자본과 경제적 예산이 엄청난 증가하는 현상이 일어났고 21세기에 들어 더욱 크게 나타나고 있다.

여섯째, 앞으로, 남북 분단시대의 이러한 한국 공연문화는 새로운 통일시대의 지평으로 통합·발전되어 나아가야 할 것이다.

2) 분단시대 공연문화의 두 방향

이 시기의 한국 공연문화는 두 가지 방향을 취하고 있다. 하나는 북한 쪽의 방향으로서, 사회주의 공연문화를 좀 더 주체적인 방향으로 변환시키고자 노력해온 '주체극'과 같은 방향의 것이다. 다른 하나는 남한 쪽의 방향으로서, 자본주의 공연문화를 좀 더 민족적인 방향으로 변환시키고자 노력해온 '민족극' 또는

'마당극'과 같은 방향의 것이다.

(1) 남한: '민족극' 또는 '마당극'의 방향

남한 쪽의 공연문화가 '민족극' 또는 '마당극' 등을 지향한 것은 우리의 주목을 끈다. 여기서 '민족극'이란 용어는, 북한 쪽의 그것과는 달리, 서양식 연극에 대한 동양식 연극, 동양식 연극에 대한 한국식 연극이란 의미로 사용된다. 이러한 남한 쪽의 공연문화 가운데는, 1980년대에 하나의 연극 양식으로 양식화한 '마당극'이 가장 대표적인 민족극 또는 민족적 공연 양식이라고 할 수 있다.

우선, 마당극의 정의는 대체로 다음과 같이 내려져 있다.

> (마당극이란) "식민주의적 사관에서 탈피한 시각으로 민족 고유의 전통 민속 연희를 그 정신과 내용·형태면에서 창조적으로 계승하여 오늘에 거듭나게 한 주체적 연극", "복제문화를 양산하는 각종 정보전달 매체와 이를 수용하는 대중계층 간에 발생하는 괴리감을 해소하고, 대중 속에서 대중의 손으로 직접 창조·향유되는 자급자족·자력갱생의 자기표출 통로", "공허한 예술지상주의 또는 고급한 사람들의 유한 취미가 아닌 인본주의적 입장에서 지역적·계층적 문화 편재 현상을 극복하여 소외된 사람들의 건강한 생명력이 발휘될 수 있는 삶의 무기로서의 연극"을 바로 마당극이라 규정했던 것이다.[300]

마당극의 여러 가지 특성은 다음과 같이 이야기 줄거리·등장인물·구성·어법·소리·무대장치 및 대소도구·연기·공연·미학 등

300) 임진택·채희완(1982), 〈마당극에서 마당굿으로〉, 《한국문학의 현단계》1, 서울: 창작과비평사, 192쪽 참조.

의 측면으로 나누어 정리할 수 있다.

먼저, '이야기 줄거리' 면에서는 고전의 내용을 소재로 하여 이것들을 재해석하는 '마당놀이' 계통과, 당대 사회의 중요한 시사적인 문제들을 다루는 '마당극' 계통으로 나눌 수 있다.

'등장인물'의 면에서는, 하층민 중심의 등장인물 선택, 결함이 있는 낙관적 주인공, 풍자의 대상으로서의 적대적 등장인물의 사용, 사회적·집단적 유형성을 지닌 등장인물의 사용 등이 그 중요한 특징이다.

다음으로, '구성' 면에서는, 이른바 '봉합적 구성' 또는 '짜집기식 구성'이 중요한 특성으로 나타나며, '어법'의 면에서는 구어체의 적용, 방언과 비속어의 적절한 활용, 재담 또는 말장난·의고적 어투 등의 적절한 응용, 운문성의 강화 등을 들 수 있다. 그리고 '소리'의 면에서는 전통악기들, 특히 풍물 악기의 사용이 두드러진 특징이다.

'무대 장치 및 대소도구'의 면에서는, 우선 무대는 '산희'가 아닌 '야희'의 전통을 계승하여, 무대의 높이가 청관중석의 높이와 같거나 더 낮은 완전 개방 원형무대 또는 반개방 반원형무대를 사용한다. '대소도구'로는 작품의 주제와 매우 긴밀하게 연관된 상징적인 대소도구들만을 엄선하여 사용하며, 대개는 많은 대소도구들을 사용하지는 않는다.

'공연' 면에서는, 공연자-청관중의 '상호작용' 관계의 개방적 강화, 즉흥연기의 증대, 열린 공간으로서의 전통적 '마당' 또는 '판'의 활용, 전통적인 각종 진법陣法 동작선들의 활용, 극중 공간과 공연 공간 사이의 개방적 넘나듦, 전통 대동굿의 구조인 '길놀이-마당놀이-뒷풀이' 구조의 활용, 공연 상황에 대한 청관중의 적극적인 개입과 추임새 유도 등을 그 중요한 특징으로 한다.

끝으로, 마당극의 '미학'은 대체로 '반미학anti-aethethics'의 방향을 지향하여, '비속미'·'해학미'·'풍자미'·'비애미'·'비장미'·'통속미'·'신명미' 등을 적절히 추구하며, 이 가운데서 주로 '풍자미'·'해학미'·'신명미' 등이 그 주축을 이루고 있다고 할 수 있다.[301]

(2) 북한: '주체극'의 방향

북한 공연문화의 중심 방향은 이른바 '주체극主體劇' 등이 지향하는 방향이다. 이것은 다음 두 가지 기준에 근거한다. 첫째, 공연문화의 이념은 '사회주의적 사실주의social realism'에 기초하고 있다. 둘째, 공연문화의 방향은 이른바 '김일성주의'에 따라 이른바 '주체적'으로 변화된 것이다.

이것은 김일성주의, 곧 '유일사상' 체계의 확립 시기인 1967년을 기점으로 하여, 전기(1948~1966)와 후기(1967~현재)로 구분할 수 있다. 전기는 '사회주의적 사실주의'를 기초로 하는 '김일성식' 주체이론이 지배하는 '정극正劇'의 시기이며, 후기는 '주체 문예이론'을 기초로 하는 '김정일식' 주체이론이 지배하는 '혁명극革命劇' 또는 '집체극集體劇'의 시기이다. 이 후기의 공연문화 방향을 북한에서는 '민족극' 등으로 일컫기도 하며, 좁게는 '피바다식 가극', '성황당식 연극'이라고도 한다.

북한의 '사회주의적 사실주의' 이론의 골자는 다음과 같다. 첫째, 혁명적 발전 속에서 진실하고 역사적인 구체성을 느낄 수 있도록 현실을 묘사해야 한다. 둘째, 혁명적 낭만주의를 조화시켜야 한다. 셋째, 공산주의 건설을 위한 투쟁과 결합시켜야 한다.

북한은 '민족극' 또는 '주체극'이란, "혁명과 건설에서 나오는 모든 문제를 자기 인민의 이익과 나라의 실정에 맞게 자체의 힘으로 풀어나가는 주체사상의 요구를 구현하여, 자기 나라 인민

301) 이영미(1996), 《마당극 양식의 원리와 특성》, 서울: 한국예술종합학교 한국예술연구소, 90~283쪽.

과 혁명을 위하여 복무하는 인민적·혁명적 연극"을 말하며, "당의 유일한 지도 사상인 수령의 혁명사상과 그 구현인 당의 로선과 정책이 정확히 반영되도록 하는 연극"을 가리킨다고 한다.[302]

북한은 '민족극' 또는 '주체극'을 창조하기 위해서 다음과 같은 정책적인 주장들을 내세우고 있다. 종자론種子論·속도전이론·통속예술론·군중예술론·공산주의 인간학·반추상주의 등이 그것이다. '종자론'이란 작품의 핵심 사상으로 김일성주의 주체사상을 담아야 한다는 것이며, '속도전이론'이란 최단기간 안에 양적·질적으로 최상의 성과를 내어야 한다는 주장이다. '통속 예술론'이란 인민이 쉽게 이해할 수 있도록 작품을 평이하고 대중적으로 만들어야 한다는 주장이다. '군중 예술론'이란 창조의 주체는 개인이 아니라 군중 또는 집단이라는 주장이다. '공산주의 인간학'이란 작품의 주인공 또는 주체로는 공산주의자를 다루어야 한다는 것이며, '반추상주의'란 추상적인 것을 언어유희·기형화·불구화·염세주의·신비주의·색정주의로 단정하여 배격해야 한다는 주장이다.

이러한 이념과 주장들이 지향하는 예술의 양식적 목표는 이른바 '민족가극民族歌劇'의 수립이다. 북한 쪽에서는, 1960년대 이전까지의 '조선식 가극'을 '창극唱劇'이라 부르고, 1960년대 이후의 가극을 '창극'과 대립되는 개념으로서 '민족가극民族歌劇'이라 부르다가, 1970년대부터는 이른바 '피바다식 혁명가극'을 '민족가극'이라 부르고 있다. 여기서 '민족가극'이란 조선의 민요에 토대를 두고 새롭게 발전시킨 통속극을 가리킨다. 여기서는 '통속극' 또는 '통속성'이라는 용어가 부정적인 의미가 아니라 긍정적인 의미로 사용된다. 다시 말해, 가극의 가사와 곡조는 민요의 그것들

302) 한국비평문학회 편(1990), 《북한 가극·연극 40년》, 서울: 신원문화사, 19~20쪽 참조.

과 같이 누구나 다 쉽게 부를 수 있는 것이어야 하며, 대중적인 생활과 요구와 지향에 맞는 것이어야 한다는 것이다.

기존의 가극이 대사 및 대화창을 주로 사용하는 반면, 이 민족가극은 대화창 대신 '절가節歌'라는 것을 사용한다. '절가'란 대사와는 다른 일련의 노래들로서, 그 각각의 노래들은 평이한 정형시 형태의 가사에다가 동일한 곡조를 붙여 여러 번 반복하는 것이다. 이 절가들이 기승전결의 과정에 따라 점차 더 큰 단위인 '악절樂節'로 확대·발전되어 민족가극이 완성된다고 한다. 이 절가 형식의 단순 반복성을 보완하기 위해서는 독창·중창·합창·관현악 등의 기법들을 활용한다.

이외에도, 민족가극은 '방창傍唱'이란 것을 사용한다. 이것은 주인공의 정신세계나 극적 상황, 극의 진행 등을 무대 밖에서 설명하고 보충해주는 절가 형식의 성악 기법이다. 이것은 서사적인 묘사, 극적인 묘사, 서정적인 묘사를 두루 할 수 있는 음악적 표현 수단이다. 이것은 독창·2~3중창·대중창·소방창·대방창·무가사방창·여성방창·남성방창·혼성방창 등 여러 가지 방창 형태로 활용된다. 이 민족가극에는 성악뿐만 아니라 기악 특히 관현악도 폭넓게 사용된다.

민족가극은 민요풍이 전체를 지배하며, 북한에서 새로 개량한 민족악기들인 고음단소·단소·고음젓대·중음젓대·젓대·장새납·대피리·저피리·소해금·중해금·대해금·저해금 등이 반주의 중심을 이루고, 서양 음악과 서양 악기들이 이것들에 재통합되어 보조하는 방향을 취한다.

한편, 북한의 연극 또는 공연문화에 대한 남한 쪽의 비판은 대체로 다음과 같은 것이다.

> 그들의 연극은 일제의 잔재인 신파극과 악극의 틀을 근본적으

> 로 벗어나지 못하고 있다. 그들은 비평가들조차 연극을 이야기할 때 '눈물 없이 볼 수 없는 훌륭한 작품'이라는 말로 시작한다. 이는 식민지시대의 저급한 대동극인 신파극을 구경한 관객들의 탄성과 그대로 통하는 말이다. 감상주의와 눈물은 신파극의 요체라 할 수 있다. 그들은 실컷 울려놓고서 그 공허한 자리에 김일성을 불쑥 내밀어 내놓는다.[303]

(3) 두 방향의 공연사적 가치와 문제점

남한의 '민족극'과 북한의 '주체극' 두 이론은 한국 공연 이론에서 다음과 같은 중요한 의의와 가치를 지닌다.

첫째, 두 공연문화의 추구 방향은, 모두 우리 민족이 유사 이래 오랫동안 추구해온 '민족공연'의 이념과 이론을 수립하고자 노력한 방향이라는 공통점이 있으며, 또한 그런 면에서 종전의 단계에서 한 걸음 진전된 중요한 업적들을 이룩하였다. 종래의 한국 공연문화 및 그 이론들은, 대체로 매우 단편적이거나 아니면 극히 외래적 또는 외세 의존적이었다. 그런데 이 두 공연문화 노선에 이르러, 민족주체적인 총체적 공연문화 및 공연문화 이론을 추구할 수 있게 되었다.

둘째, 비슷한 맥락에서, 특히 갑오경장 이후 우리 민족이 가장 중요한 목표로 삼아온 '반봉건·반제국주의'를 견지하는 '근대 민족극'의 수립이라는 목표에 부응하는 어느 정도의 성과를 거둔 점도, 두 공연문화의 지향과 추구가 이룩한 긍정적인 의의이자 가치이다.

셋째, 두 방향 모두 우리의 전통 연극, 또는 공연문화 유산을 창조적으로 계승하여, 그것을 바탕으로 하고, 거기에 외래적인

303) 유민영(2001), 《한국연극운동사》, 서울: 태학사, 334쪽.

여러 공연문화 양식들을 적절히 수용·융합하여, 새로운 민족 공연문화의 지평을 개척해온 점에서도, 두 방향은 역사적 의의와 가치로 인정할 수 있다.

그러나 두 방향은 한편으로는 다음과 같은 문제점들을 노출하기도 하였다.

첫째, 북한의 '주체극'은 기존의 사회주의 공연문화 이론을 주체적으로 재창조하려 하였으나, 아쉽게도 지나치게 어떤 개인 또는 집단의 이론으로 고착화됨으로써, 그 자체의 이론적 개방성을 상실하였다. 이에 견주어, 남한의 '민족극'은 전체적으로 계급성 또는 계층성과 시대성의 한계에 지나치게 의존함으로써, 계층과 시대를 뛰어넘어 민족 전체에 부응하는 이론적 개방성을 상실하였다.

둘째, 거시적으로 볼 때, 이 두 방향은 서양 제국주의가 우리에게 강요한 '냉전체제'의 정치적 패러다임 아래서 모색된 '분단시대의 모색'이라는 한계점도 분명하다. 그러나 이 두 이념과 실천의 추구 방향은, 우리 민족이 외세의 타의에 따라 사회주의와 자본주의의 두 냉전 정치체제로 '분단'된 상황에서, 이 냉전체제를 극복하려는 민족 공연문화 추구의 지난한 노력의 결과물이다.

(4) 남은 과제들

앞으로, 이 두 공연문화의 추구 방향은, 지금까지 이룩한 이론적 성과들을 바탕으로 하여, 세계에서 마지막까지 남아 있는 한반도 냉전체제 아래의 분단식 공연문화의 질곡적인 패러다임을 해체하고, 새롭고 완전한 21세기 민족 자주 독립국가의 공연문화를 모색할 시기에 와 있다.

또한, 이제 우리의 공연문화 추구의 노력은, 탈냉전적·반봉건적·반제국주의적인 공연문화 추구의 차원에서 한 걸음 더 나아가, '세계화globalization'라는 21세기적 문화혁명의 시대적 맥락 속에서 다른 나라 다른 민족의 공연문화들과 분명하게 구별되는 '차이'와 '정체성'을 확보하면서, 전 세계의 공연문화 양식들을 두루 아우르는, 개방적이고 전 지구적인 차원의 새로운 공연문화를 모색·추구할 때가 되었다.

우리의 남은 과제는, 지금까지 오랜 세월 동안에 걸쳐 어렵게 이루어온 우리의 전통 공연문화 유산들을 철저히 비판적으로 반성·계승하는 동시에, 전 세계의 모든 공연문화 양식들의 장점들을 두루 수용하여, 전 지구적인 차원에서 우리 민족의 새로운 민족 공연문화를 추구·수립하는 것이라 할 수 있다.

VI. 한국 공연문화의 주요 양식들

1. 정의 및 선별 기준

1) 정의: 형식과 양식

형식形式 form이란 역사적·사회적 제약 조건들의 차이에도 불구하고 두루 통용될 수 있는 어떤 일반적·보편적인 틀을 말하고, 양식樣式 style이란 역사적·사회적 제약 조건들의 차이에 따라 달라지는 개별적·특수적인 틀을 말한다. 예컨대, '모자'가 형식이라면 한국의 '갓'·중국의 '쿨리'·일본의 '갓무리'·라틴아메리카의 '솜브레로sombrero'·18세기 유럽의 '컬래시calash'·지중해 동부 및 남부의 '페즈fez'는 양식으로 볼 수 있다.

역사와 문화에 따라 세계에는 여러 가지 서로 다른 공연문화 양식들이 존재하고 형성되고 있다.

2) 선별 기준

어떤 공연문화사의 주요 공연문화 양식들을 선별하는 기준은 여러 조건이 고려되어야 한다. 더욱이 우리나라와 같이 오랫동안의 구비 전승의 전통을 갖고 있는 공연문화의 경우 구비 전승적 전통성도 충분히 고려되어야만 한다.

한 문화권 안의 주요 공연 양식들을 역사적·사회적으로 선별하는 작업은 대체로 연속성continity·변이성variation·선택성selection 등의 세 가지 조건이 고려되어야 한다.[304] 우리 공연문화의 주요 양식들을 선별하기 위해서는 다음과 같은 선별 기준이 필요하다. 첫째, 역사적으로 얼마나 오랜 시간에 걸쳐서 존속해 왔는가, 둘째, 그것이 어떻게 각 시대와 사회에 맞게 능동적·창조적으로 변이되어 왔는가, 셋째, 그것이 그것을 전승해온 주체들에 의해 얼마나 적극적으로 선택되어 왔는가 등, 적어도 이 세 가지 선별 기준이 필요하다.

2. 주요 공연 양식들

여러 공연문화 양식들은 현재까지 전승되는 것도 있고, 시간이 흐름에 따라 시대적 '변이'를 거쳐 전승되기도 하며, 더러는 그 전승이 끊어지기도 한다.

---

304) Maud Karples(1973), *An Introduction to English Folk Song*, Oxford: Oxford University Press, p.3.

이러한 점들을 고려하여, 오늘날까지 전승되는 우리의 대표적인 공연문화 양식들을 연극적 공연 양식들을 중심으로 선별해 보면, 다음과 같다. 대동굿·무당굿·인형극·탈놀이·조희/우희·궁중가무희·궁중제례악·영산재·풍물굿·판소리·창극·신파극·신극·마당극·마당놀이 등이 그것이다.

1) 대동굿: 나라굿·고을굿·마을굿

대동굿이란 한 공동체 전체 구성원의 안녕과 풍요를 기원하기 위해 공동체 구성원 전체가 직접·간접적으로 참여하여 행하는 제의적·놀이적·주기적·의례적 집단행위를 말한다.

대동굿은, 앞서 언급한 바와 같이, 그 연원이 고대 부족국가시대의 원시 제천의식까지 거슬러 올라가는 오래된 것으로서, 현전하는 우리나라 전통 공연문화 양식들 가운데서 전통과 역사가 가장 오래된 것이다. 이것은 원래 나라굿 형태, 곧 부족국가시대의 국가 공동체 전체의 안녕과 풍요를 기원하는 대동굿 양식이었던 것이, 점차 왕권이 강화되는 시대로 접어들면서, 세속적인 가무백희에 밀려 권력의 중심부에서는 그 세력이 점차 약화되어 갔다. 그러나 그것이 가지고 있는 정체성과 공동체의 대동 화합 단결을 도모하는 역할과 기능은 아직도 사회적으로 힘을 완전히 잃지 않아, 지금도 전국 곳곳에 고을굿 또는 좀 더 작은 마을굿 형태로 남아 전승되고 있다.

나라굿 형태의 대동굿은 국가적인 의식인 '개천절' 행사와 같이 형식화된 의식에 남아 있으나, 고을굿·마을굿 형태의 대동굿은 아직도 그 지역 주민들의 공동체적 유대와 지역적 정체성을 유지 확보하는 중요한 역할을 하는 축제 형태로 남아 있는 곳들이 많다. 예컨대, 강릉지역 고을굿인 '강릉 단오제', 고창지역 고을굿인 '오거리 당산제', 익산지역 고을굿인 '익산 기세배'와 같은 대동굿은 그 고을 전체 주민들의 공동체적 유대와 정체성 확보에 매우 중요한 역할을 하고 있다. 또한 전국 각지에 남아 전승되고 있는 상당수의 마을굿들도 그 각 마을들의 공동체적 유대와 정체성을 확보하는 데 아직도 중요한 몫을 하고 있다. 이 책에서는 전북 부안군 위도면 대리 마을의 마을굿을 뒷장에서 구체적으로 다루어보고자 한다.

2) 무당굿·무당굿놀이

원래 부족국가시대에서 무당굿은 대동굿의 중심부에서 가장 중요한 제의적·정치적 역할을 담당하였으나, 삼국시대 이후 왕권이 강화되고 국가 권력이 사제자의 능력을 능가하게 되면서, 그 정치적 능력을 크게 상실하고 주로 제의적인 측면에서 사회적 역할을 수행해온, 가장 오래된 우리나라 공연문화 양식이다. 지금도 전국 방방곡곡, 서울을 비롯한 중부 지방, 동해안 지역, 서남해안 지역, 제주도 지역 등의 토착사회에서 고을굿·마을굿·개인굿으로서 중요한 제의적·사회적 기능을 수행하고 있다.

무당굿이란 "무당이 노래와 춤과 각종 몸짓으로써 신령을 섬겨, 신과 인간이 하나로 융합되도록 함으로써, 신령의 힘을 빌려 재액을 없애고 복을 초래하고자 하는 종교적 공연 행위"를 말한다. 무당굿의 본질은 무당을 일컫는 한자어 '巫'에서 알 수 있으며,[305] 이 때문에 무당굿의 특성을 신과 인간, 삶과 죽음이 하나

305) 이 글자 가운데 위의 '一'은 하늘 또는 신령을 표시하고 아래의 '一'은 땅 또는 인간을 표시하며, 한 가운데로 내려그은 'ㅣ'은 하늘/신과 땅/인간을 하나

의 세계로 통합되는 엑스터시ecstasy 현상에 둔다.

무당굿의 의례는 대동굿·개인굿·종교굿 등으로 나눌 수 있다. 대동굿으로는 부족국가시대의 영고·무천·동맹과 같은 원시 제천 의례들, 오늘날의 산신제·용왕제·당산제와 같은 것들이 있다. 개인굿은 신라 말의 '처용굿'을 시작으로 하여 오늘날 개인의 재앙을 막고 복을 내리기(제액초복除厄招福)을 위한 여러 가지 기원굿·치병굿들로 발달하였다. 종교굿으로는 신라의 화랑도, 고려의 팔관회, 조선시대의 동학운동 등이 있으며, 생산적인 신흥종교 운동으로 전개되어 나아간 방향을 말한다.

무당굿의 제의 종류로는 기복제·치병제·송령제 등이 있는데, 기복제란 무병장수와 재물의 풍요를 비는 것으로 대동굿과 개인굿 가운데 안택굿·고사굿·재수굿 등이 이에 속한다. 치병제란 잡귀잡신들을 몰아내고 병을 고치기 위한 굿으로서 각종 병굿·푸닥거리 등을 말한다. 송령제란 죽은 망령의 원한을 풀어 저승으로 천도하기 위한 굿으로서 씻김굿·진오기굿 등이 여기에 속한다.

무당굿의 유형은 무당형·단골형·심방형·명두형 등이 있다. 무당형은 우리나라 중부 및 북부지역에 분포하며, 강신체험에 따라 영력을 가지고 있다. 강신한 '몸주신'과 그 신을 모신 신단도 있다. 신관이 구체화되어 있어 신의 실재를 확신하며 영력이 상대적으로 뛰어나, 신의 뜻을 직접 인간에게 전달해주는 '공수'의 능력을 실행한다. 다른 유형에 견주어 상대적으로 연극적인 공연 양식이다.

단골형에는 호남의 '단골'과 영남의 '무당'이 있다. 혈통에 따라 사제권이 세습되고, 사제권에 의해 일정지역인 '단골판'의 관

로 연결하는 상징이고 그 수직선 양 옆에 있는 두 개의 '人'은 사람 곧 무당이 춤을 추는 모습을 하고 있다.

할권이 계승된다. 강신체험이 없어 영력이 상대적으로 미약하다. 구체적인 신관이 확립되어 있지 않고 신을 향해 일방적인 가무로써 굿을 주관한다. 다른 유형에 견주어 상대적으로 서사적인 공연 양식이다.

심방형은 제주도에 분포되어 있는 무당굿의 유형이다. 무당형과 간골형의 중간 유형으로, 혈통에 따라 사제권이 세습화·제도화되어 있다. 영력을 중시하며 신에 대한 인식이 확고하여 구체화된 신관이 확립되어 있으나, 무당의 신단은 따로 없다. 직접적인 강신 체험이나 영통력이 없이 매개물〔巫占具〕을 통해서만 신의 뜻을 물어 점을 칠 수 있다. 무당은 신을 향해 일방적인 가무로 굿을 주관한다. 상대적으로 서사적인 공연 양식이다.

명두형은 사아령死兒靈의 강신체험을 통해서 무당이 된 사람이 하는 무당굿을 말한다. 여아령女兒靈이 내린 무당을 '명두', 남아령이 내린 무당을 '동자' 또는 '태주'라 한다. 대부분 호남지방에 집중적으로 분포되어 있다. 이들을 '점쟁이'라고도 하며, 사아령에 의한 '초령술招靈術'을 갖고는 있으나 가무로써 정통굿을 할 수 없다.

위에서 살핀 무당형과 명두형은 강신에 의한 영통력이 주기능이어서 이 양자를 '강신무降神巫'라 하고, 단골형과 심방형은 양자가 다 사제권이 제도적으로 세습되면서 제의 사제가 주기능이기 때문에 '세습무世襲巫'라 한다. 강신무는 굿을 할 때 신이 내려와 무당과 신이 합일해서 제의의 형식이 일원화하는 것과 달리, 세습무는 굿을 할 때 무당은 신을 향한 일방적인 사제로 신과 무당이 대치된 이원화 현상을 보인다. 세습무는 굿의 의식 절차가 강신무보다 체계화된 반면에 신복을 상징하는 무복의 수가 극히 적거나 거의 없는 편이다. 강신무는 영력 위주여서 세습무의 굿에 견주어 의식절차가 유동적이고 신복인 무복의 수가 많고 화려하다. 강신무가 타악기 위주인 것과 달리 세습무는 타악기와 현악기가 함께 발달되어 있고, 강신무의 춤이 단조로운 도약무 위주인 것과 달리 세습무의 춤은 극히 예능화되어 있어 영남지역의 경우 춤이 1~6장으로 다양하다. 강신무는 무당이 되는 과정에서 반드시 무병巫病을 체험하지만, 세습무는 무계혼으로 결합하여 학습을 통해 사제권의 혈연적 세습으로 무당이 된다.

무당굿의 신관은 다신적 자연신관이며, 신의 실재를 믿어 신이 만능의 존재 운행의 전능자라 믿는다. 신은 천신계통, 지신계통, 산신계통, 수신계통, 장군신계통 등이 있다. 최고신으로는 천신이 있고, 그 밑에 상층신으로 일월성신·제석신·칠성신 등이 있고, 그 밑에 중층신으로 지상의 산신·용신·지신 등이 있으며, 그 밑에 하층신으로 걸립신·하졸·잡귀 등이 있다. 그래서 무신의 서열은 최고신·상층신·중층신·하층신의 4계층으로 구분된다. 이 무신들은 각기 인간을 위한 분담된 직무가 있으며, 이 신들이 서로 합심되지 않을 때, 인간은 신들의 알력 여파로 화를 입게 된다고 믿는다.

무당굿에는 그 일부로 공연되는 연극적인 부분이 있는데, 이것을 '무당굿놀이'라 한다. 이에 관해서도 여기서 간단히 정리하고자 한다. '무당굿놀이'란 좁은 의미에서 무당굿 공연 중에 대화와 극적인 행위를 통하여 연극적으로 전개되는 부분을 말하며, 이것을 '무극巫劇' 또는 '굿놀이'라고도 한다. 무당굿놀이는 전체 '굿거리'의 한 부분으로 삽입된 것도 있고, 굿거리 전체가 굿놀이로 되어 있는 경우도 있다.

무당굿 특히 강신무의 무당굿은 '청신請神-오신娛神-공수-송신送神' 순으로 전개되는데, 이 진행 순서 가운데서 '청신' 이후에 무당의 성격이 사제로부터 신으로 전환되므로, '청신' 이후 무당의 '신들림(trance)' 상태에서 행해지는 공연 전체를 다 하나의 연극으로 볼 수도 있고, 더 좁게는 각 굿거리 후반부에 신이 노는 모양을 골계적인 대사와 행위로 나타내는 '유흥' 부분이 연극적인 성격이 강하므로 이 부분만을 따로 떼어서 연극으로 볼 수도 있다. 이 후자를 보통 '무당굿놀이'라 한다.

지금까지 주요 무당굿놀이로는 경기도 양주의 〈소놀이굿〉, 동해안의 〈도리강관원놀이〉·〈거리굿〉·〈범굿〉·〈중잡이놀이〉, 제주도의 〈세경놀이〉·〈영감놀이〉 등을 들 수 있고, 이밖에도 여러 지역에서 전승되는 무당굿의 각 굿거리 후반부에 나타나는 굿놀이로서 황해도 무당굿의 〈사또놀이〉·〈사냥굿〉·〈도산말명〉, 경기도 무당굿의 〈뒷전〉·〈장님놀이〉, 서울 무당굿의 뒷전거리 가운데 〈정임거리〉·〈출산거리〉·〈지신할머니거리〉 등이 있다.

무당굿놀이의 공연 방식은 주무당主巫堂과 반주무당伴奏巫堂의 대화로 전개되는 방식과, 둘 이상의 극중 인물이 굿판에 등장하여 배역을 분담하여 진행하는 방식의 두 가지가 있다. 이 가운데서 전자의 대표적인 예는 동해안의 〈거리굿〉과 양주의 〈소놀이굿〉을 들 수 있는데, 이 형식의 무당굿놀이에서는 주무당은 서고 반주무당은 앉아서 주무당이 반주무당과 대화하는 형식으로 공연을 진행한다. 반주무당은 주무당이 묻는 말에 대답을 하기도 하고 주무당이 이야기하는 도중에 말참견을 하기도 하며, 주무당이 노래를 부르거나 춤을 출 때 장단을 맞추기도 한다. 주무당은 일정한 이야기를 하되 행위로 묘사하여 극적인 제시를 할 뿐만 아니라 필요한 등장인물을 청관중들 가운데서 지적하여 굿판으로 끌어내어 배역을 맡기고 극적인 행위를 연출하기도 한다. 주무당의 분장은 극중 인물의 성격에 따라 수시로 변하며 '일인다역一人多役'을 하므로 굿판 내에서 분장에 필요한 의장과 도구를 조달 받는다.

예컨대, 주무당이 〈며느리거리〉를 할 때에는 청관중석에서 치마를 빌려 입고 수건을 빌려 쓰며, 〈어부거리〉를 할 때에는 평복을 입고 수건을 이마에 두르고 장대를 들고 등장하여 노 젓는 모습을 연출한다. 이와 같이 등장인물의 분장은 기본적인 특징을 나타내는 정도에 그치고, 그 도구들은 현장에서 조달 받고 있다. 한편 청관중들 가운데서 뽑혀 등장한 인물은 주무당의 지시에만 따르며 자신의 창조적인 언동은 없다. 말도 행동도 시키는 대로 할 뿐이다.

후자의 대표적인 예로는 동해안 무당굿인 〈도리강관원놀이〉·〈중잡이놀이〉·〈탈굿〉, 황해도 무당굿인 〈사또놀이〉 등이 있다. 여기에는 반주무당이 나타나지 않거나 나타나더라도 극의 진행에 직접 개입하지 않고 필요할 때 장단만 쳐준다. 극의 진행은 몇 사람이 미리 배역을 나누어 등장하여 이들의 대화와 행동으로 이루어진다. 장면이 바뀌면 하나의 배역을 맡았던 사람이 다른 분장을 하고 다른 등장인물로 등장하며, 여러 극중 인물들의 배역을 한 사람의 무당이 간단한 설명만을 통해 혼자서 담당하지는 않는다. 분장이나 도구도 미리 준비한 것을 사용하고 굿판 현장에서 조달 받지는 않는다. 이러한 형태의 무당굿놀이는 전자보다 더 완벽한 연극적 형태를 갖추고 있다.

공연 중에 시간과 공간의 처리는 몇 마디 말에 따라 관념적으로 이루어지고, 등장인물도 내가 누구라는 몇 마디 말로 성격이 구현된다. 노를 젓는 흉내를 내면 극중 장소는 바다가 되고, 밥하는 행위를 하면 부엌이 되며, 거름 주는 행위를 하면 논이나 밭이 된다. 장단에 맞추어 굿판을 한 바퀴 돌면 공간이 시골에서 서울로 단번에 이동되고 몇 발작 걷고 나면 집에서 장터로, 또는 집에서 들로 이동된다. 시간의 처리도 자유롭게 축약된다. 아기를 낳고 기르고 병이 들고 죽고 하는 과정이 잠깐 사이에 전개

된다. 극중 장소와 극중 시간이 공연 장소와 공연 시간과 쉽게 수시로 일치되고, 극의 전개에 청관중들이 상당히 자유롭게 개입할 수 있다.

무당굿놀이의 주제상의 특징으로는 일상생활의 묘사, 성적인 내용의 노출, 상류층에 대한 서민들의 풍자 등이 그 주류를 이루며, 넓은 의미에서 볼 때 탈놀음〔假面劇〕의 그것들과 비슷한 점이 많다.

3) 인형극: 꼭두각시놀음

꼭두각시놀음은 앞선 시대의 가무백희 전통을 이어받은 인형극으로, '남사당男寺黨'이라는 가무백희 담당자들의 계통을 이어받은 유랑 연예집단들에 따라 현재까지 전해지는, 한국의 유일한 전통 인형극이다. 그 역사와 연원은 고대 삼국시대까지 거슬러 올라간다. 이 인형극은 '덜미'·'박첨지놀음'·'홍동지놀음' 등으로도 불린다.

이 인형극의 이야기와 주제 및 내용은 우리나라 탈놀이의 그것들과 비슷하여, 무속문화 요소의 잔존, 파계승에 대한 풍자, 일부처첩一夫妻妾의 삼각관계와 서민의 생활상, 양반계급의 횡포와 형식적 도덕의 폭로와 조롱, 내세來世에의 불교적 기원, 인생에 대한 긍정적인 허무주의의 태도 등으로 이루어져 있다.

구성은 대체로 7~8과장으로 구분할 수 있으며, 각 과장은 긴밀한 인과적 연결성이 없이 독립적이지만, 모두가 당시대의 인간성과 사회상을 다루고 반영하고 있다는 점에서는 일관성이 있다. 또 다른 탈놀이와는 달리 등장인물 가운데 하나인 '박첨지'가 내레이터 역할을 하여 각 과장을 이어주면서 일관성을 유지해주어 마치 극 전체가 박첨지의 일대기 같은 느낌을 주어, 그 구성면에서 다른 탈놀이들보다 더 강한 일관성을 보여주고 있다.

등장인물들을 보면, 박첨지·꼭두각시[306]·홍동지[307]·홍백가·소무당 2인·돌모리집·상좌 2인·평안감사·상제·이심이·새·마을사람 3인 등이고, 이밖에 대소도구로 상여·법당·만사 등을 쓴다.

공연 방식은 공연장은 무대와 객석으로 나누어지고 그 사이에는 백포장을 둘러쳐서 두 공간을 구분하며, 백포장을 친 무대 뒤에서 백포장의 높이로 무대가 만들어지고, 둘러친 백포장을 중심으로 무대의 반대쪽이 객석이 되며 이 객석 맨 앞쪽에 악사들이 무대를 바라보는 방향 곧 청관중과 같은 방향으로 앉아 반주 음악인 '사물'을 연주하고, 이 반주 음악에 따라 무대 뒤에서 인형 조종자인 '대잡이'가 무대 위로 인형들을 등장시켜 조종하면서 등장시킨 인형의 성격과 행동에 따르는 대사와 노래와 기타 필요한 연기와 기술을 구사하면서, 악사석에 앉아 있는 '산받이'와 대사를 주고받으면서 사건을 진행해 나간다. 그래서 '산받이'는 그리스 연극의 '코러스'와도 비슷한 성격을 갖고 있다.

원래 양반이었던 박첨지가 몰락하여 유랑인이 되어 가족들을 거느리고 이리저리 떠돌면서 타락한 불교의 승려들과 유교적 양반들의 위선과 허위, 탐관오리들의 온갖 비행을 두루 체험하고 인식한 뒤에, 마침내 인생무상의 깊은 허무에 도달하게 되는 이 작품이야말로, 우리 민족이 나은 민중적 세계관의 한 절정이라 할 수 있다.

우리나라 인형극은 무대·연출방식·조종법 등이 중국·일본과 동일한 계통인데, 일본의 인형극 분라쿠는 현사괴뢰懸絲傀儡의

306) 박첨지 부인.
307) 박첨지 조카.

기술을 발달시키고 인형 조종자를 여러 명으로 분화시켜 상류층의 예술로 상승시킨 반면, 우리나라의 인형극은 장두괴뢰杖頭傀儡의 조종법을 중심으로 한 사람의 인형 조종자가 반주 음악에 따라 모든 인형을 조종하면서 창과 대사를 겸하는 1인 다역의 연출형태로 이루어졌고, 민중극의 위상을 유지하면서 민중적인 삶을 종합하고 거르고 정화하여 한국적 인형극의 정수를 이룩했다.

4) 탈놀음〔假面劇〕

탈놀음이란 한 사람 또는 여러 사람의 연기자가 가면으로 얼굴이나 머리 전체를 가리고 본래의 얼굴과는 다른 인물이나 동물 또는 초자연적인 존재 등으로 분장하여 극적인 장면을 연출하는 연극을 말한다.

한국 탈놀음의 기원에 대해서는 농경의례 기원설農耕儀禮說, 기악 기원설伎樂說, 산대희 기원설山臺戲說 세 가지가 있다. 그것을 종합해 보면, 고구려의 무악舞樂, 백제의 기악伎樂, 신라의 처용무處容舞와 오기五伎 등에서 본 바와 같은, 대륙에서 전래된 '산악백희散樂百戲' 계통의 영향과 그 이전부터 한국에서 생성되어 전승되던 토착 '탈굿'의 전통이 결합되면서, 대체로 17세기에 이르러 오늘날까지 전승되는 것과 비슷한 형태의 '탈놀음'으로 양식화할 것으로 보인다.

탈놀음의 공연 시기는, 궁중에서는 앞선 시기의 규식지희規式之戲들과 같이 나례儺禮·외국 사신 맞이·궁중 연회·국가적인 경축일 등이었으나, 민간에서는 주로 세시풍속과 관련되어 음력 정월 대보름·사월 초파일·오월 단오·팔월 추석 등에 명절놀이로 놀았으며, 나라의 경사 때나 기우제 행사 때 동원되어서도 놀았다. 공연 시간의 경우 궁중의 행사에서는 행사의 성격에 맞게 조정된 것으로 보이며, 민간에서는 보통 낮에 '길놀이'로 분위기를 돋운 다음, 저녁이 되면 일정한 장소에 모여 모닥불을 피워놓고 탈놀음을 시작하여 다음날 새벽까지 계속되기도 했다. 보통은 형편에 따라 유동적으로 공연 시간이 조정되었다.

공연 장소로는 궁중에서는 대체로 산대山臺라는 가설무대를 만들고 그 위에서 놀았던 것으로 보이고, 민간에서는 평지나 비스듬한 산자락에서 놀았다. 장소의 왼편에는 의상을 갈아입는 '탈막〔改服廳〕'이 있고, 오른편에 악사석인 '삼현청三絃廳', 그리고 한가운데에 연기공간인 '탈판'이 있으며, 이 탈판을 중심으로 그 앞쪽의 3면으로 청관중들이 빙 둘러앉아 탈놀음을 구경하게 된다.

조명은 모닥불이나 기름불로 하였으며, 탈과 옷을 갈아입는 탈막은 전체를 흰 천으로 둘러싸고, 여기에 탈판 쪽으로 두 개의 출입문이 나 있어, 이 문으로 공연자들이 등퇴장하게 되어 있다.

공연 방법은 반주 음악에 의한 춤이 주가 되고, 여기에 노래가 따르는 가무적歌舞的 부분과 몸짓과 대사를 중심으로 이루어지는 연극적演劇的 부분으로 구성된다.

반주 음악은 궁중에서는 이른바 삼현육각(피리 2, 대금 1, 해금 1, 장고 1, 북 1)과 같은 궁중음악의 악기들로 구성된 듯하고, 민간에서는 이외에 풍물굿의 악기들로 반주를 하기도 했다. 현재에도 중부·해서지방의 탈놀이에서는 주로 삼현육각을 쓰고, 영남지방의 탈놀이에서는 풍물굿 악기를 반주악기로 쓰고 있다. 장단의 종류로는 느리고 무거운 '염불' 장단, 유장한 '굿거리' 장단, 리듬이 분명한 '타령' 장단 등이 기본적으로 쓰이고 있다.

춤은 일정하게 기본 동작이 양식화한 '사위춤'과 양식화된 기본 동작이 없이 즉흥적으로 추는 '허튼춤'으로 나눌 수 있으며,

대체로 궁중의 탈놀이는 '사위춤'을 중심으로 이루어진 듯하고, 민간의 춤은 '허튼춤'이 많이 구사되었을 것으로 추측된다. 오늘날 전하는 탈놀이를 보면, 중부·해서지방의 탈춤은 '사위춤'이 많이 있으나, 영남지방의 탈춤은 '배김새'라는 기본동작 외에는 대부분이 '허튼춤'으로 이루어지고 있다.

지역적 특성을 보면, 관북형·영동형·영남형·해서형·중부형·호남형·제주형 등으로 나누어 생각할 수 있다. 관북형은 북청지방의 '북청 사자놀음'이 그 대표적인 것이며, 씩씩한 기상의 사자춤이 그 특징을 잘 나타낸다. 영동형은 강릉지장의 '관노가면극官奴假面劇'이 그 대표적인 것으로, '장자마리' 등의 독특한 등장인물과 무언극이 그 중요한 특징으로 나타난다. 영남형은 다시 낙동강을 기준으로 하여 그 동쪽인 동래·수영 등지에 전승되는 '들놀음〔野遊型〕'과 낙동강 서쪽의 고성·통영 등지에 전승되는 '오광대형五廣大型'으로 나눌 수 있다. 영남형 탈놀음은 흥겨운 풍물굿의 반주 장단에 맞추어 '배김새' 춤사위를 주요 동작으로 하여 '허튼춤'을 자유자재로 구사하기 때문에, 춤꾼의 능력에 따라 창의적인 '즉흥성improvisation'을 마음대로 발휘할 수 있는 장점이 있고, 민중적인 멋이 풍부하게 드러난다. 해서형은 봉산·은률·강령 등 해서지방에 전승되는 탈놀음으로 '팔목중들'의 사위춤을 주축으로 하여 리듬이 분명한 타령장단에 맞추어 추며, 의상으로 입는 한삼의 휘돌림과 힘찬 도약무跳躍舞로 짜여 있으며, 어느 지방의 탈춤보다 무폭舞幅이 커서, 남성적인 힘과 활기를 보여준다. 중부형 탈놀음은 서울·경기지방의 탈놀음으로 비교적 춤사위가 다양하고 잘 정리되어 있으며, 손짓동작으로 된 춤사위가 많고, 매듭이 분명한 타령장단을 쓰고 있다. 동작도 맺고 끊는 '매듭춤'으로 되어 있어, 섬세한 맛과 코믹한 맛이 풍긴다. 호남형은 한 마디로 말하자면 풍물굿/농악의 '잡색놀음' 형태로 존재하는 탈놀음이라는 점에 가장 큰 특색이 있다. 즉, 호남지방의 탈놀음은 풍물굿/농악에서 분리되지 않고 그 일부분으로 미분화되어 존재한다. 특히 필봉농악·남원농악·정읍농악·영광농악 등에서 이 '잡색놀음' 형태의 탈놀음을 볼 수 있다. 제주형은 주로 '무당굿놀이' 형태의 탈놀음이 다수 존재하며 그 특징을 이루고 있다.

노래는 장단을 청하는 큐cue로서의 짤막한 '불림'과 '매화타령', '백구타령', '천자풀이'와 같은 민요들과 무가 등으로 그 가짓수가 그다지 많지 않으며 그것도 덕담으로 쓰이는 것 외에는 첫 부분만 조금 부르다가 곧 춤으로 전환된다. 이것은 노래의 대부분이 춤의 시작을 알리는 큐로서의 역할이 강하기 때문이다.

대사는 운문적 억양과 어조, 일상어적 산문적 어조와 억양을 혼용하고 있지만, 대체로 운문적인 방향을 지향하고 있다. 등장인물들 중에는 대사가 있는 등장인물들과 없는 등장인물들이 있다. 중부형 탈놀음에서는 '옴중'과 '취발이'의 대사가 백미로 청관중들의 흥미를 끌고, 영남형 탈놀음에서는 취발이 대신 '말뚝이'의 재담 대사가 주가 되어 청관중의 웃음을 자아낸다. 대사가 없는 등장인물들은 주로 몸짓춤으로 연기한다. 그 대표적인 예는 중부형 탈놀음의 '노장'이란 인물의 연기이다.

탈놀음에 사용되는 탈은 나무·종이·바가지 등을 재료로 하여 만들어진다. 오늘날의 탈놀이를 보면 해서지방의 탈은 종이, 중부지방의 탈은 바가지, 영남지방의 탈은 종이와 바가지 및 대바구니와 모피도 사용한다. 탈은 탈이 날 것을 우려해 대체로 공연 뒤에 불에 태워버린 것으로 보이며, 일부 탈을 신성시하는 경우에는 그것을 일정한 장소 곧 '당집' 등에 보관한 것으로 보인다. 탈의 색은 주로 붉은색·검은색·푸른색·노란색·흰색/갈색 등의 '오방색'을 사용했고, 대체로 등장인물들을 '과장'되고 '왜곡'되게 표현하는 경우가 많으며, 일부의 탈들은 사실적인 것들도 있다. 전반적으로 '민중적 사실성'을 과장과 왜곡에 의해 표현한 것들이 주류를 이루고 있다.

의상과 도구를 보면 각 계층별 특징을 나타낼 수 있도록, 계층의 일반적 특징을 잘 드러낼 수 있는 의상과 소도구가 동원된다. 주요 의상과 소도구들은 승려 계통·양반 계통·서민 계통으로 대별할 수 있다.

탈놀음의 구성은 '과장'이라는 단위들이 연속적으로 이어져 이루어진다. 코메디아 델아테Commedia dell'Arte처럼 주제별로 된 몇 개의 단위들인 과장들이 '옴니버스omnibus' 형식으로 연결되며, 각 과장들 사이의 인과적 필연성은 미약해서 그 앞뒤를 바꾸어도 별다른 무리가 없다. 그 순서는 대체로 각 과장의 생성 시기와 집단적 의미를 반영하고 있는 듯하다.

공연의 내용과 주제를 보면 크게 못된 악귀와 나쁜 기운들을 몰아내는 의식으로서의 축귀벽사逐鬼辟邪, 파계승에 대한 풍자, 못된 양반에 대한 모욕, 남녀의 대립과 갈등, 서민생활의 실상과 애환 등으로 이루어져 있다.

오늘날의 탈놀음은 유럽보다는 아시아지역에 많은 종류가 남아있으나, 한국과 중국에서는 그 전승이 지방희地方戱 형태로 남아있고, 일본에서는 전문 직업배우들에 의해 전승되어 왔다. 일본의 탈놀음인 노오能와 교겐狂言은 직업배우에 의해 무대극으로 전승되어 온 반면, 한국의 탈놀음은 일반 서민들에 의하여 마당놀이로 전승되어 왔다. 그만큼 한국의 탈놀이는 일찍부터 토착적 정체성과 민중적 활기를 확보하면서 탈계층적·민주적 방향을 향해 생성·변화되어 왔으며, 이러한 전통은 1970년에 와서 다시 '마당극' 운동으로 되살아났다.

5) 조희/우희

조희調戲란, 옛날의 어떤 고사故事를 부연하거나 당대의 시사적인 소재들과 문제들을 대화체의 재담과 연기 행동으로 표현하는 일종의 소극笑劇 faece 형식의 즉흥적인 화극話劇을 말한다. 조선시대에 와서는 '소학지희笑謔之戲'라고도 불렀다.

이 양식의 가장 오랜 기원으로는 삼국시대 고구려에서 처음 확인할 수 있으며, 이후에 남북국시대를 거쳐 고려시대에 들어와 기록상에 그 흔적들이 매우 분명하게 나타나고, 조선시대에는 더욱 더 다양한 관련 자료들이 문헌에 등장하고 있다.

이 공연 양식은 가면을 쓰고 하는 탈놀음 양식이 아니라, 오늘날의 연극과 같이 등장인물들로 분장을 하고〔扮〕 공연을 하는 일종의 화극話劇이었다. 이 양식은 근대의 신파극新派劇·신극新劇 이전부터 존재하던 우리의 전통적인 화극 양식으로 우리나라 화극 전통이 결코 근대 서양연극으로부터 처음 온 것이 아니라, 우리의 아주 오래된 공연문화 전통이라는 점을 분명하게 확인해준다는 점에서 매우 중요하다.

관련 자료들을 종합적으로 검토해 보면, 조희는 대체로 다음과 같은 양식적 특징을 가지고 있다.

첫째, 그 제재는 주로 당대 현실의 시사적인 이야기들이나, 전통적인 고사故事에서 구하였다. 둘째, 그 내용은 당대 사회의 시사적인 문제들을 다루는 것이 많았다. 이것은 이 연극 양식이 당대 사회의 중심 문제들을 다루는 일종의 '사회극'의 방향을 지향하고 있었음을 암시한다. 셋째, 연극의 표현 방식은 그러한 시사적인 이야기들을 배우들 사이의 '우유적寓喩的'인 대화들을 통해서 비판적으로 표현하는 방향을 취하였다. 넷째, 그 길이와 구성은 시사적인 문제의 핵심을 짧은 시간 동안에 효과적으로 드러낼 수 있도록 짤막한 촌극寸劇 형태를 취했을 것으로 보인다. 다섯째, 이 양식은 미리 작품을 정교하게 짜서 만드는 예술극보다는, 그때그때 발생하는 문제적 상황에 따라 배우들이 사건을 즉흥적으로 전개해 나아가는, 일종의 시사적인 '즉흥극improvisation' 형태를 취하였다. 끝으로, 이 연극 양식에는 가면이 사용되지 않은 것으로 보인다.[308] 구체적인 양상을 짐작할 수 있도록 조희의 대표적인 사례를 하나 들어보면 다음과 같다.

> 예부터 우희優戲를 배설하는 것은 관객을 웃기려고 하는 것이 아니라, 요컨대 세교世敎에 보탬이 되기를 구하는 데 있었으니, 우맹優孟[309]과 우전優旃[310]이 그 예이다. 공헌대왕(명종, 1546~1567)이 대비전大妃殿을 위하여 진풍정進豊呈[311]을 대궐 안에 베풀었을 때, 서울의 광대〔優人〕 귀석貴石이 배우희俳優戲를 잘 하여 진상하였다. 그는 풀을 묶어 꾸러미 네 개를 만들었는데, 큰 것 두 개, 중간 것 하나, 작은 것 하나였다. 그리고는 자칭 수령이라고 하면서 동헌에 앉더니, 진봉색리進奉色吏[312]를 불러 앞으로 나오게 하였다. 한 광대〔優人〕가 자칭 진봉색리라고 하면서 무릎으로 기어 앞으로 나왔다. 귀석이 목소리를 낮추더니 큰 꾸러미 한 개를 들어 그에게 주면서 말했다.
>
> "이것을 이조판서에게 드려라."

308) 김익두(2008), 《한국 희곡/연극 이론 연구》, 서울: 지식산업사, 131~136쪽 참조.

309) 옛날 초나라의 이름난 배우. 죽은 손숙오孫叔敖의 의관을 차리고 손숙오 아들의 곤궁을 구해냈다는 고사가 전함.

310) 중국 진秦나라의 광대. 우스갯소리를 잘 하였는데 대도大道에 맞았다 함.

311) 대궐 잔치의 일종.

312) 진상하여 바치는 것을 담당하는 아전.

또, 큰 꾸러미 하나를 들어 그에게 주면서 말했다.

"이것은 병조판서에게 그려라."

다음에는, 중간 크기의 꾸러미를 들어 그에게 주면서 말했다.

"이것을 대사헌에게 드려라."

그런 후에, 작은 꾸러미를 그에게 들려주며 말했다.

"이것은 임금님께 진상하여라."

귀석은 종실宗室의 노비였다. 그 주인이 시예試藝[313]에 참여하여 승자陞資[314]하였는데도 실직實職[315]을 가지지 못하고, 봉록俸祿도 더 받지 못하였으며, 추졸騶卒[316]도 갖추지 못하였는데다가, 각 능전陵殿에 차출되어 거의 조금도 쉴 틈이 없었다.

귀석은 주인의 이러한 처지를 변호하기 위해, 진풍정進豊呈에 들어가, 여러 광대들[優人]과 더불어 미리 약속을 하여, 다음과 같은 연극을 꾸몄다.

배우 한 사람은 시예종실試藝宗室이라 칭한 뒤 삐쩍 마른 말을 탔고, 귀석은 그의 노비 역할을 맡아 스스로 말고삐를 잡고 나갔다. 다른 한 사람은 재상으로 분장을 하고 준마를 타고, 그의 시종들이 그를 옹위하고 나갔다. 앞장선 재상의 졸개가 벽제闢除[317]를 하였는데도 시예종실이 범필犯蹕[318]을 하자, 시예종실의 노비[귀석]를 잡아다가 매를 치니, 노비[귀석]가 다음과 같이 큰 소리로

313) 재주를 시험하여 봄.

314) 당하관堂下官이 당상관堂上官의 자급資級에 오름.

315) 실무를 맡아 하는 실제의 관직.

316) 상전을 따라다니는 하인.

317) 지위가 높은 사람이 지나갈 때 구종별배驅從別陪가 잡인의 통행을 통제하던 일.

318) 임금이 거동할 때 임금의 연輦이나 가교駕轎에 접근하거나 그 앞을 지나가는 무엄한 짓.

하소연을 하였다.

"소인의 주인은 시예종실입니다. 관계의 높음이야 영공보다 아래에 있지 않을 것이나 봉록이 더해지지를 않고, 추졸도 갖추어 있지 않은데다가, 늘상 각 릉陵과 각 전殿의 제사에 차출되어 쉬는 날이 거의 없으니, 도리어 시예試藝로 자품資品이 오르기 전보다도 못하옵니다. 소인이 무슨 죄가 있습니까?"

재상 역을 맡은 광대〔優人〕가 경탄하며 그를 풀어주었다.

이런 내용의 연극이 있은 지 얼마 지나지 않아, 왕의 특명으로 귀석의 주인에게 실직實職이 더해졌다.[319)]

6) 궁중가무희宮中歌舞戲

궁중가무희는 예로부터 우리나라 궁중에서 행해온 가무희歌舞戲를 말하며, 이것은 일반적으로는 '정재呈才'라고 불려 왔다. 토착적인 전통에 바탕을 둔 궁중 가무희를 '향악정재鄕樂呈才'라 하고, 외국에서 전래되어온 궁중 가무희를 '당악정재唐樂呈才'라 한다. 고려시대에 와서는, 전자를 '전정가무殿庭歌舞' 후자를 '전상가무殿上歌舞'라고 부르기도 했다. 오늘날의 시각에서 보면, 여기에는 악가무희樂歌舞戲 곧 기악·성악·무용·연극 등의 요소들이 두루 포함된 일종의 종합적인 공연예술 양상을 띠고 있어, 이 가운데 어떤 것들은 음악극音樂劇으로 볼 수 있는 것들도 있다.

319) 유몽인 지음, 시기선·이월영 역주(1996), 《어우야담》, 서울: 한국문화사, 72~74쪽 참조.

(1) 향악정재[320]

향악정재는 삼국시대부터 시작되었다. 현재 그 내용을 알 수 있는 삼국시대의 향악정재로는, 〈정읍井邑〉·〈동동動動〉·〈무애無碍〉·〈처용무處容舞〉 등이 있다.[321]. 고려시대의 향악정재로는, 그 무보舞譜가 간단하게나마 전하는 〈무고〉·〈동동〉·〈무애〉와, 무보가 전하지 않는 〈처용무〉 등이 있다.

조선시대 초기에는 〈보태평지무保太平之舞〉·〈정대업지무定大業之舞〉·〈봉래의鳳來儀〉·〈향발무響鈸舞〉·〈학무鶴舞〉등이 만들어졌다. 이 중에 〈보태평지무保太平之舞〉·〈정대업지무定大業之舞〉는 세종이 지어 종묘제례악에 사용한 것이다. 〈정대업定大業〉은 무무武舞로서 육일무六佾舞이다. 각종 의물儀物을 든 35명의 보조무용수들이 동·남·서쪽에 도열堵列한 가운데, 36명의 무용수가 칼·창·활 등을 들고, 곡진曲陣·직진直陣·예진銳陣·원진圓陣·방진方陣 등의 진법에 따라 춤을 춘다. 무보는 《시용무보時用舞譜》에 전한다. 〈봉래의鳳來儀〉는 〈용비어천가〉를 노래하며 추는 춤이다.[322] 〈향발무響鈸舞〉는 8명이 향발響鈸을 두 손의 엄지손가락과 가운뎃손가락에 매어 이를 치면서 추는 춤이다. 〈학무鶴舞〉는 지당판池塘

320) 향악정재에 관해서는 다음을 참조함. 장사훈(1977), 《한국 전통무용 연구》, 서울: 일지사; 장사훈(1966), 《국악논고》, 서울대출판부; 《순조무자진작의궤純祖戊子進爵儀軌》(1828); 《순조기축진찬의궤純祖己丑進饌儀軌》(1829); 《헌종무신진찬의궤憲宗戊申進饌儀軌》(1848); 《철종계축진연의궤哲宗癸丑進宴儀軌》(1853); 《고종신축진연의궤高宗辛丑進宴儀軌》(1901); 《궁중정재무도홀기宮中呈才舞圖笏記》.

321) 현재 그 내용을 알 수 없는 향악정재 종목으로는 고구려의 〈지서무芝栖舞〉, 백제의 〈기악무伎樂舞〉, 신라의 〈가야지무加耶之舞〉·〈가무家舞〉·〈상신열무上辛熱舞〉, 〈하신열무下辛熱舞〉·〈사내무思內舞〉·〈한기무韓岐舞〉·〈소경무小京舞〉·〈사내금무思內琴舞〉·〈대금무碓琴舞〉 등이 기록에 보인다.

322) 이 가무는 전인자前引子(전주곡)·진구호進口號·여민락與民樂·치화평致和平·취풍형醉豊亨·후인자後引子·퇴구호退口號 등으로 구성되어 있다. 《세종실록》권140~145에 그 악보가 전한다.

板 연통蓮筒 속에 두 동녀童女를 숨겨두고, 청학靑鶴과 백학白鶴의 탈을 쓰고 추는 연극적인 가무희이다. 이 두 학이 춤을 추고 놀다가 연통을 쪼는 시늉을 하면, 연통이 벌어지면서 그 속에 숨어 있던 두 동녀가 나오고, 두 학은 이를 보고 놀라 퇴장하는 줄거리로 되어 있다.[323]

조선시대 말기에는 〈가인전목단佳人剪牧丹〉을 비롯한 20여 종의 가무희가 있었다.[324] 이것들의 내용을 간략히 살펴보면 다음과 같다.

〈가인전목단〉은 꽃병에 모란꽃을 꽂아놓고 그 꽃을 꺾으며 즐긴다는 내용의 가무이다. 〈경풍도慶豊圖〉는 선모仙母와 협무挾舞 5명이 풍년을 기원하는 내용의 춤이다. 〈고구려무高句麗舞〉는 총 6명의 무용수가 추는 춤으로 당나라 시인 이백李白이 고구려 춤을 보고 지은 시를 창사로 부른 데서 이런 이름이 생겼다. 〈관동무關東舞〉는 정철鄭澈이 지은 가사 〈관동별곡〉을 창사로 사용하는 정재이다. 8명의 무용수가 두 대隊로 나뉘어 〈관동별곡〉 1·2·3단을 노래하며 춤을 춘다. 〈만수무萬壽舞〉는 고려 때의 당악정재 〈헌선도獻仙桃〉의 내용을 모방하여 만든 춤이다. 〈망선문望仙門〉은 작선雀扇을 받든 무용수 4명, 당幢을 든 무용수 2명이, 선문仙門을 만들어 놓고 그 문 안으로 들어가 춤을 추며 놀다가 나오는 춤이다. 〈무산향舞山香〉은 독무로, 침상寢床 모양으로 만든 대모반玳瑁盤 위에서 이 춤을 춘다. 〈박접무撲蝶舞〉는 무복舞服에

---

323) 《궁중정재무도홀기宮中呈才舞圖笏記》에도 그 내용이 전한다.

324) 〈가인전목단佳人剪牧丹〉·〈경풍도慶豊圖〉·〈고구려무高句麗舞〉·〈관동무關東舞〉·〈만수무萬壽舞〉·〈망선문望仙門〉·〈무산향舞山香〉·〈박접무撲蝶舞〉·〈보상무寶相舞〉·〈사선무四仙舞〉·〈침향춘沈香春〉·〈영지무影池舞〉·〈첩승무疊勝舞〉·〈춘광호春光好〉·〈춘대옥촉春臺玉燭〉·〈춘앵전春鶯囀〉·〈향령무響鈴舞〉·〈헌천화獻天花〉·〈첨수무尖袖舞〉(속칭 葉舞)·〈검기무劍器舞〉(劍舞)·〈공막무公莫舞〉(2명이 추는 칼춤, 속칭 巾舞)·〈광수무廣袖舞〉·〈선유락船遊樂〉·〈초무初舞〉·〈사자춤〉·〈항장무項莊舞〉 등.

범나비를 군데군데 수놓아 봄빛을 찾는 범나비를 상징한 춤으로 6명의 무용수가 춘다. 〈보상무寶相舞〉는 고려 때 들어온 당악정재인 〈포구락抛毬樂〉을 모방한 춤으로, 6명·8명·14명 등으로 짝을 맞춘 무용수들이 두 대隊로 편을 갈라 춤을 춘다. 편을 가른 무용수들이 보상반寶相盤에 채구彩毬를 던져, 채구가 보상반에 들어가면 봉화奉花가 상으로 꽃을 주고, 넣지 못하면 그 벌로서 봉필奉筆이 얼굴에 먹을 찍는 놀이적인 내용의 춤이다.

〈사선무四仙舞〉는 신라 때의 사선四仙이 와서 놀 만큼 태평성대라는 내용의 노래를 부르며 추는 춤으로, 연꽃을 든 2명의 무용수가 앞에 서고, 그 뒤에 4명의 무용수가 두 줄로 서서 추는 6인무이다. 〈침향춘沈香春〉은 2명의 무용수가 2개의 모란화병牡丹花瓶 꽂아놓은 꽃을 어루만지다가, 그 꽃을 꺾어 들고 희롱하면서, 봄바람에 취한 듯이 하늘거리며 추는 춤으로, 앞의 〈가인전목단〉과 비슷하다. 〈영지무影池舞〉는 무대에 가운데에다가 영지影池(네모진 연못)를 만들어 놓고 3명은 영지 앞에, 3명은 영지 뒤에 서서 춤을 춘다. 〈첩승무疊勝舞〉는 6명의 무용수가 칠언으로 된 '첩승무'라는 한시를 제일첩第一疊부터 제십첩第十疊까지 노래 부르며 노래를 중심으로 춤을 춘다.

〈춘광호春光好〉는 화사한 봄빛을 즐기는 내용의 춤을, 무용수 6명이, 북쪽에 2명, 남쪽 2명, 동쪽에 1명, 서쪽에 1명씩 늘어서서 춘다. 〈춘대옥촉春臺玉燭〉은 무대 위에 윤대輪臺를 만들어 놓고 6명의 무용수가 그 위에 올라가서 춤을 춘다. 보등寶燈을 든 무용수 3명이 앞쪽에, 1명이 뒤쪽 중앙에 서고, 당幢을 든 무용수 2명이 뒤쪽 좌우로 서서 춤을 춘다.

〈춘앵전春鶯囀〉은 임금이 어느 봄날 아침 버드나무에 내왕하며 지저귀는 꾀꼬리 소리에 감동하는 내용을 무용화한 것이라 한다. 길이 6척의 화문석花紋席 돗자리의 제한된 공간 안에서 한

없이 느리고 우아하게 추는 독무獨舞로서, 우리나라 전통무용 중에 백미白眉로 알려진 궁중가무희의 대표적인 춤이다.

〈향령무響鈴舞〉는 6명의 무용수가 '품品'자 모양으로 벌려 서서 두 손에 각각 방울을 들고 가곡 〈계락界樂〉을 부르며 장단에 맞추어 추는 춤이다. 〈헌천화獻天花〉는 고려 때의 당악정재 〈헌선도〉를 모방한 점이 많은 춤으로, 선모 1명, 협무 2명, 집당기執幢妓 2명으로 구성된다. 〈첨수무尖袖舞〉(속칭 葉舞)·〈검기무劍器舞〉(劍舞)·〈공막무公莫舞〉(2명이 추는 칼춤, 속칭 巾舞) 등은 일련의 칼춤이다.

이밖에, 숙종 때부터 한말까지 연행되던 〈광수무廣袖舞〉, 뱃길을 떠나는 사람을 전송하는 내용의 〈선유락船遊樂〉, 진작進爵 때 제삼작第三爵에서 공연되는 〈초무初舞〉 등도 있고, 민간 유행의 〈사자춤〉·〈항장무項莊舞〉 등도 궁중에서 공연되었다.

이상의 향악정재 가운데서, 현재까지 지속적으로 공연되는 춤은 〈무고〉·〈처용무〉·〈가인전목단〉·〈춘앵전〉·〈보태평지무〉·〈정대업지무〉·〈검기무〉 등이 있다. 최근에 들어와, 위와 같이 전통적인 정재의 이름의 춤들은 대개 안무가按舞家들이 재안무再按舞를 하여 공연하는 것들이다.

향악정재는 당악정재처럼 딱딱한 형식을 지향하지 않는 자연스러운 가무희들이다. 무대에 나가면 먼저 엎드려 절을 하고, 일어나서〔拜潭伏興〕 춤추다가 우리말로 된 노래를 부르고, 다시 춤을 추다가, 끝낼 때에는 엎드려 절을 하고 일어나서 퇴장한다〔潭伏興退〕.

향악정재의 특징을 종합해보면 다음과 같다. 첫째, 춤이 시작될 때 먼저 무대에 나아가 절하여 엎드린다〔拜伏〕. 둘째, 당악정재의 특징인 앞뒤 구호口號와 치어致語가 없다. 셋째, 춤을 추는 과정에서 반드시 우리의 시가를 노래한다. 넷째, 춤이 끝날 때에도 시작할 때와 같이 절하여 엎드린 다음 일어나서 퇴장한다. 다섯째, 조선 말기에 이르면, 절하여 엎드려 시작하고 끝내는 형식이 흐려지며, 대개 우리말 노래를 버리고 새로 지은 오언 또는 칠언의 한시를 노래한다. 여섯째, 나중에는 당악정재와 향악정재가 서로 비슷하게 변화되어, 이 두 정재 사이의 구별 특징이 거의 없어지게 되었다.

(2) 당악정재[325)]

당악정재란 고려시대에 송나라에서 들어와 조선시대까지 전승된 외래의 궁중가무희를 말한다. 남북국시대 이후 고려시대에 걸쳐 중국 당·송의 가무희가 우리나라에 수입되면서, 궁중 가무희 분야에는 우리나라의 토착 전통 가무희와 외래 가무희가 양립하게 되었다. 전자를 '전정가무殿庭歌舞'로 후자를 '전상가무殿上歌舞'로 체계화하였음은, 이미 앞에서도 언급한 바 있다. 이 양자를 구분하기 위해 전자를 음악적인 면에서 향악鄕樂이라 하고 후자를 당악唐樂이라 했으며, 무용적인 면에서는 전자를 향악정재鄕樂呈才, 후자를 당악정재唐樂呈才라 하였다.[326)]

당악정재가 상연된 최초의 기록은《고려사》의 문종 27년(1073)에 보인다. 그리고《고려사》악지 당악 조에는〈헌선도獻仙桃〉·〈수연장壽延長〉·〈오양선五羊仙〉·〈포구락抛毬樂〉·〈연화대蓮花臺〉 등 다섯 가지 당악정재의 공연 절차가 일종의 공연 대본 형태로 비교적 자세하게 기록되어 있다.

---

325) 당악정재에 관해서는 다음 책을 참조함. 장사훈(1977),《한국 전통무용 연구》, 서울: 일지사; 차주환(1976),《당악연구》, 서울: 범학도서;《악학궤범樂學軌範》.

326) 원래 정재呈才는 기예를 드리는 것〔獻技〕을 뜻했고, 공던지기〔弄珠〕·줄타기·땅재주·목마타기 등의 총칭이었으나, 나중에는 점차 궁중무용의 대명사처럼 사용되게 되었다.

조선시대 초기에는 〈금척金尺〉·〈수보록受寶籙〉·〈근천정覲天庭〉·〈수명명受明命〉·〈하황은荷皇恩〉·〈하성명賀聖明〉·〈성택聖澤〉 등 7가지의 당악정재 가무희가 창작되었고, 《악학궤범》에 그 대본이 무보舞譜 형태로 수록되어 있다. 세종 때는 인멸의 위기에 있던 〈육화대六花隊〉·〈곡파曲破〉 등 2가지의 가무희를 재연하였다.

조선시대 후기에는 순조 때 〈장생보연지무長生寶宴之舞〉·〈연백복지무演百福之舞〉·〈제수창帝壽昌〉·〈최화무催花舞〉 등이 당악정재의 양식을 취하고 있다. 그러나 조선 초기에 창작된 7가지 정재와 재연한 2가지 등 9가지 가운데서 조선 말기까지 전승된 것은 〈금척〉·〈하황은〉·〈육화대〉 등 3가지뿐이다.

당악정재의 주요 특징은 다음과 같다. 첫째, 향악정재와 달리 죽간자竹竿子·구호口號·치어致語 등이 포함되어 있다.[327] 둘째, 향악정재가 향악 반주에 맞추어 우리말로 된 노래를 부르는 데 견주어, 당악정재는 당악 반주에 맞추어 한문으로 된 노래를 부른다. 셋째, 향악정재와 달리 당악정재에서는 무대 좌우에 인인장引人仗·정절旌節·용선龍扇·봉선鳳扇·작선雀扇·미선尾扇 등을 든 의장대儀仗隊가 도열하여 위의威儀를 갖춘다. 넷째, 조선 후기에는 당악정재가 향악정재화 되어, 양자 사이의 차이점이 거의 사라지게 되었다.[328]

---

327) '죽간자'는 두 사람이, '죽간자'를 각각 하나씩 들고, 무용수 앞에 서서, 무대에 들어갈 때와 나올 때 무용수를 인도하는 구실을 한다. 죽간자를 든 사람을 '봉죽간자奉竹竿子' 또는 그냥 '죽간자'라고도 이른다. '구호'와 '치어'는 당악정재 본 공연의 앞과 뒤에서 송축의 뜻으로 부르는 치사致辭와 시詩 일장이다. '구호'는 칠언사구七言四句로 되어 있고, '치어'는 대체로 변려체騈儷體로 되어 있다. 그러나 고려시대에 송나라에서 우리나라로 들어온 당악정재의 구호와 치어는 원래의 것과는 달라졌고, 또 후대로 내려오면서 많이 변화되어, 조선시대에 이르러서는 이러한 형식이 더욱 더 한국화 되어 갔다. 조선시대 말기에 오면 구호·치어 및 춤을 추다가 부르는 창사唱詞 등의 구분이 더욱 흐려지고, 오늘날에 와서는 이 모든 것들이 '창사'라는 이름으로 통일되었다.

328) 그러나 당악정재의 특징적 요소들 가운데 '죽간자'와 '의장대'만이 조선시

현재까지 전승되고 있는 당악정재 종목으로는, 〈포구락抛毬樂〉·〈장생보연지무長生寶宴之舞〉·〈연백복지무演百福之舞〉 등이 있으며, 그 공연 대본은 《고려사》 악지, 《악학궤범》, 그리고 조선 말기에 이루어진 《정재무도홀기》 등에 기록되어 전해지고 있다.

7) 궁중제례악

궁중제례악이란 우리나라 궁중에서 행하여진 주요 제사에서 사용된 악가무희를 말한다. 우리나라의 궁중제례악의 대표적인 것은 조선시대 궁중에서 행해진 '문묘제례악文廟祭禮樂'과 '종묘제례악宗廟祭禮樂'이다.

(1) 문묘제례악文廟祭禮樂[329]

'문묘제례악'이란 궁중의 공자 사당인 문묘文廟에서 지내는 공자의 제사인 석전제釋奠祭 중에 공연되는 음악과 무용을 말한다. 문묘악·문묘제향악·석전악釋奠樂·응안지악凝安之樂이라고도 한다.

문묘제례악은 중국 상고시대에 기원을 둔 동양 최고의 음악으로, 중국에서는 이미 사라졌고, 우리나라에만 남아 전하고 있다.

대 말기까지 존속되었고, 나머지 요소들은 많이 변모되었다. 특히, 15세기 《악학궤범》 시절에는 반주 음악으로 당악만이 사용되었으나, 16세기 이후로는 향악화한 당악 또는 향악으로 바꾸어 쓰게 되었다. 그래서 결국 16세기 이후의 당악정재는 그 명칭만이 당악정재로 남아 있을 뿐이고, 그 실제 내용은 거의 향악정재와 같은 것으로 변모되었다. 이러한 사실은 우리나라의 외래 공연문화 수용 태도와 방법 면에서 매우 중요한 특징으로 눈여겨 보아야 할 점이다.

329) 문묘제례악에 관해서는 다음 자료들을 참조함. 성경린(1976), 《국악감상》, 국민음악연구회; 장사훈(1976), 《국악통론》, 서울: 정음사; 성경린(1976), 《한국음악논고》, 서울: 동화출판공사; 《악학궤범樂學軌範》.

고려시대에 처음 우리나라에 들어와, 조선시대로 전해졌으며, 지금도 성균관 대성전大成殿에서 봄·가을 석전제 의식에서 공연되고 있다. 중국 고대 아악雅樂에 속하며, 중국 고악인 당악唐樂과도 다르다. 우리나라 고대음악과도 어떤 관련이 있을 것으로 생각된다.

문묘제례악의 연혁을 보면 다음과 같다. 1116년(예종 11) 6월 송나라에 하례사로 갔던 왕자지王字之·문공미文公美가 돌아오는 길에 송 황제 휘종徽宗이 주는 '대성아악大晟雅樂'이란 것을 가지고 돌아와, 원구·사직·태묘太廟 등의 제향과 문묘 석전제인 문선왕제文宣王祭에 사용하기 시작했다. 조선 초기인 1398년(태조 7)에 한양 천도 뒤 지금의 성균관 자리에 문묘를 건축하여 고려시대의 '대성아악'을 그대로 사용하다가, 세종 때 박연朴堧 등이 중심이 되어, 중국 쪽의 옛 전적인 《주례周禮》·《통전通典》·《악서樂書》·《석전악보釋奠樂譜》 등을 참고하여, 팔음八音을 제대로 구비한 옛 주나라 제도에 가까운 새로운 아악雅樂을 만들고, 아악보雅樂譜를 만들어 우리나라 아악과 문묘제례악을 바로잡았다. 그 뒤, 임진왜란으로 아악과 문묘제례악이 흩어진 것을 광해군 때 《악학궤범》을 기준으로 다시 복구했고, 병자호란으로 잠시 중단되었다가, 여러 차례 아악 복구 작업을 계속하여, 영조 때에 다시 규모는 작아졌으나 옛 모습에 가까운 아악으로 바로잡아 오늘에 이르고 있다.

악기는 아악기만을 사용하고 당악기·향악기는 전혀 사용하지 않는다. 아악기는 그 제작 재료에 따라 쇠〔金〕·돌〔石〕·실〔絲〕·대〔竹〕·바가지〔匏〕·흙〔土〕·가죽〔革〕·나무〔木〕 등 모두 8종의 재료로 이루어져 있다. 문묘제례악에서는 이 8종의 악기로 연주되는 팔음八音이 하나도 빠짐없이 골고루 사용되는 것이 다른 음악과 크게 다르다.[330] 현행 문묘제례악에 쓰이는 악기들은, 12율 곧 12반음만 낼 수 있는 악기인 훈·약·슬·생과 12율 4청성 곧 16반음을 낼 수 있는 악기인 편종·편경·지·소 등 8가지로 구성되어 있다.

연극 형식을 보면, 당상堂上에 악기를 배치한 등가登歌와 당하堂下에 악기를 배치한 헌가軒架, 두 곳에서 교대로 주악을 담당하는 형식이다. 등가에서 연주하는 음악은 금琴·슬瑟 등의 현악기와 노래〔導唱〕가 있어 좀 더 섬세한 반면, 헌가에서 연주하는 음악은 진고晉鼓·노고路鼓·노도路鼗 등의 큰북과 여타의 북 종류들이 있어 자못 웅대하다. 악기들은 음양사상에 따라 배치하여, 동편에는 음악을 시작하는〔樂作〕 악기가 배치되고 서편에는 음악을 그치는〔樂止〕 악기가 배치된다. 동편에 배치된 특종·축과에 의해 연주가 시작되고, 서편에 배치된 특경의 연주에 의해 연주가 그친다.

사용되는 악곡·악장은 다음과 같다.[331] 원래 문묘제례악의 악곡은 황종궁을 이조移調하여 얻은 11곡과 송신 협종궁·송신 임종궁·송신 황종궁 등 3곡을 더하여, 15궁, 곧 15곡이다. 그러나 오늘날 제례에서 사용되는 악곡은 황종궁·중려궁·남려궁·이칙궁·고선궁·송신 황종궁 등 6곡뿐이다. 음계는 7음계로 되어 있으며, 음길이는 매 음마다 3초 정도 일정하게 뻗은 다음, 마디 끝은 1초 정도 위로 소리를 밀어 올려 끊는다. 한 마디는 4음, 한 곡은

---

330) 팔음八音이 구비되기 위해서는 '생황笙簧'이 들어가야 하고, 순수한 아악기를 고수하려면 박이 제외되어야 하지만, 박은 악장격인 '전악典樂'이 들고 지휘를 하는 일종의 지휘봉에 해당하는 악기이기 때문에, 함께 사용해도 무리가 없다고 한다. 이 박을 든 악관을 '집박執拍'이라고 한다.

331) 문묘제례악의 악곡 및 악장은 《세종실록》권137 및 권147, 《樂學軌範》권2에 전해온다. 이것은 원나라 임우林宇가 정리한 《대성악보大晟樂譜》 중에서 채택한 것이다. 다음은 현재 불리고 있는 악장과 악곡의 일례이다.

황종궁黃鐘宮

黃南林姑 太姑南林 應南丕姑 南林黃太

大哉先聖 道德尊崇 維持王化 斯民是宗

모두 8마디 32음으로 되어 있다. 또, 매 마디 끝에는 북을 두 번 쳐서, 그 북소리로 한 마디의 끝을 알려준다. 이 악곡에 맞추어 부르는 노래를 악장이라고 한다. 악장은 한 음에 한 글자씩 4자 1구, 총 32자로 되어 있다. 이 노래를 도창導唱이라고 하며, 이 노래를 부르는 악사를 도창악사導唱樂士라 한다.

이 음악 악곡의 가장 큰 특징은 다음과 같다. 첫째, 주음主音으로 시작하여 주음으로 끝난다. 둘째, 곡의 종지가 하행종지로 되어 있다. 셋째, 한 음 한 음의 끝을 위로 밀어올린 다음 끝을 끊어서 일종의 선율선을 단절한다. 넷째, 음역이 12율 4청성 곧 16반음으로 제한되어 있다. 다섯째, 농음弄音 곧 떨림음이나 시김새 곧 장식음을 전혀 사용하지 않는다.

행례 및 공연 절차는 다음과 같다.

① 영신迎神 : 신을 맞아들이는 절차이다. 당상의 집례執禮가 헌가에서 〈응안지악〉과 〈열문지무烈文之舞〉를 연주하라고 청하면, 집사악사執事樂師는 '드오擧麾(휘를 들라)'를 불러 악작[332]을 지휘한다. 그러면 집박이 박을 한번 치고 고축鼓柷 3성聲 후에, 진고를 1통通 치는데, 이것을 세 번 반복한 뒤 박을 한번 치면, 비로소 모든 악기가 영신악을 연주한다. (헌가의 음악을 시작하는 절차는 모두 이와 같다.) 영신악은 황종궁을 세 번, 중려궁을 두 번, 남려궁을 두 번, 이칙궁을 두 번씩 반복하여 모두 아홉 번九成 연주하는데, 여덟 번째 즉 이칙궁 1성 처음에 초헌관 이하가 함께 사배四拜를 한다. 곡이 다 끝나면 악사는 '지오偃麾(휘를 내리라)'를 불러 악지樂止[333]를 지휘하며, 집박은 급히 박을 세 번 이상 치고 동시에 어敔를 세 번 긁은 뒤, 음악이 모두 끝난다. (헌가의 음악을 끝내는 절차는 모두 이와 같다.) 이때 일무佾舞[334] 가운

332) 음악을 연주하는 일.

333) 음악을 그치게 하는 절차.

데 문무文舞를 춘다.

② 전폐례奠幣禮 : 헌관이 신주 앞에 나아가 향을 피우고 폐백을 드리는 절차이다. 집례가 등가에서 〈명안지악明安之樂〉과 〈열문지무〉를 연주하라고 청하면, 악사는 '드오'를 불러 악작을 지휘한다. 그러면 등가에서 남려궁을 연주하는데, 그 행례의 느리고 빠름에 따라 주악과 일무를 몇 번이고 반복하며, 헌관이 예를 마치고 나오면, 급히 박을 치고 동시에 특경을 한 번 치고 어를 세 번 긁은 다음에 음악이 끝난다. 전폐례의 음악을 시작할 때에도 대개 영신의 경우와 같으나 첫째 박소리 다음에 특종을 한 번 치고 다음 박소리 앞에 특종을 또 한 번 치는 것이 다르다. 이때 일무는 문무를 춘다.

③ 초헌례初獻禮 : 초헌관이 신주 앞에 나아가 첫 술잔을 올리는 절차이다. 초헌관이 준소樽所에 가서 감작監酌을 끝내면[335] 집례는 등가에서 〈성안지악成安之樂〉과 〈열문지무〉를 연주하라고 청하고, 악사는 악작을 지휘한다. 그러면 남려궁이 연주되고 초헌관이 공자〔大成至聖文宣王〕 신위 앞에 나아가 헌작獻爵을 한 뒤에 엎드렸다가 일어나 뒤로 물러나 꿇어앉으면 음악을 그친다.

그 다음엔 대축大祝[336]이 축문을 읽는다. 고축이 끝나면 박소리와 동시에 절구 세 번을 쳐서, 다시 음악은 남려궁을 연주한다. 헌관이 차례로 안자顔子·증자曾子·자사子思·맹자孟子 등의 신위 앞에 헌작을 하고 나오면 음악이 그친다. 이때, 행례의 느리

334) '일무佾舞'란 궁중에서 제례 때 추는 춤을 말한다. 일무는 춤의 내용에 따라 문무文舞와 무무武舞로 구분된다. 문무는 오른손에 적, 왼손에 약을 들고 추며, 무무는 왼손에 간, 오른손에 척을 들고 춘다. 일무는 무용수의 수에 따라 팔일무八佾舞·육일무六佾舞·사일무四佾舞·이일무二佾舞가 있는데, 현재 석전제에서 추는 일무는 팔일무로 64명이 춘다. 이 일무는 중국 고대의 제도를 이어받은 것이다.

335) 헌작 곧 술잔을 올릴 준비를 하는 절차. 준비된 놋대야의 물에 손을 씻음.

336) 축문을 읽는 사람.

고 빠름에 따라 주악과 일무의 시간은 적절하게 늘리고 줄인다.

④ 공악空樂 : 초헌관이 예를 마치고 제자리에 돌아오면, 집례는 헌가에서 〈서안지악舒安之樂〉을 연주하라고 청한다. 그러면 고선궁을 한 번 연주하고 그 사이에 문무 무용수들이 자리에서 나가고 무무武舞 무용수들이 자리에 들어선다.[337]

⑤ 아헌례亞獻禮 : 아헌관이 신주 앞에 나아가 두 번째 술잔을 올리는 절차이다. 아헌관이 준소에 가서 감작을 끝내면, 집례는 헌가에서 〈성안지악〉과 〈소무지무昭武之舞〉를 연주하라고 청한다. 그러면 헌가에서 고선궁을 연주한다. 이때 아헌관이 공자와 그 이하 여러 배향 신위들 앞에 차례로 나아가 헌작한다. 그 절차는 초헌례와 같다. 헌작 절차가 다 끝날 때까지 주악과 일무는 계속되며, 일무는 무무를 춘다.

⑥ 종헌례終獻禮 : 종헌관이 신주 앞에 마지막 술잔을 올리는 절차이다. 행례의 절차와 음악의 절도는 아헌례와 같다. 예식 절차가 다 끝나면 주악이 그치고 일무 무용수들은 자리에서 퇴장한다.

⑦ 철변두徹邊豆 : 제례를 마무리 짓고 제기를 철수하는 절차이다. 초헌·아헌·종헌 등 삼헌三獻 절차가 다 끝나면, 참배자들의 첨향례添香禮가 있다. 다음에 초헌관이 음복飮福하는 곳에 나아가 술과 포脯를 음복하고 제자리에 돌아오면, 헌관들이 모두 함께 사배를 한다. 다음 집례가 등가에서 〈오안지악娛安之樂〉을 연주

337) 따라서, 이 절차는 문무 무용수들과 무무 무용수들이 교체되기 위한 빈 시간을 위해 필요한 연주 시간이다. 그러나 요즈음은 무용수들은 교체되지 않고 문무 때 무용수들이 쓰던 진현관進賢冠을 피변관皮弁冠으로 바꾸어 쓰고, 손에 든 약籥(대나무로 만든 관악기로 중국 아악기의 하나)과 적翟(우리나라 전통 관악기. 저)을 무무의 간干(용을 그린 널조각)과 척戚(용 머리를 새긴 나무에 대로 자루를 끼워서 만든 춤출 때 쓰는 제구)으로 바꾸어 드는 변화만 있을 뿐이다.

하라고 청하면 음악은 남려궁을 한 번 연주한다. 그러는 동안에 제관은 제기를 철수한다. 제기 철수 작업이 모두 끝나면 집사는 음악을 그치게 한다.

⑧ 송신送神 : 제당에 불러들인 신을 돌려보내는 절차이다. 집례가 헌가에서 〈응안지악〉을 연주하라고 청하면, 송신 황종궁을 연주하고, 초헌관 이하 헌관들이 모두 함께 사배를 한 뒤, 집사는 그 곡이 마치기를 기다렸다가 음악을 그치게 한다.

⑨ 망료望燎 : 제례에 사용한 축문과 폐백을 태우는 절차이다. 초헌관이 망료를 하는 자리로 가면, 집례는 헌가에서 〈응안지악〉을 연주하라고 청한다. 그러면 음악은 송신 황종궁을 연주한다. 초헌관이 망료하는 자리에서 축문과 폐백을 태운다. 이 과정이 끝나면 음악을 그치게 하고 모든 예식 절차가 끝난다.

(2) 종묘제례악宗廟祭禮樂[338)]

'종묘제례악'이란 조선시대에 역대 제왕의 위패位牌를 모신 종묘宗廟 및 영녕전永寧殿에 제사를 드릴 때 연주하는 음악과 무용을 총칭하는 것이다. '종묘악'이라고도 하며, 중요무형문화재 제1호로 지정되어 있다.

종묘는 정전正殿 및 조묘逝廟인 영녕전永寧殿으로 이루어져 있다. 종묘는 삼국시대부터 있었으나 제향에 악무를 사용한 것은 고려 숙종 무렵부터이다. 그 뒤 1116년(예종 11년) 송나라에서 '대성아악大晟雅樂'이 들어와 사용되기 시작하였다. 조선 초기에는

338) 종묘제례악에 관해서는 다음 자료를 참조. 《악학궤범樂學軌範》; 상사훈(1966), 《국악논고》, 서울대학교출판부; 이혜구(1967), 《한국음악서설》, 서울대출판부; 성경린(1976), 《한국음악논고》, 서울: 동화출판공사; 성경린(1976), 《국악감상》, 국민음악연구회; 김기수(1980), 《종묘제례악》, 국립국악원; 송방송(1984), 《한국음악통사》, 서울: 일조각; 문화재관리국(1985),《주요무형문화재 해설-음악편》.

고려시대의 것을 답습하다가 1395년(태조 4년) 11월 종묘악장宗廟樂章을 고쳤고, 1406년에는 중국으로부터 새로 악기를 들여와 사용했다. 세종 때에 이르러, 세종이 고취악鼓吹樂과 향악에 바탕을 두고 〈정대업定大業〉·〈보태평保太平〉·〈발상發祥〉·〈봉래의鳳來儀〉 등 신악新樂을 창제하였다.

세조 때인 1464년 이후에는 세종이 회례악으로 만든 〈정대업〉과 〈보태평〉이 다소의 개정을 거쳐 종묘제례악으로 정식 채택되었다. 선조 때에는 임진왜란으로 음악이 약화되었으나 광해군 때에 점차 복구되었다. 악보는 《세종실록》권138, 《세조실록》권48, 《대악후보大樂後譜》권2, 《속악원보俗樂源譜》권1(仁)·권6(信) 등에 전해지고 있다.

종묘제례악의 악장은 4자 1구, 8구 1장의 정제된 정형 한시漢詩이다. 음계로는 5음 음계와 7음 음계를 사용한다.

앞장의 각주에서 설명한 바와 같이, 일무에는 문덕을 찬양한 문무文舞와 무덕을 찬양한 무무武舞가 있다. 《악학궤범》권2에 보이는 문무와 무무는 48인의 6일무六佾舞로 〈보태평지무保太平之舞〉와 〈정대업지무定大業之舞〉가 있다.

제향의 〈보태평지무〉는 악공 38인 가운데 춤 36인, 둑 2인은 모두 진현관進賢冠을 쓰고, 남빛 명주옷에 검은 선을 두른 붉은 치마를 입고, 붉은 말대를 띠고, 흰베 버선에 검은 가죽신을 신는다. 왼손에 약爚을 쥐고 오른손에 적翟을 쥔다. 〈정대업지무〉는 악공 71인이 모두 가죽 변弁을 쓴다. 의상은 〈보태평〉의 문무와 같다. 춤 36인은 각각 칼〔木劍〕·창〔木槍〕·화살〔弓矢〕을 쥔다. 나머지 35인은 각각 의물儀物을 들고 악절에 따라 움직이며 춤을 춘다. 일무에 대한 상세한 내용은 《시용무보時用舞譜》에 전한다.

오늘날의 일무는 이 《시용무보》에 의거하여 정리된 것으로, 무용수는 8일무로 64인이고, 문무는 왼손에 약과 오른손에 적을 들고, 무무는 앞 4줄은 칼〔木劒〕, 뒤의 4줄은 창〔木槍〕을 들고 춘다. 무복舞服도 문무와 무무가 모두 복두羅頭·홍주의紅紬衣·남사대藍絲帶·목화木靴의 차림이다.

종묘대제의 행례는 당상에 있는 집례의 창홀唱笏[339]로 진행되며, 음악이 함께 연주되는 만큼 집사악사執事樂師의 소임이 큰 비중을 차지하고 있다. 그 진행 절차를 정리하면 다음과 같다.

① 영신迎神: 신을 맞아들이는 과정이다. 〈보태평〉 음악을 사용하여, 헌가에서는 편종·편경·방향·당피리·대금·해금·장고·축·박 등으로 편성된 악대가 〈영신희문迎神熙文〉이라는 악곡을 9번 반복〔9성成〕하고, 당하에서는 일무의 무용수들이 문무文舞를 춘다.

② 전폐奠幣: 제관이 신주 앞에 나아가 향을 피우고 폐백을 드리는 절차이다. 〈보태평〉 음악을 사용하여, 등가에서는 편종·편경·방향·당피리·대금·아쟁·절구·축·박으로 편성된 악대가 〈전폐희문〉이라는 악곡을 연주하고, 당하에서는 일무의 무용수들이 문무를 춘다. 춤이 끝나면 무용수들은 퇴장한다.

③ 진찬進饌: 제관이 신주 앞에 음식을 차려 진설하는 절차이다. 사용하는 악명은 〈풍안지악〉이며, 등가에서는 편종·편경·방향·당피리·대금·해금·장고·축·박으로 편성된 악대가 〈진찬〉이라는 악곡을 연주하고, 춤은 없다. 행례의 느리고 빠름에 따라 악곡 연주를 맞추어 한다. 헌관이 제말실弟末室까지 가는데, 대개 진찬곡 6~7성이면 된다.

④ 초헌初獻: 초헌관이 신주 앞에 첫 술잔을 올리는 절차이다. 사용하는 악명은 〈보태평〉이며, 등가에서는 전폐 때와 같이 편성된 악대가 희문·기명·귀인·형가·즙영·융화·현미·용광·정명·중광·대유·역성 등의 악곡을 연주하고, 당하에서는 춤패가 일무

339) 의식 절차의 순서를 큰 소리로 차례차례 부르는 것.

중 문무인 〈보태평〉을 춘다. 행례절차 가운데서 가장 무겁고 어려운 주악이 이 초헌례이다. 먼저 시작인 인입장引入章은 〈희문〉 1곡으로는 초헌관이 제1실까지 이르도록 맞추어야 하고, 그 다음에는 〈헌례장〉 9곡으로 초헌관이 19실인 종묘 그리고 15실인 영년전에 이르도록 적당히 안배하여, 남거나 모자람이 없어야 하기 때문이다. 초헌례에는 또한 대축大祝의 독축讀祝이 있다. 그한 절차가 끝나는 사이사이에는 매번 악지樂止가 되어야 하므로, 집박·편종·피리 등 차비差備가 몹시 마음을 쓰게 된다. 헌례장 9곡으로 정하게 완주完奏해야 하므로 추호도 지나치거나 모자람이 없어야 한다. 초헌관이 제19실에서 나서면 곧 마지막 곡인 〈역성〉 1곡을 내어 연주하여 제자리에 돌아올 때까지 연주한다.

⑤ 아헌亞獻: 아헌관이 신주 앞에 두 번째 술잔을 올리는 절차이다. 사용하는 악명은 〈정대업〉이며, 헌가에서는 편종·편경·방향·당피리·대금·해금·장고·축·박·태평소·징으로 편성된 악대가 소무·독경·탁정·선위·신정·분웅·순응·총유·정세·혁정·영관 등의 악곡을 연주하고, 당하에서는 무용수들이 일무 가운데 무무를 춘다. 먼저 인입장은 '소무'라는 곡으로써 아헌관이 제1실에 이르도록 맞추어 연주하고, 다음 과정에는 독축이 없이 헌작을 하게 된다. 이 과정에서는 헌례장 9곡으로 아헌관의 행동 과정 절차에 꼭 맞추어 연주하지 않아도 되므로, 초헌례 과정보다는 연주가 비교적 쉽다. 따라서 헌례과정이 빨라서 악곡이 남으면 남는 대로 인출장引出章인 '영관'이란 곡을 연주하면 되고, 행례가 더디어 악곡이 모자라면 다시 헌례장 제1장 '독경'에서부터 환주還奏하여도 무방하다.

⑥ 종헌終獻: 종헌관이 신주 앞에 마지막 술잔을 올리는 절차이다. 사용하는 악명은 역시 〈정대업〉이며, 헌가에서 아헌 때와 같게 편성된 악대가 아헌 때와 같은 악곡을 연주하고, 당하에서

는 무용수들이 아헌 때와 같이 무무를 춘다. 결국 아헌과 종헌의 절차는 헌작의 차례만이 다르고 그 절차 방법은 별 차이가 없다.

⑦ 철변두徹籩豆: 제례를 마무리 짓고 제기들을 철수하는 과정이다. 사용하는 악명은 〈옹안지악〉이며, 등가에서는 전폐 때와 같게 편성된 악대가 '진찬'이라는 악곡을 연주하며, 당하에서는 무용수들이 무무를 춘다. 악곡이 끝나면 무용수들은 퇴장한다.

⑧ 송신送神: 제당에 맞아들였던 신을 돌려보내는 절차이다. 사용되는 악명은 〈옹안지악〉이며, 헌가에서 영신 때와 같게 편성된 악대가 '진찬'이라는 악곡을 연주하고, 이때 집례자가 '헌관 이하 개사배'를 불러 헌관 이하 제관 전원이 4배를 하고, 악사가 끝나기를 기다리다가 끝나면 악지樂止를 명하여, 행례 절차가 모두 끝난다. 이 절차에 일무 무용은 없다.

8) 영산재靈山齋

'영산재靈山齋'란 불가에서 죽은 이의 영혼을 저승 극락으로 천도하는 의식을 말한다. 이런 면에서 이것은 전라도 무당굿의 '씻김굿'이나 서울 무당굿의 '진오귀굿'과 비슷한 기능을 수행하는 제사 의식이다.

영산재는 불가의 영혼 천도 의례인 49재 가운데 하나이다. 49재는 사람이 죽은 지 49일 만에 영혼을 극락으로 천도하는 의식인데, 여기에는 상주권공재常住勸供齋·각배재各拜齋·영산재靈山齋 등이 있다. 이 가운데서 '영산재'가 가장 규모가 크고 성대한 재의식齋儀式이다.

영산재의 기원은 석가모니가 영산에서 행한 설법인 영산회상靈山會相에 있다고 한다. 따라서, 영산재는 석가모니불이 영산에서 행한 영산회상靈山會相 설법의 이치를 의식에서 재현한다는 상징적인 의미를 지닌다. 우리나라 영산재의 시작이 언제부터인지는 분명치 않으나, 이능화李能和의 《조선불교통사》에 따르면, 조선 전기에 이미 영산재가 행하여지고 있었던 것을 알 수 있다.

영산재의 공연 순서를 정리하면 다음과 같다.

① 괘불이운掛佛移運: 우선 의식을 진행할 장소를 도량으로 상징화하기 위하여 의식 공연 장소에 영산회상도靈山會相圖 그림을 내어 거는 것을 말한다. 약식으로 할 경우에는 법당 안에 괘불을 걸어놓은 채로 의식을 행한다. 영산회상도를 내어 걸어놓은 다음에는 의식문儀式文 절차에 따라, 범패梵唄(불교음악)와 작법作法(불교무용)을 공연한다. 이때, 출산게出山偈·염화게拈花偈·산화락散花落·등산게登山偈·사무량게四無量偈·영산지심靈山志心·헌좌게獻座偈·다게茶偈·축원祝願 등의 의식을 행한다.

② 도량장엄: 걸어놓은 영산회상도 아래 제단을 설치하는 것을 말한다. 정면 한가운데에 상단·중단·하단의 불단을 설치한다. 상단은 괘불 바로 앞에, 중단은 상단 왼쪽에, 하단은 상단 오른쪽에 설치한다. 상단은 부처님이 좌정하는 곳이고, 중단은 영산재 공연 장소를 옹위하는 신들이 좌정하는 곳이며, 하단은 그 공연이 천도할 영위가 좌정하는 곳이다. 상단에는 육법공양六法供養 물건인 향香·다茶·화花·과果·등燈·미米 등을 놓고, 중단에도 상단과 같은 제물을 놓는다. 하단에는 고기·생선류·주류 등을 제외한 일반 제물들을 차린다.

③ 용상방龍象榜: 영산재의 의식을 진행할 승려들의 진용을 짜는 것을 말한다. 그 구성은 다음과 같다. 재의식을 증명하는 증명법사證明法師, 설법을 맡는 회주會主, 의식을 총지휘하는 법주法主, 범패·작법 및 그 반주 등을 맡는 어산魚山·범음梵音·범패승梵唄僧, 종치는 일을 맡아보는 종두鐘頭, 북을 치는 고수鼓手, 의식

진행에 있어서 필수적인 법악기法樂器 담당 인원인 태징 1인, 요령 1인, 바라 1인, 삼현육각 6인, 범종 1인, 호적 2인, 나비춤 2인 또는 4인, 기타의 일들을 맡아볼 조수 등이 그것이다. 경우에 따라서는 이보다 더 늘어나기도 하고, 줄어들기도 한다.

④ 시련侍輦: 부처님 및 그날 재를 지내는 영혼의 영가를 모셔 오는 의식을 말한다. 이 의식은 먼저 절 밖으로 나가 일정 장소에서 영가를 모시는 의례를 행하고, 영가를 모시고 절 안으로 들어오는 행렬의식으로 이루어진다. 그 행렬은 영혼을 극락으로 인도한다는 나무인로왕보살번기南無引路王菩薩幡旗를 선두로 하여, 여러 영기令旗·청사초롱·일산 등이 따른다. 행렬음악으로는 삼현육각·범패가 연주되고, 나무대성 인로왕보살 등의 노래를 부른다. 시련 행렬이 괘불 앞의 제단 앞에 이르면 미리 마련된 제단에 차례로 권공예배勸供禮拜를 하고 기원을 아뢴다.

⑤ 서재序齋: 공연 장소를 정화하는, 맨 처음 순서의 재이다. 이를 위해 신중작법神衆作法이 행하여진다.

⑥ 권공의식: 서재가 끝나면 앞에서 말한 삼단에 차례로 권공의식을 행하게 되는데, 권공의식이란 제물을 올려 권하고 소원을 아뢰며 가피력을 입을 것을 비는 것이다. 권공의식의 대체적인 절차는 다음과 같다.

• 거불擧佛: 재에서 의지할 대상 신들의 이름을 불러 그 내림을 발원하는 절차이다. 예컨대, 나무불타부중강림법회南無佛陀部衆降臨法會 등이 그것이다.

• 보소청진언普召請眞言: 대상 신들/불보살들의 강림을 비는 진언/주문을 외운다.

• 유치청사由致請詞: 대상 신들의 강림을 청하게 된 이유를 말로 아뢴다.

• 찬불의례讚佛儀禮: 도량에 청하여 들인 신들을 찬양하는 의

례이다. 태징을 치고, 호적을 불고, 꽃을 흩뜨리면서 향화청香花請·산화락散花落 등의 범패를 부르고, 한편에서는 바라춤을 춘다. 신들에 대한 성대한 일대 환영식이다.

• 가영歌詠: 찬불가인 가영을 부르는 절차이다.

• 헌좌獻座: 강림한 신들/불보살에게 그들이 앉을 자리를 권하는 절차이다. 헌좌게獻座偈·헌좌진언獻座眞言·공양의례 등으로 이루어진다.

⑦ 축원: 이상의 권공의식이 끝난 후, 재를 진설한 사람들의 소원을 신께 고하는 의식 절차이다. 축원문이 법주에 의해 낭독되고, 재를 진설한 사람들이 제단 앞에서 정성을 다하여 분향·배례한다.

⑧ 회향廻向: 재 의식에 참여한 모든 대중들이 의식승을 선두로 하여 공연 장소인 의식 도량을 열을 지어 돌면서 독경을 한다.

⑨ 봉송奉送: 청하였던 신들을 다시 보내드리고, 의식에 참여한 모든 대중극락으로 천도하여 보내는 봉송의례奉送儀禮를 말한다.[340)]

9) 풍물굿

'풍물굿'[341)]이란 꽹과리·징·북·장고 등의 풍물을 연주하면서

340) 이상 영산재 관련 참고 자료는 다음과 같다. 홍윤식(2003), 《영산재》, 서울: 대원사; 한국공연문화학회(2006), 《영산재의 공연문화적 성격》, 서울: 박이정; 법현(1997), 《영산재 연구》, 서울: 운주사; 홍윤식(1976), 《한국불교의례연구韓國佛教儀禮研究》, 東京: 隆文館; 홍윤식(1980), 《불교佛教와 민속民俗》, 동국대역경원; 《文化財大觀》, 문화재관리국, 1996; 《釋門儀範》.

341) 굿·농악·매구·풍장 등 여러 가지 다른 명칭이 있다.

벌이는 일련의 제의적·놀이적·노동적·연예적인 공연을 말한다. 풍물굿은 마을굿 당산제에서와 같이 제의적인 풍물굿도 있고, 마을 주민들이 함께 어울려 흥겹게 대동놀음을 벌일 때와 같이 놀이적인 풍물굿도 있으며, 두레패들이 함께 논을 맬 때와 같이 노동적인 풍물굿도 있다. 또한, 예술적인 감상을 위해 무대화한 연예적인 풍물굿도 있다.

풍물굿의 기원은 부족국가시대의 원시 제천의식에서 찾을 수 있다. 예컨대, 진수의 《삼국지》 위서 동이전 마한 조에 나오는 기록을 보면, 나라의 주민들이 오월 파종 후와 10월 추수 후에 함께 모여서 '탁무'라는 악기의 반주에 맞추어 연일 춤추고 노래하고 술을 마시며 놀았다는 기록이 있는데, 이것은 풍물굿의 가장 초기의 양상을 보여주는 것으로 보인다. 그 후 풍물굿은 삼국시대부터는 군악軍樂으로도 사용되면서, 고려시대와 조선시대를 거쳐, 오늘날의 풍물굿에 이르고 있으나, 그 자세한 역사는 아직 제대로 밝혀지지 않고 있다.

그 기원에 관해서는 세 가지 학설이 있다. 노동 기원설·군악 기원설·불교 기원설 등이 그것이다. 이 가운데 노동 기원설은 풍물굿이 민요의 노동요와 같이 고대의 노동에서 발생했다는 기원설이며, 오늘날까지 전해지는 두레 풍물굿이 그 사례이다. 군악 기원설은 풍물굿이 고대 삼국시대의 군악에서 유래한다는 기원설로, 오늘날 전해지는 풍물굿의 깃발·각종 군대식 진법 등에서 그러한 증거들을 살필 수 있다. 불교 기원설은 풍물굿이 불교의 제의 의식에서 발생했다는 기원설이다. 오늘날 불교에서 사용하는 악기들, 불교 승려들의 걸립풍물굿 등을 통해서 그러한 증거들을 찾을 수 있다. 이러한 기원설들은 풍물굿이 어떤 하나의 기원에서 발생한 것이 아니라, 여러 문화들의 다양한 영향 속에서 형성되었음을 말해준다.

풍물굿의 치배[342] 구성은 큰기·영기 등의 기수들, 꽹과리·징·날나리·북·장고·소고 등으로 이루어지는 '앞치배', 중·대포수·양반·할미·소무·각종 동물 등으로 분장한 '뒤치배' 곧 '잡색' 등으로 이루어진다. 기수들은 기춤을 추고, 앞치배는 다양하고 반복적인 풍물 연주와 진법과 춤동작을 보여주며, 뒤치배는 각종 연극적인 행동을 연행한다. 풍물굿에서 뒤치배의 연극적인 공연 부분을 따로 '잡색놀음'이라 한다.

전통적인 풍물굿의 굿판을 관찰해 보면 다음과 같은 공연상의 특징을 발견할 수 있다. 맨 처음 공연이 시작될 때에는 기수를 포함한 앞치배들의 공연이 중심을 이루면서, 반복·축적·순환을 계속하는 기악의 연주와 진법과 집단적인 춤을 통해, 청관중들의 굿판 참여 욕구를 끊임없이 자극한다. 이런 과정이 무르익으면 뒤치배들은 그들 각자 특유의 행동으로 굿판의 공연 공간과 청관중석을 넘나들면서 한껏 '신명'이 오른 청관중들을 굿판 안으로 차츰 끌어들인다. 그러면 나중에는 집단적 신명의 '엑스터시'에 이른 청관중들이 점차 스스로 탄성을 지르고 춤을 추면서 굿판 안으로 들어오게 된다. 마침내는 이들 '집단적 신명'에 의해 트랜스된 청관중들이 굿판의 주공연자가 되고, 기수와 앞치배와 뒤치배 등 본래의 주공연자들은 굿판 바깥쪽으로 밀려나 '공연자화된 청관중들'의 신명을 북돋워 주는 보조공연자가 된다. 이 '청관중의 공연자화'야말로 풍물굿 공연의 가장 중요한 특징이다.

342) 풍물굿 공연자들을 보통 '치배'라고 부르며, 기를 든 공연자들을 '기수', 악기를 연주하는 치배들을 '앞치배', 분장을 하고 연기를 하는 치배들을 '뒤치배'라 한다. 앞치배로는 쇠잽이·징수·북수·장고잽이·소고잽이 등이 있고, 뒤치배로는 대포수·조리중·양반·할미·각시·각종 동물 등이 있다. 앞치배들이 중심이 되어 하는 공연 부분을 '앞굿', 뒤치배들이 중심이 되어 벌이는 공연 부분을 '뒤굿'이라고도 한다.

풍물굿은 지역에 따라 그 지역 나름의 다른 특징들을 가지고 있어, 몇 가지 지역적 유형을 형성하고 있다. 영동 풍물굿·경기·충청 풍물굿·영남 풍물굿·호남 우도풍물굿·호남 좌도 풍물굿 등으로 나뉜다.

오늘날 전해지는 풍물굿은 그 주요 목적에 따라 대체로 4가지 유형으로 나눌 수 있다. 제의 풍물굿·노동 풍물굿·걸립 풍물굿·연예풍물굿 등이 그것이다. 공연 방법도 이 4가지 유형에 따라 다소 달라진다.[343] 제의 풍물굿이란 마을 또는 지역 공동체 구성원들의 안녕과 풍요를 기원하는 풍물굿을 말한다. 노동 풍물굿이란 공동체의 공동 노동을 위한 풍물굿을 말한다. 걸립 풍물굿이란 공동체의 경제적인 수입을 목적으로 하는 풍물굿을 말한다. 연예 풍물굿이란 청관중들을 대상으로 굿패의 예술적인 능력을 최대한 발휘하여 보여주기 위한 풍물굿을 말한다. 굿의 종류에 따른 공연절차를 보면 다음과 같다.

제의 풍물굿: 제의 풍물굿의 대표적인 것은 음력 섣달그믐이나 정초에 각 마을의 굿패가 마을 집집을 돌면서 잡귀를 몰아내고 평안과 풍요를 기원하는 '마당밟이굿'[344]이다. 그 순서와 방법은 대체로 다음과 같다.

① 어룸굿: 굿패가 마을 굿청 또는 광장에 모여 굿을 이루어 치기 시작한다.

② 청령굿: 상쇠가 굿패의 치배들에게 굿을 본격적으로 시작하자는 명령을 내린다.

③ 당산굿: 굿패가 길굿을 치며 마을 당산으로 가서 당산제를 지내는 굿이다.

---

343) 제의풍물굿

344) 일명 '매구[埋鬼]'라고도 한다.

④ 우물굿: 마을의 공동 우물에 가서 치는 굿이다.

⑤ 문굿: 각 집집을 방문하기 시작하여, 굿을 칠 집 앞에서 집 안으로 들어가게 해달라고 치는 굿이다.

⑥ 마당굿: 굿패가 집안으로 들어가 그 집의 마당을 밟아 돌면서 치는 굿이다.

⑦ 성주굿: 굿패가 집안의 대청마루에서, 집안을 지키는 성주신에게 하는 굿이다.

⑧ 조왕굿: 굿패가 부엌에서 조왕신을 위해 하는 굿이다.

⑨ 우물굿: 굿패가 집안 우물로 가서 하는 굿이다.

⑩ 철륭굿: 굿패가 집안 장독대로 가서 굿을 친다.

⑪ 곳간굿: 굿패가 집안 곳간으로 가서 굿을 친다.

⑫ 마당굿: 굿패가 집안굿을 다 마친 다음 음식을 먹고, 집안 마당에서 간단한 마당굿을 친다.

⑬ 인사굿: 굿패가 집안굿을 다 마치고 집을 나오기 전에 인사를 한다.

⑭ 판굿: 마을의 모든 집집을 돌며 마당밟이굿을 다 친 다음, 마을의 광장이나 공터에 모여, 마을 사람들을 모아 놓고 본격적인 판놀음 굿판을 벌이는데, 이것을 판굿이라 한다.

노동 풍물굿: 노동 풍물굿의 대표적인 것은 마을 또는 지역 공동체가 함께 논을 맬 때 하는 논매기 두레 풍물굿이다. 그 순서를 보면 대체로 다음과 같다.[345)]

① 어룸굿: 굿패가 굿을 시작하기 위해 굿을 어우르는 굿이다.

② 기굿: 마을기를 기확에 세우고, 기 앞에 제물을 차린 다음, 기굿을 친다.

345) 호남 우도 풍물굿 정읍 농악의 경우임.

③ 청령굿: 상쇠가 굿패을 불러 본격적인 굿을 치자고 명령하는 굿이다.

④ 당산굿: 굿패가 두레패를 이끌고 마을 당산으로 가서 당산굿을 친다.

⑤ 길굿: 굿패가 두레패를 이끌고 길굿을 치며 논으로 간다.

⑥ 맺이굿: 굿패가 두레패를 이끌고 논에 가서 굿을 맺고, 마을 두레기를 논둑에 세운다.

⑦ 들풍장: 굿패가 두레패를 논으로 들어오도록 하는 굿을 친다.

⑧ 두레풍장: 굿패가 두레패들이 논일을 하도록 하는 가락을 치고 두레패 구성원들을 논일을 한다.

⑨ 재넹기풍장: 두레패가 한 논에서 일을 마치고 다른 논으로 이동할 때 치는 굿이다.

⑩ 날풍장: 두레패가 논일을 모두 마치고 논 밖으로 나올 때 치는 굿이다.

⑪ 길굿: 두레패가 논일을 모두 마치면 길굿을 치며 마을로 돌아온다.

⑫ 놀이굿: 두레패가 마을로 돌아와 주인집으로 가서 한 바탕 굿을 치고 노는 굿이다.

⑬ 파장굿: 굿을 다 치고 헤어질 때 치는 굿이다.

걸립 풍물굿: 걸립 풍물굿은 대체로 어떤 마을의 풍물굿 굿패나 좀 더 전문적인 풍물굿 굿패들이 걸립, 곧 경제적인 목적을 위해 여러 마을들을 돌면서 하는 풍물굿을 말한다. 그 대체적인 순서와 절차를 보면 다음과 같다.

① 입동: 굿패가 길굿을 치면서 어떤 마을 동구에 도착한다.

② 들당산굿: 입동 허락을 받은 뒤 마을 당산을 향해서 들당산굿을 친다.

③ 문굿[346]: 마을 동구에서 마을 사람들에게 굿패의 실력을 보이는 굿이다.

④ 당산굿: 굿패가 마을 당산으로 가서 당산굿을 친다.[347]

⑤ 우물굿: 마을 공동 우물로 가서 우물굿을 친다.

⑥ 문굿: 각 집집을 방문하기 시작하여, 굿을 칠 집 앞에서 집 안으로 들어가게 해달라고 치는 굿이다.

⑦ 마당굿: 굿패가 집안으로 들어가 그 집의 마당을 밟아 돌면서 치는 굿이다.

⑧ 성주굿: 굿패가 집안의 대청마루에서, 집안을 지키는 성주신에게 하는 굿이다.

⑨ 조왕굿: 굿패가 부엌에서 조왕신을 위해 하는 굿이다.

⑩ 우물굿: 굿패가 집안 우물로 가서 하는 굿이다.

⑪ 철륭굿: 굿패가 집안 장독대로 가서 굿을 친다.

⑫ 곳간굿: 굿패가 집안 곳간으로 가서 굿을 친다.

⑬ 마당굿: 굿패가 집안굿을 다 마친 다음 음식을 먹고, 집안 마당에서 간단한 마당굿을 친다.

⑭ 인사굿: 굿패가 집안굿을 다 마치고 집을 나오기 전에 인사를 한다.

⑮ 판굿: 이렇게 해서 마을의 모든 집집을 돌며 마당밟이굿을 다 친 다음, 마을의 광장이나 공터에 모여, 마을 사람들을 모아 놓고 본격적인 판놀음 굿판을 벌이는데, 이것을 판굿이라 한다.

⑯ 날당산굿: 굿패가 마을 안에서의 굿을 다 마치고 인사를 하고 마을을 빠져나오는 굿이다.

---

346) 마당밟이굿에서의 '문굿'과 구별된다. 굿패가 어떤 마을로 들어가고자 그 마을 주민들에게 굿패의 예능 실력을 보여주는 매우 성대한 굿이다.

347) ④~⑮까지의 굿은 앞의 '1) 마당밟이굿'의 ③~⑭와 같은 순서와 절차이다.

연예 풍물굿: 연예 풍물굿은 각 지역에 따라 그 굿의 판제 구성이 달라지는데, 그 한 사례[348]를 들어보면 다음과 같다.

① 내드림굿: 치배들이 굿판/무대 입구에서 굿을 어우르는 굿이다. 내드림·청령굿 등으로 이루어진다.

② 인사굿: 굿패가 굿판에 들어와 청관중들에게 인사하는 굿이다. 입장굿/멍석말기·멍석풀기·인사굿 등으로 이루어진다.

③ 첫째 마당: 보통 오채질굿 마당이라 부른다. 느린 오채질굿·빠른 오채질굿·느린 좌질굿·빠른 좌질굿·느린 우질굿·빠른 우질굿·풍년굿/늦은 삼채굿·양산도굿·삼채굿·중간 매도지·연풍대굿·매도지굿 등으로 이루어진다.

④ 둘째 마당: 오방진굿 마당이라 한다. 오방진굿·진오방진굿·삼채굿·연풍대굿·매도지굿 등으로 짜여진다.

⑤ 셋째 마당: 노래굿 마당이라고도 한다. 노래굿·풍년굿·빠른 삼채굿·매도지굿 등으로 짜여진다.

⑥ 넷째 마당: 호호굿 마당이라 불리기도 한다. 어룸굿·호호굿 청령·호호굿 머리굿·호호굿 본굿·자진호호굿·미지기굿·중간 매도지·삼채굿·연풍대굿·미지기진·매도지굿 등으로 짜여진다.

⑦ 다섯째 마당: 연희적인 마당으로 일광놀이·도둑잽이 등의 과정으로 이루어진다.

⑧ 여섯째마당: 개인놀이/구정놀이 마당이라 불리기도 한다. 쇠놀이·장고놀이·소고놀이·잡색놀이·불넘기·탈복굿·인사굿·퇴장 등의 순서로 이루어진다.[349]

---

348) 호남 우도 정읍 풍물굿의 판굿 사례이다.

349) 이상은 현재 호남 우도 정읍 및 부안 풍물굿 상쇠이자 전라북도 무형문화대로 지정되어 있는 나금추·유지화 등의 우도 풍물굿 판제를 종합하여 기술한 것이다.

10) 판소리

판소리는 '판'이라는 일정한 장소에, 광대·고수·청관중이 모여, 광대의 노래〔唱 song〕·아니리〔白 dialogue〕·발림〔科 action〕과 고수의 북 장단·'추임새'와 청관중의 '추임새'가 서로 동시적·계기적으로 조화롭게 어울려 구축되는 매우 독특한 방식의 연극이다.

이들 요소들은 하나라도 빠지면 판소리가 제대로 공연될 수 없을 정도로 서로 매우 긴밀한 상호관계를 유지하고 있다. 판소리계에서 통용되는 '귀명창'이니 '일고수 이명창'이니 '일청중 이고수 삼명창'이니 하는 말들은 모두 이러한 세 요소들 사이의 긴밀한 상호관계를 암시하고 있다. 이 가운데 특히 광대는 판소리 공연자이자 주공연자로서 신체적·정신적 조건을 말하는 '인물 치레, 언어적인 능력 또는 문학적인 능력을 말하는 '사설 치레', 음악적인 능력을 가리키는 '득음', 그리고 연기적인 능력을 말하는 '너름새'를 두루 갖추어야 하며, 이 네 가지를 광대가 갖추어야 할 기본 요건인 '사대법례四大法例'라 한다.

판소리의 기원은 대체로 '무당굿 기원설'이 가장 보편화되어 있다. 판소리는 전라도 '세습무世襲巫'의 무계巫系 집안사람들을 중심으로 하여 생성되고 발전했다는 학설이다. 1930년대까지만 해도 호남지방의 세습무 가계인 '단골' 집안에서는 '사니'(남자)들 가운데서 판소리 '명창'들이 많이 배출되었으며, 사니들 가운데서 성대가 나빠 광대가 되기 어려운 사람들은 각종 민속 악기를 배워 '잽이'(악사)가 되었으며, 그런 재주도 없으면 줄타기를 배워서 '재주꾼'이 되었고, 그도 저도 다 안 되면 굿판에서 잔심부름이나 하는 '방석화랭이'가 되었다 한다.[350] 이들은 앞에서 이미 언급한 바, 우리나라 고대로부터 이어져 내려오는 가무백희의 전통을 이어받은 후예들이다.

판소리의 레퍼토리로는 '열두 마당'이 있었다 하나, 현재에는 '다섯 마당'만이 그 공연 방법이 전승되고 있다. 열두 마당으로는 춘향가·심청가·흥보가·수궁가·적벽가·변강쇠타령·배비장타령·옹고집타령·강릉매화전·장끼타령·왈자타령(또는 무숙이타령)·가짜신선타령(또는 숙영낭자전) 등이고, 현재까지 창법이 전하는 다섯 마당은 춘향가·심청가·흥보가·수궁가·적벽가 등이다.

창조唱調[351]로는 대체로 정대正大·화평和平·웅심雄深한 느낌을 주는 평조平調, 맑고 장하고 격하고 거센〔淸壯激勵〕 느낌을 주는 우조羽調, 맑고 높고 아름답고 곱고〔淸高美麗〕 슬프고 원망스럽고 처절하게 슬픈〔哀怨悽愴〕 느낌을 주는 계면조界面調 등이 있다.

판소리는 창법의 전반적인 특징에 따라 '동편제'·'서편제'·'중고제' 등의 유파로 나누고 있다. 동편제는 비교적 빠른 템포로 '대마디 대장단'에 빈틈없이 한꼭지로 맞아떨어지게 특별한 기교 없이 부르며, 선천적인 음량으로 소리를 목구멍으로 우겨 넣어 질러내고 소리의 끝을 졸라매어 긴장된 종지를 하는 창법을 구사하는 유파로, 연기(발림/너름새)는 건조하다. 전반적으로 예스럽고 소박〔古拙〕한 정통 유파라고 할 수 있다. 이 유파의 창법상의 특징을 어부들이 쓰는 그물 가운데서 그물코가 큰 그물로 큰 물고기들만을 잡는 모양에 비유하기도 한다.

서편제는 후천적인 노력과 가공과 기교와 수식으로 소리를 만들어 내는 창법으로 비교적 느린 템포로 잔가락을 많이 넣어서 소리 한꼭지를 몇 장단씩 끌고 나가다 어떤 마디에서 소리를 '만들고' 다시 맺는 수법을 쓴다. 그래서 '곰상곰상 차근차근 갈 데

350) 조성(1965), 〈무속과 광대〉, 한국문화인류학회 제33회 발표회 발표문. 〔이두현(1974), 《한국연극사》, 서울: 민중서관, 82쪽에서 재인용〕.

351) 가락의 짜임새·꾸밈새·모양새에 따라 이루어지는 음악의 특징.

를 다 가는 소리'라는 말을 하기도 하며, 연기도 매우 풍부하다. 그물코가 작은 그물로 작은 물고기들까지 모두 잡는 방식에 비유되기도 한다.

판소리는 '소리'를 매우 중시하여 발성법 면에서의 다양한 발달을 이룩했다. 발성법의 기초 원리는 배꼽 아래 단전丹田에 힘을 주어 밀어 올리는 소리(미는 목)와 잡아당기는 소리(당기는 목)를 기초로 하여, 배·덜미·목·구강·입술 등을 활용하여 온갖 소리를 구사하되, 목에 변화를 주지 않고 내어지르는 선천적인 '통성'을 바탕으로 삼아, 역시 선천적으로 타고난 풍부한 성량의 아름답고 '애원성'이 낀 '천구성'이나, 목이 약간 쉰 듯한 허스키 소리〔보이스〕의 '수리성'을 구사해야 한다. 듣기에 몹시 빽빽하고 탁한 '떡목'이나 소리에 그늘이 없고 벌거벗어서 깊은 맛이 없이 지나치게 맑고 아름다운 '양성'을 타고난 사람은 판소리에는 적합하지 않으며, '노랑목'[352]·'함성'[353]·'전성'[354]·'비성'[355] 등은 '발성의 사기四忌'라 하여 후천적인 훈련으로 고쳐야 하는 것으로 되어 있다. 좀 더 나아가, 구체적인 소리를 세부적으로 만드는 단계에서는 '드는 목'·'찌르는 목'·'채는 목'·'휘는 목'·'감는 목'·'방울 목'·'꺾는 목'·'제친 목'·'구르는 목'·'던지는 목'·'퍼버리는 목'·'기지개 목'[356]·'소리개 목'[357]·'무지개 목'[358]·'추천 목'[359]·'단청/채색/가꾸녁질'[360] 등, 매우 다채롭고 복잡하게 전개된다. 또

352) 남도민요 '육자백이'식 발성법으로 소리에 긴장감이 없는 소리.
353) 소리가 입 안에서만 울리고 입 밖으로 분명하게 튀어나오지 못하는 소리.
354) 발발 떠는 소리. '발발성'이라고도 함.
355) 입으로 바로 내지 않고, 코를 거쳐서 내보내는 콧소리.
356) 기지개를 켜듯이 소리를 만들어내는 창법.
357) 소리개가 하늘을 나는 듯한 느낌을 주는 창법.
358) 들어서 휘는 듯한 느낌을 주는 창법.
359) 그네를 뛰듯이 휘늘어지는 듯한 느낌을 주는 창법.
360) 복잡한 장식음을 널리 활용하여 소리를 다채롭고 아름답게 만드는 기교.

한 서양 성악가들의 음역이 많아야 3옥타브 정도인데, 판소리 광대의 음역은 7옥타브나 되어, 소리의 활용 능력이 어느 정도인가를 그야말로 짐작할 수 있게 한다.

판소리의 장단[361]으로는 진양(24박)·중모리(12박)·중중모리(6박)·엇중모리(6박)·자진모리(4박)·휘모리(빠른 4박)·엇모리(빠른 10박) 등이 있다. 판소리 공연 가운데 장단/박과 광대의 소리를 관련짓는 구체적인 방법을 '부침새'라 하며, 부침새의 방법에는 판소리 광대의 소리를 고수의 장단/박과 같이 붙여나가는 '정붙임'과 광대의 소리와 고수의 북 장단/박을 서로 어긋나게 붙여나가는 '엇붙임'이 있다. 이 '엇붙임'의 방법으로는 '밀붙임'·'당겨붙임'·'잉아걸이'·'완자걸이'·'괴대죽'·'도섭' 등이 있다.

'밀붙임'이란 북의 첫 박이 시작된 뒤 한 박이나 두 박 또는 세 박까지 북 장단이 쉬었다가 광대 소리가 시작되는 방식의 엇붙임 방법이며, '당겨붙임'이란 고수의 북 장단 첫박이 시작되기 전에 앞 장단의 끝 부분에서 광대의 소리가 미리 그 다음 구절을 시작하는 엇붙임 방법이다. '잉아걸이'는 고수의 북 장단 박이 떨어진 다음 잠깐 쉬었다가 광대 소리가 나오는 식의 엇붙임 방법을 말하고, '완자걸이'란 완자卍字 모양의 붙임새란 의미로 쓰는 용어로서, 고수의 북 장단이 만들어주는 원박의 사이로 광대의 소리가 걸어 나가는 방식의 엇붙임 방법을 말한다. 예컨대, 3박자 길이의 북 장단을 광대 소리가 이 3박자 분박을 4박자로 나누어 소리를 배치하다가 다시 북 장단의 박자와 같은 3박자로 소리를 배치거나 그 거꾸로 하는 식의 엇붙임 방법을 말한다. '괴대죽'이란 고양이의 옛말인 '괴'의 '발자국(대죽)'이란 뜻으로 고양이가 종종걸음으로 걷다가 멀리 뛰고 다시 종종걸음으로 걷

361) 박자·속도·강약의 차이를 구별하는 용어.

다가 멀리 뛰는 모양에 빗댄 데서 온 엇붙임 방법이다. 한 장단 이상, 즉 한배 이상에 걸쳐서 광대의 소리를 고수의 북 장단의 원박과 어긋나게 붙여나가는 엇붙임 방법이다. '도섭'이란 고수가 북 장단을 중단한 상태로 광대가 '창'도 아니고 '아니리'도 아닌 그 중간 형태의 소리를 하는 엇붙임의 방법을 말한다. 이 창법은 광대가 어떤 극도의 감정 상태를 표현할 때에도 효과적으로 사용된다.

청관중의 '추임새'도 판소리에서는 매우 중요하다. 판소리의 공연자인 광대와 고수는 시간상으로 그들의 공연 속에다가 '빈 곳' 즉 '공소'를 부단히 만들어 놓고, 청관중들은 그곳을 '추임새'로써 채워 넣어야만 비로소 판소리의 공연이 '완성'되도록 판소리는 '관습화'되어 있다. 이러한 판소리의 공연 원리를 '비움-채움의 원리'라 부를 수 있다.[362]

11) 창극

창극은 기존의 판소리를 현대식 무대극으로 재창조한 양식으로, 서구의 근대적인 실내 극장 안의 프로시니엄 아치Prosceniums Arch식 무대 위에서 의상과 분장을 통해 성격 분장을 한 등장인물들이, 무대장치와 조명과 음향효과 속에서 일정한 이야기를 판소리 창법의 노래와 사실주의적인 연기를 통해서 이야기를 전개해나가는 음악극 양식이다. 중간 중간에 '도창'이라는 부분이 있어서 사건의 전개와 상황 설명에 관련된 정보들을 노래로 코멘트하기 때문에 서양의 '서사극'적인 특징도 보이고 있다.

362) 김익두(2003), 〈한국 전통 공연예술 상에서 본 판소리의 공연예술적 특성〉, 《한국극예술연구》제16호, 한국극예술학회, 32~36쪽.

이 양식은 19세기 말 신재효(1812~1884)에 의해 독연獨演 형태의 판소리가 배역 분창 형태로 나누어진 것을 기원으로 하여, 현대극의 초창기인 1900년대 초에 중국의 창희唱戲와 일본의 가부키歌舞伎 및 일본을 매개로 한 서양 근대극의 영향을 받아 본격적으로 시작되었다.

창극은 초기에는 몇 사람의 판소리 광대가 판소리의 레퍼토리를 백포장을 둘러치고 백열전구를 밝힌 무대 위에서 나누어 부르는 '분창分唱' 형태로 시작되어, 점차 그 판소리 레퍼토리 이외에도 〈최병도타령〉과 같이 그 시대의 현실이나 역사에서 레퍼토리를 구하면서, 연기나 공연의 방법도 좀 더 사실주의적인 양식으로 변해 나갔다. 대체로 1930년대에 들어 오늘날과 비슷한 형태로 그 양식이 정착되었으며, 현재까지 전승되고 있다. 오늘날에 와서는 기법 면에서 다양한 아래 유지·보존되고 있다.

이 양식은, 전통적인 양식인 판소리의 바탕 위에서 중국 전통극과 서양 근대 연극의 영향을 수용하여 실험한, '전통의 재창조'란 측면에서 주목되며, 앞으로 이에 대한 좀 더 활발한 연구와 새로운 실험이 요청되고 있다.

12) 신파극

신파극은 한국 현대극의 초창기인 1910~1930년에 양반귀족 중심의 조선사회로부터 신분 해방된 민중들이 일본 신파극新派劇의 영향을 받아들여 당대 민중들의 생리에 맞게 창조한 즉흥적인 연극이었다.

신파극의 양식적 특징으로는 즉흥성improvisation·공동창작성·구비 전승성·유용성·격정성 등을 들 수 있다.

신파극에는 극의 세부를 자세히 지시하는 대본이나 연출가의 존재가 없다. 단지, 어떤 이야기의 줄거리인 '줄거리 희곡'을 가지고서, 텅 빈 무대 위에 이야기의 전개와 관련되는 몇 명의 배우들이 차례로 등장하여 그때그때 상황에 맞는 연기를 즉흥적으로 펼쳐나가는 방식으로 연극이 진행되었다. 또 극단의 대표 겸 연출가 겸 배우인 사람에 의해 어떤 사건의 줄거리만이 주어지면 배우들은 집단적이고 상황적인 연기의 효과를 고려하여 배우들끼리의 협동 작업을 통해 연극을 진행하였다.

전문적인 지식이 거의 없는 민중인 배우들이 줄거리 희곡에 바탕을 두고 즉흥적 연기로 지탱한 연극이었기 때문에, 그에 대한 지식 전승 방식도 구비 전승으로 이루어졌다.

신파극은 미의 개념이 의식 속에 따로 독립되어 있지 않은 민중들의 연극이었기 때문에 현실적 유용성을 선호하여, 미적인 만족보다 감정적 만족을 더 추구했고, 그래서 격정극 곧 멜로드라마melodrama의 방향을 지향했다.

그러나 멜로드라마의 일반적인 구조인 '자극-고통-벌칙'의 구조보다는 '자극-고통-패배'의 구조를 추구함으로써, 신파극의 격정적 효과인 '눈물의 논리'를 만들어 내었다. 〈이수일과 심순애〉·〈홍도야 울지 마라〉 등의 대표작들이 보여주고자 한 것이 바로 이것이었다. 그러나 이러한 신파극의 실용적 효과를 지나치게 부정적으로만 보는 것은 또 다른 오해를 가져올 수 있다.

신파극의 시대적 전개에는 몇 가지 유형이 있다. 모방신파·개량신파·고등신파 등이 그것이다. '모방신파'란 1910년대에 일본의 심파게키新派劇를 받아들여 이를 모방적으로 재창조한 시기의 신파극을 말한다. '개량신파'란 1910년대의 모방신파를 좀 더 한국적인 방향으로 개량한 신파극을 말한다. '고등신파'란 1920년대의 개량신파를 예술적으로 좀 더 상승시켜 한국연극의 한 양식으로 정착시킨 신파극을 말한다. 우리나라의 신파극은 이처럼 일본 심파게키를 모방한 모방신파에 그치지 않고, 이를 점차 창조적으로 변화시켜 우리 나름의 근대 민중극의 한 양식으로 구축해내었다는 점에서, 그 역사적인 의의를 부여할 수 있다.

연기상의 특색은 동작 면에서 '오버 액션'과 '대사의 즉흥성'과 '스타 시스템'이었다. 그래서 배우는 무한한 연기의 자유를 부여받는 반면, 공연의 성패를 전적으로 책임져야만 하는 무거운 짐도 져야만 했다. 극단의 운영과 모든 공연이 주연배우를 중심으로 이루어지는 스타 시스템을 취했기 때문에 주연배우가 '스타'로서의 빛을 잃으면 그 공연이나 극단은 존재가치를 잃게 되는 결과를 자주 초래하기도 했다.

신파극의 극장은 객석의 땅바닥에는 짚방석을 깔고, 위층에는 널판자를 놓았으며 청관중들은 이 객석에 남녀별·가격 등위별로 나누어 앉아 연극을 관람했다. 무대 뒷면에는 흰 천을 두르고 거기에 작품의 배경을 그려 붙였으며, 무대 위에는 약간의 소도구들을 진열했다. 아래층 객석 좌편에는 극장 바닥에서부터 비스듬하게 객석을 뚫고 무대까지 뻗어있는 무대의 일부인 '화도花道'라는 것이 있어 등장인물 가운데 중요한 배역을 맡은 배우가 공연 중에 여기를 지나면서 자기 특유의 연기를 과시했다. 화도 반대편에는 무대 한 옆으로 창살이나 발을 드리운 음악실인 '잡방雜方'이란 것이 있어, 여기서 북이나 놋접시 같은 것들을 두드려서 효과음을 내거나 배우의 연기에 리듬을 맞추었다.

조명은 초기에는 램프불을 썼고 후기에는 백열전구를 사용했으며, 이것을 가지고 밤과 낮을 구분하였다. 막을 열고 닫을 때는 참나무와 같이 단단한 나무로 만든 딱딱이를 두드려서 막을 열고 닫는 신호를 삼았다. 처음 치는 것은 준비하라는 신호, 두번째 치는 것은 무대 앞에 친 포장을 걷으라는 신호, 세번째 치는 것은 움직이기 시작하라는 신호, 이어서 막이 움직이면 소리를 작게 계속 두드리다가 마지막엔 큰 소리로 한번 치고 멈추었다. 그러면 막이 완전히 열리거나 닫히게 되었으며, 이 딱딱이를 두드리는 수효와 음향에 따라 막은 천천히 또는 빨리, 재치 있게 열리고 닫혔다.

청관중들이 입장권을 사 가지고 극장에 들어서면 대개는 신발을 맡기게 되어 있었으며 번호표를 타 가지고 좌석의 등급에 따라 앉게 되었다. 극장 안은 잡담과 군것질감을 파는 잡상인들의 소리로 소란했다. 겨울에는 소형 화로도 팔았고, 청관중들은 술과 안주를 사 가지고 들어가 마시고 담소하면서 연극을 관람했다 한다.

13) 신극

'신극新劇'이란 신파극 이후 서양 연극 특히 서양 근대 리얼리즘 연극의 영향을 크게 받아 이루어진 우리의 연극 양식을 말한다.[363] 이것은 신파극이 이루어 놓은 근대 연극적 바탕에서 형성

363) 넓은 의미로는 갑오경장 이후, 종래의 기존 전통이 아닌, 새로운 외래적 연극 전통의 영향을 받아 이루어진 모든 '새로운' 연극 양식 전체를 지칭하는 용어로도 쓰인다. 그러나 여기서는 신파극 이후, 주로 서양 연극의 영향을 받아 이루어진 우리의 근현대극 양식을 일컫는 용어로 사용하고자 한다. 이 용어는 한국연극의 양식 명칭이지 서양연극의 양식 명칭이 아니다. 따라서, 여기에서는 서양연극의 양식들인 고전주의연극·낭만주의연극·자연주의연극·사실주의연극·초현실주의연극·서사연극·부조리연극 등의 구분은 인정되지 않는다. 예컨대, 서양의 서사극 양식을 모방하여 만들어진 연극이라 하더라도 그것은 서사극아니라 '서사극적인' 신극으로 지칭한다. 왜냐하면, 우리 연극사 전개 전체를 가시적으로 놓고 볼 때에는, 서양연극사에서 나오는 양식 명칭들은, 하나의 연극 양식으로 규정할 만큼 그 양식사적 가치를 확보하지 못하고 있기 때문이다. 그것들은 우리 연극 양식의 하위구분에 해당하는 특징

되었다고 볼 수 있다. 그 본격적인 출발은 대체로 1920년대 초이다. 이때부터 우리나라에는 처음으로 '연극 학원'이 설립되어 전문적인 현대적 연극교육이 시작되었고, 현대적인 극단들이 설립되었으며, 본격적인 '신극' 대본들이 창작되었다. 지배적인 연극의 사조와 양식은 '사실주의'였다. 이 지배적인 양식과 사조는 크게 '우익적 사실주의'와 '좌익적 사실주의'의 두 계열로 나뉘어 전개되었다.

1920년대에 활동한 가장 중요한 우익적 사실주의 계열의 극작가로는 초성焦星 김우진金祐鎭(1897~1926)을 들 수 있으며, 그의 대표작으로는 〈산돼지〉·〈이영녀〉·〈난파〉 등이 있다. 좌익적 사실주의 계열의 극작가로는 이기영(1895~1984)을 들 수 있고, 그의 대표작으로는 〈월희月姬〉 (또는 〈그들의 남매〉)가 있다.

1930년대에도 역시 사실주의 사조가 지배했으며, 대표적인 극작가로는 동랑 유치진(1905~1974)을 들 수 있으며, 그의 대표작으로는 일제 강점기의 민족의 수난과 고통을 다룬 〈토막〉(1932)·〈소〉(1934) 등이 있다. 이 시기부터 좌익적 사실주의 계열의 작가들은 일제의 억압으로 작품 활동이 더욱 탄압을 받게 되었다.

1940년대 초반은 일제의 탄압이 기승을 부리던 시기로 연극은 극도로 침체의 늪에 빠졌으며, 1940년대 후반에는 민족해방을 맞이하였으나 민족이 남북으로 분단되어 남한은 자본주의적 민주주의 체제로 개편되고 북한은 공산주의적 사회주의 체제로 개편되는 혼란을 겪느라고 별다른 연극적 성취가 이루어지지 못했다. 이 시기의 대표적인 극작으로는 일제 강점기의 독립운동사를 사회주의적 입장에서 다루면서 민족적 자긍심을 높이려 한, 함세덕의 〈기미년 3월 1일〉(1946), 해방 직후의 사회적 혼란상을

이 되고 있다. 어떤 문화예술 양식이든, 그것은 어떤 나라의 양식사 전체 속에서 상대적으로 규정되고 존재하는 것이다.

비판적으로 묘사하면서 참다운 사회를 꿈꾸는, 오영진의 〈살아 있는 이중생 각하〉(1949), 그리고 당시 극도로 피폐된 민족의 현실을 사실주의적인 양식으로 그린, 김영수(1911～1977)의 〈혈맥血脈〉(1948) 등이 있다.

1950년대 초반에는 다시 미국과 소련이 주도하는 냉전체제 아래서 남한과 북한이 동족상쟁의 비극을 겪느라 남북한을 가리지 아니하고 역시 이렇다 할 연극상의 업적들이 나타나지 못했다. 이 시기 남한의 대표적인 극작으로는 전쟁의 소용돌이에 휩쓸린 인간의 적나라한 모습과 그들의 아픔을 그린, 유치진의 〈한강은 흐른다〉(1958), 공산주의 세력의 잔혹상을 다룬 〈나도 인간이 되련다〉(1953), 전후의 어둡고 불안정한 사회상을 그린, 차범석의 〈불모지〉(1957) 등을 들 수 있다.

1960년대에 들어와서는 북한은 '주체사상'을 옹호하는 희곡과 연극들이 다수 만들어진 것으로 여겨지며, 남한에서는 이승만 정권 등의 실정으로 말미암은 부정부패, 그리고 이것을 척결하고자 등장한 박정희 군사정권이 이어지면서, 자본주의 경제개발 정책에 어느 정도 성공을 거두게 되었다. 그에 따라 자본주의 체제 속에서 사는 사람들의 물신숭배적인 속물근성들을 파헤치고 비판하는 작품들이나 해결되지 못하고 이어지고 있는 분단문제와 같은 역사적인 문제들을 밝혀서 그리고자 하는 작품 등 다양한 극작들이 이루어졌다. 그 대표적인 작품들로는 이근삼의 〈국물 있사옵니다〉(1966)·〈제18공화국〉, 박조열의 〈목이 긴 두 사람의 대화〉(1967) 등이 있다.

또한 이 시기에 전통에 관한 관심이 높아지면서 '판소리'나 '탈춤'과 같은 전통적인 연극 유산들에 대한 관심이 높아지고, 정리 작업이 이루어진 것도 기억할 만한 것이다.

1970년대에 들어와서는 북한에서는 이른바 '유일사상'의 깃발 아래 희곡과 연극의 창조적 자유의 폭이 앞선 시기보다 더 좁혀지고, 이데올로기의 선전용 작품 생산의 길로 나아간 것으로 보인다. 남한에서는 그동안 번역극을 통해 연극적 충격을 얻어왔던 기존의 태도와 방법에서 벗어나, 전통적인 연극 유산들을 바탕으로 한 새로운 '민족극'의 창조적 실험이라는 명제를 상당히 진척시키는 업적들이 나타났다.

이러한 작업들은 대체로 두 가지 방향으로 전개되었다. 하나의 계열은 기존의 서구적인 극작과 공연 양식의 틀 안에서 우리의 전통적인 연극 유산들도 활용하여 극작과 연극의 새로운 활로를 터보고자 한 방향이었고, 다른 하나의 계열은 기존의 서구적인 극작과 공연의 양식들을 거부하고 '전통극'의 극작과 공연의 방식을 그 전략적인 '틀'로 활용하면서, 그 안에다 그 시대가 당면한 문제들을 담아보려고 한 '마당극' 운동의 방향이었다.

전자의 계열에서는 다음과 같은 대표적인 극작들이 나왔다. 한국의 전통적인 장례의식과 서구의 실험극적인 요소를 결합시켜 현대인의 절망적인 삶을 표현한, 오태석의 〈초분草墳〉(1973), 서구 부조리연극의 영향을 받아들여 불안과 공포와 같은 현대사회의 병적인 징후를 다룬, 이현화의 〈누구세요〉·〈쉬-쉬-쉬-잇〉, 민족적인 설화나 역사적인 제재들을 통해 정치와 민족의 문제를 파악하고자 한, 김의경의 〈남한산성〉, 노경식의 〈징비록〉, 차범석의 〈새야새야 파랑새야〉, 최인훈의 〈옛날 옛적에 훠이훠이〉·〈봄이 오면 산에 들에〉,·〈둥둥 낙랑둥〉, 박조열의 〈오장군의 발톱〉, 이강백의 〈파수꾼〉, 윤대성의 〈노비문서〉 등이 있다.

1980년대에 오면, 신극은 이 시기에 본격적으로 새로 등장한 '마당극' 양식에 의해 많은 비판을 받으면서, 새로운 양식적 변모를 꾀하여, 연기·무대·의상·조명·음향 등 여러 면에서 다양한 변화가 일어났다. 그러한 변화는 주로 '반사실주의적'인 방향 곧 동양연극의 '극장주의적'인 방향을 지향하는 변화였다.

14) 마당극

'마당극'이란 "반식민주의적 시각에서 민족 고유의 전통 민속 연희를 창조적으로 계승하여 이를 재창조함으로써, 대중매체의 복제문화에 저항하며, 민중의 자주적 자기표현 통로를 구축하고, 공허한 예술지상주의로부터 소외된 사람들의 삶의 무기로서의 연극을 지향한" 연극 양식이라고 할 수 있다.[364] 여기서 마당극이 '창조적으로 계승'하고자 한 전통 '민속 연희' 양식은 주로 풍물굿과 탈놀이 양식이었다.

이 양식은 '반식민주의적 방향'을 지향했기 때문에, 서양의 연극 전통보다는 우리의 전통 연극 유산들을 바탕으로 한 새로운 '민족극'의 창조적 실험이라는 명제를 추구하고자 하였다.

그 대표적인 사례들로는 김지하의 〈진오귀굿〉(1973)을 필두로 해서, 〈소리굿 아구〉(1974)·〈진동아굿〉(1975)·〈덕산골 이야기〉(1978)·〈함평고구마〉(1978) 등이 '공동 창작'의 형태로 창작되고 공연되었다. 예컨대, 〈소리굿 아구〉는 '남사당 덧뵈기'의 '먹중마당'을 기본 틀로 하여 일본에 예속화 되어가는 한국의 현실을 비판한 작품으로, 탈춤의 구조를 변용하여 '재창조'한 작업의 시초라는 점에서 그 희곡사 및 연극사적 의의가 크다.

마당극의 여러 가지 특성은 다음과 같이 이야기 줄거리·등장인물·구성·어법·소리·무대 장치 및 대소도구·연기·공연·미학 등의 측면으로 나누어 정리할 수 있다.

---

364) 임진택·채희완(1982), 〈마당극에서 마당굿으로〉, 《한국문학의 현단계》1, 서울: 창작과비평사, 192쪽.

먼저, '이야기 줄거리' 면에서는 고전의 내용을 소재로 하여 이것들을 재해석하는 계통('마당놀이' 계통)과 그 시대 사회의 중요한 시사적인 문제들을 다루는 계통('마당극' 계통)으로 이루어져 있다.

'등장인물'의 면에서는, 하층민 중심의 등장인물 선택, 결함이 있는 낙관적 주인공[365], 풍자의 대상으로서의 적대적 등장인물의 사용, 사회적·집단적 유형성을 지닌 등장인물의 사용 등이 그 중요한 특징이다.

'구성' 면에서는, 이른바 '봉합적 구성'/'짜집기식 구성'이 그 중요한 특성으로 나타나며, '어법'의 면에서는 구어체의 적용, 방언과 비속어의 적절한 활용, 재담/말장난·의고적 어투 등의 적절한 응용, 운문성의 강화 등을 들 수 있다. 그리고 '소리'의 면에서는 전통악기들, 그 가운데서도 풍물 악기의 사용이 두드러진 특징이다.

'무대 장치 및 대소도구'의 면에서는, 우선 무대는 '산희'가 아닌 '야희'의 전통을 계승하여, 무대의 높이가 청관중석의 높이와 같거나 더 낮은 완전 개방 무대인 원형 무대 또는 반개방 무대인 반원형 무대를 사용하며, '대소도구'로는 작품의 주제와 매우 긴밀하게 연관된 상징적인 대소도구들만을 엄선하여 사용하며, 대개는 많은 대소도구들을 사용하지 않는다.

'공연' 면에서는, 공연자-청관중의 '상호작용' 관계의 개방적 강화, 즉흥연기의 증대, 열린 공간으로서의 전통적 '마당'/'판'의 활용, 전통적인 각종 진법陣法 동작선들의 활용, 극중 공간과 공연 공간 사이의 개방적 넘나듦, 전통 대동굿의 구조인 '길놀이-마당놀이-뒤풀이' 구조의 활용, 공연 상황에 대한 청관중의 적극

365) 강영희(1989), 〈마당극 양식론의 정립과 올바른 대중노선의 모색〉, 《사상문예운동》, 가을호.

적인 개입과 추임새 유도 등을 그 중요한 특징으로 한다.

끝으로, 마당극의 '미학'은 대체로 '반미학anti-aethethics'의 방향을 지향하여, '비속미'·'해학미'·'풍자미'·'비애미'·'비장미'·'통속미'·'신명미' 등을 적절히 추구하며, 이 가운데서 주로 '풍자미'·'해학미'·'신명미' 등이 주축을 이루고 있다 할 수 있다.366)

1980년대에는 전두환·노태우를 중심으로 다시 등장한 군사 독재정권을 타도하기 위한 '민주화 운동'의 물결 속에서 연극은 새로운 길들을 찾아 다방면으로 끊임없는 노력을 계속했다. '마당극 운동'은 민주화운동의 선봉에 나서느라 1970년대에 축적했던 예술적인 역량을 많이 소진하면서도 예술적인 역량을 재충전해 나갔다.

15) 마당놀이

'마당놀이'란, '창극'이 갖고 있는 폐쇄적이고 서구화된 양식적 한계에 문제를 제기하고, '마당극'이 가지고 있는 민중적 계층성의 시각을 대중적 보편성의 방향으로 전환하면서, 기존의 '판소리'나 '탈놀이'이 가지고 있던 '마당'의 전통적 개방성을 전면에 배치시켜, 판소리 및 창극 양식을 좀 더 새로운 방향과 지평에서 재창조한 1980년대의 연극 양식이다. 따라서, 이 양식은 판소리→창극→마당놀이 등의 변화 과정을 거쳐 이루어진 것이다. 이러한 일련의 과정에서 이루어진 전통 양식의 재창조 과정은, 우리 연극 양식의 능동적·자주적인 창조적 양식사 전개 과정을 보여준다는 점에서, 매우 중요한 양식사적 의의를 가지고 있다.

---

366) 이영미(1996), 《마당극 양식의 원리와 특성》, 서울: 한국예술종합학교 한국예술연구소, 90~283쪽 참조.

따라서, 마당놀이는 그 양식적 성격 면에서, 창극과 같이 폐쇄적 프로시니엄 아치의 '닫힌 구조'의 무대를 거부하며, 마당극의 협소한 민중-민주적 시각도 거부한다. 그러면서, 기존의 전통 판소리나 탈놀음이 가지고 있던 개방적인 '열린 구조'의 마당놀음 또는 판놀음 현태를 취하면서, 좀 더 현대적인 대중예술의 지평을 지향한다.

이와 달리, 레퍼토리 면에서는, 전통 판소리의 경향을 많이 가지고 있어서, 주로 판소리 다섯 마당 및 열두 마당, 그리고 판소리 레퍼토리 근처의 전통 소재들을 주로 활용하여, 작품의 레퍼토리들을 만들고 있다. 이런 경향성은 마당놀이의 방향이 탈전통보다는, 순전통의 방향을 지향하는 결과를 초래하여, 새로운 공연 종목의 개척에 실패한 문제점을 드러내기도 하였다.

또한 마당놀이는 방송매체, 그 가운데서도 텔레비전 매체와의 연관성을 강하게 가지고 발전되어 왔다. 그 가운데 MBC 문화방송 텔레비전과의 강한 유대는, 이 양식을 일종의 방송극적인 대중성을 확보하는 방향으로 이끌어 갔다.[367]

시기상으로는, 마당극이 민중층과 지식인들을 중심으로 하여 이른바 '민주화 투쟁'을 사회적 이념을 가지고 시대의 전면에서 정치적 투쟁의 방향을 지향했다면, 마당놀이는 좀 더 보편적인 대중성을 가지고 그 시대의 후면에서 문화적 오락성과 볼거리와 흥미의 충족을 지향했다.

이 양식은 그 자체만의 독자적인 공연 양식의 특수성, 이 양식만이 가지고 있는 다른 양식과 차별화되는 독자적인 독특한 연기술을 개척해내지 못함으로써, 그 이후 하나의 독자적인 연극 양식으로서 정체성을 좀 더 분명하게 확보하지 못하여, 급격

367) 박진태(2001), 〈현대 대중매체 문화와 구비탈춤과 마당놀이〉, 《한국학논집》, 계명대 한국학연구소, 41~54쪽 참조.

히 역사의 전면에서 사라지는 비운을 겪게 되었다.

그러나 이 공연 양식이 우리 공연문화사에 가져온 문제의식과 반성의 계기는 결코 작은 것이 아니었다. 이 양식은 기존의 '창극' 및 '마당극'의 문제점들을 비판적으로 검토할 수 있는 중요한 계기를 마련해 주었고, 과거 우리나라의 나라굿·고을굿·마을굿과 같은 전통 대동굿은 물론, 다양한 양식적 개방성을 구사하는 각종 '가무백희'의 오랜 전통들을 오늘날 우리의 문화적 컨텍스트로 불러내는 방법과 통로를 실험적으로 제시해 보여주었다는 데에도 큰 의의가 있다.

이 마당놀이의 연극 작업은 주로 극단 '미추'를 중심으로 하여 이루어졌으며, 연출가로는 손진책·허규 등이 그 중심에 있었다.

참고로, 지금까지 공연된 마당놀이의 주요 공연 연보들을 보면 다음과 같다.

① 허생전, 1981. 12. 18~19 서울 문화체육관
② 별주부전, 1982. 12. 2~4 서울 문화체육관
③ 놀보전, 1983. 12. 18~20 서울 문화체육관/1984. 1. 25~2. 8 부산, 대구, 전주, 대전, 광주, 마산, 춘천 실내체육관
④ 이춘풍전, 1984. 11. 27~12. 18 부산, 대구, 전주, 광주, 대전, 마산, 춘천, 청주 실내체육관/11. 21~30 서울 문화체육관
⑤ 방자전, 1985. 11. 1~15, 춘천, 청주, 대전, 전주, 광주, 마산, 대구, 부산 실내체육관/11. 21~30 서울 문화체육관
⑥ 봉이김선달, 1986. 11. 28~12. 7/1987. 2. 18~22 서울 문화체육관/1986. 12. 13~28 춘천, 청주, 대전, 전주, 광주, 마산, 대구, 부산 실내체육관
⑦ 배비장전, 1987. 11. 10~29 춘천, 원주, 청주, 대전, 전주, 광주, 대구, 포항, 마산, 부산 실내체육관/12. 5~14 서울 문화체육관

⑧ 심청전, 1988. 9. 3~12 서울 문화체육관/10. 28~11. 20 춘천, 강릉, 원주, 청주, 대전, 전주, 광주 대구, 포항, 마산, 부산, 제주 실내체육관

⑨ 구운몽, 1989. 10. 27~11. 23 춘천, 강릉, 원주, 대전, 전주, 광주, 목포, 여수, 마산, 대구, 포항, 울산, 부산, 대전 실내체육관

⑩ 춘향전, 1990. 11. 2~19/12.29 춘천, 원주, 청주, 전주, 광주, 목포, 여수, 마산, 대구, 포항, 울산, 부산, 대전 실내체육관

⑪ 흥보전, 1991. 10. 29~11. 23 춘천, 원주, 대전, 전주, 광주, 목포, 여수, 마산, 대구, 포항, 울산, 부산, 제주 실내체육관/11. 30~12. 15 서울 문화체육관

⑫ 신이춘풍전, 1992. 10. 29~11. 23 춘천, 원주, 대전, 전주, 광주, 목포, 여수, 마산, 대구, 포항, 울산, 부산, 대전 실내체육관

⑬ 홍길동전, 1993. 10. 22~11. 17 춘천, 원주, 강릉, 대구, 포항, 울산, 부산, 마산, 진주, 여수, 목포, 제주, 광주, 전주 실내체육관/11. 27~12. 12 서울 문화체육관

⑭ 심청전·뺑파전, 1994. 9. 16~24 로스앤젤레스, 샌프란시스코, 샌디에이고, 뉴욕(총 12회)/10 .15~11. 19/12. 13~16 성남, 수원, 인천, 원주, 청주, 대구, 춘천, 광주, 제주, 목포, 여수, 목포, 여수, 진주, 마산, 부산, 포항, 울산, 전주, 대전 실내체육관 /11. 26~12. 11 서울 KBS 88체육관

⑮ 옹고집전, 1995. 10. 16~11. 8/12. 13~16 수원, 성남 춘천, 대구, 광주, 목포, 여수, 진주, 마산, 울산, 포항, 부산, 전주, 원주, 제주 실내체육관/11. 18~12. 3 서울 정동문화체육관

⑯ 황진이, 1996. 10. 10~11. 4 원주, 춘천, 전주, 광주, 진주, 목포, 제주, 부산, 울산, 포항, 대구, 대전, 마산, 충주 실내체육관 /11. 15~12. 3 서울 정동문화체육관

⑰ 애랑전, 1997. 10. 25~11. 15 부천, 성남, 수원, 원주, 광주, 전주, 청주, 충주, 목포, 전주, 마산, 울산, 부산, 포항, 대구, 대전 실내체육관/11. 20~12. 7 서울 정동문화체육관[368)]

368) 박진태(2001), 앞의 논문, 51쪽 참조.

Ⅶ. 한국 공연문화의 해석적 지평

앞장에서는 공연학 및 민족공연학의 이론적 토대, 한국 공연문화의 역사적 전개 과정, 그리고 한국 공연문화의 양식들에 관해서 살펴보았다. 이 장에서는, 이러한 지식들을 활용해서 한국의 대표적인 공연문화 양식들을 구체적으로 분석하고 해석하는 작업을 수행하고자 한다.

이러한 작업은, 앞장에서 제기·논의된 여러 가지 이론적·역사적·양식적 지식들을 바탕으로 하여, 관련 지식들을 구체적인 양식 및 작품들에 '적용'시키는 단계의 작업이라고 할 수 있다. 이 작업에서 가장 필요한 것은, 각 양식 및 작품에 맞는 융통성 있는 절충적인 방법들을 적절하게 구사해야 한다는 점이다. 그러한 지식의 선택과 융합적 활용은, 우리의 분별지와 공연 양식 및 구체적인 작품들에 관한 연구자의 보편적이고도 특수한 체험의 깊이와 폭과 해석의 끊임없는 노력에 의해서 결정되는 것이다.

하지만 모든 방법이 다 유용한 것은 아니다. 한 작품은 거기에 맞는 가장 적절한 비평 방법을 요구한다. 이런 면에서, 우리의 공연문화 작품들도 그 수효만큼의 많은 공연비평 방법을 요구하고 있다고 해도 지나친 말이 아니다. 그러므로 우리가 이 장에서 해야 할 일은, 각 공연문화 작품에 가장 적합한 비평방법을 찾아내고 그것들을 적절히 활용하면서 각 대상 작품에 맞는 길을 스스로 찾아 나아가는 작업이다. 그러나 전체적인 비전이나 그에 상당하는 통찰력 있는 파악은, 여러 공연비평 방법에 따라 생겨난 통찰력들을 가장 효율적으로 융합하는 방법을 배우는 사람에게만 찾아오는 것이다.[369)]

이 장에서는, 우리나라의 대표적인 공연문화 양식으로 보이는 대동굿·무당굿·풍물굿·탈놀이·인형극·판소리·궁중가무희·신파극·신극·마당극 등의 공연학적 특징들과 그 공연사적 의의를 구체적인 작품들을 통해서 분석·해석해 보고자 한다.

1. 대동굿: 공동체와 세계의 조화로운 관계 추구

1) 문제제기

나라굿·고을굿·마을굿과 같이 하나의 큰 공동체 단위로 행하여지는 제의적인 성격의 공연 양식은, 그 규모부터가 매우 크고 내용도 대단히 복잡하다. 그 때문에, 이러한 공연 양식을 공연학적으로 연구하기 위해서는, 우선 양식의 구체적인 실상부터 자세히 제대로 파악해야만 한다.

그러기 위해서는, 이 공연이 실제로 행해지는 공연 현장을 여러 차례에 걸쳐 자세히 답사하고, 그 공연과 직접 관련된 사람들과의 긴밀한 유대관계 속에서, 공연에 관한 자세한 조사가 이루

369) 윌프레드 L. 궤린 외 지음, 정재완 옮김(1983), 《문학의 이해와 비평》, 서울: 청록출판사, 198~299쪽.

어져야만 한다. 또한 조사는 육하원칙에 입각하여 모든 사항들을 빠짐없이 골고루 고려해야 하고, 모든 중요한 문제들이 조사자료 속에 자세히 기술해야 한다.

또한, 공연 작품에 관한 조사·기록은 공연학의 관점에서 이루어져야 하고, 현지 참여관찰법을 활용하면서도 그 초점은 항상 공연 및 그것과 직접·간접으로 관련된 여러 사항들에 맞추어야만 한다. 이렇게 공연에 초점을 맞추어 기술된 민족지民族誌를 '공연 민족지ethnography of performance'라 하는데, 이 공연 민족지를 작성하는 작업이야말로 공연학 연구의 가장 기초적이고 중요한 작업이다. 공연 민족지가 어떻게 조사·작성되는가에 따라, 후에 진행되는 본격적인 분석 및 해석 작업의 성과가 크게 달라지기 때문이다.

이 장에서는 이러한 점들을 고려하여, 우선 우리의 공연문화 양식들 가운데서 가장 규모가 크고 복잡하고 오래된 대동굿 양식, 그 가운데서도 비교적 덜 복잡한 양식인, 한 마을을 단위로 하여 이루어지는 '마을굿'의 공연 민족지적 연구 사례를 제시하기로 하겠다.

이를 위해 이 장에서는 먼저, 대동굿의 오랜 전통을 다시 한 번 상기해 보고, 그 종류들에 관해서 간략하게 정리를 한 다음, 구체적으로 국가 지정 무형문화재로 뽑힌 전북 부안군 위도면 대리 마을 마을굿의 공연 민족지를 작성해 보고자 한다.

2) 대동굿의 전통성

'대동굿'이란 어떤 공동체 사회 전체의 안녕과 풍요를 기원하고자 그 공동체 구성원들이 일정한 시기와 장소에서 제의적인 목적의 공연 행위를 나라·고을·마을을 단위로 하여 벌이는 일련의 공연 행위를 말한다.

오늘날의 대동굿은, 부족국가시대부터 지금까지 전승되어온 우리나라 공연문화의 원형적 양식이다. 여기에는 과거 부족국가시대의 원시제천의식原始祭天儀式에 관한 기록에 나타나 있는 공연 양상과 크게 다르지 않은, 여러 가지 다양한 공연적 양상들이 담겨 있다. 그런 면에서 이 공연문화 양식은 지금까지 현장에 전승되고 있는, 우리 공연문화의 가장 원형적인 양식이라고 할 수 있다.

오늘날 전해지는 대동굿은 다음과 같은 점에서 부족국가시대의 원시제천의식과 같은 계통의 전승 양식이라고 볼 수 있다. 첫째, 그것을 실행하는 공연자들이 그 공연의 집단 공동체의 구성원들로 이루어진다. 둘째, 두 양식들이 모두 제의적인 성격을 가장 근원적인 성격으로 공유하고 있다. 셋째, 공연의 시기·장소가 모두 일정하게 정해져 있고, 공연이 주기적으로 행해진다. 넷째, 공연의 가장 중요한 목적이 공동체 구성원들의 안녕과 풍요를 기원하는 것이다. 다섯째, 내용 면에서 볼 때, 두 양식은 모두 제의적 요소, 놀이적 요소, 음악적 요소, 무용적 요소, 연희적 요소 등, 각종 다양한 공연 요소들이 종합된, 이른바 '원시종합예술ballad dance'의 내용으로 구성되며, 형식면에서 보면 둘 다 여러 가지 공연적 요소들이 두루 결합된 일종의 '버라이어티 쇼variety show' 형식을 취하고 있다. 여섯째, 두 양식들을 구성하는 다양한 요소들은 공연 속에서 따로 분화·독립되어 존재하지 않고, 하나의 전체적 과정의 일부로, '미분화未分化' 상태로 통합되어 존재한다. 이러한 '미분성未分性'은 삼국시대부터 조선시대에까지 이어져온 '가무백희'의 점진적인 '분화分化'와 좋은 대조를 이룬다.

3) 대동굿의 공연 민족지: '위도 띠배굿'[370)]

공연 민족지의 좋은 사례는 리차드 셰크너(1985)의 〈람나가르 지방의 람릴라 축제〉를 들 수 있다. 이 공연 민족지는 이 연구의 공연 민족지 작성에 좋은 전범이 되었다. '위도 띠뱃굿'이란 '위도 띠뱃놀이'란 이름으로 널리 알려진 전북 부안군 위도면 대리 마을에 전승되고 있는 서해 도서지방의 대표적인 마을굿이다. 이 대동굿은 포함할 수 있는 거의 모든 공연 요소들을 두루 지니고 있기 때문에, 대동굿의 공연 민족지적 연구대상으로 삼기에 매우 적합한 마을굿이다.

이 공연 민족지는 여러 차례에 걸친 현지조사와 주요 제보자와의 면담 조사를 종합하여 작성된 것이다. 주요 제보자로는, 부안군 위도면 대리 마을에서 태어나 성장하여, 오랫동안 '위도 띠뱃굿'에 관여해온 이수영(1935년생)씨를 선정하였다. 면담 조사는 몇 년에 걸쳐 여러 차례 이루어졌으며, 마지막 면담 조사는 1995년 6월 6일~7일 사이에, 이수영씨 자택에서 이루어졌다. 조사의 초점은, 이 마을굿의 주요 공연 행위들을 구체적으로 부각시키는 방향으로 기술되었다.

* 제보자

이 공연 민족지의 주요 제보자인 이수영李壽永씨는 1935년 전

---

370) 이 공연 민족지는, 매년 음력 정월 초사흗날부터 정월 보름날 사이에 펼쳐지는 전북 부안군 위도면 대리 마을에서 행해지는 '위도 띠배굿'에 관한 것으로, 1981년도 음력 정월 초사흗날부터 1995년 음력 정월 보름날까지, 14년 동안 조사된 자료들을, 이 마을의 이수영씨의 제보를 중심으로 종합한 '위도 띠배굿'에 관한 공연 민족지이다. 이 공연 민족지는 1995년 여름에 김월덕·김익두에 의해 작성되었다.

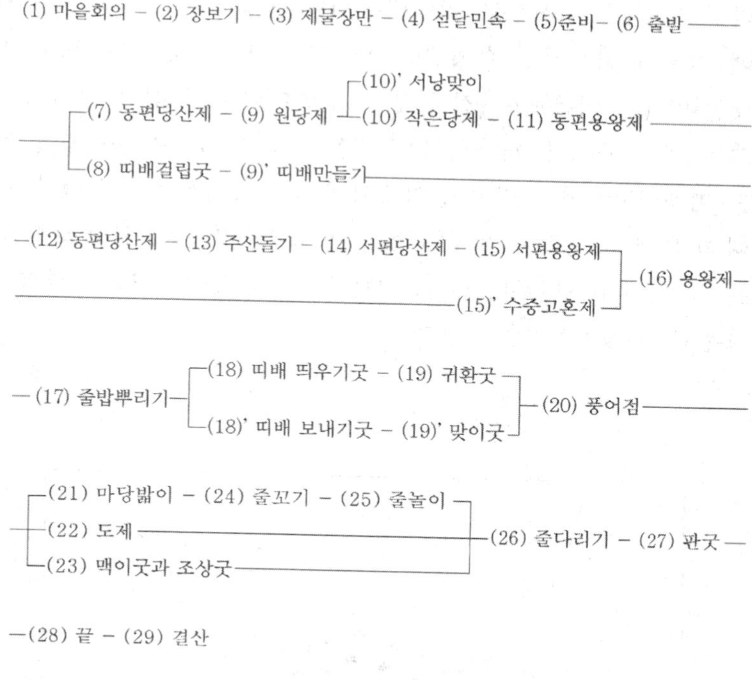

〈그림-15〉 위도 대리마을 띠뱃굿의 계기적 · 동시적 진행순서[371]

북 부안군 위도면 대리 마을에서 태어나, 이 마을에서 성장하였으며, 1961년에는 이 마을 초대 민선 이장으로 선출되어 2년 동안 이장직을 맡아 하였다. 그 뒤 이장직이 임명제로 바뀐 뒤에도

371) 위도 대리마을 띠뱃굿의 공연 과정은 이와 같이 계기적 진행과 동시적 진행이 결합되어 이루어진다. 먼저 공연 과정을 계기적 진행 순서 곧 시간적 진행 순서대로 도식화하면 이와 같다. 일련번호는 앞의 과정에 계기적으로 연속되는 순서이며, 일련번호에 '표를 붙인 것은 표를 하지 않은 것과 동시적으로 진행되는 과정임을 나타낸다. 또 진행되어가는 방향이 두 갈래로 나눠지거나 합해지는 부분은 공연 공간이 달라지거나 다시 같아지는 것을 표시한다.

다시 이 마을 이장으로 임명되어, 1976년 5월까지 약 15년 동안에 걸쳐서 이장직을 수행했다. 1978년 '위도 띠뱃굿'이 '위도 띠뱃놀이'라는 이름으로 '전국 민속 경연대회'에 출전할 당시에도, 그는 대리 마을의 '개발위원장' 직을 맡고 있었으며, 이 해에 '위도 띠뱃굿'이 '전국 민속 경연대회'에서 대통령상을 수상했다. 이 때 마을에 처음으로 '위도 띠뱃놀이 보존회'가 구성되었으며, 그는 그 해인 1978년부터 1995년 7월까지 17년 동안 '위도 띠뱃놀이 보존회' 회장직을 맡아 왔다.

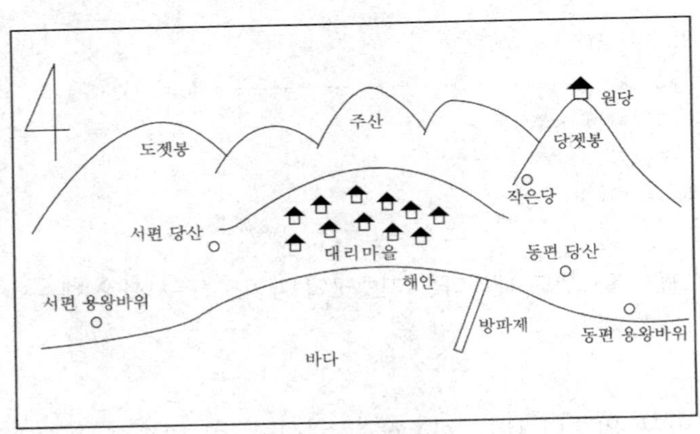

〈그림-16〉 위도 대리마을 띠뱃굿의 공연 공간

이상의 두 그림에 나타난 공연 과정을 차례로 기술하면 다음과 같다.

(1) 마을회의: 비용 마련 및 사제자 선정

음력 12월 중순 무렵(12월 10일~15일 사이), 이장의 주재로 마을 성인 남자들이 마을회관[372]에 모여 마을 대동회의를 한다. 이 마을 대동회의에서 띠뱃굿 행사에 필요한 비용을 마련하는 방법과 액수를 결정하고, 사제자들[373]을 선정한다.

띠뱃굿을 공연하는 데 필요한 비용을 마련하는 방법은 마을 집집마다 비용을 분담시키는 방법과 마을 선주船主들에게만 분담시키는 방법이 있는데, 마을 대동회의를 통해 어떤 방법으로 비용을 마련할 것인가를 결정한다. 선주들에게 비용을 분담시킬 경우에는 문제가 별로 없지만, 마을 집집마다 비용을 분담시킬 경우에는 이 비용을 거두는 데 상당한 시간이 걸리기 때문에, 해마다 이렇게 음력 12월 중순 무렵에 띠뱃굿 비용을 마련하는 방법을 마을 대동회의에서 결정하게 된다. 또 띠뱃굿의 제물을 마련하기 위한 장보기는 이 마을로부터 100리 정도 떨어진 육지 포구인 부안군 줄포까지[374] 범선帆船이나 풍선風船[375]을 이용해서 갔다 와야 했기 때문에, 실제 띠뱃굿을 하는 날까지 날짜상으로 어느 정도의 여유를 두어야 한다. 그러나 70년대 초 동력선이

372) 마을회관이 건립되기 전에는 마을 이장 집이나 여러 명이 모일 수 있는 널찍한 방이 있는 집을 택해서 했다. 마을회관이 건립된 것은 1970년대 초반이다.

373) 여기서 결정하는 사제자는 무녀 이외의, 띠뱃굿 제사의식을 관장하는 사람들이다. 무녀는 항상 마을굿 사제자로 고정되어 있다. 그러나 띠뱃굿의 무녀인 조금례씨가 자녀들을 따라 육지로 이주한 뒤 사망하여(1995년 6월), 띠뱃굿의 무당굿 세습무식 전승이 불가능하게 되었다. 현재는 조금례씨에게서 배운 이 마을 사람 안길녀씨(여·64)가 무당굿을 맡아하고 있다.

374) 1993년부터는 위도가 격포항과 교통 연결이 되고 있어서, 최근에는 부안장을 보러 간다.

375) 범선이나 풍선은 동력선이 나오기 전에 사용하던 배로, 돛으로 바람을 이용하고 노를 젓는 무동력선이다. 범선과 풍선 외에 바다에서 고기를 사다 육지에 파는 상선商船이 있었는데, 이 배들은 모두 사람이 2~3 명 정도밖에 탈 수 없는 아주 작은 배였다. 위도에 동력선이 출현한 것은 70년대 초반이라고 한다.

출현한 뒤부터는 이 장보기 과정은 훨씬 손쉽게 되었다.

띠뱃굿의 비용은 주로 돼지 한 마리, 삼실과三實果[376], 쌀 한 가마니 등의 제물을 구입하고, 독선을 빌리고, 육지부에 있는 시장에 오가는 비용으로 쓰이는데, 선주들이 부담할 때나 주민들 전체가 부담할 때나 모두 '균등 부담'을 원칙으로 하며, 비용 산정은 그 해 물가와 제사 규모 등을 고려해서 실정에 맞게 분담시킨다.

마을회의에서 결정하는 두 번째 문제는 사제자들의 선정이다. 마을 대동회의를 통해 선출하는 사제자들로는 '무당', '제만', '화주', '원화장', '부화장' 등이 있다. 가장 중요한 사제자인 '무당'은 해마다 이 마을 거주 무당인 조금례씨로 고정되어 있었는데, 1995년 현재는 그녀가 사망하여 이 마을 출신의 무당 안길녀씨가 '제만' 노릇을 맡아 하고 있다. 무당을 제외한 사제자들은 모두 남성으로, 무당과 더불어 띠뱃굿의 중요한 사제자의 역할과 행사를 관장하는 중요한 역할을 하게 된다.[377]

'제만'은, 장보기가 끝난 뒤부터 띠뱃굿을 공연하는 날까지 제물을 장만하고 보관하도록 그의 집을 제공하고, 그의 부인과 함께 실제로 제물을 장만하는 일을 돕는 사람이다. '제만'과 '제만집'은, 마을회의에서 '제만집'으로 적절한 집을 선정한 뒤, 대동회의 대표자가 그 집주인에게 가서 승낙을 받으면 결정된다.

'화주'는 그 해의 띠뱃굿 제의가 그 사람의 이름으로 모셔지고 그 해 띠뱃굿 진행의 전체적인 책임을 지기 때문에 '제주祭主'라고도 할 수 있는 사람이고, '제관祭官'이라 불리기도 한다. 그는

---

376) 이 마을에서 삼실과는 밤·대추·곶감이다.

377) 마을회의에서 결정하는 사제자는 아니지만, 1978년 전국민속경연대회에 출전하면서부터는 독축讀祝을 하기 위한 독축관讀祝官도 띠뱃굿에 참가하게 되었다. 이런 관계로 해서, 나중에 '위도 띠배굿'이 국가지정 무형문화재로 지정될 때, 원래의 민속문화 속에서는 그다지 중요한 요소가 아닌 유교식 독축관이 문화재로 지정받는 결과를 낳게 되었다.

제물을 만드는 일에도 참여한다.

'원화장'은 화주를 돕고, 화주와 같이 제물을 장만한다. 원화장은 제물장만을 주관하며 제물을 운반하는 일을 한다. '부화장'은 원화장을 도와서 잡다한 심부름을 도맡아 하고, 제물 운반도 한다. 이들 가운데서 가장 핵심적인 사제자는 '화주'와 '원화장'이라 할 수 있다.

사제자들을 선정하는 기준은 선정할 당시에 그 집에 임산부가 없고 상고喪故가 없는 남자이어야 하며, 그 사람의 생년월일과 띠뱃굿을 행하는 날인 정월 초사흗날의 일진日辰을 맞추어 봐서 제일祭日에 생기복덕生氣福德이 좋은 사람이어야 한다. 이러한 조건에 특히 구애받는 사람은 '화주'와 '원화장'이다. 남성 사제자들을 선출하는 방법은 먼저 '제만'·'화주'·'원화장'·'부화장'으로서 적절하다고 생각되는 마을의 성인 남자 여러 명을 뽑아놓은 다음, 마을 이장이 '책력 보는 사람'에게 이들의 명단과 생년월일을 가지고 가서 정월 초사흗날의 일진에 맞추어 가장 생기복덕이 좋고 잘 맞는 사람으로 결정한다. 부화장의 선출 조건은 이러한 조건에 그다지 구애받지 않는다.

(2) 장보기

마을회의가 끝나면, 예전에는 띠뱃굿 제물감을 구입하려고 해마다 음력 12월 20일 무렵 따로 독선獨船을 한 척 빌려 전북 부안군 줄포항의 시장으로 갔었으나, 전북 부안군 변산면 격포리의 격포항으로 정기 여객선이 연결된 뒤에는, 정기 여객선을 이용하여 부안 읍내 시장에서 제물감을 구입해온다. 독선을 빌려 장을 보러 가던 옛날에는, 임산부가 있는 집이나 상고喪故가 있는 집의 배는 쓰지 않았다. 장을 보러 가는 사람은, 배를 빌려주는 선주의 집에서 보낸 사람 한 명과 마을회의에서 선정된 원화장뿐이었으나, 지금은 여객선을 이용하므로 원화장만이 장을 보러 간다. 20일 무렵에 장을 보러간 이유는, 날씨를 예측할 수 없었기 때문이었다. 일기日氣가 좋으면 이틀 만에 다녀올 수 있지만, 일기가 나쁘면 장보는 데 사흘 나흘 닷새도 걸렸기 때문이다. 그러나 정기 여객선이 생긴 이후로는 장보기에 소모되는 시간이 훨씬 단축되었다.

육지부의 시장에서 구입하는 제물감으로는, 쌀 한 가마, 삼실과, 기타 제물 재료 등이고, 술이나 음료수, 담배, 면장갑 같은 것들은 위도 안의 상점에서 구입하기도 한다. 제물로 쓰는 통돼지는 마을에서 키운 것으로, 몸 전체가 검정색 털로 뒤덮인 수놈 토종돼지를 썼다. 그러나 요즘에는 이러한 토종돼지가 흔치 않기 때문에 흰빛이 섞인 돼지를 쓰기도 하지만, 여전히 암퇘지는 제물로 쓰지 않는다.

(3) 제물장만

제물감들을 사온 다음에는 제물을 장만하는데, 예전에는 '제만집'에서 제물을 만들고 거기에 제물을 보관했으나, 요즘에는 마을에 새로 건립한 '위도 띠뱃굿 전수관'에서 제물을 만들고 여기에 제물을 보관한다. 이 일에 동원되는 사람은 무녀·화주·제만, 제만의 배우자·원화장·부화장 등 6명이었는데, 지금은 5명이 한다.[378)]

주로 원화장이 중심이 되어 제물을 만든다. 육지의 장에서 구입해온 제물의 재료 및 섬에서 구입한 재료는 섣달 24일~25일 사이, 늦어도 26일에는 제만집(지금은 전수관)에 도착되어야 한다.

378) 요즘은 제만집을 따로 정하지 않고 마을 안에 있는 '위도 띠뱃굿 전수관'에서 제물준비를 하기 때문에, 제만과 제만의 배우자가 제외되고 무녀, 화주, 원화장, 부화장 등 4명과 일을 돕는 동네 아주머니 한 사람이 포함되어 모두 5명이 제물을 장만한다. 띠뱃굿 전수관은 위도 띠뱃굿을 지속적으로 전수할 목적으로 군비와 도비의 지원을 받아 1991년에 건립되었다.

재료가 제만집379)에 도착되면 부정한 사람의 출입을 통제하기 위해 제만집(전수관) 대문 위에 바로 금줄380)을 쳐둔다. 재료는 그대로 두었다가 화주·제만, 제만의 배우자·원화장·부화장·무녀 등이 섣달 그믐날부터 정월 초이튿날까지 제물을 장만한다.

제물 준비과정에서 가장 먼저 하는 일은, 섣달 그믐날 쌀 서너 되로 술쌀을 담가서 제주祭酒를 담는 일이다. 그리고 이날 저녁에 무녀와 화주는 띠뱃굿의 주요 제사인 '원당제'·'용왕제'·'도제' 등에 쓰일 떡쌀과 술, 삼색과일을 분배해 놓고, 옆 마을인 전막리에 쌀 한 말과 삼실과와 소지燒紙 종이를 건네준다. 대리의 바로 옆마을인 전막리는 띠뱃굿에 소요되는 자금을 대리와 공동부담하고 마당밟이도 통합해서 하기 때문에, 공동으로 갹출한 자금으로 구입한 제물 재료의 일부를 전막리에 나누어 주는 것이다. 이 제물 재료를 가지고 전막리는 전막리대로 정월 초하룻날 새벽에 우물에 금줄을 치고 마을굿 제사를 행한다.

정월 초하루부터 원화장과 부화장은 떡쌀을 씻고 빻는 등 제물을 장만하는데, 이때 음식에 침이 튀지 않도록 흰 수건으로 입을 가리고, 흰 머릿수건을 머리에 쓰고, 정갈한 마음으로 준비한다. 제물을 만들 때는 대롱샘381)에서 길어온 물만을 쓴다. 초이튿날 오후에는 원화장과 부화장이 돼지를 잡고, 빚어놓은 제주祭酒를 덜 익은 상태로 체에 밭쳐 거르며, 초사흗날 오후에 쓸 '줄밥'382)도 만들어 둔다.

이렇게 해서 제물 준비가 초이튿날까지 모두 끝나면, 밤 9시

379) 지금은 전수관.

380) 새끼줄에 흰 백지를 끼워서 만든다.

381) 이 마을의 상수원이다. 이 대룡大龍샘에 대한 전설은 다음 책을 참조. 하효길 외(1985), 《위도蝟島의 민속-상·제례, 장제, 민간의료, 민요, 설화 편》, 〈민속박물관총서Ⅲ〉, 국립 민속박물관, 48쪽.

382) 바다의 고혼들에게 뿌려주는 밥으로 뜸부기국에 콩밥을 섞어 만든다.

쯤 풍물을 울려서 제물준비가 완료되었음을 마을에 알리고, 무녀와 화주·화장은 원당에서 쓸 제물과 띠배에 실을 제물을 구분해둔다. 그리고 초사흗날 원당에 가지고 갈 밥은 그날 새벽에 짓는다.

(4) 섣달 민속

제물이 마을에 도착하는 음력 12월 26일부터 선주들은 오색五色 뱃기〔五幅旗〕를 있는 대로 모두 꺼내다가, 집과 배에다 풍성하게 꽂아놓고, 섣달 그믐날이 되면 풍물을 치며 배에서 '뱃고사'를 지낸다. 뱃고사는 선주들이 자신의 배에다 제물을 진설해놓고 절을 하는 것으로 간략하게 행한다.

또 섣달 그믐날 마을 사람들은 동쪽 당산나무〔堂木〕[383]와 서쪽 당산[384]에 금줄을 치고, 원당에 올라가 원당을 청소하고 관등불을 켜놓는다. 이날 오후에는 유사집[385] 마당에서, 묵은해를 보내고 새해를 맞이하는 풍물굿을 간단하게 친다.

(5) 준비

정월 초사흗날 아침이 밝아오면 제만집에서 준비한 제물과 제의에 필요한 기물들을 짚으로 만든 가마니에 넣어 원화장이 지

383) 마을에서 치도리 및 면소재지로 나가는 마을의 동편 입구에 위치해 있다.

384) 당산나무가 있었는데 노목이 되어서 연전에 태풍에 쓰러졌다고 한다. 대리초등학교 아랫부분, 대리마을에서 전막리로 나가는 길목에 위치한다.

385) 여기서 말하는 '유사'는 풍물기구를 맡아 관리·보관하는 사람이다. 또 이 마을에서 운영되고 있는 喪輿契의 총무직에 해당하는 사람도 '유사'라고 부른다. 후자의 '유사'는 마을 남자들이 고기를 잡으러 나가서 별로 없는 동안에 마을에서 상을 당할 경우, 나머지 계원들을 다 불러서 상여를 운구할 수 있도록 조처하는 일을 한다. 이 계는 19인, 21인, 23인 등 홀수로 조직되며, 1년에 6월과 12월에 계를 해서 기금을 조성하고, 유사는 계를 맡아서 연내 운영을 한다. 상여계를 운영하는 유사와 풍물을 보관하는 유사는 별도의 사람이 맡는다.

게에 젊어지고, 무녀·화주·부화장, 그리고 마을의 남자들 가운데 집안과 본인에게 유고가 없는 마을 사람들[386]이 원당에 오를 준비를 한다. 그리고 나머지 마을 사람들은 마을에 남아서 다른 절차를 풍물패와 함께 준비한다.

(6) 출발

오전 8시~9시 무렵 원당제를 지내기 위한 원당제 행렬은 화주가 맨 앞장을 서고, 무녀, 제물지게를 진 원화장(또는 부화장), 영기令旗를 든 사람 1인, 풍물패, 그리고 자신의 뱃기〔五幅旗〕를 든 선주들이나 화장들[387], 마을 주민들의 순서로 마을에서부터 대열을 이루어, 마을 동편에 있는 원당을 향해 출발한다. 이 행렬에서는 무당을 제외하고는 모두 남자들인데, 마을 남자들 가운데서 불결한 일이 있었던 사람은 이 일행에 참여할 수 없다.

원당에 오르는 풍물패는 보통 쇠 2명(상쇠·부쇠), 장고 2명(상장고·부장고), 새납 1명, 징 2명(수징·부징), 북 1명, 영기 2명으로 구성되며, 소고는 끼지 않는다. 풍물패의 복색은 한복에 삼색 띠를 두르고 모두 고깔을 쓴다. 이 풍물패는 '원당제'부터 '띠배보내기'까지 띠뱃굿의 거의 전체 과정에 걸쳐서 빼놓을 수 없는 공연자들이다.

(7) 동편 당산제

원당제 행렬은 원당에 오르는 길목, 즉 마을 동편 입구에 있는 동편 당산나무의 당산을 경유하게 되는데, 여기서 풍물패는

386) 배를 가지고 있는 선주들은 유고가 없는 한 모두 참가한다.

387) 뱃기를 가지고 가는 이유는 1년 동안 배에 모실 '서낭'이 깃들여 있는 '깃손'을 받기 위해서인데, 작은 배를 가진 선주는 자신이 직접 뱃기를 가지고 올라가며, 큰 배의 경우 화장(여기서 '화장'이란 배에서 요리를 담당하는 사람을 뜻함)이 뱃기를 가지고 올라간다.

잠시 걸음을 멈추고 당산 앞에 늘어서서 당산굿을 치고 재배를 한 다음, 다시 풍물을 울리며 가파른 바윗길을 걸어 원당으로 올라간다.

(8) 띠배 걸립굿

원당제 일행이 원당에 굿을 하러 올라간 뒤, 마을에 남아 있는 사람들은 띠배를 만드는 작업을 한다. 이 작업은 남아 있는 마을 사람들로 조직된 풍물패가 먼저 오전 10시에서 11시 정도에 띠배를 만들 띠를 추렴하기 위해 집집을 돌며 풍물을 울리고 '에용소리'를 부르며 '띠풀'이나 가마니, 새끼줄 등을 갹출한다. 띠풀을 걷을 때에도 깨끗한 것을 걷어야 한다고 믿기 때문에, 임산부가 있는 집이나 부정한 일이 있는 집에는 들르지 않는다.

원당에 올라간 남자들은 자기 집안에 유고가 없는 남자들이 올라간 반면, 자기 집안에 유고가 있는 남자들 및 그 나머지 남자들은 마을에 남아서 띠배 만들 재료를 갹출하고, 띠배 만드는 일을 한다. 띠배 만들 재료를 갹출하기 위한 이 걸립굿 풍물패의 조직은 대개 꽹과리 1명, 징 1명, 장고 1명으로, 세 가지 악기로 간단하게 구성되며, 대략 간단한 가락들만을 맞추어 치고 다닌다. 나머지 남자들은 띠풀·짚·새끼줄·가마니, 배 밑을 만들 널판떼기 등을 마을에서 걷어서 띠배를 만드는 마을 앞 해변으로 날라준다. 그리고 띠배의 '돛대'와 '멍에'를 만들 재료는 산에 가서 참나무를 베어다가 준비한다.

(9) 원당제願堂祭

원당[388]의 당신堂神은 모두 12서낭이라고 하나, 실제 원당 안

388) 현재 대리의 원당은 1987년에 신축한 것이라고 한다. 마을 동쪽 당제봉 꼭대기에 있다.

에는 원당 마누라·본당 마누라·옥저부인·애기씨·물애기씨·신령님·산신님·장군님·문수영대신 2명 등, 모두 10위가 모셔져 있다. 당집 안의 이 신위들의 배치는 다음과 같다.

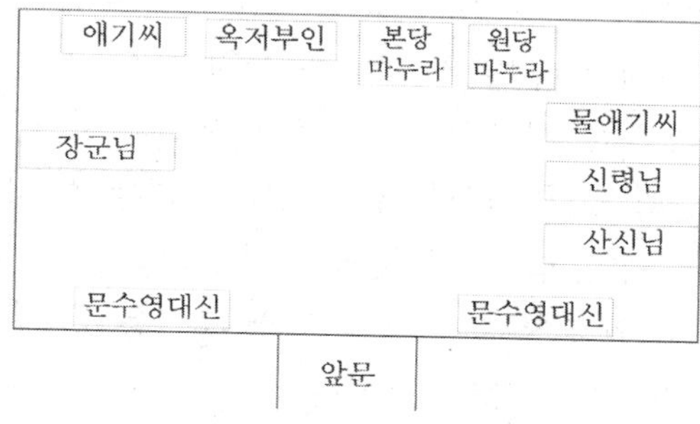

〈그림-17〉 원당의 신위 배치도

'원당제' 행렬이 원당에 도착하면 무당·화주·원화장 셋은 곧 당집 안의 제단에 메[389]·시루떡·생선찜·각종 나물·삼색 과일 등의 제물을 진설하고, 각 당신도堂神圖 앞에는 돼지 갈비를 날 것으로 걸어둔다.

제물 진설이 끝나면 독축관이 독축讀祝[390]을 하는 것으로 원당

389) 밥.

390) 이때 읽는 祝文의 내용은 다음과 같다. 敢昭告于/ 山神靈大神 玉笛"送舊迎新하여 歲在 ○○年 正月初三日 ○○/ 全羅北道 扶安郡 蝟島面 大里居住者/ 農漁民一同 發願敢昭告婦人大神/ 元堂婦人靈大神 門守靈大神/ 本堂婦人靈大神/ 七位靈前 發願하옵니다./ 元堂下 大里洞內一村의/ 年厄月厄日厄時厄이 一時消滅하고/ 月遊月殺과 將軍太歲와 黃幡豹尾와/ 五土之神과 靑龍白虎와/ 朱雀玄武와 六甲禁衛와/ 十二諸神과 土尉伏龍과/ 一切鬼魅가 階悉隱藏하고/ 遠并他方하고 形消影滅하여/ 洞內一村 財數大通하고/ 萬事大吉하여 所願成就케 하여 주옵소서./ 所願成就 所願成就 所願成就." 하효길(1984), 《蝟島의 民俗 - 大里 願堂祭 篇》, 서울: 국립민속

제를 시작한다.[391)]

독축讀祝이 끝난 뒤에 무당굿이 이어진다. 무당[392)]은 장고와 징의 장단에 맞추어 ① 성주신에게 마을 사람들의 명과 복과 풍어를 비는 '성주굿', ② 산신에게 마을의 평안과 복을 기원하는 '산신굿', ③ 손님(마마신)을 맞아 달래주고 복을 기원하는 '손님굿', ④ 터주신을 위무하고 풍요를 기원하는 '지신굿', ⑤ 원당과 본당서낭을 위해 각 지역의 서낭을 불러 모시고 마을의 인사人士들을 축복해주는 '서낭굿', ⑥ 어린 아이들의 수명장수와 복을 축원하는 '서낭굿', ⑦ 고기를 많이 잡게 해달라고 장군서낭에게 비는 '서낭굿' 등 일곱 석의 굿을 한다. 무당굿은 '서낭굿'이 그 중심을 이루고 있다. 무당의 굿이 진행되는 동안, 원당에 올라간 마을 주민들은 원당의 당집 밖에서 춤을 추며 굿을 구경하고, 풍물패는 한 석의 굿이 끝날 때마다 풍물을 울려서 한 석의 굿이 끝났음을 마을에 알린다. 일곱 석의 굿이 다 끝나면 무당이 소지燒紙를 올리고 나서 선주들을 상대로 '깃굿'을 하며 흥을 돋운다.

'깃굿'은 선주들이 한 해 동안 자기 배에 모실 서낭을 내림받는 일종의 '내림굿'이다. 선주들과 화장들이 원당 안으로 들어가거나 원당에 가까이 가서 뱃기가 매인 윗부분을 무녀에게 내밀면, 무녀가 축원을 해주고 쌀로 산점算占을 쳐서 한 해 동안 모실 배서낭을 내려주는 '깃손내림'을 한다. 깃손내림은 다음과 같은 방식으로 이루어진다. 무녀가 선주나 배의 화장[393)]을 한 사람

박물관, 18쪽.

391) 유교식 제의에 해당하는 독축은 위도 띠뱃굿이 1978년 민속경연대회에 출전하면서부터 첨가된 부분이다.

392) 조금례(1917~1995. 6)무녀는 서울에서 시집와서 무녀인 시어머니 전일녀全一女로부터 굿을 사사받아 대리마을 무당굿을 담당해 왔으며, 1985년 인간문화재로 지정되었고, 1995년 6월 전북 김제시에 있는 자녀의 집에서 사망했다.

393) 배 안에서 주방일을 맡아보는 사람.

씩 불러서 원당에 모셔진 신神들 가운데 어느 한 신의 이름을 대면서 그 신을 내림받을 것인지를 묻는다. 예컨대, 무녀가 '장군서낭' 이름을 대면서 선주나 화장에게 "장군서낭 가실랍니까?" 하고 묻고, 선주나 화장이 그 신을 받고자 하면 "예 장군서낭 받을랍니다."하고 대답을 하면, 무당이 선주나 화장의 손바닥 위에 '산算쌀'을 몇 알 집어주는데, 이것이 짝수이면 그 서낭을 받는 것이 되고, 선주나 화장은 그 산쌀을 입 속에 털어 넣는다. 만약 짝이 맞지 않으면 그 쌀을 내버리고 같은 방법으로 짝수가 나올 때까지 반복해서 다른 신의 서낭내림을 시도한다. '장군서낭'이 쾌활하기 때문에 선주나 선원들은 장군서낭신 받기를 가장 원한다고 한다.

어촌에서는 보름에 한 번씩, 출어하기 전에 고사를 지내는데, 이때 그 해에 내림받은 서낭의 비위를 잘 맞춰주어야 한다. 예를 들면, '애기씨서낭'은 매우 까다롭기 때문에 아기를 달래듯이 해야 하며, '옥저부인'을 내림받은 선주는 배에다 화장품·참빗·삼색실 같은 것들을 준비해 두고 고사를 지내야 하고, '장군서낭'을 내림받은 선주는 선원들의 생일이나 다름없이 제물을 충분히 준비하여 선원들이 배불리 먹도록 해줘야 한다고 한다.

이렇게 해서 각 선주가 내림받게 된 서낭신의 이름은, 무당의 옆에서 화주나 다른 사람이 백지에다 붖으로 '원당마누라' 또는 '애기씨' 식으로 써서 준다. 이것을 '깃손'이라 하는데, 이것을 화주가 선주 또는 배의 화장이 들고 있는 뱃기의 맨 꼭대기에 묶어준다.

무당굿이 무르익으면 무녀가 돈을 내놓으라고 선주를 잡아끌기도 하고, 원당에 올라간 마을 주민들이 술을 마시고 춤을 추며 한바탕 흥겨운 난장판이 이루어진다. 무당굿이 끝나면 무녀가 돼지머리에 칼을 꽂아 들고 앞장을 서서 원당 주변을 춤을 추며 한 바퀴 도는데, 그 뒤를 풍물패가 따라서 돈다. 그러고 나서는 돼지 갈비나 생고기를 마을 주민들이 원당 앞마당에서 구워먹기도 한다.[394] 그리고 제단에 차려진 제물과 당집에 남은 제물 전체는 전부 무녀의 소유가 된다. 이렇게 해서 원당제가 모두 끝난다.

원당제가 끝나면, 원당에 올라갔던 일행은 돼지 귀를 잘라서 삼실과와 같이 원당 주위에 묻고 풍물을 울리며 내려온다. 원당제에 소요되는 시간은 대략 4시간 정도이며, 물이 마을 앞 선창船艙 밖에 들어올 무렵, 즉 오후 1시 반이나 2시 무렵에는 원당에서 하산해야 한다. 무녀는 곧장 마을로 내려가고 나머지 일행들은 풍물을 울리며 '작은당'으로 향한다.

(9)' 띠배만들기

원당에서 원당제를 하는 동안, 마을 앞 바닷가에서는 마을에 남은 남자들이 각 집에서 추렴한 띠풀[395]로 띠배를 엮기 시작한다. 마을에 남는 사람들은 대개 노령자이거나 집안에 유고가 있는 사람들 및 원당에 올라가지 못한 사람들이다. 이들은 초사흗날 아침에 갹출한 띠배 재료로 띠배를 엮는다. 마을에서 띠배를 엮는 사람들은, 원당에서 풍물이 한 번 울릴 때마다 한 석의 굿이 끝났음을 알게 된다. 이들은 원당에서 들려오는 굿소리를 들으면서 풍어를 기원하며 띠배를 엮어간다. 이 띠배는 원당제 일행이 마을로 돌아올 때까지, 즉 바닷물이 만조가 될 때까지는 완성되어야 한다. 이때 띠배에 함께 실을 제웅도 오방신위에 맞게 5개를 만든다. 오방신위는 '동방청제대장군東方靑龍大將軍', '남방

394) 요즈음은 원당제가 진행되는 동안에도 마을 주민들이 고기를 구워먹기도 한다.

395) '띠'라는 풀은 이 지역 민간에서 이승과 저승을 잇는다고 믿어지는 풀이다.

주작대장군南方朱雀大將軍', '서방백호대장군西方白虎大將軍', '북방현무대장군北方玄武大將軍', '중앙황제대장군中央黃帝大將軍'을 말하는 것으로, 이것들을 마을의 동·서·남·북·중앙의 길목에 놓아두었다가, 띠배를 띄울 때, 띠배 안의 동·서·남·북·중앙에 각각 배치하여 물에 띄워 보낸다.

(10) '원화장놀이' 및 작은당제

원당제를 마친 일행이 오후 1시 반~2시 무렵에 원당에서 내려온다. 내려오는 도중에 '원화장'은 일부러 뒹굴고 넘어지기도 하면서 참여자들을 웃기기도 하는데, 이러한 그의 행동을 마을 사람들은 매우 즐긴다. 마을 사람들은 일부러 그에게 술을 많이 먹여 취하게 만들고, 얼굴에 숯검정칠을 하는 등의 가장假裝을 시켜 우스운 행동을 부추긴다. 이 '원화장'이라는 역할은 마치 이 마을 '바보제'의 주인공과 같은 느낌을 준다.[396] 마을 사람들은 띠뱃굿을 하는 날에는 '원화장'이 아무리 뒹굴고 넘어져도 그 사람의 몸에 상처가 나지 않고 다치지도 않는다고 믿는다. 그리고 마을 사람들은 그렇게 뒹굴고 넘어진 원화장·부화장들 가운데 실제로 상처가 난 사람을 보지 못했다고 한다.

마을로 내려오는 일행은 원당과 동편당산의 중간지점인 산 중턱에 있는 '작은당'에서 '작은당제'를 지낸다. 작은당의 위치에서 풍물패는 둥글게 모여 굿을 치고, 화주는 한지에 싼 삼실과를 땅에 묻는다. 작은당은 원당에서 내려오는 도중에 있는 약간 평평한 장소인데, 당집이나 신당神堂은 없으며 그 장소를 예전부터 '작은당'이라고 불렀다고 한다. 풍물패가 굿을 치고 재배를 하고 삼실과를 땅에 묻는 것으로 작은당제를 끝내고, 풍물패가 풍물

396) 하비 콕스 지음, 김천배 옮김(1973), 《바보제》, 서울: 현대사상사.

을 울리며 다음 장소로 향한다. 이 일행의 대열은 화주가 맨 앞에 서고, 영기를 앞세운 풍물패가 그 뒤를 따른다.

(10)' 서낭맞이

작은당제를 지내는 동안, 깃손을 받은 선주들과 화장들은 뱃기를 들고 작은당에서 내려가 '서낭맞이'를 하려고 앞을 다투며 선주집까지 달려간다. 선주집에 도착하면 선주집에 세워놓은 오폭기五幅旗[397]를 내려 맨 위의 깃봉에다 자신이 받아 온 깃손을 묶는다. 선주들의 집에 있는 기는 태극기 밑에 오폭기를 묶어놓은 것인데, 받은 깃손은 태극기 밑에 있는 오폭기에 바짝 대서 묶는다.

그러고 나서, 선주나 선장이 작은 상에 술과 안주를 차려 오폭기 아래 가져다 놓고, '열북'[398]을 치고 난 뒤, '고수레'를 하고, 삼배三拜를 한다. 그리고 음복飮福을 하는 것으로 서낭맞이를 마친다. 이렇게 해서 일 년 동안 자신의 배에 모실 서낭을 맞아들이는 절차가 끝난다.

(11) 동편 용왕제

'작은당제'를 마친 화주 일행은 동편 바닷가의 '용왕바위'에서 '용왕제'를 지낸다. 이때 풍물패는 용왕바위의 뒤쪽에서 풍물을 쳐주고, 화주는 용왕바위에 내려가서 '용왕밥'이라 부르는 한지에 싼 삼실과를 바다에 던지고 재배한다. 풍물패는 계속 풍물을

397) 선주들은 음력 12월 26일~28일 무렵에 자기 집과 배에다 오폭기를 박아놓는다.

398) '주벅배〔朱木船〕'로 고기를 잡을 때, 배에 징·꽹과리·북('열북')을 가지고 다니며 아주 조기가 많이 잡히는 날에는 흥이 나서 배 안에서 북과 풍물을 치며 '배치기 소리'를 부르기도 했는데, 이때 가지고 다니던 북이 '열북'이라고 한다.

울리다가 화주가 용왕밥 던지기를 마치면 재배하고 동편 용왕제를 마친다. 풍물패가 풍물을 울리며 화주 일행은 다음 장소로 향한다. 이러한 절차를 동편 용왕제부터 서편용왕제까지 반복한다.

(12) 동편 당산제

동편 용왕제를 마친 일행은 마을 동편 입구로 내려와서, 동편 당산인 원당에 오르기 전에 당산제를 지낸 곳에서 다시 풍물패는 풍물을 울리고 화주는 삼실과를 땅에 묻고 재배한다. 풍물패가 굿을 친 후 재배하면, 동편 당산제를 마친다. 그리고 다시 풍물패가 풍물을 울리면, 일행은 풍물패를 따라 다음 장소로 향한다.

(13) 주산돌기

마을의 뒤편(방위로 본다면 북쪽)에서 마을 전체를 에워싸고 있는 산 전체를 주산主山이라고 한다. 동편 당산제를 마친 일행은 주산 밑을 돌아가다가, 주산 밑의 정해진 지점에서 화주가 삼실과를 땅에 묻고 재배를 한 다음 풍물패가 굿을 치고 재배를 하면, 다시 풍물을 울리며 서편 당산으로 향한다.[399)]

(14) 서편 당산제

서편 당산은 대리마을의 서쪽 입구, 즉 전막리로 통하는 위치에 있는 당산이다. 현재 서편 당산의 당산나무는 태풍에 쓰러지고 없기 때문에, 서편 당산제는 당산나무가 있었던 그 위치에서 지낸다. 화주가 그 위치에 삼실과를 땅에 묻고 재배를 한 다음, 풍물패가 풍물을 울리고 재배를 하여 서편 당산제를 마치고, 일행은 서편 용왕바위로 향한다.

---

399) 이 제사 행위에 대한 명칭은 없다고 한다. 그 역할로 보자면 일종의 '북편 당산제' 또는 '주산제'인 셈이다.

(15) 서편 용왕제

전막리 뒤쪽 서편 용왕바위 근처에 도착하면, 풍물패 일행은 뒤쪽에서 풍물을 계속 울리고, 화주는 바닷가의 서편 용왕바위로 내려가서 용왕밥을 던지고 재배한 뒤, 풍물패가 재배하는 것으로 용왕제를 마친다. 이 일행은 다시 서편 당산이 있는 곳에서 약 1km 떨어진 곳에 자리하는 마을인 전막리로 되돌아 와서, 전막리 마을 우물굿을 쳐준다. 그 다음, 해안도로를 따라서 다시 대리 마을로 돌아와, 마을 앞 바닷가에서, 용왕제를 지낼 일행과 합세한다.

(15)' 수중고혼제水中孤魂祭

원당제를 지낸 무녀는 원당에서 바로 마을 바닷가로 내려와서 마을 사람들 중에 바다에 나가서 죽은〔水死〕 가족이 있는 집들을 위한 굿을 해준다. 가족 중에 수사한 사람이 있는 집 중에서도 유고가 없고 산부가 없는 집만이 이 굿에 나오는데, 수사한 사람이 한 사람이면 밥·떡·실과를 한 상 차리고, 두 사람이면 두 상을 차려서 마을 앞 바닷가로 가지고 나온다. 그리고 상에다 죽은 사람들의 넋들을 위한 돈을 놓기도 한다. 그러면 무녀가 그 넋들을 불러서 '풀어먹이는 굿'을 하고, 굿이 끝나면 그 가족들이 제물을 바다에 뿌린다. 가족들이 상에다 놓았던 돈은 무녀의 것이 된다. 이 굿이 끝날 즈음에는, 길이 3m, 폭 2m 정도의 '띠배'가 완성된다.

(16) 용왕제

띠배를 떠나보내기 전에 하는 용왕제는 마을 바로 앞 포구에서 바다 쪽을 향해서 무당이 주관하여 한다. 용왕제를 시작할 즈음이면, 원당제를 지내고 동쪽 용왕바위→동쪽 당산→북쪽 주산

→서쪽 당산→서쪽 용왕바위를 순회한 화주 일행이 마을 앞 해변에 당도하고, 바닷물은 거의 만조가 된다. 이때는 마을 주민들 전체가 참여하는데, 특히 원당제에 참여하지 않았던 마을 여자들이 이 용왕제에 많이 참여한다.

용왕제를 지내기 위해서 유교식 제관祭官이 '전라북도 부안군 위도면 대리 민생들이 한마음으로 용왕님께 축수하오니 넘치는 수확을 주옵소서'라는 축문을 쓰는 동안, 마을 주민들은 제만집에서 가져온 제물을 진설한다. 제물 진설이 끝나면 젯상 앞에서 축관 또는 제관이 독축을 한 다음, 무녀가 장고 장단을 치며 용왕굿을 한다. 이때 풍물패와 마을 주민들은 풍물을 울리며 서로 어울려 춤을 추고 즐긴다. 특히 부녀자들이 화려한 한복들로 치장을 하고 고깔을 쓰고 꽹과리·징·장고·소고 등을 치며 풍물패를 이루어 흥겹게 논다. 용왕제가 끝나면, 제물들을 미리 준비해 놓은 '띠배'에 싣고, 마을 오방위에 만들어 두었던 제웅들을 가져다가 '띠배'의 오방위에 넣어 안치해 놓는다.

(17) 줄밥 뿌리기

용왕굿이 끝나면, 바다에 나가 죽은 사람들에게 음식을 골고루 풀어준다는 의미에서 해변을 따라가면서 '줄밥/가래밥'을 바다에 뿌린다. 줄밥을 뿌릴 때에는 무녀가 앞장을 서고, 줄밥을 가지고 가는 아주머니 두 명이 그 뒤를 따른다. 무녀는 줄밥을 바가지로 퍼서 바다에 뿌리면서 선후창으로 된 노동요이자 제의요인 〈가래질 소리〉나 〈술배 소리〉를 선창한다. 줄밥을 든 아주머니 뒤로는 영기를 앞세우고 남자들로 구성된 풍물패가 풍물을 울리며 뒤따르면서, 상쇠를 중심으로 그 노래의 뒷소리를 받는다. 원래는 여기에서 "여자들이 끼어야 더 재미가 있다"고 해서 풍물패 뒤에 마을 부녀자들이 따라가면서 소리를 하고 어깨춤을 추고 흥을 돋구었다.[400] 한쪽에서는 마을 주민들이 이러한 광경을 지켜보며 춤을 추고 웃고 떠들며 즐긴다.

줄밥 뿌리기가 다 끝나면, 띠배를 띠울 준비를 하게 된다. 이 때쯤이면 시간이 오후 3시 30분 정도가 되는데, 이 무렵에 바닷물은 거의 만조가 된다.

(18) 띠배 띄우기

띠배를 띄워보내는 시기는 바닷물이 밀물에서 썰물로 변한 직후, 바닷물이 조금씩 빠져나갈 무렵이 적당하다. 이때 띠배를 보내야 띠배가 다시 밀물을 따라 마을로 되돌아오지 않고 멀리 떠나가기 때문이다. 띠배를 띄우는 절차는, 우선 '띠배'를 바다에 내리고, 이 띠배를 끌고 갈 '모선母船'에다 끈으로 연결하여 묶는다. 앞의 '줄밥 뿌리기' 과정에서, 〈가래질 소리〉를 했던 남자들의 행렬과 오폭기를 든 선주들, 풍물패, '배치기 소리'를 선창할 사람[401] 등이 모선에 올라타면, 띠배 띄우는 일행들이 풍물을 울리면서 마을 앞 먼 바다를 향해 출발한다. 모선에 타는 사람들은 모두 남자들이다. 배 안에서는 풍물패가 풍물을 계속 울리고, 〈배치기 소리〉를 하는 사람들이 "닻캐라! 돛달어라! 노저어라!"로 시작되는 〈배치기 소리〉로 흥을 불러일으키고, 〈술배 소리〉·〈에용 소리〉·〈가래질 소리〉[402] 등을 반복해서 부르며 모선 위에

400) 그 후에, 1978년 '전국 민속 경연대회'에 출전할 때부터는, 풍물패 뒤로 남자들이 따라 가면서 〈가래질 소리〉를 하게 되었다고 한다. 이것은 이 과정에다가 '가래질 모의노동 장면'을 첨가시키면서부터 달라지게 된 부분이다. 이렇게 된 후부터, '줄밥 뿌리기'는 여자들이 하기는 하되, 남자들의 가래질 행렬 뒤에서 마을 앞 바닷가를 따라가며 하게 되었다고 한다.

401) 근래에 〈배치기 소리〉 선창자는 장삼봉씨(남·78, 현재 곰소 거주)가 주로 맡아했고, 배의 선장들 가운데 '청이 좋은 사람'은 누구나 〈배치기 소리〉를 잘 했다고 한다. 장삼봉씨가 곰소로 이주한 후에는 옆마을인 살막금에 거주하는 김상원(남·63)씨가 주로 선창을 맡아 하고 있다.

서 춤을 추며 띠배를 이끌고 먼바다로 나아간다.

이때, 띠배를 끌고 가는 모선 외에도 인근 마을의 배들이 오색 오방기를 달고 마을 앞 바다로 나와, 띠배가 칠산 앞바다로 끌려 나아가는 것을 지켜본다. 작은 배들 수십 척이,[403] 띠배를 끌고 바다로 나아가는 모선을 뒤에서 에워싸면서, 잔잔한 바다를 헤치고 다니는 광경은 장관을 이루었다고 한다. 띠배를 띄우러 나간 일행이 마을에서 멀리 벗어나 먼 바다에 이르면, 모선에 탄 마을 사람들은 마을의 액운을 담은 띠배가 멀리 떠나도록 기원을 하고, 풍물패의 가락에 맞추어 재배를 한 다음, 띠배를 모선에 연결하여 묶었던 끈을 끊어 띠배를 먼 바다로 띄워 보낸다.

(18)' 띠배 보내기

띠배가 모선에 이끌려 바다로 나가며 대리마을을 떠날 때, 마을에 남은 사람들은 남녀노소 모두는, 띠배가 마을의 모든 재액을 싣고 무사히 떠나가기를 기원하며, 마을 부둣가에서 띠배가 떠나는 쪽을 향해 합장을 하거나 절을 한다. 그러고 나서 모선에서 〈배치기 소리〉를 하듯이 마을 사람들은 마을 포구에서 풍물을 치면서 〈에용소리〉나 〈술배소리〉를 하며 바다로 떠나가는 띠배를 환송한다. 이때 마을 부녀자들은 색색의 한복을 입고 고깔을 쓰고 소고를 들고 부둣가에서 풍물가락에 맞추어 춤을 추면서 띠배를 환송한다. 이렇게 흥겹게 띠배를 환송하다가, 띠배가 멀리 떠나서 거의 보이지 않게 되면, 소리는 하지 않고 굿만 치면서 마을 사람들이 한바탕의 굿판을 이루어 어우러진다.

402) 이 노래들의 곡조 및 사설에 관해서는 하효길(1984), 앞의 책, 부록 1을 참조.

403) 80년대에 대리에도 멸치배들이 45척 이상이 있었다고 함.

(19) 귀환

먼 바다에 나가 띠배를 멀리 띄워 보내고 돌아오는 모선에 탄 마을 사람들은, 배 위에서 풍물을 울리고 춤을 추면서, 바다에 나갈 때와 마찬가지로 〈술배소리〉 등을 부르며 마을로 돌아온다. 이때에는 띠배를 띄우러 바다로 나갈 때와는 달리, 〈배치기소리〉나 〈에용소리〉는 잘 부르지 않는다.

(19)' 맞이

마을 사람들 남녀노소가 부둣가에서 풍물을 울리며, 띠배를 띄워 보내고 마을로 돌아오는 모선을 탄 마을 남자들을 맞이해준다. 이때에도 마을 부녀자들은 띠배를 보낼 때와 마찬가지로 고깔을 쓰고 소고춤을 추면서 흥겹게 맞이해준다. 모선이 마을에 당도하면, 마을 바닷가 포구에서 마을 사람들은 남녀노소 구분 없이 어울려 풍물을 울리고, 술과 음식을 나누면서 흥겨운 굿판을 이룬다. 이것으로 초사흗날 하루 동안의 굿이 거의 끝나간다.

(20) 풍어점豊漁占

띠배를 떠나보낸 뒤 약 3시간이 지나면 날이 어두워진다. 그러면, 선주들과 선장들은 '도젯봉'(앞의 〈그림-16〉 참고)에 올라가서, 떠나보낸 띠배가 어디에 있는가를 살핀다. 파도가 없으면 띠배는 바람 부는 데로 멀리 흘러가고, 파도가 있을 때는 띠배가 가라앉지 않고 떠있다. 그 띠배가 떠있는 곳에는 신들이 모이기 때문에 '도채비불/도깨비불'이 켜지며, 그 도채비불이 켜진 자리에서는 그 해 봄에 조기가 가장 많이 잡힌다는 믿음 때문에, 선주들이나 선장들은 그 '도채비불'이 켜지는 곳을 확인하기 위해서 도젯봉에 올라가는 것이다.

(21) 도제

정월 초사흗날의 낮 행사가 모두 끝나고 해가 지고 나서 인적이 드물어질 무렵, 화주와 원화장은 마을의 서쪽 봉우리인 '도젯봉'(앞의 〈그림-16〉 참조)에 올라가 간략히 도제를 지낸다. 화주와 원화장은 삼실과·메(밥)·'흰미리(흰떡)'을 차려놓고 재배한 다음에 산을 내려와, 서쪽 용왕바위로 가서 용왕밥을 던지는 것으로 도제를 마친다. 도제는 일종의 산신제로서 초사흗날 행사를 무사히 잘 마친 것을 감사하기 위한 것이라 한다.

(22) 마당밟이 및 뱃고사

정월 초나흗날 아침이 되면, 풍물패는 마을 집집을 돌면서 '마당밟이굿'을 시작한다. 마당밟이는 유사집[404]에서 맨 먼저 굿을 어울러서, 마을 공동우물로 가서 우물굿을 치고, 다시 이장집으로 가서 집안굿을 친 다음, 마을의 아래쪽 집에서부터 위쪽 집으로 점차 굿을 쳐 올라간다. 이 마당밟이굿은 대리마을은 말할 것 없고 '소리'·'전막리'·'석금'·'거륜리'·'답구미리'·'미영금' 등 7개 마을의 모든 집들을 다 쳐주어야 하기 때문에, 정월 초나흗날 굿을 시작해서 매일 자정이 넘도록 횃불을 앞세우고 굿을 치며, 보름날까지 끝마치지 못할 경우에는, 20일을 넘겨서까지 굿을 치기도 했다고 한다.

마당밟이 풍물패가 한 집에 들어가서 굿을 치는 순서는 다음과 같다. 먼저 그 집 마당에서 '지신굿'을 치고, 부엌으로 가서 '조왕굿'을 친 다음, 장독대에서 '철룡굿'을 친다. 철룡굿을 친 다

404) 여기서 '유사집'이란 풍물을 보관하는 집을 말한다. 유사집은 한 번 정해놓으면 6~7년 동안 그 집에서 풍물을 보관한다. 마당밟이 때 돈뿐만 아니라 꽃반(작은 상)에 보리나 쌀을 내놓는 집이 있는데, 이것으로 마당밟이가 끝난 뒤 결산을 해서 풍물패들에게 밥을 해주기도 하고 남은 것은 유사집에 사례로 준다.

음 곳간이나 점포가 있는 집에서는 곳간이나 점포에서 굿을 쳐 주기도 한다. 보통 새암(샘, 우물)은 각 집의 뒤편에 있기 때문에 집 뒤란으로 돌아가 새암굿을 치고 돌아 나온다. 이렇게 각 굿을 칠 때마다 풍물패는 집주인에게 술을 먹이고, 이 마당밟이굿의 경리經理를 맡은 사람은 집주인에게 돈을 빌려주기까지 하면서 주인이 돈을 내지 않을 수 없게 만든다. 마당밟이굿을 할 때는 경리를 따로 두어 각 집에서 나오는 전곡錢穀을 관리하도록 하고, 그것을 마을의 공동기금으로 사용한다. 집주인들은 어쩔 수 없이 돈을 내면서도, 굿으로 집안의 모든 잡신을 물리쳤다고 믿으면서 흐뭇한 기분에 젖는다.

마당밟이굿 풍물패의 편성은 상쇠 1명, 장고잽이 1명, 새납수 1명, 소고잽이 여러 명 등으로 이루어진다. 대리마을의 유명한 상쇠로는 김문행씨(작고, 1995년 현재 생존 시 90여 세), 장고잽이로는 이효도씨(작고, 1995년 현재 생존 시 90여 세), 새납 이재덕씨(작고, 1995년 현재 생존 시 90여 세)가 있었는데, 이들은 지금 모두 고인이 되었고, 마을 사람들이 그 뒤를 잇고 있다. 상쇠는 김문행씨 위로 이재순(작고, 1995년 현재 생존 시 100여 세 이상)씨가 있었고, 그 이후로 백형기씨(작고, 1995년 현재 생존 시 70여 세)가 있었으며, 근래에는 이종순(남·1935년생)씨가 담당하고 있다. 장고잽이로 유명한 사람은 이효도씨였는데, 그 이후로 이윤성·안산익(작고, 1995년 현재 생존 시 70여세)씨가 있고, 최근에는 김영석(남·1940년생)씨와 오대길(남·1936년생)씨가 담당하고 있다. 징은 김복동(1995년 생존 시 96세 정도)씨가 잘 쳤고, 그 후로 김차남(1995년 생존 시 80여 세)씨가 뒤를 이었으며, 지금은 이수영(남·1935년생, 제보자)·김광석(남·1949년생)씨가 담당하고 있다. 소고잽이는 부녀자들이 해야 판이 어울리기 때문에, 부녀자들이 고깔을 쓰고 주로 담당한다. 그래서 소고잽이 중에 따로 거론할 만한 명인은 없다. 어촌에서는 풍물을 칠 기회가 많기 때문에 풍물에 능한 사람이 많았다고 한다.

한편, 정월 초사흗날의 '띠배굿' 행사를 마친 뒤, 어선들이 출어出漁를 할 때마다 시루떡·나물·해물 등을 차려놓고 '뱃고사'를 지낸다. 이때도 풍물을 치며, 바다에 나가면서도 풍물(징·꽹과리·북)을 싣고 나가[405] 선원들이 좀 더 흥겹게 어울릴 수 있도록 풍물을 치고, 만선滿船이 되어 돌아올 때에도 풍물을 치기 때문에, 뱃사람들은 풍물을 치는데 매우 능했다고 한다.

(23) 맥이굿 · 조상굿

정월 초사흗날부터 보름날까지, 바다에 나가 죽은 가족이 있는 집에서는 바닷가 바위에서 그 넋들을 위해 제사를 지내며 소지를 올린다. 이것을 '홍수맥이'라고 하는데, 토정비결로 1년 신수身數를 봐서 신수가 나쁘게 나오면, 이 홍수맥이를 한다. 이렇게 제물을 가지고 바닷가로 나가 간단한 제사를 지내는 것을 '유왕(용왕)간다'고 한다. 이 홍수맥이는 날짜가 일정치 않으며 대개 정월 초나흗날부터 정월 보름날까지 모두 마친다.

그리고 이 기간 동안에 각 개인집에서는 날을 받아서 무녀를 불러다가 집안 조상굿을 하기도 한다. 초사흗날이 넘어야 무녀가 시간이 나기 때문에, 이 굿은 초나흗날부터 시작된다. 이 조상굿은 그 집안의 돌아가신 선조들의 넋을 한데 불러 모셔놓고, 각기 그 숫자대로 제물을 차려놓은 다음, 무녀가 맨 윗조상부터 굿을 한다. 이렇게 하는 것을 '지반간다'고 하는데, 이 굿을 통해 모든 조상들의 넋이 배불리 먹도록 한다는 것이다. 이 '지반'도 대체로 정월 보름 안에는 거의 다 마치게 된다.

405) 이때 장고는 제외된다. 장고는 개가죽 등으로 만들기 때문에 고기잡이에 부정을 탄다고 해서 금한다고 한다.

(24) 줄꼬기

정월 대보름날 아침이 되면, 마을 풍물패가 풍물을 치며 집집을 돌면서 술추렴을 하고, 마을 남자들은 격포 등지에서 미리 구입해온 70여 속(70여 다발)의 짚으로 마을 앞 바닷가에 모여 '줄 꼬는 소리'를 하면서, 줄다리기를 할 줄을 꼬기 시작한다.

줄을 꼬는 방법은 다음과 같다. 줄을 굵게 꼬려면, 새끼줄 15가닥을 그렇지 않으면 12가닥을 마을 앞 광장에 동서東西로 길게 늘여놓고, 다시 5가닥 내지 4가닥씩을 합해서 3가닥의 줄을 만든 다음, 3가닥으로 다시 하나의 굵은 줄을 꼰다. 그 다음에는 약 4시간에 걸쳐서 완성된 이 줄의 한가운데를 끊어서 암줄과 수줄을 만든다. 암줄과 수줄의 머리에 코를 만들고 그 코를 꿰어 연결하여 참나무로 만든 비녀를 꽂아 고정시킨다. 코를 만들 때, 암줄은 코의 구멍을 크게 만들고, 수줄의 코는 암줄 구멍에 들어갈 정도의 좀 더 작은 크기로 만든다.

(25) 주산돌기 · 줄놀이

이렇게 줄을 완성하면, 마을 앞 광장의 동쪽에는 수줄 쪽을 배치하고, 서쪽에는 암줄 쪽을 배치한다. 다음에는 마을 주민 전체가 기혼 남자들로 이루어진 패와, 여자들 및 미혼 남자패들로 이루어진 패로 나뉘어, 동편 줄은 기혼 남자들 패가 잡고, 서편 줄은 여자들 및 미혼 남자들 패가 잡는다. 이 두 패는 줄을 메고 마을 뒤쪽의 주산으로 오른다. 이때, 아무리 나이가 많아도 미혼 남자는 반드시 서편 줄을 메어야 한다.

암줄과 수줄 가운데, 먼저 준비된 줄부터 마을의 동쪽 입구를 통해서 주산으로 오르는데, 이 과정은 위험이 따르기 때문에 여자들 편인 암줄/서편줄은 여자들보다는 총각들이 주로 줄을 메고 가며, 부녀자들은 주로 풍물패를 따라 소고놀이를 하면서 올라간다. 올라가는 순서는 따로 정해져 있지는 않지만 총각들이 멘 서편줄이 주로 앞서 올라간다. 올라가다가 마을의 동편 당산에 도달하면 풍물패가 당산굿을 한 번 쳐주고, 여기서부터 마을 뒤편 서쪽에 있는 초등학교 운동장에 이를 때까지, 암·수 두 개의 연결줄은 서로 풍물패를 에워싸려고 격렬하게 몸싸움을 벌이면서 주산을 돈다.

주산을 도는 과정에서 벌이는 '줄놀이/에용놀이'는 매우 격렬하면서도 흥미진진하다. 암줄편과 수줄편은 서로 풍물패를 에워싸려고 격렬한 몸싸움을 벌이며, 자기편 줄은 놔둔 채 상대편 줄을 내팽개치려고도 하고, 자기편 줄을 갖다 상대편을 향해 내던져서 상대편을 넘어뜨리기도 하고, 또 자기편 줄로 상대편 줄을 에워싸려고도 하면서, 다양한 방법으로 상대편 줄을 공격한다.

이렇게 암줄과 수줄이 서로 겨루다가 지쳐서 어느 한 편의 세력이 약해지면, 두 개의 줄은 평평한 장소—현재는 초등학교 운동장—를 골라서 서로 화합하여 하나의 원모양을 만든다. 암줄코는 수줄 꼬리와 맞닿고 수줄코는 암줄코에 맞닿아 하나의 원을 형성한다. 이런 때를 대비해서 암수줄의 코와 꼬리를 메는 사람은 언제나 가장 힘이 센 사람이 멘다.

두 개의 줄이 원모양을 만들면 풍물패는 그 원 안에서 풍물을 치고, 싸움이 어느 정도 진정되고 안전하다 싶은 때가 되면, 풍물패는 이중·삼중의 높은 '화동받이'/'동무동받이'를 하기도 하며, 여성들로 이루어진 소고잽이들도 그 원 안에서 소고춤을 춘다. 이때에는 줄 밖에서 구경하던 마을 주민들도 원 안으로 들어와 줄을 멘 사람들과 같이 굿가락에 맞추어 〈에용소리〉를 부르면서 흥겹게 논다.

두 줄은 화합이 되었다가도 원모양을 풀고 다시 앞에서와 같은 몸싸움을 하면서 풍물패를 에워싸려고 상대편 줄을 공격한다. 이렇게 공격을 하는 곳은 주로 평지가 아닌 곳인데, 이때는 풍물패도 줄에 치이지 않으려고 줄을 피해 다니기가 일쑤이고, 줄 맨 사람 외에는 모두 줄 밖에 서서 구경을 한다. 이러한 '줄놀이' 광경은 대단히 흥미로운 볼거리여서 인근의 치도리·진리·벌금 마을 사람들도 구경을 하러 왔다고 한다.

이렇게 두 개의 줄이 서로 공격을 했다가 화합하여 원모양을 만들기를 네 번 정도 반복하면, 마을 서편에 있는 초등학교 운동장에 도착하는데, 여기서 최종적으로 두 줄이 화합하여 한바탕 논 다음, 줄을 메고 마을로 내려와 마을 앞 바닷가의 광장으로 온다. 마을 동편 입구에서 서편 초등학교 운동장까지 주산을 돌아오는 데는 약 3시간 정도가 소요된다.

이날은 평소에 감정이 있던 사람들도, 서로 치고 패고 밀어버려도 감정 상해하지 않고 그 자리에서 털어버린다. 게다가 이날은 청년이 평소 감정이 있던 어른을 때려도 그 어른은 아무 말을 하지 못하고 당한다. 그래서 다치는 사람도 생기지만 이런 것들은 다 재미로 여기면서 이 '주산돌기' 놀이를 즐긴다.[406]

두 줄이 마을 바닷가 광장에 도착하면, 암수줄을 원래의 위치대로 동서로 늘여놓은 다음, 암줄코에 수줄코를 끼워 넣고 참나무로 깎은 비녀를 꽂아 두 개의 줄을 고정시킨다. 그리고 줄의 양 옆에 겹줄을 여러 줄 연결시켜 줄다리기 준비를 마친다.

이상의 정월 보름날 '주산돌기'는 대리 마을의 축제일 뿐만 아니라 어한기漁閑期를 타서 위도섬 전체의 많은 주민들이 이 마을굿을 구경하러 오기 때문에, 위도 섬 전체의 큰 축제가 된다.

406) 서양 중세의 '바보제'를 연상케 하는 장면이다.

(26) 줄다리기

정월 대보름날 밤, 마을 동쪽으로 보름달이 둥실 떠오른 밤 9시 정도가 되면, 마을 앞 바닷가 광장에는, 모닥불과 횃불이 타오르고, 마을 주민들 전체가 두 편으로 나뉘어 줄다리기를 시작한다. 풍물패도 이때에는 풍물 치기를 멈추고 이 줄다리기에 참여한다. 줄다리기의 편가름은 줄놀이와 마찬가지로 동편줄/수줄은 기혼 남자들만으로 구성되고, 서편줄/암줄은 미혼 남자들과 부녀자들로 이루어진다. 이때에도, "아무리 나이가 많아도 정식 사모관대를 안 쓴 사람은 서편줄을 잡는다"고 한다.

줄다리기의 승부는 3전 2승제로 하며, 언제든지 서편줄/암줄 편이 이긴다. 암줄편이 이겨야 그 해에 풍어豊魚가 된다고 믿기 때문이다. 줄다리기가 끝나면 줄코에 끼웠던 참나무비녀를 빼고 고를 풀어서 동편줄은 동편 당산으로 가지고 가 똬리를 틀고, 서편줄은 서편 당산으로 가져다 똬리를 틀어둔다. 그렇게 해두면 1년 동안 저절로 썩는다. 두 당산에 줄을 가져다 놓는 이유는, 그 줄이 용龍으로 화하여 마을에 들어오는 잡신을 막아준다는 믿음 때문이라 한다.

(27) 판굿

줄다리기가 끝나면, 마을 앞 해변의 바로 윗부분인 '통개'라는 광장에서 모닥불을 피우고 대보름 축제의 절정인 '판굿'[407]이 벌

407) '판굿'이란 일반적으로 풍물굿의 공연자들이 일정한 장소를 정하고 구경꾼들에 둘러싸여 공연자들의 온갖 예능들을 차례대로 모두 보여주는, 풍물굿 공연의 핵심부분이다. 위도의 풍물굿은 해방 직전에 절정을 이루었는데, 현재 이 지역의 풍물굿 명인들은 거의 다 작고하고 그 후대인들이 겨우 명백을 유지하고 있다. 위도 풍물굿은 전북지역 육지부의 좌·우도 풍물굿에 견주면 세련되지는 못했지만, 정리가 안 되었을 뿐 섬 나름의 특유한 가락을 가지고 있다고 한다. 현재에도 위도의 풍물굿은 육지에서부터 배워온 가락이 없기 때문에 그 순수성을 어느 정도 지키고 있다고 할 수 있다.

어진다. 이 판굿은 밤 10시 정도에 시작해서 자정이 넘어야 끝난다. 판굿에 소요되는 시간은 약 3시간 정도인데, 전반부에서는 풍물패가 모닥불 주변을 돌면서 굿을 치고 마을 사람들은 풍물패 밖에서 구경을 하고 먹고 즐긴다. 후반부에서는 탈을 쓰거나 가장假裝을 한 마을 주민들이 등장하여 풍물패와 더불어 한데 어울리는 형태로 이루어진다.

판굿 풍물패의 구성은 영기 1명, 나발수 1명, 새납수 1명[408], 쇠잽이 3명[409], 징수 3명, 장고잽이 3명(또는 4명), 북수 2명, 소고잽이 다수多數 등으로 이루어진다. 상쇠는 상쇠복을 입고 육지에서 구입해온 부포달린 상모를 쓴다. 그 외 풍물패들은 한복을 입고 고깔을 쓰는데, 장고잽이는 꽃수술이 하얀 고깔을 쓰고, 나머지 징수·장고잽이는 꽃수술이 삼색(남색·흰색·적색)인 고깔을 쓴다. 이상의 풍물패는 모두 남자이고, 소고는 주로 10여 명의 여자들이 담당한다.[410] 소고놀이를 하는 여자들은 한복을 입고 삼색 꽃수술이 달린 고깔을 쓴다. 굿판에서는 소고놀이가 많아야 판이 어우러진다고 하여 가급적 소고의 숫자를 많게 한다.

판굿은 먼저 영기를 앞세운 풍물패가 모닥불 주위를 계속 뱅뱅 돌면서 굿을 치는 것으로 시작한다. 이때 마을 주민들은 풍물패 밖에서 구경을 하는데, 마을 아낙네들도 거의 다 나와서 구경을 한다.[411] 풍물패는 계속해서 거의 1시간 이상 굿을 친다. 이

---

408) 새납불던 사람이 5~6년 전에 사망한 뒤로 현재는 풍물굿에서 새납이 중단된 상태이다.

409) 이 마을에서는 풍물패 인원이 많을 때는 쇠를 상쇠, 중쇠, 그리고 하쇠까지 셋이 하고, 인원이 좀 적으면 쇠는 둘이 될 수도 있다. 보통 쇠가 셋이면 징, 장고도 셋이고, 쇠가 둘이면 징, 장고도 둘이다. 타지역에 비해 징수가 많은 편인데, 이 숫자는 고정적인 것은 아니다.

410) 원당제에 올라가는 행렬에서는 여자가 참여할 수 없기 때문에, 원당에 올라가는 풍물패에는 소고가 빠져있었으나, 마당밟이나 판굿에는 여자들이 담당하는 소고가 판을 어우르는 데 중요한 구실을 한다.

과정에서 풍물패의 징이나 장고는 풍물에 소질이 있는 사람들이 교대로 할 수 있으나, 풍물패를 리드하는 상쇠는 끝까지 교체되지 않는다.

풍물굿이 1시간 이상 진행되면 판이 많이 어우러지고, 시간상으로도 판굿의 중간쯤 넘어서면, 탈을 쓰거나 가장假裝을 한 마을 사람들이 등장한다. 계절상으로 이때는 추운 때이고 판굿을 치는 장소도 바람이 강하게 부는 야외이기 때문에, 시간이 지나면 모닥불을 중심으로 장소가 좁혀지기 마련이다. 그리고 가장을 한 탈놀이패들이 등장함으로써 풍물패는 탈놀이패 뒤로 밀려나고, 탈놀이패가 모닥불을 중심으로 풍물패 안으로 들어가 놀게 된다. 이러한 '가장놀이'는 자신을 타인이 알아볼 수 없도록 하기 위해서 어둠이 깊어진 시간을 이용해서 등장한다. 나머지 청관중들은 밖에서 구경을 하며 즐긴다.

가장놀이에 등장하는 사람들은 자기 멋대로 분장을 하고 나오는데, 주요 가면들로는 호랑이·소·토끼 등 짐승을 형용한 것이 많으며 재료는 종이이다. 또 긴 칼을 차고 정장을 한 일본순사를 흉내를 내는 사람, 꼽추 분장을 하고 꼽추춤을 추는 사람, 머리에 수건을 두르고 담뱃대를 물고 할머니 분장을 하고 나오는 사람[412] 등 다양하다.

탈놀이 끝에 가면 '송장놀이'가 행해지기도 한다. 송장놀이는 산 사람에게 상복을 입혀 시체로 꾸며서 지게에 짊어지고 나와서 노는 것이다. 이렇게 하면 무병장수를 한다고 한다.

411) 어한기漁閑期에 해당하는 이 무렵의 풍물굿의 '판굿'은 마을 주민들에게 굉장한 볼거리를 제공해주었다. 그러나 마을에 교회가 들어서고 집집마다 라디오, TV 등이 볼거리를 제공하면서부터 풍물굿은 이제 예전처럼 굉장한 볼거리로서의 구실은 하지 못하게 되었다.

412) 이 어촌에서는 할머니들이 담배를 피우지 않는데, 이날은 할머니들이 할아버지들의 담뱃대를 물고 굿판에 등장한다.

탈놀이를 할 때, 풍물패의 구성원인 대포수·영감·할매 등의 '잡색'들과 풍물패 구성원이 아닌 탈놀이패들은 함께 풍물패의 소고 뒤를 따라 돈다. 그러다가 나중에는, 잡색은 잡색끼리 뭉치고, 탈놀이패는 탈놀이패끼리 뭉쳐서 놀기도 한다. 또 이때 화동복을 입은 화동을 이중·삼중으로 받아올리는 '무동받기'를 하기도 한다.

(28) 말미

탈놀이도 차츰 시들해지고 자정이 훨씬 넘으면, 마을 사람들은 이제 하나 둘씩 집으로 돌아가기 시작한다. 구경꾼들이 집으로 돌아가기 시작하면 판굿도 서서히 마무리된다.[413] 먹고 마시는 즐거움은 마당밟이 때부터 대보름날 판굿까지의 과정에서 충분히 이루어졌고, 또 밤이 깊어질수록 날씨가 추워지기 때문에, 마을 사람들은 다시 모이지 않고 그냥 헤어진다. 몇 사람이 남아서 모닥불을 해변의 자갈로 덮어 끄고 나면, 띠뱃굿의 공연 과정은 완전히 끝나고, 대리마을은 어둠과 정적 속에 깊이 잠겨든다.

(29) 결산

정월 대보름날 밤 판굿까지 공연 과정이 모두 끝나면, 마을 이장은 회의를 소집하여 굿에 들어간 비용을 결산하여 밝히고, 남은 돈으로 한 해 동안 마을에서 해야 할 사업들을 의논한다. 이 마을굿 결산 회의는 마을굿의 모든 절차가 완전히 끝나고 해야 하기 때문에, 보통 음력 정월 스무날이 넘어서 하게 된다. 마을굿을 통해 모인 마을 기금은 이장이 관리한다.

마을 사람들은 마을굿을 통해 새로워진 마음으로 제각기 자기

---

413) 띠뱃굿 제보자 이수영씨는 "제아무리 잘 치는 굿도 구경하는 사람이 이루어지지 않으면 굿의 생명을 잃는 것"이라고 말한다.

의 일상생활로 되돌아가, 다음 마을굿이 돌아올 때까지 각자 자신의 삶을 진실하게 영위해 나아간다.

4) 결어: 공동체와 세계와의 조화로운 상호관계 형성

이상에서 살펴본 바와 같이, 대동굿은 그 목적이 그것을 공연하는 공동체 사회의 안녕과 풍요를 기원하는 데 있다. 이러한 목적을 좀 더 공연학적으로 정의하자면, 대동굿은 공동체와 세계의 조화로운 '관계'를 이루는 데 목적이 있다고 할 수 있다. 이렇게 보면, 우리의 대동굿 양식은 그것이 나라굿이든, 고을굿이든, 마을굿이든, 그것을 공연하는 공동체 사회와, 그것이 놓여 있는 모든 세계와의 조화로운 상호관계를 형성하기 위한, 우리의 가장 대표적인 전통적 공연문화 양식이라고 할 수 있다.

2. 무당굿: 신과 인간, 삶과 죽음의 현전적 융합 –'밀양 손씨 진진오기굿'의 사례를 중심으로

1) 문제제기

그동안 한국 무당굿의 연구는 종교학적 관점, 민속학적 관점, 문학적 관점, 음악학적 관점, 무용학적 관점, 연극학적 관점 등, 다양한 관점에서 연구되어 왔다. 무당굿은 일종의 종교적·민속적·문학적·음악적·무용적·연극적 현상일 뿐만 아니라, 그런 모든 요소들이 하나의 공연 양식으로 녹아들어 있는 '공연적' 현상이다. 그것은 '청관중을 대상으로 하여 표현되는 인간의 일련의 의미 있는 공적인 신체 행위'이기 때문이다. 그러므로, 우리는 무당굿을 우선 공연적 관점에서 접근할 필요가 있다.

우리나라의 무당굿 연구는, 그동안, 무당굿을 공연적인 측면에서 연구하는 학자들조차도, 음악을 연구하는 학자들은 무당굿의 음악적 측면만을 다루고, 무용을 연구하는 학자들은 무용적 측면만을 다루고, 연극을 연구하는 학자들은 연극적 측면만을 다루는 경향이 지나치게 강했다. 그런데, 무당굿은 음악도 무용도 연극도 아니라는 점에서 이런 연구방법들은 문제가 있다. 무당굿은 '순수한' 음악도, 무용도, 연극도 아니다. 그것은 제의적인 목적을 수행하기 위해서, 문학적·음악적·무용적·연극적 요소 및 각종 다른 필요한 요소들을 두루 동원하여, 그것들을 무당굿의 본래의 목적과 기능에 맞도록 조화롭게 유기적으로 통합하는 문화적 공연cultural performance의 한 양식이다.

이 연구는 이러한 관점에서 서울 무당굿의 공연학적 특성과 의의를 고찰하고자 한다. 대상 자료로는, 김헌선 교수가 2007년 5월 21일 서울 인왕산 '국사당'에서 공연된 '밀양 손씨 진진오기굿'을 현지조사에서 촬영한 비디오 자료[414] 및 이것을 기록한 채록 자료[415]를 사용한다.

이 연구의 초점은, 자료에서 무당굿 공연 실체를 구축하기 위해 어떤 공연 요소들이 구체적으로 어떻게 동원되고 유기적으로

414) 김헌선(2007), 〈서울굿: 밀양 손씨 진진오기굿〉(촬영: 김헌선, 2007.05.21., 서울 인왕산 국사당, HD6mm→ DVD) 자료.

415) 김헌선(2007), 〈서울 진진오기굿 무가 자료집〉, 서울: 보고사, 343~464쪽; 김헌선(2010), 〈밀양 손씨 진진오기굿 무가 자료집〉(미공개 편집본).

결합되는가에 맞추기로 하겠다. 그리고 이러한 고찰을 통해서 서울 진진오기굿의 공연적 특성을 좀 더 구체적으로 드러내기 위해서, 여러 면에서 공통점과 차이점을 분명하게 가지고 있는 호남 무당굿인 '진도 씻김굿' 공연 비디오 자료[416]와 비교분석을 하고자 한다.

2) 자료의 공연 민족지적 분석

(1) '진진오기굿' 자료의 경우

이 연구에서 다루기로 한 서울 진진오기굿 비디오 자료에 보이는 '공연 민족지〔民族誌〕'를 간략히 정리하면 다음과 같다.

① 부정청배: 녹화자료 없음. (열두 거리 신격을 열거하고, 이들이 굿판에 오시도록 하는 굿이다)

② 가망청배: 여무 강옥임이 평복을 입고 앉은반으로 굿가락을 장고장단으로 치며 열두 거리 신격을 차례로 굿판에 좌정케 한 다음, 제주가 제상에 절을 한다.

③ 시왕가망노랫가락: 여무 강옥임이 '가망청배'와 같은 앉은반 상태에서 굿거리가락을 장고장단으로 치면서 진진오기굿의 주신인 시왕신을 청배하여, 망자를 위한 축원을 한다.

④ 진적/상산노랫가락: 여무 강옥임이 앉은반으로 굿거리가락을 장고장단으로 치며 상산 곧 최영장군 신을 청배하여 망자를 위한 축원을 한다.[417]

416) 국립문화재연구소(2001), 〈진도 씻김굿〉 DVD; 황루시(2001), 〈진도 씻김굿〉, 서울: 국립문화재연구소.

417) 김헌선에 따르면, 망자가 이승 공간의 신인 상산신에게 허락을 받아 저승

⑤ 물구가망: • 여무 강옥임이 '대신'으로 변신하여 방울과 부채를 들고 굿판에서 도약무를 춘다. • 그러는 가운데, 제주가 제상에 절을 하고, 나이 많은 무당이 제상에 소지를 올리고, 무당이 가끔 죽은 망자(밀양 손씨)로 변신하여, 제주에게 고맙다는 말을 하기도 한다. (선반)[418]

⑥ 상산물고: • 여무 원옥희가 '상산마누라신' 및 '장군신'으로 변신하고 굿판에 자기를 청배해준 데 감사하고 망자의 천도를 도와주겠다고 한다. (선반) • 여무 원옥희가 '별상신'으로 변신하고 자기를 청배해준 데 대해 제주에게 감사하고, 망자의 천도를 도와주겠다고 하고 흥겨워 한다. (선반)

⑦ 초영실/조상: • 여무 원옥희가 망자로 변신하여 제주인 망자의 형 및 형수에게 못 다한 한스러운 말들을 길게 토로하고, 제주는 이 말들을 받아 대꾸를 해준다. (선반) • '대신할머니 신'으로 변신한 여무가 제주를 도와주겠다고 공수를 한다. (선반) • '조상 할아버지신'으로 변신한 여무가 제주에게 도와주겠으니 걱정 말라고 한다. (선반) • '조상 할머니신'으로 변신한 여무가 제주에게 도와주겠으니 걱정 말라고 한다. (선반)

• '조상 아버지신'으로 변신한 여무가 제주에게 도와주겠으니 걱정 말라고 한다. (선반) • '조상 어머니신'으로 변신한 여무가 제주에게 도와주겠으니 걱정 말라고 한다. (선반) • '조상 형님'으로 변신한 여무가 제주에게 도와주겠으니 걱정 말라고 한다. (선반) • '손씨 가문 조상'으로 변신한 여무가 제주에게 도와주겠으니 걱정 말라고 한다. (선반) • '처가 권씨 가문 조상'으로 변신한 여무가 제주에게 도와주겠으니 걱정 말라고 한다. (선반)

신인 시왕신에게 갈 수 있도록 기원하는 굿이라 한다.

418) '선반'이란 무당이 서서 공연하는 방법을 말한다. 또한 '앉은반'은 무당이 앉아서 공연 하는 방법을 말한다.

⑧ 신장/대감: • 남무 이길수가 '신장'으로 변신하여 제주에게 도와주겠으나 걱정 말라고 한다. (선반) • 남무 이길수가 여러 '대감신'(군웅대감·망자 하직대감·전안대감 터주대감 등)으로 변신하여 제주에게 도와주겠으니 걱정 말라고 한다. (선반)

⑨ 창부거리: 여무 강옥임이 '창부신'으로 변신하여 제주에게 도와주겠으니 걱정 말라고 한다. (선반)

⑩ 기자 몸주 놀림: 여무가 '대신'으로 변신하여 제주에게 도와주겠으니 걱정 말라고 한다. (선반)

⑪ 중디밧산: 여무 강옥임이 평복을 입고 앉은반으로 장고장단을 치며 망자를 위한 기원을 한다. (앉은반)

⑫ 사재삼성: • 남무 이길수가 '시왕신'으로 변신하여 제주에게 망자를 잘 천도해가겠다고 한다. • 남무 이길수가 '사재삼성'으로 변신하여 온갖 재담을 한 후에 망자를 데리고 저승으로 천도한다.

⑬ 바리공주 말미: 여무 원옥희가 앉은반으로 장고를 치며 망자의 극락왕생 천도를 기원하고, 바리공주의 내력을 노래한 다음, 다시 극락왕생 천도를 기원한다.

⑭ 도령돌기: 여무 권옥남이 망자의 화신인 듯한 '도령'으로 변신하여 제상을 돌면서 망자가 이승의 원한을 다 풀고 극락왕생하는 형상을 보인다.

⑮ 베가르기: 비디오 자료에 없음.

⑯ 인정/전/다리 섬김·시왕·맞조와: 비디오 자료에 불명확함.

⑰ 상식: 제상 앞에 다시 새로운 제상을 차리고 제주가 절을 하여, 극락왕생한 망자를 조상신으로 모신다.

⑱ 뒷영실: 여무 이상순이 망자로 변신하여 망자의 마지막 언행을 보이고 제주(형·형수)는 이것을 받아준다.

⑲ 시왕군웅: 여무 이상순이 '시왕군웅'으로 변신하여 망자의

극락왕생을 기원한다.

⑳ 뒷전: 여무 강옥임이 평복 차림으로 굿을 하는 망자 및 온갖 다른 원한 맺힌 망자들을 위한 기원을 한다.[419]

(2) 진도 씻김굿 자료의 경우[420]

① 안당: 여무/단골이 평복 차림으로 안방/대청마루에 따로 상을 차리고 여러 집안 신들(성주신·조상신 등)을 불러 굿을 하는 것을 알리고 자손을 도와달라고 기원하고, 악사들은 무악을 연주한다. (앉은반)

② 초가망석: 단골이 평복 차림으로 마당에 차려진 제상 앞에서 신과 죽은 망자를 청하여 들인다. (선반)

③ 손님굿: 단골이 평복 차림으로 장고 장단을 치며 마마신 및 망자 친구들의 영혼을 불러들여 대접한다. (선반)

④ 제석굿: 단골이 장삼에 고깔을 써서 불교적인 사제의 의상을 하고 제석신을 불러들여 집안의 재복과 영화를 기원한다. (선반)

⑤ 고풀이: 단골이 평복 차림으로 질베를 매듭을 지어 차일 기둥에 묶고 그것을 하나하나 풀어 나아간다.

⑥ 이슬털이/씻김: 단골이 망자의 몸을 상징하는 '영돈'을 씻겨, 이승에서 맺힌 한을 풀어준다. (선반)

⑦ 넋올리기: 단골이 평복 차림으로 '영돈' 위의 주발 안에 넣었던 '넋'을 꺼내어 시왕풀이·넋풀이·동갑풀이·약풀이 등을 하여, 망자가 이승에서 맺힌 한을 풀어준다. (선반)

⑧ 희설: 단골이 평복 차림으로 혼자서 징을 치면서 저승의

419) 이상의 공연 민족지 분석 자료에서 '·표'를 한 부분은 등장인물로의 변환이 나타나는 경우임.

420) 이 자료는 '곽머리 씻김굿'의 사례임.

육갑을 풀어주거나 회심곡을 부른다. (앉은반)

⑨ 길닦음: 질베를 길게 문밖으로 늘여놓고 단골이 평복 차림으로 망자가 타고 가는 '반하용선'을 길베 위로 밀고 가면서 망자의 극락왕생을 기원한다. (선반)

⑩ 종천맥이: 단골이 평복 차림으로 집밖으로 나와 망자의 옷가지 등을 채우면서 잡귀들을 퇴송한다. (선반)

이상에서 간략하게 정리해 본 서울 진진오기굿의 공연 민족지와 진도 씻김굿의 공연 민족지는 공연학적인 측면에서 나타나는 두 공연 양식상의 다양한 차이를 사실적으로 드러내고 있다. 이러한 민족지적 차이를 염두에 두고 서울 진진오기굿의 공연학적 특성을, 진도 씻김굿과 비교를 통해서 분석·해석해 보면, 우리는 다음과 같은 공연학적 특성들을 찾아낼 수 있다.

3) 서울 진진오기굿의 공연학적 특성

진진오기굿의 공연학적 특성은 공연 요소상의 특성, 공연 양식상의 특성, 변환 방법상의 특성, 사회극-무대극의 관계상의 특성, 공연의 본질적 특성 등으로 나누어 살펴볼 수 있다. 이러한 특성들을 차례대로 살펴보면 다음과 같은 결과들을 얻게 된다.

(1) 시각 중심의 신체 미학

서울 진진오기굿의 공연 텍스트를 보면, 공연 요소상의 특성으로는 다음과 같은 점들이 쉽게 눈에 띈다. 첫째, 음악적인 요소로서 '노랫가락' 및 '창부타령'과 같은 경기민요가 중요한 성악적 기반으로 작동한다는 점, 둘째, 서울·경기 무악 장단이 기악적 기반으로 동원된다는 점, 셋째, 무용적인 요소로서 서울·경기 민속무용 동작들이 사용된다는 점, 넷째, 연극적 요소로서는, 굿거리에 따라 달라지는 여러 신들 및 망자의 성격을 아주 분명하게 하는 등장인물의 성격 창조characterization가 매우 다양하고 활발하게 이루어진다는 점, 다섯째, 무대는 완전 개방무대 또는 1면무대가 비교적 자유롭게 활용된다는 점, 여섯째, 대소도구로서 각종 제물·제구 등이 사용된다는 점 등이 그것이다. 서울·경기 무당굿의 이러한 공연적 특성들은, 이 무당굿 양식과 여러 면에서 서로 대조를 이루는 호남 무당굿과의 비교·대조를 통해서 좀 더 분명하게 드러나는 특징이다.

이런 특징들을 종합해서 본다면, 서울 무당굿의 진진오기굿은 호남 무당굿의 씻김굿에 견주어 전체적으로 '시각 중심의 신체미학', 곧 '랜드스케이프landscape'의 공연미학을 보여준다는 것으로 집약해서 표현할 수 있을 것이다.

예컨대, 진도 씻김굿은 전체 공연 요소들의 비중으로 볼 때, 주로 성악인 무가와 기악인 반주 음악에 가장 큰 비중이 놓여 있다. 무가는 이 지역 특유의 독창적인 소리문화인 '육자배기 토리'와 '판소리 창법'으로 불리며, 기악 반주 음악은 우리나라에서 가장 발달된 민속음악 가운데 하나인 '시나위 장단'을 기반으로 해서 다양한 즉흥적 변주를 통한 독창적인 창조가 이루어진다. 그뿐만 아니라, 진도씻김굿에서는 어떤 독자적인 연극적 등장인물로의 성격창조가 거의 일어나지 않기 때문에, 연극적인 독창성이 서울·경기 무당굿에 상대적으로 매우 미약하다. 이런 몇 가지 점에서, 진도 씻김굿은 서울 진진오기굿에 비해 '소리 중심의 신체미학' 곧 '사운드스케이프soundscape'의 공연미학을 추구하는 경향이 있다.421)

이와 달리, 진진오기굿은 전체 공연 요소들의 비중이, 시각적

·연극적 신체 행위에 강력하게 자리 잡고 있다는 점이 매우 분명하게 드러난다. 서울 무당굿 전체를 이끌어가는 공연 행위는 주로 굿거리의 변화에 따라 부단히 바뀌고 다양하게 펼쳐지는, 여러 신들 및 망자로 '변신'한 무당들의 연극적 행동이다. 그리고 이러한 행동을 굿거리의 변화와, 등장하는 신들의 종류에 따라 각기 다르게 변화하는 화려하고 다양한 의상을 통해 보조하고 있다.

이러한 사실은 앞장에서 간략하게 정리한 '밀양 손씨 진진오기굿'의 공연 민족지를 통해서 매우 분명하게 드러나는 사실이다. 이것은 '서울 진진오기굿', 나아가 서울 무당굿이 '시각 중심 landscape'의 신체미학을 추구하는 경향이 있다는 것을 보여주는 것이다.

(2) 연극적 공연 양식

앞절에서도 잠깐 언급한 바와 같이, '서울 진진오기굿'은 공연 양식상으로 보자면, 하나의 완전한 '연극' 양식이다. '연극'과 비연극의 차이를 구별하는 것은 그 공연 중에 공연자가 자기의 '자아self'를 등장인물character에게 분명하게 대여貸與하는가 아닌가의 여부에 달려 있다. 이렇게 배우가 자기의 자아를 그가 맡은 역할의 등장인물에게 빌려주는 것을 우리는 일반적으로 '성격창조 characterization'라고 한다.

앞장에서 간략히 기술한 '진도 씻김굿'의 공연 민족지를 보면, 거기에는 그 어떤 경우에도 공연자가 자기의 '자아'를 그가 맡은 역할의 '등장인물'에게 '대여'하지는 않는다. 이런 면에서, '진도 씻김굿'의 공연 양식은 연극적 공연 양식이 결코 아니다. 이것은

421) 머레이 쉐이퍼 지음, 한명호·오양기 옮김(2008), 《사운드스케이프: 세계의 조율》, 서울: 그물코, 14~29쪽 참조.

일종의 '서사적 공연 양식'이다.

이와 달리, '서울 진진오기굿'은, 몇몇 굿거리를 제외하고는, 처음부터 끝까지 거의 모든 굿거리에서 공연자 자아의 등장인물로의 대여가 끊임없이 일어나고 있다. 구체적으로 보자면, 앞장에서 정리한 20개의 '서울 진진오기굿' 굿거리 가운데서, ①~④거리 및 ⑪·⑬·⑰·⑳거리만이 '공연자 자아의 등장인물로의 대여' 곧 '성격창조'가 이루어지지 않고, 나머지 굿거리는 모두 신 또는 망자로의 성격창조가 분명하게 이루어지고 있다. 또한 각 굿거리 안에서도 다시 여러 차례의 변신, 곧 성격창조가 이루어지고 있어, 실제로 일어나는 성격창조는 총 24차례나 된다. 이것은 이 공연 작품 속에서 24명의 등장인물들이 나와 연기를 하는 작품이라는 것이며, 이러한 사실은 이 작품이 일종의 독특한 '연극'이라는 것을 말해주는 것이다.

이러한 비교로부터 우리는, 같은 무당굿이라 하더라도 공연학적으로는 '진도 씻김굿'과 '서울 진진오기굿'은 서로 매우 다른 공연 양식이라는 것을 확증할 수가 있다. 전자가 '서사적 공연 양식'이라면, 후자는 '연극적 공연 양식'이다. 이러한 차이는, 우리가 무당굿의 지역적·양식적 특징을 구체적으로 이해하는 데 매우 중요한 단서를 제공해 준다.

(3) '일시적 변환'과 '지속적 변환'의 조화로운 통합

연극적 공연 양식들은 그 성격이 어떻든, 공연에 참여하는 참여자들의 '자아'를 변환시키는 일종의 변환, 또는 변신의 양식이다. 이러한 변환은 크게 두 가지로 나누어진다. 하나는 공연이 이루어지는 동안에만 일시적으로 자아의 변환이 이루어지는 '일시적 변환transportation'과, 공연이 이루어진 뒤에도 계속해서 지속적으로 자아의 변환이 지속되는 '지속적 변환transformation'이 그것이다. 전자의 대표적인 예는 바로 공연예술로서의 연극 양식을 들 수 있고, 후자의 대표적인 예로는 결혼식과 같은 통과의례를 들 수 있다.

그런데, '서울 진진오기굿'은 이 두 가지 변환의 방법 가운데 어느 하나만을 이르는 공연 양식이 아니라, 이 두 가지를 모두 이룩하는 공연 양식이라는 놀라운 특징을 수립하고 있다. 이 공연 양식은 예술 양식으로서의 '연극'의 평면과 문화 양식으로서의 '제의'의 평면을 융합시킨 입체적 양식이라고 할 수 있다.

앞절에서 잠깐 언급한 바와 같이 이 공연 양식에서는, 무려 24 차례 이상의 연극적 변환이 일어나고 있으며, 이것은 변환의 방법상으로 보면 '일시적 변환'이다. 그런데, 그러한 공연자 및 청관중들의 '일시적 변환'의 공연이 끝난 다음, 공연 이전과는 다른 상태로 변환이 계속해서 이어지는 '지속적 변환'이 이루어진다. 이 '진진오기굿'을 한 뒤에는, 그 공연 참여자들 모두가, 삶과 죽음의 조화로운 연결 통일이 이루어지지 못한 상태에서, 삶과 죽음이 조화롭게 융합된 상태로 변환되며, 이러한 변환은 그 후 계속해서 지속되기 때문이다.

이러한 연극적 공연 양식은 오늘날 우리나라에서는 다른 사례를 찾아보기 어려우며, 전 세계적으로도 이러한 훌륭한 사례를 찾아보기는 쉽지 않다. 이 양식이 현실적으로 성립되기 위해서는, 그 공연 양식 자체가 연극적인 공연 양식이어야만 하고, 동시에 그것이 일종의 제의적 양식이어야만 하며, 그 양식이 현실의 맥락 속에 '살아 있어야만' 가능하다.

(4) '사회극'과 '무대극'의 제의적 통합

일찍이, 빅터 터너는 어떤 사회 전체 구성원들의 삶과 관련된 중요한 사회적 문젯거리들을 '사회극social drama'이라 일컫고, 이것의 과정적 구조를 '위반breach-위기crisis-교정행동redressive action-재통합reintegration/분열schism'이라는 형식으로 구조화 한 바 있다.[422] 전통 사회에서 어떤 마을의 집단적인 '부정不淨'의 문제나 오늘날의 '북핵문제'와 같은 문제들이 바로 사회극의 대표적인 사례이다. 이에 견주어 그가 말하는 '무대극stage drama'이란 예술극으로 공연예술의 한 형태의 연극을 말한다.

리차드 셰크너는 이 두 양식, '사회극'과 '무대극'의 관계를 '뫼비우스의 띠' 모양으로 도식화한 바 있다.[423] 사회극과 무대극의 관계는 마치 '뫼비우스의 띠'처럼 서로 순환적인 상호관계 속에서 긴밀하게 연결된다는 것이다. 우리나라의 대표적인 사례로, 1980년대의 '민주화운동'이란 사회극과 이것을 반영해서 만들어진 '마당극'이라는 예술극의 관계를 들 수 있다. 이 당시 '민주화운동'이라는 '사회극'은 '마당극'이라는 '무대극'과 서로 '뫼비우스의 띠'처럼 서로 긴밀한 순환관계로 연결되어 있다고 볼 수 있다.

그런데, 이 둘의 관계가 제의적인 차원에서 조화로운 융합을 이루는 경우는 오늘날의 현실에서 거의 찾아보기 어렵다. 그것은 제의적 차원에서의 무대극이 오늘날의 현실 사회 속에서 존재할 수 없게 만드는 탈제의적인 현실적 맥락이 극도로 강화되었기 때문이다.

'서울 진진오기굿'은 어려운 현실적인 사회 맥락 속에서, 사회극과 무대극의 조화로운 융합 관계를 성취시킨 가장 대표적인 우리의 공연문화 양식이다. 즉, '밀양 손씨' 집안에서 공연한 '서울 진진오기굿'은 이 굿의 공연에 앞서 일종의 '사회극'으로서의 사회적인 문제가 발생했다. 그것은 '밀양 손씨' 집안에서 일어난 여

422) 빅터 터너 지음, 김익두 외 옮김(1996), 《제의에서 연극으로》, 서울: 현대미학사, 115~129쪽.

423) 앞의 책, 121쪽에서 재인용.

의치 못한 한 가족의 불행한 죽음이다. 따라서, 이 사건은 바로 이 '밀양 손씨' 집안의 중요한 '사회극'인 것이다. 이 사회극은 '위반-위기-교정 행동-재통합/분열'의 과정적 구조를 거쳐 사회적으로 전개된다. 즉, 이 '사회극'은 가족의 불행한 죽음이라는 '위반'을 통해서 가족 안전의 '위기' 국면에 처하게 되고, 이의 해결을 위해서 진진오기굿이라는 '무대극'의 '교정 행동'을 취하게 된다. 이 '교정 행동'에 따라 다시 가족은 이 사회극의 '재통합' 국면에 도달하게 된다.

이것은 가족의 불행한 죽음이라는 한 가정의 '사회극'이 진진오기굿이라는 독특한 제의적 '무대극' 양식을 통해서 해결되는 일련의 조화로운 융합의 과정을 보여주는 것이다. 이는 마치 1980년대의 군사독재라는 '사회극'을 마당극이라는 '무대극'을 통해서 표현하고 반성하는 가운데 그 해결책을 모색하여, 마침내 민주화라는 '사회극'의 최종적인 '재통합' 단계에 이르게 된 것과 비슷한 사례인 것이다.

(5) 삶과 죽음의 '현전적' 통합 양식

마지막으로 우리는, 서울 진진오기굿 공연의 어떤 본질적 특성으로, 이것이 '삶과 죽음의 현전적 통합' 양식이라는 점을 주저 없이 내세울 수 있겠다. 이에 대해 김헌선의 다음과 같은 지적은 서울 진진오기굿의 매우 중요한 공연적 본질을 포착한 것으로 볼 수 있다.

> 죽음의 세계가 삶의 세계와 연속되었다고 하는 점이 이 사실을 분명하게 하고 있다. 망자가 삶에서 죽음으로 이동하면서 만나는 신이 일관된 관계를 가지고 있으며, 죽음의 세계 신도 결국 삶의 세계로 이동해 와서 '재현'한다는 점을 분명하게 인지할 필요가

> 있다. 이 점에서 죽음의 세계나 신 그리고 이에 따르는 망자의 천도라고 하는 생각 역시 산 사람에게 일차적 의의를 두고 있으며, 종교는 이 경계면에서 신앙적으로 이룩된 현상을 현실세계로 '재현'하는 의의를 가지고 있을 따름이다.[424]

이상의 언급에서 가장 요체가 되는 것은, 삶의 세계와 죽음의 세계가 삶의 세계 안에서 통합적으로 '재현'된다는 지적이다.

일종의 '현전적 재현' 속에서, 삶의 세계와 죽음의 세계가 공연자들의 구체적인 행동을 통해서 하나의 세계로 융합된다는 점은, 진진오기굿이 구현하는 가장 위대한 공연학적 성취이다. 오늘날, 우리가 성취해 놓은, 우리의 공연 양식들 가운데서 이러한 성취를 이룩한 공연 양식은 더 발견하기 어려운 것으로 보인다. 이런 점에서 볼 때, 이 공연 양식은 매우 중요한 공연문화 양식임이 분명하다. 더욱이 오늘날과 같이 이른바 '힐링' 곧 치유의 문제가 공연학의 중심 문제로 대두되고 있는 지점에서는 더욱 더 그러할 것이다.

4) 결어

이상에서, 우리는 '밀양 손씨' 망자를 위한 '서울 진진오기굿'과 '진도 씻김굿'과의 비교를 통해서, 서울 무당굿의 공연학적 특성을 살펴보았다. 그 결과, 다음과 같은 몇 가지 흥미로운 결과들을 얻게 되었다.

첫째, 간단한 공연 민족지를 작성해 본 결과, 두 공연 양식은

424) 김헌선(2007), 《서울 진진오기굿 무가 자료집》, 서울: 보고사, 55쪽.

민족지적으로도 서로 매우 다른 공연 양식임을 알 수 있다.

둘째, 공연 요소상의 특징으로는, 진도 씻김굿이 '청각 중심의 공연 미학'을 추구하는 경향을 보이는 데 견주어, 서울 진진오기굿은 '시각 중심의 공연 미학'을 지향하는 경향이 강하다.

셋째, 공연 양식상의 특징으로는, 진도 씻김굿이 '서사적 공연 양식'인 반면, 서울 진진오기굿은 '연극적 공연 양식'이다. 이 점은 같은 무당굿이라고 하더라도 양식적인 측면이나 공연학적인 측면에서는 그것들이 얼마나 서로 다를 수 있는 것인가를 잘 보여주는 점이다.

넷째, 공연 중에 일어나는 변환의 측면에서는, 서울 진진오기굿이 '일시적 변환'과 '지속적 변환'을 적절하게 융합한 매우 조화로운 양식임이 드러났다.

다섯째, 사회극–무대극의 관계상의 특징으로는, 서울 진진오기굿이 '사회극'과 '무대극'의 조화로운 통합 관계를 매우 높은 지평에서 성취하고 있다는 점이 드러난다.

여섯째, 공연의 본질적 특성으로는, 진도 씻김굿이 삶과 죽음을 '서사적'으로 통합하는 양식이라면, 서울 진진오기굿은 삶과 죽음을 '현전적'으로 통합하는 공연 양식이라는 점에 가장 근본적인 특징이 있다.

그러나 서울 진진오기굿에 관한 연구는, 진진오기굿 전반과 다른 지역에 전승되고 있는 이와 비슷한 기능을 하는 무당굿, 예컨대 전라도 씻김굿 등과 같은 좀 더 본격적인 비교 연구도 중요한 작업이며, 이러한 작업들은 다시 우리 무당굿 전반의 특징들과 성격들을 고찰하는 연구로 이어져야 할 것이다.

3. 풍물굿: '청관중의 공연자화'와 우주적 흐름에의 동화

1) 문제제기

지금까지 풍물굿에 대한 연구 작업은 현지조사 자료집의 발간, 전반적인 개설서 발행, 제의적 관점에서의 연구, 사회학적 관점에서의 연구, 음악학적 관점에서의 연구, 무용학적 관점에서의 연구, 연극학적인 관점에서의 연구, 그리고 사상사적 관점의 연구 등으로 다양하게 전개되어 왔다.[425]

현재까지의 연구 현황에서 드러나는 문제점 가운데 하나는, 풍물굿의 여러 측면들을 종합적으로 고려하면서 풍물굿을 하나의 독자적인 공연예술로 보는, 총체적인 관점의 연구가 부족하다는 점이다. 풍물굿에는 음악적인 측면도 있고, 무용적인 측면도 있고, 연극적인 측면도 있다. 그러나 그 가운데의 어느 한 측면만으로는 풍물굿을 온전하게 파악할 수 없다. 풍물굿의 여러 측면들은 온전한 풍물굿에서는 하나도 빼놓을 수 없는 필수 불가결한 것들이다.

그러므로 풍물굿을 연구하면서 취해야 할 가장 바람직한 태도와 방향은, 풍물굿을 어떤 기존의 장르 틀에다가 짜 맞추는 식의 연구보다는, 풍물굿 그 자체를 귀납적·기술적記述的·포괄적인 태도로 접근하면서, 독자적인 양식으로서의 풍물굿 나름의 공연구조와 원리를 탐구하는 쪽이 될 것이다.

---

425) 김익두 편(2009), 《풍물굿 연구》, 서울: 지식산업사, 6~13쪽.

이러한 입장에서 풍물굿 연구를 시작하고자 할 때, 풍물굿에 내릴 수 있는 가장 포괄적인 규정은 풍물굿을 '공연문화' 양식 또는 '공연예술' 양식으로 규정하는 것이다. 풍물굿을 우리의 독특한 공연문화 또는 공연예술 양식으로 보는 데에는 문제가 될 만한 것은 아무것도 없다. 풍물굿을 음악으로 보거나 무용으로 또는 연극으로 보는 것은, 풍물굿의 종합예술적인 성격 때문에 문제가 따를 수 있지만, 인간의 신체 또는 가장된 신체를 중심 표현 수단으로 하는 공연예술로 보는 데에는 문제가 없다. 풍물굿은 공연문화/공연예술 양식으로 '공연자가 청관중을 상대로 하여 이루어 내는 일련의 의미있는 신체 행위'이며, 그것은 대체로 하나의 독특한 공연예술의 경지를 이루어 내고 있다.

풍물굿을 하나의 공연문화/공연예술로 보고, 그것의 특성과 의미를 탐구하는 데는 극복해야만 할 하나의 걸림돌이 놓여 있다. 그것은 풍물굿이 전통적으로 삶의 현장에서 구비 전승·행위 전승을 통해서 전승되어온 살아 움직이는 '유동문화'라는 점이다. 그러므로, 풍물굿을 제대로 연구하기 위해서는 폭넓고도 자세한 현지조사를 바탕으로 해야 한다.

이 장에서는 이런 점을 고려하여 호남지방의 풍물굿 곧 '호남 좌도풍물굿'과 '호남 우도풍물굿'을 중심으로 풍물굿이 가지고 있는 공연문화/공연예술로서의 여러 가지 특성과 공연 원리들을 고찰하고자 한다. 이를 위해 필자는 먼저 호남지방에 전승되고 있는 풍물굿을 3년 남짓 걸친 현지조사를 통해 정리하고, 이를 두 권의 책자로 간행했다.[426] 이 책에서는 이 자료집들을 통해서 집성된 자료들을 논증의 주요 근거들로 하여, 풍물굿의 공연적

426) 이 현지조사 작업은 일단 다음의 두 책으로 정리·간행되었다. 김익두 외(1994), 《호남 좌도 풍물굿》, 전북대학교 박물관; 김익두 외(1994), 《호남 우도 풍물굿》, 전북대학교 전라문화연구소.

특성과 공연 원리를 고찰해 보고자 한다.

2) 구성요소들과 그 역할

(1) 구성요소: 참여자

전통사회의 풍물굿 구성요소들을 공연 참여자별로 분석해 보면, 크게 공연자·청관중·기타 보조원들로 나눌 수 있다. 공연자들은 다시 기수·앞치배·뒤치배 등으로 구분할 수 있고, 청관중은 공연의 성격에 따라 능동적인 청관중과 수동적인 청관중으로 구분할 수 있다. 기타 보조원들로는 굿패의 전반적인 운영·재무·섭외 등 사무적인 일을 맡아 보는 화주와 같은 사람들 및 기타 후원자들이 있다.[427)]

기수들: 공연에서 기수들의 역할은 ① 행진 ② 진쌓기 ③ 기춤으로 나누어질 수 있다. ①의 행동은 대체로 기수가 바로 선 자세에서 기를 신체의 앞쪽 어깨 부위에 수직으로 기대어 곧게 세운 자세로 앞치배들의 풍물 연주 가락에 맞추어 행진해 가는 동작으로 이루어진다. ②의 행동은 주로 '판굿'을 칠 때 굿패가 행하는 다양한 진쌓기 행동에서 진쌓기의 기준점을 마련하는 행동으로 나타난다. ③의 행동도 주로 '판굿'에서 나타나는 것으로, ㉠ 행진자세에서 앞치배들의 풍물연주 가락에 맞추어 리드미컬하게 기를 상하 또는 좌우 전후로 흔드는 행동, ㉡ 기를 비스듬히 기울여 든 채로 선 자리에서 원을 그리며 도는 행동, ㉢ 기를 신체의 앞부분 허리띠 부분에 고정시키고 수평을 잡고 우쭐거리는 행동 등으로 이루어진다. 이 가운데 ㉢의 행동은 '큰기'를 가

427) 이 모든 요소들은 공연 상황, 공연 현장의 시기와 장소와 성격에 따라 그 결합의 순서와 방법이 유동적이고 가변적이다.

지고 하는 '기춤'에서만 한다. 요즈음의 공연에서는 이 기춤 장면을 대개 생략한다.

그러나 전통 농어촌사회의 마을 공동체 또는 지역 공동체 단위의 풍물굿 공연에서는 이 부분이 매우 중요한 부분으로 되어 있었다. 그 가운데 '큰기춤'은 그 기를 소유한 공동체 사회의 집단적 에너지의 중심이라는 상징적인 의미를 지닌다. 그래서 큰기춤은 그 공동체 사회의 가장 힘센 사람이 맡아 했으며, 기수는 그 공동체 사회의 힘겨루기 대표자로서 다른 공동체 사회의 큰기 기수와 '기싸움'을 벌이는 일도 맡아 해야 했다. 이 기춤은 여러 가지 다양한 춤동작을 개발함으로써 독자적인 하나의 민속춤으로 독립될 수 있는 가능성을 충분히 가지고 있다.

기는 그 종류에 따라 ① 큰기[428]·② 농기·③ 영기 등으로 나누어진다.[429] 이 가운데서 행진시에는 ①②③이 거의 대등하게 모두 활용되고, 진쌓기를 하는 경우에는 ③이 주로 사용되며, 기춤을 추는 경우에는 ①을 주로 하고 ②③은 보조적으로 사용된다. ①②는 각각 한 사람씩이 맡아 하며, ③은 두 사람이 든다.

앞치배: 공연에서 앞치배의 역할은 풍물굿 공연에서 가장 복잡한 것으로서, 다시 ① 나발수 ② 새납수 ③ 쇠잽이 ④ 징수 ⑤ 장고잽이 ⑥ 북수 ⑦ 소고잽이/버꾸잽이의 공연으로 나누어 볼 수 있다.

나발수는 공연 행동의 시작과 중지 등, 중요한 계기를 알리는 신호수의 역할을 하며, 담당자는 한 사람이다. 경우에 따라서는 상쇠가 나발수의 역할을 겸하는 경우도 있다.[430] 잡색들의 공연

428) 용기·용당기·마을기 라고도 한다.

429) 이 기의 종류에 대해서는 경우에 따라 다소 차이가 있다. 이러한 차이에 대해서는 앞의 각주 423)의 두 책을 참조.

430) 전북 진안군 성수면 도통리 중평마을 김봉렬패의 풍물굿에서는 나발수가 따로 독립되어 있지 않고, 상쇠가 나발수를 겸한다.

('잡색놀음' 등) 가운데 '도둑잽이굿'에서는 나발수가 잡색놀음의 한 요소로 가담하기도 한다.

새납수는 쓰는 굿패도 있고, 쓰지 않는 굿패도 있으나, 요즈음은 대개 큰 공연, 특히 연예적인 풍물굿에서 많이 사용하고 있다. 담당자는 한 사람이다. 치배들 가운데서 유일한 선율악기 담당자이다. 새납수의 독립적인 행동이나 역할은 거의 없으며, 주로 타악기 중심의 풍물굿의 음악적인 측면을 선율 악기로서 보조해 준다. 따라서 새납수는 굿가락을 연주하는 때에만 굿에 가담하고, 그렇지 않을 경우에는 공연에 직접 가담하지 않는다.

쇠잽이/꽹과리잽이는 대개 1~5명 내외이며, 이들 가운데 대표자를 '상쇠'라 하며, 그는 굿패의 공연을 지휘하는 지휘자로서의 역할, 연출자로서의 역할, 주공연자로서의 역할을 맡는다. 여타 쇠잽이들은 상쇠의 지시를 따라 굿가락을 연주하면서 어떤 방향으로 행진하거나 춤 동작과 다양한 집법들을 수행하고 독립적인 '개인놀음' 곧 '쇠놀음'에도 가담한다.

징수는 대개 1~2명 내외이며, 이들 가운데 대표자를 '수징'이라 한다. 굿가락이 흐트러지지 않도록 '원박'과 '한배'를 잡아주며, 굿가락을 증폭 강화시켜, 참여자들에게 음악적 충동력을 깊게 해준다. 또한 악기의 중량이 가장 무거워서 다양하고 독립적인 공연 국면은 개척하지 못하고 있으나, 경우에 따라서는 징수가 독립적인 공연 곧 개인놀음을 행하는 경우도 볼 수 있다.[431)]

장고잽이는 대개 2~6명 내외이며, 이들 가운데 대표자를 '수장고'라 한다. 장고잽이들은 상쇠의 지휘와 연주에 따라 굿가락을 연주하면서 춤 동작과 다양한 진법을 행한다. 이들은 쇠잽이들처럼 단체 공연도 하고 또 독자적인 '개인놀음'도 한다. 그만

---

431) 호남우도 풍물굿의 경우, 1994년 12월 17일 정읍시 실내체육관에서 유지화 일행이 공연한 풍물굿에서는 징수가 독립적인 '개인놀이'를 공연했다.

큼 장고잽이들도 풍물굿 안에서 독자적인 자기 영역을 개척해 두고 있다.

북수는 대개 1~4명 내외이며 경우에 따라서는 한 명도 없는 경우도 있다. 이들 가운데 가장 대표적인 사람을 '수북'이라 한다. 영남지방의 풍물굿에서 북수들의 역할이 비교적 발달해 있으며, 호남지방의 경우 전남지역의 풍물굿에서 많이 볼 수 있다. 북수는 징수와 같이 악기의 조건상 다양하고 기교적인 가락의 연주는 불가능하다. 그러나 징수와는 달리 북은 비교적 중량이 가벼워 활동적이고 다양한 춤동작들을 개척하여 '북춤'이라는 독자적인 '개인놀음' 영역을 확보한 경우도 있다.432)

소고잽이/버꾸잽이들은 대개 4~8명 내외이며, 그 숫자는 많을수록 좋다고 제보자들은 말한다. 이들 가운데 대표적인 사람을 호남지방에서는 '수버꾸'라 한다. 이들도 역시 상쇠의 지시에 따라 가락을 연주하고 춤을 추고 진법을 행하지만, 악기의 특성상 가락보다는 주로 다양하고 발달된 춤동작과 진법에 치중하는 공연을 한다. 이들은 모든 치배들 가운데서 가장 다양하고 수준 높은 군무群舞의 동작들을 개척해 내어 독자적인 '소구놀음'의 과정을 확보하고 있다.

뒤치배: 뒤치배들은, 지역이나 굿패에 따라 다소의 차이는 있으나, 대체로 ① 대포수 ② 조리중 ③ 양반 ④ 할미 ⑤ 각시 ⑥ 무동 등이 가장 많이 등장한다. 이들은 앞의 구성요소들과는 달리 모두 분장이나 탈을 통해서 일정한 성격을 부여받은 '등장인물character'들이라는 점이 주목된다. 이들의 공연행동은 풍물굿에

432) 진도의 박병천의 '북춤', 밀양 '백중놀이'의 북춤 등은 그 대표적인 예이다. 이러한 예들은 풍물굿의 북놀음에서 독립적인 공연으로 분화된 것들로 보아야할 것이다. 거꾸로, 먼저 독립적인 북춤이 형성된 다음에 풍물굿의 북춤이 이루어졌다고 보기는 여러 가지 정황을 고려할 때 곤란하다.

다가 '연극적' 성격을 부여해 준다. 이들이 하는 연극적인 부분을 호남 우도 풍물굿에서는 '일광놀이'·'도둑잽이'라고 한다.

청관중: 청관중들은 공연 자체의 성격에 따라 ① 능동적인 청관중 ② 수동적인 청관중으로 구분할 수 있다. 전자는 풍물굿의 공연 자체가 청관중들의 공연의 참여를 적극적으로 유도하는 경우에 형성되고, 후자는 공연 자체가 청관중들의 참여를 소극적으로 유도하거나 단지 '보여주기 위한' 공연일 경우에 이루어진다. 전자의 경우에는 청관중들이 굿판 안으로 직접 참여해 들어가 공연자들과 하나가 될 수 있고, 후자의 경우에는 굿판 안으로 직접 참여해 들어가지는 못하고 끝까지 굿을 보고 듣는 청관중의 차원에 머물러 있게 된다. 그러나 이 두 부류의 청관중의 경계가 항상 명확하게 구분될 수 있는 것은 아니며, 대개의 경우 청관중들은 ①의 성격을 어느 정도는 가질 수밖에 없다.

기타 보조자: 기타 보조자들로는 굿패의 전반적인 운영·재무·섭외 등 사무적인 일을 맡아보는 사람인 '화주' 및 패트론들이다. 전통 농어촌 사회의 중요한 패트론으로는 풍물굿을 향수하는 각 마을공동체 또는 지역공동체의 구성원들이다. 그들은 풍물굿을 형성하고 계승하는 필수적인 토대이다. 그들은 그들의 처지에 맞게 굿패들의 공연에 대한 보수(쌀·돈 등)을 내어 굿이 존속할 수 있도록 해준다.

(2) 구성요소들의 상호침투와 융합

풍물굿의 공연 행위는 예술적으로 매우 복합적이다. 그 행위를 예술장르적 특성별로 분석해 보면, 음악적 요소, 무용적 요소, 연극적 요소로 나누어진다.

음악적 요소는 다시 기악적 요소와 성악적 요소로 나누어지는데, 기악적 요소는 풍물굿에 동원되는 악기들인 나발·새납·꽹과리·징·장고·북·소고의 연주이고, 이 요소는 풍물굿을 전반적으로 가장 강력하게 지배하며, 풍물굿을 풍물굿답게 해주는 가장 중추적인 요소이다. 성악적 요소는 풍물굿의 전 과정의 일부를 이루는 것으로, 호남 풍물굿의 경우에는, '판굿' 가운데 '노래굿', '두레굿' 가운데 '노동요' 등, 특정한 과정과 상황에서 나타난다.

무용적 요소도 거의 풍물굿의 전 과정에 걸쳐서 나타나며, 기악적 요소에 버금가는 요소로서, 기악적 요소에 부수되는 경우와 반대로 무용적 요소가 공연의 중심을 이루는 경우, 그리고 그 두 요소들이 서로 거의 대등하게 결합되는 경우로 구분할 수 있다. 이 무용적 요소는 또 다른 관점에서는 신체 자체의 동작과 진법 동작으로 구분할 수도 있다. 즉, 무용적 요소는 신체 자체의 춤동작과 그 춤동작을 판/무대에서 펼쳐 보이는 춤의 대형인 진법陣法 동작으로 구분할 수 있다.

연극적 요소는, '잡색들'에 의해서 나타난다. 잡색들인 대포수·조리중·양반·할미·각시·무동 등의 배역을 맡은 공연자들은 제각기 자기가 맡은 배역을 처음부터 끝까지 연기하면서 그 연기로써 공연에 참여한다. 특히, 호남 우도 풍물굿에서는 이들의 공연 중 '일광놀이'·'도둑잽이'로 이어지는 '잡색놀음'에서 그 연극적 특성이 가장 잘 나타난다.

풍물굿의 공연은 이 모든 요소들 곧 음악적 요소와 무용적 요소와 연극적 요소들이 서로 매우 긴밀하게 상호침투·융합하여 이루어진다. 먼저, 강렬한 타악기들의 반복·축적·순환적 연주가 시작된다. 이 연주는 한편으로는 끊임없이 그 연주 속으로 피드백 되어 되돌아가면서, 다른 한편으로는 그것이 지니는 '집단적 신명'의 진작 능력에 따라 무용적 동작들을 자극·촉발시킨다. 그리고 무용 동작들도 또한 한편으로는 반복·축적·순환적으로 그 무용적 동작들 속으로 순환되어 돌아가지만, 다른 한편으로는 그것이 지니는 '집단적 신명'의 진작 능력에 따라 연극적 행동들을 자극·촉발시킨다. 이렇게 자극된 연극적 행동들은 잡색들에 의해 '잡색놀음'이란 형태로 집약되면서, 청관중들의 허구화 욕구, 공연자화 욕구, 그러니까 비일상적 인간으로의 변신 욕구를 끊임없이 반복·축적·순환적으로 자극·촉발시킨다. 여기서 잡색들은 앞치배들과 청관중들 '사이'에서 청관중들의 공연으로 행동을 자극·촉발시키는 매개자적 역할을 한다. 이렇게 해서, 잡색들의 이러한 매개자적 역할행동은 마지막 단계로 청관중들이 마침내 자기의 집단적 참여 욕구를 이기지 못하고 '공연자화'되어 판 안으로, 무대 안으로 들어가 춤을 추고 엑스터시의 환성을 내지르게 된다. 이러한 청관중들의 '공연자화'된 행동과 그것이 가지는 '집단적 신명'의 강력한 에너지는 다시 원래의 공연자들 쪽으로 피드백 되어 들어간다. 이 끝없는 순환·반복·축적의 과정이 바로 풍물굿 공연 구조의 골격을 구축한다.

그렇다면, 이러한 구성 요소들의 상호침투와 융합의 과정이 실제 공연에서는 구체적으로 어떻게 이루어지는가를 사례를 통해서 살펴보기로 하자. 다음의 사례는 '호남 좌도 풍물굿' 가운데 '진안 중평 김봉렬패'의 풍물굿의 '판굿'이다. 판굿을 사례로 들어 분석하는 이유는 판굿이 공연예술로서의 풍물굿의 기본 속성들을 가장 잘 집약하고 있기 때문이다.

김봉렬패의 판굿 짜임[433]을 크게 나누면, 처음 부분(①어룸굿~⑩노래굿)은 음악적인 요소가 지배하는 부분이고[434] 중간 부분(⑪영산굿~⑮벙어리삼채굿)은 무용적인 요소가 지배하는 부분이

433) 김익두 외(1994), 《호남좌도 풍물굿》, 전북대박물관, 48~49쪽.

434) 이 부분을 '마치굿'(김봉렬패) 또는 '채굿'(양순용패)이라 한다. 이 부분은 다시 타악이 지배하는 부분(①어룸굿~⑨호호굿 및 각정굿)과 성악이 지배하는 부분(⑩노래굿)으로 나누어진다.

며[435]), 끝 부분(⑯일광놀이~⑰도둑잽이굿)은 연극적인 요소가 지배하는 부분이다.

물론, 이 전 과정에서 음악적인 요소와 무용적인 요소와 연극적인 요소가 항상 동시적으로 어울리고 결합되면서 진행된다. 음악적인 요소가 지배하는 '처음 부분'에서도 앞치배들은 계속해서 윗놀음인 상모짓을 계속하고, 뒤치배 잡색들은 각자 배역에 맞는 무용을 하면서 익살스럽고 풍자적인 연기 동작도 한다. 무용적인 요소가 지배하는 '중간 부분'에서도 앞치배들의 타악기의 연주는 계속되고, 뒤치배들의 연극적 동작이 더해진다. 그리고 연극적인 요소가 지배하는 '끝 부분'에서도 음악적인 반주와 무용적인 춤동작들이 침투되어 있다.

하지만, 이 판굿의 전체적인 전개 과정을 거시적으로 보면, 분명히 음악적인 요소가 지배하는 부분에서, 무용적인 요소가 지배하는 부분을 거쳐서, 연극적인 요소가 지배하는 부분으로 나아가서 종결된다는 사실이 드러난다. 즉, 풍물굿은 음악적인 요소와 무용적인 요소와 연극적인 요소가 동시적으로 상호 침투되면서 이루어지는 특이한 공연 양식이다. 그 공연 과정은 먼저 음악적인 요소가 지배하는 부분에서 시작하여, 이 음악적 요소의 반복·축적·순환을 통해 무용적인 요소를 끊임없이 자극하고, 다시 이 무용적인 요소들의 반복·축적·순환을 통해 연극적인 요소들을 자극하여, 굿판에 참여하는 청관중들의 신체적 '참여 욕구'를 끊임없이 자극하게 되어, 마침내 '집단적 신명'의 엑스터시

435) 이 가운데 '영산굿'은 엄밀히 말한다면 음악적인 요소가 지배하는 부분과 무용적인 요소가 지배하는 부분의 중간 단계, 그러니까 음악적인 요소가 지배하는 단계로부터 무용적인 요소가 지배하는 부분으로 넘어가는 과도기적인 단계라고 할 수 있다. 그래서 쇠잽이(상쇠·부쇠)가 교대로 독주를 하면서 장고잽이를 굿판 안으로 끌어내어 장고잽이로 하여금 가락을 치고 춤을 추도록 요도하면서 '장고잽이를 놀린다'.

단계에 이르게 되면, 청관중들은 '공연자'로 변신하게 된다.[436]

3) 공연 구조와 공연 원리

(1) 공연 구조

풍물굿의 공연은 각 공연 상황과 경우에 따라 다소간에 제각기 다른 형태로 구조화되지만, 그 구조를 형성하는 단위는 크게 '대단위·중단위·소단위'로 구분할 수 있다.

'대단위'는 풍물굿을 구성하는 가장 큰 단위를 말하며, 문장의 구성단위로 비유하면 '내용 문단'에 해당한다. 이러한 단위로는 '어룸굿·길굿·당산굿·샘굿·문굿·판굿' 등과 같이, 풍물굿 공연 작품 전체를 일차적으로 크게 나누는 단위이다. '중단위'는 대단위와 소단위의 중간 단위로서, 문장의 구성 위에 비유하면 '형식 문단'에 해당한다. 김봉렬패의 '호남 좌도 풍물굿'의 '판굿'을 가지고 설명하자면, '판굿'은 '대단위'이다. 다시 대단위인 판굿은 다시 ① '어룸굿'~⑱ '파장굿'의 18개 단위로 나누어지는데, 이것이 '중단위'이다. 다음으로, 이 중단위 가운데 하나인 '어룸굿'은 다시 '어룸굿-풍년질굿-인사굿'으로 나누어지고, 다른 중단위들도 '어룸굿' 처럼 다시 여러 개의 작은 단위들로 나누어진다. 이렇게 중단위가 다시 더 작은 단위로 나누어진 하위 단위를 '소단위'라 할 수 있다. 즉, 김봉렬패의 '호남 좌도 풍물굿'은 '판굿'과

436) 1994년 10월 3일 정읍시(당시 정주시) 실내 체육관에서 공연된 유지화 일행의 호남우도 풍물굿 '판굿'이 끝나자마자, 청관중들이 공연 무대 안으로 들어가 약 40여 분 이상을 치배들의 가락 연주에 맞추어 집단적으로 춤을 추고 엑스터시의 환호성을 질렀다(1994.10.3. 김익두 촬영 8㎜ 비디오 필름 참조). 이렇게 공연 중에 공연자와 청관중의 역할이 극심하게 변환되는 공연 형태는 세계 공연사에서 찾아보기 힘든 것이다.

같은 여러 개의 '대단위'로 구성되고, 이 대단위는 다시 수십 개의 '중단위'로 구성되며, 다시 이 중단위는 수십 개 또는 그 이상의 '소단위'로 구성된다.[437]

공연의 성격과 상황에 따라 공연 작품 전체를 구성하는 대단위들은 달라질 수 있지만, 각 대단위들을 구성하는 중단위들과 소단위들은 대체로 변하지 않는다. 예컨대, 풍물굿을 그 성격에 따라 크게 축원 풍물굿·노작 풍물굿·걸립 풍물굿·연예 풍물굿으로 나눈다고 할 때,[438] 노작 풍물굿의 경우는 대단위인 '판굿'이 생략될 수도 있고 연예 풍물굿에서는 대단위인 '판굿'이 반드시 들어가야 하지만, 일단 그 대단위가 포함되면 그 대단위를 구성하는 중단위 및 소단위들은 대체로 크게 변하지 않고 유지된다.

풍물굿 공연을 시간적 순서상으로 보면, '처음–중간–끝'의 구조로 설명할 수 있다. 먼저 '시작' 부분에는 반드시 굿의 시작을 청관중들에게 알리고 굿패의 앙상블을 시험하는 대단위인 '어름굿'이 공통적으로 들어 있고, 대단위인 '인사굿'이 들어가는 경우가 많다.

'중간' 부분은 '기굿·길굿·문굿·들당산굿·당산굿·샘굿·집안굿(문굿·마당굿·성주굿·조왕굿·철룡굿·고방굿·샘굿·외양굿 등)·두레굿·판굿·날당굿' 등의 대단위로 구성된다. 그러나 이 중간 부분은 각 굿의 성격에 따라 여러 가지로 변화된다.

한편, 이 중간 부분은 풍물굿 전체의 중심 부분으로서, 그 가

437) 여기서 주의할 것은 명칭상의 동일성이다. 예컨대, '어름굿'이란 대단위의 명칭이나 중단위의 명칭이나 소단위의 명칭이 같다. 그러나 그 명칭이 포괄하는 의미는 매우 다르다. 대단위 명칭으로서의 '어름굿'이란 뜻은 '시작하는 부분을 구성하는 단위들 전체'란 뜻의 어름굿이고, 중단위 명칭으로서의 '어름굿'은 '시작하는 부분을 전체를 구성하는 그 하위 단위들'을 말하고, 소단위로서의 '어름굿'은 '그 중단위를 구성하고 있는 각 하위 단위들'을 가리킨다.

438) 홍현식 외(1967), 《호남농악》, 문화재관리국, 13~16쪽.

운데서도 '판굿' 부분은 공연예술로서의 풍물굿의 핵심 부분이다. 이 부분은 다시 ① 음악적 요소가 지배하는 부분, ② 무용적 요소가 지배하는 부분, ③ 연극적 요소가 지배하는 부분으로 나누어 설명할 수 있고, 이 각 부분들은 공연에서 ①-②-③의 순서로 진행되어 나아간다. 이 과정 순서는 한국의 전통 공연예술 가운데서도 전통 민속 공연예술이 발전해 나아간 과정을 풍물굿 내부에서 보여주는 것이 아닐까 한다.

'끝' 부분은 '파장굿·인사굿·날당산굿' 등의 대단위로 짜여진다. 이 가운데서 '파장굿' 단위는 호남 풍물굿에서는 어느 경우에나 반드시 포함된다.

(2) 공연 원리

풍물굿의 공연을 구축해 나아가는 주요 공연 원리로는 다음과 같은 것들을 추출해 볼 수 있다.

첫째, 풍물굿 공연은 일차적으로 '반복·축적·순환의 원리'에 의해 이루어진다. 풍물굿 공연은 건물을 짓는 식의 입체적·기하학적 구조로 짜여지지 않고, 계절이 순환하고 밀물과 썰물이 반복되듯이 타악기인 풍물의 강렬한 기악 연주를 중심으로, 일정한 음악적 소리와 무용적 동작과 연극적 행동을 끊임없이 반복·축적·순환해 나아감으로써 공연을 이루어 나아간다. 그래서 풍물굿은 '입체적·정태적인 구조화의 원리'보다는 '선조적·동적인 과정화의 원리'를 지향하고 드러낸다. 이 원리는 앞절에서 여러 차례 반복적으로 설명한 바 있으므로 더 이상의 긴 설명은 필요가 없을 것이다.

둘째, 풍물굿의 공연 원리로 우리는 잡색들의 공연을 중심으로 이루어지는 '탈경계화脫境界化 deliminalization의 원리'를 빼놓을 수 없다. 잡색들은 공연 중에 청관중들을 공연자화하기 위해 앞치배들과 청관중들 '사이'에서 공연자 세계와 청관중 세계 사이의 경계를 허물어, 둘 사이의 경계를 점차 지워 나아간다. 이것은 양자 사이의 경계를 없앤다는 점에서 '탈경계화의 원리'라고 부를 수 있다. 이것이 바로 풍물굿 공연에서 잡색들이 하는 중요한 역할이다. 잡색들은 공연이라는 낯선 세계와 일상이라는 낯익은 세계 사이의 경계를 허구적인 행동, 분장된 인물 행동을 통해서 허물어준다. 잡색들은 일차적으로 이 '탈경계화'의 역할을 하기 때문에 공연학적으로 중요하게 되는 것이다.

이러한 예는, 전북 부안군 위도면 대리 마을에서 음력 정월 대보름날 밤에 줄다리기를 마친 밤 9시쯤 시작하게 되는 풍물굿의 '판굿'에서 가장 잘 나타난다. 그 과정을 순서대로 정리하면 다음과 같다. ① 먼저 마을 앞 포구의 모래밭에 마련된 굿판 맨 안쪽 한가운데에는 모닥불을 피운다. 모닥불 주위를 풍물굿 치배들이 약 1시간 정도 시계 반대방향의 원진圓陣을 돈다. 이때, 앞치배들은 주로 굿가락을 치고, 뒤치배 잡색들은 자기가 맡은 배역에 맞는 춤을 추고 몸짓을 하며 청관중을 판 안으로 유혹한다. 이때 청관중들은 그 원진 바깥쪽에 둘러앉거나 서서 굿을 구경한다. ② 그 다음에는, ①과 같은 공연이 계속되는 가운데, 잡색들 가운데 무동패가 굿판 안으로 나와 무동을 2~3층으로 태운다. 이쯤이 되면, 굿판에는 환호성과 춤이 집단적 엑스터시 쪽으로 더욱 더 고조된다. 이 과정도 대개 1시간 정도 진행된다. ③ 그 다음에는, 굿판에 모인 청관중들이 뒤치배 잡색들의 뒤를 따라, 미리 만들어 가지고 있던 호랑이탈·토끼탈·소탈 등의 탈을 쓰고 굿판으로 들어가, 잡색들의 뒤를 따라 판을 돌면서 덩실덩실 춤을 추고 환호성을 지른다. ④ 이렇게 해서 굿판의 분위기가 좀 더 고조되면, 잡색들은 잡색들 대로 굿판 안에서 무리를 지어 춤을 추며 흥겹게 놀고, 탈을 쓰고 굿판에 뛰어든 마을 주민들은 또 그들대로 무리를 지어 굿판 안을 누비면서 춤을 추고 장난을 치며 논다. 이렇게 굿판이 진행된 단계에 이르게 되면, 굿판은 3겹의 원형 층위가 형성된다. 맨 안쪽에는 잡색들 및 탈을 쓴 마을주민들이 흥겹게 노는 층위가 형성된다. 그 바깥에서는 굿을 치며 시계 반대방향으로 원진을 그리며 도는 앞치배들의 층위가 형성된다. 그리고 그 바깥에는 굿판에 뛰어들지 못한 채 남아 있는 나머지 마을 주민들의 층위가 형성된다.[439] 제3선－제2선 바로 바깥쪽 원－에서는 나머지 구경꾼들이 원진으로 둘러앉거나 서서 공연을 구경하게 된다.[440] 이러한 3층위의 굿판 구조는 '집단적 신명'과 엑스터시가 최고조가 되면 마침내 두 개의 굿판 층위로 바뀌기도 한다. 즉, 앞치배들의 원진 바깥에 남아 있던 마을 주민들도 마침내 원진 안으로 뛰어들어가 잡색들 및 탈을 쓴 마을 주민들과 하나가 되는 것이다.

이상의 구체적인 사례에서 살펴본 바와 같이, 굿판 특히 놀이적인 성격이 강한 굿판에서 나타나는 중요한 공연 원리 가운데 하나는 공연자와 청관중 사이의 경계가 허물어지는 '탈경계화의 원리'이다.

셋째, 또 하나의 중요한 공연 원리는 '역할 축소-확장의 원리'이다. 이 원리는, 앞에서 분석해 본 '위도 대리 마을 판굿'에서 확인된 바와 같이, 공연 과정에서 공연자들의 역할이 점차 축소되고 청관중의 역할이 점차 확장되는 원리를 말한다. 앞절의 자료분석 결과를 보면, 판굿의 처음 단계에서는 치배들이 모닥불 주위를 돌면서 공연자로서의 주된 역할을 하다가, 중간 단계에

439) 이들도 이 무렵에 접어들면 그 바깥 층위에서 앞치배들의 원진을 따라 돌면서 춤을 추고 환호성을 지르는 경우가 많다.

440) 이상의 제보 내용은 부안군 위도면 대리 마을 제보자 이수영('위도 띠뱃놀이 보존회' 회장)씨의 제보(1995.8.7.필자 연구실)에 의한 것이다.

이르면 일부 청관중들이 굿판 안쪽으로 들어가 공연자가 되고, 끝 단계에 이르면 청관중 거의 모두가 공연자가 되고 원래의 공연자들인 치배들은 그들의 반주가 역할을 하게 된다. 이러한 과정은 곧 공연자 치배들의 역할이 점차 축소되는 과정이자, 동시에 청관중들의 역할이 점차 확장되는 과정이다. 이것은 공연학적으로 보면 풍물굿에 나타나고 있는 일종의 '상대성의 원리'이다. 풍물굿의 이러한 원리가 가장 잘 나타나는 과정은 굿의 놀이적 성격이 가장 강하게 드러나는 '판굿'에서이다.

넷째, 개방성開放性의 극대화를 통한 '청관중의 공연자화 원리'도 지적하지 않을 수 없다. 풍물굿의 개방성은 아주 혁명적이다. 앞에서 분석한 바 있는 '위도 대리 마을 판굿'에서 분명하게 드러나는 바와 같이, 풍물굿에서는 공연자들이 청관중을 굿판 안으로 끌어들여 그들을 일종의 공연자들로 전환시켜 버린다. 풍물굿은 이러한 속성을 매우 본질적으로, 구조적으로 가지고 있다.[441]

이러한 원리는 다음과 같은 과정을 거치면서 실현된다. ① 먼저 굿을 시작할 무렵에는 공연자들이 굿판 안에서 공연을 하고 청관중들은 그 공연을 구경하고 있다. ② 공연이 계속되어 굿판의 '집단적 신명'이 점점 강화·상승되어 가면 청관중들의 어깨가 들썩대기 시작하다가, 결국에 가서는 청관중들이 공연 공간 안으로 들어가, 덩실덩실 춤을 추고 엑스터시의 환호성을 내지르기도 한다. 이렇게 되면 공연자들은 굿판 안으로 들어오는 청관

441) 오늘날 행해지는 모든 풍물굿의 공연이 다 청관중을 공연자화하는 것은 아니다. 예컨대, '연예 풍물굿' 같은 청관중들에게 굿패의 예술적 능력을 일방적으로 보여주기 위해 공연하는 풍물굿의 경우는 청관중의 공연자화란 거의 불가능하거나 극히 제한적이다. 그러나 이러한 풍물굿 형태는 풍물굿 본래의 형식이라기보다는 최근에 들어와서 풍물굿의 공연 스타일을 서구식 무대공연의 형태로 변화시킨 '베리에이션'의 한 예로 보는 것이 타당하다.

중들과 굿판 안에서 함께 어울려 공연자와 청관중이 하나가 된다. ③ 이러한 점진적 상황이 좀 더 진행되면, 청관중들이 공연자가 되어 공연 공간을 완전히 점령하고, 원래의 공연자들이었던 풍물패는 굿판의 변두리로 밀려나 공연의 반주자 역할로 전환되어 버리는 것이다. 이러한 일련의 과정을 정리하면 결국 다음과 같은 도표가 만들어진다.

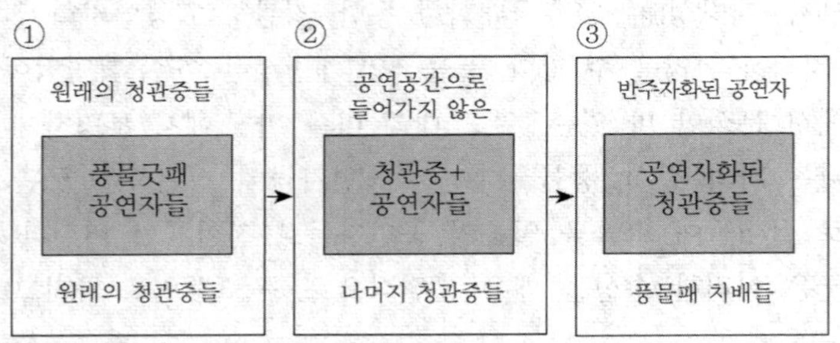

〈그림-18〉 풍물굿의 진행과정에 따른 공연자-관중의 상호관계 및 역할의 변화

위의 〈그림-18〉은 풍물굿 공연의 진행과정 속에서 공연자와 청관중의 관계와 역할이 어떻게 변화되어 나아가는가를 잘 보여준다. 이 도표의 ①-②-③의 전체 진행 과정은 아리스토텔레스의 구성 원리를 원용하여 표현한다면 '①시작-②중간-③끝'의 구조와 상응한다고도 할 수 있다. 결국 이 전체 과정을 지배하는 근본 원리를 우리는 '청관중의 공연자화'라는 말로 집약할 수 있다. 이것이야말로 풍물굿의 가장 핵심적인 공연 원리[442] 가운데

하나라고 할 수 있다.

이 '청관중의 공연자화' 원리는 서구의 연극 이론사에 비추어 볼 때 매우 독특한 연극학적 또는 공연학적 위상을 차지하고 있어서 주목된다. 서구의 연극이론의 큰 줄기를 살펴보면 크게 ① 아리스토텔레스를 중심으로 한 고전적 연극이론, ② 입센 이후의 리얼리즘 연극이론, ③ 앙또냉 아르토·베르톨트 브레히트·예지 그로토우스키 등을 중심으로 하는 반리얼리즘적인 전위연극이론, ④ 아우구스토 보알을 중심으로 하는 제3세계적 전위연극이론으로 구분할 수 있다. 풍물굿은 이 가운데 ④와 깊은 관련성을 보여주고 있다.

아우구스토 보알의 주장에 따르면, ①은 연극의 기능을 '카타르시스'에 두는 이론으로, 이 이론에 따르면 청관중은 자기의 일상적인 삶으로부터 완전히 벗어나 극중 세계로 '몰입'해 들어가고, 그 과정에서 청관중 자신은 극중 인물에 자기의 감정을 '이입'시킴으로써, 자신의 감정들을 '정화'해 버리기 때문에, 이때 발생하는 모든 감정의 '정화'는 결국 청관중들이 살아가는 도중에 품게 되는 사회적 불만 요인들까지 함께 제거해 버린다. 이렇게 해서, 이러한 이론에 바탕을 둔 서양의 고전극은 노예를 기반으로 한 그리스 데모크라시 사회 체제를 유지시키는 사회적 '안전판safety-valve'구실을 한다고 주장한다.[443]

여기서 한 걸음 더 나아가, ②의 브레히트 '서사극이론'에 오면, 청관중이 극중에 몰입하여 자신의 생각을 극중 인물에 동화시켜버리는 구경꾼이 되는 ①의 단계에 머무르지 않고, 극중 사

442) 이 책에서 반복하여 사용되고 있는 '원리'란 용어는 '가설을 반복적으로 검증하여 얻은, 모순이 없는 법칙'이란 의미 정도로 사용한다.

443) 아우구스토 보알 지음, 민혜숙 옮김(1985), 《민중연극론》, 서울: 창작과비평사, 258쪽.

건에 대해 청관중 자신이 스스로 일정한 '거리'를 두고 생각하고 판단을 내리는 '관찰자' 또는 '비판자'가 되도록 한다는 것이다. 이를 위해서 브레히트는 전통적으로 배우와 청관중 사이에 가정되었던 '제4의 벽'을 허물고 클라이막스에 이르는 일련의 극적 긴장감을 없애고 서술적인 '이야기 방식'을 채택한다. 그러나 브레히트의 이와 같은 시도는 결국 세계를 좀 더 변혁시키고자 하는 방향보다는 세계를 현상대로 '유지'시키는 것이 더 유리한 중산층 지식인들의 논리를 마련한 단계에 머물고 말았다는 것이 보알의 지적이자 비판이다.[444)]

여기서 한 걸음 더 나아가, ③의 단계에 오면, 지금까지 등장인물에게 위임되었던 관객의 '생각하는 힘'뿐만 아니라 '행동하는 힘'까지도 청관중이 되찾아야 한다고 보알은 주장한다. ②에서 브레히트가 무대와 객석 사이에 두고자 했던 '비판적 거리'는 청관중에게 극중 사건에 대해 어떤 판단을 내릴 수 있게는 해도, 그것은 결국 순전히 이성적인 판단 지식으로 끝나버리고 '무대로의 적극적인 참여'로까지 나아가지는 못한다는 생각에서, 그는 청관중의 행동하는 힘의 유도와 도출을 다음과 같이 강조한다.

> 그러한 형식들을 통해서 사람들은 단계적으로 자기 자신을 관객의 입장에서 벗어나게 하고 배우의 입장을 취하게 될 것이다. 또 그것은, 그가 이제 더 이상 어떤 대상이 아니라 주체가 되고 목격자에서 주역으로 변신하는 연극 형식이기도 하다. 관객을 배우로 변화시키기 위한 계획은 다음의 네 단계로 대체적인 윤곽을 체계화시켜 볼 수 있다.
>
> 제1단계: '신체에 대해 알아보기'……, 제2단계: '신체로 감정을

444) 앞의 책, 258~259쪽.

나타내기'……, 제3단계: '언어로서의 연극……', 제4단계: '강연으로서의 연극'……[445]

여기서 주목할 것은 '관객을 배우로 변화시키기 위한 계획'으로서의 연극 양식이다. 보알은 여기서 자기의 연극 양식을 '사람들을 관객의 입장에서 벗어나 배우의 입장을 취하도록' 단계적으로 변화시키고자 하는 계획임을 분명하게 밝히고 있다.

이 점을 풍물굿의 공연 형식과 비교해 보면, 풍물굿은 여기서 보알이 말하는 바의 연극은 아니지만, 둘 다 분명한 공연예술이고, 공연예술로서의 성격을 비교해 본다면, 둘 다 '청관중을 공연자화'한다는 점에서 서로 공통점을 갖고 있음을 확실히 알 수 있다. 다른 점은, 풍물굿이 보알의 연극 양식과는 다른 원리, 곧 '반복·축적·순환의 원리', '탈경계화의 원리', '역할 축소-확장의 원리' 등의 공연 원리에 의해서 청관중을 공연자화한다는 점이다.

또한, 우리의 전통 무당굿·판소리·탈놀이·꼭두각시놀음 인형극 등도 이러한 원리들을 활용한다는 점에서 공통점이 있다. 그러나 청관중을 무대 위의 실제적인 공연자로 만들어버리는 '청관중의 공연자화 원리'만큼은 그 어떤 전통 공연예술도 실행하지 못한 원리이다. 이런 면에서, 풍물굿은 서양의 공연 이론가 아우구스토 보알이 20세기 말에 겨우 이론화한 서양의 공연 이론을 그보다 몇 세기 전에 벌써 탁월하게 선취해 놓은 매우 위대한 공연예술이다.

다섯째, 풍물굿 공연의 또 하나의 원리는 '제3의 공연자화 원리'이다. 청관중이 공연자화 된다고 할 때, 여기에는 약간의 설

445) 앞의 책, 154쪽.

명이 필요하다. 이때의 공연자화란 원래의 공연자들인 '기수들·앞치배들·뒤치배들'과 동일한 차원의 공연자로 공연자화 되는 것이 아니라, 청관중들이 그 공연 '과정'에 의해서 공연자화된 공연자로 공연자화 된다는 것이다. 즉, 그 공연에 의해서 공연자화 된 청관중들은 기수도 앞치배도 뒤치배도 아닌, '제3의 공연자'로 공연자화 된다.

그것은 원래의 공연자들에 의해 신명이 불러일으켜진 공연자, 원래의 공연에 '동화된 공연자들'이다. 우리의 전통 민속 공연 예능 가운데서 이 '동화의 원리'가 가장 심오하고 혁명적으로 이루어지는 것이 바로 풍물굿이다. 그것은 근본적으로 '판의 전도'에 있다. 우주의 리듬, 우주적 집단 신명의 발견과 그것과의 동화-동화의 원리-를 거쳐서 풍물굿이 도달하게 되는 이 '전도의 원리'야말로 세계의 변화, '우주의 변역變易 운동'에 신체의 능동적인 참여 행동에 의해서 하나가 되는 최종의 단계임에 틀림없다. 이런 면에서 이것은 동양의 '주역적 세계관'과 통하고 있다. 세계의 어떤 공연예술도 여기에 다다른 것은 아직 찾아보기 어렵다.

여섯째, 전통사회 풍물굿 공연에 나타나는 또 하나의 중요한 특성으로 우리는 '수용과 평가의 통합 원리'를 들 수 있다. 풍물굿의 공연은 공연과 그 공연에 대한 청관중 측의 평가가 따로 독립되어 존재하는 것이 아니라, 그 공연 중에 청관중에 의해서 이루어진다는 점이다. 그 평가의 기준은 그 공연이 청관중을 얼마나 훌륭하게 '공연자화' 했는가 하는 것이다. 이 점은 다른 말로 한다면 공연과 그 공연에 대한 전문적인 가치 평가의 미분리 현상을 말하는 것이기도 하다. 이러한 특성은 우리의 전통 공연 예술들, 예컨대 무당굿·판소리·탈놀이·꼭두각시놀음 등 거의 모든 전통 공연예술 양식들에 공통된 특징이기도 하다. 다른 점은, 풍물굿에서 그러한 원리가 가장 극대화되어, '청관중의 공연자화'의 지평까지 상승·도달한다는 점이다.

이것은 공연학적으로 무슨 의미와 가치를 가지고 있는가? 그것은 마치 현대과학의 '양자물리학'의 사고방식과 비슷한 인지구조를 형성하고 있다. 풍물굿이 시작되면, 먼저 청관중은 공연자들이 '반복·축적·순환의 원리'를 통해 벌여 나아가는 공연 세계를 하나의 '객관적 세계'로 바라본다. 그 다음, 점차 공연이 진행되어 나아가면서 청관중들은 차츰 그 공연이 음악·무용·연극적 행동의 반복·축적·순환을 통해 불러일으키는 '우주적 흐름, 우주적 리듬'을 인식하고 그것을 자기 내부로 받아들인다. 그 다음 단계에 가서는, 그 받아들인 풍물굿의 리듬을 통해 자기 자신의 내부에 있는 '리듬'인 '생명의 흐름'을 자극받고 발견하게 된다. 그리고는, 그 내부의 것이 외부의 것과 동화되고 상호 침투함을 알게 된다. 즉, 객관적인 것이 주관적인 것을 자극하여, 주관과 객관이 분리될 수 없는 '하나'로 융합·작용하게 된다. 그리하여, 마지막 단계에 가서는 그러한 일체화를 행동으로 표현한다. 그리고 그것이 바로 '청관중의 공연자화'로 나타나게 되는 것이다. 이것은 공연을 통한 '우주적 리듬' 또는 '우주적 흐름'의 발견이며, 이 '리듬·흐름'의 동화이자 일치이자, 그 행동화이다. 이러한 현상은 다음과 같이 설명되는 양자물리학과 매우 비슷한 점을 발견할 수 있다.

> 양자물리학은 그 관찰의 대상을 일관성 있는 '존재'로서 취급할 수 없으며, 그 '존재'의 기술記述로서 양자물리학이 성립되는 것이 아니고, 다만 그 관찰의 경험을 정리하고 인식하는 '수단'으로써 성립되는 것이다. 또한 관찰자는 그 설문의 방식을 통하여 관찰대상의 현상에 '참여'하게 되므로, 관찰자는 자연의 연극에 있어서 '관객이며 '동시에 배우'가 되는 것이다. 여기서 객관적 존재의 문제는 주관적 인식의 문제와 밀착하게 되며, '주관과 객관은 분리될

수 없는 하나'로서 작용한다.[446)]

위의 인용문에서 특히 주목되는 부분은 '관객이며 동시에 배우가 된다'는 말과 '주관과 객관은 분리될 수 없는 하나로서 작용한다'는 말이다. 이러한 양자물리학의 기본 명제들은 바로 풍물굿의 그것과 거의 완전하게 일치한다. 이런 면에서, 풍물굿은 바로 현대의 양자물리학의 이념적 지향성과 그 궤를 같이하고 있음을 알 수 있다.

그런데, 풍물굿에서는 여기서 한 걸음 더 나아가, 주관과 객관의 통일이 인식과 정서의 차원에만 머무는 것이 아니라, '행동의 차원'으로 나아간다는 점, 그리고 그 행동은 관객에서 배우의 차원으로 변화 과정을 펼쳐 나아간다는 점이 양자물리학의 그것과 크게 다르다. 그리고 이 과정은 다시 처음 단계로 피드백 되어 들어가고, 다시 순환·반복·축적의 과정을 계속해 나아간다. 즉, 풍물굿의 공연 방법은 '구조structure'를 통한 사고와 행위가 아니라 '과정process'을 통한 사고와 행위[447)]를 통해서, 마침내 '청관중의 공연자화' 단계에 이르러, 우주의 리듬 및 흐름과 일체가 된다. 이 단계에 오면, 공연자가 청관중이고, 청관중이 공연자이며, 네가 나이고, 내가 너이다. 삶과 죽음이, 죽음과 삶이 하나가 된다. 이런 면에서 풍물굿도 결국은 무당굿이 지향하는 방향으로 나아가게 되는 것이다.

판소리가 광대의 성악을 중심으로 '거대한 인간적 주관화의 원리'를 탐구하고, 탈놀이가 가면을 통해 '이중적 비전'을 확장하면서, '동화의 원리'와 '이화의 원리'를 적절히 결합하여, 인간과

---

446) 프리조프 카프라 지음, 이성범·김용정 옮김(1994), 《현대물리학과 동양사상》, 서울: 범양사, 10~11쪽.

447) 앞의 책, 356~357쪽.

세계의 조화로운 어울림을 탐구하는 공연 원리를 보여준다면, 풍물굿은 풍물 타악기 연주의 반복·축적·순환을 중심으로 하여 인간과 우주의 리듬과 흐름을 발견하고, 이에 능동적·신체적으로 동화·참여하는 길을 찾아낸다. 이것은 알몸의 신체를 가지고 우주의 생명의 흐름에 뛰어들어 그것과 하나가 되는 신체 행위의 지난한 길을 찾는 우리 민족의 위대한 몸짓이다.[448]

이상에서 논의한 바와 같이, 풍물굿은 공연학상으로 볼 때 '반복·축적·순환의 원리', '탈경계화의 원리', '역할 축소-확장의 원리', '청관중의 공연자화 원리', '제3의 공연자화 원리', '수용과 평가의 통합 원리' 등을 유효적절하게 활용함으로써 하나의 독자적인 공연 양식을 이루어 내고 있다.

4) 공연 원리의 생태학

지금까지의 풍물굿 논의들은 풍물굿 자체의 민속학적 성격이나 예술적 성격을 연구하는 데 바쳐졌다. 하지만 그동안의 연구는 풍물굿이 지구와 우주 생태계 속에서 어떤 우주적 토대 위에서 있는 것인가를 살피지 않았다. 인간이 만들어낸 모든 문화는 인간이 그것을 의식하든 의식하지 않든, 그것이 세계와 '살아있는 관계', '생명적 유대관계' 속에서 형성되고 전파되고 수용 변화되는 것이다.

448) 최근 들어, 2009년도에, 중국이 우리의 풍물굿과 같은 계통의 연변지역 풍물굿을 '농악무農樂舞'라는 이름으로 '유네스코 세계무형문화재'로 등재했다고 한다. 그러나 과연 중국 민족이 우리 민족처럼 풍물굿 곧 농악을 통해 자기들의 신체로써 우주적 리듬과 흐름을 찾는 지난한 길을 터득하고 있는 것일까? 아마 그렇지는 않을 것이다. 이런 면에서, 중국의 '농악무' 유네스코 무형문화재 등재는 큰 의미가 없다고 본다.

이런 각도에서 볼 때, 모든 예술과 문화를 이런 우주-생태적 관계 속에서 파악하는 시각이 필요하며, 더욱이 오늘날에 와서 인류가 맞닥뜨리게 된 전 지구적 생명 파괴 현상을 고려한다면, 이러한 관점에서 예술과 문화의 이해는 더욱 시의적절한 것이고 반드시 필요한 것이라 아니할 수 없다. 학문적인 분야에서도, 현재 일어나고 있는 이러한 관점에서의 가치관의 변화, 즉 자연을 통제하고 지배하려는 태도로부터 '협력'과 '비폭력적인 태도'로 전환하고자 하는 강력한 의지를 기울여야만 할 것이다. 이런 지향의 방향은 인류의 위대한 정신적 전통의 특징이자 생태학적 사고의 특징이기도 하다.[449)]

풍물굿에 대한 이해에서도 우리는 이러한 우주-생태학적 관점에서 이해가 필요하다고 본다. 풍물굿을 우주-생태학적 관점에서 보면, 어떤 특성들이 파악될 수 있을까? 우리는 앞에서, 풍물굿의 공연 원리를 다음과 같이 파악한 바 있다. 풍물굿은, 풍물이라는 타악기의 기악 연주를 중심으로 하여, 여기에 무용적 요소와 연극적 요소들을 상호 침투시켜, 그러한 여러 요소들의 끊임없는 반복·축적·순환의 과정을 거쳐, 이에 참여한 청관중들로 하여금 우주적 리듬과 흐름을 자기의 '신체' 속에서 발견하고 자기 신체 속에서 발견한 그 우주적 리듬과 흐름을 가지고 공연의 '판' 속으로 뛰어 들어가, 그 판 안에 흘러넘치고 있는 생의 활기, 우주적 생명의 약동의 흐름과 하나가 되는 원리, 즉, '청관중의 공연자화 원리'를 구현한다는 것을 여러 각도에서 논증하였다.

그렇다면, 풍물굿의 이러한 공연 원리는 생태학적 관점에서는 어떻게 설명될 수 있는 것일까? 이에 대해서 많은 시사를 던져

449) 프리초프 카프라 지음, 이성범·김용정 옮김(1994), 앞의 책, 362~363쪽 참조.

주는 것이 다음과 같은 두 제보자의 말이다.

> 농악을 치면 벼들이 좋아한다. 그래서 예부터 선인들은 농악을 쳐서 벼를 즐겁게 했다. 농악을 치면 벼들은 좋아하지만, 다른 해충들은 싫어한다. 농악은 이렇게 백성들에게 이로운 것이어서 '보천교'에서는 이것을 보천교의 종교음악으로 삼았고, 보천교에서는 당시에 김도삼 등 이름난 쇠꾼잽이들을 모두 불러 모아 농악을 치게 했고 농악을 교인들에게 장려했다.450)

> 농악을 치면 벼멸구 이화명충 등 벼의 해충들이 죽는다. 농악소리의 큰 파장을 해충들이 견디지 못하기 때문이다. 농악을 쳐서 농사를 지은 논과 그렇게 하지 않은 논을 비교해 보았더니, 농악을 쳐서 농사를 지은 논이 훨씬 병충해에 강하고 소출이 많았다. 이것은 농악소리의 파장이 해충들에게는 아주 치명적이고, 벼의 생육에는 매우 좋은 효과가 있기 때문이다. 이러한 증거는 누에의 생태에서 잘 알 수 있다. 즉, 누에가 한참 고치를 짓고 있을 때 하늘에서 번개가 치고 천둥이 울리면 그 천둥소리 때문에 누에들이 몸놀림을 멈추고 고치를 못 짓고 가만히 있고, 천둥이 계속해서 치게 되면 그 누에 농사는 많은 피해를 보게 된다. 이것은 누에가 천둥소리의 파장을 이기지 못하고 그 소리의 음파가 누에에게 아주 치명적이기 때문이다.451)

450) 증산甑山 강일순姜一淳의 사상이 맨 처음 종교 교단으로 형성된 '보천교普天敎'의 교주 차경석車京錫의 차남인 차용남車龍男 선생의 견해(1990. 5. 6., 차용남씨의 자택에서 필자와의 대담).

451) 이상의 제보는 1990년 8월 5일 제보자인 박문기朴文基씨가 그의 자택(전북 정읍시 입암면 신면리 진등 마을)에서 필자에게 들려준 내용으로, 그는 이것을 좀 더 실험하여 몇 년 뒤에 글로 발표할 계획이라고 하였다.

> 우리는 사물놀이 음악을 가지고 다음과 같은 실험 결과를 얻었다. 즉, 오전 6시부터 9시까지 하루 3시간씩, 재배 중인 배추에다 사물놀이 음악을 들려주고, 들려주지 않은 것과 비교한 결과, 배추에서의 복숭아 혹진딧물의 수가 사물놀이 음악을 들려주지 않은 것보다 무려 28.2퍼센트나 적게 발생했다.[452]

이상의 세 가지 자료 내용을 검토해 보면, 다음과 같은 두 가지 중요한 정보의 단서를 얻을 수 있다. 첫째, 풍물굿 음악 소리를 벼가 매우 좋아한다는 점, 둘째, 이화명충·벼멸구 등의 벼 해충들에게는 풍물굿의 음악 소리가 매우 치명적인 것이라는 점, 셋째, 풍물굿 음악이 실제로 경제적인 소출을 가져온다는 점 등이다. 그런데, 근래에 연구된 바에 따르면, 식물이 음악을 들을 수 있는 인지능력이 있고, 식물이 좋아하는 소리와 음악이 있으며, 사람의 말까지 알아듣는다는 사실이 보고되고 있다. 이 책과 관련된 몇 가지 대표적인 사례를 들어보면 다음과 같은 것이 있다.

> 싱은 다시, 알맞게 조절된 음향이 농작물을 자극시켜 수확을 증진시킬 수 있는가에 관한 연구를 하기 시작했다. 1960년부터 1963년에 걸쳐 그는 이른 종, 중간 종, 느린 종 같은 여섯 종류의 벼에다, 확성스피커를 단 축음기로 '차루케시 라가'[453]를 틀어 주었다. 이 실험은 마드라스와 벵골 만의 폰디체리에 있는 일곱 마을의 논에서 실시되었다. 그 결과, 이들 논에서의 벼 수확량은 일반 논에

452) 이완주·방혜선·박인균(1995), 〈음파가 곤충행동 양식에 미치는 영향에 관한 연구〉, 《'95 잠사곤충연구소 연구보고서》, 잠사곤충연구소, 쪽수 미상. 이 연구 이후에 이완주 박사는 이러한 연구를 좀 더 진행시켜, 농작물 재배의 소출을 증가시키는 '그린음악'을 개발했다.

453) 듣는 이로 하여금 깊은 종교적 분위기와 특별한 감흥을 느끼게 해주는, 인도 남부지방의 전통적인 기도의 노래.

서보다 25퍼센트에서 60퍼센트의 증가를 보였다. 또 그는 땅콩과 담배를 가지고도 같은 실험을 하여 보통의 경우보다 거의 50퍼센트나 더 많은 수확을 올릴 수 있었다. 싱은 더 나아가, 소녀들이 추는 인도의 가장 고전적인 스타일의 무용인 '바라나 나참'–아무런 음악 반주 없이, 발목에 다는 방울조차 떼어낸 채 추는–을 추는 것만으로도, 데이지나 금잔화, 페튜니아 같은 꽃들의 개화를 다른 것들보다 2주일이나 앞당길 수 있었다고 했다. 아마 그것은 발동작의 리듬이 땅을 통해 그들에게 전달된 것이리라.454)

1960년에 일리노이 주의 식물학자이자 농업연구가인 조지 스미스George Smith는 신문사의 한 농업 담당 편집자와 잡담을 나누다가, 싱의 실험에 관한 이야기를 듣게 되었다. 다음해 봄, 스미스는 반신반의하는 기분으로 옥수수와 콩을 온도, 습도, 토양의 상태가 똑같은 두 개의 온실에다 나누어 심은 뒤, 한쪽 온실에다 소형 전축으로 조지 거슈윈George Gershwin의 '랩소디 인 블루'를 줄곧 틀어주었다. 그 결과, 스미스는 자기가 소속되어 있는 세인트루이스의 종자 도매상인 망겔스도르프 앤드 브로스 사에다 다음과 같이 보고하게 되었다. "거슈윈의 음악을 듣고 자란 쪽이 다른 쪽보다 발아가 빨랐으며, 줄기도 훨씬 더 두껍고 푸르렀다."고.455)

이상의 두 예뿐만 아니라 위 인용문이 실린《식물의 정신세계》라는 책에는, 20여 페이지에 걸쳐서 여러 가지 이러한 부류의 사례들을 들어, '우주의 화음에 귀 기울이는 식물'에 대해 다각도로 논의하고 있다. 이러한 예는 최근에 들어서는 이미 실용화,

454) 피터 톰킨스·크리스토퍼 버드 지음, 황금용·황정민 옮김(1992),《식물의 정신세계》, 서울: 정신세계사, 187~188쪽.
455) 앞의 책, 189쪽.

상식화 단계에 접어들었다. 예컨대, 젖소에게 음악을 들려주면 젖의 생산력이 높아진다든가, 일본에서 좋은 빵을 만들기 위해 밀가루 반죽에 이스트균을 섞은 다음 베토벤의 〈전원 교향곡〉을 들려준다든가, 야마가타현의 한 농장 '사운드 재배 하우스'에서는 모차르트 채소와 브람스 토마토를 생산하고 있다.[456]

위의 두 가지 사례, 곧 우리나라 벼농사에서 풍물굿 적용 사례와 다른 나라 농작물 재배에서 고전음악의 적용 사례들은 음악의 생태학적 능력을 입증하는 중요한 근거들이 된다. 그리고 이런 보편적 토대 근거들 위에서, 풍물굿의 음악적·무용적 특성이 생태학적으로 식물에 지대한 영향을 미칠 수 있다는 점이 어느 정도 입증된다.

한편, 또 다른 하나의 근거로, 우리는 도작노동요稻作勞動謠, 곧 논일 노래를 주목할 필요도 있다. 호남지방의 논일 노래를 보면, 벼의 성숙이 이루어지는 단계인 모심기·논매기 노동에는 노동요와 풍물굿이 동반되는 것과 달리 이미 벼의 성숙이 완성된 다음의 벼베기·등짐노동·벼타작 등의 노동에는 노동요와 풍물굿이 동반되지 않는 점을 발견할 수 있다.[457] 확증된 것은 아니나, 앞의 연구 사례의 결과들을 근거로 하여, 생태학적인 시각에서 볼 때, 이것은 노동요·풍물굿이 벼의 성숙을 촉진하기 때문이라고 해석할 수 있을 것 같다.[458]

456) 채명석(1990), 〈미생물도 베토벤이 좋다〉, 《시사저널》(9월 6일자 66쪽); 임재해(1994), 〈노래의 생명성과 민요 연구의 현장 확장〉, 《구비문학연구》1집, 한국구비문학회, 76쪽.

457) 전통사회에서 벼를 벨 때, 벼베기노래와 두레풍물굿을 하는 곳은 조사 보고된 곳이 없다. 전통적으로 가장 성대하게 벼베기와 두레풍물굿이 성행한 것으로 보여지는 전북 서부 평야지역에서도 벼베기노래를 부르는 곳은 일부 있으나, 벼베기 풍물굿을 치는 곳은 발견되지 않는다. 〔김익두(1989), 《전북의 민요》, 전주: 전북애향운동본부; 김익두 외(1990), 《전북노동요》, 전북대박물관. 김익두 외(1994), 《호남우도 풍물굿》, 전북대 전라문화연구소 등을 참조〕.

5) 결어

풍물굿은 풍물굿 나름의 분리될 수 없는 역동적 총체성·전일성全一性을 가지고 있으며, 세계와의 개방적 상호의존성을 가지고 있다. 그것은 '유기적인 전체'를 지향한다. 따라서, 이것을 기존의 서양식 장르 의식이나 분석의 틀에다가 억지로 짜 맞추어 분석하고 해석할 수는 없다.

풍물굿은 한마디로 세계를 정태적·기하학적·건축적 '구조'로 보지 않고, 역동적·대수적·시간적 '과정'으로 본다. 그것은 구조가 아니라, 일종의 유기적인 '관계의 그물'이다. 풍물굿은 서양의 교향악과 같은 불변의 기하학적 구조를 지향하지 않으며, 파도와 바람과 호흡과 우주의 순환, 모든 생명체의 소식 생장과 같은 항상 변화하고 순환하는 망상적 관계로 본다. 풍물굿은 그러한 유기적 세계를 환기하고, 그것을 자기의 내면에 수용하여 내부의 유기적 총체를 자극하여 세계의 리듬 및 흐름과 자아의 리듬 및 흐름을 하나로 통일하고, 그 통일의 결과를 현전적으로 세계 속에 구현하고자 한다. 공연자와 청관중의 경계가 무너지고, 더 나아가 청관중이 오히려 공연자가 되며, 공연자가 청관중이 되게 하고, 마침내 이 두 주체가 하나의 유기적 전일성의 세계와 하나로 통합되는 풍물굿 행동의 과정적 발전과 전개야말로, 풍물굿이 한국 공연문화사 속에 이룩해놓은 가장 뚜렷하고 위대한 공적이다. 이런 과정을 거쳐서, 풍물굿은 슬그머니, 이보다 더 '깊고 푸른' 무당굿의 세계로 나아가고자 한다.

---

458) 민요 쪽에서의 이와 비슷한 견해는 다음 글에도 나타나 있다. 임재해(1994), 〈노래의 생명성과 민요 연구의 현장 확장〉, 《구비문학연구》1집, 한국구비문학회, 75~81쪽.

4. 꼭두각시놀음: 한국적 서사극의 유형과 자기 정체성 탐구 방법

1) 문제제기

지금까지 '꼭두각시놀음'에 관해서는 많은 학자들이 여러 각도에서 논의해 왔다. 그것들은 대체로 자료 수집 및 대본 정리, 역사적 접근, 문학적 접근, 연극학적 접근, 기타 등으로 나누어볼 수 있다.

자료 수집 및 대본 정리는 김재철(1933)·이두현(1969)·최상수(1961)·심우성(1974)·서연호(1990) 등에 의해 이루어졌으며, 역사적인 접근은 김재철(1933)·이두현(1969)·유민영(1975)·임재해(1981) 등에 의해 이루어졌다. 문학적으로 접근한 논의로는 최상수(1961)·강용권(1970)·심우성(1974)·조동일(1977)·임재해(1981) 등이 있다. 연극학적 논의로는 심우성(1974)·허술(1975)·김흥규(1978) 등을 들 수 있다.

이외에도 한효(1956)는 꼭두각시놀음을 민중적 미학의 정점으로 보면서, 가면극과 달리 '장면과 장면의 유기적 연관'을 가진 점을 중요한 특징으로 지적하고, 박첨지를 억압받는 민중의 전형으로, 평양감사를 부정적 인물의 전형으로 구체화한 극문학이라고 하였다. 또한 김청자(1985·1989·1996·1998·1999)는 꼭두각시놀음이 주변문화와의 접촉과 토착화 과정에서 제의적 고태형을 유지하고 있는 인형극이라고 전제한 뒤, 꼭두각시놀음의 어휘들의 표상을 중앙아시아와 지중해 문화권의 어휘의 발음소·의미소와 비교 고찰함으로써, 그 '연금술적 의미'를 추출하고자 하는, 좀 색다른 논의를 전개하기도 했다. 한편, 이상란(1993)은 꼭두각시놀음의 '성적인 측면'에 주목하여, 작가군/연희자가 당시 사회에서 금기시된 '성'을 놀이화함으로써 '권력'을 공격하는 대항 담론을 생산하고 그것을 소통시키는 기능을 했음을 지적했다.

이 책에서는, 이러한 기존의 논의들을 종합하면서, '꼭두각시놀음'의 공연학적 특성에 초점을 맞추어, 그것이 보이고 있는 다양한 의미 지평들을 분석·해석해 보고자 한다. 이러한 측면에서 기존의 논의는 주로 문학적으로 접근한 논의들에서 다루어졌으며, 심우성(1974)과 임재해(1981)의 논의를 대표적인 것으로 꼽을 수 있다.

심우성(1974)은 꼭두각시놀음의 유래·어원·배역·내용·놀이판·연희 조종자·장단·춤사위·인형·대소도구 등에 관해서 비교적 자세하게 설명하고 있는데, 이 가운데서 '꼭두각시놀음'의 '내용'을 설명하면서 ① '박첨지' 일가를 통한 가부장적 봉건가족제도의 비판, ② '이시미'를 통한 반민중적 대상들의 봉쇄, ③ '홍동지'의 희화적 행동을 통한 봉건 지배층에 대한 유연한 매도, ④ '절 짓고 허는 거리'를 통한 외래 종교의 부정과 극복 등, 4가지를 이 작품의 주요 주제로 파악하고 있어서 주목된다.[459] 이 가운데서 '절 짓고 절 허는 거리'의 주요 의미를 거의 모든 논자들이 '불교로의 귀의'라고 본 반면에, 심우성은 ④와 같이 '외래 종교의 부정과 극복'으로 해석한 점은 매우 주의 깊은 통찰을 보여주는 독창적인 해석이라고 판단된다.

임재해는[460] 조동일의 탈춤 분석 방법을 이어받아 '꼭두각시

459) 심우성(1974), 《남사당패연구》, 서울: 동화출판공사, 206쪽.
460) 임재해(1981), 《꼭두각시놀음의 이해》, 서울: 홍성사.

놀음' 대본을 주로 구조주의적·역사적 시각에서 접근하고, 이 극 작품의 의미를 다각도로 파악하고자 하여, 그 구조를 서구 연극 구조화의 중심 요소인 '갈등'의 개념을 중심으로 각 장면별 구조를 분석하였다. 하지만, 우리 연극은 '갈등' 중심의 서구 연극 구조화 원리와는 다르다 보니 우리 연극 나름의 독자적인 구조화의 원리와 그것에 근거한 유기적인 전체 구조 및 다양한 의미를 설득력 있게 해석해 내는 데는 한계를 보였다.

여기서는, 이러한 점들을 고려하면서, 지금까지 정리된 '꼭두각시놀음' 대본들의 현황과 문제점들을 간략히 살펴보고, 각 텍스트들의 공통 모티브/행위소들을 정리한다. 또한 비교적 가장 오랜 시일을 두고 여러 공연 현장에서 실연된 '꼭두각시놀음' 공연들을 종합하여 이루어진 텍스트들인 '심우성 채록본'을 중심으로 하여, 각 모티브별 사건 전개를 구체적으로 정리해, 이 작품이 구현해 내고 있는 중요한 의미와 주제의 여러 지평들을 밝혀 보고, 그렇게 구현된 의미와 주제들의 가치와 한계를 지적해 보고자 한다.

2) 주요 텍스트들에 대한 원전 비평적 문제들

지금까지 조사 정리된 '꼭두각시놀음'의 주요 대본들로는, ① 전광식·박영하 구술, 김재철 채록본[461], ② 노득필 구술, 최상수 채록본[462], ③ 남운룡 구술, 박헌봉 채록본[463], ④ 남운룡·송복산 구술, 이두현 채록본[464], ⑤ 남운룡/남형우(남운룡의 본명)·양도일

461) 김재철(1933), 《조선연극사》, 경성: 조선어문학회.
462) 최상수(1961), 《한국 인형극 연구》, 서울: 고려서적주식회사.
463) 심우성(1974), 앞의 책, 부록.

구술, 심우성 채록본[465] 등이 있다.

이 가운데 ③, ④, ⑤는 모두 남운룡/남형우라는 공통의 구술자로부터 채록 정리한 대본이므로, 이것을 크게 보아 하나의 대본으로 처리하고 보면, 결국 구술자가 완전히 다른 채록 대본은 ①과 ②와 ③/④/⑤의 3가지가 된다.[466] 그리고 이 ③/④/⑤를 검토해 보면 이 가운데 ⑤가 '비교적' 현장성을 가장 잘 살려 조리 있게 정리된 대본으로 판단된다.[467] 이 각 채록 대본들에 나타나는 주요 문제점들을 지적해 보면 다음과 같다.

먼저, ①'김재철 채록본'은 3막에서 '영노'를 사람 이름 '최영노'로 잘못 이해하여, '용강 이시미'가 나와 여러 등장인물들을 잡아먹는 대목에다가 '최영노의 집'이라는 단락 구분 명칭을 자의적으로 붙여 놓음으로써, 작품 전체의 유기적인 맥락을 크게 손상시키고 있다. 이 부분을 정독하여 보면 '최영노'로 표기된 등장인물은 실제로는 '산받이'의 역할을 하는 존재이다. 이것은 분명한 '오독'이다.

③ '박헌봉 채록본'은 공연자로서의 역할이 작품 내부의 등장인물들과는 전혀 다른 존재인 '산받이'를 마치 하나의 등장인물인 것처럼 '촌사람'으로 표기하고 있어서 작품의 공연적 구조와 크게 상치되는 대본을 이루어 놓고 있다는 점이 가장 큰 문제점이다. 또한 '영노'·'동방삭'·'표생원'·'깜벡이' 등의 등장인물들이,

---

464) 이두현(1969), 《한국가면극》, 서울: 문화재관리국.

465) 심우성(1974), 앞의 책, 부록.

466) 여기서는 구비 문학의 현장적·즉흥적 변이성과 다양성은 일일이 문제 삼지 않기로 하겠다. 그것은 그런 '차이'와 '이본'들이 중요하지 않기 때문이 아니라, 여기서의 논의의 방향이 여러 이본들의 그런 차이보다는 '공통점'과 그런 공통점들을 중심으로 이루어지고 있는 텍스트적 질서에 주목하고자 하기 때문이다.

467) 그것은 이 채록본의 정리자가 실제로 이 대본의 구술자들과 함께 오랫동안 이 분야의 실기 현장에 종사해 왔다는 데에도 말미암는다.

이들을 모두 잡아먹는 행위를 통해 이들과 유기적인 상관관계를 맺고 있는 '용강 이시미'와 아무런 관계도 없이 따로따로 나열됨으로써, 이들 등장인물들 상호간의 연결 맥락이 전혀 드러나지 않게 정리되어 있다는 점도 허약한 점이다.

② '최상수 채록본'도 산받이 역할을 하는 공연자를 '촌사람'으로 표기 채록하여 마치 산받이가 무대 위의 등장인물인 것처럼 잘못 기록한 것이 앞에서 논의한 박헌봉 채록본과 같이 중요한 오류이다. 또한 '용강 이시미'와 '영노'의 관계가 매우 모호하게 정리된 점이 작품의 유기적 연결 면에서 허약한 부분이다. 이러한 점은 실제로 이 채록본의 제보자들이 그렇게 처리하기 때문에 그럴 수도 있고, 채록자가 그들 사이의 관계를 제대로 파악하지 못했기 때문에 그럴 수도 있는데, 다른 채록본들과의 비교를 통해서, 그리고 자세한 공연 현장 조사들을 통해서 이를 수정 보완할 수도 있다.[468]

이외에도 ① '김재철 채록본'과 ② '최상수 채록본'은 평안감사 '대부인'의 초상을 치르고, 박헌봉 채록본과 심우성 채록본은 '평안감사'의 초상을 치르는 점도 내용상 서로 다른 점으로 드러나지만, 이러한 부류의 차이점은 작품 전체의 올바른 의미 해석에 그다지 큰 영향을 미치는 것도 아니며, 또한 유동적인 구비 전승문학에서는 일종의 '독창성'과도 관련시킬 수 있는 것이므로, 채록의 문제점이나 '오독'으로 볼 수는 없을 것이다.

이 가운데, 여러 면들을 고려해 볼 때, 비교적 가장 조리 있게 잘 정리된 채록본은 ⑤'심우성 채록본'이다. 그러나 이 채록본도 작품의 내적인 질서에 따라 단락을 구분한 것이 아니라 주로 전

468) 이러한 문제 해결 방법은, 민요 채록 정리에서 그 가사가 유동적이고 불분명한 어떤 대목의 가사는 그와 같은 가사를 여러 제보자에게서 조사하여 확정할 수 있는 것과 비슷한 것이다.

승 '공연자'들의 말과 공연적 관습들을 따라 작품을 '마당'과 '거리'로 구분함으로써, 외재적 기준에 의거하여 작품을 단락 짓는 다른 채록본들의 방법에서 근본적으로 벗어나지는 못했다.

이 채록본은 전체를 우선 크게 '박첨지마당'과 '평안감사마당'이라는 두 단락으로 구분하고 있는데, 이러한 제목의 단락 구분이라면 작품 내용도 이와 상응하여 '박첨지'와 '평안감사'가 작품 안에서 거의 대등한 비중으로 다루어져야 이러한 명명이 합당할 것이다. 그러나 작품의 모티브들을 분석해 보면[469] '평안감사'는 '박첨지'와 '꼭두각시'와 '홍동지'보다 그 비중이 더 작다. 작품 안에서 실제 '평안감사'는 이 중심 등장인물들인 셋의 행동과 의미를 보조하는 보조적 등장인물인 것이다. 게다가, 원래 꼭두각시놀음의 전승물 자체에 본래부터 정확한 단락 구분과 그 구분의 명칭이 부여되어 온 것도 아니다.

위에서 간략히 살펴본 바와 같이, 지금까지 구비 전승물 꼭두각시놀음의 채록 정리된 대본들은 각기 상당한 오류와 문제점들을 내포하고 있으며, 이런 점들은 결코 구비 전승물의 유동성·현장성·즉흥성 보존이란 명분 아래 그대로 방치되어서는 안 되는, '정전canon' 연구의 기본적인 해결 과제이다.

여기서 우리는 다시 한번, 구비 전승 문학의 '기록/채록' 자체가 바로 그것에 대한 해석 또는 해석의 시작이라는 기본 명제에 부딪치게 된다. 구비 전승 문학의 연구는 텍스트의 채록 정리에서부터 발생한다. 이 대상은 '유동문화'이기 때문에 채록 정리 자체에서부터 이미 그 채록 정리자의 주관적 견해와 해석이 개입하여 그것에 의한 '굴절'이 일어나기 때문이다.[470] 이런 시각에서

469) 이 장의 다음 절 '3) 공통 모티브들과 모티브·행위소별 사건 전개'를 참조.

470) 제임스 클리포드 외 지음, 이기우 옮김(2000), 《문화를 쓴다》, 서울: 한국문화사, 17~57쪽 참조.

본다면, 지금까지 채록 정리된 모든 꼭두각시놀음 텍스트들은 다 이런 '굴절 과정'을 거쳐서 만들어진 것들이고, 그래서 이런 채록 대본들을 다룰 경우에는 그런 굴절을 전제로 해야만 한다.

이 문제를 적절히 해결해 나아가는 방법은, 우선 외재적 기준 예컨대 서구 희곡 양식의 장막 구분 개념이나 전승 집단의 전승 관습만으로 구비 전승 작품들을 분절·구분하지 말고, '외재적 기준들'뿐만 아니라 작품의 구조적 해석을 통한 작품 내부에서 드러나는 '내재적 기준들'도 함께 고려하는 채록 방법을 취하는 것이다.

이러한 시각에서, 꼭두각시놀음 채록본의 내적 질서를 찾아내는 효과적인 작업 방법 가운데 하나는, 이 채록 대본들 전체의 행동, 또는 사건의 전개 과정을 각 행위소별 또는 행동 모티브별로 나누어 분석하고, 이것을 기초로 해서 대본의 전체적인 의미를 해석하면서, 전승 과정의 어려움으로 말미암아 혼란된 작품의 '숨은 질서'를 찾아 나아가는 것이다.

그런데, 이런 전승 문학/전승 문화는 시대와 사회에 따라 즉흥적으로 변화하는 부분도 있지만, 비교적 변화하지 않는 부분도 분명히 있다. 전자를 어떤 이는 '비고정 체계면'이라 부르고 후자를 '고정 체계면'이라 부르기도 한다. 이 경우에 전자를 중시하여 접근하는 관점도 있고, 후자를 중시하여 접근하는 관점도 가능하다.

꼭두각시놀음 채록 대본과 같은 구비적·연극적 행위 전승물을 후자의 관점 즉 '고정 체계면'을 보는 관점에서 다루고자 할 때는, 그것을 구성하는 행위소 또는 행동 모티브들[471]에 주목하여

471) 여기서 '행위소' 또는 '행동 모티브'란 꼭두각시놀음 채록 대본을 분석할 때 서사적 스토리를 고려하면서 나눌 수 있는 의미상의 변별적인 행위의 단위들을 가리키는 용어로 사용한다.

대본들을 분석하면서 접근하는 것도 하나의 방법이다. 잘 변하지 않는 이런 부분들을 중심으로 유동적 텍스트를 정리하면 결국 여러 이본들이 공통적으로 지향하는 어떤 보편적인 텍스트의 지평을 발견할 수가 있기 때문이다.

3) 공통 모티브들과 모티브·행위소별 사건 전개

지금까지 채록 정리된 꼭두각시놀음 대본들을 종합하여, 이것들에 공통적으로 나타나는 주요 사건별·등장인물별 모티브들을 전개 과정 순서로 나누어 정리해 보면 다음과 같다.

① 박첨지가 떠돌이 몰락 양반인 자기 자신을 소개를 한다.

② 박첨지 딸과 며느리가 뒷절 중들과 놀아나다가 홍동지에게 혼난다.

③ 박첨지가 첩을 데리고 있다가, 헤어졌던 마누라를 만나게 되지만 마누라를 내친다.

④ 중국땅 청노새가 조선에 나와 박첨지네 곡식을 빼앗아 먹으려다가 이시미에게 물려 죽는다.

⑤ 박첨지와 직접·간접으로 관련된 인물들(중국땅 청노새·박첨지 손자·피조리·작은 박첨지·꼭두각시·홍백가·영노·표생원·동방석이·묵대사 등)이 거의 다 이시미에게 물려 죽는다.[472)]

⑥ 박첨지도 이시미에게 물려 죽게 되었다가 홍동지가 구해주어서 살아난다.

⑦ 평안감사는 박첨지가 매사냥 길 치도를 잘못했다고 박첨지

472) 불교적 인물인 '묵대사'는 경우에 따라 잡혀 먹히기도 하고 살아나기도 한다.

에게 벌을 내린다.

⑧ 박첨지가 당할 벌을 홍동지가 가서 대신 감수한다.

⑨ 박첨지가 매사냥 나갔다가 죽은 평안감사네 상여를 자기네 상여로 알고 따라가며 울다가 자기네 상여가 아닌 줄 깨닫는다.

⑩ 박첨지가 평안감사네 상여 길 치도를 잘못해서 상도꾼들이 다리를 삐었다고 혼나고 새로 상도꾼들을 사들이라는 명령을 받는다.

⑪ 궁지에 몰린 박첨지를 대신하여 홍동지가 알몸으로 평안감사네 상여를 밀고 간다.

⑫ 박첨지가 이젠 아무 걱정이 없다면서 상좌들을 시켜서 명당에다 절을 한 채 짓게 하고는 그것을 다시 헐어버리게 한다.

⑬ 박첨지가 나와 이제 극이 다 끝났으니 돌아들 가라고 말한다.

이상에서 정리된 13개의 주요 모티브가 지금까지 나온 주요 채록 대본의 공통 모티브이다. 이상에서 정리해 본 바를 놓고 보면, 우선 이 대본은 '박첨지'라는 등장인물 겸 내레이터를 중심으로 사건이 전개되고 정리되어 있음을 알 수 있으며, 이 점은 이 대본들의 분석과 해석에서 매우 중요한 요점이 되고 있다.

이상의 공통 행위소를 염두에 두면서, 다시 지금까지 나온 채록 대본들의 행위소들을, 이 작품의 유기적 통일의 중심인 '박첨지'라는 등장인물 겸 내레이터에 초점을 맞추어, 채록본들 가운데 비교적 가장 잘 종합 정리된 채록 대본인 '심우성 채록본'을 중심으로 해서, 분석 정리해 보면, 다음과 같은 다양한 행위소 항목들이 도출된다.

① 떠돌이 유랑민이 된 몰락 양반 박첨지가 놀이판에 나와 자기 자신을 소개한다.

② 박첨지의 딸과 며느리인 '피조리들'이 나와 뒷절 상좌 중 들과 놀아난다.

③ 박첨지의 '사촌 조카'인 발가벗은 알몸뚱이의 '홍동지'가 나와서 놀아나고 있는 박첨지의 딸과 며느리인 '피조리들'과 뒷절 상좌 중들을 혼내주고 오줌을 내갈겨 쫓아낸다.

④ 떠돌이 유랑민이 된 박첨지가 오랫동안 서로 헤어져 떠돌던 마누라 '꼭두각시'를 놀이판에서 만나 해후의 정을 느끼나, 박첨지가 그동안 얻어 사귄 첩 '용산 삼개 덜머리집'과 꼭두각시는 서로 다투고, 박첨지는 꼭두각시를 박대하고 덜머리집을 총애하자, 꼭두각시는 금강산으로 중이나 되겠다고 떠나버린다.

⑤ 청국땅 청노새가 우리 곳은 풍년 들고 저희 곳은 흉년 들었다고 양식을 빼앗아 먹으러 나온다.

⑥ '용강 이시미'가 '청국땅 청노새'를 잡아먹는다.

⑦ 박첨지 손자가 나와 (이미 '용강 이시미'에게 잡혀 먹히고 없는) '청노새'를 쫓는다고 하다가 '용강 이시미'에게 잡혀 먹힌다.

⑧ 박첨지의 딸과 며느리인 '피조리'가 역시 '청노새'를 쫓는다고 나와 자기는 기생이라고 하면서 까불다가 '용강 이시미'에게 잡혀 먹힌다.

⑨ 박첨지의 동생 '작은 박첨지'가 나와 또 '청노새'를 쫓는다고 하다가 '용강 이시미'에게 잡혀 먹힌다.

⑩ 박첨지의 마누라 '꼭두각시'가 '청노새'를 쫓는다고 나와 까불다가 '용강 이시미'에게 잡혀 먹힌다.

⑪ 이리저리 경우에 따라 얼굴색을 바꾸는 아전인 듯한 '홍백가'가 '청노새'를 쫓는다고 나와 까불다가 '용강 이시미'에게 잡혀 먹힌다.

⑫ 일본놈인 듯한 '영노'가 배가 고파 이것저것 다 먹겠다고 나와 까불다가 '용강 이시미'에게 잡혀 먹힌다.[473]

⑬ 해남 관머리 사는 양반 '표생원'이 나와 '청노새'를 쫓는다고 하다가 '용강 이시미'에게 잡혀 먹힌다.

⑭ '동방석이'가 나와 이리저리 다니다가 놀이판에 사람이 많아서 나왔다며 시조를 한 수 점잖게 뽑다가 '용강 이시미'에게 잡혀 먹힌다.

⑮ 세상에 모두 고약한 것만 보여서 눈을 감고 다닌다는 '묵대사'가 놀이판에 나와 눈을 떠보고는, '여기는 좋은 분들만 계시니' 눈을 뜨고 있어야겠다며 회심가 또는 염불을 하는 중에, '용강 이시미'에게 잡혀 먹히기도 하고 때로는 살아 들어가기도 한다.[474]

⑯ 박첨지가 '청노새'를 쫓는다고 나왔다가 자기네 식구들이 '용강 이시미'에게 모두 잡혀 먹혔다는 말을 듣고 용강 물을 건너서 도망가려다가 '이시미'에게 물린다.

⑰ 박첨지의 '외조카'/'사촌조카'인 '홍동지'[475]가 발가벗은 알몸으로 나와, 살려달라는 박첨지를 여러 가지로 놀려 세우고, '이시미'와 싸워 이기고 '이시미'를 메고 간다.

⑱ 박첨지가 평안감사 '길 치도'를 잘못 했다는 죄로 궁지에 몰리자, 박첨지의 ('외조카'/'사촌 조카'인) 홍동지가 나와 박첨지 대신 평안감사한테 나아가 문죄를 당하여 박첨지를 구해준다.

⑲ 평안감사가 박첨지에게 사냥 몰이꾼을 사들이라고 명령하여 박첨지가 어려움에 처하자, 홍동지가 나와 사냥 몰이꾼을 해주어 박첨지의 어려움을 처리해 준다.

---

473) 심우성은 이 '영노'를 '왜놈의 모습'이라고 하였다. 〔심우성(1974), 앞의 책, 211쪽〕.

474) 이 점은 꼭두각시놀음 담당층과 불교와의 친연 관계를 암시하는 것으로 보인다.

475) '홍동지'와 '박첨지'의 혈연적 관계는 '말장난'을 통해 매우 모호하게 처리되어 있다. 때로는 '사촌 조카', 때로는 여기서처럼 '외조카/외삼촌'으로 나타나기도 한다. 결국 이 둘의 혈연적 관계는 거의 없거나 매우 미약한 것으로 나타나 있다.

⑳ 평안감사가 '노비'가 없다며 박첨지에게 잡은 꿩을 팔아 노비 돈을 마련해 대라고 하자, 박첨지는 '환전 백 쉰 냥'을 '푸기지전'으로 부쳤다고 하며 얼렁뚱땅 받아넘기고 만다.

㉑ 평안감사가 사냥을 하고 돌아가다가 개미한테 불알을 물려서 죽자 박첨지는 평안감사 상여를 자기네 상여인 줄 알고 따라가며 울다가 아닌 것을 고 자기의 그릇된 행동에 무안해 하며, 평안감사 상주를 놀려준다.

㉒ 평안감사 상주가 상도꾼들이 다리를 삐었다며 박첨지에게 상도꾼 하나를 빨리 사들이라고 명령하여 늙은 박첨지가 다시 곤경에 처한다.

㉓ 홍동지가 알몸으로 박첨지를 대신 상도꾼으로 상주 앞에 나아가서 '아랫배'로 평안감사 상여를 밀고 간다.

㉔ 박첨지가 이제는 아무 걱정이 없다면서 명당에다가 절을 한 채 짓겠다고 하고 상좌 둘을 시켜 절을 한 채 지었다가는 다시 헐어버리게 한다.

㉕ 박첨지가 놀이판에 나와 구경꾼들에게 놀음이 다 끝났으니 잘들 돌아들 가라고 절을 한다.

이상에서 분석된 바와 같이, 이 작품은 사건 전개의 중심 등장인물이자 내레이터인 '박첨지'를 중심으로 주요 행동 모티브들이 적절하게 서로 연결되면서 다양한 의미와 주제의 단위들을 형성하고 있음을 알 수 있다.

4) 연극적 장치: 한국적 서사극의 한 전형

이상의 행위소 분석을 통해 분명하게 드러나는 이 작품의 가장 분명한 스토리 전개상의 특징은 다음과 같다.

첫째, 이 스토리 전개의 내레이터는 이 작품의 등장인물인 '박첨지'이다. 그것은 위의 행위소 분석표의 ①과 ㉕를 통해서 분명히 드러난다. 즉, 등장인물 '박첨지'가 이 작품의 스토리를 시작하고 또 끝내고 있기 때문이다.

둘째, 그렇기 때문에, 이 작품의 스토리 전개 구조 곧 플롯은 등장인물인 '박첨지'가 하는 이야기 형식으로 되어 있다. 즉, 이 작품의 전체 스토리는 등장인물 '박첨지'가 청관중들에게 들려주는 이야기 형식으로 전개된다.

셋째, 등장인물인 '박첨지'가 이 작품의 스토리를 청관중들에게 이야기하는 구조라는 것은, 이 작품이 바로 이른바 '서사극 epic theatre' 양식이라는 것을 분명하게 보여준다.[476]

넷째, 꼭두각시놀음은 탈춤 대본들과는 달리, 작품 전체를 연결하는 유기적 연결고리가 존재한다.[477] 그것은 바로 등장인물이자 내레이터인 '박첨지'라는 존재이다. 따라서 박첨지는 작품 전체를 유기적으로 통일시키는 매우 중요한 존재이다.

다섯째, 등장인물인 내레이터가 작품의 사건을 이야기하는 방식의 서사극이다. 서사극 양식은 두 가지 형태가 있는데, 하나는 등장인물이 아닌 내레이터가 작품의 사건을 이야기하는 방식의 서사극이고, 다른 하나는 등장인물인 내레이터가 작품의 사건을 이야기하는 방식의 서사극이다. 브레히트의 서사극은 주로 전자에 속하고, 꼭두각시놀음은 후자에 속한다. 이런 점에서, 꼭두각시놀음은 그 구조면에서 서양의 서사극과는 다른 한국적 정체성

---

476) 베르톨트 브레히트 지음, 김기선 옮김(1989), 《베르톨트 브레히트의 서사극 이론》, 서울: 도서출판 한마당, 34~35쪽.

477) 이 점은 일찍이 한효가 정확하게 지적한 바 있다. 〔한효(1956), 《조선 연극사 개요》, 평양: 국립출판사, 84쪽〕.

을 가지고 있다.

5) 다양한 주제들의 적층적 깊이와 한계

앞에서 분석한 행동 모티브들은 여러 개의 의미의 단위들을 형성하고, 그것들이 다시 '박첨지'를 중심으로 서로 유기적으로 연결·조직·구조화 되어, 작품 전체의 복잡하고 다양한 의미의 지평을 열어 나가게 된다.

그런 다양하고 복잡한 의미들은 크게 다음과 같이 세 가지 방향으로 드러나고 있다. 하나는 '박첨지'를 중심으로 한 의미의 지평이고, 다른 하나는 '홍동지'를 중심으로 한 의미의 지평이며, 또 다른 하나는 '꼭두각시'를 중심으로 한 의미의 지평이 그것이다. '평양감사'를 중심으로 하는 의미의 지평은 이 세 가지 지평을 여는 수단의 일부에 지나지 않는다. 그런 점에서, 작품의 거리·마당·과장의 구분에서 '평안감사 거리'를 이 작품의 양대 의미단위로 구분한 것[478]은 텍스트 채록상의 큰 오류이다.

(1) '박첨지놀음': 몰락 양반의 자기 정체성 재정립 과정

이 극은 우선 박첨지의 자기 정체성 붕괴와 그로 인한 정체성의 아노미 현상, 그리고 그것의 새로운 재정립 과정을 다루고 있는 작품이다.

박첨지는 이 작품에서 모든 행동과 사건의 중심 연결 고리이자 매개자이며, 모든 행동의 통합 지점이다. 지금까지의 해석에서는 박첨지의 이러한 역할과 의미를 소홀히 다룬 까닭에, 작품

478) 심우성 채록본 참조. 〔심우성(1974), 앞의 책, 304~336쪽〕.

해석에 어려움을 가져온 경우가 많았다. 이 작품은 수많은 사건과 행동들이 몰락 양반 박첨지의 '삶의 거울'을 중심으로 해서, 그와 그의 가족 및 그와 관련된 가문·사회·역사·문화 등을 다양하고 폭넓게 '반영'하여 보여주는 구조를 만들어 놓고 있다.

그러므로 이 작품은 우선 '박첨지'라는 인물의 행동에 초점을 맞추어 고찰할 필요가 있다. 이 해석 작업은 이 작품의 제목을 때로는 '박첨지놀음'이라고 부르는 이유를 밝히는 작업과 긴밀히 연관되어 있는 것이기도 하다.

이런 관점에서 보자면, 이 작품의 장·막 또는 마당·거리의 구분을 '박첨지 마당'·'평안감사 마당' 등으로 나누는 것은 부당하다. 이런 관점에 볼 때 이 작품은 작품 전체가 '박첨지 마당'으로 이루어져 있으며, 그것을 구축하는 '평안감사' 거리를 비롯한 여러 '거리'들이 행동 모티브들 또는 행위소들로 나누어져 있다고 보아야 마땅하다. 그렇게 해서, 이 작품은 박첨지의 자기 정체성 붕괴와, 그로 말미암은 양반으로서의 정체성의 혼란과, 그로부터 벗어나 새로운 정체성을 재정립해 가는 과정을 서사극 양식으로 구체화하고 있다. 이러한 의미의 지평을 앞의 행위소 분석 단위별로 해석해 보면 다음과 같다.

먼저 앞의 '3)절'에서 분석한 25개의 행위소 단위들 가운데, ①의 단위에서, '박첨지'가 놀이판에 나와, 자기가 원래는 서울 양반이었으나 몰락하여 떠돌이 유랑민이 된 내력을 해학적이고 익살스런 어조로 밝힌다. ②~③의 단위에서는, '박첨지' 가문이 몰락하다보니, '박첨지' 집안의 딸과 며느리조차 타락하여 중들과 놀아나는 모습을 보여준다. ④에서는, 처첩 사이의 갈등이라는 매우 보편적인 전통적 갈등 양식을 통해서, '박첨지'의 오랜 유랑생활과 그로 말미암은 가정의 파괴와 해체를 보여준다.

⑤~⑬은 몰락 양반 '박첨지' 및 그와 관련된 가문·사회 등의

경제적인 수탈과 몰락과 붕괴의 근본 원인과 그 과정, 그리고 그런 일련의 것들의 부당함을 보여준다. 그 가운데서 ⑤와 ⑫는 외부적 요인들 곧 각각 중국과 일본이라는 외세에 의한 침탈과 노략질을 제시하며, 나머지는 모두 내부적인 요인들을 보여주고 있다. 그 가운데서 ⑥~⑨는 '박첨지' 가문 내부의 요인들을, ⑩·⑫는 사회적·계층적 요인들을 보여주고 있다. 어쨌든, 이 모든 내부적 요인들을 구성하는 등장인물들은 '청노새' 곧 외세적인 재앙과 해악을 쫓아 물리친다고 하면서, 실제로는 그와는 무관한 타락한 행동으로 일관함으로써, 그런 재앙과 해악에 대해 아무런 대응 능력이 없음을 냉소적이고 해학적으로 드러낸다.

⑬과 ⑭는 몰락 양반인 '박첨지'가 속해 있던 사회 계층의 이상과 도덕이 잘못된 것임을 보여준다. ⑬은 몰락 양반인 '박첨지'가 속해 있던 사회 계층 곧 양반사회의 '이상'을 표상하는 '동방석이'를 죽임으로써, '박첨지'의 계층적 이상의 부당함과 한계를 보여주며, ⑭는 불교적 입장에서 유교적인 양반 사회의 도덕적 타락을 비판하고 있다.

이상의 분석을 종합해 볼 때, 결국 ①~⑭는 몰락 양반 '박첨지'의 자기 정체성 붕괴와 그 과정 및 그에 대한 인식을 보여주는 것임을 증명할 수 있다. 그 과정은 다음과 같이 나타난다. 먼저, '박첨지'가 양반 계층으로부터 몰락하여 유랑민으로 세상을 떠돌게 된다. 그 과정에서, 딸과 며느리는 뒷절 상좌 중들과 놀아나 가정이 파괴되고, 먹고 살기 위해 조를 갈아 놓은 땅뙈기는 '청노새'로 상징된 외세가 들어와 노략질 해 간다. 그럼에도 이러한 외세의 침탈을 막아내고 농사를 지을 방도를 찾을 줄 아는 인물이라고는 집안이나 집밖이나 실제로 하나도 없다. 모두가 무사안일의 무력한 행동만 일삼는 인물들뿐이며, 도덕적으로는 차마 눈뜨고 볼 수 없는 타락한 사회의 인물들만이 차례차례 확인된다. 이 과정을 통해서, '박첨지'는 자기 자신의 양반적 정체성의 붕괴를 찬찬히 '인식'하게 되는 것이다. 그것은 결국 조선 후기 사회의 변모 과정이 '박첨지'라는 한 몰락 양반의 '눈'과 '행동'을 통해서 드러나게 된다. 우리는 '박첨지'라는 인물의 삶을 중심으로 구축된 이 '꼭두각시놀음'이라는 전통 인형극의 '거울'을 통해서 그런 우리의 전통사회를 구체적인 형상으로 찬찬히 들여다 볼 수가 있다.

다음으로, ⑮~⑯은, ①~⑭에서 이루어진 자아 인식 과정을 통해서 확인된 '붕괴된 자기 정체성'을, 스스로의 능동적인 자기 변화 노력을 통해서 재정립해 보려는 '박첨지'의 눈물겨운 노력을 보여주는, 매우 중요한 대목이다. ⑮에서 보면, '박첨지'는 '청노새'를 쫓는다고 나왔다가, 자기네 식구들 및 자기와 직접·간접으로 관련된 사람들이 모두 '용강 이시미'에게 잡혀 먹혔다는 말을 산받이에게 듣게 된다. 이에 그는 '용강'의 강물 앞에서 산받이에게 다음과 같은 말을 한다. 이것은 자기 정체성의 붕괴라는 절망 속에서도 끝끝내 새로운 자기 정체성을 찾기 위해 번민하는 '박첨지'의 적나라한 내면 풍경을 효과적이고 상징적으로 잘 보여준다.

박첨지: 저 물을 건너야 하나, 옷 좀 벗고, 엇차 벗었다.
산받이: 어디 벗었어?
박첨지: 내 마음으로 벗었지, 아 차거워 어 차거워 어디여.[479)]

이 대사에서 우리는 새로운 정체성의 세계로 통하는 통과의례의 강물인 '용강'을 건너려는 '박첨지'의 힘겨운 노력이 상징적으

479) 심우성, 앞의 책, 322쪽.

로 잘 드러나 있음을 볼 수 있다. 여기서 '용강'은 그런 시련의 의식ceremony의 강물이며, 이것을 건너려는 그의 노력은 그런 시련을 감수하고 새로운 정체성의 세계로 나아가려는 그의 의지와 노력을 암시하는 것이다. 그러나 그러한 노력은 아직은 '마음으로 벗은' 나약한 상태에 머물러 있으며, 아직 확실한 자기 인식에 근거한 좀 더 적극적인 행동으로는 나아가지 못하고 있다.

이 대사 바로 뒷부분에서, '박첨지'는 용기를 내서 '용강 이시미'에게 대항할 생각을 잠깐 해보지만, 역부족임을 느끼고, '마음을 준치 가시같이 먹고 아무 말도 말고'[480] 슬슬 건너가 보려다가, 결국 통과의례의 호된 시련인, '용강 이시미'의 입에 물리게 된다.

다음 ⑯에서는 '박첨지'의 '외조카' 또는 '사촌조카'인 '홍동지'[481]가 발가벗은 알몸으로 나와, '용강 이시미'에게 물려 살려달라는 박첨지를 여러 모로 골려준 다음, '용강 이시미'를 물리치고 '박첨지'를 구해준다.

여기서 다른 등장인물들은 모두 '이시미'에게 잡혀 먹히는데, 유독 '박첨지'만 살아나게 되는 이유가 분명해진다. 그것은 다른 등장인물들은 모두 '이시미'의 시련을 당하면서도 '용강'을 건너려는 노력과 의지를 전혀 보여주지 못한 채로, 무기력하고 타락한 기존의 행동만을 일삼고 있기 때문인 것으로 나타나 있다. 그러나 '박첨지'는 적어도 미약하나마 '이시미'가 살고 있는 '용강'의 시련과 통과의례를 스스로 겪어내려는 의지를 보여주고 있다. 이것이 바로 '박첨지'가 살아나게 된 중요한 이유이다.

---

480) 심우성, 앞의 책, 323쪽.

481) '홍동지'와 '박첨지'의 혈연적 관계는 '말장난'을 통해 매우 모호하게 처리되어 있다. 때로는 '사촌 조카', 때로는 여기서처럼 '외조카'로 나타나기도 한다. 결국 이 둘의 혈연적 관계는 거의 없거나 매우 미약한 것으로 나타나 있다.

그러나 '홍동지'의 도움으로 '시련'으로부터 목숨을 건진 '박첨지'는, '홍동지'의 도움 때문이 아니라, 자기의 '명이 길어서' 살아난 것으로 착각하고, 아직도 자기의 올바른 정체성을 제대로 깨닫지 못하고 있는 것으로 표현된다. 이것은 '박첨지'가 아직 스스로 거쳐야 할 통과의례의 '시련들'이 더 남아 있기 때문이다. 그래서 그는 결국 그런 더 큰 시련을 겪기 위해 바로 뒤이어 '평안감사'라는 새로운 정치적 권력의 '시련'과 맞닥뜨리게 된다.

그래서 ⑰~㉑ 행위소 단위들은 '박첨지'가 새로운 정체성을 찾기 위한 더 혹독한 정치적 시련의 과정을 보여준다. 행위소 ⑰에서는 '박첨지'가 '평안감사' '길 치도'를 잘못 했다는 죄로 시련과 궁지에 몰린다. 그리고 ⑱에서는 '사냥몰이꾼'을 구하라는 '평안감사'의 하명을 받아, 또 ⑲에서는 '노비돈'을 마련하라는 '평안감사'의 명령을 받아, ⑳에서는 죽은 '평안감사' '상도꾼'을 구해 오라는 명령을 받아, 각각 어렵고 괴로운 상황에 처하게 된다. 이렇게 '박첨지'가 그런 시련을 겪을 만큼 겪은 뒤에야 박첨지는 '홍동지'에 의해 구출된다. 홍동지는 그만큼 이 작품에서 더욱 근본적인 힘의 원천이다. 이에 관해서는 뒤에 가서 자세하게 다루겠다.

이 과정에서, '박첨지'는 이전보다 더 분명한, 자기 정체성에 대한 인식을 보여준다. ⑲에서는 '평안감사'가 '노비'가 없다며 '박첨지'에게 잡은 꿩을 팔아 노비 돈을 마련해 대라고 하자, 그는 '환전 백 쉰 냥'을 '푸기지전'으로 부쳤다고 하며 얼렁뚱땅 받아 넘겨버리고, ⑳에서는 사냥을 하고 돌아가다가 개미한테 불알을 물려서 죽은 '평안감사' 상여를 자기네 상여인 줄 알고 따라가며 울다가 자기의 그릇된 행동을 깨닫고 부끄러워하면서 오히려 '평안감사' 상주를 놀려주는 중요한 대목이 나온다. '박첨지'의 이러한 자기 정체성에 관한 인식의 변화 과정을 다음의 대사는 잘 보여준다.

> 박첨지: 아이고 아이고.
> 산받이: 여보 영감.
> 박첨지: 엉.
> 산받이: 그게 누구 상연데 그렇게 우는거여.
> 박첨지: 아니 이거 우리 상여 아닌가.
> 산받이: 망할 영감, 평안감사댁 상여여.
> 박첨지: 아 난 우리 상연 줄 알았지, 그러기에 암만 울어도 눈물도 안 나오고 어쩐지 싱겁더라.
> 산받이: 어이 먹통 영감아.[482]

여기서 '박첨지'는 그동안의 자기의 신분적 오해에 대한 분명한 자각을 보여주고 있다. '암만 울어도 눈물도 안 나오고 어쩐지 싱겁더라'는 대사는, 이미 자기 정체성이 내적으로 양반 신분으로부터 민중 신분으로 변모되어 가고 있음을 암시하는 대목이다. 그래서 '박첨지'는 더 이상 울지 않고 오히려 '평안감사' 상주를 골려주기까지 한다. 그러나 '박첨지'는 적극적인 행동은 불가능한 존재다. 왜냐하면, 그는 아직 '성인成人'이 아니며 '성인식'을 치르고 있는 '어린아이'이기 때문이다. 그래서 보다 적극적인 행동은 '홍동지'를 통해서 이루어지는 것이며, 그래서 '홍동지'는 '알몸'[483]으로 발가벗은 채로 '박첨지'를 대신하여 자기의 '아랫배'로 평안감사 상여를 밀고 간다.[484]

---

482) 심우성, 앞의 책, 330쪽.

483) 여기서 '홍동지'의 '알몸'은 '박첨지'의 '옷', '옷을 벗지 못함' 등과 대조를 이루면서 아직 남아 있는 '박첨지'의 정체성 상의 '허위'를 강렬한 이미지로 드러내 주는 효과를 거두고 있다.

484) 어떤 텍스트에는 '홍동지'의 성기로 '평안감사'의 상여를 밀고 가는 것으로

행위소 ㉓에 이르게 되면, 결국 '박첨지'는 그동안의 기나긴 시련의 과정을 통해서 변화된 자기 정체성의 솔직한 심사를 다음과 같이 토로한다.

박첨지: 아하 여보게 난 이제 아무 걱정 없네.[485]

이 대사는, 이제 '박첨지'는 자기의 새로운 정체성 즉, 민중적·생명 지향적 정체성에 도달했다는 확신으로 볼 수 있다. 이제까지 정체성의 혼란과 새로운 정체성의 형성을 위해 겪어온 그의 모든 고난들이 이제는 모두 해결되었으므로, 그는 '난 이제 아무 걱정 없다'는 한 마디로 자기의 심정을 요약·표현할 수 있는 것이다. 이렇게 보지 않으면, 여기서 '난 이제 아무 걱정 없다'는 이 대사의 의미는 앞뒤 문맥으로 볼 때 이해되기 어렵다.

그것은 기존의 양반적·반생명적 정체성을 버리고 '홍동지'로 대표되고 있는 민중적·생명적 정체성의 방향을 찾았다는 것이며, '청노새'와 '영노'를 중심으로 표상되고 있는 외세 의존적 정체성을 버리고, 그 모든 외세 의존적 세력들을 잡아먹는 '용강 이시미'와 그 '이시미'의 한계를 극복하는 '홍동지'로 표상되고 있는 민중적·자주적 정체성을 스스로 찾았다는 것이다.

그래서 '박첨지'는 마지막으로, 이러한 자주적 정체성의 자각을 '절 짓고 허는' 행동을 통해서 아주 분명하게 보여준다. 이 장면에 대해서는 그동안 잘못된 해석이 많았다. 만일 이 대목에서, 절을 짓고 '박첨지'가 거기에 귀의하는 행동으로 이 작품이 끝난다면, 그동안 많은 학자들의 견해처럼 이 작품의 종결을 '불교에의 귀의'로 해석할 수도 있을 것이다.[486] 그러나 우리는 이 작품

되어 있다.

485) 심우성, 앞의 책, 335쪽.

의 결말이 그 지은 절을 '다시 헐어버리는 행동'으로 끝난다는 점에 반드시 주목할 필요가 있다. 애써 지은 절을 굳이 헐어버리고 작품이 종결되는 것은 불교에의 귀의가 아니라, 오히려 불교로 표상되는 외래적 종교 행위에 대한 강렬한 거부이자 부정을 의미하는 것이다.[487)]

이 종결부는 양반 문학의 최고봉으로 알려진 김만중의 《구운몽》의 종결부와 좋은 대조를 이루고 있다. 《구운몽》의 종결부는 주인공이 도교적 전생과 유교적 차생을 거쳐 마지막으로 불교에 귀의함으로써, 불교적인 내생에 도달하는 것으로 끝이 나지만, 〈꼭두각시놀음〉의 종결부는 그 불교적 인생관/내세관을 거부함으로써, 오히려 '민중·자주적 허무주의'의 지평으로 되돌아오고 있다.

이 점은 이 작품을 깊이 들여다 볼 수 있는 매우 중요한 하나의 단서 가운데 하나이며, 앞으로 이에 관한 좀 더 깊이 있는 해석이 필요하리라 생각된다. 우선, 우리는 이것을 우리나라 민중들이 추구해온 '긍정적 허무주의'라고 부르기로 하자. 우리나라는 외래 종교가 우리나라 민중들에게 그동안 역사적으로 긍정적인 해답을 가져다준 적이 없다는 사실에 근거할 수 있다. 민중들은 오직 외래적 사상과 종교를 부정하고 대책 없는 '허무'의 지평을 견지하는 어쩌면 '실존주의적'인 허무의 자리를 끝끝내 지켜야만 했던 것이리라. 그런 의미에서 그것은 '민중-자주적'인

---

486) 이 부분에 대한 종래의 대부분의 해석은 '불교에의 귀의'로 되어 있으나. 이것은 극작품을 해석할 때는 사설보다 그 사설이 나타내는 '행동'에 주목해야 한다는 점을 소홀히 했기 때문이다. 이런 해석의 입장을 취하는 대표적인 사례들로는 다음과 같은 논의들을 들 수 있다. [최상수 외(1974), 《한국민속학개설》, 서울: 민중서관, 39~40쪽; 이두현(1979), 《한국의 가면극》, 서울: 일지사, 314쪽; 임재해(1981), 《꼭두각시놀음의 이해》, 서울, 홍성사, 107쪽].

487) 심우성(1974), 앞의 책, 206쪽 참조.

허무의 지평이기도 하다. 이 작품의 맨 마지막에, '박참지'가 무대로 기어 나와 다 죽어가는 소리로, "이것으로 끝을 맺으니 편안히들 돌아가십시오. 이 늙은 박가가 절을 합니다. 아이구 허리야"[488]라고 말할 때, 놀랍게도 그는 어느새 이런 새로운 의미의 지평에 도달해 있다.

(2) '홍동지 놀음': 민중적 상생의 세계관과 그것의 주체적 가능성

이 주제의 층위는 앞에서 논의한 '박첨지'의 자기 정체성 재정립 과정이라는 의미의 지평과 서로 깊이 상응하는, 그보다 훨씬 아래쪽에 위치하는 민중적 의미 지평이다. 전자가 '박첨지'라는 인물을 중심에 놓고 바라볼 때 열리게 되는 의미의 지평이라면, 여기서 논의하고자 하는 의미 지평은 '홍동지'라는 인물의 행동을 중심에 놓고 바라볼 때 열리는 의미의 지평이다.

우선 우리는 이 작품이 겉으로 볼 때는 '박첨지놀음'이지만, 자세히 그 속을 들여다보면 '홍동지놀음'이라는 점에 착안할 필요가 있다. 즉, 앞에서 논의한 바 있는 '박첨지놀음'을 가능케 하는 근본 동인을 제공하는 것은 '홍동지놀음'인 것이다. 다시 말해서, '박첨지놀음'은 '홍동지놀음'에 의해서 조종되고 있다. 이 작품의 전반부는 '박첨지놀음'이 우세하다가 후반부로 갈수록 점점 더 '홍동지놀음'이 우세하게 된다. 주제의 깊이가 더해지면서 '홍동지'의 무게가 '박첨지'보다 점점 더 강화되는 것이다. 이것은 이 작품의 좀 더 깊은 주제가 '박첨지'쪽보다는 '홍동지'쪽에 기울어져 있음을 암시하는 것이다.

그리고 이 작품의 갈등이나 문제 해결의 방법을 보면, 그 근본적인 해결의 힘과 열쇠가 모두 '홍동지'로부터 나오고 형성되

488) 심우성, 앞의 책, 336쪽.

고 있음을 볼 수 있다. 표면적인 중심인물인 '박첨지'도 이런 면에서 보면 '홍동지'에 의해서 조절되는 '꼭두각시'에 불과하다고 할 수 있다.

우리는 이런 면에서 이 작품의 명칭이 어째서 '꼭두각시놀음'인지를 가늠해 볼 수도 있을 것이다. 민중 측의 주장을 직접 내세우는 데서 야기될 수 있는 각종 정치적·사회적인 마찰과 제약을 피하기 위해서 몰락양반인 '박첨지'를 간접적으로 내세우고, 그를 민중측의 대변자인 '홍동지'로 하여금 '꼭두각시'처럼 조종함으로써, 민중층의 주장을 표현하는 극적인 표현 기법을 사용했다는 점에서, 이 작품의 이름이 '꼭두각시놀음'일 수도 있다. 이 점은, 그 시대 중심 계층인 양반 계층과 외세를 대변하는 등장인물들을 민중 측을 대변하는 등장인물인 '홍동지'로 하여금 직접 처단하도록 하지 않고, '용강 이시미'라는 괴상한 인물을 등장시켜 간접적으로 처단하게 한 수법과도 긴밀히 연관되는 것이다.

그래서 '홍동지'를 중심으로 한 의미의 지평을 여는 데에는, 무엇보다 '용강 이시미'의 존재가 중요하다. 이런 측면을 자세히 분석해 보기 위해서는, 이 작품의 등장인물들을 유형별로 살펴볼 필요가 있다. 이 작품에는 네 그룹의 유형적인 등장인물군이 존재한다. 그것은 ① '청노새' 그룹, ② '박첨지' 그룹, ③ '묵대사' 그룹, ④ '홍동지' 그룹이다. ①은 외세를 표상하는 인물군으로서 '청노새'와 '영노'가 여기에 속해 있다. ②는 유교적 양반층과 관련된 인물군으로서 '박첨지'·'피조리'·'꼭두각시'·'용산삼개 덜머리집'·'박첨지 손자'·'작은 박첨지'·'홍백가'·'표생원'·'동방석이'·'평안감사'·'상주' 등이 여기에 속한다. ③은 불교적인 성격의 인물군으로서 '상좌중들'·'묵대사' 등이 여기에 속한다. ④는 민중적·자주적 성향의 인물들로서 '홍동지'·'용강 이시미'·('박첨지')[489] 등이 속해 있다.

이 네 유형 등장인물 그룹들은 이 작품의 인물들의 유형적 성격을 드러내 주기도 하고, 동시에 이 작품의 주요 갈등을 표상하기도 한다. 즉 이 작품은 ①·②·③그룹과 ④그룹 사이의 갈등과 대결을 다루고 있다.[490] 그런데 ①·②·③그룹은 사회적 위상이나 세력 면에서 ④의 그룹에는 비교가 될 수 없을 만큼 막강하다. 그래서 실제로 ④는 ①·②·③의 적수가 될 수 없고, 따라서 ④는 ①·②·③그룹과 개연성·필연성 있는 대결을 펼칠 수가 없게 되어 있다. 특히 ①·② 그룹에 대해서 그러하다.

이 문제를 해결하기 위해서 동원된 것이 '용강 이시미'이다. 이시미는 ④의 그룹이 ①·②·③그룹에 대항하기 위해서 고안된 일종의 민중적·자주적 대안 장치라고 볼 수 있다. 그런 면에서 이 인물은 묘하고 신비한 성격의 인물일 수밖에 없다. '이시미'는 현실적으로 막강한 지배력의 소유자인 ①·②·③그룹의 인물들을 여지없이 먹어치우는가 하면, 또 현실적으로는 전혀 그런 대응 능력이 없는 '홍동지'에게는 패배한다. 이것을 축제 또는 픽션 세계에서 이루어지는 '역전의 논리'로 해석할 수도 있겠지만,[491] 우리는 이것을 오히려 우리 민족의 민중적 창의력의 도가

489) '박첨지'는 이 작품에 나오는 다른 등장인물들과는 달리 성격이 불변하게 정해진 '유형적 인물'로서의 성격과 성격이 변화되는 '입체적 인물'로서의 성격을 동시에 지니고 있다. 그는 처음에는 양반 그룹에 속하는 '유형적 인물'로 나오지만 점차 그 성격이 변모하여 나중에는 민중적·자주적 인물 그룹에 속하는 '입체적 인물'로 변화한다. 이 점은 이 작품의 의미를 짚어내는 데에 매우 중요한 단서이기도 하다.

490) 그러나 ③의 그룹에 대해서는 몇 가지 단서가 붙을 필요가 있다. 전반적으로 볼 때에는 이 작품은 ④의 그룹이 ①, ②. ③ 그룹과 대결하는 양상으로 나타나 있지만, 세부적으로 검토해 보면 ③의 그룹에 대해서는 어느 정도 유화적이고 친화적인 태도를 취하고 있다. 예컨대, ④의 그룹에 속하는 등장인물인 '용강 이시미'가 ③의 그룹에 속하는 등장인물 '묵대사'를 회심가 또는 염불을 하는 도중에 '이시미'가 잡아먹기도 하나, 때로는 살아 돌아가기도 한다. [심우성(1974), 앞의 책, 321쪽] 이것은 ④의 ③에 대한 이러한 친화적·유화적 측면을 보여주는 것이다.

니 속에서 주조된 자주적 혁명의 실천 논리를 상징적으로 표상한 존재라고 해석하는 쪽이 더 많은 가능성을 확보할 수 있는 방향일 것이다.

그러나 '용강 이시미'는 '필요악'으로 표상되어 있다는 점이 또한 우리가 놓쳐서는 안 될 점이다. '이시미'는 필요 없는 악인 ①·②·③을 처단하기 위해서는 필요하지만, 그런 악이 모두 처단된 다음에는 필요 없는 존재로 나타나 있다. 그래서 '이시미'는 자기에게 주어진 '필요한 악한'으로서의 역할을 다한 뒤에는, 그와는 또 성격이 차별화되어 있는 '홍동지'에 의해서 죽게 되는 것이다.

'이시미'는 이처럼 무력적 혁명 논리의 필요성을 제시하고 인정하면서, 한편으로는 그런 혁명 논리의 한계와 제약성까지도 분명하게 인식시키고 보여준다. 이 점은 바로 자기 정체성을 재정립해 가는 '박첨지'가 '홍동지'에 의해 살아나고, 또 그런 변화의 노력을 보이는 인물까지 잡아먹으려는 '이시미'를 '홍동지'가 죽이는 장면을 통해서 아주 효과적으로 표현되어 있다.

그러면 홍동지는 무엇인가? 홍동지는 우선 일체의 가식과 허위를 벗어버린 '발가벗은 존재'로서, 생명력이 흘러넘치는 새로운 힘의 원천이다. 그래서 늙고 병들고 지친 ①·②·③의 세계를 개혁하고 다시 재활성화 한다. 그러나 이 인물은 폭력적이고 억압적인 힘은 궁극적으로 인정하지 않기 때문에 억압과 폭력의 상징인 ①·② 그룹의 인물들을 직접 죽이지는 않지만, 그 존재를 인정하지 않는다. 또한 그는 다른 인물들보다 더 강한 존재로써 자기 변모를 모색하는 박첨지와 같은 인물은 적극적으로 도와준다. 이런 점에서, 이 등장인물은 '화해'와 '상생'을 지향하는 인물이다.

491) 미하일 바흐찐 지음, 이덕형 외 옮김(2001), 《프랑수아 바블레의 작품과 중세 및 르네상스의 민중문화》, 서울: 아카넷, 32~37쪽.

그래서 '홍동지'는 '이시미'를 죽이고 '박첨지'를 죽음의 위기에서 구해주며, 부패 권력의 상징인 '평안감사'의 명령에도 적극적으로 응하지만, 그들의 썩은 주검에는 싱싱한 '알몸'과 '아랫배/자지'로 대응한다. 병든 '이념'의 형이상학을 거부하고, 생기발랄한 생명의 약동과 실행을 통한 '신체'의 형이하학을 구현해간다.

이런 면에서 '홍동지'는 우리 민족의 상상적 창조력의 도가니에서 만들어져 나온 가장 강렬한 민중적 생명력의 인물이다. 이 점에서 '홍동지'는 탈놀이의 '말뚝이'나 '취발이' 등과도 그 성격이 다르며, 오히려 삼국시대부터 그 전승을 확인할 수 있는 '처용'과 같은 인물이 지향하는 방향과 그 성격이 상통하는 독특한 인물이다. 그러나 '홍동지'는 상생적이기는 하지만 민중적 입장에서 반민중적 세력에 대해 매우 적극적인 실천 행동으로 대응한다는 점에서, 제의적이고 샤먼적인 세계에 머물러 있는 '처용'과도 다르다.

이처럼, '홍동지'는 먼저 가장 적나라한 인간 '신체'의 차원에서부터 반생명적인 존재들에 대한 강렬한 거부와 생명 중시적인 화해, 그리고 그런 화해를 통한 탈계층적인 대동大同-상생相生의 변혁과 화해의 지평을 열어 놓고 있는 것이다. 이것이 이 작품 속에서 '홍동지'의 가장 중요한 역할이며, '꼭두각시놀음'을 우리의 다른 전통극들과 구별해주는 중요한 단서 가운데 하나이다.

이 점은 조선 후기에 나타난 민중 사상의 주축인 '동학사상' 및 '증산甑山사상'과 상통하고 있다는 점에서도 매우 주목되는 대목이다. 그동안의 연구에서는 이것은 한 번도 지적된 적이 없었다. 앞으로 이 점에 대한 연구가 좀 더 구체적이고 본격적으로 이루어지길 기대한다.

이 작품을 '홍동지놀음'으로 읽을 때, 마지막으로 놓칠 수 없는 것이 민족주체적 가능성으로서의 지평이다. 이 작품이 앞서 살핀 대로 적나라한 인간 신체의 차원에서부터 민중·자주적인 화해·상생·대동의 차원을 열어 놓았다면, 그 다음에 열리는 지평은 결국 반외세적·반봉건적 근대성의 지평[492]이다.

이 작품을 '홍동지놀음'으로 읽을 때 '홍동지'의 행동을 통해 보여주는 것은, 인간의 온갖 가식과 허위를 벗어 던지고 신체적 진실을 토대로 민중의 입장에서 외세와 부패한 봉건 양반 세력을 상생적으로 척결하고 변혁하는 데까지지만, 그런 행동의 결론적인 지향의 지평은, 이 작품의 실제 담당자 층이 그렇게 의식했든 하지 못했든, 결국 '민족'으로 열려 있는 것이다.

이 작품을 오늘날과 같은 형태로 계승한 실제의 담당자들인, 떠돌이 유랑 광대패 '남사당'은 그들이 처한 역사적·사회적 상황을 고려할 때, 실제로 '민족'이라는 근대적인 개념을 그들의 의식 내부에 '의식화'의 형태로 형성하기는 어려웠을 것이다. 그러나 이 작품이 반봉건·반외세적 방향을 극에서 극명하게 행동으로 보여준 것은, 앞서 분석한 바와 같이 아주 분명하며, 그런 반봉건·반외세적 지향의 방향은 결국 '근대적'인 지향이고, 그것은 우리 민족에게 결국 민족주체적인 지향의 방향이므로,[493] 이 작품은 궁극적으로 우리의 근대 민족 주체적인 지향의 지평을 열어 놓은 것이라고 결론지을 수 있다.

(3) '꼭두각시놀음': 페미니즘의 어두운 의미 지평과 인생론

지금까지, '꼭두각시놀음'이 구현하고 있는 바, '박첨지'를 중심으로 한 의미 지평과 '홍동지'를 중심으로 한 의미의 지평을 살

492) 황패강(1983), 〈한국 문학사와 근대〉, 한국고전문학연구회 편, 《근대문학의 형성과정》, 서울: 문학과지성사, 47~74쪽.

493) 앞의 책, 같은 쪽 참조.

펴보았다. 그렇다면 정작 '꼭두각시놀음'의 의미 지평은 어떤 것일까? 어째서 사람들은 이 작품을 '꼭두각시놀음'이라고 부르게 된 것일까? 이상하게도, 이 문제에 대해서는 지금까지 학자들이 거의 주의를 기울이지 않았다. 이에 대한 대답으로는 '꼭두'를 괴뢰/인형으로 보아, '꼭두각시놀음'이란 말을 '인형놀음'을 가리키는 말로 보는 어원적인 해석[494]만이 나와 있을 뿐이다.

이 질문에 대답하는 방법으로는, 이 용어의 어원 및 역사적·사회적 고찰을 통해서 작품 외적으로 접근하는 방향과, 작품 분석을 통해서 작품 내적으로 접근하는 방향이 있을 수 있다. 이 두 방향은 서로 상호보완적인 것이지만, 우선 작품 내적인 방향의 분석을 통해서 작품 자체 안에서 꼭두각시의 의미를 확보하는 데 무엇보다 필수적일 것이다.

'꼭두각시놀음'이란 용어를 종래와 같이 그저 '인형놀음'을 말한다[495]는정도로 단순화해버리는 것은, 이 작품에서 '꼭두각시놀음'이란 말의 의미 해석에서 너무도 싱거운 일이다. 오히려 우리는 어째서 이 작품에서 실제로 별로 중요한 역할을 하지 못하는 등장인물 가운데 하나인 '꼭두각시'가 이 작품의 제목으로까지 상승되어 있는지에 대해서, 이 작품이 작품 내적으로 어떤 필연적인 이유를 마련해 놓고 있는가를 해석해낼 필요가 있다.

그러나 이 작품을 아무리 찬찬히 들여다보아도, 우선 '박첨지'가 보이고, 그 다음에 '홍동지'가 크게 드러나 보이면서도, 이들과 비슷한 차원의 '꼭두각시'는 좀처럼 잘 드러나 보이지 않는다. 그 이유는 이 작품에서 '꼭두각시'가 차지하는 비중이 실제

494) 심우성(1974), 앞의 책, 197~200쪽.

495) 이런 견해로는 앞에서 본 심우성 외에도, 북한의 한효도 '꼭두'는 중국의 '郭禿'에서 왔고, '각시'는 민속에서 '붉은 치마를 입은 여자 인형'을 가리키는 것으로 보아 '꼭두각시'라는 명칭 자체가 '인형극'이라는 말이라고 하였다. [한효(1956), 《조선연극사개요》, 평양: 국립출판사, 79~83쪽].

로 빈약한 것이기 때문일 수도 있고, 쉽사리 볼 수 없게 '깊이 감추어져 있어서'일 수도 있겠다. 여기서는 후자의 입장에서 좀 더 이 작품을 들여다 볼 필요가 있다.

우리는, 우선 이 작품에서 동원되고 있는 인물들의 행동과 그 행동의 결과들을 검토해볼 필요가 있다. 이 작품의 인물들의 행동을 검토해 보면, 다른 등장인물들은 모두가 다 행동의 인과관계에서 필연성과 개연성이 어느 정도 확보되어 있는 데 견주어 유독 '꼭두각시'만은 등장인물로서 갖추어야할 그런 기본 성격이 확보되어 있지 않음을 주목할 필요가 있다. 즉, 유독 '꼭두각시'라는 인물만이 이 작품에서 악한 행동을 한 일이 없음에도 불행한 결말을 맞게 된다. 행동의 인과관계가 불일치하는 것이다. 이건 왜 그럴까?

꼭두각시는 이 작품에서 두 번 등장한다. 한 번은 남편 박첨지가 데려온 첩과 갈등을 벌여 남편에게 버림받는 '꼭두각시 거리'에서이고, 또 한 번은 '박첨지'와 관련된 인물들이 '오조밭'에 양식 됫박이나 축내러 온 '청노새'를 쫓으러 나왔다가 모두 '용강 이시미'에게 잡혀 먹는 '이시미 거리'에서이다. 전자에서는 말할 것도 없고, 후자에서도 그녀는 자세히 보면 '이시미'에게 잡혀 먹힐 만한 이유가 별로 없다. 그녀의 행동은 다음과 같은 것이다.

산받이: 이건 또 누구여, 왜 그리 못생기고 삐뚤어지고 찌그러졌나.

꼭두각시: 왜 내 얼굴이 어때서요, 이래봬도 내 궁둥이에 건달만 졸졸 따라 다닙니다.

산받이: 아이구 그 꼴에 건달들이 따라다녀.

꼭두각시: 내가 소리를 잘하거든요.

산받이: 그럼 어디 소리 한 번 해봐라.

꼭두각시: 한번 해 볼까요. (唱) 시내 강변에 고깔집을 짓고요, 너하고 나하고 단둘이 살잔다, 어랑 어랑 어허이야 어허이야 데헤이야 모두다 연이로구나, 애개개개 …….

(이시미에게 잡혀 먹힌다)[496]

이 대사를 글자 그대로 읽으면, '꼭두각시'도 이 거리의 다른 등장인물들과 마찬가지로 '청노새'를 쫓으러 나온 인물들이 새는 제대로 쫓지 않고 음담패설만 하고 노래나 부르므로, '용강 이시미'에게 잡혀 먹힐 만한 이유가 되는 것처럼 보인다. 그러나 이 대사를 그녀의 얼굴 모양새와 차림새와 신체 행동과 함께 다시 읽어보면, 대사와 신체 행동이 너무나 큰 대조를 이루기 때문에, 이 대사는 오히려 '아이러니'의 어법으로 읽어야 함을 알게 된다. 즉, 이 대사는 실제로 연극을 보는 청관중의 처지에서 보면 꼭두각시가 정말로 '건달들이 졸졸 따라다니는' 인물이 아니라, 그와는 아주 정반대되는 인물임을 알게 된다. 그러므로, 꼭두각시는 이 거리에서도 '이시미'에게 잡혀 먹힐 만한 이유가 없다. 있다면 그가 박첨지의 가계와 관련된 인물이라는 점뿐이다. 그러나 다른 인물들과 견주어 볼 때, 박첨지 가계의 인물이라는 것만으로는 그의 죽음의 정당성을 확보하기 어렵다. 결국 그녀의 몰락과 죽음에는 일반적인 필연성과 개연성이 갖추어져 있지 않기 때문에 독자나 청관중들에게 너무나 억울하고 당혹스럽게 여겨진다.

이런 시각에서 이 작품을 찬찬히 다시 읽어보면, 그녀는 매우

496) 심우성, 앞의 책, 318쪽.

중대한 의미의 지평을 함축하고 있음을 짐작할 수 있다. 그것은, 자기 변혁의 기회를 붙잡아 자기 정체성의 재구축을 이루어 살아난 '박첨지' 쪽의 의미 지평이나 또는 '박첨지'를 중심으로 한 양반 지배층 전체를 변혁시키는 원동력으로 활약하는 '홍동지' 쪽의 의미 지평보다 훨씬 더 깊이 감추어진, '중세적 억압의 깊은 저층부'에 놓여 있는 것이다.

그것은 '박첨지'의 지평은 물론 '홍동지'의 지평에서도 구제하지 못한, '절망적'인 페미니즘적 의미의 지평이다. '박첨지'의 자기 변혁도, '홍동지'의 적나라한 민중적 활기와 저항과 화해와 상생의 실천 논리도, 결국 '꼭두각시'의 이 절망적인 중세적 몰락을 구제하지는 못하고 있는 것이다.

이러한 중세적 절망을 이 작품은 구제하지 못하고 있다는 이 지점에서, 우리는 이 작품의 시대적 한계를 발견하게 된다. 그러나 이 '중세적 절망'은 비단 이 '꼭두각시놀음'에서뿐만 아니라, 풍물굿의 '잡색놀음'에서도, 탈놀이의 '영감 할미 과장'에서도, 그리고 심지어 1910년대 이후의 근대 가정극[497]에서도 해결하지 못한 뿌리 깊은 '페미니즘적' 절망인 것이다.

그러나 이 작품은 이런 절망을 작품의 명칭인 '꼭두각시놀음'으로나마 분명하게 드러내고 있다는 점에서, 우리 연극사에서 처음으로 이런 페미니즘적인 의미의 지평을 현실적으로 적나라하게 고발하고 있다. 이런 점에서 꼭두각시놀음은 매우 위대한 작품이라고 할 수가 있다. 그것은 기나긴 절망의 과정을 거쳐서, 점차 그 지평을 실천적 의미로 채워나가는 오늘날의 여성 주체들[498]에게로 전승되어 왔던 것이다.

---

497) 근대 가정극들에 와서도 이른바 '자유연애' 속에서 본처/본마누라는 대부분 절망적인 패배에 이른다. 대표적인 예를 들면 이광수의 〈규한閨恨〉같은 것이 그것이다.

그러나 여기서 한 걸음 더 나아가, 좀 더 거시적인 지평에서 보면, 이 작품은 "인생은 꼭두각시놀음"이라는 아포리즘을 우리에게 제시하는 희곡/연극이다. 이 작품의 제목이 '꼭두각시놀음'인 이유가 바로 여기에 있다. 일찍이 어떤 학자는 이 작품의 제목이 '꼭두각시놀음'인 이유를, 자구 해석에서, '인형각시 놀음'을 말하는 것이라고 본 견해도 있다.[499] 그러나 이 작품이 담고 있는 깊은 의미와의 결부 측면에서 볼 때, 이 작품의 제목을 이런 자구 해석적인 차원에 묶어두어서는 안 된다고 본다.

고려 말에 이규보는, 셰익스피어보다 100여 년 먼저, 〈관롱환유작觀弄幻有作〉이란 시에서 다음과 같이 노래하고 있다.

> 조물주는 사람을 꼭두각시 다루듯 하고
> 달인達人은 꼭두각시를 자신 보듯 하누나
> 사람 사는 게 다 꼭두각시와 한 가지이니
> 끝내 누가 참이며 또 누가 거짓인 것인가[500]

이러한 인식이 우리나라 고려 말에 이미 지식인들에게 자리 잡았다는 것은, 이 〈꼭두각시놀음〉을 전승해온 조선시대 이후의 전승 집단에게도 이러한 인식이 몸에 배었을 것임은 충분히 미루어 짐작할 수 있다. 이런 면에서, 이 작품은 '인생이란 조물주가 사람을 인형으로 해서 놀리는 연극'임을 곧 '인생은 연극'이라는 것을 우리에게 깨닫게 해주는 위대한 연극인 것이다.

498) 조세핀 도노번 지음, 김익두·이월영 옮김(1993), 《페미니즘 이론》, 서울: 문예출판사, 261~313쪽, '레디컬 페미니즘' 참조.
499) 한효(1956), 《조선연극사개요》, 평양: 국립출판사, 80~81쪽.
500) 이규보, 《동국이상국집》권3, 고율시.

6) 결어

우리 공연문화사에서 현재까지 남아 전하는 유일한 전통 인형극인 〈꼭두각시놀음〉에 대한 연구는 지금까지 여러 각도에서 다양한 연구들이 진행되어 왔지만, 대체로 대본의 채록·정리 작업과 이 작품의 유래를 따지는 연극사 및 희곡사적 접근이 그 주류를 이루어 왔고, 작품 자체의 본격적인 의미 해석의 작업은 의외로 부진한 상태를 보여주고 있다.

그래서 이 작품의 내용을 무속 문화의 잔존, 파계승에 대한 풍자, 일부처첩一夫妻妾의 삼각관계와 서민층의 생활상, 양반계급의 횡포와 그 형식 도덕에 대한 폭로와 조롱, 내세의 명복을 기원하는 불교에의 귀의 등이라고 지적하는 정도에 그쳤다. 그 후, 심우성의 오랫동안의 반복적인 현장 조사와 연구를 통해서, 종래 '불교에의 귀의'라고 본 이 작품의 마지막 부분의 내용이 이와는 반대로 오히려 '외래 종교에 대한 부정과 극복'을 보여주는 것이라고 보는 수정 의견이 나왔으며, 이밖에 어떤 이는 먼 외국의 연극 전통과 관련시키는 내용 분석을 시도한 예도 있었다. 그러나 전반적으로 볼 때, '꼭두각시놀음'의 의미 해석은 이러한 '줄거리 요약'의 차원을 크게 벗어나지 못한 상태를 지속해온 게 사실이다.

이러한 현황에서, 이 책에서 저자는 〈꼭두각시놀음〉의 의미 지평을 좀 더 본격적으로 확장·심화하고자 다음과 같은 과정을 전개하였다. 먼저, 기존의 각 채록 대본들을 종합 검토해 본 결과, 해석에 관한 몇 가지 문제를 찾을 수 있었다. 작품 내부의 유기적 전개 구조와는 크게 어긋나는 장·막 구분을 자의적으로 행한 문제, 그렇게 구분된 장·막에 작품의 내적 전개 구조와는 부합되지 않는 장·막의 제목들을 붙인 문제, 등장인물과는 분명히 다른 기능을 하는 존재인 '산받이'를 일종의 등장인물로 오독하여 기록한 문제 등이 그것이다. 이런 점들은 채록 대본들을 해석하는 데서 반드시 고려해야만 할 '원전 비평' 또는 '정전canon 연구'의 일차적인 과제로서 연구가 필요할 것을 지적하였다.

또한, 이러한 구비 전승물의 '채록' 자체가 바로 그것에 대한 해석이라는 민족지학적인 기본 명제를 다시 한 번 강조하고, 〈꼭두각시놀음〉 채록과 해석에서는 조사 현장에서 발견하는 '외재적'인 증거들뿐만 아니라 작품 자체의 해석을 통해서 작품 내부에서 드러나는 '내재적'인 증거들도 함께 고려할 필요가 있음을 지적하였다.

〈꼭두각시놀음〉 채록 대본의 의미와 주제를 해석하는 데서, 여러 채록본들에 나타나는 채록상의 이러한 '굴절'과 '차이'에서 발생하는 해석상의 편차와 오독을 최대한 줄이고자, 지금까지 나온 〈꼭두각시놀음〉 채록 대본들의 행동이나 사건의 전개 과정을 여러 개의 행위소 또는 행동 모티브들로 나누어 정리한 다음, 모든 채록 대본들이 공통으로 가지고 있는 행위소 또는 행동 모티브들만을 뽑아 재정리했다. 그리고 이것들을 작품 해석의 기본 근거로 삼아, 이 각 행위소별로 전개되는 사건들을 좀 더 구체적·유기적으로 기술한 다음, 이것들의 연결을 통해 드러나는 작품의 의미들을 여러 각도에서 해석해 보고자 하였다.

이러한 일련의 해석 작업을 통해서, 이 작품은 다음 3가지의 중요한 의미 지평들을 바라볼 수 있게 되었다. 첫째, 이 작품은 '박첨지'라는 등장인물을 중심으로 해서, 몰락 양반 '박첨지'의 자기 정체성 붕괴와 유랑과 정체성 재확립의 과정을 보여주는 의미의 지평이 열려 있다. 둘째, '홍동지'를 중심으로 해서 전개되는, 민중·자주적 상생의 세계관과 그것의 민족 주체적 가능성을 드러내는 의미 지평이 가장 광활하게 펼쳐지고 있다. 셋째, '꼭두각시'를 둘러싸고 드러나는 페미니즘적 의미 지평, 남성 중심 세계관의 어둠 속에 숨어 있는 암울한 중세적 한계를 분명하게 드러내는 의미 지평도 이 작품은 열어 놓고 있다.

마지막으로, 여기서 몇 가지 강조할 점은 다음과 같은 것이다. '박첨지'를 중심으로 한 의미 지평에서의 '절 짓고 절 허는' 행동에 대해서는 이것이 '불교에의 귀의'가 아니라, 오히려 불교로 표상되는 외래적 종교 행위에 대한 강렬한 거부이자 부정을 의미하는 것이며, 그런 부정과 거부를 통해 이 작품의 주체들은 본래의 '민중-자주적 허무주의'의 지평으로 되돌아오고 있다. 그리고 '홍동지'를 중심으로 한 의미의 지평에서는, 이 등장인물이 민중적 '화해'와 '상생'을 지향하는 인물로서, 조선 후기에 나타난 민중 사상의 주축인 '동학사상'·'증산사상'과 상통하고 있다. '꼭두각시놀음'을 중심으로 한 의미 지평에서는, 자기 변혁의 기회를 찾아 자기 정체성의 재구축을 추구해 나가는 '박첨지' 쪽의 의미 지평이나, 또는 '박첨지'를 중심으로 한 양반 지배층 전체를 변혁시키는 원동력으로 활약하는 '홍동지' 쪽의 의미 지평보다 훨씬 더 깊이 감추어진, '중세적 억압의 깊은 저층부'에 놓여 있는 페미니즘적인 차원의 절망적인 의미가 나타나 있다. 이것은 이 작품이 드러내는 중세적 한계이자 가능성이다. 그리고 이 작품이 궁극적으로 우리에게 제시하는 주제는 '인생은 꼭두각시놀음'이라는 주제, 곧 인생은 '조물주가 우리를 인형으로 사용해서 놀리는 연극'이라는 주제가 이작품의 가장 높은 의미의 지평임을 지적하였다.

앞으로, 〈꼭두각시놀음〉의 공연미학에 관한 탐구도 매우 결실 있는 방향이라 생각하며, 이런 면에서 이 연극 양식의 미학적 특징인 '매개적 대화 미학'에 관한 논의도 학자들의 많은 관심과 흥미를 자아낼 것이다. 그리고 이 양식의 공연 구조, 특히 무대 사건에 직접 등장인물로 참여하면서 직접 '산받이'에게 '서사'하는 '박첨지', 그와 이야기를 주고받으면서 청관중과 등장인물들 사이의 관계를 매개하는 '산받이', 그 산받이의 매개로 공연세계에 관여하는 '청관중'의 복잡한 관계 등이 기호학적으로 좀 더 명확하게 논증되고, 이에 대해 공연학적으로 탁월한 의미가 부여될 필요가 있을 것이다. 이러한 연구 작업은 판소리와의 비교 대조를 통해서 더욱 더 흥미로운 결과를 가져올 수 있을 것이다.

5. 탈놀음: 세계 인식의 이중적 비전–'동화'와 '이화' 사이 –'동래 들놀음'을 중심으로

1) 문제제기

그동안 한국의 '탈놀음'[501] 연구는 1920년대부터 학문적인 관심사로 부각되기 시작하여, 1930년대에 본격적인 학문적 대상으로 자리 잡게 되었고, 지금까지 나온 논문과 저서들이 1,000여 편

501) 한국 '탈놀음'에 상응하는 용어들로는 '가면극'·'탈춤'·'탈놀이' 등이 있으나, 이 책에서는 전통 서민 사회에 가장 일반화해온 용어인 '탈놀음'란 용어를 사용하고자 하며, 이 용어가 이와 상응하는 대상을 일컫는 용어로서는 가장 적합한 용어라고 생각한다. 〔정상박(1993), 〈한국 탈놀음의 갈래〉, 《문학한글》제7호, 한글학회, 119~142쪽〕.

에 이르며, 그 연구의 방향과 영역도 매우 다양해지고 넓어져 민속학·문학·연극학·인류학·무용학·음악학·철학 등, 여러 방면에 걸쳐서 연구가 진행되어 왔다.

그동안의 탈놀음 연구는 시기별로 초창기(1920~1930년대)·침체기(1940~1952)·재건기(1953~1969)·발전기(1970~1980)·심화기(1981~현재) 등으로 나누어 정리되기도 하고, 연구 분야별로 민속학적 연구, 역사적 연구, 문학적 연구, 주제연구, 공연자 연구, 무대예술적 연구, 미학적 연구, 비교연구 등으로 나누어 정리되기도 했다.[502] 기존의 탈놀음 연구들을 연구 분야별로 나누어 간략히 살펴보면 다음과 같다.

'민속학적 연구'에서는 송석하(1933, 1960)·김일출(1958)·권택무(1966)·이두현(1969)·정상박(1986)·서연호(1987, 1988, 1989, 1991) 등이 현지조사를 통해서 탈놀음 전승 자료들을 모아 정리하고 설명하였다. '역사적 연구'에서는 탈놀음의 기원 연구를 중심으로 하여 안확(1932)·김재철(1933)·이두현(1969)·전경욱(1998) 등의 '산대희山臺戱기원설', 이혜구(1953, 1969)·최정여(1973)·서연호(1993)의 '기악伎樂기원설', 조동일(1979)·박진태(1990) 등의 '제의祭儀기원설', 김일출(1958)의 '실제적인 목적기원설' 등이 제기되었다.

'문학적 연구'는 류종목(1981)·김욱동(1994)·조만호(1995) 등의 탈놀음의 구성법·수사법·조어법 분석, 전경욱(1998)의 '삽입가요' 논의, 강용권(1977)·전경욱(1993)·이두현(1997)의 탈놀음 대본 주석 등으로 전개되었고, '주제 연구' 분야에서는 이두현(1969)이 벽사의 의식, 파계승에 대한 풍자, 양반계급에 대한 모욕, 일부一夫처첩의 삼각관계 및 서민 생활의 애환 등을 지적한 바 있고, 권택무(1966)와 조동일(1979)은 주로 계층적 대립 관계에 주목하

502) 전경욱(2007), 〈가면극 연구의 현황과 전망〉, 《한국 가면극과 그 주변 문화》, 서울: 원인출판사, 116~170쪽.

였으며, 김열규(1975)는 탈놀음의 사회-심리학적 주제의식에 주목하였고, 김인환(1979)은 놀이적 측면에서의 주제를 논의했다.

'공연자 연구' 분야에서는 주로 공연자들과 등장인물들의 사회적 신분에 주목하여, 아키바 다카시(1954)·이두현(1969)·이훈상(1989)·전경욱(1998, 2000) 등은 공연자들의 사회적 신분을 논의했고, 박진태(1990)는 공연자들이 맡아 연기하는 등장인물들의 사회적 신분 특성에 주목하였다.

'무대예술적 연구' 분야에서는 탈놀음의 가면·조형·춤사위·무대·의상 등을 논의하여, 정양모·조동일(1981)·유민영(1984)은 탈놀음 가면의 조형과 상징성 및 지역적 특성 등을 다루고, 최상수(1984)·전경욱(1996)은 가면의 기원·종류·제작법을, 그리고 임재해(1991)는 하회탈놀음 가면의 예술성과 사회성을 고찰했다. 그리고 김세중(1972)·김백봉(1976)·이병옥(1982)·김온경(1980, 1983)·송경희(1998)·최창주(2000) 등은 탈놀음의 춤사위를, 심우성(1973, 1974)·허술(1974)·김우탁(1978)은 탈놀음의 무대와 공연장을 탐구했다.

'미학적 연구'에서는 조동일(1979)의 탈놀음의 갈등 구조·극장 주의적 특성·배우-청관중 관계 등의 분석, 김열규(1980)의 탈놀음의 유형성·즉흥성·제의성·즉흥성·소극성笑劇性·현장성 등의 지적, 전신재(1980)의 아르토적 '몰입'의 반복적 점층적 공연 구조와 생명 지향적 원리의 지적, 전경욱(1995)의 구나적驅儺的 형식성 논의, 조동일(1997)의 '신명풀이' 미학 논의 등으로 이어졌다.

한편, '비교연구' 분야에서는 여석기(1970)의 서양 소극farce과의 비교, 김학주(1963)·윤광봉(1992)·전경욱(1995) 등의 중국의 나례잡희와의 비교, 송동준(1974)의 브레히트 서사극의 비교, 전신재(1980)의 아르토의 잔혹극과의 비교, 이미원(1990)의 서양 16세기

'코메디아 델아르테'와의 비교연구 등으로 전개되었다.

이상에서 간략히 종합해 본 바와 같이, 한국 탈놀음 연구는 그동안 그 시야가 상당히 넓어지고 연구 내용도 많이 보강되어 왔음을 알 수 있다. 그러나 이러한 연구들은 아직도 여러 면에서 많은 보완 연구들을 필요로 하고 있다. 특히, 가면극의 사설·춤사위·장단·삽입가요를 개별적으로 다룰 것이 아니라, 예술 표현 형식이란 측면에서 각 요소들이 함께 어울려 이루어 내는 공연 방식에 대한 고찰을 통한 미학적 측면의 연구에서는, 더욱 많은 보완 연구를 필요로 하고 있다.[503]

이러한 연구를 위해서는 우선 종래의 연구방법들을 통합적으로 연결하는 새로운 '학제적인 연구 패러다임'이 필요하며, 그러한 새로운 방향의 연구 패러다임을 우리는 최근에 대두되고 있는 '공연학performance studies'에서 찾을 수 있다. 그리고 '공연학'의 방법론들 가운데서도 현재 우리의 탈놀음 연구에 가장 효율적으로 활용할 수 있는 방법론으로는 앞서 말한 리차드 셰크너가 수립해 놓은 6가지 관점과 방법론을 들 수 있다.[504]

이것은 리차드 셰크너가 주로 민족연극학적인 관점에서 세워 놓은 몇 가지 공연분석의 모델들이지만, 여기서 살펴본 바와 같이 연극뿐만 아니라 그 밖의 여러 공연 양식들과 공연물들에 대해서도 적용할 수 있는 매우 포괄적이고 유연한 모델임을 알 수 있다. 이 책에서는 이상의 6가지 관점에서, '동래 들놀음'을 중심으로 한국 탈놀음의 공연학적 특성들을 해석해 보고자 한다.

503) 전경욱(2000), 앞의 글 참조.

504) 리차드 셰크너 지음, 김익두 옮김(2005), 《민족연극학》, 서울: 한국문화사, 1~57쪽 참조.

2) 탈놀음의 해석적 지평

(1) 존재 · 의식의 변환

우리나라가 '근대'로 접어들면서, 우리 연극 문화도 이러한 '근대적'인 여러 맥락 속에서 '전통 연극' 문화와 '근대 연극' 문화의 '이중 구조'로 변화되었다. 그래서 전자의 맥락에서는 기존의 마을굿·고을굿·무당굿·풍물굿·꼭두각시놀음·탈놀음·판소리·창극·마당극·마당놀이 양식들이 전승 또는 창조되어 왔고, 후자의 맥락에서는 신파극·신극 양식들이 유입 형성되어 왔다.

전자의 맥락에서 이루어진 대부분의 연극적 공연 양식들인 마을굿·고을굿·무당굿·풍물굿·탈놀음 등은, 그것을 전승·전파해온 집단 공동체의 주기적인 의례 행위인 그 집단의 '세시풍속'－마을굿/동제 또는 고을굿 등－과 불가분의 연관 관계 속에서, 그러한 '세시풍속'의 빼놓을 수 없는 중요한 '일부분'으로 이루어지고 전승되어온 것이다. 이와 달리 후자의 맥락에서 이루어진 신파극·신극 등의 '외래적' 양식들은 전통적인 집단 공동체의 주기적인 의례 행위와는 무관하게 이루어지고 행해져온 것이다. 탈놀음은 전자의 맥락 곧 '전통 연극'의 맥락 속에서 전승되어온 연극 양식이며, 그러기에 대부분의 탈놀음은 그것을 전승해온 집단 공동체의 주기적인 의례 행위의 불가분의 '일부분'으로 공연되어 왔다.

집단 공동체의 주기적인 의례 행위의 가장 중요한 목적은 그것을 통해서 그것을 수행하는 집단 공동체 구성원 전체의 존재와 의식의 '지속적 변환'－곧 그 공동체 구성원들이 일 년 동안 내내 '지속적'으로 제액초복하는 상태로 변환되는 것－을 기하는 것이다. 그런데, 대부분의 탈놀음도 이러한 집단 공동체의 주기적인 의례 행위의 중요한 '일부분'으로 행해진 것이므로, 이러한 탈놀음의 근본 목적도 전체적으로 보자면 그러한 '제액초복'의 '지속적 변환'을 기하는 것이었다. 그리고 이런 의례 행위 전체의 일부분으로서의 탈놀음 부분에서 만큼은, 역시 '근대 연극'에서와 마찬가지로, 거기에 참여하는 공연자 및 청관중들이 존재와 의식의 '일시적 변환'—탈놀음의 공연자 및 청관중으로 참여하는 자로서의 존재와 의식의 '일시적 변환'—을 기하게 된다.

그러므로 마을이나 고을의 전승 현장에서 전승되어온 거의 모든 한국 탈놀음 공연들은 존재와 의식의 '지속적 변환transformation'과 '일시적 변환transportation'을 동시에 기하고 체험하는 공연 양식이었다. 국가적인 사신 맞이 행사와 같은 공식적인 행사굿으로서의 탈놀음이나 오직 구경꾼들에게 보여주기 위해 탈놀음을 공연한 남사당패의 '덧뵈기'형의 탈놀음 형태를 제외하면, 우리의 거의 모든 전통 탈놀음들은 무엇보다도 우선 그것을 공연하는 집단 공동체 구성원들 전체의 제액초복除厄招福을 위한 대동굿 전체의 과정의 '일부분'으로 공연한 것이었다.

우리 전통 탈놀음의 이러한 조화로운 성격과 특징은 다음과 같은 '오광대 들놀음' 놀이의 전체 과정에 관한 두 자료들에서 아주 분명하게 드러난다.

① 정초에 지신밟기를 하며 이때에 얻은 전곡으로 들놀음의 경비를 충당한다.
② 탈과 등을 만든다.
③ 무사히 들놀음을 마치기를 비는 탈제를 지낸다.
④ 길놀이와 탈춤놀이의 배치와 배역을 정한다.
⑤ 정월 보름날 낮에 들놀음에 출연할 분장을 한 출연자들이 풍물을 데리고 수양반이 주동이 되어 종제당, 최영장군당, 먼물샘(마을 공동 우물)에 가서 고사를 지낸다.

⑥ 덧배기춤놀이와 탈춤놀이를 할 장소인 광장에 긴 장대를 세우고 거기에 매단 새끼줄을 사방팔방에 버티어 수많은 등을 단다.
⑦ 들놀음을 하는 날의 황혼에 대개 다리 또는 샘이 있는 곳에서 농악대, 탈춤놀이꾼, 기타 길놀이에 참여하는 사람들이 등을 들고 풍물에 맞추어 춤도 추고 노래도 부르며 탈춤놀이 장소로 간다.
⑧ 행렬이 탈춤놀이 장소에 도달하면, 행렬에 참여했던 사람과 신명 있는 고을 사람들이 굿거리 장단에 따라 덧배기춤을 추며 논다. 이 집단 난무는 술을 마셔가며 자정께까지 행한다.
⑨ 덧배기춤놀이의 흥이 진하고 부녀자들과 아이들이 돌아가고 나면, 탈춤놀이를 논다.
⑩ 탈춤놀이가 끝나면, 출연자들과 신명 있는 관객이 어울려 춤을 추며 논다.
⑪ 탈춤놀이가 끝나면, 출연자들이 탈을 한 곳에 모아 놓고 고사를 지내고 태운다.[505]

우리나라의 거의 모든 대동놀음이 그러하듯이 들놀음 역시 앞놀이 격인 '길놀이'와 뒷놀이 격인 '탈놀이'의 두 부분으로 짜여 있다. (중략) 수영·동래를 막론하고 실제 거동적擧洞的인 참여 아래 이루어지는 규모가 큰 (더 앞서 놀았던 '지신밟기'를 포함해서) 길놀이의 끝에 '판놀음'으로 놀았던 탈놀이는 들놀음 전체를 놓고 볼 때 그 '일부'에 불과한 것임을 알아야 한다.

음력 정월 초부터 '지신밟기'를 통해서 들놀음의 연희 비용을 각출하고 그 각출된 비용에 의해서 '길놀이'를 놀게 되고, 그 다음에 '탈놀이'를 하고, 마지막으로 '줄다리기'를 놂으로써 대동놀음이

505) 정상박(1986), 《오광대와 들놀음 연구》, 서울: 집문당, 54쪽.

> 전부 끝나게 된다. (중략) 이것은 다소의 차이는 있지만 수영과 동래가 거의 같은 순서를 밟고 있다.[506]

이상의 설명은 들놀음 전승 지역인 부산의 수영과 동래의 탈놀음의 사정을 서술한 것이지만, 다른 지역의 전통 탈놀음들도 대부분이 모두 이러한 집단 공동체 전체의 대동적인 '제의굿'의 일부로서 공연되던 것이다. 이것은 현재 전승되고 있는 전국의 거의 모든 탈놀음들이 집단 공동체 전체의 대동적인 제의굿의 일부로 공연되어온 것이라는 점에서 분명하게 확인된다.

그러나 이러한 탈놀음이 점차 어떤 집단 공동체의 제의굿으로서가 아니라, 그저 청관중에게 예술적으로 '보여주기 위한' 무대굿으로서의 탈놀음으로 변화됨에 따라, 우리 전통 탈놀음은 차츰 '지속적 변환'의 능력이 약화되거나 상실되고 '일시적 변환'의 능력이 강화되거나 잔존하게 되는 방향으로 변화해 왔다. 이러한 사정을 다음의 언술 내용이 아주 적절하게 지적해 주고 있다.

> 그런데 1960년대 이후 들놀음의 특징으로 내세울 만한 '길놀이'는 도외시되고 탈놀이 부분만이 전승의 대상으로 되었다는 데서, 오늘과 같은 변질된 절름발이가 되고 만 것이다. 지역적으로 자생·전승되어 오던 민중놀이가 중요 무형문화재로의 지정을 계기로 그 실질實質에 급격한 변화를 가져왔음을 우리는 인정치 않을 수 없는 것이다.[507]

우리 탈놀음은 존재와 의식의 변환 면에서 보자면, 본래 그 공연을 통해서 공연자 및 청관중들이 존재와 의식의 '지속적 변

506) 심우성(1975), 《한국의 민속극》, 서울: 창작과비평사, 24쪽.
507) 심우성(1975), 앞의 책, 같은 쪽.

화transformation'과 '일시적 변환transportation'을 동시에 이룩했던 거대한 제의적·놀이적인 공연 양식이었다. 그런데 이것이 여러 면에서 사회-역사적 환경의 변화와 '무형 문화재' 지정 등의 정치적 요인 등에 따라, 점차 존재와 의식의 '일시적 변환'만을 이룩하는 근대적 공연 양식으로 변모해 왔다.

모든 공연 양식들은 그 공연을 통해서 존재와 의식의 '지속적 변환'과 '일시적 변환' 모두를 기할 때에 좀 더 충족된 공연의 목적에 도달할 수가 있다. 한국의 탈놀음은 거의 모든 경우 마을굿·고을굿·궁중굿 형태의 제의극 형태로 공연되어 왔고, 이럴 경우 그 공연 과정 전체는 하나의 '제의ritual' 형식으로 이루어진다. 그리고 이 가운데 탈놀음 부분만이 '연극' 형태를 취하게 되고, 전자에서는 그 공연에 참여하는 공연자 및 청관중들의 존재와 의식의 '지속적 변환'이 이루어지고, 후자에서는 그들의 존재와 의식의 '일시적 변환'이 이루어지게 된다.

그런데 그동안의 탈놀음 연구는 후자의 연구에만 집중해 왔다. '동래 들놀음'의 경우 탈놀음의 전체 공연 과정[508]과 존재와 의식의 변환 과정을 도표로 나타내보면 아래의 〈그림-19〉와 같다.

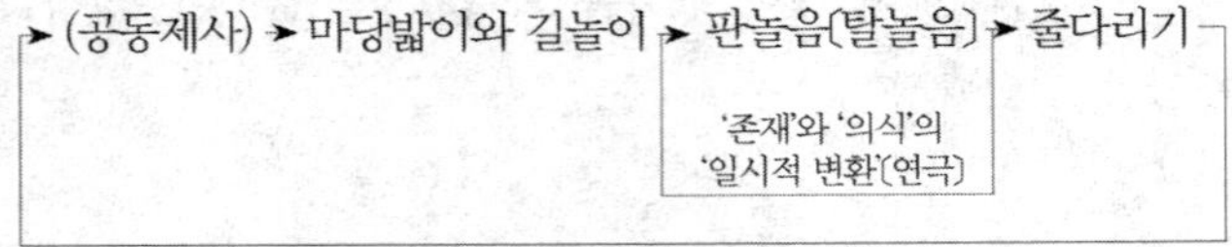

〈그림-19〉 탈놀음의 전체 공연 과정에서 참여자의 '존재'와 '의식'의 변환과정

우리는 공연을 통해서 우리의 존재와 의식의 양면에서 모두 '지속적 변환'과 '일시적 변환'을 모두 조화롭게 기할 수 있을 때 좀 더 완전한 공연적 목적에 도달할 수가 있다고 본다면, 우리의 전통 탈놀음은 위의 〈그림-19〉에 분명하게 드러나는 바와 같이 그러한 목적을 충분히 달성할 수 있도록 구축된 매우 훌륭한 연극적 공연 양식이었다.

그러함에도, 그동안의 우리 탈놀음 연구들은 이 가운데서 유독 '일시적 변환' 부분에만 너무나 많은 주의를 기울이고, '지속적 변환' 부분에 대한 주의를 비교적 소홀히 함으로써, 탈놀음의 거시적인 틀을 연구의 시야에서 놓치게 되었다. 그런 문제 때문에 탈놀음의 전체구조를 조화롭게 파악하지 못하고, 우리의 탈놀음 연구를 반쪽 연구로 축소하고 말았다. 이것은 그동안의 탈놀음 연구가 탈놀음 공연의 '전체 과정'을 연구하지 않고, 그 '일부'인 '탈놀음' 부분만을 따로 떼어내서, 서양의 근대 연극 패러다임의 틀에 맞추어 연구해 왔기 때문에 비롯된 것이기도 하다.

어떤 공연 양식에 '지속적 변환'의 측면은 사라지고 '일시적 변환'의 측면만 남아 존재하게 된다면, 그런 공연 양식은 바람직하지 않을 뿐만 아니라 결코 오래 가지도 못하게 된다. 서양의 경우, 천주교 및 기독교 의식과 같이 '지속적 변환'과 '일시적 변환'을 동시에 기하는 공연 양식은 지금도 그 오랜 전통을 지속하고 있지만, 그렇지 못한 서양의 민속적 공연 양식들은 거의 모두가 근대 이후의 전승 현장에서 사라졌으며, 극단적으로 '일시적 변환'만을 기하는 서양의 연극 공연 양식들은 20세기 후반에 들어와 많은 한계점을 드러내게 되었고, 그러한 '한계'를 극복하기

508) 여기서의 '공연 과정'이란 어떤 공연 양식의 '준비 과정·공연 과정·공연 이후 과정' 전체를 말하는 것이 아니라, 이 가운데서 두 번째 단계로서의 '공연 과정'을 말함.

위한 실험 작업들을 시도한 가장 대표적인 예가 바로 저어지 그로토우스키의 '유사연극paratheatre'·'가난한 연극poor theatre'·'원천연극theatre of sources'·'객관연극objective drama' 등의 일련의 실험 작업이다.[509] 이러한 탈놀음의 사회-역사적 변화—'지속적 변환'의 약화·소멸과 '일시적 변환'의 강화·확장—는 공연학적인 관점에서 볼 때 결코 바람직한 현상은 아니다. 20세기의 서양 근대연극의 관점과 패러다임에서 볼 때, 이러한 변화가 피할 수 없는 흐름이라고 할 수도 있겠으나, 이런 서양 근대 연극적 패러다임은 20세기 말에 이미 서양에서도 여러 전위적인 실험가들이 비판적으로 검토한 바 있다. 금세기에 들어와서는 오히려 반근대적인 전통문화 양식들이 세계 도처에서 서양식 근대화에 맞서 존재하면서 그 세력을 구체적으로 확장하여 서양 근대문명을 드넓게 둘러싸며 포섭하는 형세를 취하고 있다. 이것은 세계 도처의 '전통문화'들이 자본시장의 중심으로 부상되고, 그것들의 제의적·원형적 전통들이 그 가치기준으로서의 '정체성'과 '오리엔테이션'의 가장 중요한 근거로 자리잡아가고 있다는 데서 분명히 입증된다. 그 대표적인 사례가 유네스코의 '세계 문화유산' 지정 작업이다.

우리는 '서양식 근대화'가 곧 '발전'이며, 그러기 위해서는 우리들의 반근대적 '전통문화'를 파괴하거나 근대식으로 변형해야 한다는 서양 근대식의 오류에서 하루빨리 벗어나야 할 것이다. 인도·중국·일본 등의 전통문화가 서양의 강력한 근대 제국주의적인 영향과 충격 속에서도 그 자생적 생명력을 소진하지 않고 그 위상이 '세계 문화유산들'로 다시 재정립되고 있다는 것은, 이러한 사정들을 극명하게 보여주는 것이다. 이러한 현상은 전통문화

509) 리차드 셰크너 지음, 김익두 옮김(2005), 《민족연극학》, 서울: 한국문화사, 182~185쪽 참조.

들이 서양의 제국주의적 자본주의에 포섭되는 듯이 보이지만, 다른 각도에서 보자면 오히려 이제는 서양의 제국주의적 자본주의가 세계 도처의 전통문화에 의해 포섭되는 것으로 보인다. 금세기에 들어와서는, '자본'은 예전처럼 '이익'을 따라 움직이고 있지만, '사람'은 분명 '문화'를 따라 움직이고 있기 때문이다.

이런 시각에서 볼 때, 한국 탈놀음의 근대적 변화, 곧 탈놀음의 그 공연적 생명력의 핵심인 전승 현장에서의 일탈과 '무형 문화재'로 박제화는, '해체'해야만 할 잘못된 근대적인 처방이다. 우리는 탈놀음을 하루빨리 그 전승 현장으로 되돌려 다시 '제의화'·'축제화'의 방향으로 부활시켜야 하며, 이러한 점에서 그것이 가장 바람직한 21세기적 탈놀음의 방향일 것이다. 우리의 마을굿과 비슷한 일본의 전통 축제문화인 '카구라'나 '마쯔리'의 현재 방향은 우리에게 많은 반성을 촉구하고 있다.

우리는 탈놀음의 전승 현장의 전체 과정의 컨텍스트 속에서 '탈놀음' 부분만을 따로 떼어내어 박제화한 지금의 보존·전승 방법을 과감하게 바꾸어, 탈놀음 전승 현장의 전체 과정을 모두 다시 부활시켜 그 공동체의 축제로 되살리는 방안을 하루 빨리 모색해야만 할 것이다. 그렇지 않으면 마치 하와이 원주민들의 보호 정책이 하와이 원주민들의 멸망 정책이 되는 것과 똑같은 꼴로, 한국의 탈놀음 문화는 머지않아 그 근본적인 자생력을 완전히 잃게 될 것이 분명하다.

(2) 공연 구조 구축 방법

그동안 서양의 연극학 또는 공연학에서는 공연의 구조를 구축하는 방법을 항상 아리스토텔레스식의 사건의 인과적 구성 방법인 '플롯' 이론에 근거하고 있었다. 그러나 20세기 후반에 이르러서는 그러한 공연의 구조화 방법만을 가지고는 세계 전역의 다양한 공연들의 구조화 방법들을 도저히 감당해낼 수 없다는 것을 알게 되었다. 그에 따라 서양의 공연학자들은, 서양 중심의 공연 구조화 이론으로 전 세계의 모든 공연 양식들을 설명하려는 문화제국주의적 태도를 포기하지 않을 수 없게 되었다.

그러한 전환 이후의 대안으로 서양에서 나온 용어가 리차드 셰크너의 이른바 '긴장성intensity'이란 용어이다.[510] 이 용어는 아리스토텔레스식의 '플롯'이라는 사건의 인과론적 구조화 개념에서 벗어나, 어떤 공연 양식의 구조화 방법을 훨씬 더 포괄적이고 개방적인 지평에서 바라보고 파악하고 구축하려는 태도에서 나온 것이다. 확장된 의미로서의 이 용어의 뜻을 한 마디로 말하자면, 어떤 공연 양식을 구성하는 핵심적인 구성 원리를 말하는 것이다. 이러한 변화는 한편 지금까지 서양의 연극적 전통과는 거의 무관하게 이루어져온 우리의 연극적 공연 양식들을 서양 아리스토텔레스식의 사건 인과적 구조 패러다임에 억지로 꿰맞추려 해온 우리의 대부분의 연극 구조분석 방법들에 대해 근본적인 반성을 가하는 것이기도 하다.

앞에서 우리가 파악한 탈놀음의 전체 공연 과정 가운데서 '탈놀음' 부분의 긴장성 구축 방법 곧 탈놀음 공연의 핵심적인 구조화 원리는 한 마디로 '동화-이화의 반복·축적·순환의 원리'라고 말할 수 있다. 탈놀음의 공연은 대체로 ① 〈등장인물들의 춤·(노래) + 악사들의 장단·추임새 + 청관중들의 추임새〉로 이루어진 '동시적 결합' 단위와 ② 〈등장인물들의 대사/노래 + 신체동작 + 악사들의 장단·추임새 + (청관중들의 추임새)〉로 이루어진 '동시적 결합' 단위가 서로 계기적·교호적交互的으로 반복·축적·순환 연결되면서 그 공연 구조가 구축되어 나아간다. 이것을 도표

510) 리차드 셰크너 지음, 김익두 옮김(2005), 앞의 책, 14~23쪽 참조.

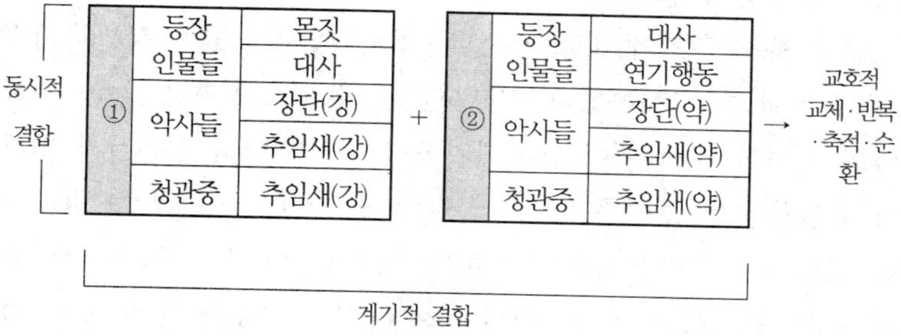

동시적 결합

①	등장 인물들	몸짓
		대사
	악사들	장단(강)
		추임새(강)
	청관중	추임새(강)

\+

②	등장 인물들	대사
		연기행동
	악사들	장단(약)
		추임새(약)
	청관중	추임새(약)

→ 교호적 교체·반복·축적·순환

계기적 결합

〈그림-20〉 탈놀음의 공연 구조

화하여 나타내면 〈그림-20〉과 같다.

여기서, ①의 단위에서는 청관중들이 '추임새'를 통해 적극적으로 공연 내부에 직접 '관여'하게 되고, ②의 단위에서는 ①의 단위에 견주어 비교적 청관중들이 추임새를 하며 공연 내부에 직접 개입하기 힘들기 때문에, ①의 단위에 견주어서는 좀 더 공연 내부를 객관적으로 바라보면서 '관망'하는 자세를 취하게 된다.

그래서 ①의 단위에서는 탈놀음의 공연 구조가 ②의 단위에 비해 상대적으로 '열린 구조'가 되고, ②의 단위에서는 상대적으로 '닫힌 구조'가 되며, ①의 단위에서는 청관중이 추임새를 하여 공연 내부에 직접 개입하기가 더 용이하여, '동화의 원리'가 지배하고, ②의 단위에서는 ①의 단위에 비해 청관중들이 추임새를 하기가 어렵기 때문에 청관중들이 공연 내부 세계에 동화하기 어려워 공연 세계를 '관망'하는 자세를 좀 더 취하게 되므로, 여기에서는 '이화의 원리'가 지배하게 된다.

이러한 탈놀음의 공연 구조에 주목한 초기의 중요한 연구로는 조동일(1979)이 돋보이는데, 그는 이 연구에서 탈놀음을 브레히트의 서사극 구조와 비교하여 탈놀음이 가지고 있는 서사극적인 '이화 효과'를 지적하였다.[511] 한편 그 후에 전신재(1980)는 조동일의 이러한 지적에 이의를 제기하면서 아르토의 잔혹극과 비교하여 탈놀음이 보여주는 잔혹극적인 '동화 효과'를 좀 더 강조한 바 있다.[512] 그러나 앞의 〈그림-20〉에 드러난 바와 같이 탈놀음의 공연 원리에는 '이화 원리/이화 효과'나 '동화 원리/동화 효과' 가운데 어느 하나만이 작동하는 것이 아니라, 이 두 원리/효과가 계기적·교호적으로 반복·축적·순환하여 이루어진다는 것이 여기서 분명하게 밝혀진다. 이러한 점을 아주 정확하게 지적해낸 것은 전신재(1980)의 다음과 같은 언급이다.

> 요약해서 말하자면, 가무歌舞 부분에서는 관객을 몰입沒入시키고, 재담才談 부분에서는 관객을 소외疎外시키는데, 가무 부분이 재담 부분을 압도한다.[513]

다른 면에서 보자면, ①의 단위에서는 청관중이 자기의 '주관'을 공연 세계 내부에 좀 더 강하게 직접 '개입'시키므로, 상대적으로 청관중의 '주관화' 작용이 강하게 일어나며, ②의 단위에서는 청관중이 자기의 주관을 공연 내부에 직접 개입시키기가 상대적으로 어려우므로, 청관중의 '객관화' 작용이 강하게 일어난다. 이렇게 ①의 단위와 ②의 단위를 계기적·교호적으로 반복·축적·순환해 나아감으로써, 탈놀이의 공연이 이루어지고 탈놀음의 공연 원리가 만들어지는 것이다. 이렇게 볼 때, 탈놀음은 '주

511) 조동일(1979), 《탈춤의 역사와 원리》, 서울: 홍성사, 209쪽.
512) 전신재(1980), 〈양주별산대놀이의 생명원리〉, 성균관대 석사논문, 86쪽.
513) 전신재(1980), 앞의 논문, 16쪽.

관화-객관화의 계기적·교호적 반복·축적·순환의 원리'가 핵심적인 공연 원리로 작동한다고도 말할 수 있다.

이런 시각에서 보자면, 탈놀음의 공연 구조를 판소리의 공연 구조에 비교하여, 탈놀음의 '춤-대화-춤-대화'의 공연 구조를 판소리의 '창-아니리-창-아니리'의 공연 구조와 비교한 견해[514]도 의미 있는 견해로 보인다. 그러나 이 견해에서, 판소리의 '창-아니리-창-아니리'의 반복구조가 '긴장-이완-긴장-이완'의 반복 구조라고 한 김흥규의 견해[515]에는 동의할 수 있으나, 탈놀음의 '춤-대화-춤-대화'의 반복 구조가 '긴장-이완-긴장-이완의 구조가 아니라 '이완-긴장-이완-긴장'의 구조로 본 것은 문제가 있다고 판단된다. 분명히, 탈놀음 공연에서 공연자와 청관중의 관계가 좀 더 긴밀하게 밀착되어 둘 사이의 관계가 '긴장'되는 부분은, 판소리에서 '아니리' 부분이 아니라 '창' 부분인 것과 마찬가지로, '대화' 부분이 아니라, '춤' 부분이기 때문이다.

탈놀음 공연의 이러한 구조 원리는 판소리의 그것과의 구체적인 비교분석을 통해서 좀 더 분명하게 드러날 수 있다. 판소리의 공연 구조는 ① 〈광대의 창·발림 + 고수의 장단·추임새 + 청관중의 추임새〉로 이루어진 '동시적 결합' 단위와 ② 〈광대의 아니리·발림 + 고수의 장단·추임새 + 청관중의 추임새〉로 이루어진 '동시적 결합' 단위가 계기적·교호적으로 반복·축적·순환되면서 구축되어 나아간다. 이것을 도표화해 보면, 다음 〈그림-21〉과 같다.

이 두 공연 양식의 공연 구조상에서 드러나는 가장 큰 차이점

514) 정상박(1986), 앞의 책, 116쪽.

515) 김흥규(1978), 〈판소리의 서사적 구조〉, 《판소리의 이해》, 서울: 창작과비평사, 116~126쪽.

은 판소리의 공연자가 '광대'로 판에 나오는 데[516] 견주어 탈놀음에서는 제각기 자기가 맡은 '등장인물'로서 판에 나온다는 점과, 판소리가 탈놀음보다 '시간적 공소'[517]를 더 다양하고 복잡하게 발달시켜, 청관중들로 하여금 '추임새'를 통해서 공연 내부에 좀 더 적극적으로 계속해서 관여하게 함으로써, 공연자-청관중 상호작용 관계를 부단히 강화해 나아간다는 점이다.

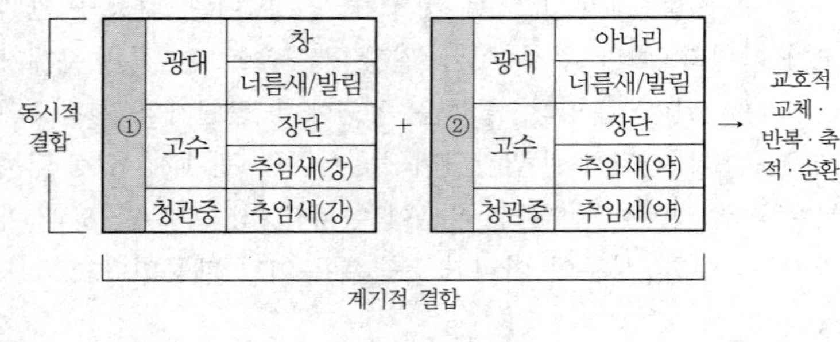

〈그림-21〉 판소리의 공연 구조

판소리의 공연 구조를 위의 〈그림-21〉를 중심으로 다시 살펴보면, ①의 단위에서는 고수 및 청관중의 '추임새'가 매우 '적극적'으로 일어나고, ②의 단위에서는 고수 및 청관중의 '추임새'가 '소극적'으로 일어난다. ①의 단위에서는 광대가 '창唱'을 통해 공연 내부에 고수 및 청관중이 개입할 수 있는 시간적 공소를 '적극적'으로 강하고 다양하게 많이 만들어 놓고, ②의 단위에서는

516) 이를 좀 더 정확하게 말한다면, 이는 다시 판/무대 안에 광대가 광대 자신으로서 '현전'하는 경우와 등장인물로서 '현전'하는 경우로 나누어진다.

517) '공소'에 관한 좀 더 자세한 논의는 다음 장을 참조.

광대가 '아니리'를 통해 공소를 '소극적'으로 약하고 적게 배치한다. 그래서 ①의 단위에서는 청관중이 '추임새'를 통해 공연 내부에 매우 적극적으로 개입할 수 있게 되어, 공연자-청관중의 상호작용 관계가 상대적으로 '긴장'되며, ②의 단위에서는 청관중이 공연 내부에 소극적으로만 개입할 수 있게 되어, 공연자-청관중의 상호작용 관계가 상대적으로 좀 더 '이완'된다. 판소리의 공연 구조를 '긴장-이완'의 반복구조라고 본 견해[518]는 이런 면에서 판소리의 공연학적 특성을 매우 정확하게 지적한 것이다. 판소리의 이러한 '긴장-이완'의 반복·축적·순환의 구조가 탈놀음의 '동화-이화'의 반복·축적·순환의 구조와 크게 다른 점은, 판소리가 탈놀음에 견주어 시간적인 '공소들'을 훨씬 더 복잡하고 다양하게 활용한다는 점이다.[519]

이러한 공연 원리에 따라, 판소리의 광대는 고수가 펼쳐주는 장단을 따라 공연 내부에 무수한 '시간적 공소'를 설정하여 청관중들을 공연 내부로 부단히 끌어들이고, 고수는 광대의 인물치레·사설치레·득음·너름새를 따라 효과적이고 적절하게 장단과 대응 행동을 펼쳐주면서 광대와 함께 공소를 만들며, 그 공소에 추임새로 개입해 들어가고, 청관중들은 광대가 만들어주고 고수가 이끌어주는 그런 공소들을 찾아 추임새를 통해 공소 속으로 개입해 들어간다. 이러한 행위를 공연 중에 적극적으로 또는 소극적으로 반복·축적·순환시킴으로써, 판소리의 광대·고수·청관중들은 서로의 시간적 경계를 차츰 희미하게 '탈경계화'하여, 하나의 일관된 어떤 '흐름'을 형성함으로써 '소리판'을 통일한다.

한편, 풍물굿/농악의 공연 구조를 보면, 탈놀음이나 판소리의 두 공연 양식들과는 또 다른 방향을 지향하고 있어 주목된다. 즉

518) 김흥규(1978), 앞의 논문, 116~126쪽.

519) 김익두(2004), 《판소리, 그 지고의 신체 전략》, 서울: 평민사, 123~128쪽 참조.

전통적인 풍물굿에서는, 풍물 악기의 악음 + 윗놀음/무용적 동작 + 진법 동작 + (연극적 행위)의 '동시적 결합' 단위를 계속해서 반복·축적·순환시킴으로써, 청관중의 공연자적 행동을 부단히 유도하여, 청관중을 '공간적'인 면에서 공연 내부의 세계로 이끌어 들여, 결국에는 청관중을 '공연자화'하는 공연 구조를 구축해 나아간다. 그래서 풍물굿 공연의 종국에 이르러서는 처음에 공연자였던 사람들은 반주자 또는 청관중이 되고, 처음에 청관중이었던 사람들이 공연자가 됨으로써, 결국 '청관중의 공연자화'라는 '역할 전도의 원리'를 그 공연 양식의 가장 핵심적인 공연 원리로 작동시키게 되는 것이다.

이상의 논의를 종합하자면, 판소리에서는 광대·고수·청관중들이 공간적으로는 공연에서의 자기의 공간적 위상을 원래대로 지키면서, '시간적'으로는 부단한 '경계간섭'을 통해서, 그 역할 경계들을 점차 약화시켜서 결국 그 경계를 희미하게 하는 '탈경계화의 원리'를 작동시켜 '거대 주관화의 원리'를 추구하고,[520] 풍물굿에서는 '청관중의 공연자화'를 통한 '역할 전도의 원리'를 추구한다면,[521] 탈놀음은 '동화-이화의 계기적·교호적 반복·축적·순환의 원리'를 통해서 '주관-객관의 조화 원리'를 추구한다고 정리할 수 있겠다. 이러한 특성들에 관해서는 다음 장에서 다시 다른 각도에서 좀 더 구체적으로 논의하겠다.

(3) 공연자-청관중 상호작용 관계

공연자와 청관중 사이의 상호작용 관계가 공연 속에서 구체적으로 어떻게 이루어지는가를 살펴보는 가장 효과적인 방법

520) 김익두(2004), 앞의 책, 서울: 평민사, 149~150쪽.

521) 김익두(1995), 〈풍물굿의 공연 원리와 연행적 성격〉, 《한국민속학》27집, 민속학회, 110~116쪽.

가운데 하나는 공연 중에 공연자와 청관중들이 '공소'를 어떻게 활용하는가를 자세히 추적해보는 것이다. 여기서 '공소'란 볼프강 이저Wolfgang Iser의 '빈자리Leerstelle'라는 용어나, 움베르토 에코Umberto Eco의 '열린 작품Opera aperta'이란 용어와도 관련이 있긴 하나,[522] 여기에서는 그런 용어들과는 다르게 이 용어를 사용하고자 한다.

이 논의에서 사용되는 '공소'란 용어는 문학작품에 대해서 사용하는 용어가 아니라 주로 연극적인 공연 양식들에 적용하는 용어로서, 어떤 공연 양식의 '공연 구조상으로 볼 때, 공연자가 공연 중에 청관중의 공연으로 참여를 유도하기 위해 공연 작품 내부에다가 의도적으로 시간적 또는 공간적으로 비워두는 부분들'을 말한다. 예컨대, 판소리나 탈놀음의 공연에 있어서, 청관중의 공연 내부로의 참여를 위해 의도적으로 공연 과정 중에다가 시간적으로 '빈 곳'을 배치하여 청관중에게 그 빈 곳을 '추임새'로 직접 개입하여 채워 나가도록 하는 부분이 바로 이런 것이다. 그리고 여기서 '상호작용interaction'이란 '공연 중에 공연자와 청관중들이 가지게 되는 구체적인 공연 행위상에서의 상호 영향 관계'를 말한다. 예컨대, 판소리 공연 속에서 광대와 고수와 청관중은 서로 매우 긴밀한 상호작용 관계를 가지면서 그 긴밀한 상호작용의 영향 관계에 따라 공연을 완성해 나가게 되는데, 이러한 경우에 판소리 공연의 상호작용이 매우 긴밀하다고 할 수 있다.

어떤 공연 양식의 공연자-청관중 상호작용 관계는 그 공연 구조/공연 원리 속에서 이 '공소'를 구체적으로 활용하는 방법으로 나타나며, 그 방법의 차이에 따라 공연자-청관중 상호작용

522) Volfgang Iser(1978), *The Act of Reading*, Boltimore & London: The Johns Hopkins University Press, pp.182~187.

관계가 달라진다. 탈놀음 공연에서 공연자-청관중 상호작용 관계는 앞장에서 분석한 바 있는 탈놀음의 공연 구조/공연 원리 도식에서 분명하게 나타난다. 그리고 탈놀음의 공연자-청관중 상호작용 관계는 풍물굿 및 판소리의 그것들과 비교 대조해 볼 때 그 특성이 더욱 분명하게 나타난다.

먼저 풍물굿 공연의 공연자-청관중 사이의 상호작용 관계는, 공연자들이 강력한 타악의 연주를 중심으로, 기악적·성악적·무용적·연극적 공연 요소들을 동시적·계기적으로 결합하여 반복·축적·순환시키면서, 놀이판 안에다가 '공간적 공소'를 마련하여, 청관중들의 '집단적 신명'을 자극한다. 종국에 가서는 청관중들은 놀이판 안으로 들어와 공연자가 되고 공연자들은 역으로 반주자가 되는, '판의 전도'가 이루어지며, 이를 통해서 '청관중의 공연자화'가 이루어진다.[523]

판소리 공연에서 공연자-청관중 상호작용 관계는, 앞의 〈그림-21〉에 잘 나타난 바와 같이, 판소리 광대가 창·아니리·발림을 동시적·계기적으로 연결하여 반복·축적·순환시키는 가운데, 창과 아니리 사이사이에다 '시간적 공소'를 마련해 두고, 청관중들은 이 '시간적 공소'를 적절한 '추임새'로 메워 나아가며, 고수는 북장단과 추임새로써 이 양자 사이를 적절히 매개해 준다. 그런데 판소리의 주공연자인 광대는 탈놀음의 공연자처럼 공연 중에 자기 자신의 성격을 완전히 '등장인물'로 변환하는 '전체적 현전'을 기하지 않고 그때그때 이야기 전개와 상황논리에 따라 일시적으로만 등장인물로 성격을 변환시키는 '부분적 현전'을 기하며, 앞의 〈그림-21〉에서와 같이 ①의 단위와 ②의 단위가 계기적으로 반복·축적·순환되는 '긴장-이완'의 반복·축적·순환에 의해 공연

523) 김익두(1995), 앞의 논문, 110~116쪽.

이 진행된다. 이때 '긴장'의 단위 곧 〈그림-21〉의 ①의 단위에서는 시간적 공소가 많아서 청관중들이 그 공소에 좀 더 적극적으로 개입하는 '강동화' 현상이 일어나고, ②의 단위 곧 '이완'의 단위에서는 시간적 공소가 비교적 적어 청관중들이 그 공소에 좀 더 소극적으로 개입할 수밖에 없어 '약동화' 현상이 일어난다. 그래서 공연자의 '긴장-이완'의 단위와 청관중의 '강동화-약동화' 단위가 서로 상응하게 하여, '동화의 원리'를 통해서 판소리 공연의 공연자-청관중 상호작용 관계를 시간적 차원에서 아주 고도의 수준으로 상승시켜 놓았다.[524] 이렇게 '감성' 중심의 '동화의 원리'를 끊임없이 활용하는 판소리 공연 양식은, 이 양식이 발달한 지역에 철학이나 사상보다는 예술이나 종교가 더 발달한 것과 어떤 관련이 있을 것으로 생각된다.

이에 견주어, 탈놀음 공연의 공연자-청관중 상호작용 관계에서는, 공연 중에 풍물굿과 같이 '공간적 공소'를 활용하지 않고 '시간적 공소'만을 활용한다는 점에서는 판소리와 같다. 그러나 판소리처럼 공연자가 공연 중에 자기 자신을 이야기 전개와 상황에 따라 일부만 등장인물로 변환하는 '부분적 현전'을 기하는 것이 아니라, 처음부터 탈을 써서 완전히 등장인물로 변환하는 '전체적 현전'을 기하기 때문에, 판소리만큼 청관중들이 공연자의 공연 행동에 완전히 '동화'되기는 어렵게 된다. 그래서 〈그림-20〉에서 분명하게 나타나는 바와 같이, ①의 단위에서는 공연자들이 춤과 노래로써 시간적 공소들을 비교적 많이 만들어 나아가기 때문에, 청관중들이 등장인물들의 행동에 대해 '추임새'를 비교적 활발하게 할 수가 있어서 청관중이 공연세계에 적극적으로 끼어들어가는 '동화'의 단위가 이루어진다. 그리고 ②의

524) 김익두(2004), 앞의 책, 174~188쪽 참조.

단위에서는 공연자가 대사 행동으로써 시간적 공소들을 많이 만들어 나아가지 못하기 때문에, 청관중들이 ①의 단위에서만큼 활발하게 '추임새'를 하기 어려워져, 공연세계를 바라보고 '관망'하게 되므로 '이화'의 단위가 형성된다. ①의 단위에서는 '동화의 원리'가 주로 작동되고, ②의 단위에서는 '이화의 원리'가 주로 작동된다. 이렇게 해서, 탈놀음에서는 '동화의 원리'를 가장 높은 수준으로 추구해 나아간 판소리와는 달리, '이화의 원리'와 '동화의 원리'를 적절하게 조화시킴으로써, 탈놀음을 일종의 '사회 비판적인' 공연예술 양식으로 발달시켜 놓았다. 이렇게 '감성'과 '이성'의 적절한 조화를 추구하는 탈놀음 공연 양식은, 이 공연 양식이 발달한 지역들에, 예술보다는 사상이나 철학이 더 발달한 것과 어떤 관련이 있을 것으로 보인다.

(4) 공연의 전체 과정상으로 본 '보편성'과 '특수성'

앞에서도 잠깐 언급한 바와 같이, 지금까지 한국의 탈놀음 연구들은 거의 대부분이 탈놀음 공연의 준비 과정·공연 과정·공연 이후 과정 등 탈놀음 공연의 '전체 과정'을 하나의 탈놀음 양식으로 보지 않고, 공연 과정 중에서 '탈놀음'을 하는 '부분'만을 따로 떼어내서 탈놀음 양식으로 보는 우를 범하였다. 탈놀음은 '탈놀음'을 공연하는 부분뿐만 아니라 그 '탈놀음'을 포함한, 공연하는 마을, 또는 지역의 '대동굿'의 공연 과정 '전체'를 하나의 탈놀음 공연 과정이자 탈놀음 양식으로 보아야만 한다. 거의 모든 탈놀음들은 전통적인 전승 현장에서는 '탈놀음' 부분만을 따로 떼어내어 공연하는 관습은 거의 없거나 있다고 하더라도 아주 특별한 경우라는 점이 이를 단적으로 입증해준다.

이러한 사정은 좀 더 거시적인 시각에서 전국 각지의 '탈놀음'이 들어있는 마을굿 또는 고을굿의 '공연 과정'을 살펴보면 아주 분명하게 드러난다. 예컨대, 각 지역의 대표적인 탈놀음형 대동굿들인 함경도의 '북청사자놀음'도 '사자놀음' 부분만을 따로 떼어 공연한 것이 아니라 이 지역의 정월 대보름 마을굿 또는 고을굿의 일부 행사로 이루어진 것이고,[525] 강원도의 '강릉관노가면극'은 강릉 고을 전체의 '성황신제'/'강릉단오굿'의 일부 행사로 공연된 것이다.[526] 황해도의 '봉산탈춤'도 봉산 고을 '단오굿'의 일부 행사로 공연되었고,[527] 경기도의 '양주별산대놀음'은 초파일·단오·추석 등의 고을 대동굿의 일부 행사로 행해졌으며,[528] 경상도의 '들놀음'도 정월 대보름 대동굿의 일부 행사로 행해진 것이다.[529] 그뿐만 아니라, 전라도의 '잡색놀음'도 전통사회에서는 풍물굿/농악 중심으로 행해지는 정월 대보름의 마을 또는 고을 대동굿 행사의 일부분으로 행해진 탈놀음 계통의 놀이이며,[530] 제주도의 '입춘굿 탈놀이'도 봄맞이 대동굿인 입춘굿 행사의 일부로 행해진 것이었다.[531]

이렇게 좀 더 거시적인 관점에서 보게 되면, 한편으로 한국의 탈놀음은 어떤 특정 지역들에서만 이루어져서 전승되는 특정 지역의 문화유산이 아니라, 우리나라 전국 방방곡곡에 두루 전승되어온 매우 '보편적'인 공연문화 양식이라는 인식의 지평도 열리게 되는 것이다. 즉, 현재 전승되고 있는 전국의 모든 탈놀음

525) 이두현(1969), 《한국가면극》, 서울: 문화재관리국, 381~382쪽.

526) 최상수(1985), 《산대·성황신제 가면극의 연구》, 서울: 성문각, 178~181쪽.

527) 심우성(1975), 《한국의 민속극》, 서울: 창작과비평사, 52~56, 59~61쪽.

528) 이두현(1969), 앞의 책, 206쪽; 심우성(1975), 앞의 책, 48쪽 참조.

529) 심우성(1975), 앞의 책, 24~28쪽.

530) 일찍이 조동일도 마을굿의 풍물굿패/농악대의 '잡색들'에서 탈놀음의 기원을 찾은 바 있다. 조동일(1969), 《동산 신태식박사 송수기념 논총》, 대구: 계명대출판부, 207~223쪽; 조동일(1979), 《탈춤의 역사와 원리》, 서울: 홍성사, 43쪽 참조.

531) 김두봉(1936), 《제주도실기》, 大阪: 제주도실적연구사, 19~21쪽.

들은 다 어떤 마을 또는 지역 공동체 전체의 안녕과 행복을 기원하기 위한 그 마을/지역 집단 공동체 전체의 제의적인 '대동굿'의 '일부분'으로 주기적/정기적으로 공연되어온 것이며, 이러한 공연 양식은 좀 더 넓은 시각으로 보자면, 일부 지역에서만 이루어져 전승된 공연 양식이 아니라, 마을 또는 지역 대동굿이 전승되는 모든 지역에 걸쳐서 '마을굿' 또는 '고을굿' 형태로 두루 전승되어온 매우 보편적인 양식으로 인식되는 것이다.

지금까지의 한국 탈놀음 연구가 탈놀음 '전체 과정'에는 별로 주목하지 않고 유독 '탈놀음 부분'에만 편협하게 집중해온 것은, 두말할 것도 없이 이 분야의 연구자들이 그동안 '서양 근대 연극 패러다임'에 크게 의존해 왔기 때문이다. 그러다보니, 탈놀음 전체를 종합적으로 보지 못하고 서양연극에서처럼 '탈놀음 부분'만을 따로 떼어내어 보았던 것이다.

그러나 연극사를 자세히 검토해 보면 서양 연극사에서도 일찍이 그리스 연극은 우리의 탈놀음 공연과 아주 비슷한 공연 방법과 공연 과정으로 행해졌음을 알 수가 있다. 다음과 같은 자료는 그러한 사실을 잘 입증해준다.

> 연극이 상연되던 도시에서 디오니서스제는 대단히 중요하게 여겨졌기 때문에, 그 기간 동안에는 어떠한 법률상의 소송도 허용되지 않았고 죄수들이 석방되었다. 그것은 디오니서스 신상을 아크로폴리스 광장 발치에 있는 그의 신전으로부터 취해서 도시 밖으로 옮기는 퍼레이드로써 시작되었다. 그의 최초의 아테네 입성이 그 퍼레이드 중에 재현되었고, 퍼레이드는 술과 환락으로 점철되었다. 이 의식은 디오니서스 신께 제물을 바치는 것으로 끝났다.
>
> 이 축제의 다음에는 50명의 코러스가 춤추고 노래하는 디오니서스 찬가인 디티람보스의 공연이었다. (중략) 그 다음에는 희극

경연대회가 열렸다. (중략) 그 다음 3일간에는 비극 경연대회가 열려 매일 비극 3편과 싸티로스극 1편이 공연되었다.

이 축제가 끝나면 축제를 평가하고 축제 중에 시민들의 부정행위나 축제의 운영에 대한 불평 등을 청취하기 위해 하루가 더 주어졌다.[532] (중략)

그리스 비극의 모든 배우들은 가벼운 린넨·코르크·나무 등으로 만든 '가면'을 썼다. (중략) 배우는 모두 남자였으며, 한 배우가 연기하는 연령과 등장인물의 유형 범위가 매우 넓었다.[533]

이상의 인용 내용에 따르면, 그리스 연극은 근대 이후의 서양 연극에서처럼 그것만을 따로 떼어 공연한 것이 아니라, 디오니서스 축제 행사의 '일부분'으로 공연되었으며, 그것은 우리의 마을 또는 고을 대동굿 축제 행사와 매우 비슷했으며, 그 연극의 형식도 우리의 탈놀음과 마찬가지로 '가면'을 쓰고 노는 일종의 '가면극' 형태였음을 분명하게 지적하고 있다.

결론적으로 말하자면, 탈놀음은 한국의 어느 특정 지역에만 존재하는 특수한 양식이 아니라, 전국에 걸쳐서 두루 존재한 매우 보편적인 '대동굿' 공연 양식의 일종으로 존재해 왔으며, 서양 근대극과 같은 외부와는 완전히 단절된 프로시니엄 아치에 갇힌 '폐쇄 연극'이 아니라, 열린 구조의 '개방 연극'이었던 것이다.

그렇기 때문에, 이런 '탈놀음' 양식을 학술적으로 다룰 때에는 서양 근대연극과 같이 극장 안에서만 이루어지는 연극처럼 그 부분만을 따로 떼어서 다루어서는 안 되고, 그것이 속해 있는 더

532) Oscar G. Brockett(1979), *The Theatre: An Introduction*, New York: Holt, Rinehart and Winston, p.86.

533) ibid., p.91.

큰 틀인 '대동굿' 양식을 먼저 문제 삼은 다음, '탈놀음'은 그 대동굿 양식의 '일부' 종목으로 다루는, 더 거시적인 지평과 안목이 필요하다는 것이다. 달리 말하면, 우리의 탈놀음은 독립된 하나의 독자적인 문화/예술 양식이 아니라, 마을/고을/궁중의 '대동굿'이라는 좀 더 큰 문화 양식의 '일부분'으로 보는 시각이 우선적으로 필요하다는 말이다.

이런 시각에서 우리의 탈놀음을 보게 되면, 거시적이고 보편적인 문화 양식으로서의 '대동굿' 양식의 '보편성' 위에서 그것의 하부 양식으로서 '탈놀음'의 '특수성'을 다루는 조화롭고 폭넓은 시야가 우리의 탈놀음 연구에 확보될 수 있을 것이다. 이러한 태도가 우리의 역사-문화적 맥락과 전통과 정황에도 더 합당하다고 판단된다.

(5) 공연 지식의 전승 · 전파상의 특징

탈놀음 공연 지식의 전승·전파는, '문자 전승'에는 거의 의존하지 않고 주로 '행위 전승'과 '구비 전승'이라는 두 가지 전승 방법에 의해서 오랫동안 이루어져 왔다. 그러다가 근대에 들어와 처음으로 '문자 전승'의 방법이 탈놀음에 본격적으로 도입되기 시작하였다.[534] '문자 전승' 방법이 공연 지식의 전승·전파 방법에 본격적으로 도입되려면 무엇보다도 탈놀음 대본이 문자 기록으로 정리되어야 했기 때문이다.

그런데 탈놀음 공연 지식의 전승·전파 방법의 이러한 변화는 과연 어떤 의미가 있는 것일까? 이러한 변화는 우선 겉으로 보면 탈놀음의 공연 지식의 전승·전파 방법에서 매우 획기적이고

---

534) 우리나라 탈놀음에 '문자 전승'의 방법이 본격적으로 처음 도입되기 시작한 것은 1928년 정인섭이 채록한 강석진 구술본 〈진주오광대 탈놀음〉으로 보인다.

'긍정적'인 변화로 보이지만, 실제로는 여기에 다음과 같은 몇 가지 매우 '부정적'인 변화의 측면들이 있음을 간과해서는 안 된다.

첫째, 탈놀음 전승·전파 방법에 있어서 점차 '내부자적 관점'이 약화되고 '외부자적 관점'이 강화되고 있다. 탈놀음의 '기록전승' 작업은 탈놀음 전승 공동체 '내부'의 민중들에 의해서 자발적으로 시작된 것이 아니라, 그 공동체 '외부'의 지식인들에 의해서 이루어지기 시작한 것이다. 원래 탈놀음의 전승 집단 구성원들은 탈놀음의 전승·전파 방법에 '기록 전승' 방법을 중요한 수단으로 사용하지 않았다. 그것은 탈놀음 창조·전승의 주체들이 문자 기록 전승 방법을 그들의 자발적인 문화 행위의 중요 수단으로 삼지 않는 '민중들'이었기 때문이다.

둘째, 탈놀음 본래의 지식 전승·전파 방법인 '행위 전승'과 '구비 전승'이라는 공연 지식 전달 방법은, 그런 전승·전파 방법 그 자체가 바로 탈놀음 자체의 전승·전파 방법이었다는 사실을 놓쳐서는 안 된다. 탈놀음은 문자가 그 표현 수단인 '문학'이 아니라, 탈을 쓰고 행동하는 '탈놀음' 자체가 그것의 중심 표현 수단이자 중심 전승 수단이었다. 그런데 그것 전체를 제대로 기록하지 못하고 그것의 대사들만을 주로 정리할 수밖에 없는 문자 기록 대본의 출현과 그것의 사회적 세력의 강화는 결국 '탈놀음' 자체의 약화와 깊은 관련을 갖게 될 수밖에 없었다.

셋째, 탈놀음 공연 지식의 전승·전파 방법의 전통은 서양 연극의 그것과는 매우 다른 것이라는 점도 놓쳐서는 안 될 중요한 점이다. 서양 연극의 공연 지식 전승·전달 체계는 일찍이 고대 그리스 시대에서부터 '문자 기록' 대본을 먼저 창작한 연후에 그것을 가지고 연극 공연 작품을 만드는 식의 '이중적 체계'로 그 전통이 확립되어 왔지만, 우리나라를 비롯한 거의 대부분의 동아시아 여러나라의 연극 전통에서 공연 지식 전승·전달 체계는 주로 공연 지식이 '공연 행위' 그 자체를 중심으로 하는 '통합적 체계'로 그 전통이 구축되어 왔다.

다시 말해, 탈놀음의 공연 지식은 따로 '기록 대본'을 먼저 마련한 다음에 그것을 바탕으로 탈놀음 공연 작품을 만들어가는 순서로 탈놀음을 공연해온 것이 아니라, 탈놀음 공연을 통해서 또는 그것과 하나로 연결된 탈놀음 공연 연습 행위들을 통해서 탈놀음의 공연 지식들이 전승·전파되어 왔다. 이것은 단순히 한 예술 양식에서 지식전달 수단의 차원 문제가 아니라, 문화의 총체적 '패러다임'의 차이에 말미암은 매우 근본적인 '차이'이다.

이 문제는, 서양 연극은 '문자 중심'의 연극 전통에 근거하고 있고, 동양 연극은 주로 '기억 중심' 또는 '행위 중심'의 연극 전통에 근거하고 있다고 하는, 전통의 좀 더 근본적인 '차이'에서 나오는 문제로 보아야 할 것이다. 더군다나, 이것은 문화의 '우열 관계'로는 설명될 수 없는 근본적인 문제이자 '문화적인 차이'의 문제라 하겠다. 20세기 말에 이르러 서양에서 제기된 바, 이러한 문자 중심의 서양 문화가 인류 문화사에 어떤 여러 가지 심각한 문제점들을 노출하게 되었는가 하는 비판적 지적들[535]을 놓고 볼 때, 문자 중심의 문화적 패러다임이나 이것으로부터 나

535) Gilles Deleuze & Flix Guattari(1972), *L'Anti-Oedipe*, Paris: Editions de Minuit, p.243. 우리는 여기서 들뢰즈Deleuze와 가타리Guattari가 서양의 글쓰기 중심의 역사에 대한 반성을 통해서 우리에게 가져다주는 다음과 같은 심각한 반성의 교훈을 상기할 필요가 있다. "구술사회에서는 목소리와 신체상의 특징들과 1차적 글쓰기 등이 서로서로 독립적/병치적인 반면, 문자 사회/필사적筆寫的 문명사회에서는 목소리의 선조성線條性 위에 도표적인 체계들이 한 줄로 정렬된다. 이렇게 해서 그것은 더 이상 노래 불려지는 목소리가 아니라, 받아 쓰인 명령들이 된다. 이런 사회에서는 글쓰기는 춤으로 추어지지 못하고, 신체에 생기를 불어넣지 못하고, 테이블 위에, 돌 위에, 그리고 책 위에, 고정되어 붙어버린다."

온 연극 전통이, 기억 중심의 문화적 패러다임이나 그것으로부터 나온 연극 전통보다 우월한 것이 아님을 우리는 판소리의 위대한 성취를 통해서도 알고 있다.

넷째, 이 문제에서 또 하나 빼놓을 수 없는 것은 정치 제도에 의한 간섭 문제이다. 그 가장 핵심적인 제도가 바로 '문화재 지정 보호 제도'이다. 이 제도는 멸종 위기에 놓인 문화의 한 종으로서의 탈놀음을 '보존'하는 데에는 어느 정도 효과를 발휘한 것이 사실이지만, 여러 가지 다른 심각한 문제점들을 일으킨 것도 사실이다. 이러한 '보호'의 방법을 일부 예능보유자들에 대한 경제적 지원책으로 제도화함으로써, 어떤 집단 공동체 문화를 일부 개인들의 개인적 예술로 '해체'·'축소'하는 결과를 낳았다는 점이다.

어쨌든, 다른 여러 가지 요인들과 맞물려 있는 것이기는 하겠으나, 탈놀음 전승·전파 현장에 나타나게 된 '기록 전승' 방법 및 개인 중심의 '무형 문화재 보호 정책'의 침투 현상은, 결과적으로는 탈놀음 본래의 민중문화 또는 대중문화적 활력을 약화시키고 그 집단의 문화적 창조력을 잃게 하는 결과를 낳았다는 것만은 분명하다. 21세기적 문화 지평에서 볼 때, 이것은 결코 바람직한 것이 아니며, 이제는 새로운 문화적 패러다임과 새로운 문화 창조의 지평에서 기존의 탈놀음 공연 지식 전승·전파 방법을 근본적으로 개편하고 갱신할 필요가 있겠다. 민족문화의 창조적 현장과 양식으로서의 탈놀음이 이제는 일종의 '자본주의적 이권 다툼'의 아수라장으로 변질된 현상을 우리는 극명하게 비판하고 개선할 필요가 있다.

앞으로, 탈놀음의 전승·전파 방법인 '행위 전승'·'구비 전승'·'문자 전승'의 방법들을 두루 그 전승 현장에서 적절하게 조화롭게 활용되는 방향으로 탈놀음의 전승·전파 방법들이 전환되어야만 한다는 것만큼은 분명하며, 이러한 방향 전환은 결코 이상적 현학주의가 아니라, 종래의 잘못된 분리적 자연과학주의로부터 통합적인 문화주의로 나아가는 21세기적인 대안 찾기인 것이다.

그것은 좀 더 거창하게 말하자면 '자발적 놀이'의 지평과 '우주적 축제'의 지평을 여는 것이다. 이러한 방향은 탈놀음 관련 '지식'을 살리는 방향이 아니라, 탈놀음 '행위' 그 자체와 그것의 전승 '현장'을 살리는 방향이며, 탈놀음 정책·교육·지원 등에서도 새로운 대대적인 개혁과 변화를 필요로 하는 방향이며, 이른바 '한류'와 'K-pop'의 구체적인 발전 방안과도 매우 밀접한 관련을 갖게 되는 방향이다.

(6) 가치 평가 문제

탈놀음은 원래 전통적인 탈놀음이 펼쳐지는 현장에서 참여자들에 의해서 가치 평가가 이루어지는 '현장 평가'로 평가가 이루어지고, 일부 전문적인 비평가들에 의해서 그 가치 평가가 이루어지는 '전문 평가'가 아닌 탈놀음 공동체 전체가 탈놀음을 평가하는 '집단 평가'의 원리로 평가가 이루어져 온 '문화적 공연' 양식이다.

그런데, 이러한 탈놀음에 이른바 '전문가'와 '정치가'가 직접적으로 개입하기 시작하면서부터, 탈놀음 가치 평가의 중심은 점차 공연 중에 평가가 행해지는 '현장 평가'에서 공연 이후에 평가가 이루어지는 '사후 평가'로 변화되고, 탈놀음 공동체 구성원 전체에 의해 이루어지는 '집단 평가'에서 일부 관련 전문가들에 의해 이루어지는 '전문 평가'로 점차 전환되어 갔다.

이런 가치 평가 방법의 가장 대표적인 사례가 이른바 '전국민속 경연대회'의 가치 평가이다. 이로 말미암아 탈놀음이 그 공동체 구성원들을 위한 '자발적'인 문화적 공연 양식에서 일부 문화적 또는 정치적 전문가들의 '의도'를 따르는 '피동적'인 예술적 공연 양식으로 점차 전환되어 감을 의미하는 것이다. 아주 적절한 사례는 아니지만, 탈놀음이 그 전체 공연 과정의 일부로 펼쳐졌던 전북 부안군 위도면 대리마을의 마을굿인 '위도 띠배굿'의 경우를 보면, 예전에는 마을 구성원 전체가 이 마을굿에 전폭적으로 참여하고, 나아가 인근 마을들까지 참여하는 대동 축제였던 것이, 1980년대에 이른바 '국가지정 무형문화재'로 지정된 이후부터는, 점차 마을 '내부인들'의 대동 축제가 아닌, 그 '무형문화재' 지정에 따른 '외부'의 경제적 지원 '혜택'에 따라, 그 '혜택'을 받은 극히 일부의 마을 주민들이 주도하는 개별 축제로 그 성격이 바뀌어갔던 것이다. 말할 것도 없이 여기에는 이러한 외부적 요인들뿐만 아니라, '어장의 황폐화'와 '기독교의 유입' 등 매우 근본적인 다른 요인들도 함께 작용한 것은 사실이다.

이러한 사정은 다만 이 '위도 띠배굿'에 그치는 것은 결코 아니며, '무형문화재'로 지정된 우리나라 거의 모든 공연문화 양식들에 걸쳐 두루 적용되는 현실이라 할 수 있으며, 이런 면에서 문제가 극히 심각하다 하겠다.

그러나 이러한 현상에 대해 최근 들어 매우 바람직한 몇 가지 중요한 '사례들'이 발견되고 있어 주목된다. 예컨대, 전남 해남군 송지면 산정리 마을 마을굿의 경우를 보면, 이 마을 축제인 마을굿이 무형문화재로 지정된 것도 아니고 경제적으로도 부유하지도 않은 마을 주민들이 전통 무속신앙·불교·기독교 인구가 두루 분포하는데도 불구하고, 오히려 이 마을의 주민들은 모두가 이 마을 공동체 축제 행사인 마을굿에 적극적으로 '참여'한다.[536]

또 하나의 중요한 '변화'의 사례로 현재 '방패장 문제'로 한 차

536) 이영배·이영금 조사(2006), 전남 송지면 산정리 마을굿 조사(2006년 2월 11일) 자료(필사본) 참조.

례 큰 홍역을 치르고 난 전북 부안군 일대의 도서지역인 '위도'와 '식도' 섬에서는 다시 각 마을들의 마을굿 제당들이 깨끗이 수리되고 청소되고 주위 환경이 깨끗이 정비되고 마을 대표자들을 중심으로 하여 '자발적'으로 새롭게 마을굿이 되살아났다. 심지어 부안군 위도면 면소재지인 위도면 진리 마을의 마을굿에는 위도면 면장이 온종일 이 마을 주민들의 '뱃기'를 들고 돌아다니면서 이 마을굿에 적극적으로 참여하는 모습을 볼 수 있었다.[537)]

우리는 민속 전반의 전승과 변화의 요인이 정확하게 어떤 것인가를 우선 밝혀낼 필요도 있겠지만, 이러한 전승과 변화는 매우 복합적인 것이며, 금세기에 들어와서의 '변화'는 전세기의 그것과는 매우 다른 차원의 어떤 새로운 지평의 자발적인 '문화적 변화'의 조짐을 보여주는 것이라 할 수 있다. 그러기에 이러한 현상의 '요인들'을 찾는 것도 중요하지만, 이러한 현상에 적극적이고 긍정적인 '의미'를 부여하는 작업도 또한 그 못지않게 중요하다.

앞으로 탈놀음의 가치 평가는 어떤 전문 비평가의 사후평가에 의해 그 공연의 운명이 좌우되는 방향으로 나아가서 안 되며, 그것을 스스로 공연하고 향유하는 탈놀음 공동체 전체의 가치 평가에 좌우되도록 하는 방향으로 그 길을 모색해야만 한다. 이런 점에서, 오늘날에도 그 지역 주민들에 의해서 예전 못지않게 성대히 '자발적'으로 공연되고 향유되고 평가되고 있는 일본의 전통 '카구라神樂'나 중국의 전통 '나희儺戱' 등의 사례들은, 우리의 전통 탈놀음의 공연과 평가 방법에 대해 많은 것을 넌지시 알려주고 있다.

탈놀음의 가치 평가 문제와 관련하여, 우리는 탈놀음 전승 현

537) 이러한 사실은 필자가 2006년 1월 20~22일 사이에 펼쳐진 전북 부안군 도서지역 및 해안지역 조사에서 드러났다.

장 구성원들이 자발적이고 창의적으로 탈놀음의 가치를 평가하게 하기 위해 그 방법을 바람직한 방향으로 적극적으로 유도하고 개발하는 방안도 필요하리라 본다. 이런 면에서 최근에 2005년부터 서울 KBS에서 주최하고 있는 판소리 '귀명창대회'라는 대회[538] 모임은 좋은 귀감이 된다. '귀명창'이란 주지하다시피 명창에 맞먹는 이상적인 청관중을 일컫는 말이고, '귀명창대회'란 바로 그러한 청관중들의 실력을 서로 견주어 보는 경쟁 대회를 가리키는 말이다. 앞장에서 논의한 바와 같이 탈놀음의 공연 구조 속에도 판소리만큼은 아니지만, 많은 시간적인 '공소'들이 있고, 이것들은 청관중들이 직접 공연에 참여하여 적절히 채워 나가야만 탈놀음 공연이 '완성'되는 것이므로, 탈놀음 공연에서도 분명 '귀명창'과 비슷하게 청관중들의 역할이 필요한 부분이 있다. 탈놀음 공연에서 청관중들의 이러한 역할은 매우 중요하고, 이것을 제대로 수행하는 청관중들이 있어야 탈놀음은 제대로 공연될 수 있다는 점에서, 앞으로 탈놀음의 가치 평가에서 청관중들의 자발적인 참여와 개발 및 육성 대책이 필요하다고 본다.

끝으로, 여기서 탈놀음의 '미학美學'의 문제를 빼놓을 수 없겠다. 그동안 탈놀음의 '미학'에 관한 본격적인 논의는 조동일(1997)에 의해서 처음으로 이루어졌다. 즉, 탈놀음의 미학은 '신명풀이'의 미학이라는 것이다. 그런데 이런 식으로 탈놀음의 미학을 규정하면 여기에 해당되는 우리의 공연 양식이 비단 탈놀음뿐만이 아니라는 데에 문제가 있다. 우리의 전통 무당굿·풍물굿·마을굿·판소리·탈놀음 등이 모두 이러한 범주에 들어올 수 있다는 점이 문제인 것이다. 이러한 혼란에서 벗어나는 방법은 이러한 개별 공연 양식들 전체를 아우르는 보편적인 미학보다는 이 각

538) 김경래(2005), 〈듣는 것도 실력, 최고의 '귀명창'은?〉, 서울: KBS홈페이지, 4월25일자 기사 자료.

양식들이 가지는 좀 더 특수한 독자적인 미학을 먼저 귀납적으로 추출해내는 것이다.

이런 면에서 우리는 탈놀음의 독자적인 미학을 밝혀보기 위해, 탈놀음의 미학적 면모들을 비슷한 레벨의 전통 공연 양식들인 무당굿·풍물굿·꼭두각시놀음·판소리 등과 비교·대조해 보아야 한다. 이 문제는 매우 복잡한 문제이므로 여기서 이 문제를 본격적으로 논의할 수는 없겠으나, 우리는 여기에서 다음과 같은 점들은 언급할 수는 있을 것이다.

우선 무당굿이 이른바 신인일체화神人一體化의 미학 곧 '엑스터시'의 미학을 추구한다면, 풍물굿은 '청관중의 공연자화' 미학을 추구하고,[539] 꼭두각시놀음은 '산받이'라는 중간 매개자를 가장 많이 활용하여 '매개적 대화의 미학'을 추구하며,[540] 이에 견주어 판소리는 앞장에서 분석해 본 바와 같이 공연자의 '공소'와 청관중의 '추임새'를 활용하여 양자 사이의 시간적 상호작용 관계를 가장 높은 수준으로 상승시킨 '동화同化의 미학'을 추구한다. 반면에, 탈놀음은 역시 앞장에서 분석해 본 바와 같이 '동화' 작용과 '이화' 작용을 적절히 조화시키는 방향을 추구한다는 점에서 '동화-이화의 조화 미학'을 추구한다고 할 수 있을 것이다.

3) 결어

탈놀음의 공연학적 해석의 목적은, 지금까지 다양한 관점으로

539) 김익두(1995), 앞의 논문, 110~111쪽.

540) 김익두(1998), 〈한국의 연극적 공연 양식에 있어서의 '공소'와 공연자-청관중 상호작용의 원리에 관하여〉, 《한국언어문학》41집, 한국언어문학회, 181~298쪽 참조.

이루어진 탈놀음 연구의 성과들을 '공연'에 초점을 맞추어 두루 통합하면서, 이러한 성과들을 바탕으로 하여 21세기 문화 패러다임에 맞는 새로운 방향을 모색하고 지향해 나아가는 데 있다. 이 책에서는 기존 연구의 성과들을 폭넓게 수용하면서 리차드 셰크너가 제시하는 공연 해석의 6가지 관점에서 '동래 들놀음'을 중심으로, 한국 탈놀음의 공연학적 특성과 현황 및 문제점, 그리고 앞으로의 과제 등을 살펴보았다. 그 결과를 요약하면 다음과 같다.

첫째, 마을이나 고을의 전승 현장에서 전승되어 온 한국 탈놀음 공연들은 집단 공동체 구성원들 전체의 제액초복除厄招福을 위한 '대동굿' 과정의 '일부분'으로 공연된 것이므로, '탈놀음' 자체를 독자적 양식으로 보는 시각을 바꾸어, 그 '탈놀음'을 공연하는 마을 또는 지역 '대동굿' 공연 과정 '전체'를 하나의 탈놀음 공연 과정이자 양식으로 다루어야 한다. 이런 의례 행위 전체의 일부분으로서의 탈놀음 부분에서는 '근대 연극'에서와 마찬가지로 탈놀음에 참여하는 공연자와 청관중들이 '존재와 의식'의 '일시적 변환'을 기하지만, '탈놀음'이 일부분으로 공연되는 마을굿 전체로 보면 존재와 의식의 '지속적 변환'과 '일시적 변환'을 동시에 기하고 체험하는 공연 양식이다. 그러므로, 우리는 탈놀음을 그 대동굿 전체의 시각에서 바라보는 연구가 시각이 필요하다. 이런 면에서 볼 때, 앞으로 탈놀음 공연의 '전체 과정' 곧 탈놀음 대동굿을 그 현장에서 다시 부활시켜 탈놀음을 공동체의 축제로 되살리는 방안을 모색할 필요가 있다.

둘째, 탈놀음의 전체 공연 과정 가운데서 '탈놀음' 부분의 긴장성 구축 방법 곧 탈놀음 공연의 핵심적인 구조화 원리는 '동화-이화의 반복·축적·순환의 원리'라고 할 수 있다. 탈놀음의 공연은 대체로 ① 〈등장인물들의 춤·(노래) + 악사들의 장단·추임새

+ 청관중들의 추임새〉로 이루어진 '동시적 결합' 단위와 ② 〈등장인물들의 대사/노래 + 신체동작 + 악사들의 장단·추임새 + (청관중들의 추임새)〉로 이루어진 '동시적 결합' 단위가 서로 계기적·교호적交互的으로 반복·축적·순환 연결되면서 '주관-객관의 조화 원리'를 추구해 나간다고 할 수 있겠다. 이것은 탈놀음의 공연 원리가 '긴장-이완'의 반복·축적·순환의 구조 속에서 시간적 공소들을 더 복잡하고 다양하게 활용하는 판소리나, '청관중의 공연자화'를 통한 '역할 전도의 원리'를 추구하는 풍물굿의 공연 원리와 근본적으로 구별되는 점이다.

셋째, 탈놀음 공연의 공연자-청관중 상호작용 관계를 형성하는 두 원리는 '동화의 원리'와 '이화의 원리'이다. 청관중이 공연세계에 적극적으로 끼어들게 하는 단위를 지배하는 것이 '동화의 원리'이며, 청관중이 공연세계를 '관망'하는 단위를 지배하는 것이 '이화의 원리'이다. 탈놀음은 이 두 원리가 적절하게 조화됨으로써, 일종의 '사회 비판적인' 공연예술 양식으로 발달할 수 있었다. 탈놀음의 이러한 특성은, '동화의 원리'를 높은 수준으로 들어 올린 판소리와 근본적으로 다른 점이다. 이런 면에서, 탈놀음 양식은 '감성'과 '이성'의 적절한 조화를 추구하는 공연 양식이라 할 수 있다.[541]

넷째, 탈놀음은 한국의 어느 '특정 지역'에만 존재하는 특수한 양식이 아니라, 전국에 걸쳐서 두루 존재한 보편적인 '대동굿' 공연 양식의 '일부'로 존재해 왔기 때문에, 독립된 하나의 독자적인 문화/예술 양식이 아니라, 마을/고을/궁중의 '대동굿'이라

541) 그러나 탈놀음을 '서사극'이라고 보기는 어렵다. 왜냐하면, 여기에는 내레이터 곧 서사자의 존재가 매우 희미하거나 거의 보이지 않기 때문이다. 탈놀음이 '극장주의 연극theatrical theatre'인 것은 분명하지만, 극장주의 연극 모두가 다 서사극인 것은 아니다.

는 좀 더 큰 문화 양식의 '일부분'으로 보는 시각이 필요하다. 이런 시각에서 우리의 탈놀음을 보면, 거시적이고 보편적인 문화 양식으로서의 '대동굿' 양식의 '보편성' 위에서 그것의 하부 양식으로서 '탈놀음'의 '특수성'을 다루는 조화롭고 폭넓은 시야가 우리의 탈놀음 연구에 필요하다.

다섯째, 탈놀음 공연 지식의 전승-전파는 주로 '행위 전승'과 '구비 전승'이라는 두 가지 전승 방법에 의해서 오랫동안 이루어져 오다가 근대에 들어와 '문자 기록' 전승이 중요한 방법으로 도입되었다. 그러나 탈놀음의 전승에서 문자 기록 전승 방법과 개인적인 보호 정책은 탈놀음 본래의 활력과 공동체의 연극 문화적 창조력을 약화시켰다는 점에서, 탈놀음의 공연 지식 전승 방법에 대한 진지한 반성이 요구된다. 이제는 새로운 문화적 패러다임과 새로운 문화 창조의 지평에서, '행위 전승'·'구비 전승'·'문자 전승' 방법이 전승 현장에서 조화롭고 통합적으로 활용될 수 있는 방향으로 탈놀음 공연 지식 전승·전파 방법을 개편해 나가야 한다.

여섯째, 탈놀음의 가치 평가는 탈놀음 공동체 구성원 전체에 의해 현장에서 이루어지는 '집단 평가'로 이루어졌지만, 일부 관련 전문가들이 개입되면서 공연 이후에 이루어지는 '전문 평가'로 점차 전환되어 왔다. 이러한 과정에서 발생한 문제들 가운데 하나는, 탈놀음이 본래 탈놀음 공동체 구성원들의 자발적인 문화적 공연 양식에서 일부 문화적 또는 정치적 전문가들의 '의도'를 따르는 '피동적'인 예술적 공연 양식으로 변화되어 가고 있다는 것이다. 탈놀음의 가치 평가는 전문가의 비평적 개입에서 벗어나, 탈놀음을 스스로 공연하고 향유하는 탈놀음 공동체 전체의 가치 평가에 좌우되도록 하는 방향으로 나아가야 한다.

탈놀음의 가치 평가와 관련하여 탈놀음의 미학 원리를 찾는 작업도 이루어져야 한다. 탈놀음의 공연은 '동화' 작용과 '이화' 작용을 적절히 조화시키고자 한다는 점에서 '동화-이화의 조화 미학'을 추구한다고 할 수 있는데, 이것은 탈놀음이 신인일체화神人一體化의 미학을 추구하는 무당굿, '청관중의 공연자화' 미학을 추구하는 풍물굿, '산받이'라는 중간 매개자를 가장 많이 활용하여 '매개적 대화의 미학'을 추구하는 꼭두각시놀음, 공연자의 '공소'와 청관중의 '추임새'를 활용하여 양자 사이의 시간적 상호작용 관계를 가장 높은 수준으로 상승시킨 '동화同化의 미학'을 추구하는 판소리 등과 비교되는 미학의 원리라 할 수 있겠다.

이 장에서는 탈놀음을 좀 더 거시적·총체적으로 다루는 공연학적 연구의 시각에서 탈놀음을 보고자 하였고, 그에 따라 그동안 지나치게 부분적으로 탈놀음을 다루던 연구들에서 보이지 않던 탈놀음의 특성들과 전반적인 문제들이 어느 정도 드러났고, 앞으로 해결해 나가야 할 과제들도 제기되었다.

앞으로, 이런 과제들이 해결되면서 우리 민족이 창조해낸 위대한 공연문화 양식 가운데 하나인 탈놀음이 새로운 활기를 찾아 21세기 지구 공동체 사회의 중요한 공연 양식으로 부활하고, 이로부터 새로운 공연 양식들이 재창조 되기를 희망한다. 이러한 가능성을 우리는 이미 1970~80년대의 '마당극'에서 분명하게 보았기 때문에, 이런 희망은 자못 크고 긍정적이다. '한류'와 'K-pop'의 선순환적 흐름을 타고, 우리의 탈놀음과 그 공연 원리가 이제는 한국을 벗어나 전 세계 인류의 대동축제의 새로운 지평을 열어나갈 날을 기대해 본다.

6. 판소리: '구심적 인간관계'의 공연적 탐구와 삶의 해석

1) 문제제기

'판소리란 무엇인가?'라는 물음은 너무 진부한 질문인 것처럼 보인다. 그러나 이와 같은 낡은 것 같은 질문은 늘 본질적인 물음에 연결됨으로 해서 새로워질 수 있고, 또 새로워져야 한다. 마치 '인간이란 무엇인가'라는 질문과 그에 대한 대답처럼, 이런 질문과 대답 사이에는 항상 많은 '틈'들이 존재하며, 이 틈에 인간학적인 절망과 가능성이 동시에 존재한다. 이 틈은 인간의 '미결정성'과 직결되어 있다. 이런 미결정성에 대처하는 최선의 방법은, 이런 종류의 질문에 대답하고자 하는 사람이 그 질문에 대해서 혼신의 힘을 기울여, 자신의 전부를 그 질문에 맞서게 하는 길밖에는 없는 것 같다.

판소리란 무엇인가라는 물음에 대답하는 최선의 방법도, 결국은 '우리'가 '지금'·'이곳'에서 이 질문에 맞닥뜨려 스스로 가능한 최대한의 답변을 제시해 보는 길뿐이다. 그러한 답변은 대상과 우리의 삶과의 불가분의 필연적인 결부를 전제로 하는 답변이어야 하며, 따라서 매우 정치적이며 현실적이고 생존적인 답변이어야 한다. 인간학적인 물음과 그 대답은 이 점을 전제하지 않으면 어떤 것도 무의미할 수 있다.

이런 관점에서 볼 때, 지금까지 '판소리란 무엇인가?'라는 물음에 대한 그동안의 형식론적인 대답들[542]은 판소리가 '지금'·'이곳'에서 '우리'의 삶과 '실제로'·'어떻게'·'왜'·'무슨' 필연적인 '결부'가 이루어지는가에 대한 답이 미약했다. 지금까지의 대답에는 이런 물음 항목들이 빠진 채 괄호로 묶여져 있는 경우가 많았다.

모든 갈래〔장르〕·형식·양식·방법들이 즉각적으로 교차되고 뒤섞이고 변화되고 확장되고 있는 오늘날, 기존의 낡은 문자언어 중심의 '형식' 개념으로 어떤 예술을 형식적으로 규정한다는 것이 무슨 큰 의미나 가치[543]가 있는 것일까? 이런 그동안의 연구 태도들은 판소리의 의미와 가치를 확장하기보다는, 오히려 축소하고 고착시키기 쉽다. 우리 시대의 가장 훌륭하고 포괄적인 갈래 구분들은 우리로 하여금 문학 갈래들 사이의 경계선들에 주목하도록 하는 것이 아니라, 문학 질서에 대한 직접적인 관심 집중의 범위를 뛰어넘어서 보도록 하는 것이다.[544]

진정으로 새로운 연구는, 이미 구축된 원리들을 만나는 것이 아니다. 하나의 '테마'를 선택해서 그 주위에 두세 가지 학문의 방법들을 끌어 모으는 것으로는 충분하지 않다. 진정으로 새로운 연구란, '그 어떤 것에도 속하지 않는' 하나의 '새로운 대상'을 창조하는 데 있는 것이다.[545]

---

542) 전신재(1988), 〈판소리의 연극성에 관한 연구〉, 성균관대학교 대학원 국어국문학과 박사논문, 27~28쪽 참조. 여기에는 지금까지 주장된 판소리의 장르 규정에 관한 주장들이 망라되어 있다.

543) 딜타이에 따르면, 가치는 본질적으로 의식적인 현재의 체험이다. 그것은 현재의 정서적인 즐거움 속에 내재하며, '어떤 체계적인 방법으로' 서로를 내부에서 관련짓는 것이 아니기 때문에, 가치의 관점에서 보면 삶은 현재를 채우고 있는 '음색적 구조'로 보인다. 반면에 의미는 과거와 현재를 '음악적 관계'로 이끄는 데에서 이루어진다. 〔Victor Turner(1982), *From Ritual to Theatre*, New York, PAJ Publications, Preface〕.

544) Paul Hernadi(1972), *Beyond Genre*, Ithaca & London: Cornell University Press, p.184.

545) Roland Barthes(1984), "Jeunes Chercheurs" in *Le Bruissement de langue*, Paris: Le Seuil, p.97; James Clifford & George E. Marcus eds.(1986), *Writing Culture*, Berkeley

2) 판소리의 문화사적 의의와 본질

지금까지의 판소리 연구는 전반적으로 판소리의 '내재적' 의미와 가치를 지나치게 강조해온 감이 있다. 판소리가 내재적으로 아무리 훌륭하다고 주장하더라도, 그것이 사회적으로 유통될 '외재적' 가치가 없다면, 사회적으로 존속하기 어렵고, 존속할 가치를 확보하기 힘들다. 만일 판소리가 없어도 지금 한국인과 세계인들이 바람직한 삶을 영위하는 데 아무런 지장이 없다면, 판소리는 사회적으로 지금 이 세계 내에 없어도 무방하다고 말할 수 있다. 이런 관점에서 판소리의 '문화적' 필요성이 검토되고 확립될 필요가 있다.

인간은 고도의 능동적인 신체적 상호관계를 추구하는 '호모 퍼포먼스'이다.[546] 판소리는 문화 공동체의 대표자인 광대를 중심으로 하여, 신체의 직접적이고 능동적인 집단적 상호관계를 고도의 예술적 경지에까지 탐구해 들어가는 문화적 공연cultural performance 양식이다. 이런 공연 양식은 현재 세계의 다른 곳에서는 거의 찾아볼 수 없다.[547] 판소리의 세계-사회적 가치의 근거는 우선 여기서 찾을 수 있다.

인간은 '반성성reflexivity'을 가진 존재이므로, 어느 시대-사회를 가리지 아니하고 그 사회 공동체가 살아 있는 한, 공동체 구성원들의 삶을 '비추어 볼' 반성의 기재를 구축해 놓고 있거나 구축하고자 부단히 노력한다. 반성의 기재는 일종의 메타-사회적인

& Los Angeles: University of California Press, p.1.

546) Carol Simpson Stern & Bruce Henderson(1993), *Performance: Texts and Contexts*, New York & London: Longman Publishing Group, p.10.

547) 이 점에 관해서는 뒤에서 좀 더 구체적으로 논의될 것이다.

집단적 반성의 '거울' 형식을 취하게 되며, 그 사회나 개인들은 그 거울에 자기를 비추어 봄으로써 '자기 반성'에 이르게 되고, 이를 통해서 그 사회는 올바른 삶을 영위해 나아갈 수 있는 길을 끊임없이 '재형성'해 나아가게 된다.

이 집단적 반성의 거울은 '집단적 행위'의 형태를 띠게 되며, '가정법적 시공간'의 형태로 형성된다.[548] 또한 이 거울은 그 공동체가 공유하는 하나의 보편적인 '틀frame'로 이루어지며, 그 틀을 통해 그 공동체는 살아있는 하나의 전체적인 '흐름flow'을 형성하게 되는 것이다.

이 집단적 반성의 거울은 몇 가지 단계를 거쳐서 변화되어 왔다. 즉, 아주 오랜 원시적 사회에서는 '제의'나 성스러운 '제사'가 그런 메타-사회적인 반성의 거울이 되었고, 봉건사회 이전의 사회나 봉건사회에서는 '카니발' 또는 '페스티벌'이 그 구실을 했고, 전기 근대사회에서는 '카니발'과 '연극'이, 문화적 진화가 고도로 진행된 최근 사회에서는 '영화'와 '텔레비전'이 반성의 대표적인 거울이 되어 있다.[549]

이 집단적 반성의 거울과 사회의 상호관계는 상징적인 의미에서 다음과 같이 '무대극stage drama'과 '사회극social drama'의 관계로 도식화하여 설명할 수 있다.[550]

다음의 〈그림-12〉에서 '사회극'이란 어떤 공동체 안에 중요한 계기를 형성하는 극적인 사회적 사건의 전개를 말하고 '무대극'이란 그러한 사회극들과 관련되거나 이런 사회극들을 재료로

548) Richard Schechner(1985), *Between Theater & Anthropology*, Philadelphia: University of Pennsylvania Press, pp.102~104.

549) Victor Turner(1977), "Frame, Flow and Reflection: Ritual and Drama as Public Liminality" in *Performance in Postmodern Culture*, Medison: Coda Press, Inc., pp.34~35.

550) Richard Schechner(1985), op. cit., p.103; Victor Turner(1982), *From Ritual to Theatre*, New York: PAJ, p.73.

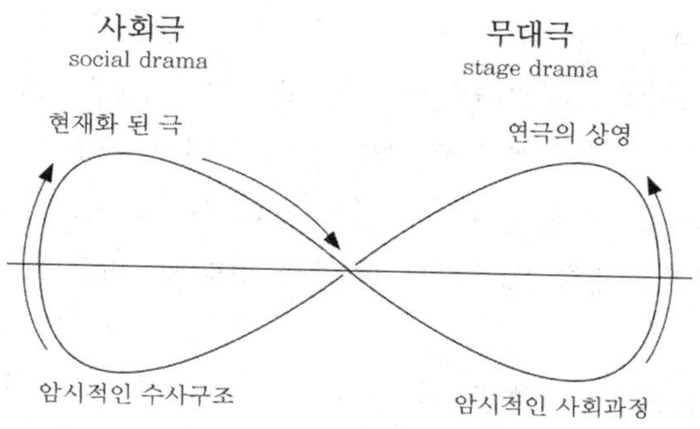

〈그림-12〉 사회극과 무대극의 관계

삼아 만들어지는 예술극을 말한다. 이 경우, '사회극'은 무대극을 거울로 삼아 그 공동체의 사회적인 문제의 해결을 바람직한 방향으로 잡아 나아가게 되고, '무대극'은 또 그 사회극을 거울로 삼아 무대극의 바람직한 방향을 잡아 나아가게 된다. 따라서 이 양자는 서로 독립되어 있는 것 같지만 사실은 마치 '뫼비우스의 띠'와 같이 서로 하나의 과정으로 연결되어 있다.

이러한 사회극의 거울로서의 오늘날 무대극의 구실은 주로 '텔레비전'이 맡아 하고 있는 셈이다. 다시 말해 지금 우리 사회의 집단적 반성성의 대표적인 '거울'은 텔레비전(및 오디오-비디오 전자통신 시스템)인 것이다.

그러나 이런 '무대극'의 거울 형식은 매체적·기계적·일방적·수동적이라는 한계를 가지고 있다. 오늘날의 우리 사회 공동체는 이런 점을 보완해 줄 수 있는 인간의 직접적·신체적·쌍방적·능동적인 '무대극' 거울이 필요하지만, 이에 부응하는 분명한 대안은 전 세계적으로 아직 뚜렷이 나타나 있지 않다. 여기에 바로 오늘날 지구촌의 우리 사회가 주로 의존하고 있는 '무대극' 거울의 문제성이 도사리고 있다.

이러한 문제를 해결하면서, 지금 우리가 더불어 살고 있는 공동체들의 집단 문화적 공연 형태를 취하면서, 오늘날 우리의 삶을 총체적으로 반성할 수 있는 직접적·신체적·쌍방적·능동적인 사회적 인간관계를 탐구하는 무대극 형태의 '거울'을 찾을 수는 없을까?

이런 거울의 가능성을 찾을 수 있는 우리의 대표적인 연극적 공연문화 양식으로는 마을굿·무당굿·풍물굿·탈놀이·꼭두각시놀음·판소리·창극·신파극·신극 등이 있다. 그러나 이것들 가운데 판소리를 제외하면 제각기 극복하기 어려운 현실적 한계를 가지고 있다.

마을굿은 혈연·지연의 마을 단위인 농어촌 생활공동체가 사회의 지배적인 하위 커뮤니타스communitas[551]로 작동하고 있을 때에는 중요한 집단적·총체적 반성의 거울일 수 있었다. 그러나 오늘날과 같이 사회가 민족이나 국가 단위 또는 더 나아가 전 지구적 단위의 사회로 형성되어 있는 상황에서는 마을굿이 그런 구실을 제대로 수행하기란 사실상 불가능하다. 무당굿은 종교적인 공연 양식이기 때문에 이 종교적인 공연 양식이 오늘날의 제각기 다른 수많은 전 세계의 종교적 공연 양식들을 두루 포괄한다는 것이 불가능하다는 점에서 그런 가능성은 찾기 어렵다. 신파극은 이미 민중적 활기가 넘치던 초기 양식의 전승이 끊어졌기 때문에 이런 역할 가능성에 관해 거론하기가 어렵고, 창극·신극은 전반적으로 서구의 근대 리얼리즘적 전통 위에 서 있어서, 서구 근대극이 해결하지 못한 인간관계의 단절과 '소외'라는 한

551) '이상적 공동체'란 의미를 지닌 인류학적 용어로 빅터 터너가 사용한 용어.

계를 아직도 제대로 극복하지 못하고 있기 때문에 어렵다.

남는 것은 풍물굿·탈놀이·판소리뿐이다. 이 가운데서 공동체의 대표자가 중심이 되는 신체의 직접적이고 능동적인 집단적 상호관계를 고도의 예술적인 경지에까지 탐구해 들어가는 문화적 공연 양식은 판소리뿐이다. 풍물굿은 '판의 전도', 즉 '청관중의 공연자화'를 추구하는 매우 혁명적인 예술로[552] 공동체의 대표자를 중심으로 한 신체의 직접적이고 능동적인 집단적 상호관계의 추구보다는, '동화–이화'의 원리를 통하여 감성과 이성의 조화를 추구하는 '대상 인식'의 공연 구조를 이루고 있는 공연 양식이다.[553]

이에 견주어 판소리는 (기존의 사회 체제를 어느 정도 '용인'하면서) 대표자 곧 광대를 중심으로 판 공동체의 집단적 에너지를 모으고, 이 과정을 통해 그 공동체의 집단적 신체적 반성의 거울을 마련하고자 한다. 풍물굿이 판 전체의 '변혁'을 꿈꾸고, 탈놀이가 대상의 '인식'을 실현하고자 한다면, 판소리는 바람직한 사회적 '관계'를 탐구한다. 여기에 바로 판소리의 사회적 가치가 있으며, 현대의 반성적 '거울'로서의 중요한 가능성이 있다.

오늘날의 현실은, 사회적인 '변혁'과 '인식'도 중요하지만 전지구적 차원에서 모든 존재들 사이의 살아있는 유기적 '관계'의 회복과 유기적 '순환'·'흐름'의 회복이 더 화급한 해결 과제이다. 그러므로 판소리는 이 전지구적 차원에서 '유기적 상호관계'의 예술적 탐구 가능성을 가장 분명하게 열어놓고 있다는 점에서, 매우 중요한 사회적 의의를 가지고 있다. 또 그러한 면에서 '관계'

552) 김익두(1995), 〈풍물굿의 공연 원리와 연행적 성격〉, 《한국민속학》27집, 한국민속학회, 97~132쪽. 민중종교인 증산교의 창시자 증산 강일순이 풍물굿을 증산교의 종교음악으로 거론한 것은 이러한 점에서 의미심장하다.

553) 김익두(1988), 〈한국 민속예능의 민족연극학적 연구〉, 전북대 국문과 박사논문, 95쪽.

를 탐구하는 중요한 사회적 '거울'로서의 구실을 감당할 수 있다고 볼 수 있다. 인간은 '관계'의 동물이며, 판소리는 이 '관계'를 고도의 신체 예술적 경지로 들어 올리는 '무대극'이며, 그러는 과정에서 우리의 삶과 사회를 비추어 보는 사회적 '거울'이 되고 있다.

3) 판소리의 '인간관계' 탐구방법

그렇다면 판소리는 어떻게 '인간관계'를 탐구하는가? 판소리 공연의 비밀은 그 공연 형식의 극단적인 단순화에 있다. 판소리가 하나의 훌륭한 공연예술이라는 것을 이해하기 위해서는, 판소리에 관한 장황한 이야기를 늘어놓기보다, 이 명약관화한 사실에 주목해야 한다. 판소리는 최소의 인원, 최소의 도구로 최대의 표현을 추구하는 것이 요체이자 비밀이다. 판소리는 음반에 취입하면 사라지고, 창극으로 개편해도 사라지고 만다.[554] 판소리가 지니는 이러한 거느림의 간단명료함, 모든 공연 요소상의 거추장스러운 거느림을 일절 포기하고, '최소의 인간관계 단위'만을 남긴 채 여백을 극대화하여, 공연자의 최소의 존재 '현현顯現'으로 최대의 존재 '환기喚起'를 기하는 것, 여기에 판소리 공연의 최대 비밀이 숨어 있다.

마을굿이 거느리고 있던 문화, 그 자체와 같은 복합 현상, 무당굿이 거느리고 있던 사설과 노래, 춤과 반주 음악과 연극적 행위들, 대소도구들과 의상과 조명, 풍물굿이 동원하는 다량의 공연자와 요란한 악기 연주와 춤과 다양한 동작, 탈춤이 전개하는

554) 조동일(1979), 〈판소리의 전반적 성격〉, 《판소리의 이해》, 서울: 창작과비평사, 22쪽.

수많은 가면들의 등퇴장과 각종 춤사위와 대사 등을 다 털어버리고, 판소리에 남은 요소들은 '청관중' 앞에 서고 앉은 '광대' 한 사람과 '고수' 한 사람뿐이다. 광대와 고수, 이것은 공연예술에서는 더 이상 축소하려야 축소할 수 없는 최소한의 '인간관계'의 단위이다.555)

그것은 일종의 모험이다. 악기 가운데서도 가장 투박하고 재주부리기 힘든 북 하나, 소도구 가운데서도 아주 형편없는 부채 하나만을 허락받은 채, 아무런 특별한 의상·분장도 무대장치도 별다른 음향·조명도 없이, 귀를 세우고 눈을 크게 뜬 낯선 청관중들에게 둘러싸인 채, 판소리 공연자는 거기서 그 청관중들과 '더불어' 하나의 '세계'를 창조해내야만 하는 것이다.

이러한 한계 상황에서, 판소리는 다음과 같은 세 가지 방법으로 이 한계를 극복하고, '인간관계'의 공연예술적 탐구 전략을 마련한다. 첫째, 시간과 장소를 미리 규정해 놓지 않고 모든 가능한 시간·(공간)을 복합적으로 활용하는 방법, 둘째, 현전성現前性을 다양하게 제시하고 구현시키는 방법, 셋째, 광대·고수·청관중 사이의 부단한 상호작용 행동을 통한 '경계간섭'에 의해 '탈경계화'를 기하여, 하나의 통일된 '흐름'을 형성하는 방법 등이 그것이다.

(1) 시간의 복합적 활용

판소리 공연에서는 시간·공간이 매우 다양 다기하고 복합적으로 활용됨으로써, 광대·고수·청관중 사이에 미묘한 고도의 '인간

---

555) 이러한 요소들의 단순화, 요소들의 생략은 거꾸로 그 요소들을 가지고도 여러 요소들이 합해서 이루어 내는 세계 못지않은 또는 그런 것들을 능가하는 놀라운 감동의 세계를 창조해낼 수 있다는 전제를 은연중에 띠고 있는 것처럼 보인다.

관계'가 구축된다.

이들 광대·고수·청관중은 공연 중에 세 가지 차원의 시간을 누린다. ① 공연 시간/관람 시간·② 작중 시간·③ 공연 시간+작중 시간이 그것이다.[556]

'공연 시간/관람 시간'은 공연 과정 전체에 걸쳐서 이들 모두가 시종일관 공유하는 시간 차원이지만, 광대가 서사자로서 판에 현전해 있을 때인 내레이션을 할 때 가장 분명하게 나타난다. '작중 시간'은 광대를 중심으로 하여 작중인물이 무대 위에 불완전하게나마 현전되는 즉 광대가 고수의 협력을 받아 작중 등장인물의 '배역'을 '판' 안에 실연實演시킬 때 나타난다. '공연 시간/관람 시간 + 작중 시간'의 차원은 광대가 입으로는 서사자로서 내레이션을 하면서, 신체 동작으로는 (그가 내레이션을 통해 서사·묘사하고 있는) 작중인물의 신체 동작을 하는 때에 나타난다. 예를 들어, 판소리 《춘향가》의 '어사출도' 대목 후반부에서 광대가 입으로는 "어사또를 정신없이 물끄러미 보더니마는 웃음도 반 울음도 반으로"라고 서사·묘사를 하면서, 얼굴 표정이나 신체 동작으로는 그 서사·묘사의 대상인 등장인물 '춘향'의 표정과 신체 동작을 하는 경우[557]가 좋은 예이다. 이런 예는 공연 중에 수시로 수없이 나타난다. 이때 '공연 시간'과 '작중 시간'은 동시에 공존하게 되고, 이 공연에 참여하는 광대·고수·청관중은 '추임새'의 형태로 적절한 때에 수시로 모든 시간에 개입해 들어감으로써 이 이중적·복합적 시간을 함께 공유하게 된다. 이 점은 판소리가 가지는 시간 활용상의 매우 독특한 측면이다.

---

556) 여기서 '작중 시간'이란 작품 속에서 작품의 등장인물들이 사는 구체적인 시간을 말하며, '공연 시간/관람 시간'이란 그 작품이 공연되는 물리적인 시간 또는 청관중이 그것을 관람하는 물리적인 시간을 말한다.

557) 오정숙 창 〈춘향가〉의 경우가 그 예이다.

여기서 고수와 청관중의 '추임새'는 특히 중요한 구실을 한다. 추임새는 고수와 청관중이 공연 시간·작중 시간·공연 시간 + 작중 시간의 모든 차원을 이리저리 자유롭게 넘나들 수 있는 방법이기 때문이다. 이러한 '개입'은 판소리에다가 매우 독특한 시간의 차원을 부여하게 된다. 그것은 시간의 '탈경계화脫境界化'라고 할 수 있는 것이다. 작중시간과 공연시간의 '분리'가 추임새를 통해서 근원적인 '통합'의 차원으로 전환되는 것이다.[558)]

서구 리얼리즘 연극 공연에서는 작중 시간과 공연 시간/관람 시간이 거의 완전히 독립되어 있고, 공연 중에는 공연 시간/관람 시간만을 공연자와 청관중이 공유하는 것으로 되어 있지만, 그 공유도 '공연 장소/극장 안에 같은 시간에 함께 있다'는 정도의 공유이지, 서로 어떤 직접적인 상호작용과 개입은 용납되지 않는다.

그러나 판소리 공연에서는, 광대와 고수, 청관중이 서로 미묘한 차원까지 시간의 공유를 기한다. 공연자와 청관중이 공연 시간/관람 시간을 공유함은 물론, 공연자는 공연자 신분으로서 청관중의 관람 시간에 직접 개입하고, 청관중은 청관중의 신분으로서 작품의 공연 시간뿐만 아니라 작중 시간에도 직접 개입한다. 광대는 공연 시간/관람 시간·작중 시간·공연 시간 + 작중 시간에 '창·아니리·너름새'로써 개입하고, 고수도 공연 시간/관람 시간·작중 시간·공연 시간/관람 시간 + 작중 시간에 '장단·

558) 고수와 청관중은 공연의 '생성'에 '개입'하고 '관여'할 수는 있지만, 직접 능동적으로 공연을 '생성'할 수는 없다. 고수와 청관중은 고수의 장단·추임새와 청관중의 추임새를 통해서, 광대의 세계 형성 작업을 개입하여 도울 수는 있지만, 그들이 직접 그 세계를 만들어 나아갈 수는 없다. 공연 세계를 직접 생성해 나아가는 자는 광대이다. 여기에 고수와 청관중의 '수동적 능동성'이 있다. 공연에 참여하는 사람들(광대·고수·청관중)은 모두 항상 모든 차원의 시간들을 공유하지만, 그 시간들을 능동적으로 직접 '생성'하는 자는 광대이고, 고수와 청관중이 이를 보조한다.

추임새'로써 개입하며, 청관중은 고수와 같이 모든 시간에 '추임새'로써 개입한다.

이처럼, 공연 과정에서 광대·고수·청관중이 시간을 다양하게 공유하고 활용한다는 사실은, 판소리 공연의 근본적인 성격을 이해하는 데 매우 중요한 단서가 되고 있다.

(2) '현전성'의 다양한 전개와 환기

'인간관계'의 고도의 공연적 탐구라는 문제를 해결하기 위해서, 판소리는 또한 현전성을 다양하게 제시하고 활용한다. '현전성'이란 '지금·이곳'에 구체적인 육체적 형상으로 존재하는 성질을 말하며, 공연예술의 가장 중요한 특성으로 인식되고 있다.

판소리 공연에서 현전성은 광대·고수·청관중 모두에게서 다양하게 나타나는데, 그 가운데 광대와 고수의 현전성이 매우 다양하게 활용됨으로써, 판소리의 주요한 특성이 구현된다. 판소리의 현전성의 가장 중요한 특성은 '부분적 현전성'/'매개적 현전성'/'불완전한 현전성'이라는 점과, 이러한 현전성의 다양한 활용을 통해 현전의 경계선들을 지음으로써 현전성의 모든 차원들을 두루 통합하려 한다는 점이다. 여기서 '부분적 현전'이라는 말은, '작중인물들'이 무대 위에 완전한 분장을 갖춘 등장인물로 나타나는 것이 아니라 광대와 (고수의) 간단한 모방적 행동에 따라 수시로 아주 간단히 '인용'된다는 점을 지적하는 것이다.[559]

559) 이것은 앞에서 논의한 시간의 다양한 활용과 공유와도 긴밀한 관련이 있다. 시간을 다양하게 활용하고 공유하려면 시간 면에서 '지금now·이곳here'이라는 공통 기반을 항상 일정 정도만큼은 공연자와 청관중이 공유해야 한다. 그러자니 공연자가 등장인물의 상태로 완전히 '존재와 의식'의 변환을 기할 수가 없기 때문에, 늘 부분적인 전환만이 가능하며, 이 존재와 의식의 부분적인 전환은 '부분적 현전/불완전한 현전'이라는 특징을 판소리에다 부여하게 된다.

이 '부분적 현전성'은 관점에 따라 공연예술로서의 판소리의 단점으로 볼 수도 있겠지만, 우리와 같은 공연학자의 견지에서는 대단한 장점으로 보인다. 판소리는 '지금·이곳'에서 참여자들(광대·고수·청관중)의 '동시적 현전'이라는 한계상황 속에서, 다양한 시간의 공유와 활용을 통해 고도의 긴밀한 신체적 인간관계를 형성하는 가운데, 참여자의 숫자만큼 각양각색으로 '분리된 세계'를 광대를 중심으로 통일하면서, 하나의 집단-신체적인 반성의 거울을 이루어 내고자 한다.

이러한 모험적인 작업에서 작품세계를 현전성의 완전한 구현으로 무대에서 이루어낸다는 것은 불가능하며, 또 그렇게 할 필요도 없다. 이 경우, '부분적 현전성'의 다양한 활용은 인간의 '실존적 조건'으로부터 '주어진' 것이기 때문에, 전혀 어색한 것이 아니다. (오히려 이런 방법을 어색한 것으로 생각한 근대 리얼리즘 연극의 공연 방법이 어색한 것이다.) 이것은 어쩔 수 없는 인간의 '실존적 한계상황'으로부터 나온 것이다.[560)]

판소리가 이렇게 '부분적 현전성'을 활용하고자 하는 것은, 인

560) 이 점에 대한 오해야말로, 서구의 리얼리즘 연극이 지니고 있는 자기모순이자 환상이다. 리얼리즘 연극은 등장인물의 '완전한 현전'을 기하기 위해서, 이와 같은 인간 자체의 존재론적 조건과 토대를 거부하기 때문이다. 이러한 자기모순은 리얼리즘 연극 연기술의 대부로 알려진 스타니슬라프스키조차도 다음과 같이 파악하고 있었다. "무대 위에서는 결코 자신을 잃지 말라. 항상 예술가로서의 그대 자신의 인격person으로 연기하라. 그대는 그대 자신으로부터 결코 멀리 떨어질 수 없다. 무대 위에서 그대가 그대 자신을 잃는 순간은 그대의 배역을 살리는 것으로부터의 이탈과 과장된 거짓 연기의 시작을 명시하는 순간이다." [Konstantin Stanislavski(1946), *An Actor Prepares,* New York: Theater Art Books, p.167]. 배우가 아무리 자기 자신의 전 존재를 자기가 맡은 배역에게 완전하게 '대여'하고자 하더라도, 공연자가 '다른 사람'이 될 때에는, "일종의 분해되지 않은 변증법적 긴장 속에서 복합적인 자아들이 공존하여, 공연자가 자기 자신의 존재를 멈추는 것은 아니다. 그것은 마치 인형이 공연 속에서 활동할 때 그것의 죽은 존재를 멈추지 않는 것과 같다." [Rechard Schechner(1985), *Between Theater and Anthropology*, University of Pennsylvania Press, p.6].

간의 실존적 토대의 한계를 깊이 이해하고, 그러한 한계 속에서 인간적 진실에 접근하고자 하는 진지한 자세를 견지하기 때문으로 보인다. '부분적 현전성'을 활용함으로써 판소리는 서구의 리얼리즘 연극의 공연처럼 실재 세계로부터 유리되지 않고서도, 오히려 세계를 통합하는 길을 마련하고 인간적 존재 조건 속에서 그 세계를 총체적으로 파악할 수 있는 방법을 구축하고 있다.

이런 점에서, 판소리 공연은 결코 무대 안에다 어떤 실재들을 완전하게 현전시키는 일은 없으며, 공연 자체는 완전하고 통일된 실재들의 현전상을 이루어 내기 위한 빛을 모으고 초점을 마련하는 작업, 볼록렌즈와 같은 작업을 할 뿐이다.

판소리의 현전성은 다음과 같이 광대의 현전성, 고수의 현전성, 청관중의 현전성 등으로 나누어 정리할 수 있다.

'광대의 현전성'은 세 가지 차원에서 이루어진다. ① '광대' 자신으로서의 현전, ② '등장인물'로서의 현전, ③ '서사자'로서의 현전이 그것이다. 그러나 이 세 가지 차원은 어느 하나의 차원에서만 이루어지는 것이 아니다. 이 가운데 적어도 두 가지 차원 이상이 동시적으로 결합되어 나아가면서 이루어진다. 이 경우에, ①의 현전성은 어떤 경우에나 공존하는 현전성이다. 즉, 어느 경우든지 ①을 기저로 하여 그 토대 위에서 이루어진다.

여기서, 특히 주목할 필요가 있는 것은 앞에서 잠깐 언급한 바 있는 '어사또를 정신없이 물끄러미 보더니마는 웃음도 반 울음도 반으로'라는 대목 같은 곳에 나타나는 현전성이다. 이 대목에서는 사설상으로만 보면, 서사자의 관점에서 서사자의 태도로 공연할 것처럼 보이지만, 실제의 공연을 보면 언어행동으로는 서사자의 관점에서 창唱으로 내레이션을 하면서, 동시에 신체 동작상으로는 서사의 대상이 되는 인물의 표정과 몸짓을 연기한다. 이러한 이중적·복합적 현전성은 마치 메타포어에서의 '공감각적 이미지'의 효과와 유사한 효과를 공연상에 가져다준다. 즉, 공감각적 이미지가 시에 감각의 통합적 효과를 가져다주는 것처럼, 이러한 이중적 복합적 현전성의 구사는 판소리에 동원되는 모든 행위의 통합 효과를 가져다준다. 이 행위의 통합 효과를 통해서 판소리는 앞의 ①·②·③의 행위의 차원들을 하나로 통일하는 효과를 발휘한다. 서구의 브레히트가 체계화한 '서사극'이론에서는 이러한 경계－배우·서사자·등장인물 사이의 현전적 경계－를 허무는 '탈경계적 효과'의 방안은 마련되어 있지 않다. 이 점에서 판소리는 서구의 '서사극' 이론을 훨씬 앞질러 능가하는 면모를 보여준다.

'고수의 현전성'은 대체로 다음과 같이 세 가지 차원에서 이루어진다. ① 판의 장단을 구축하는 고수로서의 현전, ② 어떤 등장인물로서의 현전, ③ 대표적 청관중 또는 해석자/비평가로서의 현전이 그것이다. 이러한 현전성은 고수의 기능과도 밀접한 관련을 가지고 있다.[561] 그러나 실제로 아주 분명하게 드러나는 것은 ①의 현전만이 시종일관하게 견지되고, 나머지 ②·③의 현전은 그때그때 상황에 따른 일시적·부분적·암시적 현전이며, 동시적 또는 계기적 현전이다. 고수는 ①·②·③의 현전을 동시에 다 해야 하는 경우도 있고, 이 가운데 일부만 하는 경우도 있다.

고수는 이상과 같은 다양한 존재 현전의 기능 때문에, 자신의 존재를 공연 속에 가장 작게 현전시키고자 한다. 자신의 현전을 축소시킬수록 자신의 구실과 운신의 폭이 강화될 수 있기 때문이다. 고수는 그 존재를 가능한 한 최대한으로 숨김으로써 자신의

561) 강한영은 판소리 공연에서 고수의 기능으로 ① 장단 반주자로서의 기능, ② 연창자와 청관중 사이에서 서로의 격조감隔阻感을 해소하고 소리판을 조성하는 기능, ③ 청관중의 한 사람이자 청관중들을 대변하는 기능, ④ 연창자의 상대역으로서의 기능, ⑤ 연출자 겸 지휘자로서의 기능 등, 다섯 가지 기능을 지적하고 있다. 〔강한영(1977), 《판소리》, 세종대왕기념사업회, 39~44쪽〕.

존재의 범위와 깊이를 확장·강화하려 하는 것이다.

고수는 자기의 현전성이 가장 모호하게 규정되고 가장 크게 열려 있기를 바란다. 집에 비유하자면, 고수는 집의 '문지방'과 같은 성격을 지녔다. 고수는 문지방처럼 방(광대)도 아니고 바깥 세계(청관중)도 아니며, 그 둘 '사이'에서 둘을 매개하는 제한된 존재로만 자신의 존재를 드러낼 수 있다. '일고수 이명창'이란 말은 고수가 자신의 존재를 공연 속에서 드러내는 데 따르게 되는 이러한 어려운 제약조건들을 지적하는 말로도 이해된다.

고수가 문지방을 마련하는 구체적인 수단은 '장단'과 '추임새'와 '표정'과 '몸짓'이다. 고수는 광대와 청관중 '사이'에서 두 사이를 매개하고 그 두 세계 사이의 경계를 최대한으로 지워주는 '탈경계화' 작업을 기도하며, 그렇게 함으로써 광대를 중심으로 한, 분리된 세계를 하나로 통일하고 갱신하면서 고도의 집단-신체적 '인간관계'를 구축하고자 하는 존재인 것이다.[562)]

'청관중의 현전성'은 공연 중에 시종일관 '청관중'으로서만 현전한다는 점이 광대·고수와 다른 현전성상의 특징이다. 청관중은 청관중 이외의 존재로서는 공연장에 현전할 수 없다. 등장인물로서의 현전을 직접 기할 수 있는 것은 광대와 고수뿐이다. 청관중은 이들이 이루는 현전화 작업에 '추임새'로써 '참여'만 할 수 있을 뿐이다. 청관중은 등장인물들의 현전에 직접 관여하는 광대와 고수에게만 직접 관여할 수 있다는 말이다. 다른 차원에

---

562) 이 점은 무당굿의 악사와 아주 비슷한 성격임을 주목할 필요가 있다. 무당굿의 악사도 무당이 구현하는, 낯선 세계를, 이를 지켜보는 청관중/참여자들의 일상세계와 연결·통합하기 위해서 각 공연의 단계별 '상황'에 적합한 반주음악 연주와 후렴 부르기와 추임새를 통해서 두 세계 사이를 적절히 매개하고 통합하는 역할을 한다. 무당굿의 '엑스터시'를 이루는 작업이 악사들에게 많은 빚을 지고 있는 것처럼, 판소리의 '엑스터시'는 고수에게 많은 빚을 지고 있다.

서 말한다면, 청관중에게는 허구적·환상적 현전이 아닌, 실제적·현실적 현전만이 허락된다. 청관중에게 허락된 현전은 실제 현실 내적 존재로서의 인간이다.

그러나 청관중은 자신의 그러한 현전 조건을 '관망'의 차원에 머물러 두지 않고 '추임새'로써 공연 속에 자기 자신을 '개입'시켜, '참여'의 차원으로 확장한다. 이것은 수동적인 차원에서 능동적인 차원으로의 전환이며, 방관자에서 참여자로의 전환이다. 이때 청관중은 이미 공연자들이 구축하는 세계를 수동적으로 바라보거나 그 속에 피동적으로 '거주하는 자'가 아니라 능동적으로 세계를 '생성하는 자', 생성 작업에 참여·관여하는 자이다. 그는 세계를 '보러' 극장에 가는 것이 아니라, 세계를 '만들러' 소리판에 간다.563)

'본다'는 것과 '생성한다'는 것은 매우 다르다. 생성한다는 것은 인간의 실존에 관여하는 것이며, 그럼으로써 세계와 우주의 리듬을 자기화하고 그것에 자아를 합일시키는 것이다. 또한 우주적 '흐름'의 생성에 능동적으로 참여함으로써, 그 흐름과 일체화되고, 귀의하는 것이다. 이러한 청관중은 일방적으로 피동적으로 보고 수용하는 '리얼리즘' 연극의 청관중과는 근본적으로 다른 존재이다.

이렇게 판소리는, 부분적 현전성의 다양한 활용을 통해서, 인간의 집단적 육체관계의 이상적 경지를 열어 보이고자 하며, 그렇게 구현되는 세계를 사회에 비추어 보는 무대극의 '거울'로 제시하려 한다. 이 거울은 공연자 쪽에서 일방적으로 이루어 내는

563) 이 점에 대해 서구 근대 리얼리즘 연극을 비판한 앙또냉 아르토Antonin Artau의 다음과 같은 시 구절이 참고가 된다. "……이미 만들어진 것에 대한 숭배, 아무리 아름답고 타당성이 있다고 하더라도, 그것은 우리를 질식시킨다." [Harvey Cox(1969), *The Feast of Fools*, Harvard University Press, pp.33에서 재인용].

지배자의 거울이 아니라, 공연자-청관중이 긴밀한 상호작용 관계의 추구를 통해서 함께 이루어 내는 '공동체적' 거울이다.

그런데, 이 거울은 결코 공연 현장의 눈앞에서 가시적인 형태로 구현되는 것이 아니라, 광대와 고수, 청관중의 부단한 상호작용 과정 속에서 그들 각자의 마음속에 '환기'되는 것이다. 그러므로 이 거울은 '보이지 않는 제3의 주관'으로 만들어지는 거울이다.

그 거울은 청관중이 보면 광대와 고수 쪽의 어느 지점에, 특히 광대 쪽의 어느 지점에 형성되는 것 같고, 광대가 보면 청관중과 고수 쪽의 어느 지점, 특히 청관중 쪽의 어느 지점에 형성되는 것 같으며, 고수가 보면 광대와 청관중 쪽의 어느 지점에 형성되는 것처럼 보일 것이다.

그러나 그 거울은 그들 가운데 어느 한 쪽에 '완전한' 모습으로 현전하지 않는다. 그것은 그들 공연 참여자들의 공연을 통해 이루어지는 '부분적 현전'을 계기로 하여, 참여자들의 '마음' 속에 '환기'되는 거울인 것이다. 바로 이 점에서, 판소리는 '매개적 현전'을 기하는 예술이라고 말할 수 있다. 즉, 먼저 '판'에서 이루어지는 '부분적 현전들'을 통해 불완전한 '일차적 현전'이 이루어지고, 그 일차적 현전을 '매개'로 하여 공연 참여자 각자의 마음 속에 '완전한 현전'이 '환기'되는 예술인 것이다.[564]

(3) '탈경계화'와 '흐름'의 형성

한편, 판소리 공연론에서 매우 중시되어야 할 점 가운데 하나

564) 이 점에서, 판소리는 무대 위에서 완전한 현전성을 이룩하고자 하는 서구의 주류적 연극과 매우 다르고, 배우 또는 공연자를 많이 사용하고 많은 양식화/기호화된 무대 표현방법/무대언어들을 사용하는 동양의 연극들(노오·경극·인도 산스크리트연극·동남아시아 토팽 등)과도 다르다. 판소리는 마치 '바둑의 언어'처럼 제약/관습을 최소화함으로써, 그 표현 효과를 최대화하고자 하는 야심에 찬 공연예술이다.

는, 공연 속에서 광대와 고수와 청관중이 '하나의 통일체'를 이룬다는 점이다. 이러한 측면은 서양 연극 속에서는 그리스 연극에서 볼 수 있었다. 그리스 연극에서는 무대·오케스트라·청관중이 하나의 통일체를 이루고, 그래서 배우·코러스·청관중이 (신의 헌신) 행동을 공유하고 있었다.[565] 그러나 서양에서는 17세기에 들어와 공연자와 청관중의 '분리'가 일어나기 시작하여, 근대 리얼리즘 연극에 이르게 되면 공연자와 청관중이 극단적으로 분리되었다.[566]

청관중이 광대 및 고수와 함께 분리되지 않는 하나의 통일체를 이루도록 하는 가장 중요한 방법은, 광대·고수·청관중이 '지금·이곳'이라는 현전의 공통 조건을 항상 지속적으로 공유하면서, 광대·고수가 공연의 과정 속에다가 수많은 빈 곳, 즉 공소를 적절히 배치해 나아가고, 청관중은 이 공소들을 '추임새'로써 직접 채워 나아가는 방법이다. 이렇게 해서, 판소리 공연의 참여자들(광대·고수·청관중)은 서로의 경계를 희미하게 만드는 '탈경계화' 작업을 수행해 나아가고, 이윽고 모든 참여자들이 하나의 '흐름' 속에 놓이게 된다.

이런 점에서, 판소리는 '구조'의 예술이 아니라 과정적 '생성'의 예술이다. 생성한다는 것은 인간이 자기 자신의 실존을 능동적으로 만들어 가는 것이다. 그것은 좀 더 나아가, 그런 생성 작업을 세계와 우주의 리듬에 합일시킴으로써, 우주적 '흐름'의 생성에 참여하고 귀의하는 것이다. 빅터 터너는 이런 종류의 '흐름 flow'에 대해 다음과 같이 말하고 있다.

> ① '흐름' 속에는 이중성이 없다. 즉, 배우는 그가 무엇을 하고

565) Peter Walcot(1976), *Greek Drama in its Theatrical and Social Context,* Cardiff: University of Wales Press, pp.4~5.

566) Susan Bennett(1990), *Theatre Audience*, London & New York: Routledge, pp.3~5.

있는가를 의식할 수 있는 반면, 그가 의식하고 있다는 것은 의식할 수 없다. ② 행동과 의식의 이와 같은 융합은 어떤 제한된 영역에다 주의를 집중시킴에 의해서 이루어질 수 있다. 의식은 어떤 제한된 주의 집중의 초점으로 좁혀지고 강화되고 지향된다. '과거와 미래의 구분이 파기되고' 오직 '지금'의 문제들만이 남는다. ③ '자아의 상실'은 '흐름'의 또 다른 하나의 속성이다. ④ '흐름 속에 있는' 인간은 스스로가 그의 행동과 환경이 조절된 상태 속에 있다고 여기게 된다. ⑤ '흐름'은 행동 일반에 대한 일관되고 모순이 없는 여러 가지 필요조건들을 가지고 있으며, 인간 행동에로의 명백하고 분명한 피드백을 가져다준다. ⑥ 끝으로, '흐름'은 그 자체에 목적이 있다. 즉 그것은 그 자체의 외부에서 어떤 목적도 또는 어떤 보답도 필요로 하지 않는다.[567]

산업혁명 이전의 총체적 사회(부족·일족·씨족·가문·가족 등)에서는 항상 제의가 이런 '흐름' 자질을 가지고 있을 수 있었다. 그러나 후기 산업사회에 와서 제의가 개인주의와 합리주의로의 길을 걷게 되자, 이런 '흐름' 체험은 주로 예술·스포츠·게임·오락 등 레저 장르 속으로 밀려들어가게 되었다. 종교적 제의의 영역이 축소되어버린 시대에는, 예술이나 스포츠처럼 비종교적이고 진지하지 않은 다양한 장르들이 문화 속에서 '흐름 기능'을 담당해 왔다.[568]

이러한 '흐름'은 어떤 공동체적 정체성identity을 확보·견지해 주는 것으로서, 두 가지로 나눌 수 있다. 그 하나는 그 지속이 평생 동안 계속되는 '지속적'인 것이고[569] 다른 하나는 각종 스

567) Victor Turner(1982), *From Ritual to Theatre*, New York: PAJ Publications, pp.55~59.

568) Victor Turner(1982), op. cit., pp.58~59.

포츠·놀이·오락 등에서 이루어지는 것과 같은 '일시적'인 것[570] 이다. 판소리가 이룩하는 '흐름'은 후자, 즉 '일시적 흐름'의 좋은 예이다. 판소리의 중요한 최종적 목표 가운데 하나는 바로 이 '흐름의 형성'에 있다. 이것이 궁극의 목표는 아니라고 할지라도, 적어도 이 흐름의 형성을 매우 중시하며, 흐름이 '실제로' 형성되지 않고는 공연이 거의 불가능하다. 여기서 '실제로'라는 말이 매우 중요한 포인트를 집약한다. 어떤 공연예술도 아마 판소리만큼 '실제로' 흐름이 형성되지 않고는 그 공연이 불가능한 예는 드물 것이다.

흐름 형성의 주요 원리는 앞에서 언급한 바와 같이 '공소의 원리'이다. '공소의 원리'에 의한 '공소 효과'는 판소리에서뿐만 아니라 탈놀이·풍물굿에서도 뚜렷하게 나타나는 것으로서, 이 원리는 공연 과정이 청관중의 '직접적'인 참여를 필수불가결한 요소이며, 청관중의 직접적인 참여에 의해서만 공연이 실현되고 완성되는 공연 원리를 말한다. 판소리·탈춤·풍물굿이 모두 이 '공소의 원리'를 매우 요긴하게 활용하고 있으나, 그것들은 또 제각기 자체의 양식적 특성에 따라 그 원리를 각기 다르게 처리하고 있다.

판소리의 '공소 효과'는 시간적인 차원에서만 이루어진다. 판소리에서 청관중들은 공연 중에 시종일관 그들의 공간적 영역을 그대로 지키면서 공연에 참여한다. 이 점은 탈춤과 같다. 그러나 그러면서도 탈춤과는 달리 판소리 공연에는 '이화의 원리'는 적용되지 않고, 시종일관 '동화의 원리'만이 지배하게 된다. 탈춤에서는

569) 통과의례passage rite에 의해서 이루어지는 '흐름'.

570) 프로야구 경기장에서 이루어지는 응원 관중 공동체에 의해서 이루어지는 '흐름'은 이런 종류의 흐름을 단적으로 잘 보여준다. 그러나 이런 '일시적 흐름'과 '지속적 흐름'은 '뫼비우스의 띠'처럼 서로 긴밀하게 연결되어 있으며, 다양하고 복잡한 여러 가지 변이형들이 무수히 많다고 할 수 있다.

'이화의 원리'가 지배하는 과정에서는 '공소'가 마련되지 않기 때문에 청관중들이 '추임새'를 거의 할 수가 없어, 공소 효과가 거의 나타날 수 없고, '동화의 원리'가 지배하는 과정에서만 '공소'가 크게 열려 청관중의 '추임새'로써 '공소 효과'가 나타날 수 있게 된다. 그러나 판소리 공연에서는 정도의 차이는 있을지언정[571] 시종일관 어느 정도는 이 '공소'가 마련되기 때문에 '동화의 원리'만이 공연 전체를 지배하게 된다. 그것은 탈춤보다 훨씬 더 지속적이고 깊고 다양 다기하게 발달·상승되어 있다. 그러나 풍물굿의 공연과 같이 아주 역동적인 공간적인 차원에서 '공소 효과'는 이루어지지 않는다. 즉, 공간적으로 청관중이 청관중의 영역을 넘어서 공연자의 영역에 뛰어 들어가 참여할 수는 없다.

그러므로 터너가 말한바 '흐름'도 탈춤에서는 시간적/계기적인 차원에서만 단속적으로 이루어지며, 풍물굿에서는 시간적·공간적 차원에서 두루 지속·반복·축적적으로 이루어지는 데 견주어, 판소리에서는 시간적/계기적인 차원에서만 이루어지긴 하되 지속·반복·축적·순환적이며 다양·다기하고 미세하게 이루어지며, 시종일관한 서사적 라인을 따라 전개되어 나아간다.

4) 타민족 공연문화에서 '인간관계' 탐구방법

그렇다면, 다른 민족/나라에서는 인간관계를 공연학적으로 탐구하기 위해 어떤 연극적 공연 양식을 이루어 놓고 있을까?

이 질문에 대한 대답을 하려면, 세계 각 지역의 모든 대표적인 연극적 공연 양식들을 다 살펴보아야 할 것이지만, 여기서는

571) '아니리' 부분에서는 '공소'가 약화 줄어들고, '창' 부분에서는 '공소'가 강화, 증가된다.

지금까지 세계 중요 지역의 가장 대표적인 연극적 공연 양식으로 알려져 있는 그리스 비극, 인도 산스크리트 연극이나 카타갈리 무용극, 중국의 전통 경극, 일본의 노오 등이 '인간관계'를 탐구하는 방법을, 공연학적인 면에서 판소리와 간략히 비교하여, 그 차이를 드러내 보고자 한다.572)

먼저 그리스 비극의 공연학적 특성을 보면, 공연자들은 가면을 써서 성격을 규정하고, 청관중은 그것을 '지켜보며', '코러스'는 공연자와 청관중들 '사이'에 존재하면서 작품 세계 속의 '갈등 관계'에 청관중을 대변하여 '관여'하고 있다. (이후에 이 코러스는 점차 약화되어 결국에는 서양 연극사에서 사라지고 만다.) 따라서 공연자와 청관중 사이의 직접적인 상호작용과 그 상호작용에 의한 공연의 직접적인 '관여'·'개입'은 일어나지 않는다. 다만 청관중을 대변하는 '코러스'가 '간접적'으로 공연 세계에 관여하고 있다. 이 점이 판소리의 공연 양식 또는 '인간관계' 탐구 양식과 근본적으로 다른 점이다.573)

인도의 대표적인 전통극 산스크리트 연극의 기록이나 현전 카타칼리Kathakali 무용극을 보면, 모두 공연자와 청관중 사이의 어떤 직접적인 '개입' 통로도 찾아볼 수 없다. 공연 중에 그 양자 사이에 어떤 직접적인 '개입'이나, '매개'에 의한 간접적인 개입도 없이 양자가 독립적으로 존속한다. 즉 이 양식들은 공연자와 청관중이 서로 직접적인 상호 개입 관계를 이루어낼 수 있는 공연 구조를 갖추고 있지 않다.574)

572) 우리의 대표적인 전통 공연예술들과 판소리의 공연학적 차이에 관해서는 앞 장에서 '공소'와 관련시켜 간략히 살펴본 바 있다.

573) 이러한 양식은 우리의 경우로는 꼭두각시놀음과 비슷하다. 꼭두각시놀음의 '산받이'는 그리스 비극의 '코러스'와 유사한다.

574) 이러한 판단의 근거로 삼은 참고문헌은 다음과 같다. Rachel Van M. Baumer & James R. Brandon eds.(1981), *Sanskrit Drama in Performance*, Honolulu: The

중국의 현전 전통 경극도 이 점에 대해서는 마찬가지이다. 경극의 공연 구조 자체에서는 공연자와 청관중 사이의 직접적인 상호 개입 관계는 찾아볼 수 없고, 다만 공연 중에 청관중이 공연에 대한 어느 정도 자유로운 반응은 용인되고 있다. 그러나 공연 구조상으로 분명하게 '관습화'되어 있는 상호 개입 관계의 구조는 찾아 볼 수 없다.[575]

일본의 전통연극 노오에서는 공연자와 청관중의 상호작용 관계가 더욱 엄격하게 제한되고 있다. 청관중은 매우 조심스럽고 신중하게, 고요함이 공연장 전체를 지배하는 가운데, 공연자들의 행동을 지켜볼 수 있을 뿐, 어떤 직접적인 개입 행동도 취할 수 없다. 노오의 이러한 공연상의 성격은 노오가 지향하고 있는 미학인 '유현미幽玄美'와도 직결되어 있는 것이다. 노오의 스토리들 자체는 가무와 연희로 이루어지는 일종의 '원령怨靈풀이' 또는 '해원의식解寃儀式'과 같은 점이 많지만,[576] 그것을 표현하는 공연 구조 자체는 매우 엄격히 '닫혀' 있다.

이상에서 살펴본 바와 같이, 동서양의 대표적인 연극적 공연 양식들을 검토해 보아도 판소리와 같은 공연 양식은 찾아보기 어렵다. 이러한 점에 비추어볼 때, 판소리는 전 세계적으로도 매우 독특한 양식이며, 특히 인간의 집단적·신체적 상호관계를 고도의 예술적 경지로 들어 올려 탐구하는 공연예술이라는 점에서

University Press of Hawaii; Faubion Bowers(1956), *Theatre in The East*, New York & London: Grove Press Inc. & Evergreen Books Ltd; 고승길(1993), 《동양연극연구》, 중앙대학교출판부; 허동성(1991), 〈인도 민속극의 제의적 성격에 관한 연구〉, 중앙대학교 연극영화과 대학원 석사논문. 그러나 이에 대해서는 좀 더 자세한 고찰을 필요로 한다. 필자에게 이에 대한 깊은 지식이 부족하므로, 좀 더 확실한 언급은 후일을 기약하기로 한다.

575) 朱世慧·李春芳: 京劇 〈徐九經升官記〉 외, 臺灣, VHS Video Tape 1·2집 참조.

576) 김학현(1991), 《能》, 열화당, 10쪽.

끊임없는 우리의 탐구를 자극한다.

5) 판소리의 양식 규정 문제

판소리는 문학의 평면과 음악의 평면과 (무용의 평면과) 연극의 평면 등이 원천적·본래적으로 융합되어 있는, 매우 독특한 한국의 전통 공연예술의 한 양식이다. 따라서 이것을 이루고 있는 요소들을 따로 분리시켜 (서구적인) 형식 기준으로 규정하려는 그동안의 모든 시도들은 모두 잘못된 것이다.

기존의 판소리 형식 논의들은 한결같이 (서구적인) 형식 개념에 의거하여, 판소리를 문학·음악·연극 등으로 규정해 왔다.577) 그러나 이러한 형식 규정들은 판소리의 양식 규정이 아니라 판소리라는 독특한 역사적·사회적 양식을 서구의 형식 규정에 따라 '해체'한 규정이라고 볼 수 있다. 이것의 문제점은 이러한 규정들 가운데 그 어느 한 가지도 그 자체로는 판소리를 전면적으로 설명할 수 없다는 데서 단적으로 드러난다. 오히려 판소리는 '탈장르적인 공연예술'로 보는 것이 더욱 풍성한 논의의 가능성들을 열어준다. 또한 '판소리는 판소리다'라는 식의 규정도 그 동어반복적인 태도로 말미암아 어떤 해석적 가능성도 배제해버린다는 점에서 무의미한 규정이다.

또 민족연극학Ethnodramatics 또는 민족공연학의 견지에서 보면, 몇 백 년 동안 서로 직접적인 영향을 받지 않고 전승되어온 판소리의 형식을 수천 년 전 서양의 한 소지역에서 이루어진 예술 형식 이론인 아리스토텔레스의 《시학》 이론에 맞추어 재단하고 규

577) 전신재(1988), 앞의 논문, 26~28쪽.

정한다는 것은, 매우 부당한 문화적 식민주의에 지배되는 것이다.

이제 판소리는 좀 더 포괄적인 전망 아래에 놓여야만 하며, 종래의 문학적·음악학적·연극학적 전망들은 이 포괄적인 새로운 패러다임의 전망 속으로 통합되어야 한다. 최근의 공연학 이론이 그러한 전망은 열어줄 수 있을 것이다. 또한 판소리 연구는 공연학적 관점에서 논의할 때에 좀 더 풍부한 논의의 결실들을 가져올 수 있다. 혹자는 음악적인 요소가 지배적이라고 해서 판소리를 '서사 창악예술'·'극적인 음악'· 음악적 공연으로 보기도 하나, 그것은 큰 착오이다. 그것은 마치 뮤지컬이 음악적 요소가 지배적이지만 음악으로 볼 수 없는 것과 마찬가지이다.

세계의 모든 민족지들·문헌들·제의들·연극적 전통들은, 이제 공연을 통한 새로운 초문화적 커뮤니케이션의 종합을 위한 바탕으로서, 우리에게 활짝 열려 있다. 이제 우리는, 다양한 문화적 체험인 공연을 통해서 우리가 갖게 되는 모방적인 근본 형식과 같은 어떤 것으로 함께 되돌아갈 수 있는 '다양한 객관화된 마음의 형식들'을, 함께 공유할 수 있는 방향으로 나아갈 수 있게 되었다.[578]

6) 결어

이상에서, 판소리가 어떤 예술이며, 그것이 인간관계를 어떻게 형성하고 탐구하는가를 구체적으로 살펴보았다. 이 과정에서 판소리는 광대를 중심으로 하여, 광대·고수·청관중 사이의 개방적인 상호 소통 관계를 극대화하면서, 소리판에 참여하는 참여자들의 반성적 에너지를 구심적으로 모으고, 시간의 복합적 활용,

---

578) Victor Turner(1982), *From Ritual to Theatre,* New York: PAJ Publications, pp.18~19.

현전성의 다양한 전개와 환기, '탈경계화'와 '흐름 형성' 등의 방법을 통해서, 일종의 공동체적 반성의 거울로서의 '무대극'을 이루어낸다는 점을 논의하였다.

그렇다면, 이러한 판소리의 목적은 무엇일까? 판소리의 일련의 지난한 생성적 과정은 바로 우리 모두가 하나의 대표자를 중심으로 해서 구심적으로 연합하여, 우리 앞에 놓여 있는 우리의 삶을 '해석'하고자 하는 것이다. 그래서 판소리의 공연 과정은 결국 공연을 통한, 우리 삶에 대한 일련의 집단-공동체적인 해석의 과정인 것이다.

7. 궁중가무희宮中歌舞戲: 악가무희사樂歌舞戲詞의 선미한 조화와 '느림'의 미학

1) 문제제기

'궁중가무희'는, 우리가 지금껏 생각해온 것과 달리, 실제로는 우리나라 고급 무용극이며, 음악극의 가장 중요한 한 맥을 형성하고 있는 공연문화 양식이다. 우리는 궁중가무희에 대해 먼저 이러한 가치를 인정해야만 할 것이다.

그리고 좀 더 논의의 범위를 넓혀보면, 이 양식은 동아시아 전체 공연 전통의 중심에 놓여 있는 중요한 전통 공연 양식이라는 점도 매우 높이 인정해야만 할 가치일 것이다. 이 양식은 원래 중국 송나라 때부터 우리나라로 들어와 조선시대까지 전승되면서, 우리나라의 전통과 실정에 맞게 양식적 변이를 거치며 오늘날까지 그 전통의 맥이 이어지고 있는 양식이다. 이 양식이 현재 동아시아 전체에 실제로 어떻게, 어떤 식으로 전승되고 있는지는 자세히 알 수 없지만, 동아시아 상류층 전통 가무희 문화의 중심에 자리 잡고 있는 것만큼은 분명하다.

시야를 좀 더 넓혀 보자면, 동아시아의 대표적인 상류층 가무희 양식은 아시아 전체, 더 나아가 세계 전체의 가무희 또는 무용극/음악극 양식들과 비교를 통한 독창적인 '차이'의 발견이라는 방향에서도, 매우 중요한 위치를 점유하고 있다고 판단된다.

또한, 이 양식은 중세적 질서가 지배하는 시대의 왕권사회의 제왕적 질서를 지향하고 있기는 하지만, 민족 또는 국가 공동체를 중심으로 하는 우주적 조화와 상생의 질서를 지향하고 있다. 이 점은, 또 다른 방향에서 우리의 주목을 요구하는 중요한 공연학적 가치의 측면이다. 이것은, 전 지구적인 생명의 위기에 직면하고 있는 인류에게, 그런 파괴된 우주적 질서와 조화를 다시 회복하는 '치유적' 공연 양식으로 제시할 수 있는 가능성도 드러낸다.

이 장에서는, 이러한 몇 가지 측면들을 중시하여, 먼저 이 공연 양식의 대본을 구체적으로 정리해 보고, 작품의 형식적 특성·스토리·구조·등장인물 등의 측면에서 이 공연 양식의 주요 특성들을 추적해 본 다음, 마지막으로 이러한 공연 양식이 추구하는 궁극적인 미학은 무엇인가를 가늠해 보고자 한다.

2) 두 개의 텍스트와 그 공연학적 성격

우리나라의 궁중가무희는 민족국가의 체제가 성숙된 고려시대부터 본격화되어 조선시대에 이르기까지 발달하였다. 이 공연 양식은, 앞장에서 살펴본 바와 같이, 우리민족 고유의 토착적 전통을 기반으로 하여 이루어져온 전통인 '향악정재鄕樂呈才' 계통과 외국에서 전래되어온 전통인 '당악정재唐樂呈才'의 두 계통이 있다.

고려시대에는, 전자를 '전정가무殿庭歌舞' 후자를 '전상가무殿上歌舞'라 부르기도 했다. 그러나 조선시대에 들어오자, 국가 기반이 더욱 안정되고 자주적인 문화 창출 능력이 더욱 더 강화되면서, 궁중가무희도 앞의 두 계통인, '향악정재'와 '당악정재'가 점차 향악정재를 중심으로 통합되는 방향으로 나아가게 되었다. 우리는 이 점을 외래적인 양식인 궁중가무희 분야에서 이루어진 매우 자발적·자주적인 양식상의 변화로 강조할 필요가 있다.

이러한 변화 과정에서 이루어진 가장 대표적인 궁중가무희가 바로 조선 성종 때 정리된 《악학궤범》에 실려 있는, 〈학·연화대·처용무 합설鶴蓮花臺處容舞合設〉이란 궁중가무희 작품이다. 실제로 이 작품을 자세히 보면, 향악정재 계통으로 전해 내려오던 '처용무處容舞'와 '학무鶴舞', 그리고 당악정재 계통으로 전래되어 들어온 '연화대蓮花臺'가 하나의 가무희로 통합되어 있다. 그리고 그 통합의 비중 면에서 보더라도, 우선 두 가지의 향악정재와 한 가지의 당악정재를 통합했다는 점에서 그 자주적인 통합의 지평을 감지할 수 있다.

그리고 이 작품 이전의 가장 대표적인 궁중가무희 작품은, 고려시대에 송나라로부터 들여온 당악정재 가운데 하나로서, 《고려사高麗史》 '악지樂志'에 실려 있는 〈헌선도獻仙桃〉라고 할 수 있다.

이 장에서는 우선, 고려시대의 대표적인 궁중가무희 작품인 〈헌선도〉와 조선시대의 대표적인 궁중가무희 작품인 〈학·연화대·처용무 합설〉이란 두 작품의 공연대본을 구체적으로 정리해봄으로써, 그 텍스트 면에서 이 공연 양식의 구체적인 실상을 살펴보고자 한다. 이 작품의 텍스트들은 원래 모두 한문으로 기록되어 있다. 그러나 작품을 다루는 편의상 한글 번역본으로 그 텍스트들을 기록·정리해 보면 다음과 같다.

〈헌선도獻仙桃〉

춤추는 대열(검은 홑옷을 입는다)이 악관樂官과 기녀妓女(악관은 검은 옷에 복두를 쓰고 기녀는 검은 적삼에 붉은 띠를 띤다)들을 인솔하고 남쪽에 서고, 악관과 기녀들은 두 줄로 앉는다. 기녀 한 명이 '왕모王母'로 되고,[579] 그 좌우편에 한 명씩 협무(보좌) 두 명이 왕모와 나란히 서서 횡렬을 이룬다. 개盖 차비〔奉盖〕 3명이 그 뒤에 서고, 인인장引人杖 2명, 봉선鳳扇 2명, 용선龍扇 2명, 작선雀扇 2명, 미선尾扇 2명이 좌우로 갈라서고, 정절旌節 차비〔奉盖〕 8명이 각 대열 사이에 선다.

악관이 〈회팔선인자會八仙引子〉를 주악하면, 죽간자竹竿子 차비〔奉盖〕 2명이 먼저 춤을 추며 들어와 좌우로 갈라선다. 주악이 멎고 다음과 같은 축하의 말씀〔口號致語〕을 올린다.[580]

"머나먼 선경〔龜臺〕에서 대궐〔鳳闕〕을 찾아온 것은 천년 선과仙果를 받들어 만복을 드리옵고 감히 존안尊顔을 뵈옵고 삼가 축하를 올리고자 함입니다."[581]

이것이 끝나면 이들 2명은 좌우편으로 마주 보고 선다. 악관이 또 〈회팔선 전주곡〉을 주악하면, 위의威儀 차비 18명[582]이 먼저와

579) 이 작품의 등장인물인 '서왕모西王母'라는 등장인물로 '성격부여characterization'가 이루어진다는 말임.

580) '죽간자 차비' 2명이 왕에게 올리는 축하의 말.

581) 여기서, '죽간자 차비' 2명은 주인공 등장인물 '왕모/서왕모'를 보좌하고 선경에서 온 시녀 역할을 하는 '등장인물'로 보아야 함.

582) 이때의 '위의 차비' 18명도 왕에게 '선도仙桃'를 바치러 온 일행의 일원들로서의 '등장인물들'임.

같이 춤을 추면서 앞으로 나와 좌우편으로 갈라선다. 왕모 3명과 개 차비〔奉盖〕 3명[583]이 춤을 추면서 앞으로 나와 좌우편으로 갈라선다. 왕모 3명과 개 차비〔奉盖〕 3명이 춤을 추면서 앞으로 나와 정해진 자리에 서면 주악이 멎는다. 악관 1명이 선도반仙桃盤을 받들고 와 기녀 1명(나이 어린 기녀를 골라서 정한다)[584]에게 주면, 그 기녀는 그것을 왕모에게 받들어 전하고, 왕모는 그 선도반仙桃盤을 받들고, 〈원소 가회(정월 보름날 밤의 축하회)〉에 선도를 드리는 가사(獻仙桃元宵嘉會詞)를 다음과 같이 노래한다.

정월 대보름 명절 밤에
봄을 즐기는 놀음놀이!
성대할사! 옛날의 상양궁 일을 추억케 하네.
왕좌의 용안을 반가이 바라보니
곤룡포 입으시고 궁전 가운데 좌정하셨네!
한없는 환성 아름다운 곡조와 어울려졌고
가득 찬 화기 속에 어향 연기 어렸도다!
장관이로세! 태평성대 무엇으로 다 갚으리요.
반도蟠桃 한 송이로 온갖 경사를 드리나이다.[585]

노래가 끝나면 악관이 〈헌천수(만조)〉를 주악하고, 왕모 3명은 (다음과 같은) 〈일난 풍화사日暖風和詞〉를 노래한다.

햇볕은 따스하고 바람결은 화창
봄 햇발은 길기도 하여라!

583) 이 '왕모/서왕모' 3명 및 '개 차비' 3명도 선경仙境에서 '선도'를 가지고온 일행의 '등장인물들'이다.

584) 이들도 모두 이 작품의 '등장인물들'이다.

585) 등장인물인 '서왕모'가 하는 음악적 대사.

이것이 바로 태평 시절,
내 봉래도蓬萊島에서 몸맵씨 단속하고
이 대궐로 축하드리러 왔나이다.
다행할사! 정월 대보름 좋은 밤에
어전에 접근하와 기쁘나이다.
신선의 수명은 영원한 것,
당신께 드리나이다, 이 만수무강을.

이 노래가 끝나면 이어서 악관이 (다음과 같은) 〈헌천수 영슈(최자조)〉를 주악한다.

선경과 인간 세상 다르오나
높으신 성덕 멀리서도 들었기로
서녘에서 선경 떠나 인간 세상 내려와
천년 선도 드리나이다.
당신의 만수무강 비오며
춤과 환희로써 성대를 축하하나이다.
이웃 나라 사절단 사방에서 밀려오니
국운이 태평하여 나라가 기리 융성하오리다.[586)]

주악이 끝나면 악관이 또 〈금잔자金盞子(만조)〉를 주악하는데, 왕모는 대열에서 나오지 않고 둘레를 돌며 춤을 추고, 그것이 끝나면 주악도 멎는다.

이때 왕모가 조금 앞으로 나오며 소매를 들고, (다음과 같은) 〈여일서장사麗日舒長詞〉를 노래한다.

586) 역시, 등장인물인 '악관'이 왕에게 드리는 축하의 노래.

따스한 봄날은 길고
평화로운 기운 서울 안에 가득 찼네!
높은 하늘 오색구름 어린 곳에
붉고 푸른 누각이 솟아 있구나!
큰 잔치 여는 곳에 비단 장막
여기 저기 벌여 있구나.
정월이라 이 좋은 날,
군신이 함께 모여 태평 시절 즐기도다.
드넓은 궁정 미인들 분주히 오가는데
일련의 풍악 곡조도 다 새롭도다.
봉래 궁전은 선경일시 분명한데
왕성에 잇닿은 봄빛 호탕도 하구나!
비 멎자 구름 흩어지니
갠 날씨에 밤은 더욱 맑도다!
높은 나무에 어슷비슷 달아 놓은 등불
달빛에 어리어 유난히 선명하도다.[587)]

이 노래가 끝나고 왕모가 물러서면, 악관이 〈금잔자金盞子 영(최자조)〉를 주악하고, 두 협무挾舞(왕모의 보조역)가 춤을 추며 나왔다가 물러가 먼젓번 자리로 돌아가면, 주악이 멎고 두 협무가 (다음과 같은) 〈동풍 보난사東風報暖詞〉를 노래한다.

동풍에 실린 봄빛 따스하기도 하여라.
화창한 그 기운 사람 마음 풀어 주네.
웅대한 대궐 안,

587) 등장인물 '왕모/서왕모'가 부르는 노래 대사.

오산鼇山은 높이 구름 밖에 솟았네.
이원梨園 제자들 연주하는 새 곡조,
반나마 훈塤이요 지篪인데.

좌석에 가득 찬 대관들이 취포醉飽하여 〈녹명시鹿鳴詩〉를 노래한다.

(이 노래가) 끝나면 악관이 〈서자고(만조)〉를 세 번 주악한다. 주악이 끝나면 왕모가 조금 앞으로 나와 (다음과 같은) 〈해동 금일사海東今日詞〉를 부른다.

우리나라 오늘날 태평 시절
군신이 함께 즐기도다.
바라다보노니
미선尾扇을 벌이는 곳
왕의 옥좌 빛나 있고,
발을 높이 걷은 곳에
어향 연기 자욱하네.
내조하는 각국 사신
궐문 밖에 설레고
각색 예물들 궁전 뜰에 쌓였구나!
제가 성수 만세 드리노니
봉인封人의 축수는
따로 소용이 없어라.

(이 노래가) 끝나고 왕모가 제자리로 돌아가면, 악관이 〈서자고(만최자)〉를 주악하고, 양편의 협무가 나란히 서서 춤을 추며 나아갔다가 춤을 추며 물러서면서 제자리로 돌아가면, 주악이 멎는 동

시에 양 협무가 (다음과 같은) 〈북포 동완사北暴東頑詞〉를 부른다.

북방의 포악한 무리,
동쪽의 완악한 무리들도 성의를 표하고
덕의를 사모하여 앞을 다퉈 내조하네.
새로운 성덕聖德 날로 더욱 밝으시니
노랫소리 거리에 가득 찼도다!
천하가 태평하여 다른 일 따로 없거니
만백성과 더불어 동산에서 놀이하네!
해마다 맞이하는 정월 대보름날,
취토록 마시소서, 만년 축하의 술을.

악관이 〈천년만세 전주곡〔千年萬歲引子〕〉을 주악하면, 위의威儀차비〔奉盖〕 18명이 세 바퀴를 돌며 춤을 추고 나서 제자리로 물러간다. 그러면 주악도 멎고 죽간자竹竿子 차비가 조금 앞으로 나와 (다음과 같이) 치사한다.

"옷매무새 바로 잡고, 조금 물러서서, 구름길 가리키며, 돌아갈 하직의 말씀드리오며, 뜰 앞에서 재배하고 서로 작별하나이다."
(이 인사말이 끝나면) 악관이 〈회팔선전주곡〔會八仙引子〕〉을 주악하고, 죽간자가 춤을 추면서 물러가고, 개盖 차비〔奉盖〕와 왕모 각 3명들도 그 뒤를 따라 춤을 추며 물러가고, 위의 차비 18 명들도 역시 그와 같이 한다.[588]

588) 《고려사》 악지 당악 조 '헌선도' 전문.

〈학 · 연화대 · 처용무 합설鶴蓮花臺處容舞合設〉

초입 배열도初入排列圖

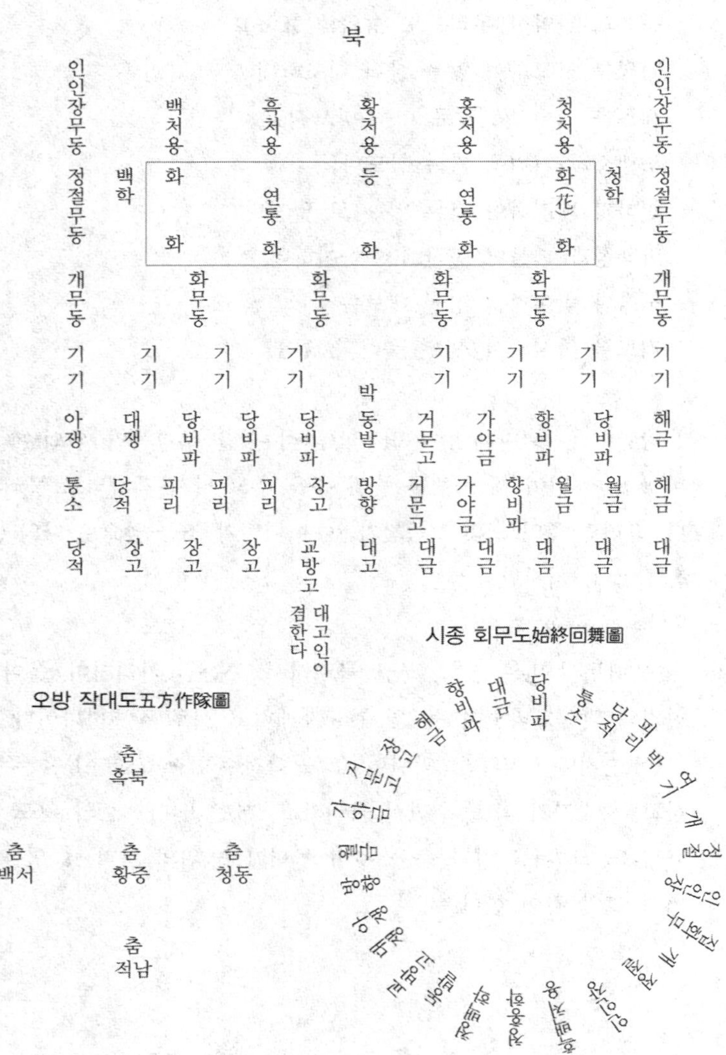

12월 그믐 하루 전날 5경更 초에 악사樂師·여기女妓·악공樂工 등이 대궐에 나아간다. 이날 나례儺禮 때에 악사가 여기·악공을 거느리고 음악을 연주한다.

구나驅儺 뒤에, 내정內庭에 지당구池塘具를 설치하고, 악사가 두 동녀童女를 거느리고 들어가 연화蓮花 가운데 앉히고 '내정에서' 나와 절차를 기다린다. 무릇 구나 뒤에 처용무를 2번〔度〕춘다.

전도前度: 학·연화대·회무回舞 등이 없다. 악사가 동발銅鈸을 잡고 청·홍·황·흑·백의 오방五方 처용 및 여기 집박악사執拍樂師·향악공鄕樂工을 인도한다. 〈처용 만기慢機〉(곧 〈봉황음鳳凰吟〉의 일기一機)를 연주한다. 여기女妓는 아래와 같은 〈처용가處容歌〉를 부르며 차례로 들어가 초입 배열도와 같이 벌여 선다.

〔전강前腔〕 (1)	新羅聖代昭聖代 天下太平羅候德處容 以是人生애 相不語ᄒᆞ시란ᄃᆡ 以是人生애 相不語ᄒᆞ시란ᄃᆡ	신라 성대 소성대(밝은 성대)의 천하태평 라후덕 처용아비여 이시인생에 상불어(서로 말하지 아니함)하실진대 이시인생에 상불어하실진대
〔부엽附葉〕	三災八難이 一時消滅ᄒᆞ샷다	삼재팔난이 일시 소멸하시도다
〔중엽中葉〕	어와아븨즈ᅀᅵ여 處容아븨즈ᅀᅵ여	어와(감탄사'아아') 아비의 짓이여 처용아비의 짓이여
〔부엽〕	滿頭揷花계오샤 기울어신머리예	만두(머리에가득한) 삽화 겨우시어 기우신 머리에
〔소엽小葉〕	아으壽命長願ᄒᆞ샤 넙거신니마해	아으 수명 장원하시어 넓으신 이마에
〔후강後腔〕	山象이슷 깅어신눈섭에	산상 비슷이 무성하신 눈썹에

	愛人相見ᄒᆞ샤 오ᄉᆞᆯ어신누네	애인 상견하시어 온전하신 눈에
〔부엽〕	風入盈庭ᄒᆞ샤 우글어신귀예	풍입영정(바람이 뜰 가득히 불어옴)하시어 우그신귀에
〔중엽〕	紅桃花ᄀᆞ티 븕거신모야해	홍도화같이 붉으신 모양에
〔부엽〕	五香마ᄐᆞ샤 웅긔어신고해	오향 맡으시어 우묵하신 코에
〔소엽〕	아으千金머그샤 위어신이베	아으 천금 먹이시어 웃기신 입에
〔대엽大葉〕	白玉琉璃ᄀᆞ티 ᄒᆡ여신닛바래 人讚福盛ᄒᆞ샤 미나거신ᄐᆞᆨ애 七寶계우샤 숙거신엇게예 吉慶계우샤 늘의어신ᄉᆞ맷길헤	백옥 유리같이 희신 이빨에 인찬복성(사람마다 기리는 복이 성함)하시어 밀어 나오신 턱에 칠보 겨우시어 숙어지신 어깨에 길경 겨우시어 늘이신 소맷길(소매자락)에
〔부엽〕	설믜모도와 有德ᄒᆞ신가ᄉᆞ매	설미(눈썰미, 총명)모아 유덕하신 가슴에
〔중엽〕	福智俱足ᄒᆞ샤 브르거신ᄇᆡ예 紅鞓계우샤 굽거신허리예	복지구족(복덕과 지혜가 함께 풍족함)하시어 부르신 배에 홍정(붉은가죽띠)겨우시어 굽으신 허리에
〔부엽〕	同樂太平ᄒᆞ샤 길어신허튀예	동락태평(함께 태평을 즐김)하시어 기신 허리에

〔소엽〕	아으界面도ᄅᆞ샤 넙거신바래	아으 계면 도시어 넓은 발에
〔전강〕 (2)	누고지ᅀᅥ셰니오 누고지ᅀᅥ셰니오 바늘도실도어ᄡᅵ 바늘도실도어ᄡᅵ	누가 지어 세웠느뇨 누가 지어 세웠느뇨 바늘도 실도 없이 바늘도 실도 없이
〔부엽〕	處容아비ᄅᆞᆯ 누고지ᅀᅥ셰니오	처용아비를 누가 지어 세웠느뇨
〔중엽〕	마아만마아만ᄒᆞ니여	
〔부엽〕	十二諸國이 모다지ᅀᅥ셰온	십이 제국이 모여 지어 세운
〔소엽〕	아으處容아비ᄅᆞᆯ 마아만ᄒᆞ니여	아으 처용아비를
〔후강〕	머자외야자綠李야 ᄲᆞᆯ리나내신 고ᄒᆞᆯᄆᆡ야라	벚아 오얏아 녹리(자도의 일종)야 빨리나 내신 코를 매어라
〔부엽〕	아니옷ᄆᆡ시면 나리어다머즌말	아니 곧 매시면
〔중엽〕	東京ᄇᆞᆯ근ᄃᆞ래 새도록노니다가	동경 밝은 달에 새도록 노닐다가
〔부엽〕	드러내자리ᄅᆞᆯ보니 가ᄅᆞ리네히로새라	들어 내 자리를 보니 갈래가 넷이로구나
〔소엽〕	아으둘흔내해어니와 둘흔뉘해어니오	아으 둘은 내 해이거니와 둘은 뉘 해이뇨
〔대엽〕	이런저긔 處容아비옷보시면 熱病神이ᅀᅡ 膾ㅅ가시로다	이런 적에 처용아비 곧 보시면 열병신이야 횟갓(횟감)이로다

	千金을주리여 處容아바 七寶를주리여 處容아바	천금을 주랴 처용아비야 칠보를 주랴 처용아비야
〔부엽〕	千金七寶도말오 熱病神를날자바주쇼셔	천금 칠보도 말고 열병신을 날 잡아 주소서
〔중엽〕	山이여뫼히여 千里外예	산이요 들이요 천리 외에
〔부엽〕	處容아비를 어여려거져	처용아비를 비켜가고자
〔소엽〕	아으熱病大神의 發願이샷다	아으 열병대신의 발원이시도다

음악이 중엽에 이르러 장고杖鼓가 채편〔鞭面〕을 치면, 처용 5인이 다 허리를 구부리고 모두 두 소매를 들었다가(언제나 춤이 시작될 때에 장고의 채편을 치면, 모두 허리를 구부리고 두 손을 든다. 뒤에서도 이와 같이 한다) 내려서 무릎 위에 놓는다. 1열로 선 청처용靑處容·홍처용紅處容은 돌아보아 서로 마주 향하고, 황처용黃處容은 돌아보아 동을 향하고, 흑처용黑處容·백처용白處容은 돌아보아 서로 마주 향하며, 끝나면 도로 북을 향한다. 장고의 북편〔鼓面〕을 치면, 모두 두 소매를 들었다가 떨어뜨린다. (무릅디피춤. ○ 손을 따라서 다 발을 드는데, 청·홍·흑·백은 모두 안쪽 발을 먼저 들고, 황은 오른발을 먼저 든다. ○ 안쪽이라는 것은 두 사람의 사이를 뜻한다. 동에 선 사람은 왼쪽이 안이 되고, 서에 선 사람은 오른쪽이 안이 된다. 뒤에서도 이와 같이 한다. ○ 언제나 춤이 끝날 때에는 모두 도로 북을 향하며, 장고의 북편을 치면 두 손을 들었다가 떨어뜨린다. 뒤에서도 이와 같이 한다. ○ 모든 춤에 있어서 한결같이 황의 춤을 따라 추는데, 좌우의 손발만 각각 다르게 쓴다. 뒤에서도 이와 같이 한다)

장고의 채편을 치면, 1열로 선 청·홍은 돌아보아 등지고, 황은 돌아보아 서를 향하고, 흑·백은 돌아보아 서로 등진다. (손을 따라서 모두 발을 드는데, 청·홍·흑·백은 모두 바깥 발을 먼저 들고, 황은 왼발을 먼저 든다. ○ 동에 선 사람은 오른쪽이 밖이 되고, 서에 선 사람은 왼쪽이 밖이 된다. 뒤에서도 이와 같이 한다) 끝나고서 채편을 치면, 위와 같은 절차로 춤추고 서로 마주보는 것이 두 번, (서로 등지는 것이 두 번, 모두 네 번이다. 끝난다)

채편을 치면, 청·홍·흑·백은 모두 손으로 춤추다가 안쪽을 끼고, 황은 손으로 춤추다가 오른쪽으로 끼며 (황은 짝이 없으므로 왼쪽 또는 오른쪽이라 부른다. 뒤에서도 이와 같이 한다) 모두 손으로 춤추다가 바꾸어 낀다. [청·홍·흑·백은 모두 밖을 끼고, 황은 왼쪽을 낀다. ○ 홍정도돔(紅程돋움)춤] 끝나고서, 채편을 치면, 5인이 춤추며 나아가 (볼바딧춤. ○ 청·홍·흑·백은 모두 안쪽 발부터 먼저 나아가고, 황은 오른발부터 먼저 나아간다) 전정殿庭의 한가운데에서 가지런히 1열을 지어 북쪽을 향하여 선다. 끝나고서 채편을 치면, 황은 동을 향하여 춤추고 (인무人舞. ○ 왼손부터 든다. 왼손·바른손을 다 두 번씩 든다) 청·홍·흑·백은 모두 서를 향하여 춤춘다. (모두 오른손부터 들어 왼손·오른손을 다 두 번씩 든다) 끝나고서 채편을 치면, 황은 서를 향하여 춤추고 (인무. ○ 오른손부터 들어 왼손·오른손을 다 두 번씩 든다) 청·홍·흑·백은 모두 동을 향하여 춤추고 (왼손부터 들어 왼손·바른손을 다 두 번씩 든다) 끝난다.

채편을 치면, 홍(남)은 춤추며 물러가 남방에 서고 (오른발부터 물러간다) 흑(북)은 춤추며 나아가 북방에 서고 (왼발부터 나아간다) 청·황·백은 춤추며 제자리에 선다. (황은 중앙, 청은 동방, 백은 서방이다. ○ 볼바딕작대무作隊舞) 끝나고서 채편을 치면, 황은 북을 향하여 춤을 추고 (오른손부터 들어 왼손·오른손을 다 두 번씩 든다. ○ 수양수垂揚手무룹디피춤) 청·홍·흑·백은 중앙을 향하여 대무對舞하다가

(모두 왼손부터 들어 왼손·오른손을 두 번씩 든다) 청·홍·흑·백만이 중앙을 등지고 각각 제 방위를 향하여 춤추고, (모두 왼손부터 들어 왼손·오른손을 다 두 번씩 든다) 끝난다.

채편을 치면, 황은 북(흑)을 향하여 춤추고 (오른손부터 들어 왼손·오른손을 다 두 번씩 든다. 황이 다른 방위를 향해서도 이와 같이 한다. 수양수오방무垂揚手五方舞. 4방이 같다) 흑은 중앙을 향하여 대무한다. (왼손부터 들어 왼손·오른손을 다 두 번씩 든다. 제4수手에서 첫째 편〔初鞭〕을 치면 청이 춤을 시작하고, 그 후 북편〔後鼓〕을 치면 흑은 손을 떨어뜨린다. 다른 방위에서도 이와 같다) 음악樂이 점점 잦아지면 〈봉황음鳳凰吟〉의 중기中機를 연주한다. 여기女妓는 다음 노래를 부른다.

	山河千里國에	천리 강토 이 나라에
	佳氣	아름다운 기운이
	鬱葱葱ᄒᆞ샷다	울창하시도다
	金殿九重에	금으로 꾸민 훌륭한 구중문안에
	明日月ᄒᆞ시니	인월같이 밝은 덕을 밝히시니
〔전강前腔〕	群臣千載예	뭇신하 천년에
	會雲龍이샷다	구름 탄 용같은 영거를 모으시도다
	熙熙庶俗	화평한 백성의 풍속은
	春臺上이어늘	춘대〔태평선세의 비유〕 위에 있거늘
	濟濟群生	많고 많은 뭇백성은
	壽域中이샷다	잘 다스려진 강역 안에 있도다
〔부엽附葉〕	濟濟群生	많고 많은 뭇백성은

	壽域中이샷다	잘 다스려진 강역 안에 있도다
〔중엽中葉〕	高厚無私ᄒᆞ샤	천지같이 높고 두터우며 사가 없으시어
	美旣臻ᄒᆞ시니	아름다운 천복이 이르시니
	祝堯皆是	요순 같은 은택 송축하는 이 다들
	太平人이샷다	태평성대 사람이로다
〔부엽〕	祝堯皆是	요순 같은 은택 송축하는 이 다들
	太平人이샷다	태평성대 사람이로다
〔소엽小葉〕	熾而昌ᄒᆞ시니	치열하고 창성하시니
	禮樂光華ㅣ	예악의 광화가
	邁漢唐이샷다	한당보다 더하시도다
〔후강後腔〕	金枝秀出	임금의 자손이 빼어나게 나서
	千年聖ᄒᆞ시니	천년토록 거룩하시니
	緜瓜瓞增隆	면면한 외 덩굴 더욱더 융성하여
	萬歲基샷다	만세의 터전 되시도다
	邦家累慶이	국가의 잦은 경사가
	超前古ᄒᆞ시니	예전보다 더하시니
	天地同和ㅣ	천지가 함께 화평한 것이
	卽此時샷다	바로 이때로다
〔부엽〕	天地同和ㅣ	천지가 함께 화평한 것이
	卽此時샷다	바로 이때로다
〔중엽〕	豫遊淸曉애	맑은 새벽에 즐겨 놀매

	玉輿來ᄒᆞ시니	옥여(옥으로 꾸민 수레, 임금의 수레, 곧 임금)가 오시니
	人頌南山ᄒᆞ야	사람들이 남산(종남산終南山이 무너지지 않듯이 장수함을 비유)을 기려
	薦壽杯삿다	축수하는 잔을 드리도다
〔부엽〕	人頌南山ᄒᆞ야	사람들이 남산을 기려
	薦壽杯삿다	축수하는 잔을 드리도다
〔소엽〕	配于京ᄒᆞ시니	경사京師에 짝하시니
	十二瓊樓ㅣ	십이경루(구슬로 꾸민 12누각, 신선이 사는 곳에 12루 5성이 있다 함)가
	帶五城이삿다	오성을 띠었도다
〔대엽〕	道與乾坤合	도는 건곤(천지)과 부합하고
	恩隨	은혜는
	雨露新이삿다	우로를 따라 새롭도다
	天箱登黍稌	온갖 창고에 곡식이 쌓이고
	庶彙	만백성은
	荷陶鈞이삿다	덕화를 입었도다
	帝錫元符ᄒᆞ샤	제가 원부(큰 상서, 곧 왕위)를 내리시어
	揚瑞命ᄒᆞ시니	서명을 드날리시니
	滄溟重潤ᄒᆞ고	바다가 거듭 윤택하고
	月重輪이삿다	달바퀴가 거듭하도다
〔부엽〕	滄溟重潤ᄒᆞ고	바다가 거듭 윤택하고

	月重輪이샷다	달바퀴가 거듭하도다
〔중엽〕	風流楊柳에	풍류 양류에
	舞輕盈ᄒᆞ니	춤이 경쾌하고 단아하니
	自是豊年에	아제부터 풍년에
	有笑聲이샷다	웃음소리 있으리로다
〔부엽〕	自是豊年에	이제부터 풍년에
	有笑聲이샷다	웃음소리 있으리라도
〔소엽〕	克配天ᄒᆞ시니	하늘과 짝하시니
	聖子神孫이	성자 신손이
	億萬年이쇼셔	억만년을 이어 누리소서

3방에 선 사람은 악절樂節을 따라 소매를 들었다가 떨어뜨린다. (손에 따라 모두 발을 든다. 다른 방위에 있는 사람도 이와 같이 한다) 황이 동(청)을 향하여 춤추면, 청이 중앙을 향하여 대무하고, 황이 남(홍)을 향하여 춤추면, 홍이 중앙을 향하여 대무하고, 황이 서(백)을 향하여 춤추면, 백이 중앙을 향하여 대무한다. 끝나고서 채편을 치면 황은 제 방위에서 나오지 않고 주선周旋하면서 춤추고 (좌선左旋한다. ○ 오른손부터 들어 왼손·오른손을 다 두 번씩 든다) 청·홍·흑·백은 모두 제 방위에서 나오지 않고 일시에 중앙을 향하여 춤추고 (모두 왼손부터 들어 왼손·오른손을 다 두 번씩 든다) 또 제 방위에서 나오지 않고 주선하며 춤춘다. (우선右旋한다. ○ 왼손·오른손을 다 두 번씩 든다) 끝나면 회무回舞하여 (좌선한다. ○ 흑이 먼저 나온다) 세 번 돌고(匝) 나서 각각 도로 제 방위에 서서 북을 향하여 춤춘다.

채편을 치면, 흑은 춤추며 물러가고 (왼발부터 물러간다) 홍은 춤추며 앞으로 나아가서, (오른발부터 나아간다) 5인이 가지런히 1렬을 지어 춤춘다. 음악이 전점 잦아지면, 봉황음鳳凰吟의 급기急機를 연주하고, 이어서 삼진작三眞勺을 연주한다. 여기妓는 다음 노래를 부른다.

〔전강〕	내님믈그리ᄉᆞ와우니다니	내님을 그리워하여 울고 있더니
〔중강〕	山접동새난이슷ᄒᆞ요이다	산접동새와도 비슷하여이다
〔후강〕	아니시며거츠르신돌아으	아니 있으며 허망하신들 아으
〔부엽〕	ㅇ月曉星이 아ᄅᆞ시리이다	잔월 효성이 아시리이다
〔대엽〕	넉시라도님은ᄒᆞᆫᄃᆡ녀져라 아으	넋이라도 님은 한데 가고 싶어라 아으
〔부엽〕	벼기더시니뉘러시니잇가	우시기던 이 뉘시더이까
〔이엽二葉〕	過도허믈도千萬업소이다	과도 허물도 천만 없소이다
〔삼엽三葉〕	ᄆᆞᆯ힛마리신뎌	거짓말이신저(?)
〔사엽〕	술웃븐뎌아으	사라지고 싶은저 아으
〔부엽〕	나미나ᄅᆞᆯᄒᆞ마니ᄌᆞ시니잇가	임이 나를 하마 잊으셨나이까
〔오엽〕	아소님하도람드르샤괴오쇼셔	아소 임이여 도로 들으시어 괴소서

황이 그대로 서서 춤추면, 청·홍·흑·백은 춤추며 물러가 가지런히 1열을 지어 춤추고, (좌우의 손을 모두 두 번씩 또는 한 번씩) 황이 춤추며 물러가면 청·백은 춤을 추며 나아갔다가 춤추며 물러가고, 홍·흑도 춤추며 나아갔다가 춤추며 물러간다. 끝나면 5인이 가지런히 1열로 춤춘다.

음악이 〈정읍井邑〉의 급기急機를 연주하면, 여기女妓는 그 노래를 부른다. (노래는 위의 무고정재의舞鼓呈才儀에 보인다) 5인은 변무變舞(정읍무井邑舞)한다.

이어서 북전北殿의 급기急機를 연주하면, 여기는 다음 노래를 부른다.

<table>
<tr><td rowspan="2">〔전강〕</td><td>山河千里壯애</td><td>산하 천리 씩씩한 곳에</td></tr>
<tr><td>宮殿에五雲高ㅣ로다나</td><td>궁전에 오색 구름이 높도다</td></tr>
<tr><td rowspan="4">〔중강〕</td><td>煇煇瑞日</td><td>번쩍번쩍 빛나는 상서로운 해는</td></tr>
<tr><td>明螭陛어늘</td><td>궁전 섬돌에 밝거늘</td></tr>
<tr><td>冉冉香烟</td><td>길게 뻗은 향 연기는</td></tr>
<tr><td>繞袞袍ㅣ로다나ᄂᆞᆫ</td><td>곤룡포를 두르도다</td></tr>
<tr><td rowspan="4">〔후강〕</td><td>積德百年에</td><td>덕을 쌓기 백년에</td></tr>
<tr><td>興禮樂ᄒᆞ시니</td><td>예악을 일으키시니</td></tr>
<tr><td>垂衣一代</td><td>태평한 일대가</td></tr>
<tr><td>煥文章이로다</td><td>문채 나도다</td></tr>
<tr><td rowspan="2">〔부엽〕</td><td>雍熙之治여</td><td>화락하게 다스려진 지극한 정치여</td></tr>
<tr><td>邁虞唐이로다</td><td>요순 때에 짝하도다</td></tr>
<tr><td rowspan="4">〔대엽〕</td><td>慶雲深處에</td><td>경사로운 구름 깊은 곳에</td></tr>
<tr><td>仰重童ᄒᆞ니나ᄂᆞᆫ</td><td>임금 얼굴 우러르니</td></tr>
<tr><td>一曲南薰에</td><td>남훈(잘 다스려져 백성이 부함을 노래한 것. 순 임금이 지었다 함) 한 곡에</td></tr>
<tr><td>解慍風이로다나</td><td>불평을 푸는 바람이로다</td></tr>
<tr><td rowspan="2">〔부엽〕</td><td>鳳凰이來舞ᄒᆞ니</td><td>봉황이 오니</td></tr>
<tr><td>九成中이로다</td><td>아홉 곡이 다 끝나가도다</td></tr>
<tr><td>〔이엽〕</td><td>大有年ᄒᆞ니</td><td>크게 풍년드니</td></tr>
</table>

	禾稼ㅣ與雲連이로다	벼가 구름에 잇닿도다
〔삼엽〕	紅腐之粟이오	썩도록 많은 곡식이요
	貫朽錢이로다	녹슬도록 흔한 돈이로다
〔사엽〕	陰陽이順軌ᄒᆞ야	음양의 운항이 순하여
	雨露均ᄒᆞ니	우로가 고르니
〔부엽〕	萬家烟火ㅣ여	만백성 집의 연기여
	太平民이로다	태평 성대의 백성이로다
〔오엽〕	撫五辰ᄒᆞ시니	계절을 순하게 하시니
	聖壽無疆ᄒᆞ샤	성수 무강하시어
	千萬春이쇼셔	천만세를 누리소서

5인이 춤추며 나가고 (환장무懽場舞) 여기女妓·악사樂師·악공樂工이 차례로 나가면, 음악이 그친다.

후도後度: 학鶴·연화대蓮花臺·의물儀物 등 제구를 갖추어 진설한다. 동발을 든 악사〔執銅鈸樂師〕가 선도하고, 청학靑鶴·백학이 그 다음에 따르고, 청처용靑處容·홍처용·황처용·흑처용·백처용이 그 다음에 따르고, 인인장引人仗·정절旌節·개蓋 (인인장·정절·개는 각각 두 건씩인데 한 건은 봉화무동奉花舞童의 뒤에 선다) 봉화무동이 그 다음에 따르고, 여기女妓가 그 다음에 따르고, 집박악사執拍樂師·향당악공鄕唐樂工이 각각 차례로 따른다.

음악이 〈영산회상靈山會相〉의 만기慢機를 연주하면, 여기와 악공이 일제히 소리 내어 가사 〈영산회상불보살靈山會上佛菩薩〉을 부르며 들어가 세 번 회선回旋·좌선左旋하고 차례로 그림과 같이 벌여 선다. 박拍을 치고 대고大鼓를 치면 영산회상의 영슈을 연주하고,

음악이 점점 잦아지면, 오방의 처용이 족도足蹈하며 환무歡舞하고, 여기·악공 및 의물을 잡고 가면假面한 무동들도 따라 족도 요신搖身(몸을 흔듦)하며 극진하게 환희한다. 끝나면 음악이 그친다. (오방의 처용은 조금 물러가서 좌우로 나누어 선다)

음악이 〈보허자步虛子〉의 영令을 연주하고, 박을 치면 청학·백학이 보譜와 같이 나아가고 물러가며 춤추다가 연화蓮花를 쪼고, 그 속에서 두 동녀童女가 나오면 두 학이 놀라 뛰어서 물러간다. 음악이 그치면 도로 처음 자리에 선다.

두 동녀가 지당池塘에서 내려가 가지런히 한 줄을 지어 서서, 절차대로 정재呈才한다.

끝나고서 또 〈처용〉의 만기를 연주하면 (여기는 〈처용가〉를 부른다) 오방의 처용이 다시 먼저 있던 자리에 서서 한결같이 위의 절차대로 춤춘다. 끝나서 음악이 그친다. 미타찬彌陀讚을 연주하면, 여기 2인이 도창導唱

'西方大教主 南無阿彌陀佛'을 부르고
여러 기녀[제기諸妓]가 일제히
'西方大教主 南無阿彌陀佛'을 화창한다. (먼저 부르고 따라 부르는 것은 뒤에서도 다 이와 같이 한다)

無見頂上相 南無阿彌陀佛	頂上肉髻相 南無阿彌陀佛
髮紺琉璃相 南無阿彌陀佛	眉間白毫相 南無阿彌陀佛
眉細垂楊相 南無阿彌陀佛	眼目淸淨相 南無阿彌陀佛
耳聞諸聲相 南無阿彌陀佛	鼻高圓直相 南無阿彌陀佛
舌大法螺相 南無阿彌陀佛	身色眞金相 南無阿彌陀佛

전과 같이 회선回旋한다. (처용과 꽃을 든 무동은 환무歡舞하고, 그

나머지는 모두 요신 족도搖身足蹈한다)

人天大道師 釋迦世尊	三界道師 釋迦世尊
四生慈父 釋迦世尊	靈山大敎主 釋迦世尊
天中天聖中聖 釋迦世尊	八相始成道 釋迦世尊
降魔轉法輪 釋迦世尊	三明六神通 釋迦世尊
十力四無畏 釋迦世尊	九禪八解脫 釋迦世尊
三十七助道法 釋迦世尊	三十二應 釋迦世尊
八十種好 釋迦世尊	紫磨金色身 釋迦世尊
光明照大千 釋迦世尊	分身百億刹 釋迦世尊
道脫十方界 釋迦世尊	功德冠諸佛 釋迦世尊

여기까지만 위와 같이 도창하여 따라 부르고, 관음찬에 이르러서는 제기諸妓가 일제히 소리내어 노래한다.

관음찬觀音讚

圓通敎主 觀世音菩薩	補陀大師 觀世音菩薩
聞聲濟苦 觀世音菩薩	拔苦與樂 觀世音菩薩
大慈大悲 觀世音菩薩	三十二應 觀世音菩薩
十四無畏 觀世音菩薩	救苦衆生 觀世音菩薩
不取正覺 觀世音菩薩	千手千眼 觀世音菩薩
手持魚囊 觀世音菩薩	頂戴彌陀 觀世音菩薩

다음 노래를 부르며 차례로 나간다.

百花ㅣ芬其蕚ᄒᆞ고	백화가 그 꽃받침에 향기 나고

香雲이彩其光ᄒᆞ니	향운이 그 빛에 빛나니
圓通觀世音이	두루 통달한 관세음이
承佛遊十方이샷다	부처를 이어 우주에 노니시도다
權相百福嚴ᄒᆞ시고	백복을 권상함이 엄하시고
威神이巍莫測이시니	위신이 헤아릴 수 없이 높으시니
一心若稱名ᄒᆞᅀᆞ오면	일심이 명호에 맞으면
天殃이卽殄滅ᄒᆞᄂᆞ니라	천앙이 곧 진멸하나니라
慈雲이布世界ᄒᆞ고	자운이 세계에 퍼지고
涼雨ㅣ灑琿塵ᄒᆞᄂᆞ니	양우가 혼진을 씻나니
悲願이何曾休ㅣ시리오	비원을 어찌 들어주지 않으시리요
功德으로濟天人이샷다	공덕으로 천인을 구제하시도다
四生이多怨害ᄒᆞ야	사생에 원해가 많아
八苦ㅣ相煎迫이어늘	팔고가 서로 절박하거늘
尋聲而濟苦ᄒᆞ시며	소리를 찾아서 괴로움을 구제하시며
應念而與樂ᄒᆞ시ᄂᆞ니라	생각에 응하여 즐거움을 주시느니라
無作自在力과	일부러 만들지 않고도 자재한 힘과
妙應三十二와	서른 둘로 변신하여 묘하게 응하는 것과
無畏늘施衆生ᄒᆞ시니	두려움 없는 설법을 중생에게 베푸시니
法界普添利ᄒᆞᄂᆞ니라	법계가 널리 복리를 더하느니라
始終三慧入ᄒᆞ시고	시종 삼혜가 드시고
乃獲二殊勝ᄒᆞ시니	얻은 이수가 넉넉하시니
金剛三摩地를	금강삼마지를
菩薩이獨能證ᄒᆞ시니라	보살이 홀로 능히 증험하시니라
不思議妙德이여	불가사의한 묘덕이여

名偏百億界ᄒᆞ시니	명성이 백억계에 두루 미치니
淨聖無邊澤이	정성하고 무변한 은택이
流波及斯世시니라	이 세상에 흘러 파급되시니라

음악이 그치고, 다 끝난다.[589)]

이 두 텍스트는 모두 우리나라의 대표적인 궁중가무희인 〈헌선도〉와 〈학·연화대·처용무 합설〉이란 작품의 공연 과정을 자세히 기록한 텍스트이다. 이 공연 대본은 우선 다음과 같은 몇 가지 중요한 텍스트 상의 특성을 보여준다.

첫째, 먼저 그 양식적인 측면에서 볼 때, 오늘날의 무용극dance drama 이나 음악극musical drama 양식과 같다. 또한 대본의 기술 방법 면에서 보더라도 오늘날의 무용극이나 음악극 대본 못지않게 자세하고 훌륭하다. 엄밀하게 말하자면, 이 대본 양식은 '정재呈才' 곧 무용에 초점이 있기 때문에 '무용극' 양식으로 보아야 할 것이다.

둘째, 이 두 공연 대본은 음악이나 무용의 차원을 넘어서 연극의 지평을 아주 분명하게 구축하고 있는 '무용극'이다. 전자는 기악·성악·무용·연기·대사 등이 모두 갖추어진 '일반 무용극'이고, 후자는 기악·성악·무용·연기 등으로 이루어진 '무언 무용극'이다.

이 두 작품이 다 '무용극'이라는 점에 대해서는, 좀 더 자세한 논의가 필요할 것 같다. 무용극은 일종의 연극 양식이다. 연극 양식이 되기 위해서는 그 텍스트 속에 등장하는 공연자가 자기 자신의 '자아'를 그대로 가지고 공연하는 것이 아니라, 공연 중

589) 성현 편찬, 이혜구·정연탁 옮김(1978), 《악학궤범》, 서울: 사단법인 민족문화추진회, 29~44쪽.

에 반드시 자기 자신의 '자아自我 self'를 어떤 '등장인물'에게 '대여貸與'하는 과정이 일어나야만 한다. 그런데, 두 작품에서는 이러한 '공연자 자아의 등장인물으로의 자아 대여 과정'이 분명하게 나타나 있다. 예컨대, 〈헌선도〉에는 다음과 같은 중요한 말이 나온다.

> 춤추는 대열〔검은 홑옷을 입는다〕이 악관樂官과 기녀妓女〔악관은 검은 옷에 복두를 쓰고 기녀는 검은 적삼에 붉은 띠를 띤다〕들을 인솔하고 남쪽에 서고, 악관과 기녀들은 두 줄로 앉는다. 기녀 한 명이 왕모王母로 되고, 그 좌우편에 한 명씩 협무(보좌) 두 명이 왕모와 나란히 서서 횡렬을 이룬다.[590]

이 대목에서 '기녀 한 명이 왕모王母로 된다'는 것은 공연자로 무대 위에 나오는 '기녀妓女' 한 명이, '기녀'인 자기 자신의 '자아'를 '등장인물'인 '왕모王母/서왕모西王母'에게 '대여'해준다는 뜻이다. 이것은 일상생활 속에서는 기녀라는 '직업인물'로 살아가는 한 사람이 〈헌선도〉라는 공연 작품 속에서 '왕모/서왕모西王母'라는 '등장인물character'이 된다는 말이다. 그리고 스토리상으로 이 작품은 '서왕모'라는 등장인물이 하늘 선경仙境에서 지상의 대궐로 내려와, 임금에게 선도仙桃를 바친다는 이야기를 극화劇化한 것이다. 즉, 이 작품은, '서왕모西王母'라고 분명하게 '성격부여characterization'가 이루어진 '등장인물'이 여러 부속 등장인물들을 대동하고 주인공으로 무대 위에 등장하여, 임금에게 선도를 바치는 축하 행동의 과정들을 청관중들에게 보여주는 것이기 때문에, 이것은 분명한 하나의 '희곡'이며, 이것을 공연한 공연

590) 앞의 〈헌선도〉 대본 해당 부분 참조.

작품은 '연극'이 되는 것이다.

다음으로, 〈학·연화대·처용무 합설〉의 공연대본에는 세 종류의 등장인물군이 나온다. 첫째, 5명의 '처용', 둘째, 2명의 '학鶴', 셋째, 2명의 '동녀童女' 등이 그것이다. 즉, 이 작품은 9명의 공연자들이 무대에 등장하여 자기 자신들의 '자아'를 '대여'하여, 5명의 '처용', 2명의 '학', 2명의 '동녀'라는 '등장인물'이 되는 공연작품이다. 따라서, 이 작품의 언어 텍스트는 '희곡'이고, 이것을 공연한 작품은 '연극'이 된다. 그리고 그것이 무용을 가장 중시하는 '정재呈才'이므로, 이 작품의 형식을 우리는 '무용극'이라고 규정할 수 있다.

3) 이야기 줄거리

어떤 무용극이든, 그것이 하나의 희곡과 연극이 되기 위해서는, 거기에 분명하고 구체적인 이야기 줄거리, 곧 스토리의 라인이 있어야만 한다. 두 작품의 이야기 줄거리는 다음과 같이 아주 분명하다.

> **〈헌선도〉**: 하늘 선궁仙宮에 사는 서왕모가, 여러 일행들을 대동하고 정월 대보름 명절날 밤에, 임금의 만수무강과 나라의 무궁한 번영을 축수하기 위해, 임금이 머물고 있는 궁중의 잔치 자리에 찾아온다. 서왕모는 정중하게 예의를 갖추고, 하늘 선궁에서 가지고 온 '선도'를 임금에게 바치고, 여러 가지 축수의 음악을 연주하며, 노래를 부르고, 춤을 춘다. 이렇게 임금의 만수무강과 나라의 태평성태를 축수한 뒤, 그들은 다시 하늘 선궁으로 돌아간다.

〈학 · 연화대 · 처용무 합설〉: 먼저 전반부〔前度〕에서는 등장인물인 처용 가면을 쓴 5인의 처용(청처용·홍처용·백처용·흑처용·황처용으로 이루어진 5방 처용)이 임금 앞에 나와, 임금의 만수무강과 나라의 번영을 축수하기 위해 임금을 향해 '5방 처용무'를 춘다. 후반부〔後度〕에서는, 먼저 5방 처용들이 임금 앞에 나와, 임금의 만수무강과 나라의 번영을 축수하는 춤을 춘다. 그 다음에는, 청학·백학의 두 등장인물이 나와 임금 앞에 나와, 임금의 만수무강과 나라의 번영을 축수하는 춤을 추다가, 무대 위에 놓여 있는 큰 연꽃을 부리로 쫀다.

그러면, 그 속에 두 사람의 '동녀童女'가 나온다. 이를 본 두 청학·백학은 놀라, 제 자리로 돌아간다. 그러면, 그 연꽃 속에서 나온 두 동녀가 임금 앞으로 나아가 역시 임금의 만수무강과 나라의 번영을 축수하는 춤을 춘다.

이에 이어서, 다시 5방 처용들이 임금 앞으로 나와, 절차대로 임금의 만수무강과 나라의 번영을 비는 춤을 추고 사라진다.

이 가운데 작품 〈헌선도〉의 이야기 줄거리는 아주 단순하고 분명해서 별다른 보충 설명의 필요가 없다. 그런데 작품 〈학·연화대·처용무 합설〉의 이야기 줄거리는 좀 복잡하다. 왜냐하면, 이것이 원래 따로 존재하던 3가지의 가무희 곧 〈처용무處容舞〉·〈학무鶴舞〉·〈연화대蓮花臺〉로 독립되어 있던 가무극을 하나로 합쳤기 때문이다.

원래, 〈학무〉는 학의 탈을 쓰고 임금의 만수무강과 나라의 태평성대를 기원하는 일종의 탈춤 형태의 향악정재였고, 〈처용무〉는 처용설화와 처용가라는 꽤 긴 이야기 줄거리를 가지고 있던 향악정재였다. 그리고 〈연화대〉는 원래 하늘 선궁의 선녀가 성스러운 임금의 어진 정치에 감화·감동하여, 연꽃을 타고 임금이

계신 대궐로 내려와, 노래와 춤으로 임금의 만수무강과 나라의 태평성대를 축수한다는 이야기로 구성되는 당악정재 계통의 고려시대의 가무희였다. 이런 세 개의 독립된 작품들의 이야기들을 하나의 공연 작품으로 통합하다보니, 이야기 전개상에 다소의 무리가 따를 수밖에 없게 되었다.

4) 구성상의 특징

(1) 무당굿 구조의 시대적 변이

이 궁중가무희의 기본 구조는 신에게 가무희를 바치는 전통 세습무 무당굿의 구조와 구조적으로 깊은 관련성이 있다. 원래, 우리나라 전통 세습무의 무당굿 공연 구조는 '청신請神-오신娛神-기원-송신送神'의 구조로 되어 있다. 신을 모셔다가 좌정케 하고〔請神〕, 그를 즐겁게 해드린 다음〔娛神〕, 신에게 소원을 빌고〔祈願〕, 신을 다시 돌려보내 드린다〔送神〕는 내용의 공연 구조이다. 그런데, 놀랍게도 이 궁중가무희의 구조도 이와 매우 비슷하다. 다른 점이 있다면 이 구조에서 '신'이 '임금'으로 대체되어 있다는 점만이 다르다.

즉, 〈헌선도〉를 보면, 먼저 신 대신 '임금'을 모셔놓은 다음〔청신〕, 하늘 선궁의 서왕모가 여러 일행들을 대동하고 와서 임금에게 '선도'를 바치고 음악과 무용으로 임금을 즐겁게 한 다음〔오신〕, 임금의 만수무강과 나라의 태평성대를 기원하고〔기원〕, 서왕모와 그 일행이 다시 하늘 선궁으로 돌아간다〔송신〕. 이와 같은 과정은 무당굿의 '청신-오신-기원-송신'의 구조와 거의 동일한 구조임을 알 수 있다. 여기서 달라진 것은 '신'이 '임금'으로 대체된 것뿐이다.

이 궁중가무희 양식의 구조가 이렇게 달라지게 된 근본 이유는, 이 작품이 존재하는 시대가 제정일치의 신권시대로부터 제정분리의 '왕권시대'로 변화된 시대이기 때문이기도 하고, 이 공연문화 양식이 신을 위한 제의적 공연이 아니라 임금을 위한 '놀이적 공연'이기 때문이기도 하다. 그래서 신을 불러서 신을 즐겁게 해드리고 기원을 드리고 신을 다시 돌려보내는 구조(청신-오신-기원-송신)가 임금을 알현하고 임금을 즐겁게 하고 임금에게 소원을 빌고 다시 임금에게 하직 인사를 올리고 물러가는 구조로 변환된 것이다.

이것은 오늘날 전해지는 남부지방의 전통 세습무 무당굿의 공연 구조와 크게 다르지 않다. 다만, 이 세습무 무당굿의 공연 구조에서의 '신'의 자리에다가 '왕'을 설정해 놓고 있는 것만이 다르다. 그러다보니, 왕을 굿판으로 불러들일 수 있는 권위가 공연자에게는 없게 되고, 그래서 공연자가 직접 왕을 알현하여 축수의 가무를 바치고 기원을 올리고 스스로 인사를 하고 물러가는 식의 구조로 바뀌게 된 것이다.

이처럼 이 공연문화 양식은, 옛날 제정일치의 신권사회로부터 제정분리의 왕권사회로 변화된 정치-사회적 변화를 그대로 반영하여 보여주고 있다. 이것은 바로 리차드 세크너가 터너의 사회극 이론을 활용하여 세운, 다음과 같은 사회극과 예술극의 관계 도식을 우리가 다시 한 번 생각하게 해준다.

즉, 이 '사회극'과 '무대극'의 관계 도식에서의 '사회극'은 신권사회에서 왕권사회로 변화된 사회구조의 변화 바로 그것이다. 그리고 이 관계 도식에서의 '무대극'은 바로 그러한 정치-사회적 변화를 '반영'하여 구조화된 궁중가무희 작품인 〈헌선도〉·〈학·연화대·처용무 합설〉인 것이다.

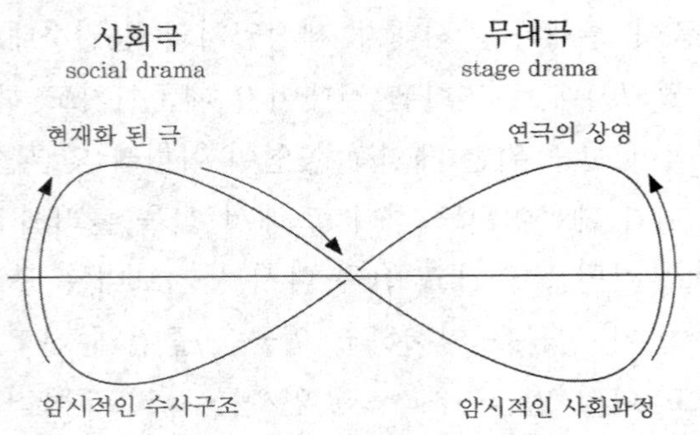

〈그림-12〉 사회극과 무대극의 관계

(2) 악가무희사의 조화롭고 선미한 융합

다른 한편에서, 또 한 가지 지적해야 할 구성상의 특징은, 악가무희사의 공연 구조가 무용〔舞〕을 중심으로 하여 매우 조화롭고 선미하게 융합되고 있다는 점이다. 이러한 구조적 특징을 좀 더 구체적으로 확인하기 위해 작품 〈헌선도〉의 공연 대본 전체 구조를 작품 이야기 진행의 주요 단위별로 순서대로 정리해 보면 다음과 같다.

① 음악이 연주되는 가운데, 모든 공연자들이 차례로 무대 위에 등장.
② 서왕모의 알현을 고함. 〔대사〕
③ 주인공 등장인물 '서왕모'가 선도반仙桃盤을 받들고 임금에게 선도仙桃를 바치는 노래를 부름. 〔노래〕
④ 노래가 끝나면 악관이 음악을 연주하는 가운데, 3명의 등장인물 '서왕모'가 임금에게 축수의 노래를 부름. 〔노래〕

⑤ 이 노래가 끝나면 악관이 음악을 연주함. 〔기악〕

⑥ 악관이 음악을 연주하는 가운데, 서왕모가 제자리에서 춤을 춤. 〔기악+무용〕

⑦ 연주가 그치면 서왕모가 나와 다시 축수의 노래를 부르고 물러섬. 〔노래〕

⑧ 악관이 다른 음악을 연주하는 가운데 서왕모의 보조무가 춤을 추고 물러남. 〔기악+무용〕

⑨ 주악이 멎고 서왕모의 보조무가 축수의 노래를 부름. 〔노래〕

⑩ 좌석에 가득 찬 대관들이 축수의 노래를 부름. 〔노래〕

⑪ 노래가 끝나면 악관이 음악을 연주함. 〔기악〕

⑫ 주악이 끝나면 서왕모가 앞으로 나와 축수의 노래를 부르고 제자리로 돌아감. 〔노래〕

⑬ 악관이 음악을 연주하는 가운데, 서왕모의 보조무가 나와 춤을 추고 들어감. 〔기악+무용〕

⑭ 서왕모의 보조무가 축수의 노래를 부름. 〔노래〕

⑮ 악관이 음악을 연주하는 가운데, 보조 공연자들인 위의차비〔威儀奉盖〕 18명이 나와 춤을 추고 물러감. 〔기악+무용〕

⑯ 음악이 멎고 죽간자차비〔竹竿子奉盖〕가 임금에게 작별인사를 고함. 〔대사〕

⑰ 인사말이 끝나면 악관이 음악을 연주함. 〔기악〕

⑱ 음악이 연주되는 가운데 모는 공연자들이 춤을 추며 퇴장. 〔기악+무용〕

이상의 분석 내용을 그 동원되는 요소별로 다시 묶어보면 다음과 같은 도표가 만들어진다.

① 〔기악+행진〕 + ② 〔대사행동〕 + ③ 〔노래〕 + ④ 〔노래〕 + ⑤

〔기악〕 + ⑥ 〔기악+무용〕 + ⑦ 〔노래〕 + ⑧ 〔기악+무용〕+ ⑨ 〔노래〕 + ⑩ 〔노래〕 + ⑪ 〔기악〕 + ⑫ 〔노래〕 + ⑬ 〔기악+무용〕 + ⑭ 〔노래〕 + ⑮ 〔기악+무용〕 + ⑯ 〔대사행동〕 + ⑰ 〔기악〕 + ⑱ 〔기악+무용〕

이 도표를 보면, 기악의 단위가 9회, 노래의 단위가 7회, 무용의 단위가 5회, 그리고 대사행동의 단위가 2회 등으로 나타난다. 이러한 사실을 보면, 전체적으로 기악의 반주가 지속적으로 이어지는 가운데, 그 사이에 노래와 무용이 곁들여지고, 간간이 대사 연기 행동도 끼어들어가 있음을 알 수 있다.

이것은 이 가무희가 기악의 연주를 바탕으로 하면서, 그 위에다가 노래와 무용과 대사 연기 행동을 적절히 조화롭게 배치한, 악가무희사樂歌舞戲詞의 '선미한 조화'를 이룬 가무희임을 짐작하게 한다. 그러나 대본상의 분석만으로는 이 가무희가 무용극적인 성격보다는 음악극적인 성격이 더 강한 것처럼 보이기도 한다. 이것은 대본과 공연 자체와의 거리 때문일 수도 있고, 실제로 이 분석에 나타난 바와 같이 실제 공연에서도 이처럼 음악극적인 성격이 더 강하게 나타날 수도 있을 것이다. 그러나 이 작품은 현재 대본만이 남아 있을 뿐, 공연 방법이 전승되고 있는 것은 아니어서, 그 거리를 분명하게 가늠하기는 어렵다.

이러한 식의 분석은 작품 〈헌선도〉뿐만 아니라, 〈학·연화대·처용무 합설〉의 경우에도 이와 비슷한 방향의 분석 결과를 얻을 수 있을 것이다. 다만, 다른 점은 후자에는 등장인물들의 연기 행동이 대사가 없는 무언극無言劇 형태로 되어 있다는 것이다. 이에 관한 분석은 지면 관계로 생략하기로 하겠다.

5) 궁중가무희가 열어놓은 의미 지평

궁중 가무희와 같은 무용극 또는 음악극은, 그것이 구성하는 행동이 등장인물들의 대사 행동이 아니라 주로 음악·무용 행동이기 때문에, 공연 양식의 의미나 주제를 다룰 때, 반드시 이런 양식적 특성이 고려되어야만 한다.

이 두 작품의 의미 지평을 바라볼 때 고려해야 할 또 한 가지 중요한 사항은, 이 작품을 생산해낸 시대-사회의 이념적 또는 이데올로기적 특성이다. 특히, 이 시대-사회가 왕권국가였다는 것, 그리고 이 공연 양식이 바로 그 왕권국가의 이데올로기와 정치체제를 옹호하는 목적을 위해 만들어진 양식이라는 점을 먼저 기억해야 한다. 그래서 이 작품들에서는 그 어떤 근대적인 세계관도 이념도 발견할 수는 없을 것이다.

이런 두 가지 조건 아래서, 이 작품의 주제를 찾을 때, 〈헌선도〉의 모든 의미화의 방향은 주인공인 등장인물 '서왕모'를 중심으로 이루어지고 있다. 그러나 그녀는 근대극의 등장인물처럼 어떤 근대적 '개성'을 지닌 등장인물은 결코 아니다. 그는 중세 왕권국가의 이데올로기와 권위를 드러내기 위해 존재하는 등장인물이다.

그녀는 임금을 신처럼 무대에 좌정시킨 가운데〔청신〕, 임금을 신처럼 즐겁게 찬양하고〔오신〕, 신에게처럼 임금에게 만수무강과 태평성대를 기원하고〔기원〕, 임금에게 정중히 인사를 드리고 물러가는 것이다〔송신〕. 이러한 점에서 그녀의 위상은, 무당굿에서의 무당의 위상과 매우 유사하다. 그래서 '서왕모'의 행동 및 그녀가 대동하고 있는 모든 악사·가수·무용수 등은 신과 같은 권위를 가진 임금을 찬양하는 행동 이외의 다른 행동은 할 수가 없다. 이것은 마치 무당이 신을 찬양하는 행동 이외의 다른 행동을 할 수 없는 것과 같다.

〈학·연화대·처용무 합설〉의 등장인물인 '처용·학·동녀' 등도 모두 마찬가지의 성격을 지닌 등장인물들이다. '처용'은 왕과 나라의 재액과 부정을 몰아내고 복락과 경사를 불러들이는 목적, 곧 제액초복除厄招福과 벽사진경辟邪進慶을 추구하는 등장인물이고, '학'은 임금의 만수무강과 나라의 태평성대를 기원하는 등장인물이고, 하늘나라 선궁에서 내려온 '동녀' 또한 임금의 만수무강과 국가의 번영을 축수하는 역할을 하는 등장인물이다. 이들에게는 이러한 행동 이외에 어떠한 다른 개인적인 자아의 개성적 성격과 행동도 부여되어 있지 않다.

이러한 등장인물들의 성격상의 특성은 이 작품의 의미 지평, 곧 주제를 들어 올리는 작업의 초점이 된다. 즉, 이 작품의 주제는 바로 이러한 성격의 등장인물들의 행동이 지시하고 암시하는 상징적 의미와 직결되어 있다.

〈헌선도〉에서 '서왕모' 및 그녀가 대동하고 있는 등장인물 일행들의 행동은 중세적 왕권국가의 강력한 이념과 세계관을 대변한다. 그녀와 그녀가 이끌고 있는 등장인물들은, 인간의 이상이 하늘나라 선경仙境에 있는 것이 아니라, 지상의 왕권국가에 있다고 주장한다. 그래서 그녀 일행은 하늘나라 선경에서 지상으로 내려와 지상의 임금 앞에 부복하여 그의 무한한 권위와 능력을 찬양한다.

〈학·연화대·처용무 합설〉의 등장인물인 천 년을 산다는 '학'은 임금의 만수무강과 무병장수를, 하늘나라 선궁에서 내려온 '동녀'들도 〈헌선도〉의 '서왕모'와 똑같이 임금의 만수무강과 국태민안을, 그리고 온갖 재앙을 물리친다는 '처용'은 임금과 나라의 제액초복의 기원을 대변하는 사제자적인 의미의 지평을 열고 있는 것이다.

6) 결어: '조화'와 '아정'의 미학

이러한 궁중가무희의 현대적 의의와 가치는 이 작품들이 나타내고 있는 케케묵은 중세적 이데올로기나 왕권중심의 권위를 추구하는 데 있는 것은 물론 아니다. 우리는 이러한 중세적 시대-사회의 산물인 이 공연 작품들과 궁중가무희 양식 속에서 무엇을 찾고 배워야만 할까? 그것은 오히려 이 작품들이 주장하고 있는 중세적 이념보다는, 이 작품들이 가지고 있는 미학적 가능성 면에서 찾을 필요가 있을 것이다.

이 작품들은 먼저 '조화'의 이념을 전체적인 구조화의 바탕으로 삼고 있다. 전통적으로 지배자의 '궁중가무희'라고 하는 것은, 악가무희사, 곧 기악과 성악과 무용과 연극과 문학이 하나의 조화로운 통일체를 이루어야 하며, 그렇게 될 때 우리는 가장 조화롭고 이상적인 세계를 추구하고 구현할 수가 있다는 것을 이 작품들은 보여주고자 한다.

그러한 세계는, 등장인물들이 어떤 이념이나 성격의 차이로 인해 서로 부딪치고 갈등하고 대립하여, 어느 한 쪽이 승리하고 다른 한 쪽이 패배하는 그런 극단적인 대립·갈등의 세계를 지향하는 것이 아니라, 그 어느 쪽도 실패하거나 패배하지 않고 모든 구성원들이 서로 적절하고 조화롭게 어울리는 대동-상생의 세계, 그 속에서 모든 갈등과 대립이 하나의 조화로운 관계로 승화되면서, 어떤 새로운 이상적 조화의 세계를 구현하는 방향으로 나아갈 수 있다는 것을 이 작품들은 상징적으로 보여주고자 한다.

그러한 조화롭고 선미한 세계는, 기악·성악·무용·연극·문학 등의 요소들 중의 어느 한 요소가 전체를 지배하는 식의 관계가 아니라, 이들 모든 요소들이 적절하게 상호 조화를 이루는 관계를 통해서 이루어지는 '아정雅正'의 세계이다.[591] 그리고 그런 세계는 기악의 느리고 머뭇거리는 듯한 아악 반주가 그 바탕을 이루는 가운데, 그 위에 성악이 적절하게 자기의 자리를 잡고, 그 사이에 비슷한 비중으로 무용이 기거하며, 그리고 그 사이사이에 문학과 연극이 서식하면서, 모든 공연적 표현 요소들이 종합적으로 어울려 다양성이 조화를 이루는, '자연'과 같은 어떤 세계이다.

또한, 그 기저를 이루고 있는 기악인 '아악雅樂'은 매우 느리고 한가하고 여유로운 템포와 느낌의 음악이기에, 그것을 기조와 토대로 하여 이루어지는 온갖 성악·무용·연극·문학도 그런 주조를 근본 리듬과 흐름으로 삼을 수밖에 없다. 이렇게 구축되는 이 궁중가무희의 세계는 악가무희사가 조화롭고 선미하게 어울려 융합되어, 하나의 '이상적인 관계'를 이룩한, '조화롭고 아정한 아름다움의 세계'인 것이다.

8. 신파극: 신분해방 민중의 식민지적 욕망 표현 구조

1) 문제제기

지금까지 신파극에 관한 주요 연구들로는 안종화(1955)·이두

591) 궁중가무희의 이러한 '아정의 미학'에 관해서는, 본격적인 연구가 보이지 않는다. 앞으로, 이에 관한 연구를 기대한다.

현(1966)·서연호(1969)·유민영(1972)·김원중(1980)·김방옥(1983)·강영희(1989)·김익두(1989)·차범석(1991)·양승국(1992, 1994, 1998a, 1998b, 1999, 2001)·김미도(1993)·이미원(1994)·신아영(1995)·박윤모(1999)·명인서(2002)·김재석(2003)·우수진(2004) 등의 연구가 있다.

안종화(1955)는 본인이 경험한 우리 연극계의 체험담을 회고록 형식으로 기록하는 가운데, 신파극과 관련된 경험적 사실들을 역사적으로 정리하여, 신파극 연구의 중요한 자료를 마련해 주었다.

이두현(1966)은 우리의 신극사를 연극 단체들의 활동을 중심으로 정리하는 가운데, 신파극의 각종 자료들을 역사적인 관점에서 처음으로 체계 있게 정리했으며, 서연호(1969)는 안종화와 이두현의 연구 토대 위에서 신파극의 레퍼토리, 양식적 특징, 연기·무대·공연 관련 정보 등을 본격적으로 자세하게 정리했다는 의의를 지닌다.

유민영(1972)은 각종 인쇄 매체들을 조사하여, 신파극의 도입 과정, 레퍼토리, 줄거리 내용, 대중의 반응 및 매스컴의 역할 등을 자세히 탐색하였으나, 한국의 신파극을 일본 신파극의 '모방'·'아류'로 규정하여, 한국 신파극의 좀 더 긍정적인 역사적 의미를 부정하였다는 문제점을 드러내었다.

김원중(1980)은 안종화(1955)의 기록 등 기존의 연구 자료들을 토대로 하여 신파극의 양식적 특징으로 '구찌다데〔口立〕' 식 대사의 처리, '하나미찌〔花道〕'의 사용, 백열전등 및 램프 등의 조명, 막 개폐 때의 '딱딱이' 사용, 유치한 무대장치, 남자 배우의 여자 배역 담당, 과장된 연기over-action, 단장의 개막 인사 등을 다시 지적하고, 〈육혈포 강도〉·〈배나무집 딸〉·〈사랑에 속고 돈에 울고〉·〈젖먹이 살인 사건〉 등의 이야기 줄거리를 살폈다.

김방옥(1983)은 그 이전의 연구들과 달리, 신파극의 '통속성'에 주목하면서 한국 신파극을 서구의 멜로드라마와 비교하여, 그것이 "일본으로부터의 영향이나 특별한 정치적 상황의 산물에 그치는 것이 아니라, 봉건적 양반 귀족 사회가 무너지고 미흡하게나마 새롭게 대두되는 시민사회의 예술이 지니는 보편적 성격"을 가지고 있다고 주장하여, 처음으로 한국 신파극에 긍정적인 역사적 의미를 부여했다.[592]

강영희(1989)는 '신파'의 양식적 특징으로, 감정 과잉 또는 낭만적 성향, 비극적 성격, 문체 또는 대사의 독특한 질감 등을 지적했으나 이러한 점들이 신파 또는 신파극 양식만이 가지는 독자적인 특징이라 보기는 어렵다.

김익두(1989)도 '민족연극학적인 관점'을 취하면서 신파극의 양식적 특징을 고찰하고 신파극에 좀 더 긍정적인 희곡사적/연극사적 의의를 부여하고자 했다.

차범석(1991)은 신극 극작가의 입장에서 일본 신파극이 한국 연극에 미친 영향과 한국 신파극의 성립과 전개 과정을 다루면서, 특히 1930년대 후반에 활동한 《동양극장》 신파극을 높이 평가하고 그 의의를 강조한다.

양승국(1992, 1994, 1998a, 1998b, 1999, 2001) 등은 한국 신파극 관련 사실 자료들을 이전의 연구들보다 좀 더 충실히 종합·검토하여, 그동안 제대로 밝혀지지 않은 당시대 신파극의 여러 가지 사실적인 내막들을 좀 더 자세히 밝혀주고 있다.

김미도(1993)는 1930년대 한국 희곡의 유형들 중의 하나로서의 신파극의 특징, 이른바 '고등신파'의 유형적 특징을 구체적으로 살피고 있다. 이미원(1994)은 신파극의 연극사적 의의를 신소설이 소설사에서 갖는 의의인 이른바 고소설과 근대소설 사이의

592) 김방옥(1983), 〈한국 연극사에 있어서 신파극의 의미〉, 《이화어문논집》6집, 이화여대 한국어문학연구소, 207쪽.

'교량적 역할'과 같은 역할에서 찾고자 한다. 신아영(1995)은 신파극의 대중적 특성을 신파극의 대표작인 〈사랑에 속고 돈에 울고〉의 구조분석을 통해서 구체적으로 논의했다.

박윤모(1999)는 신파극이 "시대적 사명에 발맞춰 계몽적 근대의식을 작품 속에 구현하려고 하였으며, 전통적 요소와 서구적 요소를 수용하면서 한국적 정서에 맞도록 양식상의 변화를 꾀하였고, 일본 신파극에 주체적인 대응 양식을 발견하려고 노력했다" 지적하였다.[593] 그러나 정작 그 '주체적인 대응 양식'이 구체적으로 어떻게 생겼는지는 살피지 않았다.

명인서(2002)는 이보다 앞서 나온 김방옥(1983)의 논의를 좀 더 본격적으로 심화·확대시킨 연구로서, 한국과 일본의 신파극과 서양의 멜로드라마를 내용과 형식면에서 자세히 비교하여, 그 차이점과 공통점을 분석·정리함으로써, 기존의 신파극 비교연구를 한 걸음 더 진전시켜 놓았다. 그러나 이 연구는 지나치게 구조주의적 입장만을 견지함으로써 신파극의 정치-사회적 맥락을 제대로 고려하지 않아, "1930년대에 토착화된 우리 신파극은 일본 신파 전성기의 영향을 받았으나 식민지라는 특정한 정치 상황의 산물이 아니라 서구 멜로드라마와도 궤를 같이하는 보편적 인간성에 기초한 극"[594]이라고 결론을 내림으로써, 한국 신파극의 역사적·사회적 특수성을 조화롭게 고려하지 못한 한계를 드러내기도 했다.

김재석(2003)은 '비교연극학적 관점'에서 일본 신파극과 한국 신파극의 비교를 통해 한국 신파극이 근대극으로서의 독자성과

593) 박윤모(1999), 〈개화기의 전통극과 신파극의 변화 양상 연구〉, 《드라마논총》13집, 한국드라마학회, 139쪽.

594) 명인서(2002), 〈한일 신파극과 서구 멜로드라마의 비교 연구〉, 《한국연극학》18호, 42쪽.

정체성을 스스로 확보하지 못하였기 때문에 근대극으로서의 자격을 제대로 갖추지 못하였다고 판단하였다. 그러나 이런 주장은, 한편으로만 보면 그 타당성을 인정할 수 있겠으나, 그 주장의 근거가 서구가 중심이 되는 이른바 '근대극' 개념과 근대 패러다임에 지나치게 기울어져 있어서, 오히려 한국 연극 양식의 하나로서의 신파극의 독자적 특성을 파악할 수 있는 계기들을 놓칠 수 있는 가능성을 내포하고 있다.

최근에 들어, 우수진(2004)은 신파극의 '눈물'을 '동정의 정치학'이라는 말로 포착하여, 신파극의 '눈물'이 가지는 정치적인 의미를 해석하고자 하였다. 이 논의의 결론에 따르면, "신파극의 눈물은 사회 전체를 재생산하고 변화시킬 수 있는 주요 기제였다고도 할 수 있으며, 신파극의 멜로드라마적 장치는 관객들로 하여금 신파극이 제시하는 근대적 도덕률을 극대화하는 데 효과적이었다"고 주장한다. 그러나 이 논의에서도 신파극의 멜로드라마적 장치가 구체적으로 어떻게 되어 있었기에 그렇게 사회 전체를 재생산하고 변화시킬 수 있는 주요 기제로 작동할 수 있었는가에 대해서는 이렇다 할 언급이 없다.

이상의 논의들은 제각기 그 나름대로 관점과 입장을 다소 달리하면서 한국 신파극의 사실과 성격과 역사적 의미와 가치 등을 탐구했으며, 어떤 이는 가치 부정적으로 어떤 이는 가치중립적으로, 그리고 어떤 이는 가치 긍정적으로 신파극을 바라보고 평가했다. 그러나 이러한 기존의 논의들은, 한국 신파극의 주도적인 양식적 구조와 특징들이 구체적으로 어떠하며, 그러한 양식적 구조와 특징들은 그것을 낳은 사회와 어떤 필연적인 관계가 있었는지에 관해서는 구체적이고 본격적인 논의가 이루어지지 않았다. 여기서 다루고자 하는 논의의 초점과 내용은 바로 이 문제에 있다.

2) 한국 희곡사의 특성과 신파극

한국 희곡이 문자언어로 창작되기 시작한 것은 1912년, 당시 강제 한일병합으로 이미 친일 매스컴으로 변한 《매일신보每日新報》에 발표된 조중환趙重桓의 〈병자삼인病者三人〉부터이다. 그 이전의 것으로 조선 정조正祖때인 1791년에 이옥李玉이 지었다는 한문본 〈동상기東廂記〉와 1907~1908년 사이에 여규형呂圭亨이 한문 희곡으로 각색한 〈춘향전春香傳〉과 〈잡극 심청왕후전雜劇 沈淸王后傳〉[595] 정도가 있을 뿐이다. 그밖에 1900년대 초에, 〈병자삼인病者三人〉보다 앞서 《대한매일신보大韓每日新報》에 발표된 〈소경과 안즘방이 문답問答〉, 〈향노방문의생鄕老訪問醫生이라〉, 〈시사문답時事問答〉[596] 등, 어느 정도 희곡의 형태를 띠고 있는 글들이 확인되고 있으나, 이것들이 지향하고 있는 양식적 지향성이나 그 외적 맥락 등으로 볼 때, 희곡이라고 보기는 어렵다.

그러나 희곡을 이처럼 '문자언어'로 기록한 것에만 한정시키는 태도는 우리의 희곡사 및 연극사의 흐름과 전통을 잘 이해하지 못하는 데서 비롯되는 것이다. 우리의 희곡사·연극사를 담당해온 계층은 글을 잘 쓸 줄 아는 상류층이 아니라, 글을 잘 쓸 줄 모르는 하류층이었기 때문이다. 그들은 문자언어로 하는 예술적 창작술을 잘 몰랐으며 그들이 구사할 수 있는 중심언어는 '음성언어'였다.[597] 그들은 음성언어를 가지고 희곡을 집단적으

595) 정하영(1983), 〈잡극 심청왕후전고〉, 《동방학지》, 연세대 국학연구원, 쪽수 미상.

596) 김원중(1986), 《한국 근대 희곡문학 연구》, 서울: 정음사, '신희곡' 조 참조. 여기서 김원중은 이들 일련의 '시사문답'을 '신희곡'이라 명명하고, 이를 간략히 언급했다.

597) Raymond Williams(1982), The Sociology of Culture, New York: Schocken Books.

로 만들어 그것을 집단적 기억 전승의 방법인 '구비 전승'의 방법으로 전승·전파했으며, 그 과정에서 많은 '변이'를 거듭했다.[598] 시·소설·평론 등의 분야에서는 일찍부터—아무리 늦게 잡아도 17~18세기에— 문자언어적 전통을 수립했지만, 희곡계에서는 음성언어에 의한 구비 전승 전통이 1900년대 초까지 지배했던 것이다. 그동안 이러한 특성이 학계에 의해 주목받지 못함으로써, '전통의 단절', 근대희곡의 기점문제, 신파극의 처리 문제 등 많은 논쟁거리들이 발생하게 되었다.

이러한 문제들을 해결하기 위해서는, 우리 문화 전통의 이러한 특성을 인정하고, 그 전제 위에서, 우리의 공연문화 전통을 파악하려는 시각, 곧 민족학적 시각, 공연문화 쪽으로 좁혀서는 '민족공연학'적 시각이 필요하다.

'민족공연학'의 시각에서 보면, 한국 공연문화의 특수성이 세계 공연문화의 보편성보다 더 우선하며 훨씬 더 중요하다. 따지고 보면 세계적 보편성이라는 것이 어떤 지역적 특수성 또는 부분적 특수성을 세계적 보편성으로 호도하거나 오해하는 경우도 많은 것을 우리는 왕왕 보게 된다. 이 책에서 한국 희곡사·연극사의 구비 전승적 특수성에 주목하고 이로부터 논의의 실마리를 찾고자 하는 이유도 바로 여기에 있다.

〔설준규·송승철 역(1984), 《문화사회학》, 서울: 도서출판 까치, 100쪽〕 여기서 그는 다음과 같이 말하고 있다 "이와 관련하여 이미 이천 년 이상에 걸쳐 인간문화의 대부분을 떠맡아온 이 기술(문자사용의 기술-필자주)에 대다수 사람들이 조금이나마 접근할 수 있게 된 것은 어느 문화권의 경우에나 150년간밖에 되지 않았다."

598) Maud Karpeles(1974), *An Introduction to English Folk Song*, London: Oxford University Press, p.11. 여기서 저자는 이러한 구비 전승 예술의 특징을 연속성continuity·변이성variation·선택성selection이라고 지적하고, 이에 대해서 간명하게 설명하고 있는데, 이 점은 우리의 희곡사에서도 광범위하게 적용될 수 있는 특징이다.

그러므로 우리의 희곡사·연극사를 올바로 이해하기 위해서는, 이런 특수성을 그대로 인정하고, 문자언어로 창작된 희곡만을 희곡으로 보는 태도를 지양하여, 문자언어로 개인이 창작한 문자희곡文字戲曲뿐만 아니라, 음성언어로 우리 민족의 여러 공동체들이 공동 창작한 '구비희곡口碑戲曲'도 우리의 매우 중요한 희곡으로 간주해야만 한다. 이렇게 볼 때에만 우리의 희곡사·연극사는 제대로 자리를 잡게 되고, 그에 대한 우리의 전체적·총체적인 조망도 가능하게 된다.

이런 관점에 설 때, 여기서 우리가 논의하고자 하는 '신파극'도 온전한 모습을 하고 우리의 시야에 들어오게 될 것이다. 왜냐하면, 신파극도 신파극 담당 공동체들이 공동 창작한 '구비희곡口碑戲曲'의 전통을 가지고 있기 때문이다.

3) 신파극의 개념 정의 문제

'신파극新派劇'의 개념은 아직도 학계에서 명확하게 규정되지 않았다. 이두현(1966)과 유민영(1972)은 일본 신파극이 우리나라 신파극에 미친 영향을 강조하면서, 일본 심파게키新派劇를 역사적으로 개괄한 다음, 우리의 신파극은 일본 심파게키의 모방이며 그 아류라고 기술하였다.[599] 서연호(1969)는 신파극을 '새로운 극이라는 명칭으로 일본에서 그 형태와 함께 수용된 것으로서 또는 구미의 멜로드라마, 웰 메이드 플레이well-made play와 같은 형식'이라 지적했고, 신파극의 독자적인 개념을 규정하지는 않았다.[600]

599) 이두현(1966), 《한국 신극사 연구》, 서울대출판부, 45~46쪽; 유민영(1972), 〈신파극의 발생과 그 전개〉, 《연극평론》7호, 서울: 연극평론사, 34~36쪽.

김방옥(1983:182)은 신파극을 "일본의 전통극인 가부키〔哥舞伎〕의 형식을 차용·변형하여, 메이지시대의 소재와 접합시킨 근대 초기 일본의 과도기적 연극 양식이며, 일상생활의 연장인 민속극의 형태가 아닌 독자적인 예술형식으로서 우리나라에서 공연된 최초의 연극이며, 배우의 몸짓과 대사만을 통해 일정하게 짜인 사건이 마치 실제 일어나는 일인 양 극장 무대에 오른 최초의 연극 양식"이라고 주장하고, "우리나라에 있어서 신파극의 정의 및 그 연극사적 의미는 아직 뚜렷이 규명된 바 없다"고 지적했다.[601]

결국 이두현·유민영·김방옥은 모두 한국 신파극에서의 일본 신파극의 영향·모방적 측면을 강조·지적했고, 서연호는 신파극을 구미의 멜로드라마melodrama나 웰 메이드 플레이well-made play와 같은 것으로 생각했다. 이들의 견해는 모두 우리의 신파극이 지니고 있는 어떤 독자적인 성격보다는 일본연극이나 서양연극에 대한 모방적인 측면을 강조하고 있다. 다시 요약하면, 우리의 신파극은 '일본의 신파극이나 서양의 멜로드라마를 모방한 극'이라는 것이다. 그래서 지금까지는 우리의 신파극이 외래연극의 모방이자 아류로 취급되었고, 그 부정적인 측면이 지나치게 강조되어 온 것이 사실이다.[602]

이러한 문제점을 수정·보완하기 위해, 우리는 먼저 신파극의 개념을 다음과 같이 규정할 수 있다.

---

600) 서연호(1969), 〈한국 신파극 연구〉, 고려대 석사논문, 13쪽.

601) 김방옥(1983), 〈한국 연극사에 있어서 신파극의 의미〉, 《이화어문논집》6집, 이화여대 한국어문학연구소, 182쪽 각주3.

602) 그러나 다음과 같은 논의에서는 신파극의 긍정적인 측면도 다루어졌다. 서연호(1969), 〈한국 신파극 연구〉, 고려대 석사논문, 69~71쪽; 김방옥(1983), 〈한국 연극사에 있어서 신파극의 의미〉, 《이화어문논집》6집, 이화여대 이화어문학회, 181~208쪽.

신파극이란, ① 새로운 근대극의 초창기(1910~1930년대)에, ② 양반귀족 중심의 조선사회로부터 신분해방된 당시대 민중들이, ③ 일본 심파게키의 영향을 수용하여 창조한, ④ '줄거리 희곡' 형태의 희곡 또는 이것을 대본으로 한 연극이다.

그러면, 이 신파극의 새로운 정의의 타당성을 구체적으로 논증해보기로 하자. ①은 시대적 조건이며, ②는 주체적 조건, ③은 영향적 조건, ④는 형식적 조건이다.

첫째, '시대적 조건'을 살펴보자. 우리가 시대적 조건으로 규정한 우리나라의 '근대'란 일반적으로 조선 양반 귀족사회의 모순이 구체적으로 드러나기 시작하는 조선 영·정조시대(17~18세기)부터 태동하기 시작하여, 조선 사회의 기본체제가 근본적으로 붕괴된 1894년 갑오경장 이후에 와서 그 성격이 확고하게 자리잡게 된 시대라고 보는 것이 일반적이다.[603]

이와 상응하여, 우리 근대극[604]의 성격도 영·정조 시대부터 점차 나타나기 시작하여, 갑오경장 이후에 와서 뚜렷하게 형성되기 시작했다고 보는 것이 타당하리라고 생각된다. 바로 이 시기에 우리의 '신파극'은 자리 잡고 있다.

이런 시각에서 볼 때, 우리의 근대극은 임성구林聖九(1887~1921)가 신파극 〈불효천벌不孝天罰〉을 처음으로 공연한 1911년 '초겨울 어느 날'에 구체적으로 나타났다. 이것 직전(1900년대 초)에 시작된 극 양식으로는 '창극唱劇'이 있다. 그러나 이 극 양식은 구체제 속에서 성숙된 판소리와 밀접히 관련된 예술로서, 창극의 주체들은 이미 구체제 안에서 그 예술적 기량과 세계관을 형성한

603) 한국고전문학연구회 편(1983), 《근대문학의 형성과정》, 서울: 문학과지성사, 제1부.

604) '근대극'이란 용어는 '근대희곡'과 '근대연극'의 개념을 합한 의미로 사용함.

판소리 광대들이었고, 그 예술적 방법의 근본적인 기초도 판소리에 두고 있었다. 또 창극이 형성되는데 지배적인 영향을 끼친 청나라의 '창우희唱優戱'도 구체제 내의 예술이었다.[605]

이에 견주어, '신파극'은 구체제의 중세적 질서 속에서 피지배계층이었던 민중들이, 그 구체제와는 아무런 관련이 없는 일본 심파게키의 영향을 받아들여 만든 극 양식이었기 때문에, 그 이전의 극 양식과는 여러 면에서 확연히 구분되는 커다란 차이를 지니게 되었다. 이런 의미에서 신파극은 한국 희곡사·연극사에서 매우 중요한 극 양식으로 볼 수 있으며, 그 시대적 조건으로서 '새로운 근대극의 초기'라고 규정할 수 있다.[606] 여기서, 신파극의 시대적 조건을 구체적으로는 1910년대부터 1930년대까지 잡는 이유는 이 당시에 이 극 양식이 매우 활발하게 성행하고 있었기 때문이다.[607]

둘째, 신파극의 '주체적 조건'으로 눈을 돌려보자. 신파극의 담당 주체들은 조선 왕권사회의 구체제 속에서 지배계층이었던 양반 귀족들이 아니라, 그 대부분이 1910~1930년대의 불우한 민중계층 및 그들과 관련된 새로운 지식인층이었다는 점이 주목된다.[608]

그들은 갑오경장을 계기로 하여 구체제의 신분 질서로부터 해방되자, 자기들의 표현 욕구와 이상에 걸맞은 극적 표현 양식을

605) 박황(1976), 《창극사연구》, 서울: 백록출판사, 16~26쪽.

606) 여기서, '새로운 근대극'이라고 말하는 것은, 이 근대극이 종래의 중국 쪽의 영향이 아닌 새로운 외래적 영향 곧 일본의 영향을 받아 형성되는 영향사적 측면을 고려한 말이다.

607) 유민영(1972), 〈신파극의 발생과 그 전개〉, 《연극평론》7호, 서울: 연극평론사, 33~68쪽.

608) 유민영도 개화기에 연극인들이 사회적 역할을 할 수 있었던 것은 그 시기에 연극인들의 신분상승이 이루어졌기 때문이라고 말하고 있다. 〔유민영(1987), 《개화기 연극 사회사》, 서울: 새문사, 253쪽〕.

찾고자 했고, 그것에 부응한 극적인 공연 양식이 '신파극'이었다.

이러한 '주체적 조건'의 특성은 판소리 담당 주체와 좋은 대조를 이룬다. 예컨대, 이 당시 유명한 판소리 광대였던 김창환·송만갑·이동백·한성준 등은 구체제 내에서 이미 신분적 상승을 획득했고 '공경대부의 부름을 받아 거액을 벌기도' 했다.[609] 그런데, 이들의 신분을 지탱해주던 구체제가 사실상 붕괴되자, 이들은 오히려 사회적으로 몰락했고, 새로운 신분 질서에 적응하기 위해 스스로 사회적 위치를 개편해야만 했으며, 그러한 예술적 노력의 결과로 나타난 것이 바로 그들의 '창극 운동'이었다. 하지만, 이들이 지닌 세계관이나 예술의 성격이 구시대와 밀접하게 관련되어 있었고, 일제는 이들의 '창극운동'을 민족의식 고취혐의로 주시했기 때문에, 창극 운동에는 정치적으로 한계가 있었다.

이와는 달리, 신파극을 담당한 계층은 구체제 아래 양반 귀족계층과는 아무런 관련이 없는 민중들[610] 및 이들과 관련된 새로운 지식인들이었기에, 오히려 홀가분한 마음으로 새로운 각도에서 연극 운동을 감행할 수가 있었다. 예를 들어, '신파극의 원조元組'라 불린 임성구는 '겨우 천자문을 떼고 시장바닥에 큰형과 같이 과일 장사를 하던 사람'이었으며, 일인日人극장에 가서 구경하러 오는 일본 사람들의 신발은 지키는 극장 '신발지기'를 하면서 연극 공부를 했다 하고, 일본인 극장에서 일하게 되면서부터 일본 신파극은 물론 한인 극장의 창극唱劇과 수표교 모처의 중국인 창희唱戲도 구경하면서 연극 공부를 한 것으로 추정되고 있다.[611] 그는 당시대 민중들의 시대적 욕구를 알았으며 그것을

609) 박 황(1976), 《창극사연구》, 서울: 백록출판사, 30~31쪽.

610) 이 책에서 '민중'이란 갑오경장 이전의 왕권중심의 사회체제 내에서 피지배계층이었던 사람들을 의미한다.

충족시킬 연극적 모델을 일본 심파게키에서 배웠다. 그는 곧 극장 신발지기 노릇을 청산하고, 자기와 비슷한 처지의 불우한 사람들을 모아 새로운 시대에 부응할 연극운동을 시작했고 그 결과 성공했다. 그러한 성공을 토대로 하여 그가 실제로 많은 사람들을 도왔다[612]는 것은 신파극의 주체적 성격을 이해하는 데에도 도움을 준다. 또한, 임성구 계열과 달리, 일본 유학을 통해 신교육에 접했던 신지식인인 윤백남과 이기세 등도 신분 해방된 민중 교육을 위해 많은 노력을 기울인 사람들이다.[613] 이처럼, 신파극의 담당 주체들은 구체제로부터 신분 해방된 민중들 및 그들과 관련된 신지식인들이었으며, 이들이 대변하고자 했던 사회 계층도 바로 구체제로부터 신분 해방된 당시대의 민중계층이었다.[614]

셋째, 신파극의 '영향적 조건'을 보자. 신파극에 가장 많은 영향을 준 것은 주지하는 바와 같이 일본의 심파게키였다. 그러나 그것은 '영향적 조건'일 뿐이지, 그것이 곧바로 우리의 '신파극'인 것은 아니다. 그것은 '영향적 조건' 그 이상도 그 이하도 아니다. 중세적 신분질서로부터 해방된 당시 민중들은 기존의 탈춤이나 창극으로는 이미 그들의 시대적 욕구를 충족할 수가 없었다. 탈춤은 구체체 내의 모순을 지적 비판한 구체제 속의 연극이었는데, 이미 구체제는 붕괴되었으니 더 이상 그 사회적 활기와

---

611) 임성구에 관해서는 다음 논의들을 참조. 안종화(1955), 《신극사 이야기》, 서울: 진문사, 27~48쪽; 이두현(1966), 《한국 신극사 연구》, 서울대출판부, 50~51쪽; 서연호(1982), 《한국 근대 희곡사 연구》, 고려대출판부, 47~52쪽.

612) 이두현(1966), 《한국 신극사 연구》, 서울대출판부, 79쪽.

613) 이에 관해서는 당시대 여러 신문 지면을 참조.

614) 이러한 현상은, 초창기 신파극의 담당 주체가 신분 해방된 민중계층인 임성구를 중심으로 한 집단과 신지식인 계층인 윤백남·이기세를 중심으로 하는 집단으로 대변되는 현상과 같은 맥락 속에 있다.

긴장력을 상실했고, 창극은 아직도 구체제내의 산물인 판소리와 긴밀한 관계를 유지하고 있어서, 당시대 민중들의 욕구를 제대로 충족시킬 수가 없었다.615)

그런 이유로, 이 당시 '개화기' 민중들에게는 새로운 연극 양식이 필요하게 되었다. 더 새로운 것은 더 새로운 문화에서 오게 되는 것이고, 그 당시 그곳은 바로 일본이었고, 연극 쪽에서는 일본의 심파게키였다.

당시 민중들은 아직 자기들이 역사의 주체가 되어 문화를 건설해 본 경험이 부족했으므로, 구체제 지배계층에 대해 '열등감'을 가지고 있었고, 그러한 열등감을 극복하고 자기들의 새로운 시대에 대한 희망과 기쁨과 욕망을 마음대로 표현할 수 있는 새로운 연극적 표현 양식을 찾고자 했다. 그러한 의지와 활동이 바로 일본 심파게키의 수용과 재창조로 나타났다. 그들은 이 일본 심파게키의 수용과 재창조를 통해서 수백 년 동안 구체제의 신분 질서 속에서 통제되어 왔던 자유를 마음껏 구가할 수 있는 새로운 행위예술 양식을 추구하고자 했으므로, 일본 심파게키는 엄청난 기세로 한국 민중 속으로 파고들 수 있었고, 민중들은 또 그것을 우리 식으로 재창조하고자 많은 노력을 기울이게 되었다.616)

이렇게 해서, 우리는 신파극을 통해서 새로운 근대극의 초기에 민중들이 함께 울고 웃는 멜로드라마 장르617)를 근대 연극사

615) 이 당시(1910년대) 판소리 및 창극을 비난하는 많은 신문기사들은 이러한 각도에서 해석될 수 있다.

616) 우리의 '신파극'이, 일본 신파극을 모방한 '모방신파'(1910~1929), 그것을 개량한 '개량신파'(1930~1935), 개량신파를 더욱 더 예술적으로 세련시킨 '고등신파'(1935년 이후)로 전개되어 갔다는 사실은 바로 이 점과 관련되는 사실이다.

617) 여기서 '멜로드라마'란 용어는 역사적 '양식'으로서의 신파극을 가리키는 말로 사용한 것이 아니고, 비극·희극·소극 등의 '형식' 중의 하나를 지칭하는 개념으로 사용한 것이다.

에 개척하기 시작했으며, 이러한 전통은 이후의 영화·TV 드라마 등으로 점차 확장·심화되어 오늘에 이르고 있다.

지금까지의 신파극 논의들은 신파극의 주제들이 '무식해서' 신파극을 망쳤으며, '눈물 짜기'식 '최루극催涙劇'을 식민지 우리 민족에게 강요하여 한국인을 정서적으로 퇴폐시킨 망국적인 연극이었다고 평가하거나, 서구 사실주의 연극으로 가는 과도기적 형태의 것으로 보는 견해가 지배적이었다.[618] 신파극을 이렇게 보게 된 이유는, 첫째로 예술사회학적 견지에서 사회의 구조적 변화와 예술장르 변화 사이의 변증법적 상호관계를 고려하지 않았기 때문이며, 둘째로는 자주적 주체적인 입장에서 신파극을 바라보지 않았기 때문이고, 셋째로는 지나치게 일본과 서구의 영향사적 관점을 강조했기 때문이다.

신파극이 등장한 1910년대는, 비록 일본 제국주의 침략의 제약 조건 아래이긴 하지만, 한국 사회의 구조가 불완전하게나마 중세의 양반 귀족 중심의 구체제로부터, 신분 해방 계층을 중심으로 하는 새로운 근대사회 체제로 변화하는 시기였으며,[619] 신파극이 결국 이 신분 해방 계층을 대변한 연극이었기 때문에, 구시대 양반 귀족이나 외세 의존적 개화 지식인들의 눈으로 보면 유치하게 보일 수밖에 없었다. 그러나 그것은 당시 사회의 구조적

618) 이러한 입장의 글은 다음 논문들이 대표적이다. 유민영(1972), 〈신파극의 발생과 그 전개〉, 《연극평론》7호, 서울: 연극평론사, 33~68쪽; 최원식(1982), 〈'장한몽'과 위안으로서의 문학〉, 《민족문학의 논리》, 서울: 창작과비평사, 68~94쪽.

619) "이 당시의 사회 상황에 있어서의 신분제도는 실질적으로 이미 붕괴되고, 토지제도에 있어서도 '반봉건적 토지제도'가 전개되기에 이르렀다. 그러나 일제는 1910~1918년에 걸쳐 소위 '조선토지조사사업朝鮮土地調査事業'을 실시하여, 조선왕조 말기의 반봉건적半封建的 토지제도를 조금도 개혁하지 않고 그대로 일제 치하로 이행시켜, 소작농의 각종 권리를 모두 소멸시키고 지주제도를 엄호하였기 때문에, 민중의 삶이 극도로 악화되어 갔다." 〔신용하(1978), 《한국 근대사와 사회변동》, 서울: 문학과지성사, 198쪽〕.

전환을 감안한다면 너무나 당연한 일이었다.

신파극에 관한 당시의 신문 기사들이 그토록 '부정적인' 견해 일색인 것은, 그러한 기사들을 작성 게재한 주체가 신파극의 담당 주체들이 아니라, 그들 위에 아직도 군림하고 있던 구체제 및 그들과 연결된 반민중적 지식들이었기 때문이다. 이런 사람들의 가치관으로 볼 때에는 신파극은 당연히 '유치'하고 부정적일 수밖에 없었다. 이런 면에서, 우리는 이 시대의 간행물들에 나타나 있는 기사들을 해석할 때 매우 신중할 필요가 있다.

그러나 이 당시 신문 가사들을 이 신파극이 가득 메웠다는 것은, 그만큼 신파극과 신파극 담당 주체들이 그 시대 한국 사회의 예술적 주체로 등장해 있었다는 것을 말해주는 것이다. 갑오경장을 통한 신분 질서의 구조적 변화가 일어나지 않았다면, 신파극이 있었을지도 모르나 이처럼 신파극이 그 시대의 중요한 문화적 실체로서 문화의 전면에 부각되어 기록으로 남지는 않았을 것이다.[620] 이 점은 사회가 구조적 변모를 거쳤고, 이로 말미암아 사회의 중심 세력으로 '민중'이 들어섰으며, 그들이 자기들의 연극적 표현 욕구를 충족시키고자 스스로 창출한 공연문화 양식 중의 하나가 '신파극'이었음을 말해주는 것이다.

그러므로 신파극의 주체를 구체제로부터 해방된 민중으로 이해하는 것은 신파극의 개념과 성격을 올바르게 규정하고 그것에 합당한 의미와 가치를 부여하는 데 대단히 중요한 단서이자 조건이 된다. 논의가 약간 옆길로 간 것 같지만, 결국 신파극의 주체는 신분 해방된 민중들이었고, 그들은 자기들의 시대-계층적 성격에 맞는 새로운 연극 양식을 찾고자 노력하면서 그 단서를

---

620) 물론 신파극이 당시 매스컴에 많이 나타난 것은 일제 식민지통치의 영향도 무시할 수 없다. 그러나 그것 못지않게 먼저 기존 사회 자체의 내부적 변화가 전제되어야 그것이 가능할 수 있었다.

일본 심파게키에서 발견하여 그것을 수용했다. 하지만 이것은 '영향'을 받은 것이지 일본 심파게키 자체가 우리의 '신파극'이 된 것은 아니다.

민중의 창조력은 근본적이며 지속적이고 점진적인 것이다. 예를 들어, 탈춤과 판소리는 수백 년 동안이나 걸려서 만들어진 민중적 형식이지 단시일 안에 이루어진 것이 아니다. 신파극의 이해와 평가에서도 일본 심파게키의 영향을 지나치게 강조하는 것은 올바른 태도가 아니다. 우리의 신파극은 처음에는 일본 신파극을 수용·모방했지만, 1920년대 후반부터는 서서히 모방에서 창조로 그 성격을 바꾸어 나가기 시작했던 것이다.

넷째, 다음은 신파극의 '형식적 조건'으로서의 '줄거리 희곡'이란 특징을 검토해 보자. 당시의 신파극의 대사는, 정해진 문자 희곡 각본이 없이 작품의 줄거리와 배역의 성격만 어느 정도 파악한 뒤, 각자 요령껏 상대방의 행동과 대사에 응하는 이른바 '구찌다데식'이었으며, 동작도 일정한 연출가의 지도가 없이 적당한 위치와 움직임을 취하는 것이었다.[621] 이 말은 당시 신파극의 희곡은 공연의 구체적인 세부까지를 기록한 대본이 아니라, 그 개요만을 배우의 마음속에 기억하게 하는, 구비 전승을 위한 '줄거리 희곡', 곧 구비희곡 형태의 희곡이었음을 말해주는 것이다. 최초의 신파극으로 알려진 〈불효천벌〉을 그 예로 들어보면 다음과 같은 줄거리가 당시 신문에 게재되어 있다.

> 이 여자는 셩졍이 불양ᄒᆞ하야 모친을 박ᄃᆡᄒᆞ야 죽기에 이른 죄로 천벌로 비암이 몸에 감기엿다가 제 죄를 진실이 기과ᄒᆞᆫ 후 비암이 풀리고 온젼ᄒᆞᆫ 사람이 된 연극이오니 일ᄎᆞ 관람하심을 복망.

621) 이두현(1966), 《한국 신극사 연구》, 서울대출판부, 54쪽, '변기종의 회고담'.

(《매일신보》, 1911년 11월 21일자.)

이것은 당시의 신파극 〈불효천벌〉의 재공연 광고로서, 변기종의 말에 따르면, 이것 자체가 바로 연극 〈불효천벌〉의 희곡이 되는 것이다.

공연 줄거리 외에는 모두 배우가 그때그때의 상황에 맞게 즉흥적 능력을 발휘하여, 확정되지 않은 시공간을 능동적으로 자연스럽게 채워나가야만 했다. 그래서 신파극은 그 성패를 배우에 의존하는 이른바 '스타시스템'의 형태를 취하고 있었던 것이다.[622] 희곡적 측면에서 이와 같은 신파극의 양식적 특성은 뒤에 다시 자세하게 논의하기로 하겠다.

이상에서 고찰한 바와 같이, 우리 신파극의 개념을 우리는, 종래의 막연하고 외래 지향적인 개념 규정에서 벗어나, "근대극의 초창기에, 기존의 양반 귀족사회로부터 신분 해방된 민중들이, 일본 신파극의 영향을 받아들여 창조한, '줄거리 희곡' 형태의 희곡 또는 이를 대본으로 하는 연극"으로 규정할 수 있게 된다.

4) 신파극의 특징과 공연 구조

(1) 신파극의 특징

우리는 앞에서 신파극의 개념을 새롭게 규정하고 하였다. 이 절에서는, 그렇게 개념이 정의된 신파극의 주요 특성들을 종합하여 논의해보기로 하겠다.

첫째, 신파극의 희곡은 대체로 이른바 '구찌다데식' 희곡, 곧

622) 앞의 책, 55쪽.

'줄거리 희곡'으로 된 것이 많았다. '줄거리 희곡'은 어떤 희곡 작품의 이야기 줄거리인 스토리만을 요약한 것이기 때문에, 구태여 문자로 기록할 필요가 별로 없었다. 그러므로 당시의 신파극 대본은 문자언어로 기록된 것이 거의 없다. 그러나 이것은 일차적으로 신파극의 특성을 말해주는 것이지, 신파극이 '열등한' 것임을 말해주는 것은 아니다. 그것은 마치 탈춤이나 판소리가 문자언어로 기록된 대본을 갖고 있지 않았다고 해서, 그것이 문자언어로 창작된 대본을 가진 다른 연극 양식보다 '열등한' 것이라고 말할 수 없는 것과 마찬가지이다. 문제는, 그것이 그 자체의 특성을 잘 발휘하여 그것이 목표로 하는 예술 양식으로서의 미학적·반미학적인 사회적 구실을 훌륭하게 담당하느냐 못하느냐 하는 데 있다.

둘째, 신파극은 '민중적 즉흥성improvisation'을 지향하는 희곡·연극이다. 신파극은 극의 세부를 자세히 지시하는 대본뿐만 아니라 전문적인 연출가의 존재도 없다. 그렇기 때문에 배우가 거의 모든 것들을 '즉흥적'으로 처리해야만 한다. 있는 것은 무대 위에 나가서 배우 스스로의 연기와 대사로 채워 나가야 할 사건의 줄거리와 그것을 구체화시킬 희미한 무대뿐이다. 여기서 사건의 줄거리와 희미한 무대는 텅 빈 채로 열려 있다. 극의 세계를 창조해나갈 존재는 극작가도 연출가도 아닌 배우 자신이며, 그는 다만 희미한 극의 줄거리와 별다른 장식도 없는 텅 빈 무대를 부여받을 뿐이다. 그를 제약하는 요소가 적은 만큼 그는 자유롭다. 그 자유가 그가 놓인 상황에 대한 순간적인 연기적 순발력, 즉 연기의 즉흥성에 의해 보장되는 것이다.

그의 즉흥적인 상황 창조 능력이 없으면 그의 자유는 사회적 보호를 받을 수가 없었다. 그러나 그 자유의 사회적 보장은 그렇게 어려운 것이 아니었다. 왜냐하면, 구체제로부터 신분 해방된 사람들인 당시대의 청관중들 대부분은 자신들도 감정적 영웅이 되고 싶었기 때문에,[623] 그들이 요구하는 것은 오로지 그러한 그들의 욕망을 연기자의 재능을 두드러지게 드러내어 충족시켜 달라는 것뿐이었다.[624] 그래서 그렇게만 해주면 신파극의 배우들은 환대를 받았고 심지어는 존경까지 받았다. 사람들은 무대와 관련된 것이면 무엇에나 열광했다.

여기서 민중을 위한 연극인 신파극은 연극의 가치 기준을 서구 기준의 예술성 쪽보다 '실용성' 쪽으로 더 기울게 한다. 민중예술 또는 서민예술이 실용성을 지향한다는 것은, 조선시대 후기의 도자기 문화와 같은 사례들이 잘 대변해준다. 당시대 엘리트층의 지식인들은 당시 일반 민중들과 어느 정도 분리된 채, 점차 서구의 사실주의 연극 쪽에 관심을 기울이게 된 반면, 신파극의 배우들은 민중적 교훈성과 쾌락성을 아주 손쉽게 결합시킬 수 있었기 때문에, 민중들의 환영을 받을 수 있었고, 배우들의 즉흥적 자유는 쉽게 보장될 수 있었던 것이다.

이 상황적 즉흥성은 실제로 창조적 순발력이 없으면 이룩하기 어려운 고도의 예술성에 속하는 것이다.[625] 신파극이 이와 같은 고도의 예술성을 지닐 수 있다는 점은 우리가 반드시 주목해야 할 중요한 측면이다. (그러나 당시의 신파극들이 이러한 고도의 예술성을 훌륭하게 달성했다는 말은 아니다.)

---

623) 오랜 세월 동안 멸시를 받아오던 부르주아들은 그들의 내면적 생활의 거울 속에 자신을 비추어 보게 되는데, 이때 그들의 감정과 충동을 더 진지하게 여기면 여길수록 자신이 더욱 더 중요한 존재인 것처럼 여겨지는 것이다. A. Hauser(1953), *Sozialgescichte der Kunst und Literature*, Munchen: C. H. Beck. [염무웅·반성완 역(1981), 《문학과 예술의 사회사-근세편 하》, 서울: 창작과비평사, 75쪽].

624) 이 점은 신파극의 교훈적 성격과도 밀접한 관련이 있고, 그 시대 민중들이 신파극에 쏟은 열광적인 탐닉과도 관련이 있다.

625) Brubo Nettle(1956), *The Music in Primitive Culture*, Cambridge: Harvard University Press, pp.12~19.

서구의 근대 리얼리즘 연극은 이 즉흥성을 엄격히 배제한다. 상황은 이미 계획되어 있고 그 상황에는 청관중이란 아예 고려되지 않는다. 청관중은 이 무대 안의 상황을 못 보는 것으로 간주한다. 즉흥성은 상황에서 어느 정도의 유동성이 인정될 때만이 가능하다. 그 세부가 자세히 지시되지 않은 신파극 희곡의 그 풍부한 여백은 배우들에게 즉흥성을 마음껏 발휘할 수 있는 자유로운 창조의 공간을 제공했던 것이다. 이 즉흥성은 문자언어에 따라 엄격히 통제된 '고급예술' 속에선 거의 찾아보기 힘든 '민중예술'의 창조적 요소이다.[626] 구어口語에 의해 자유롭게 열려진 민중예술 어법 속에서 이것은 용이하고도 효과적으로 발휘될 수 있다. 그것을 우리는 탈춤과 판소리의 공연 문법 속에서도 쉽게 발견한다.

셋째, 신파극의 '공동창작성'을 들 수 있다. 물론 모든 연극은 그 공연에서 종합예술의 성격을 띠기 때문에 공동 창작성을 지니고 있지만, 여기서는 그런 의미에서 공동 창작성을 말하는 것이 아니다. 신파극은 어떤 개인의 창작물이라기보다 여러 사람에 의해서 구비 전승으로 첨삭·가감되면서 세련되어 나간다는 의미에서 하는 지적이다. 그럴 수밖에 없었던 것은, 신파극의 희곡이 '줄거리 희곡'의 형태로서 유동적인 것이었기 때문이다. 극작가는 어떤 사건의 줄거리만을 기록으로나 구두로 배우들에게 주지시켜 주고, 그것을 배우들이 기억하게 되면 그것으로서 극작가의 임무는 끝나는 것이었다.

그래서 배우들은 항상 자기 스스로 자기의 연기 효과를 세심하게 미리부터 생각해 두고, 항상 그때그때 시기와 장소에 맞추어 변화시킬 수 있는 연기의 여백들을 남겨 두었다가 즉흥적인

626) Brubo Nettle(1956), ibid., pp.12~19.

효과를 만들어 내야만 했다.[627] 그러기 위해서 그들은 문학 속에서 주된 발상을 얻으려 했고, 좋은 말이나 노래·사상·비유·독백 등을 당시의 음악·무용 등 여러 관련 분야에서 얻고자 했다.[628] 또한, 그들의 직업적 전통을 축적해 가면서 얻어지는 확실한 효과들은 스승과 제자, 선배와 후배, 배역과 배역 사이에서 전승되었으며, 상대역의 연기 동기를 자연스럽게 촉발시켜 주고 무대효과 전체에 이어주는 암시적인 규칙들을 개발해 나가고자 했다.

넷째, 신파극은 그 기본 전승 방식에서 '구비 전승성'을 띠고 있다는 점을 지적할 수 있다. 신파극은 줄거리 희곡에 바탕을 두고, 배우의 자발적인 즉흥성에 따라 전체가 이끌어진 연극이기 때문에, 그 희곡이나 연기법이 구비 전승의 방식이 주가 되어 이루어졌다. 지금까지 신파극 희곡에 관한 직접적인 자료가 거의 남아있지 않다는 사실은, 이러한 신파극의 희곡적 특징을 잘 말해주고 있다.

신파극이 노리고자 한 예술적 목표는 전문적 '고정예술'이 아니라 대중적 '즉흥예술'이었기 때문에, 그 본질에서 기록성보다 구비성을 강하게 띨 수밖에는 없었다. 구비문학이 그 현장을 떠나면 사라지게 되는 것과 마찬가지로, 신파극의 이 구비 전승성을 기록 고착성으로 바꾼다면, 그것은 신파극의 본질을 그르쳐 그 현장적 활기를 잃어버리게 되고 말 것이다.

이 현장적 활기와 자발적 즉흥성이 살아있는 곳이 바로 신파극의 공연 장소이다. 신파극은 미리 계산된 실체를 확인·재현하는 것이 아니라, 그 세부를 알 수 없는 희미한 '줄거리 희곡'이란 불빛의 안내를 받아 미지의 즉흥적인 세계를 창조적으로 이루어

627) R. Pignare(1974), *Histoire du Theatre*, paris: Que Sais-Je?⑯. 〔김화영 역(1979), 《세계연극사》(삼성문화문고⑫), 서울: 삼성미술재단 출판부, 104~105쪽〕.
628) 이두현(1966), 《한국 신극사 연구》, 서울대출판부, 82쪽 및 註13 참조.

나가는 배우들이, 우리에게 자발적으로 펼쳐 보여주는 지극히 민중적인 '살아 있는' 연극이다. 그러므로 신파극의 이러한 '구비 전승성'은 부정적인 요소가 아니라 오히려 결코 제거시켜서는 안 되는 긍정적인 요소라고 할 수밖에 없다.

다섯째, 신파희곡은 '민중적 유용성'을 목표로 하는 희곡이다. 일반적으로 민중의 의식 속에는 미美의 개념이 따로 독립되어 존재하지 않는 경향이 있고,[629] 양반 귀족사회에서 이제 막 신분 해방된 민중들의 의식은 관조적 미의식보다는 격정적 표현 욕구가 더 강했다. 그리고 신파극은 이런 그 시대 민중들의 욕구에 따라 미적 만족보다 감정적 만족을 더 추구하는 연극이었다. 이와 같은 그 시대 민중들의 경향은 고도의 기교적인 미학을 구사하는 '신극' 양식보다는, 쉽게 친화할 수 있는 멜로드라마적인 미학을 지향하는 '신파극'을 추구하였다. 이러한 흐름은 자연히 그것이 '민중적 유용성'을 목표로 하는 희곡 및 연극의 방향을 지향해 가도록 하였다.[630]

이상을 종합하면, 신파극의 특성으로 우리는, '줄거리 희곡, 민중적 즉흥성, 공동창작성, 구비 전승성, 민중적 유용성' 등을 지적할 수 있다.

(2) 신파극의 작품 구조와 그 시대적 변화

신파극의 작품 구조는 '자극-고통-벌칙/패배'의 구조로 되어 있다. 일찍이, 케네스 버그는 서양 비극의 구조가 '목적-정열-인식'의 구조로 되어 있다고 했다.[631] 그리고 서양 멜로드라마의

629) A. Hauser(1978), *Soziologie der Kunst*, Muchen: C. H. Beck. 〔최성만·이병진 역(1983), 《예술의 사회학》, 서울: 한길사, 234~250쪽〕.

630) 이두현(1966), 《한국 신극사 연구》, 서울대출판부, 88~89쪽 참조.

631) Fergusson(1949), *The Idea of A Theater*, New Jersey: Princeton University Press, pp.18~19.

구조는 '자극-고통-벌칙'의 구조로 되어 있다.[632]

이에 견주어 신파극의 작품 구조는 '자극-고통-벌칙/패배'의 구조를 보이며, 신파극이 초기의 '모방 신파' 중기 '개량신파' 후기 '고등 신파' 등으로 발전해감에 따라, 그 작품 구조가 점차 '자극-고통-벌칙'의 구조에서 '자극-고통-패배'의 구조로 변화되어 갔다. 다음 세 작품은 이러한 작품 구조의 특징과 그 시대적 변화를 짐작케 해준다. 초기 신파극의 대표적인 사례 가운데 하나인 윤백남의 〈운명運命〉(1914), 중기 신파극의 사례 가운데 하나인 김태수의 〈희생자犧牲者〉(1924),[633] 그리고 후기 신파극의 대표적인 사례인 임선규의 〈사랑에 속고 돈에 울고〉(1936)이다.

〈운명〉의 줄거리는 '박朴메리'와 그녀의 애인 '이수옥李秀玉'과 '박메리'와 남편 '양길삼梁吉三'의 삼각관계를 중심으로, 선량한 여인 '박메리'가 악한 남편 '양길삼'에게 쫓기다가 선량한 그녀의 애인 '이수옥'의 출현으로 '양길삼'이 처벌되는 것으로 되어 있다. 따라서, 이 작품의 구조는 '자극-고통-벌칙'의 구조로 되어 있다. 〈희생자〉는 스승 '이원상'과 그의 아내 '김명자', '이원상'의 제자 '박영준' 사이의 갈등 관계를 다룬 것인데, 착한 스승 '이원상'은 그의 나쁜 아내 '김명자'와 나쁜 제자 '박영준'이 서로 사랑하는 사이가 되어 자신을 '자극'하게 되자, 그들에 의해 배신의 '고통'을 받게 된다. 이에 '이원상'이 아내 '김명자'를 찔러 죽이려 하나 그녀는 피하고, 다시 '박영준'을 찌르려 하다가 차마 제자를 찌를 수 없어 칼을 떨어뜨려 '이원상'의 '패배'로 끝나게 된다. 따라서, 이 작품의 구조는 '자극-고통-패배'의 구조로 되어 있다. 한편, 임선규의 〈사랑에 속고 돈에 울고〉(1936)는 착한 아

632) G. B. Tennyson(1967), *An Introduction to Drama*, New York: Holt, Rinehart and Winston, Inc. 〔이태주 옮김(1992), 《연극원론》, 서울: 현대미학사, 130~131쪽〕.

633) 《개벽開闢》50호(1924년 8월호).

내 '홍도'가 나쁜 여자 '혜숙'의 모함을 받아(자극), 억울한 세월을 보내다가(고통), 마침내 그 고통을 이기지 못한 '홍도'가 정신이 혼미한 상태에서 '혜숙'을 찔러 살인자가 되어 순사 오빠 '철수'의 손에 의해 수갑이 채워진다(패배). 이 작품 역시 그 작품 구조는 '자극-고통-패배'로 되어 있다.

이상 세 편의 신파극 희곡의 사건전개 구조 분석을 통해서, 신파극이 '자극-고통-벌칙'의 구조에서 점차 '자극-고통-패배'의 구조로 변화되어 간 변화의 궤적을 확인할 수 있다. 이러한 변화는 '도덕의 논리'가 점차 '눈물의 논리'로 변화되어 간 과정을 보여준다.

5) 결어

지금까지 신파극의 거의 모든 논의들에서는 신파극을 '멜로드라마'라는 '형식'으로 파악해 왔다. 그러나 신파극을 이렇게 하나의 보편적인, 틀 곧 '멜로드라마'라는 '형식form'에 맞추어 보게 되면, 정작 우리의 대표적인 신파극은 이러한 '형식' 개념에 잘 맞지 않는 문제가 나타난다. 왜냐하면, 우리의 신파극은 전의 '자극-고통-벌칙'의 멜로드라마적 구조가 후기로 가면서 '자극-고통-패배'의 구조로 변화되기 때문이다. 게다가 전자보다 후자가 훨씬 더 많은 청관중들을 울리는 대표적인 작품 구조로 자리를 잡았다.

이것은 지금까지 신파극을 '멜로드라마'로 보아온 논의들이 문제가 있다는 것을 단적으로 보여주는 것이다. 이렇게 된 가장 중요한 이유는, 지금까지 신파극 양식 연구들이, 1900년대~1930년대 일제 강점기 시대의 한국이라는 특수한 역사적-사회적 상황에서 이루어진 특수한 '양식'인 신파극을, 일반적-보편적 형식의 틀인 '멜로드라마' 논리에 억지로 꿰맞추려 한 데 있다.

그렇다면, 이러한 신파극의 양식 구조인 '자극-고통-패배'의 스토리 구조는 정치-사회적으로 어떤 의미를 지니는 것일까? 그것은 당시대 사회가 '자극-고통-처벌'의 멜로드라마적 사회구조를 용납하지 못했다는 사실과 깊은 관련이 있다. 신파극이 성행하던 1910년대~1930년대는, 일제가 간악한 수탈지배 정책을 폈던 일제 강점기였다. 이 시기는 악이 처벌 받고 선이 승리하는 정치-사회적 현실이 아니라, 역설적이게도 오히려 선이 패배하며 처벌받고 악이 승리를 구가하는 정치-사회적 현실이었다.

사정이 이러하였기에, 당시대의 민중적 연극인들이었던 신파극 참여자들은 '자극-고통-처벌'이라는 멜로드라마의 일반적 스토리 전개 구조를 포기하고, 이러한 당시대 현실을 드러내기에 적절한 스토리 구조인 '자극-고통-패배'의 시대-사회적 스토리 구조를 신파극 양식의 스토리 구조로 구축함으로써, 그러한 당시대의 대중적 흥행에 크게 성공할 수 있었다.

한국 신파극의 이러한 특수한 양상은 보편적인 '형식' 개념으로서의 멜로드라마가 아니라, 한국의 한 특수한 시대적 '양식'으로서의 신파극의 중요한 특성이며, 신파극은 멜로드라마의 '시적 정의'인 '자극-고통-처벌'의 스토리 구조를 실현 불가능케 하고 '자극-고통-패배'의 스토리 구조만이 실현 가능케 한 당대 사회의 정치적 현실을 정직하게 '반영'한, 일제 강점기의 대표적인 민중적 공연예술 양식이자 그 시대 사회의 '반성적 거울'로서의 '무대극'이었던 것이다.

이러한 양식 구조는 정치적으로 그 시대 사회에 어떠한 작용 효과를 발생시킨 것일까? 그것은 한마디로 '눈물'의 효과, '눈물의 정치학'이다. '자극-고통-처벌'의 멜로드라마 스토리 구조가 정치적으로 '희망'과 '구제'의 효과를 낳는다면, '자극-고통-패배'의 신파극 스토리 구조는 '절망'과 '눈물'의 효과를 낳는다. 그렇다면, 신파극의 이러한 정치적 효과는 과연 기존 연구들이 끊임없이 주장해온 것처럼 '감상적이고 퇴폐적인 것'인가? 이 점에 대해 우리는 그동안 합리적이고 긍정적이며 설득력 있는 설명과 해석이 매우 부족하였다.

아주 간단하고 쉽게 얘기해서, 한국 신파극이 성행하던 시기는 정치-사회적으로 '울지 않을 수 없는' 시대 사회, 울 수밖에 없는 시대 사회였다. 그래서 당대의 민중적인 연극인들과 민중들은 울 수 있는 연극 양식을 필요로 했으며, 이에 부응하여 제대로 울 수 있는 연극 양식인 '신파극'을 창안해낸 것이다. '울어야 하는' 시대 사회 속에 사는 민중들이 스스로 울 수 있는 연극 양식을 만들어 '예술적'으로 운 것은 결코 '퇴폐적·감상적'인 것이 아니며, 매우 자연스럽고 정당한 것이었다.

또한 '현실적'으로 우는 것과 '예술적'으로 우는 것은 근본적으로 다르다. 전자는 직접적인 감정의 분출이고 후자는 간접적인 '반성의 장치'이다. 신파극은 일제 강점기의 한국이라는 현실에서 공동체 민중들이 울 수밖에 없는 그 시대의 정치-사회에 함몰되지 않기 위해 스스로 마련한, 일종의 울음과 눈물의 '여과장치'이자 '반성의 거울'이었다고 볼 수 있다.

이러한 신파극의 '여과 정치/반성의 거울'은 울음을 강요한 그 시대에 함몰된 '퇴폐적·감상적' 마취제가 아니라, 오히려 사회가 민중들에게 끊임없이 강요해온 마취 상태로부터 벗어나기 위해 어렵사리 마련한 일종의 '사회적 해독제'였다.

이러한 신파극의 울음/눈물은 서양 고대 그리스 시대의 비극tragedy의 울음/눈물과 크게 다르지 않으며, 이런 신파극의 '최루催淚 효과'는 그리스 비극의 '카타르시스catharsis 효과'와도 상통하는 바가 있는 것이다.

9. 신극: '비추어 보기'의 연극적 전략

1) 문제제기: '비추어 보기'의 공연 양식

우리는 세계 공연문화의 여러 기법 가운데 연극의 주요 기법으로 서양의 '비추어 보기mirroring' 기법과 동양의 '관계 맺기relating'를 거론할 수 있다.[634] 전자는 그리스시대 이후 서양연극을 주도해온 방법이고, 후자는 아시아 특히 동아시아 한국의 전통연극을 주도해온 방법이다. 전자의 방법을 아포리즘적으로 표현한 가장 유명한 말은 셰익스피어의 희곡 〈햄릿〉의 3막 2장에 나오는 '예나 지금이나 연극은 자연을 거울에 비추어 보는 것'[635]이라는 말이다. 이 연극적 방법에서는 연극의 가장 중요한 목적과 기능을 우리의 삶을 연극이라는 '거울'에 비추어 보는 것이라고 본다. 그러나 후자의 방법은, 한국의 전통 연극에서는 서양의 이러한 '비추어 보기' 기법보다는 '관계 맺기' 기법을 더 중요한 연극의 목적으로 생각해 왔다.

무당굿·꼭두각시놀음·풍물굿·탈놀이·판소리 등, 우리의 대부분의 전통 공연문화 양식들은 주로 삶을 비추어 보는 거울, 곧

---

634) 김익두(2003), 〈'비추어 보기'로부터 '관계맺기'에로〉, 《한국극예술연구》7집, 한국극예술학회, 357~398쪽.

635) 셰익스피어 지음, 김재경 옮김(1980), 《셰익스피어 전집》Ⅰ, 서울: 정음사, 219쪽.

반성의 매개체로 연극을 생각하기보다는, 신과 인간, 삶과 죽음, 인간과 자연, 인간과 우주 등 인간과 다른 어떤 것들과의 바람직하고 조화로운 '관계'를 구축하는 것을 중요한 목적으로 생각해 왔다. 그래서 무당굿놀이는 신과 인간 또는 삶과 죽음의 조화로운 관계를 구축하는 공연되어 왔으며, 꼭두각시놀음은 '산받이'라는 매개자를 통해서 공연자와 청관중 사이의 조화로운 공연적 '매개관계'를 추구해 왔고, 풍물굿은 청관중에게 '집단적 신명'을 불어 넣어, 그들을 굿판 안으로 끌어들여 '청관중의 공연자화'를 도모하고자 하며, 탈놀이는 '동화의 원리'와 '이화의 원리'를 동원하여 인간과 사물에 대한 조화로운 인식적 상호관계를 구축하고자 한다. 한편, 판소리는 끊임없이 '동화의 원리'를 작동시키고 '추임새'를 최대한 활용하여 공연을 통한 구심적 인간관계의 가장 높은 단계로 상승해 간다.

그러나 오늘날 우리의 세계를 지배하고 있는 우리의 공연문화는, 이러한 '관계맺기' 중심의 공연문화보다는 서양 그리스 연극에 그 바탕을 두고 있는 '비추어 보기'의 기법의 공연문화이다. 그리고 그러한 '비추어 보기' 기법의 공연문화 양식 가운데서도 오늘날의 세계를 지배하고 있는 대표적인 양식은 바로 동영상 이미지들을 가지고 우리의 삶을 비추어 보는 영상 기법 곧 영화·텔레비전 드라마 같은 것이다.[636]

이러한 '비추어 보기' 식의 공연문화 기법은 일제강점기 초기인 1910년대부터 일본을 통해서 우리나라에 본격적으로 유입되기 시작하였으며, 그 가장 대표적인 양식은 바로 서양 '사실주의' 양식의 연극이었다. 이 '비추어 보기' 공연문화 양식은 우리나라 1910~40년대 전체를 지배하는 주도적인 연극 양식이 되었

636) 빅터 터너 지음, 김익두 외 옮김(1996), 《제의에서 연극으로》, 서울: 현대미학사, 210쪽.

으며, 이러한 추세는 일제 강점기를 지나 해방 이후까지 우리 연극사 또는 공연문화사의 가장 막강한 지배 양식으로 자리를 잡아 왔다.

이렇게 되자, 우리 공연문화사에 새로운 장이 열리게 되었다. 그것은 종래의 '관계 맺기' 연극/공연이 도모해온 관계 추구·열린 연극의 세계가 관계 단절·닫힌 연극의 세계로 급격하게 바뀌게 되었다.

이 장에서는, 이러한 점에 착안하여, 근대 초기인 1920년대에 나온 가장 대표적인 신극 작품인 초성 김우진의 희곡 작품 〈산돼지〉를 '비추어 보기' 공연문화 양식의 중요한 사례의 하나로 분석해 보고자 한다.

2) 동기의 발견

이 희곡[637]은 앞에서 언급한 '비추어 보기' 기법을 사용한 우리의 삶을 비추어 보는 '거울'로서의 '무대극' 양식으로 이루어진 우리나라 초기의 가장 대표적인 작품이다. 이 작품은 근대 서양문화의 영향이 나타나기 시작하는 '근대적 자아' 곧 '개인적 자아'의 추구 문제와 그 자아가 사랑과 애정의 문제에 부딪쳐 겪게 되는 갈등과 좌절과 재생의 문제를 심리적·원형적인 방법으로 표현하고 있다.[638]

작품의 의미 해석에서는, 먼저 이러한 심리적 갈등과 그 원형

---

637) 이 책에서 사용할 텍스트는 김우진(1983), 《김우진 전집》 I , 서울: 전예원에 실려 있는 〈산돼지〉임. 이하 인용문의 쪽수는 모두 이 책의 쪽수를 말한다.

638) 작자 김우진은 친구 홍해성에게 보낸 편지에서 이 작품에 대해 매우 만족하면서, 이 작품을 '한국의 〈햄릿〉'이라고 말했다. 이 말은 이 작품의 심리적·원형적 근거를 암시한다.

적 근거들에 초점을 맞추면서, 작품에서 일어나고 있는 갈등의 궤적을 추적해 들어가는 방법이 가장 효과적인 접근 방법이 될 것이다. 그러기 위해서는 먼저 작품에서 일어나는 심리적 갈등의 동기를 발견하는 것에서 시작하여, 사건의 전개 순서에 따라 그 갈등이 어떻게 발전하여 어떤 결과에 이르게 되는가를, 이 작품의 주인공 '최원봉'을 중심으로 하여 추적해 갈 필요가 있다. 작품은 주인공 '최원봉', 그의 후천적 여동생 '최영순',[639] 그리고 '최영순'의 약혼자이자 '최원봉'의 친구인 '차혁' 사이의 심리적 갈등을 다룬 작품이다.

작품을 이해하는 데서 가장 중요한 갈등의 모티브는 '최원봉'과 '최영순' 사이에 존재하는 '출생의 비밀'에 있다. '최원봉'과 '최영순'은 아무런 혈연적 관계가 없는 사이인데, 그들의 부친이 유언 약속을 통해 어려서부터 남매 사이로 한 가정에서 양육되었다. 그런데, 이러한 사실을 '최원봉'은 자라면서 알게 되었고, 이 사실을 모르는 '최영순'은 '최원봉'이 친오빠인 줄로만 안다. 이런 상태에서 '최원봉'은 아무도 모르게 동생 '최영순'을 사랑하고 있다. '최영순'도 오빠의 이런 사랑을 스스로 느끼고 있다. 그리고 이런 상황에서 '최영순'은 친오빠인 줄로만 알고 있는 '최원봉'의 절친한 친구인 '차혁'과 약혼을 한 사이가 되어 있다. 이러한 복잡한 심리적 갈등관계를 둘러싸고, '최원봉'의 어머니 '최주사댁'과 '최원봉'의 옛 애인 '정숙'이 이 심리적 갈등 사이에 함께 놓여 있다.

그러나 이러한 복잡 미묘한 심리적 갈등 문제는 작품이 완전히 끝나 막이 내려진 뒤에도 자세히 명시적으로 드러나지 않는

---

639) 이 작품 전후의 문맥들이 그려내는 정보들에 따르면, '최영순'은 '최원봉'과는 아무런 혈연적 관련이 없는 사이이며, 다만 부모들의 약속과 유언에 의해 아주 어려서부터 '남매' 사이로 한 가정에서 양육되었다.

다. 그래서 어떤 학자는 이 작품의 배경적 사건인 '동학혁명'에 초점을 맞추어 동학혁명과 관련된 주제의 지평을 내세우기도 한다.[640] 그러나 해석은 작품의 핵심을 너무 벗어난 지엽적인 의미의 지평을 이야기하는 것에 지나지 않는다. 이러한 해석적 오류는 이 작품 자체가 그런 내면적 주제를 깊이 감추고 있기 때문에 일어나는 현상이기도 하다. 이런 해석적 오류는 최근까지도 계속되어 왔다.[641] 이것은 마치 셰익스피어의 〈햄릿〉의 심리적·원형적 주제의 지평이 현대 심리학·신화학에 와서야 밝혀지게 된 것과 비슷한 것인지도 모르겠다.

그러면, 지금부터 이 작품의 이 의미심장한 주제의 지평을 펼쳐보기로 하자. 이 작품은 지극히 평범하고 일상적인 대화로 시작되고 있지만, 영순이가 이 대화에 끼어들기 시작하면서부터 점차 이해하기 어려운 다음과 같은 대사 어구들이 나오기 시작한다. 다음을 보자.

> 최영순: 잊어버려야 해요, 죄다 오빠! 날 불쌍히 여기시거든 죄다 잊어주세요. (중략)
>
> 최영순: 잊어버려야 해요. 애써서라도 억지로라도 잊으셔야 해요.
>
> 최원봉: 하지만 상처가 그리 쉽게 된다드냐? 너는 모른다.
>
> 최영순: 내가 오빠 옆에 있는 동안은 어떤 짓을 해서라도 잊어버리게 해드릴 터예요. 날 꼭 믿어 주셔야 해요.
>
> 최원봉: 너를 안 믿어 어떻게 하겠니? 믿고 있으니까 머리 속은

640) 김종철(1987), 〈'산山돼지'연구〉, 《김우진》, 한국극예술학회편, 서울: 태학사, 149~170쪽.

641) 윤진현(2010), 《조선 시민극의 구상과 탈계몽극의 미학》, 서울: 창작과비평사, 284~309쪽.

더 산란해지고 가슴 속까지 쓰라려진다.[642)]

최영순: 난 곧 무서워 못 견디겠어요, (얼굴을 가리며) 어떻게 하면 좋아요, 오빠 가슴 속 아픈 것이 곧 내 가슴 아픈 것같이 생각이 되면서도 난 곧 무서움증이 나요, 무엇인지는 몰라도 온 몸이 물속에 든 것같이 떨려져요. 네, 오빠! 날 그전 같이만 사랑해줘요. 그전 같이만 사랑해 주시면 우리에게는 곧 평화가 올 듯 싶어요.[643)]

최원봉: 나는 정녀를 요구하지 않아요, 정녀가 아닌 여자에게 사랑을 바치는 내 가슴 속을 어머니가 아신다면 천지개벽이 생기지.[644)]

최원봉: (방안으로 들어가는 주사댁의 등 뒤에다가 내부치는 말로) 흐흐흐흐! 그러고도 어머니 가슴 속에 든 그 비밀이 탄로될까 봐서 벌벌 떨면서도 더러운 것 정한 것 찾아가면서 흐흐흐흐! 이런 산돼지를 내놨으면 왜 제멋대로 산에다가 기르지 않았담.[645)]

최주사댁: 아무리 병이 들어 누웠기로 이 가슴 속도 좀 알아다우.

최원봉: (한참 있다가 누운 대로 상반신을 들어 주사댁 얼굴을 쳐다보면서) 어머니, 거짓말도 고만 하고 따먹기도 고만 하기로 합시다. 모자간에 서로 숨기고 있으면 그런 서먹서먹한 일이 어디 있습니까?

최주사댁: 숨기기는 무엇을 숨겨?

최원봉: 영순이와 내가 정말 친남매지간입니까?

642) 김우진(1983), 《김우진 전집》Ⅰ, 서울: 전예원, 23쪽.
643) 앞의 책, 24쪽.
644) 앞의 책, 26쪽.
645) 앞의 책, 28쪽.

최주사댁: (떨리는 소리로) 아이구 너 미쳐 가는구나.646) (방점 필자)

우선, 위의 인용문에서는, 다음과 같은 의문들이 우리의 강한 호기심을 사로잡는다. '최영순'의 말에 '잊어야 한다'라는 말은 구체적으로 무엇을 잊어야 한다는 말일까? 원봉과 영순 사이의 것인가 아니면 원봉과 정숙 사이의 것인가, 아니면 그 전부인가? '상처'란 무슨 상처를 가리키는 것일까? 왜 영순은 원봉에게 '온몸이 물속에 든 것 같이' 두려움을 느끼며, '그전 같이만 사랑해 달라'는 것일까? 그러면, 그전에는 어떻게 사랑했고, 그전 이후에는 어떻게 사랑한 것일까? '정녀 아닌 여자에게 사랑을 바치는 원봉의 마음' 속에는 어떠한 동기가 작동하고 있을까? 어머니 가슴 속에 든 그 '비밀'은 도대체 무슨 비밀일까? 영순과 원봉은 '친남매지간'일까?

이처럼, 이 작품의 중요 고비마다 나타나는 이 알 수 없는 불확실한 의미의 대사들은 일시적으로만 그러는 것이 아니라, 작품 전체에 나타나고 다 읽고 난 후에도 끝끝내 의미를 알아채기 어렵다. 이러한 의미의 모호성은 일차적인 문법적 문맥상에서 그러한 것이 아니라, 작품의 의미 해석의 지평에서 그렇기 때문에, 이 작품의 결함이 아니라 작품이 함축하고 있는 의미의 적층적인 장점일 가능성이 있다.

또한, 대사들의 의미 모호성은 이 언어가 무의식의 근저에 닿아 있기 때문일 수도 있다. 무의식의 언어는 의식의 언어로 쉽게 번역될 수 없기 때문에 의미가 모호해 보이는 것이지, 그 자체의 의미가 없거나 혼란되어 있기 때문이 아니다. 이 작품의 의미상의 모호성도 인간의 의식적인 면, 밝은 면뿐만 아니라 인간의 총

646) 앞의 책, 32쪽.

체성, 즉 어두운 면까지 모두 포함한 인간성 전체를 드러내 보이고자 하는 창조적 심성에서 온 것으로 보인다. 이제 이러한 모호한 대사와 행동들을 하나하나 분석·해석해 보기로 하자.

3) 발단부의 기호들과 그 의미

이제 다시 작품의 발단부로 돌아오면, 우리는 '낫'·'길'·'복숭아'·'밀수' 등의 기호들과 그 주변 언어들이 함축하고 있는 의미에 주목하게 된다. 그러면, 이 말들의 문맥적 의미들을 하나하나 짚어 보기로 하자.

'낫': 1막의 배경 설명으로 보면 별로 두드러진 것이 없는 서울 가까운 읍내의 중류계급 집안이지만, '여름날 석양, 바람 한 점 없는 뜨거움' 속에 '잘 쓸어 놓은 마루 밑'에 놓여 있는 '낫 하나'는 이 배경과 잘 어울리지 않아 어색하다. 평화스럽고 '견실순박한 기풍'의 군 읍내에 위치한 집안을 묘사하는데 마루 밑에 굳이 '낫'을 부각시켜 놓은 것은 무슨 의미가 있을 수 있을까? 낫이 놓여 있는 바로 위의 대청마루는 인물들의 갈등이 벌어지는 공간이다. 이곳에서 일어나게 되는 일련의 사건들은 정신적 외상에 관한 것(후술)이므로 '낫'은 바로 앞으로 닥쳐올 인물들의 어떤 파괴적 외상－특히 주인공 최원봉의 외상－을 암시하기 위해서 있는 것이다.

'길': 막이 열리고 그 마루 위에서 최원봉과 차혁이 바둑을 둘 때 주고받는 대사에서 계속 반복되어 나타나는 '길'은, 앞으로 오게 될 새로운 갈등을 암시하는 복선으로 작동한다. 다음을 보자.

차 혁: (기가 난 듯이 다리를 세우며) 흥, 끝판에 한 번 탁 대들어 본다. 오냐, 대들어 봐라. (바둑을 놓는다)

최원봉: (냉연하게) 네가 말 아니해도 벌써 이렇게 대들어 채지 않았니? (놓는다) 이리로 막아버리면 네 길이 어디냐?

차 혁: (놓으며) 또 이리로 막아 버리면 네 길은 어디고.

최원봉: (웃으며) 이 넓은 세상에 길 없을까 봐. (놓는다)

차 혁: 아, 이놈 보게. (생각한 뒤에 놓는다)

최원봉: 넓은 세상에 길 없을까 봐. 넓은 세상에 길 없을까 봐. (놓는다) 넓은 세상에…….

차 혁: (웃으며) 길만 찾기만 하는 수가 있니. 다 죽어 가는 놈이. (놓는다)

최원봉: 죽더라도 죽을 때까지. (놓는다)

차 혁: 이 애가 왜 이 모양이야. (놓는다) 세 집 다 결단났는데.

최원봉: 죽더라도 죽을 때까지, 죽더라도 죽을 때까지. (생각한 뒤에 놓는다)

차 혁: (놓으며) 이러면 이 집도 날러갔다.

최원봉: 날러가는 것은 날러가거라. (놓는다)

차 혁: (승리의 환희) 그리고 남은 것은 목 베인 항우項羽만.

최원봉: 목 베여도 살 수 있으니까 항우란다. 이놈! (놓는다)[647] (방점 필자)

'길'은 계속되는 반복으로 바둑에서의 승부의 길이라는 일상적인 의미에서 벗어나 (인생의 본질에 관계된 어떤 승패의 길이라는) 상징적인 의미로 점차 변화하고 있다. '목베인 항우'라는 말은 이 '길'에서 최원봉이 패배할 것을 암시해 준다. 언어

647) 앞의 책, 12쪽.

의 성격도 의식적인 행위로서의 언어가 아니라, 바둑내기라는 의식적인 행위 중에 무의식적으로 내뱉는 언어라는 점에 주목할 필요가 있다. (이 점은 이 대화들이 무의식적 언어라는 점을 암시하기 때문이다.)

이 '길'은 좀 더 의미심장하게 보면 리비도libido의 진행 행로이며 어둡고 끈적끈적한 피와 욕망의 길일 수 있다. 최원봉과 차혁은 연적戀敵으로서 영순을 쟁취하기 위해서 경쟁하기 때문이며, 이 경쟁에서 주인공 원봉이 패배한다는 현실적인 맥락에서도 그렇다. 차원봉이 바둑에서 지면서 '길'을 차단당하는 것은, 뒤에 오게 될 이러한 사건의 결과를 암시한다. '목 베인 항우'는 최원봉의 리비도의 좌절로 인한 외상, 섬뜩한 무의식의 상처 '트라우마'를 암시해 주는 말로 보인다. 앞서 지적했던 '낫'이 시사하는 것도 바로 이것임은 말할 것도 없다.

이어지는 최원봉과 차혁과 최영순의 대화를 자세히 살펴보면, 최원봉이 갑자기 감상적인 기분으로 돌변하는 곳이 나오는데, 이것도 이 인물의 어떤 무의식적인 단서를 제공해 준다. 다음을 보자.

> 최원봉: 자네나 너나 다 내 앞에 절해야 한다. 위대한 개선장군 앞에 가서 두 애인이 손잡고 축복을 받으려는 것과 같이…….
>
> 차 혁: 그런 히니꾸는 빼 놓고 해라. 비위 상한다.
>
> 최원봉: 비위가 왜 상해? (얼굴이 침울하게 변해지며) 개선장군이란 실상은 패전장군이란 말뜻을 모르니? 게다가 목숨 붙은 장군이 아니라 죽어 자빠진 석상石像이란 말이야.
>
> 차 혁: 이따금 자네 왜 그런 소리는 자꾸 내놓나?
>
> 최영순: 고만 두셔요. 다른 이야기나 하셔요.

차 혁: 자네 그러다가는 나하고 당초에 바둑 못 두네.
최원봉: 목이 달아난 패전장군인데 어떻게 또 두어 볼 용기가 나겠는가.[648] (방점 필자)

'밀수蜜水'·'복숭아': 최원봉이 이같이 의기소침해지는 이유는 무엇일까? 그의 소심하고 신경질적인 성격 때문이라고 설명할 수 있을지 모르지만, 그 이상의 해명, 어째서 최원봉이 그런 성격의 소유자가 되었는가에 대한 설명은 할 수가 없다. 그가 이런 성격의 소유자가 된 근원적인 동기를 우리는 '밀수'와 '복숭아'에서 찾을 수 있다. 다음에 인용하는 대화는 최원봉의 이러한 심리적 추이를 잘 나타내 주고 있다.

차 혁: (더 큰 환희) 이러면 영영 죽었지. (놓으며) 자, 이제 고만 두자. 다 되었는데 내기 한 것이나 얼른 내놔라.
최원봉: 이거 왜 이래, 세기나 다 세이고 난 뒤에 졸르렴. (센다.)
차 혁: 죽는 놈 마지막 정이구나. 제 송장 꼴 보려고 예순 일흔 아흔, 스무 집이나 달리지 않었니? (영순이가 밀수와 복숭아와 칼을 놓은 쟁반을 가지고 와서 옆에 놓는다.)[649](중략)
최원봉: (먹던 복숭아를 내버리고 길게 호흡한다.) 시끄럽다.
최영순: (밀수 들어주며) 이것 잡수서요. 속 시원하게.
최원봉: (받아 마시고) 너 왜 그 치마는 또 입고 있니?
최영순: 이것밖에는 없는 걸 어떻게 해요. 새로 장만하려면 또 돈 들지 않아요? 있는 것 먼저 입어버리지요. 고운 것 아낀다구 발가벗고 있을 수 있어요?
최원봉: 흰 모시치마에다가 집에 있을 때는 행주치마 두르고 있

648) 앞의 책, 13쪽.
649) 앞의 책, 12쪽.

으라니까. 그 치마 아니면 연애 못 하니?

최영순: 에그, 오빠도!

최원봉: 얼른 들어가 바꿔 입고 와! 그동안 혁이가 실컷 보고 있었으니까. 넉넉하다.

최영순: 어제 잉크 엎질러서 죄다 버렸어요.

최원봉: 방정! 공부할 때에도 행주치마 입고 있을 것이 뭐야.

최영순: 행주치마였기 때문에 관계치 않았지요. 흰 모시치마도 안 아까운 것은 아니지만.

최원봉: 그래 오늘 혁이 보는 데 입을려고 잉크 엎질렀구나.[650] (방점 필자)

여기서 최원봉이 발끈하게 되는 표면상의 이유는 "그런 히니꾸는 비위가 상한다"고 한 차혁의 말에 있다. 그러나 친구 간에 이런 정도의 말로 신경질적인 반응을 한다는 것은 자연스럽지가 않다. 하지만 좀 자세히 보면 이유는 있다. 문제는 최영순의 행동이다. 즉, 최영순이 가져온 '복숭아'를 차혁이 받아 깎는 행동이 나오는데, 이 행동이 최원봉의 마음에 상처를 주고 있다. 최원봉에게는 이들의 행위가 최영순과 차혁 사이의 짙은 애정적 유대감의 표현으로 보이는 것이다. 더구나 '복숭아'와 밀수(꿀물)는 그 자체가 지극히 성적인 상징물이다.

이어지는 대화에서 최원봉은 최영순을 '천사'로 비유하고 그 천사를 자기의 천사에서 점차 혁의 천사로 변모시키고 있다는 점에서도 원봉의 고독과 심리적 상처를 읽을 수 있다. 원봉의 마음속에는 '목 베인 항우'의 영상이 거듭 상기되면서 점차 크나큰 '트라우마'를 가진 열등감에 젖어들며 감상적인 심리상태로 빠져

650) 앞의 책, 14쪽.

들게 된다.

그런데, 원봉은 어째서 차혁에 대해 '목베인 항우'가 되어야만 하는가? 그것은 그가 최영순을 사랑하고 있지만, 현실적으로는 그것이 어렵기 때문이다. (그들은 혈연적으로는 아무런 혈연관계가 없으면서도 어려서부터 친남매간으로 한 가정에서 자라왔고, 이 사실을 지금의 최원봉은 눈치 채고 있지만, 최영순과 차혁은 모르고 있다.) 그래서 원봉은 최영순에 대한 자신의 애정을 밝힐 수가 없다.

만일 최원봉이 애정을 밝힌다면 차혁은 그를 근친상간의 흉악한이라고 공격해 올 것이고 최원봉은 그것이 두려운 것이다. 차혁은 사회적 명분과 명예를 중요시하는 인물이므로 더욱 그렇다. 명시적으로 작품 속에 드러나 있지는 않지만, 최원봉은 자기와 최영순 사이가 친남매간이 아님을 어느 때부터인가 눈치 채게 되었다. 그러나 영순과 차혁은 아직 이 사실을 모르고 있다. 이 아이로니컬한 상황으로 인해서, 최원봉의 갈등은 더욱 더 복잡하게 얽히고 가중되어 간다.

그가 가장 해결하기 어려운 가장 문제 중의 하나는 차혁과 최원봉의 어머니 최주사댁으로 표상되는, 도덕규범이나 윤리와의 갈등이다. 차혁과 최주사댁은 지극히 도덕적인 성격－그들은 항상 사회의 이목과 체면을 내세운다－으로 최원봉의 갈등을 심화시킨다. 최원봉은 최영순을 애정의 대상으로 추구하기 위해 그의 리비도의 방향을 그녀에게 돌릴 수도 있다. 그러나 그들은 그동안 친남매간으로 성장하여 왔으며, 이미 청년기에 들어 서 있다. 이런 상태에서 최원봉은 최영순과의 혈연적 관계의 진상을 폭로하고 그녀와의 애정관계를 실현시킬 강력한 실천력을 보일 수가 없다.[651] 그의 마음속에는 누이동생으로서의 최영순과 애인

651) 이런 점에서, 이 작품의 작자 김우진이 '최원봉'이란 인물에 대해 '한국의 햄릿'이라고 언급한 것은 매우 의미심장하다.

으로서의 최영순이 공존하면서 서로 싸우고 있기 때문이다. 그래서 그는 의지가 꺾이고 성격이 우유부단해 질 수 밖에 없다. 원봉을 '한국의 햄릿'이라고 표현한 유민영의 지적[652]은 이런 점에서 매우 적중한다. 공금횡령의 누명을 벗기 위해 그 진상을 밝혀내야 한다고 충고하는 친구 차혁의 충고에 별 흥미를 보이지 않는 것도 여기에 원인이 있다. 만일 최원봉이 최영순과 애정적 결합을 이룬다면, 현실적, 심리적으로 그는 최영순에게 근친상간을 범하는 것이 되지만, 최원봉은 최영순을 포기할 수도 없다. 최영순은 그의 '아니마anima'이기 때문이다. 그래서 그는 차혁으로 인해 심리적으로 크게 억압을 당하게 되는 한편, 그를 연적으로 생각하지 않을 수 없다. 그에 대한 반발심도 강하다.

한편, 차혁이 거듭해서 말하고 있는 '양심'이나 '체면'을 싫어하고 혐오하며, 차혁의 사회적 수완을 '꾀'로 매도하는 것은, 최원봉의 '무의식의 윤리성'으로서 양심, 보다 근원적인 심성으로서의 양심에서 나오는 말이라고 보아야 한다. 그것은 남의 눈치나 보는 윤리의식이 아니기 때문이다. 이런 복잡한 최원봉의 내면적 갈등은 마침내 그를 '의지 결여와 관련된 조울증에서 오는 정신 신경증' 쪽으로 몰고 간다. 아무튼 우선 이 단계에서 확인할 수 있는 것은 원봉이 아주 여러 가지의 복잡한 모티브들을 따라 갈등하고 있다는 것이다.

최원봉의 말 가운데 차혁과 최영순이 자기에게 감사해야 한다는 말도 이러한 맥락에서 해석된다. 즉, "자네(차혁)나 너(영순)나 내 앞에 절 해야만 한다…"[653]는 원봉의 말은 그가 자기 리비도의 좌절을 감내하고서라도 윤리에 따라 영순을 차혁에게 포기하

652) 유민영(1975), 〈인습에 대한 도전과 좌절〉(하), 《연극평론》13호, 서울: 연극평론사, 54쪽.

653) 김우진(1983), 《김우진 전집》Ⅰ, 서울: 전예원, 13쪽.

려 하니, 그러한 자기의 태도에 대해 차혁과 최영순이 감사해야 한다는 뜻이다. 그러나 차혁은 이런 비밀에 싸인 최원봉의 말뜻을 이해 할 수 없으므로 "그런 히니꾸(비웃음)는 비위가 상한다"고[654] 반박하게 되고, 이 잔인한 맞대꾸에 원봉의 자아는 흔들려 감상적인 반응을 보이는 것이다. '흰 모시치마'와 '행주치마'는 최원봉의 최영순에 대한 자기 확인identification 표지고, '그 치마'는 최원봉의 그러한 확인을 방해하는 차혁에 대한 최영순의 애정적 표시의 확인 표지이다. 그래서 최원봉은 이 치마에 대한 태도에 이르러서는 상당히 노골적인 투정을 부리고 있는 것이다.

최원봉의 고통은 이상에서 고찰한 애정상의 갈등 외에도 '공금 횡령'의 누명이라는 사회적 명예심의 실추로 '초자아super-ego'의 외상까지 겹쳐 있기 때문에 더욱 가열된다. 결국 그는 '이드id'의 억압과 '초자아'의 외상을 동시에 감내해야만 하는 지극히 견디기 어려운 상황에 처하게 된다. 일반적으로 이드의 억압이 심하면 이드의 에너지는 '자아ego'나 '초자아'의 에너지로 전환될 수 있고, 그 역도 가능하다고 한다. 그러나 최원봉이 처해 있는 이 양극에서의 파행은 그를 극단적인 좌절과 '퇴행regression'의 구렁텅이로 몰고 가게 된다.

게다가, 원봉에게는 기구하고 원통한 운명적 요소까지 작용하고 있다. 그는 동학당 아버지의 아들로 태어나, 조실부모하고, 아버지의 동지였던 사람-최영순의 아버지- 슬하에 성장하였던 것이다. (후술)

이런 어려운 상황에 봉착해 있는 원봉의 마음을 전혀 헤아리지 못한 채, 친구라는 입장에서만 충고하는 차혁의 다음과 같은 말은 원봉에게 '기운 빠진 나발소리'[655]로 밖에는 안 들리는

654) 앞의 책, 같은 쪽.
655) 앞의 책, 17쪽.

것이다.

4) 달빛 속의 포옹과 그 의미

차혁이 돌아가자 최원봉은 최영순에 대한 자책감과 연적이 물러간 데 대한 안도감, 그리고 친구로서의 차혁에 대한 우정 등 복합적인 반대감정의 뒤얽힘 속에서 최영순의 '머릿속에 입을 파묻고', 최영순도 최원봉에게 '달려들어 붙들고 느껴 운다'.

> 최영순: 천만에. (눈물을 닦고 문 밖까지 전송해 주며) 틈나면 또 오셔요. 저도 틈나는 대로 또 가뵙겠습니다. 안녕히 가십시오. (돌아와서 주저앉은 원봉이 옆에 앉으며 한참 말이 없다가) 오빠! (달려들어 붙들고 느껴 운다. 점점 황혼이 되어 온다.)
>
> 최원봉: (얼굴 밑에 와 닿는 영순이의 머리 위에다가 입을 파묻고) 내가 잘못했나부다. 우지 말아. 우지 말아. 내가 잘못했다. 생각이 부족했다. 그 애를 그렇게 돌려보내지 않을 걸.[656]

최원봉에게 '달려들어 붙들고 느껴 우는' 최영순의 행동, 최영순의 머리－이것은 성적인 냄새를 짙게 풍긴다－ 위에 입을 파묻는 원봉의 행위는 정상적인 오누이의 행위라기보다는 오히려 사랑하는 연인들의 화해 장면 같다. 이 장면은 이들의 근친상간적 충동을 암시해 주고 있다. 그래서 최영순은 이 충동적인 행위에 두려움을 느끼고 리비도의 방향을 곧 혁에게로 돌

---

656) 앞의 책, 21쪽.

리려 한다. 다음은 최영순이 그의 약혼자 차혁에게 가겠다고 하는 말이다.

> 최영순: 그러면 어떻게 해요. 내가 저녁에 가 볼테에요. 그러는 것이 낫지 않어요.657)

최영순의 이런 갑작스런 관심방향의 전환은 원봉에게는 비상砒霜과 같다. 이 상황에서 최영순이 혁을 생각한다는 것은 원봉의 상처를 다시 건드리는 일이기 때문이다. 그래서 최원봉은 다음과 같이 더욱 노골적으로 빈정거리며 야유하는 어조로 변해 버리고 만다.

> 최원봉: (밉살스러운 말로) 가든 말든 네 맘대로 해보렴.
> 최영순: (우는 소리로) 왜 그렇게 말씀하셔요. 내가 그렇게도 미워요? 오빠.
> 최원봉: 밉다고 하면 어떻게 할테니. 흥, 미움 받는 것이 그리도 무섭니? 산돼지 미움이 어금니밖에 더 될까. (중략)
> 최영순: 왜 그리 자꾸만 마음이 비뚤어지기만 해가요. (원봉이 무릎에 엎드려 운다.)
> 최원봉: (벌떡 일어나 대청 안으로 들어가며) 에이, 그 눈물 보기 싫여! 그게 날 위로해 주는 꼴이냐? 네까짓 년 눈물이 날? (영순이 탁 엎드려져서 울기 시작한다.) 어서 나가 혁이한테 가서 사과나 해라. 그리고 입이나 실큰 맞치고 오너라. 잘 운다. 바로 신파 울음이로구나. 눈물통 밑구녕 다 빼놔봐라. 얼마나 속 시원한지. 혁이란 놈이나 보

657) 앞의 책, 22쪽.

> 고 있으면 거들어 줄 테지만 불행히 네 오빠가 되었기 때문에 더 서럽겠다. 더 서러워. 잘 운다. 아주 울음에도 신이 났구나. 고만 어서 가보렴. 어서 가 보고 와! 산돼지 본래 성정이 그따위로밖에 안 생겨먹었다고 실큰 조둥이나 까고 오너라. 어머니 말 안 듣고 동생 울리고 회사 돈 훔치고 제 말대로 자포자기 하는 말인이라고 실큰 방아 찧고 오너라. 그런 소리를 지껄여야 혁이가 더 이뻐한다. 달라붙어서 입맞추고 안아주고 거들어 주고 하하하.[658)]

위와 같은 야유 뒤에 최원봉은 자기가 친구 차혁이한테 직접 가겠다고 하며, 겉으로는 차혁이 집에 다녀간 사실을 '어머니(최주사댁)가 아시'기 때문이라는 이유를 내세운다.[659)] 하지만, 사실은 최영순이 차혁과 가까워지는데 대한 두려움 때문이다. 잠시 동안의 그의 정신적 안정－영순과의 포옹, 화해－은 다음과 같은 영순의 발언으로 인해 또 산산이 부서지고 만다.

> 최영순: 잊어 버려야 해요. 애써서라도 억지로라도 잊으셔야 해요.
> 최원봉: 허지만 상처가 그리 쉽게 잊게 된다느냐? 너는 모른다.
> 최영순: 내가 오빠 옆에 있는 동안은 어떤 짓을 해서라도 잊어 버리게 해드릴 터예요. 날 꼭 믿어주셔야 해요.[660)] (방점 필자)

658) 앞의 책 22쪽.
659) 이때까지도 최주사댁은 영순이 차혁과 가까워지는 것을 싫어하고 있었다. 한편으로는 원봉이 (원봉을 버리고 다른 남자와 일본으로 애정도주한 원봉의 애인) 정숙과 가까이 지내는 것도 더러운 짓이라고 혐오하면도 영순과 원봉 사이의 혈연관계의 진상을 숨기고, 밝히기를 주저했다.
660) 김우진(1983), 《김우진 전집》Ⅰ, 서울: 전예원, 23쪽.

'내가 오빠 곁에 있는 동안'이라는 영순의 말은, 영순의 의도와는 달리, 얼마 안 있어 그녀가 차혁에게로 시집가게 되고, 그렇게 되면 원봉과의 관계는 더욱 멀어지게 되리라는 것을 그에게 상기시킴으로써, 원봉을 더욱 불안하게 만들어 버린다.

이렇게 되자, 이들은 부지불식간에 심리상태가 돌변하여 다음과 같이 격렬한 노여움과 두려운 호소의 상황으로 빠져든다.

> 최영순: (원봉이를 쳐다보고 벌벌 떨며) 한 가지만 대답해 주서요. 내 목숨이 오빠 괴로운 가슴 낫게 해드릴 수 있다면 지금이라고 죽어버리겠어요. 정말 난 죽어버리겠어요.
>
> 최원봉: 왜 살아있어서는 못하니? 그게 무슨 되지 못한 소리야. 흥, 사랑모르는 여자라고 했다고 죽겠단 말이로구나. 그것이 그리 불명예될 게 뭐 있니? 흐흐흐흐.
>
> 최영순: 살아있어서 오빠 가슴을 낫게 못 해 드린다면!
>
> 최원봉: 살아 있어서 내 가슴을 낫게 못해 준다면? 흐흐흐흐. 무슨 소리야. 살아 있어서 내 가슴 속을 낫게 못 한다면! 에잇! 못난 것.
>
> 최영순: 그러면 날 이 집에서 나가게 해주어요. 나가게.
>
> 최원봉: 어머니 허락만 맡아라. 어머니 허락만.[661]

최원봉은 노여워서 울부짖고, 최영순은 두려워서 호소한다. 원봉은 자기 앞에서 차혁에 대한 관심을 계속 보이는 최영순과 자기가 처한 숙명적 상황이 노엽고, 최영순은 까닭을 확실히 의식할 수 없고 또 의식한다 하더라도 그것은 두려운 일이므로 용납

661) 앞의 책, 24쪽.

할 수가 없다. 여기서 '이 집'은 윤리의 집을 의미한다. 최주사댁과 최영순과 최원봉이 한 핏줄로 한 가족인 것처럼 윤리 지워진 −모녀·모자지간으로 윤리 지워진− '이 집'에서 벗어나기란 이들에게 그리 쉬운 일이 아니다. 그래서 최영순은 '날 이 집에서 나가게 해주어요'라고 말하고 있다. 그러나 그렇게 한다면 이들의 행위는 근친상간이요, 패륜이요, 배은망덕이 될 것이다. 더군다나 원봉을 친오빠로만 알고 있는 영순은 더욱 더 그렇다. 그래서 이들은 결국 이 윤리의 집 속에서 다음과 같이 두렵고도 격정적인 한때의 화해를 이룬다.

> 최원봉: 불쌍한 영순아! (둘이 포옹, 달이 올라와 마당에서 마루 끝까지 환하게 비춘다.)[662](방점 필자)

이들이 화해할 때 떠올라 비춰주는 '달'은 무의식적인 양성적 조화와 성적 충만을 암시하고 있다. 이 어두운 '밤'과 '달'은 최원봉의 무의식적 억압을 잠시나마 해방시켜주는 데 기여하고 있다. 이 점은 사건의 추이가 시간의 변화와 밀접하게 결합됨으로 해서 더욱 더 보강되고 있다. 뜨거운 여름날 오후부터 시작된 이들의 갈등은 밤으로의 이행에 의해서 잠정적으로나마 화해 상태로 변하게 된 것이다.

5) '정녀貞女아닌 여자'에게 사랑을 바치는 이유

우리는 여기서 최원봉의 행위 동기에 관한 또 하나의 의미심

662) 앞의 책, 25쪽.

장한 단서를 발견할 수 있는데 그것은 다음과 같은 것이다.

> 최원봉: 나는 정녀를 요구하지 않아요. 정녀 아닌 여자에게 사랑을 바치는 내 가슴 속을 어머니가 아신다면 천지개벽이 생기지.
>
> 최주사댁: 천지개벽이 아니라 뒤집혀진대도 더러운 것은 더러운 것이야.
>
> 최원봉: 그러니까 어머니는 맨 첨부터 훼방을 놓으셨소 그려. 더럽다면 어찌 참여는 허셨소? 더러운 줄을 알면서, 참여하신 어머니의 가슴 속이 몇 곱절 더 더러운지 모르겠습니다.[663] (방점 필자)

최원봉이 이처럼 '정녀 아닌 여자'에게 사랑을 바치는 이유는 무엇일까? 이 문제에 답변하기 전에 최원봉의 '정녀'가 누구인가부터 생각해 보아야 할 것이다. 그의 '정녀'는 심리학적으로는 최영순이다. 이 작품 전체를 통하여 줄곧 최영순은 최원봉의 마음 중심에서 '아니마'로 작동하고 있다. 최영순은 최원봉에게 '진주'·'천사'·'하늘' 등의 이미지로 나타나고 있다는 점에서 그것을 알 수 있다. 그의 '정녀'는 아이로니컬하게도 현실에서는 그의 누이동생인 것이다.

그러므로 그는 자기의 '정녀'에게 사랑은 바칠 수 없다. 만일 그녀에게 사랑을 바친다면 그는 윤리적으로 근친상간을 범하게 되기 때문이다. 그는 이런 사실을 최주사댁한테도 밝힐 수 없다. 어머니에게 누이동생을 사랑한다는 말을 할 수는 없기 때문이다. 그래서 그는 '정녀'인 누이동생을 포기하고 '정녀 아닌' 정숙

---

663) 앞의 책, 26쪽.

을 사랑하고자 한다. 마치 〈햄릿〉에서 햄릿이 어머니 대신 오필리어를 잠시 사랑하는 체 하는 것처럼. 이런 이유로 그는 자기가 '정녀 아닌' 여자를 사랑하는 이유를 어머니가 아시면 천지개벽이 생긴다고 말하고 있는 것이다.

최원봉이 최영순을 연인으로 사랑하고 있다는 은밀한 사실은 다음과 같은 대화에서도 확인된다.

> 정 숙: 그리고 또 광은이가 날 데리고 일본으로 가기 전에 나를 거짓과 참되는 것도 몰라보게 만든 것도 당신이오, 당신은 회사일로 바빴대지만 그것은 핑계야. 빨간 거짓뿌렁이야. 영순이에게다가 의리 아닌 눈치를 보여가면서 '이것 봐라 네까짓 것 벌써 썩었다'는 듯이 아무 양심의 가책도 없는 듯이 해보인 것이 또 큰 실수거리였어요. 내가 그때 광은이의 유혹을 받고 있던 한창 중에 만일 보통 여자만 되었어도 아무 탈이 없었을 것이요. 그런데 그 이상야릇한 정신상의 영향으로 해서 나는 두 발을 꼼짝 할 수 없이 구렁창으로만 자꾸만 끌려 들어갔소. 사실로 理智라든가 意志라든가 간섭못할 구렁창 속에다가 당신이 일부러 집어넣고 움직이지도 못하게 두 발등에다가 못질을 해 놨구려. 이런 결박한 몸으로서 어찌 광은이의 그 손에 안 끌려 가겠수. 만일 내가 당신 말 모양으로 다만 여성 본능으로만 저급한 동물만 되었어도 이렇게 당신 앞에 얼굴을 들고 다시 안 나타났겠소.[664] (방점 필자)

664) 앞의 책, 61~62쪽.

여기서, '이상야릇한 정신의 영향'이라는 말이나 '의리 아닌 눈치'는 분명 최원봉의 최영순에 대한 애정을 정숙이 눈치 채고 있었음을 암시하는 구절이다. 정숙이 이와 같은 원봉의 마음을 눈치 채게 된 것이, 바로 그녀가 광은을 따라 일본으로 애정도주를 감행하게 된 원인이었던 것이다. 정숙이 겉으로 광은의 꼬임에 빠져서 원봉을 버리고 도주한 것 같지만, 그녀의 깊은 무의식에는 원봉이 자기를 사랑하지 않고 영순에게 '의리 아닌 눈치'를 하는 데서 오는 그녀의 내면적 혼란과 질투심과 반발심과 절망감이 크게 작용하고 있었던 것이다.

6) 어머니 상像의 혼란과 자아분열

최영순을 누이동생이라고 부를 수도 없고 애인이라고 부를 수도 없는 상황에서, 최원봉은 심리적으로 좌절하고 마는데, 그의 좌절의 보다 선행되는 원인은 모성체험의 미약함에도 있다. 다음을 보자.

> 내가 이 잔디밭 우에 뛰노닐 적에,
> 우리 어머니가 이 모양을 보아 주실 수 없을까.
> 어린 아기가 어머니 젖가슴에 안겨 어리광함같이
> 내가 이 잔디밭 우에 짓둥그를 적에
> 우리 어머니가 이 모양을 참으로 보아 주실 수 없을까.
> 미칠듯한 마음을 견디지 못하여
> '엄마! 엄마!' 소리를 내었더니
> 땅이 '우에!' 하고 하늘이 '우에!' 하오매
> 어느 것이 나의 어머니인지 알 수 없어라.[665] (방점 필자)

이 시의 마지막 구절, "어느 것이 나의 어머니인지 알 수 없어라"는 말은 이 작품의 대단히 중요한 모티브를 암시해 주는 구절로 보인다. 이 작품 〈산돼지〉가 바로 조명희의 이 시에서 영감을 얻어서 쓰였다[666]는 점에서 더욱 그렇다. 최원봉에게 있어 최영순은 '하늘'과 '땅'의 이미지를 동시에 띤다. 그는 최영순을 범접할 수 없는 거룩한 어머니로도, 그가 안착할 휴식의 대지, 평온한 화해의 지모地母로도 추구할 수가 없다. 그 이유는 앞서 언급한 대로 그가 일찍 조실부모하고 고아로서 타인의 손에 의해 길러졌다는 데에 그 선행 원인이 있다. 그는 어머니에 대한 체험이 미약한 것이다. (이 점은 작자의 전기적 사실과도 관련이 있다.)[667] 최원봉은 동학혁명에 가담했다가 붙잡혀 전주 감영에서 효수된 박정식의 유복자로 태어났으며, 그의 친 어머니는 최원봉을 밴 만삭의 몸으로 쫓기다가 관군병정에게 추행을 당한 후 최원봉을 낳은 지 며칠 만에 죽었다. 그 후 친아버지 박정식의 동지였던 최영순의 부모 (최주사·최주사댁) 슬하에서, 숨어 살며 최영순과 남매간으로 길러졌던 것이다. 그래서 그에게는 따스하고 포근한 모성 접촉 경험이 미약하다. 최주사댁의 다음과 같은 말은 이를 입증해 준다.

최원봉: 영순이 아버지는 언제 돌아가고?

---

665) 앞의 책, 63~64쪽.

666) 이 시는 조명희의 시 '봄 잔디밭 우에서'이며 김우진은 이 시에서 어떤 영감을 얻어 이 작품을 쓴 것으로 되어 있다. [김우진(1983), 《김우진 전집》Ⅱ, 서울: 전예원, 241~244쪽; 유민영(1971a), 〈초성 김우진 연구〉상, 《한양대논문집》 5, 한양대학교, 쪽수 미상; 유민영(1971b), 〈초성 김우진 연구〉하, 《국어교육》17집, 서울사대 국어교육과, 130~154쪽].

667) 작자 김우진은 일찍 친어머니를 여의고, 여러 명의 작은 어머니들과 누이들이 있는 집에서 자랐다. 이 점에 대해서는 다음 논의들을 참조. 유민영(1971a), 앞의 논문; 유민영(1971b), 앞의 논문.

최주사댁: 네가 아홉 살 되는 해에 영순이를 낳고 백일을 못 지내서 그해 겨울에 돌아가셨다. 그것도 동학東學때 네 아버지와 한 옥에서 지낼 때 얻은 병이 덧나가지고 돌아가셨다. 그때 유언이 "이 애가 크고 내 딸이 크거든 둘을 부부로 만들어 주라"고 까지 허셨구나.668)

최주사댁: ……그리다가는 사람의 정이란 이상한 것이지, 너 어머니가 그 즘생 같은 병정놈한테 욕을 보고 난 뒤에 고만 세상을 하직한 걸 생각하면서 요 위에서 앵앵 울고 있는 갓난이 얼굴을 디려다보고 앉았으려니까.669)

최주사댁: 아무렴, 파옥한 뒤에 내 집에 들렸드란다. 마침 너 어머니는 만삭이 된데다가 병정놈한데 욕까지 본 뒤가 되어서 얼마나 서러웠겠니? 그래도 소용없이 둘이 톡톡히 쌈만 하고 나서는 네가 나오기도 전에 붙잽혀 죽으려고 고만 집을 떠나가 버렸다.670)

이같이 기구한 출생과 성장 과정은, 그로 하여금 구체적인 모성상이나 여성상을 마음속에 성숙시키지 못하게 함으로써 정상적인 인성 발달에 커다란 장애 요인이 되었다. 그의 모성애의 목마른 갈구를 감당해 줄 여성이 그 주위에서는 아마 최영순밖에 없었던 것으로 생각된다. 앞서 우리가 추적해 본 그의 최영순에 대한 은밀하고 격렬한 모성지향적 반응은 이러한 사실을 방증해 준다. 그래서 그는 영순에게 심리적인 '고착' 현상을 보인다.

한편, 이 작품의 여러 군데서 나타나는 여성혐오misogyny 증세도 최영순에 대한 사랑의 또 다른 면에 지나지 않는다. 그는 이

668) 김우진(1983), 《김우진 전집》I, 서울: 전예원, 43쪽.
669) 앞의 책, 43쪽.
670) 앞의 책, 44쪽.

제 여자를 어머니로도 아내로도 누이동생으로도 호명할 수 없다는 심리적 배신감, 그 노여움과 분노를 최영순과 최주사댁과 정숙에게 터뜨리고 있는 것이다.

원봉이 심리적 혼란을 일으키는 또 다른 원인은 최주사댁에게도 있다. 최주사댁은 최영순과 최원봉사이의 혈연관계 진상을 끝까지 밝히지 않는다. 왜 그녀는 최영순과 최원봉이 성장하면 둘을 결혼시켜 부부로 해로하도록 하라는 남편의 유언[671]에도 불구하고 이들 사이를 친남매간으로만 끝끝내 덮어두려고 할까?

그녀는 자기의 마음속에 자식으로서의 원봉상과 사위로서의 원봉상을 양립시키기가 두렵기 때문이다. 그녀는 원봉을 친자식처럼 자기의 젖을 먹여 키웠으므로, 그를 자기 딸 최영순과 결혼시킨다면 그녀는 심리적으로 자기의 아들과 딸을 결혼시키는 근친상간의 죄악에 가담하는 것이 된다. 최주사댁을 공격하는 최원봉의 다음과 같은 발언은 이런 비밀을 잘 암시해 주고 있다.

최원봉: (방 안으로 들어가는 주사댁의 등 뒤에다가 내부치는 말로) 흐흐흐흐! 그리고도 어머니 지금 가슴 속에 든 그 비밀이 탄로될까 봐서 벌벌 떨면서도 더러운 것 정한 것 찾아 가면서 흐흐 흐흐! 이런 산돼지를 내놨으면 왜 제멋대로 산에다가 기르지 않았담. 제멋대로 뛰어 다니면서 놀다가 제멋대로 새끼 배가지고 제멋대로 죽어가게 왜 산에다 기르지 않았더람! 일전에 내가 어떤 무서운 꿈을 꾼 줄 아시오? 나는 어머니만큼이나 아버지도 원망이요, 아버지도! 자기는 동학東學인가 무엇에 들어가지고 나라를 위해, 중생을 위해, 백성을 위해, 사회를

671) 앞의 책, 43쪽.

위해 죽었다지만 결국은 집안에다가 산돼지 한 마리 가두어 놓고만 셈이야![672] (방점 필자)

여기서 최주사댁의 '가슴 속에 든 그 비밀'은 바로 최원봉과 최영순의 출생에 관한 비밀이며, 이 비밀을 최주사댁이 밝히지 못한다는 말은 바로 최주사댁의 두려움을 암시하는 말이다. 이 점은 최원봉이 최주사댁을 '체면'만 보려 드는 사람이라고 자주 공격하고 있다는 사실로도 방증된다. 다음을 보자.

최원봉: 그래 어머니는 무엇이라 하셨소.

최주사댁: 내 아들도 이제는 아주 단념하고 다시는 돌아오기를 바라기는커녕 결혼 같은 것은 꿈도 안 꾸고 있다고 했지. 그게 체면답지 않니?

최원봉: 어머니는 왜 그리 체면만 잘 보시려 드우.[673]

최주사댁: 그러면 어떻게 하니? 지금도 이따금 가슴을 쥐여뜯고 가슴 아픈 소리를 내놓고 있다고 허니?

최원봉: 체면도 볼 때 보셔요. 그까짓 년 잊어버리지 못해 그러는 것은 아니지만.[674]

최원봉: (익살스럽게) 외면을 하다니요, 그건 체면에 맞는 일이요? 달려들어서 고양이 할키듯이 낯가죽을 박박 할켜 주고 오시지. 그밖에 어머니 체면 유지할 수단이 없으셨소 그려. 나는 내 체면이 있으니까 어머니 앞에 와 대들어 뵈이겠소. 저 어여쁜 영순이 쳐다보고 내 얼굴 쳐다보슈. (대든다.)

---

672) 앞의 책, 28쪽.
673) 앞의 책, 25쪽.
674) 앞의 책, 26쪽.

최주사댁: (깜짝 놀랜 듯이 일어나 선다) 에잇! 망나니 자식.[675] (방점 필자)

원봉의 내면적 혼란과 자아분열은 사회적 의무감에 의해서 더욱 강화되기도 한다. 이 작품의 제목 '산돼지'는 바로 이 점을 암시한다. '산돼지'라는 말은 우선 원봉의 별명으로 나타나기 시작해서 작품의 후반에까지 여러 차례 반복되고 있다. 마을 청년회의 회원들도 원봉을 '산돼지'라고 조롱하고 친구 차혁도 그를 '산돼지'라고 놀린다. 그런가 하면 원봉 자신도 스스로를 자책하거나 자학할 때 '산돼지'라고 하고, 꿈에 나타난 그의 친아버지도 그에게 '산돼지탈'을 씌우려고 한다. 다음은 그런 부분들이다.

최원봉: (휘 돌아 앉으며) 그래 내 화상을 그려 놓고 어쨌드란 말이냐?

최영순: 오빠 화상을 게시판에다가 그려 가지고 '산돼지 토벌'이라고 써놓고 야단들이었드래요. 그 앞에 서서 모두 손뼉을 쳐 가면서.

최원봉: 흥, 산돼지 화상! 산돼지 얼굴. (자기를 조소하듯이 웃는다.)[676]

최원봉: 흥, 너 싸워볼 테냐? 목 베인 항우랬지?

차 혁: 항우가 되면 그래도 박물관에나 가주고 가면 값이 된단다. 너는 산돼지야. 어금니밖에 못쓰는 산돼지.[677]

최원봉: 아버지 뜻을 받어 사회를 위해 민족을 위해 원수 갚고 반역하라고 가르쳐 주면서도 산돼지를 못난 이만 뒤끓

675) 앞의 책, 27쪽.
676) 앞의 책, 13쪽.
677) 앞의 책, 20쪽.

는 집안에다가 몰아넣고 잡아매여 두는 구려. 울안에다가 집어넣고 구정물도 변변히 주지 않으면서, 흐흐흐흐! 산돼지 산돼지! 산돼지! 흐흐흐흐! 자 이 산돼지 얼굴 좀 더 들여다 보구려. (방으로 쫓아 들어간다.)[678]

박정식: (손에 커다란 못과 장도리를 들고 쫓아 나와 원봉에게 대든다.) 그 산돼지 탈 뻿겨서는 천지개벽이 생기겠다. 이 놈! 달아나긴 어델 달아나. (쫓는다. 주사택과 정숙이 손을 잡고 달아난다.) 일평생은 고만 두고 저승에 들어가서도 뻿겨지지 않어야지. 자, 이 못 받아라.[679] (방점 필자)

이런 대사로 추상할 수 있는 '산돼지'의 의미는 기존 가치에 반역하고 혁명적 가치를 추구하도록 의무지어진 인간으로 생각된다. 그러나 그를 둘러싸고 있는 상황의 압력은 그가 이러한 임무를 수행하기에는 너무나 벅차고 힘겨운 것으로 되어 있다.

7) 꿈을 통한 욕망의 승화

이드id의 억압과 욕망의 추구 사이에서 오는 원봉의 이와 같은 심리적 갈등과 좌절은 마침내 그로 하여금 꿈을 통한 승화라는 미미한 소생의 출구를 겨우 발견하게 한다. 이 희곡의 제2막은 거의 대부분이 원봉의 억눌린 욕망의 확인과 승화에 관계되어 있다. 여기서 잠깐 프로이드의 견해에 귀를 기울여 보자.

발달의 어떤 단계에까지 도달했으면서도 어떤 사람은 공포로

678) 앞의 책, 28쪽.
679) 앞의 책, 28쪽.

> 말미암아 초기의 수준으로 후퇴하는 일이 있는데, 이것을 '퇴행 regression'이라고 한다. 신랑과 첫 부부싸움을 한 끝에, 근심에 빠진 신부가 친정으로 돌아감은 부모의 보호를 받자는 의도이다. 또, 사회에서 상처를 받은 사람이 자기만의 꿈의 세계에 들어앉아 버림도 그렇고, 또 도덕적 불안에 사로잡힌 사람이 어렸을 때 모양으로 처벌받고자 어떤 충동적인 행동을 함도 그 예외가 아니다. 좌우지간, 통제되고 현실에 적합한 사고로부터의 도망은, 무엇이든지 전부 퇴행이 된다.[680] (방점 필자)

프로이드의 이 견해에 따르다면 사회에서 상처를 받은 사람이 자기만의 꿈의 세계에 들어앉아 버리는 것을 '퇴행regression'이라고 하였다. 그러나 꿈이 개인적으로나 사회적으로 건전한 심리적 조화를 유발한다면, 그것은 퇴행적 현상일 뿐만 아니라 보다 적극적인 의미에서는 승화 또는 원망 충족의 수단이기도 한다. 이 점에 대해 프로이드는 다음과 같이 말하고 있다.

> 그러므로 꿈은 단순한 기도나 경고에 그치는 것이 아니고 언제나 무의식적 원망의 도움을 빌어서 기도나 경고 등을 고태적 표현법으로 번역하고 이들 원망을 충족할 수 있게 변형도 합니다…….
> 또 다른 쪽 그것도 원망으로서의 꿈은, 낮의 잠재적 원망을 어떤 무의식적 원망의 도움을 받아서 충족되는 것으로 표현합니다.[681] (방점 필자)

680) 칼빈, S. 홀 지음, 이용호 옮김(1980), 《정신분석 입문》, 서울: 백조출판사, 149~150쪽.

681) Sigmund Freud(1935), *A General Introduction to Psychoanalysis*, tans, Joan Riviere, New York: Garden City Publishing Company Inc. 〔김성태 역(1976), 《정신분석 입문》, 서울: 삼성출판사, 144~185쪽〕.

비록 문학작품 속의 꿈이 작자에 의해서 '의도된' 꿈이기는 하지만, 거기에는 작가의 무의식적인 심리와 욕망도 포함되어 있다. 이런 점에서 작품 속의 꿈을 인간 내면 심리의 투사현상으로 해석할 수 있는 근거가 있다.

〈산돼지〉 속의 꿈속에도 꿈이라는 미명 아래에서 작자 김우진의 무의식이 투영되어 있다고 볼 수 있다. 아울러 이 꿈은 작품 내부의 무의식적 질서에도 합당해야만 한다. 만일 그렇지 않다면 예술작품으로서의 생명력을 잃기 때문이다. 어쨌든, 이 작품 속의 꿈이 최원봉의 복잡한 갈등 양태를 단순히 그대로 비추어 보인 것에 불과한 것으로 생각할 수도 있지만, 보다 적극적인 의미에서는 그가 현실적으로 불가능한 원망을 충족시키고자 하는 적극적인 심리 활동의 소산이기도 하다. 이 작품에서 최원봉이 처한 상황을 극복하는 길은 현실적으로는 이처럼 꿈을 통한 승화와 충족의 길밖에는 다른 방법이 없는 것으로 나와 있다. 그는 이 꿈을 통해서 최영순과 애정 어린 포옹도 할 수 있고, 차혁을 마음껏 증오할 수도 있으며, 최주사댁이 그에게 감추고 있는 '가슴 속에 든 그 비밀'을 폭로할 수도 있다. 다음은 바로 그런 장면들이다.

> 최원봉: 그러면 영순이 더러 물어 보겠소, 걔는 날 사랑하니까. (영순이 나와서 어린애처럼 철모르는 얼굴을 해가지고 쳐다본다.) 영순아, 너는 아니? 우리 어머니가 어디 있는지.
> 최영순: 오빠, 어머니가 어대 있어요, 있긴. 여기 계시지 않어요.
> 최주사댁: (둘이 끌어안고 있는 것을 보고) 얘들아, 그게 무슨 짓이니?[682]

682) 김우진(1983), 앞의 책, 32쪽.

최영순: 그래도 힘껏 끌어볼 테야. 아, 날 놓지 말어요. 이 팔을 꼭 붙들어요, 이 팔을 아, 오빠!

차 혁: (들어와서 한참 동안 보고 섰다가 고만 달려들어 영순을 끄집어낸다.) 세상이 말세가 되니까 별별 고약한 짓이 다 생기는군. 영순씨, 저건 당신 오라버니가 아니요? 아, 그 눈을 해가지고도 안 보여요?

최원봉: 흥, 왔구나. 너무 일찍 온 게 잘 되었다.[683]

최주사댁: 그런데 불행이 영순이 아버지는 마치 달아나기 전에 붙잽혀 버렸단다. 그때 전봉준이는 순창淳昌으로 와 있을 땐데, 거기 가는 길에 태인泰仁서 김개남金開南이와 같이 너 아버지도 그만 붙잽혀서 전주全州에서 효수梟首를 당했고나. 그러니 너 아버지와 영순이 아버지 사이 의리 인정이 어떠하겠니?

최원봉: 그러면 우리 아버지는 내 얼굴도 못 보고 갔군.

최주사댁: 아무렴, 파옥한 뒤에 내 집에 들렸드란다. 마침 너 어머니는 만삭이 된데다가 병정놈한테 욕까지 본 뒤가 되어서 얼마나 서러웠겠니.[684]

여기서 최원봉은 최영순의 손의 이끌림을 받아 고통 받는 지상에서 떠나 오직 복락과 지선만이 있는 천상으로의 상승을 꿈꾸는가 하면, 자기의 살아온 과거, 출생에 얽힌 비밀들을 하나하나 획인하기도 한다.

그런데 우리는 여기서 최원봉의 꿈의 내용이 원망 충족이나 승화라기보다 오히려 그 강화가 아닌가 하는 생각이 들 정도로 강렬하고 불만스럽게 끝나는 데 놀라게 된다. 그러나 이 점은 그

683) 앞의 책, 41쪽.
684) 앞의 책, 44쪽.

의 현실적 상처가 너무 심한 나머지 '꿈의 작업이 원망 충족을 이룩하는데 충분히 성공하지 못한 결과 꿈의 사상寫像인 고통의 일부가 꿈속에 그대로 나타나기'[685] 때문이라고 대답할 수 있을 것이다. 어쨌든, 최원봉은 이처럼 그의 복잡하고 숨 막히는 가위 눌림들을 꿈을 통해 확인하고 대리충족시킴으로써 승화의 과정을 거친다.

8) 사계신화四季神話으로의 안착과 재생 의욕

앞에서 살펴본 원봉의 꿈을 통한 원망 충족과 승화는, 그로 하여금 눈을 다시 현실로 돌려, 그 비극적 현실 속에 숨어 있는 또 하나의 가능성인 희극적 가능성[686]에 주목 하도록 한다. 이 희곡이 사계신화적 시간 구조 위에 구축되어 있다는 점에서, 그리고 최원봉의 행위가 제3막에서 이 신화적 시간 구조에 동화되고자 하는 점에서 희극적 가능성이 확인되는 것이다.

최원봉의 복잡한 갈등이 시작되는 때는 무더운 여름이고(제1막), 그가 좌절하여 자리에 누울 때는 가을이며(제2막의 전반부), 그 다음 꿈을 통해 처참한 과거를 회상하는 부분은 겨울이고(제2막 중반부), 그 겨울이 꿈을 통한 승화를 거친 후(제2막의 후반부), 마침내 봄의 재생(제3막 전체)으로 이어지고 있는 것이다. 이것을

685) Sigmund Freud(1935), *A General Introduction to Psychoanalysis*, tans, Joan Riviere, New York: Garden City Publishing Company Inc. 〔김성태 역(1976), 《정신분석입문》, 서울: 삼성출판사, 168쪽〕.

686) 비극을 참는 하나의 방법은, 무대 위에서든 무대 밖에서든, 근원적일 수 있고 한정할 수 있는 질서를 말할 때의 희극이 우리에게 말해 주는 어떤 것들에 귀를 기울이는 것이다. 〔Harold H. Watts(1966), "Myth and Drama", *Myth and Literature*, ed. John B. Vickery, Lincoln: University of Nebraska Press.〕.

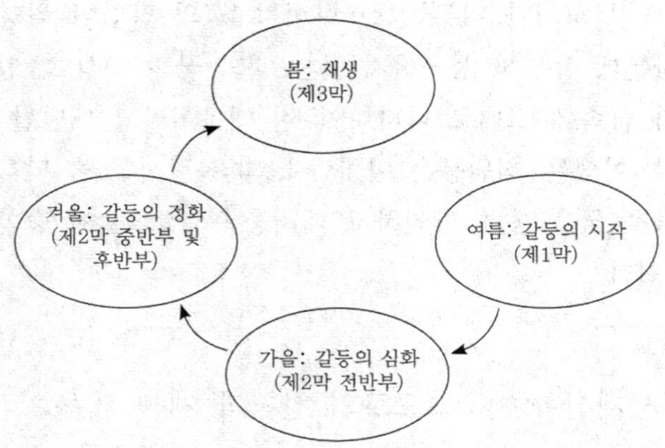

〈그림-22〉〈산돼지〉의 갈등의 승화 과정

갈등을 중심으로 도식화하면 위와 같다.

한편, 이 작품의 희극적 가능성은 사계신화적 구조에 동화되고자 하는 최원봉의 다음과 같이 변화된 행동에서도 확인된다.

> 제 2막
>
> 몽환夢幻의 장면이든 산 등 벌판. 봄의 앞잽이인 진달래의 떨기가 여기저기. 초록빛 연한 잔디가 다투어 얼굴을 내밀고 있다.
>
> 초순初旬의 푸른 하늘이 높게, 원봉이가 양지볕을 온몸에 받어가면서 혼자 기대고 있다. 기지개를 켰다가 하품을 했다가, 일어나서 거닐다가, 심호흡을 하다가 한다. 시계를 내 보기도 한다.[687]

여기서 원봉은 제2막에서 춥고 음산한 겨울 회상과 혼란한 내

687) 김우진(1983), 앞의 책, 50쪽.

면의 정화를 거쳐, 이제 새봄의 '양지볕을 온몸에 받아가면서' 심호흡을 하고 있다. 3막의 내용은 거의가 다 원봉의 이러한 재생 의욕과 관련되어 있다고 할 수 있다. 이것은 그가 과거의 몸서리쳐지는 상처와 기억들을 떨쳐 버리고 새로운 삶을 찾고자 하는 의욕으로 보인다.

9) 결어: 작품과 작가

이상에서 저자는 주로 심리주의 비평과 신화비평을 원용하여 김우진의 희곡 〈산돼지〉에 나타난 신극의 '비추어 보기' 기법의 구체적인 양상과 의미를 해석해 보았다. 그 결과, 이 작품 속에는 무의식에 근거하고 있는 복잡한 심리적 갈등들이 내재해 있음을 밝혀 볼 수 있었다. 이를 간단히 요약하면 다음과 같다.

첫째, 원봉은 기구한 출생과 성장 과정으로 인한 모성 체험의 미약으로 심리적 불안정상태를 보이고 있다. 둘째, 그는 자기의 구원의 여성상을 (누이동생 아닌 누이동생) 영순에게서 찾고 있으며, 이것은 결국 윤리의 벽에 부딪쳐 좌절로 끝난다. 셋째, 원봉은 다시 그의 리비도를 구원하기 위해 정숙에게로 기울어지지만 영순에 대한 원봉의 태도를 눈치 챈 정숙은 원봉을 거절하므로 그는 영순에게 고착된다. 넷째, 원봉을 친오빠로만 알고 있는 영순은 원봉의 이런 태도에 근친상간적 두려움을 느끼며, 원봉도 또한 윤리적 파탄이 두려워 영순과의 혈연관계의 진상을 끝내 폭로하지 못한다. 다섯째, 최주사댁은 또 최주사댁대로 아들로서의 원봉상과 사위로서의 원봉상을 마음속에 공존시킬 수 없기 때문에 원봉과 영순의 혈연관계의 진상을 밝히지 못하고 지연시킨다. 여섯째, 이런 복잡한 상황 속에 처하게 된 원봉은 가중되는 심리적 부담을 이기지 못하고 정신적 아노미 상태에 빠지게 된다. 일곱째, 원봉을 이 좌절과 혼란을 벗어나기 위해 꿈의 작업을 통해 아픈 상처들을 재확인하고, 억눌린 욕망들을 승화하면서 새로운 재생의 봄을 찾으려 한다.

연극이라는 공연 양식이 이처럼 인간의 문제를 연극이라는 양식 속에 '비추어 보기'라는 기법을 통해서 인간의 삶을 깊이 파고들어가는 방법은 이후에 우리 연극사의 가장 중요한 주도적인 흐름을 형성하게 되었으며, 이후의 영화 및 텔레비전 드라마 등의 사회적 확산으로 인하여, 이러한 경향은 더욱 더 심화되어 갔다.

훌륭한 예술작품은 유쾌하고 의식적인 인간 마음의 여러 면뿐만 아니라 전체적인 인간의 정신, 즉 불유쾌하고 무의식적인 여러 면들에 대해서도 항시 다루어 왔다.[688] 이 책에서 다룬 김우진 희곡 〈산돼지〉의 공감력도 의식적이고 유쾌한 언어에서보다 오히려 무의식적이고 불유쾌한 언어의 깊이에서 솟아나고 있다. 그것은 작가 김우진의 성실한 예술가적 대결에서 온 것이므로 우리는 진지한 태도로 이를 수용할 필요가 있다. 어쩌면, 이 작품 속에서 원봉이 천사 영순을 포기하고 정녀 아닌 여자 정숙을 택하게 되는 것이, 이 작품을 마지막 유물로 남기고 당시의 신여성 윤심덕과 귀국선 뱃머리에서 현해탄 푸른 물에 몸을 던진 김우진의 일생과 어떤 관련이 있는지도 모른다.

---

688) Wilfred L. Guerin, Labor Earle, and Morgan Lee(2004), *A Handbook of Critical Approaches to Literature*, Oxford: Oxford Univ Press, pp.150~151.

Ⅷ. 한국 공연문화의 원리와 이론

1. 한국 공연 이론의 주요 범주

이 장에서는, 한국 공연 이론 자료들을 공시적-영역별로 정리 분석하여, 한국의 공연 이론을 구성하는 몇 가지 기본 원리들을 도출해 보고자 한다.

먼저, 한국 공연 이론의 공시적-영역별 전체 범주는 다음과 같이 모두 14개 영역으로 구분할 수 있다. 그것은 공연 본질 이론, 연기 이론, 극장 무대 이론, 대본 이론, 음악 무용 이론, 의상 분장 이론, 음향 조명 이론, 대소도구 이론, 연출 제작 이론, 공연 이론, 청관중 이론, 비평 이론, 미학 이론, 교육 이론 등이다.

'본질 이론'은 공연의 어원·기원·정의·기능·형식·양식 등과 관련된 이론이며, '연기 이론'은 공연자의 본질·기능·연기 등에 관한 이론이다. '극장 무대 이론'은 공연이 이루어지는 장소에 관한 이론이며, '대본 이론'은 공연의 구성 요소·창작 및 전승 방식·긴장성 구축 방법 등과 관련된 이론이다. '대소도구 이론'은 공연 공간과 공연자 사이에서 공연을 보조하는 크고 작은 물건들에 관한 이론이며, '음악 무용 이론'은 공연에 활용되는 예술적인 음악 무용에 관한 이론이다. '음향 조명 이론'은 공연에 사용되는 소리와 빛에 관련된 이론이다. '연출 제작 이론'은 무대 밖의 청관중을 상대로 무대 안에서 보이는 모든 것들을 어떻게 할 것인가에 관련된 이론이며, '공연 이론'은 공연이라는 사회-문화적 행위가 이루어지는 전체 과정에 관련된 이론이다. '비평 이론'은 공연 작품들에 대한 구체적인 가치 평가에 관련된 이론이며, '미학 이론'은 공연의 아름다움〔美〕과 관련하여 전개되는 이론이다. '교육 이론'은 공연의 교습·전승·전파와 관련된 이론이다.

이상의 여러 영역별 공연 이론 영역들은 서로 다른 독자성을 가지는 이론의 범주들이면서, 동시에 상호 보완하면서 공연 이론 전체를 구성한다고 할 수 있다.

2. 한국 공연 이론의 영역별 기본원리

1) 본질 이론

공연의 본질 이론은 공연의 어원·기원·정의·기능·형식·양식 등에 관련된 이론으로서, 한국 공연문화의 주요 본질 이론으로는, '생명의 원리'와 '조화의 원리'를 확인할 수 있다.[689] 이를 좀

689) 이 책에서 '원리'란, 앞에서 정의한 바와 같이, '이론'을 구성하는 하위 명제를 말하는 용어로 사용한다. 이 책에서 '이론'과 '원리'의 관계는, 아리스토텔레스의 《시학》을 예로 든다면, 연극의 '본질이론'과 '모방의 원리'의 관계와 같으며, 범위를 좀 더 좁혀서 본다면 그의 '플롯 이론'과 '급전·발견의 원리'

더 구체적으로 차례차례 살펴보면 다음과 같다.

(1) 어원

한국 공연의 어원은 '굿', '노∥노리', '짓거리' 세 가지 계열이 있다. 이 가운데에서 먼저 '굿'이란 '궂은 것들을 물리친다'고 하는 한국 공연의 제의적 성격을 나타내는 어원이며, '노∥노리'는 진지한 제의나 일로부터 해방을 추구하는 한국 공연의 놀이적 성격을 나타내는 어원이다. '짓거리'는 일련의 몸짓·흉내, 곧 모방 행동들이 어떤 질서에 따라 연결된 것을 나타내는 어원으로서 한국 공연문화의 모방적 성격을 나타낸다.[690]

한국 공연문화의 어원은 이처럼 제의성(굿)·놀이성(노∥노리)·모방성(짓거리) 등이 골고루 조화를 이루고 있다. 이에 견주어 그리스 중심의 서양 공연은 어원상으로 볼 때 '행동'으로 '모방'해서 보여주고 그것을 지켜보는 '모방성'에 지나치게 치우쳐 있다. 동양의 인도·중국·일본의 공연은 어원으로 볼 때 대체로 한국과 비슷한 방향을 취하고는 있으나, 한국 공연보다는 좀 더 양식화된 모방성 쪽에 기울어져 있다. 이러한 양식적 모방성은 그 동안의 연구에서 많이 지적되어 왔다.[691]

(2) 기원

한국 공연문화의 기원은 어원에서 드러나는 바와 같이, '제의 기원설', '유희 기원설', '모방 본능설'이 조화롭게 상호 보완하고 있다. 이 가운데 '제의기원설'은 한국 민족 문화의 가장 근원적·

관계와 비슷한 것이다.

690) 유창돈(1964), 《이조어사전李朝語辭典》, 서울: 연세대출판부, 155쪽 참조.

691) 여석기(1979), 〈아시아 연극의 서사성과 양식성〉, 《연극평론》17호, 서울: 연극평론사, 3~35쪽 참조.

원형적 제의인 '무당굿'과 특히 깊은 연관을 맺고 있으며, '유희 기원설'은 삼국시대부터 조선시대까지 다양하게 전개되어온 '가무백희' 계통의 공연들과 특히 깊은 관련을 맺고 있고, '모방 본능설'은 근대 이후의 '신파극', '신극' 등과 깊은 관련을 맺고 전개되어 왔다.

(3) 정의

한국 공연문화의 정의는 "궂은 것들을 물리치고, '신명'을 회복하여, 즐겁게 놀면서, 바람직한 삶의 모습을 일련의 질서 있는 행동으로 구현하여 보여주는 것"이다. 이것은 서양 그리스의 이른바 '행동의 모방'이라는 정의[692]나 동양 중국의 "여러 가지 몸재주들로 즐겁게 노는 모양을 보여주는 것"이란 정의와도 다른 것이다.

한국 공연문화의 기능은 궂은 것들을 물리치고, 천지와 조화·합일되어 생명을 갱신하고 즐겁게 놀면서, 일련의 질서 있는 행동으로 바람직한 삶의 모습을 구현하여 보여줌으로써, 신명을 회복하는 것이다. 그만큼 한국 연극은 '모방'보다는 '생명력의 약동'을 추구하는 '생명의 원리'가 지배하고 있다.

(4) 양식

우리의 공연문화 양식을 모두 거론한다는 것은 너무 복잡하다. 그러므로 그 가운데서 연극적 공연 양식들을 예로 들어 논의한다면, 지금까지 전승되는 한국의 연극적 공연 양식[693]은 모두

---

692) 아리스토텔레스 지음·손명현 옮김(1975), 《시학》, 서울: 현암사, 37~48쪽 참조.

693) 여기서, '형식form'이란 역사적 사회적 조건들을 초월하여 두루 적용될 수 있는 틀이란 개념으로 사용하고, '양식style'이란 역사적 사회적 조건에 따라 달라지는 틀을 가리키는 용어로 사용한다. 따라서 예컨대, 희극·비극·희비극

열두 가지가 있다. 나라굿·마을굿·무당굿·풍물굿·탈놀이·꼭두각시놀음·판소리·창극·신파극·신극·마당극·마당놀이가 그것이다.[694)]

이 양식들은 크게 제의적 양식, 놀이적 양식, 모방적 양식으로 구분된다. 이 양식들은 대체로 제의적 양식(나라굿·마을굿·무당굿)-놀이적 양식(풍물굿·탈놀이·꼭두각시놀음·판소리)-모방적 양식(창극·신파극·신극)-놀이적 양식(마당극·마당놀이)의 과정[695)]으로 전개되어 왔다. 이 양식들을 세 가지 성격에 따라 구분하면 다음과 같은 표가 만들어진다.[696)]

과 같은 것은 '형식'이고, '판소리', '경극', '노오', '카타칼리Kathakali', '코메디아 델아르테commedia dell'arte'와 같은 것은 '양식'이다.

694) 여기서 마을굿·무당굿·풍물굿·판소리 등은 좁은 의미의 서구의 연극 개념으로 보면 연극으로 볼 수 없을 것이다. 그러나 이런 좁은 서구식 개념으로 연극 양식을 규정하면 동양의 대부분의 '연극적' 공연 양식들이 연극의 범주에서 제외될 것이며, 그것이 세계 연극을 위해서 바람직한 것도 아니다. 따라서 여기에서는 좀 더 넓은 의미로 연극 개념을 정의하여, 앞에서 이미 밝힌 바와 같이 '공연 중에 공연자의 자아의 대여가 그 공연의 필수적인 역할을 하는 공연예술 작품'을 연극이라고 규정하고자 한다. 이렇게 연극을 규정하고 보면, 서구의 협의의 연극 범주에는 속할 수 없지만 매우 '연극적'인 한국의 주요 공연 양식인 마을굿·무당굿·풍물굿·판소리 등이 모두 중요한 한국의 연극 양식으로 포괄될 수 있다. 이 양식들도 전체가 완전히 '공연자의 자아 대여'로 구축되는 것은 아니지만, '공연자의 자아 대여'를 필수 요소로 하는 양식, 즉 공연자의 '자아 대여'가 이루어지지 않으면 그 공연이 완성될 수 없는 공연 양식이다. 연극 개념은 동양 연극 전반에 두루 통용되는 매우 효과적인 개념이기도 하다. 이러한 연극 개념의 확장은, 이미 서구에서도 앙토냉 아르토 및 예르지 그로토우스키 이후에 급속히 강화되어 온 추세를 보여주고 있다.

695) 여기에다가 다시 '-제의적 양식'(마당굿)의 과정을 첨가할 수도 있다. 그러나 이 '마당굿'이란 양식은 서양의 아르토의 '잔혹연극'과 같이 이념적으로는 어느 정도 구축된 것이지만, 실제로 실현되지는 못했다는 점에서, 하나의 연극 양식으로 다룰 수는 없다. 〔임진택·채희완(1988), 〈마당극에서 마당굿으로〉, 《한국문학의 현단계 I》, 서울: 창작과비평사〕.

696) 여기서 풍물굿은 제의적 양식인 경우도 있고 놀이적 양식인 경우도 있다. 그러나 제의적 양식인 경우는 마을굿 양식 속에 포함되므로, 독립적인 양식으로서의 풍물굿은 놀이적 양식으로 보아야 한다.

제의적 양식	놀이적 양식	모방적 양식
나라굿	풍물굿	창극
마을굿/고을굿	탈놀이	신파극
무당굿	꼭두각시놀음	신극
	판소리	
	마당극	
	마당놀이	

〈그림-23〉 한국의 연극적 공연 양식의 성격별 구분

이 세 가지 성격의 양식들은 다음과 같이 서로 조화롭게 미묘한 순환적·회귀적 연결 고리를 형성하면서, 오늘날에도 지속적으로 살아 있다. 이것을 도표로 나타내면 다음과 같다.

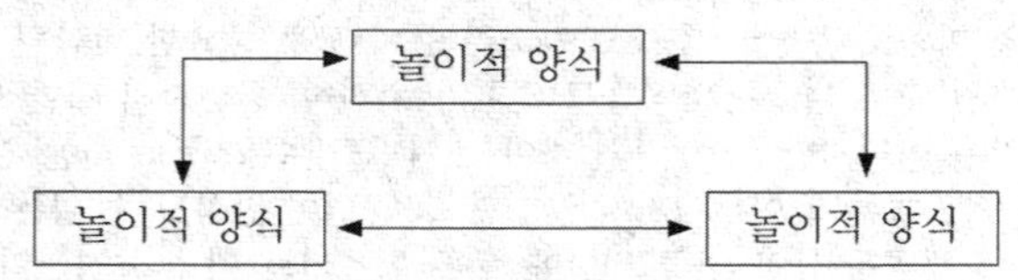

〈그림-24〉 한국의 연극적 공연 양식의 상호 순환 체계

이처럼 한국의 연극적 공연 양식들은 서양이나 동양의 다른 나라 양식에서와 같이 제의적 양식, 놀이적 양식, 모방적 양식 가운데 어느 한쪽으로 기울어져 있는 것이 아니라, 오늘날까지

도 이 세 부류의 양식들이 골고루 조화를 이루면서 전개되고 있다는 점이 큰 특징이다.

한국 공연문화에서는 이 세 부류의 양식들 가운데 어느 한 부류의 양식이 지나치게 강해지면 곧바로 이런 편향화로 인한 부조화에서 오는 병폐를 치료하기 위해 다른 부류의 양식들이 자발적으로 나타난다. 갑오경장 이후 서구의 모방적 양식이 점차 강화되어 한국 연극을 지나치게 지배하자, 1980년대에 들어와서는 놀이적 양식인 마당극·마당놀이가 출현했고, 제의적 양식을 추구한 '마당굿'이 추구되기도 했다는 점은, 바로 이러한 한국 공연문화의 특성을 잘 보여주는 사례이다. 이것은 한국의 공연문화가 그 양식적인 면에서 보여주는 '자기 치료적'인 능력, 즉 양식 면에서의 '조화의 원리'와 '생명의 원리'를 가지고 있다는 것을 보여준다.

이상을 종합할 때, 우리는 한국 연극의 본질이론 전반을 관류하는 기본 원리가 '생명의 원리'와 '조화의 원리'임을 확인할 수가 있다.

2) 연기이론

연기 이론이 본격화된 것은 서양보다는 동양이 훨씬 앞섰다. 서양에서는 로마시대 호라티우스Horace(B.C. 65~8)의 《시학》 속에서 단편적인 언급[697]이 나타나기 시작해서 18세기 프랑스의 디

697) 아리스토텔레스와는 달리, 호라티우스는 간단하지만 놀라운 한 문장 속에서 다음과 같이 배우에 관한 언급을 하고 있다. "만일 배우가 청관중을 울게 만들려면, 그는 먼저 자기 스스로 슬픔을 느껴야만 한다. 그런 다음에, 천부적으로 부여받은 자기의 각종 표현 방법들 가운데서 그 등장인물의 분위기와 신분에 적합한 표현들을 찾아야만 한다." 〔Marvin Carlson(1993), *Theories of The*

드로Denis Diderot의 《연기의 역설》698)에 이르러 본격적인 저술로 나타나게 된다. 그러나 동양에서는 기원전 2세기 무렵에 이미 인도의 고전 연극 이론서인 《나띠야 샤스뜨라Nātyā Śāstra》에서 본격적이고 자세한 배우 연기술이 구체적으로 전개되고 있다.699)

한국 연기 이론의 중심을 이루는 것은 '4대 법례의 원리', '공소의 원리', '매개화의 원리' 등이다.

'4대 법례의 원리'는 인물치레·사설치레·득음·너름새 원리로 세분화된다. 이것을 처음 정확히 포착해낸 사람은 19세기 초의 동리桐里 신재효申在孝이다. 이것은 판소리를 통해서 포착된 이론적 단서지만, 한국 연기이론 전반에 두루 적용될 매우 보편적인 공연의 기초 원리이다. 이 원리에 따르면, 한국의 공연자는 반드시 배우로서의 신체적 조건인 '인물치레'와, 언어 구사 능력인 '사설치레', 그리고 음악적인 행동 능력인 '득음'과, 시각적 연기력인 '너름새'를 모두 갖추어야만 한다.700) 한국 배우 연기 이론은 이 기초 원리에 의거해서 각 양식별로 그 중심을 달리하면서 좀 더 세부적으로 정리되고 구축될 수 있을 것이다.

'공소의 원리'란 공연자가 공연을 하는 동안 청관중과 직접적인 상호작용 관계를 갖기 위해 공연 구조 속에다가 청관중이 끼어들 수 있는 '공소', 곧 시간적/공간적 빈 곳을 만들어 놓는 원리를 말한다. 한국 공연문화 양식들은 경중·다소의 차이는 있지만 모두 이 공소를 구조적으로 확보하고 있다.701) 이 공소의 원

Theatre: A Historical and Critical Survey from The Greeks to Present, Cornell University Press, p.24].

698) Denis Diderot(1883), "The Paradox of Acting", trans. Walter H. Pollock, London.

699) 고승길(1993), 《동양연극연구》, 서울: 중앙대출판부, 57~76쪽.

700) 한국 배우 연기 이론은 앞 장에서 살펴본, 신재효의 〈광대가〉에 잘 집약되어 있다.

701) 김익두(1998), 〈한국의 연극적 공연 양식에 있어서의 '공소'와 공연자-청관

리는 뒤에서 논의하게 될 청관중 이론의 '추임새의 원리'와 상호 대응관계를 이룬다.

'매개화의 원리'란 연기가 어떤 사실적 환상의 무대 위에 구현하는 연기가 아니라, 온전한 환상을 청관중 각자의 마음속에 '환기'하도록 하는 연기를 말한다. 즉, 환상의 '시각적 구현'이 아니라 환상의 '환기'를 가져다주는 '매개적 동기'를 보여주는 연기를 뜻한다. 이 원리를 가장 극단적으로 추구해간 연극 양식이 바로 판소리이다.

이것은 서양의 중심 연기술인 사실주의적 '모방'의 연기술은 물론, 동양 연기술의 주요 기법인 '소외효과'와도 많이 다른 것이다. 소외효과를 기하는 연기술은 연기자와 배역 사이에 일정한 '거리'를 확보하여 사실적 환상을 약화시키기는 하지만, 적어도 그 연기자가 보여주는 배역에 대한 시각적 환상을 일정한 수준으로 '완성'시킨다.[702] 그러나 한국의 전통적인 연기술은 그러한 닫힌 '양식화'를 거부한다. 한국 연극 양식 가운데서 비교적 양식화된 '탈놀이'를 보더라도, 중국의 경극이나 일본의 노오〔能〕에서처럼 거의 불변하는 양식적 정형을 규정해 놓고 있지는 않다. 연기는 오직 청관중 각자의 마음속 체험에 의해서 형성되어 있는 관련 심상을 효과적으로 자극할 정도의 '매개' 역할만을 할

중 상호작용의 원리에 대하여〉, 《한국언어문학》41집, 한국언어문학회, 281~298쪽.

702) 중국의 연기술은 생生·단旦·쟁淨·축丑의 체계로 정비된 연기 양식의 체계가 있고, 일본 노오의 연기술도 시테仕手·와키脇를 근간으로 하는 연기 양식의 체계가 굳어져 있다. 이들 양식들은 닫힌 양식, 고착화된 연기술의 체계여서, 그만큼 변화하는 역사와 사회를 능동적으로 '반영'할 수 있는 '능동적 개방성'을 확보하지 못하고 있는 '죽은 양식'으로 전락하고 있다. 그러나 한국 연극의 배우 연기술은 매우 개방적이기 때문에, 전통 '풍물굿', '탈놀이', '판소리'로부터 '마당극', '마당놀이', '창작 판소리'가 재창조될 수 있으나, 중국의 경극이나 일본의 노오에서는 그러한 능동적 재창조 작업이 거의 불가능하다.

뿐이다. 단지 서구의 근현대적 양식의 수입형인 '신극'에서만 이런 매개적 역할로서의 연기술이 크게 약화되고, 사실적 환상illusion의 제시를 추구하였다. 그러나 이 양식에 이어 나타난 '마당극'과 '마당놀이'에서는 곧바로 이런 '매개화의 원리'를 근간으로 하는 연기술의 방향을 다시 회복해 놓았다.

한국 연기 이론은 이 세 가지 기본 원리를 기본 바탕 원리로 하면서, 각 개별 양식별로 차별화되는 좀 더 자세한 이론 체계를 정비할 수가 있다. 예컨대, 판소리 연기에서 용어화된 '독공獨工'은 판소리 배우의 연기 이론을 좀 더 세부적으로 탐구하는 데에 매우 중요한 단서가 된다.

3) 극장 무대 이론

한국 극장 무대 이론은 '짓고-헐기의 원리'로 집약할 수 있다. 이 원리는 한국 극장 무대는 전통적으로 일정하게 고정되어 전승되는 것이 하나도 없다는 사실과 직결되어 있다. 전통 인형극 '꼭두각시놀음'의 마지막 과장인 '절 짓고 허는 거리'에 우리 전통 극장 무대의 이러한 기본 원리와 특성이 상징적으로 가장 잘 표현되어 있다. '꼭두각시놀음'은 무대인 '절'을 지으면서 연기가 시작되었다가, 다시 지은 순서를 거꾸로 하여 그것을 차례차례 다 헐어버린 다음에 공연이 끝나는 공연 방법을 취한다. 이것은 한국 극장 무대 이론의 핵심을 매우 효과적으로 암시해 준다. 전통적으로 한국 공연문화의 극장 무대는 공연의 시작과 함께 점차 구체적으로 만들어지기 시작해서, 공연이 끝남과 동시에 모두 사라지는 것이다.[703]

한국 공연문화 양식들 거의 대부분이 이러한 원리에 따라 극장 무대가 이루어진다. 다만, 창극·신파극·신극만이 서양 근현대 극장 무대의 직간접 영향 아래에서 형성되어 고정된 무대를 지향하는 성격이 강하다. 그러나 이것들 가운데 창극·신파극도 초창기에는 이 '짓고-헐기의 원리'에 가까이 있었고, 오직 '신극' 양식만이 이 서구적 고정 극장 무대와 깊은 관련을 맺게 되었다. 그러나 '신극' 극장 무대의 이런 지나친 '고정성'은, 1960년대부터 전면에 나타나기 시작한 한국 문화예술계의 '전통 회복 운동'과, 이러한 토대 위에서 1980년대에 본격적으로 출현한 마당극·마당놀이 등의 양식들에 의해 해체되고, 다시 '짓고-헐기의 원리'를 어느 정도 회복하고 있다.

한국 연극의 이러한 특징은, 그리스 이후 서양의 고정 극장 무대 전통은 물론, 그보다는 덜 고정적인 인도·중국·일본의 극장 무대 전통과 비교해 볼 때, 우리만의 독특한 전통이자 특징이라는 것을 알 수 있다. 이 원리는, 한국 연극이 늘 살아 움직이고 변화하는 '생명의 원리'와 '조화의 원리'에 매우 깊고도 긴밀한 연관을 맺고 있다는 한 증거이기도 하다.[704)]

4) 대본 이론

한국 공연문화 대본 이론의 핵심은 '구주口主-문종文從 원리'

703) 이러한 극장 무대 기법이 서양에서 시도된 예는 20세기 중반인 1960년대에, 그로토우스키 이후 가장 유명한 폴란드의 연출가인 칸토르Tadeusz Kantor(1915~)의 "Let's Artist Die", "I Shall Never Return" 등에서 시도되고 있음을 볼 수 있다. [Marvin Carlson(1993), op. cit., pp.461~462 및 칸토르의 연극 비디오테이프 참조].

704) 이 두 원리는 궁극적으로는 한국 연극이 토착사상인 샤머니즘·풍월도·동학·증산사상 등과 서로 깊은 관련을 맺고 있음을 암시한다. 이러한 점은 앞장의 '꼭두각시놀음'의 의미 해석에서도 언급한 바 있다.

와 '덩어리의 원리'와 '집단 중심의 원리'로 설명할 수 있다.

'구주-문종의 원리'란 구비 전통을 중심으로 하고 문자 전통을 보조적으로 활용하는 원리를 말한다. 이 원리는 '신극' 양식을 제외한 거의 모든 공연문화 양식에 두루 적용될 수 있다. 마을굿·무당굿·풍물굿·꼭두각시놀음·탈놀이·판소리·창극·신파극·마당극·마당놀이 등이 모두 구비 전승을 문자 전승보다 더 중시한다.[705] '신극'도 한국적 '토착화'로 되는 과정에서 이 원리를 점차 받아들였다. 그 대표적인 예가 오태석과 최인훈의 희곡들이다.[706]

'덩어리의 원리'란 스토리의 '인과적 구성'보다는 '체험의 덩어리' 그 자체를 중시하는 원리를 말하며, 한국 대본 이론에서 가장 중요한 '구조화'의 원리이다. 한국 공연문화의 대본 구성은 이로정연하고 인과적인 스토리보다 체험의 덩어리 그 자체를 더 중시한다. 그래서 대본은 공동체 전체 속의 '체험의 중요도'라는 기준에 따라 가장 중요한 체험의 덩어리들이 우선적으로 선별되고 정리되고 적층화되고 재창조되면서 하나의 대본이 이루어져 나간다. 따라서 이 '덩어리들' 사이의 시간적 선후관계는 그다지 필연적인 것도 중요한 것도 아니다. 중요한 것은 '체험의 덩어리들' 그 자체이다.

서양의 희곡 대본의 인과적 연결 관계 구성, 인도의 고전극의 일관된 스토리 구조,[707] 중국 고전극의 '분절체分折體'·'분장체分

---

705) 20세기 최고의 연극이론가로 알려진 그로토우스키가 죽기 직전까지 추구한 것이 바로 이 원리라는 점은 아이러니하다.〔Richard Schechner, "Shape-Shifter Shaman Trickster Artist Adept Director Leader Grotowski", n.p.〕.

706) 이들의 희곡이 비록 구비 전통을 주로 하고 기록 전통을 종으로 한 희곡 창작을 한 것은 아니지만, 이전의 다른 극작가들에 견주어 구비 전통을 작품의 매우 중요한 동인으로 수용하였다는 점은 분명하다.

707) 가장 대표적인 작품인 칼리다사의 작품 〈사쿤탈라Shakuntala〉도 정연한 스토리의 전개를 중심으로 작품이 진행된다.

場體' 구조,[708] 일본 고전극 노오의 일정하게 규정된 창작의 원리[709] 등, 다른 나라 대본들의 구조화 원리는 대체로 어떤 폐쇄적 규정성을 견지하고 있다. 이러한 규정성은 그 양식을 높은 수준으로 세련시키는 데는 유리하지만, 그 양식의 개방적 변혁성을 확보·확장하는 데에는 오히려 불리하다. 그래서 이들 대본 양식들은 결국 죽은 양식으로 전락한 반면, 한국의 전통 희곡 극작 양식인 풍물굿·탈놀이·판소리 등에서는 창극·마당극·마당놀이 등과 같이 새로운 시대에 부응하는 양식들이 재창조되어 나왔던 것이다. 이것은 구성보다 체험의 덩어리를 중시하는 한국 전통 공연의 특징이다.

'집단 중심의 원리'란 극작이 어떤 개인을 중심으로 이루어지기보다는 각 개인들이 속한 집단을 중심으로 이루어지는 대본 구성의 원리를 말한다. 이 원리는, 신극을 제외한 마을굿·무당굿·풍물굿·탈놀이·꼭두각시놀음·판소리·창극·신파극·마당극·마당놀이 등 거의 모든 한국의 연극적 공연 양식들에 적용될 수 있다. 한국 공연문화 대본 창작상의 이러한 특성은, 공연예술이 어떤 위대한 '개인'의 천재를 드러내기 위한 양식이 아니라 한 사회 공동체 구성원들이 함께 만드는 집단적 문화 행위의 소산이라는 점을 전제로 할 때,[710] 단점이라기보다는 오히려 큰 장점

708) 양회석(1994), 《중국희곡》, 서울: 민음사, 193~200쪽.

709) 그 전거가 확실하고, 관객들이 곧 이해할 수 있는 내용을 담고, 신기한 면이 있을 것, 균형이 잡혀 있을 것, 음곡적인 요소와 연희의 동작이 일체가 될 것 등을 규정하고 있다. 〔김학현(1991), 《노오能》, 서울: 열화당, 91~93쪽 참조〕.

710) 거의 모든 사회에는, 그것이 어떻게 구성된 사회이든지, 집단적 '리미널리티'를 획득하는 명료한 방법이 존재한다. 그 '리미널리티'란 말하자면 현실적이고 직설법적인 구조에 대해서 반격을 가하는 '가정법적인 시공간'인 것이다. 따라서 좀 더 원시적인 사회에서는 '제의'나 '성스러운 제사'가 메타-사회적인 행위가 되어 있고, 봉건사회 이전의 사회 및 봉건사회에는 '카니발' 또는 '페스티벌'이 있으며, 전기 근대사회에는 '카니발'과 '연극'이 있고, 진화가 고도로 진행된 최근의 사회에는 '영화'가 있다. 〔Victor Turner(1977), "Flame, Flow

일 수 있으며, 그러한 장점들을 우리는 1980년대의 '마당극'에서 분명하게 확인할 수가 있다.

5) 음악 무용 이론

한국 공연문화의 음악 무용 이론은 '통합의 원리', '신명의 원리', '그물코의 원리'로 집약할 수 있다.

'통합의 원리'란 어떤 의미의 효과적인 표현을 위해서 기악·성악·무용·연극·문학 등의 요소들을 가급적 골고루 동원하여, 어느 한쪽으로 지나치게 치우치지 않게 적절히 융합시키는 원리를 말한다. 즉 공연적 효과의 극대화를 위해서 악가무희사 요소들을 조화롭게 유기적으로 통합되는 원리인 것이다. 이 원리는 일반적으로는 동서양 연극을 가리지 아니하고 두루 고려되는 원리이긴 하지만, 서양에서는 그리스 후기 연극에서부터 이 원리가 점차 파괴되기 시작하여, 근대에 오면 이런 공연 원리가 심하게 파괴되기에 이른다.[711] 하지만 동양에서는 이 원리가 지금까지도 매우 강한 공연문화 전통으로 전승되고 있다.[712]

'신명의 원리'란 공연이 참여자 집단의 샤먼적 트랜스 및 엑스터시의 집단적 흐름을 형성하는 공연 원리를 말한다. 같은 동양 공연예술의 음악 무용 이론도 악가무희사의 '통합의 원리'에 입

---

and Reflection: Ritual and Drama as Public Liminality", *Performance in Postmodern Culture*, edited by Michel Benamou & Charles Caramello, Madison & Wisconsin: Coda Press Inc.; 김익두·이기우 역(1996), 《제의에서 연극으로》, 서울: 현대미학사, 210쪽].

711) 서양 연극에서는 근대 이후 이 원리가 대중적인 연극 장르인 음악극musical drama과 몇몇 실험연극에서만 그 명맥을 제대로 유지해 왔다.

712) 인도의 유명한 카타칼리 무용극, 중국의 대표적인 연극인 경극, 일본의 노오 등은 가장 대표적인 예이다.

각해 있다 하더라도, 한국 공연예술의 그것은 다른 동양 공연예술에서와는 달리, 이 '신명의 원리'에 입각해서 악가무희사를 통합한다는 점이 매우 다르다. 연극의 경우를 보면, 인도의 전통극이 '라사rasa의 원리'를 중심으로, 중국의 전통극이 '신사神似의 원리'를 중심으로, 그리고 일본의 전통극이 '꽃의 원리'를 중심으로 하여 악가무희사가 통합된다면, 한국의 전통극은 '신명의 원리'를 중심으로 해서 그것들이 통합된다. 즉, 한국 연극은 궂은 것들을 물리치고 병들고 약화된 생명을 치유하여 '생명의 약동'을 극대화하는 지점에서 악가무희사가 상승적인 융합을 이룩하게 되는 것이다. 이러한 사례들은 무당굿·풍물굿·탈놀이·판소리가 가장 극명하게 보여준다. 이 양식들을 보면, 항상 음악적 요소와 무용적 요소와 극적 요소와 문학적 요소들의 적절한 융합을 통한 청관중의 직접적인 참여와 '신명'의 고조, 그리고 그것을 통한 '생명력의 활성화'에 최종 목표를 두고 있다.

'그물코의 원리'란 악가무희사가 공연 양식의 특성에 따라 그 중심을 달리하여 통합되는 원리를 말한다. 한국의 공연예술은 각 공연 양식에 따라 악가무희사 가운데 어느 것을 그 통합의 중심으로 삼는가가 결정되는데, 이것을 결정하는 원리가 바로 이 '그물코의 원리'이다. 예컨대, 풍물굿은 기악을 중심으로 하는 양식이기 때문에 이 악가무희사의 요소들이 기악을 중심 '그물코'로 하여 적절하게 융합되고, 판소리는 성악을 중심으로 하는 양식이기 때문에 성악을 중심 그물코로 하여 악가무희사의 요소들이 적절히 융합되며, 탈놀이는 춤을 중심으로 하는 양식이기 때문에 무용을 중심 요소로 하면서 악가무희사의 요소들이 융합되는 것이다.

6) 의상 분장 이론

의상 분장 이론은 연기 이론과 긴밀한 연관을 가지는 이론이기 때문에, 여기에도 '매개화의 원리'가 중핵을 이루면서, '표지화의 원리'가 보조 원리로 활용되고 있다.

'매개화의 원리'는 2절 연기 이론에서 설명한 바 있듯이 한국 공연예술의 의상 분장은 무대 위에 사실적 환상을 구현하는 데 목적이 있는 것이 아니라, 청관중 각자 마음속 심상 형성의 계기들을 가장 효과적으로 자극하는 데 목표가 있다는 것이다.

'표지화의 원리'란 의상 분장을 어떤 사실적 정확성의 구현에 두는 것이 아니라, 청관중 각자의 마음속에 그들 나름의 이상적 환상을 구현할 수 있는 매개적 표지들을 제시하는 원리를 말한다. 그러므로 한국 공연예술의 의상 분장에서는 의상 분장의 엄밀한 정확성은 중요시하지 않으며, 어떤 최소한의 유형적 분별의 표지 정도로 의상 분장을 사용한다. 거기에는 유동성과 즉흥성이 다양하게 작동할 수 있는 '구멍'들이 무수히 많이 분포되어 있다.[713] 이러한 원리를 '표지화의 원리'라고 할 수 있다.

서양의 공연예술은 말할 것도 없고, 인도의 카타칼리 무용극, 중국의 경극, 일본의 노오 등은 모두 꼭 지켜야만 할, 복잡하게 정해져 있는 의상 분장의 규칙 또는 규범들이 복잡하게 규정되어 있지만, 한국 연극의 의상 분장에서는 그런 규정들을 오히려 최대한 파괴하여 의상 분장의 제약들을 '최대한으로 최소화'하고자 한다.

---

713) 탈놀이의 중심 의상 분장인 '탈'들도 고정적으로 오래 보관하는 경우보다는 탈놀이를 공연한 뒤에는 불살라 버리는 경우가 더 많았다.

이와 같이, 한국 공연문화의 의상 분장에서는 '매개화의 원리'와 '표지화의 원리'가 상호 안팎의 관계를 이루면서, 결국 일종의 의상 분장 '최소화의 원리'로 나아가는 것이다.[714]

7) 음향 조명 이론

우리의 음향 조명 이론은 '자연화의 원리'가 중핵을 이루면서, 여기에 '매개화의 원리'와 '표지화의 원리'가 함께 작동한다. 한국 공연문화에서 음향 조명은 전통적으로 특별히 어떤 인공적인 체계를 발전시킨 것이 아니라, 가능한 한 자연의 소리와 빛에 맡겨두며, 인공적인 변화를 필요로 할 경우에도 그 변화를 최소한으로 가한다는 점에서 그렇다.

서양의 근현대 공연문화의 직접적인 영향 또는 모방 속에서 구축된 창극·신극 양식을 제외하면, 모든 한국의 공연문화 양식들은 다 각 양식에 특별한 어떤 인공적인 음향 조명을 추구하지는 않는다. 물론 현대로 올수록, '마당놀이'와 같은 양식에서는 인공적인 조명들이 다양하게 활용될 수는 있으나, 그렇다고 그런 것들이 그 양식 자체의 필수적인 요소로 양식화되어 있지는 않다는 점에서 본질적인 것은 아니다.

이렇게 볼 때, 현대에 와서 창안된 마당극·마당놀이와 같은 양식들도 근본적으로는 다 이와 같은 '자연화의 원리'와 연계성을 근원적으로 가지고 있다. 또 이처럼 한국 공연문화의 음향 조명 이론이 친자연적인 지향성을 깊숙이 내포하고 있다는 점에서, 이 원리는 결국 앞서 논의한 '생명의 원리'와도 직결되어 있

714) 20세기 말에 그로토우스키가 추구한 '가난한 연극'의 이념은 이런 점에서도 동양적이라기보다는 좀 더 근본적으로는 매우 한국적인 것이었다.

는 것이다.

8) 대소도구 이론

대소도구 이론도 연기 이론과 긴밀하게 연관되는 이론이기 때문에, '매개화의 원리'와 '표지화의 원리'가 그 중심을 형성한다.

대소도구의 '매개화의 원리'란 한국 공연예술에서 대소도구는 대소도구 자체의 사물화/대상화를 지향하는 것이 아니라, 그것을 통해 어떤 사물/대상을 마음속에 환기하도록 하기 위한 '매개자' 노릇만 하도록 활용된다는 말이다.

마을굿의 '소지燒紙'와 무당굿의 '신칼'과 풍물굿의 '꽹과리'와 탈놀이의 '탈'과 꼭두각시놀음의 '인형'과 판소리의 '부채'와 창극의 '북'과 신파극의 '의자'와 마당극의 '돈꾸러미'[715] 등이 모두 그런 '매개화의 원리'에 바탕을 두고 있는 대소도구들이다. 오직 서양 근대 연극의 모방 양식인 신극의 대소도구들—예컨대, '가구들'—만은 예외적으로 이 '매개화의 원리'에 추종하지 않는 자연주의적 환상의 구축을 위한 것들이었으나, 이 신극의 대소도구도 후기로 갈수록 점차 서양으로부터 역수입된 동양적 기법들[716]의 영향을 받아 그러한 환상을 '파괴'하는 방향으로 나아가게 되었다는 것은 매우 자명하다.[717]

---

715) 대표적인 마당극 작품 가운데 하나인 〈소리굿 아구〉에서 '마라데스 사장'이 여자들을 유혹하기 위해 둘러메고 나오는 '돈꾸러미'. 〔채희완·임진택 편(1985), 《한국의 민중극》, 서울: 창작과비평사, 51쪽〕.

716) 예컨대, 브레히트의 '서사극' 기법 등.

717) 이러한 경향은 오늘날에 와서는 신극 공연 작품들 거의 대부분에서 매우 강하게 나타나게 되었으나, 그 중요한 계기를 마련한 대표적인 작품으로는, 오태석 작·연출의 〈초분〉, 황석영 작/ 김석만 각색·연출의 〈한씨 연대기〉, 윤

이런 '매개화의 원리'가 작동하여 대소도구가 무대 위에 실현될 때, 거기에서 '표지화의 원리'가 드러나게 된다. 예를 들어, 판소리 《춘향가》의 '어사출도' 대목에서, 광대가 '부채'를 높이 들어 "암행어사 출도야!" 소리를 지를 때 '부채'는 실제로는 '마패'를 지시하는 대소도구인데, 마패를 제시하지 않고 부채를 제시하여, 즉 부채를 매개로 하여 마패를 청관중의 마음속에 환기하여, 청관중의 눈에는 그것이 '마패'의 '표지'가 되는 것이다.

9) 연출 제작 이론

한국 공연문화의 연출 제작 이론 분야에서는 '신명 창출의 원리'[718]가 가장 강하게 드러난다. 즉, 한국 공연문화 속에서는 어떻게 하면 생명의 가장 원활하고 조화로운 약동과 해방의 상태를 회복, 진작시키고 강화할 것인가 하는 것이 연출 제작의 가장 중요한 목표가 된다. 공연에 참여한 공연자와 청관중들 모두가 어떻게 하면 그 공연으로 궂은 것들에 의해 훼손되고 약화된 생명력을 치유하고, 회복하고, 신장할 것인가 하는 것이 공연 작품을 연출 제작하는 근본 동기이자 목표가 되는 것이다.

그렇기 때문에 작품의 연출 제작 평가의 제1기준은 그 공연 작품을 통해 청관중들과 공연자들이 모두 '신이 났는가, 안 났는가' 하는 것이 된다. 물론, 이 원리가 다른 이론 영역과도 긴밀히 연결되어 있는 것이기는 하지만, 전통적으로 한국의 연출 제작

조병 작/ 손진책 연출의 〈오장군의 발톱〉, 김의경 작/ 이윤택 연출의 〈길 떠나는 가족〉 등을 들 수 있다.

718) '신명'이 무엇인가에 대해서는 따로 본격적인 논의가 필요하나, 여기서는 일단 '생명력의 가장 원활하고 조화로운 해방과 약동을 지향하는 심적 육체적 태도와 행위'로 규정한다.

영역에서는 반드시 고려되어 왔던 원리인 것만은 확실하다.

마을굿·무당굿으로부터 마당극·마당놀이에 이르기까지, '신극'을 제외한 한국 연극의 거의 모든 양식들이 모두 이 원리를 중심으로 하여 연출되고 제작된다. '신파극'도 시대-사회적인 상황 조건에 따라 '눈물'이라는 효과 쪽으로 굴절되기는 했지만, 이 '신명 창출의 원리'는 역시 변함이 없는 연출 제작의 제1원리였다.[719]

10) 청관중 이론

한국의 청관중 이론은 '추임새의 원리'로 설명할 수 있다. 이 원리는 앞에서 논의한 '공소의 원리'와 서로 안과 밖인 관계를 이룬다. '공소의 원리'가 공연자를 중심으로 하는 공연의 원리라면, 이 '추임새의 원리'는 같은 원리가 청관중 쪽에서 드러나는 것이다. 이 두 원리를 합하면 '공연자-청관중 상호작용의 원리'가 이루어진다. 이러한 원리는 다음 단계에서, 서양 공연예술의 '비추어 보기의 원리'와 대조를 이루는 한국/동양 공연예술의 '관계 맺기의 원리'라고 하는 상위 레벨의 공연 원리로 나아가게 된다.

'추임새의 원리'란 공연자가 공연 중에 시간적·공간적으로 비워놓는 공소를 참여 청관중들이 '얼씨구!'·'좋다!'·'잘한다!' 등의 추임새나 신체적 참여행동으로써 채워 넣어 공연을 완성하는 원리를 말한다. '추임새'란 판소리에서 본격적으로 중요한 용어로

---

719) 신파극의 '눈물'이라는 효과는 결국 당시의 '망국적' 시대 상황이 불러온, '신명'이 시대적으로 굴절 변형된 것이었다. 신파극의 의미를 만드는 구조는 멜로드라마의 '자극-고통-벌칙'의 구조에서 '자극-고통-패배'의 시대적 논리로 변환시킨 것이었다. 그것은 '도덕'의 논리가 이른바 '눈물'의 논리로 변형된 것이다. 〔앞장, 신파극을 논의한 장의 결론 부분 참조〕.

자리 잡은 말이지만, 한국 공연예술 전반으로 확대해서 활용할 수 있을 만큼 그 적용 범위가 폭넓은 용어이다. 따라서, 이 용어를 좀 더 넓은 의미로 확장하여 한국 청관중 이론의 핵심 용어로 활용할 필요가 있다.

현재 한국 공연문화 양식들은 청관중의 구체적이고 직접적인 참여 행동에 따라서 공연이 완성되도록 '관습화'되어 있는 거의 마지막 공연문화 지대이다. 그렇기 때문에 한국 공연예술의 청관중 이론은 바로 청관중의 그런 특성을 구체적으로 명시하는 '추임새'를 중심으로 해서 이론이 정리되고 구축될 필요가 있다.

'수용 미학'이 나타난 이후, 서양 공연계에서는 공연 연구의 중심이 작가·작품 중심에서 청관중 중심으로 크게 전환되었으나, 그것도 결국은 서양 공연예술 자체의 '구조적 폐쇄성'으로 말미암아 별다른 진전을 보지 못한 채 답보 상태에 머물러 있는 실정이다.[720] 앞으로, 이러한 청관중 이론의 한계를 한국의 청관중 이론이 크게 진전시킬 수 있을 것이다.

청관중 이론은 한국의 토착 전통사상인 무교사상·동학사상·증산사상과도 깊은 연관이 있다. 즉, 이런 사상들의 핵심을 이루고 있는 무교의 '해원解冤', 동학의 '인내천人乃天',[721] 증산의 '상생相生'[722] 사상 등은 모두 우리가 앞에서 논의한 개방적 청관중

720) 서양의 청관중론은 서양 연극 양식들이 공연자와 청관중 사이의 직접적인 상호작용 관계를 구조적으로 양식화해놓은 연극 양식들이 거의 전무하기 때문에, 서양 연극 양식들을 근거로 하여 논의를 전개할 때, 청관중의 능동적인 차원의 논의가 매우 제한되어 있다. [Susan Bennett(1990), *Theatre Audiences: A Theory of Production and Reception*, London & New York: Routledge].

721) 동학사상 가운데서 이러한 청관중 중심의 사상은 제사 행위를 할 때 '하늘'을 향하지 말고 '나'를 향해 제사를 행하라는 '향아위설向我位說'에 가장 웅변적으로 나타나 있다. [김지하(1985), 《남녘땅 뱃노래》, 서울: 두레, 271~277쪽 참조].

722) 증산사상 속에 이러한 청관중 중심의 '상생' 사상은 증산이 고수부로 하여금 자지의 배 위에 올라앉아 증산을 칼로 위협하는 의식을 행한 '천지굿'에서

이론과 깊은 관련이 있는 것이다. 이러한 토착 전통사상 및 그것을 근거로 하는 여러 공연 양식들은 그러한 사상 표출에 적합한 개방적 공연 양식을 요구하고, 그런 요구에 부응하기 위해서는 '추임새의 원리'와 같은 개방적 청관중 이론이 필요하게 되는 것이다.

11) 공연 이론

한국의 공연 이론[723]은 '비움-채움의 원리'와 '신명 창출의 원리'를 중심으로 해서 구축될 수 있다. 이 두 원리는 서로 표리의 관계를 이루면서 공연 이론의 두 원리를 형성한다.

'비움-채움의 원리'란 공연 중에 공연자가 시간적·공간적 공소를 마련하고 청관중이 그것을 '추임새' 또는 참여 행동[724]으로 메워 나가는 공연 원리를 말한다. 공연자는 공연 속에서 청관중의 '신명'을 가장 효과적으로 촉발시킬 수 있도록 적재적소에 '공소'를 마련해 주고, 청관중은 그 공소들을 체험적으로 정확하게 파악하여 스스로의 참여 행동으로 공소를 적절히 채움으로써, 공연을 완성하는 원리이다.[725] 이런 면에서 볼 때, 이 '비움-

---

가장 연극적으로 구현되고 있다. [이상호 편(1979), 《대순전경》, 김제: 증산교본부, 232~233쪽 참조].

723) '연출 제작 이론'이 공연자를 중심으로 한 공연 작품 자체의 제작과 직결된 이론이라면, '공연 이론'은 그 제작과 청관중들을 관련시켜서 이루어지는 '공연'과 직결된 이론이다.

724) 이때의 청관중이 행하는 공연 직접 참여 행동으로는 판소리·탈놀이·꼭두각시놀음에서와 같이 '추임새'로 이루어지거나 마을굿·무당굿·풍물굿에서와 같이 청관중들이 직접 공연 행동의 일부를 담당함으로써 이루어지기도 한다.

725) 김익두(1998), 〈한국의 연극적 공연 양식에 있어서의 '공소'와 공연자-청관중 상호작용의 원리에 관하여〉, 《한국언어문학》41집, 한국언어문학회,

채움의 원리'는 '신명 창출의 원리'와 역시 겉과 속의 관계를 이룬다. '신명 창출의 원리'를 공연 면에서 구체적으로 실현하는 가장 중요한 실행 원리가 바로 '비움-채움의 원리'이다.

우리나라 대부분의 전통 공연문화 양식들이 이 '비움-채움의 원리'를 가장 중요한 공연 원리로 활용하고 있다. 창극·신극을 제외한 마을굿·무당굿·탈놀음·판소리로부터 마당극·마당놀이에 이르기까지, 한국적 정체성을 분명하게 갖춘 모든 연극 양식들은 모두 이 원리에 깊이 의존해서 공연이 이루어진다. 반면에, 서양의 공연 양식들은 구조적으로 거의 모두 공연자와 청관중 사이의 직접적인 상호작용이 불가능한 '닫힌 구조'로 되어 있기 때문에, 이 원리를 실현하기란 거의 불가능하며, 인도·중국·일본 등의 동양 연극도 이 원리가 아주 미약하거나 거의 실현되지 못하고 있다.[726]

이런 기본 원리를 토대로 하여, 우리는 우리의 공연 이론은 각 양식별로 좀 더 구체적이고 정밀한 세부 원리들의 탐구 수립으로 나아갈 수 있을 것이다. 또한 풍물굿의 '청관중의 공연자화 원리',[727] 탈놀이의 '동화-이화의 원리'[728] 등이 다 그런 예가 될 수 있다.

281~283쪽 참조.

726) 20세기 서양 연극은, 공연자와 청관중 사이의 직접적인 상호작용이 불가능한 '닫힌 구조'에서 공연자와 청관중 사이의 직접적인 상호작용이 가능한 '열린 구조'의 연극으로 전환하고자 하는, 피나는 노력으로 점철되었으나, 그들이 이러한 작업의 실행을 위해 탐구해온 동양 연극들 곧 인도·발리섬·중국·일본의 연극들도 서양 연극인들이 찾고자 하는 이 '공소의 원리'를 제대로 구축하지 못한 연극들이었기 때문에, 결국 그들의 그러한 노력은 실패로 끝날 수밖에 없었다. 그로토우스키의 '연극실험'의 실패는 바로 여기에 가장 큰 원인이 있다.

727) 앞장, 풍물굿 논의 장 참조.

728) 앞장, 탈놀음 논의 장 참조.

12) 비평 이론

비평 이론은 마침내 넓게 보면 대부분 공연 이론과 겹치는 것이지만, 공연 자체에 대한 '가치 평가'의 문제와 직결된 이론들을 좁은 의미에서 연극 비평이론으로 규정할 수 있다. 공연의 일반 이론들을 어떻게 구체적인 사례들에 실제로 적용할 수 있는가에 관한 문제를 다루는 것도 비평 이론의 고유한 영역이다.

한국 공연문화의 비평 이론은 '상호작용의 원리', '현장평가의 원리'가 '신명 창출의 원리'를 중심으로 작동되고 있다.

'상호작용의 원리'란 공연 작품을 평가할 때, 공연자와 청관중 사이의 상호관계를 얼마나 원활하게 개방적으로 높은 수준까지 이끌었는가에 따라 성공과 실패를 판단하는 기준을 말한다. 한국의 공연문화 양식들은 그만큼 전 세계 어느 나라·민족의 그것들보다 전통적으로 '보는' 연극이 아니라, '관계'를 추구하는 연극임을 이 원리를 통해서도 확인할 수 있다. 이 원리도 역시 서양 공연의 직간접 모방인 창극·신극 등을 제외하면 나머지 대부분의 공연 양식들이 본질적으로는 모두 이 원리에 합일된다.

'현장평가의 원리'란 공연에 대한 가치 평가가 공연 현장에 직접 참여한 청관중들에 따라 이루어지는 원리를 말한다. 이 원리를 작동하게 해주는 가장 중요한 기제 가운데 하나가 바로 '추임새'이다. 이 원리는 '추임새'와 같은 것이 있기 때문이 아니라, '추임새'라는 것이 공연 구조의 필수적인 요건으로 '구조화'되어 있기 때문에 작동되는 원리이다. 추임새가 없으면 한국 전통 공연 양식들은 '구조적'으로 제대로 작동될 수가 없다. 풍물굿·판소리·탈놀음·꼭두각시놀음·마당극·마당놀이에서 '추임새' 또는 공연에 대한 청관중의 직접적인 관여를 제거해 버린다면 그 공연은 구조적으로 필수적인 한 부분을 잃는 것이다. 다만 서구화된 창극과 신극은 이 원리가 작동할 수 없다. 그만큼 이 두 양식은 한국적 정체성이 미약한 닫힌 양식이다.

'신명 창출의 원리'란 그 공연 작품이 공연 참여자들의 신명 창출에 얼마나 성공했는가에 따라 그 공연의 성공 여부를 판단하는 원리를 말한다. 이 원리는 다른 공연 이론 분야에도 두루 적용되는 원리임을 이미 앞서 지적한 바 있다.

13) 미학 이론

한국 공연문화의 미학 이론[729)]은 또한 '신명의 미학'과 '관계의 미학'으로 차별화할 수 있다.

'신명의 미학'이란 궂은 것들을 물리쳐 병든 생명력을 치유하고 보강하여 모든 억압으로부터 생명력을 가장 높은 단계로 해방 약동시키는 것을 '아름답다'고 보는 것으로, 한국 공연문화의 중요 기본 미학이다. 이것은 바로 '신난다'와 '신이 안 난다'라는 두 기준이 한국 공연미학의 미추를 결정하는 기본을 이룬다.

말할 것도 없이 이것은 '아름다움/추함〔美醜〕'에 관한 판단 명제라기보다 '좋고 나쁨〔好不好〕'에 관한 판단 명제라는 점에서 서양미학의 기준으로는 매우 반미학적인 방향을 지향하고 있다.

729) '비평 이론'과 '미학 이론'은 서로 겹치는 부분이 있다. 그러나 비평 이론의 기준은 '좋다', '나쁘다'이고, 미학 이론의 기준은 '아름답다', '추하다'라는 점에서 다르다. 전자는 실제적이고 구체적인 작품에 대한 종합적인 '가치 평가'의 문예적 이론인 것과 달리, 후자는 예술 전반에 적용되는 보편적인 일반 원리들을 다루는 철학의 한 분야이다. 〔Marvin Carlson(1993), *Theories of the Theatre: A Historical and Critical Survey, from the Greeks to the Present*, Ithaca & London: Cornell University Press, p.9〕.

그러나 '아름다움/추함'과 '좋음/나쁨'의 관계는 동전의 양면과 같은 관계여서, 이것을 따로 분리할 수는 없다. 서양의 미학이 '아름다움/추함' 쪽에 비중을 둔다면, 우리의 미학은 '좋음/나쁨' 쪽에 비중을 둔다고 보는 것이 더 타당할 것이다.[730] '신명의 미학'은 '좋고 나쁨'의 문제와 더 깊이 관련된 미학이다.

'관계의 미학'이란 신·사람·자연·우주 등과의 바람직한 관계의 수립을 추구하는 미학이다. 따라서 이 미학은 앞서 논의한 '공소의 원리'·'추임새의 원리'·'비움-채움의 원리'·'상호작용의 원리' 등 '관계 맺기의 원리'와 연계된 다른 공연 원리와도 연결되는 미학 원리이다.

이 미학의 기준에 비추어볼 때 '아름답다' 또는 '좋다'라고 판단이 되려면, 공연을 통해서 바람직한 '상호관계'[731]를 제대로 회복, 강화해야 되고, 그런 '상호관계'가 회복되면 우주만물·삼라만상이 서로 조화로운 '해원解冤'과 '상생相生'의 관계가 이루어져서, 모든 존재들이 다 '접화군생接和群生'[732]하게 된다.

이것은 서양의 '카타르시스catharsis 미학', 인도의 '라사 미학', 중국의 '신사 미학', 일본의 '꽃의 미학' 등과 비교될 수 있다.[733] '카타르시스의 미학'은 서로에게 생긴 '갈등'을 해소하는 것이 가

---

730) 또한, 우리의 미학은 매우 '반미학적'인 측면이 강하다. 탈춤을 지배하는 미학은 '아름다움'보다는 '추함'을 강하게 드러내는 미학을 지향한다.

731) 이때 '관계'란 '너와 나'라는 마르틴 부버적 관계뿐만 아니라, 인간과 역사·사회·자연·우주·신과의 관계 등, 인간이 맺고 있는 모든 관계를 말한다.

732) 이 말은 최치원이 한민족 고유의 토착사상인 '풍월도風月道'를 설명할 때 사용한 말로서, 한국 연극의 본질은 바로 이러한 민족 토착사상과 내면적으로 깊이 연관되어 있음을 이 '신명의 원리'가 암시하고 있다. 또한 '해원'과 '상생'은 우리 민족의 근원 사상인 무교사상·동학사상·증산사상甑山思想과 상통하는 것이다. 〔김익두·윤영근·주요섭(2001), 〈한국의 전통사상·문화에 기초한 새로운 환경운동론의 정립에 관한 연구-한국적 생태담론의 형성을 위하여〉, 《교보교육문화논총》3집 참조〕.

733) 조동일(1997), 《카타르시스, 라사, 신명풀이》, 서울: 지식산업사.

장 아름다운 것이라고 보는 미학이고, '라사의 미학'이란 청관중의 여러 가지 정서들을 효과적이고 종합적으로 자극하여 최종적으로 청관중의 모든 정서를 내적으로 높이 '정화'시키는 것[734]을 가장 아름답다고 보는 미학이다. '신사의 미학'이란 어떤 사물의 외형 뒤에 숨어 있는 본질적인 것을 직관적·즉시적으로 가장 잘 드러낸 것을 가장 아름답다고 보는 미학[735]이며, '꽃의 미학'이란 청관중에게 재미와 신기함과 아름다움을 가져다주는 것을 가장 아름답다고 보는 미학이다.[736]

이상에서 볼 때, 한국 공연문화의 기본 미학인 '신명의 미학'과 '관계의 미학'은 세계의 어떤 공연미학보다도 생명을 중시하는 '생명의 미학'임을 알 수 있다. 세계 연극사에서 이처럼 '관계'의 회복과 '생명'의 회복을 중시하는 미학은 찾아보기 어려우며, '관계 회복'의 실패로 생명의 위기를 맞고 있는 21세기의 지구촌 인류사회에 중요한 '치유제' 역할을 할 수 있는 매우 효과적인 미학임을 알 수 있다.

14) 교육 이론

한국 공연문화의 교육 이론은 '구전신수口傳身受의 원리'와 '독공獨工의 원리'를 중심으로 구축되어 있다.

---

734) 라사는 미식가가 다양한 음식을 다 먹은 뒤에 그때까지 먹은 여러 음식의 맛을 총체적으로 재음미한 다음, 최종적으로 입맛을 다시며 몇 분이란 짧은 시간 동안에 직관적으로 환기되는 총체적인 맛으로 비유했다. [고승길(1993), 《동양연극연구》, 서울: 중앙대출판부, 114~118쪽].

735) 양회석(1994), 《중국희곡》, 서울: 민음사, 447쪽.

736) 김학현(1991), 《노오能》, 서울: 열화당, 112쪽; 조동일(2006), 《탈춤의 원리 신명풀이》, 서울: 지식산업사.

'구전신수의 원리'란 공연 관련 지식을 주로 구비 전승의 방법과 신체전승의 방법으로 전승·전파하는 교육 원리를 말한다. '독공의 원리'란 공연을 일종의 종교적 수행의 '도道'로까지 터득하기 위해, 오랫동안에 걸쳐서 혼자 지속적으로 행하는 강도 높은 심신상의 훈련 원리를 말한다.

이 두 원리는 전통적으로 한국 공연 교육 이론의 골자를 이루었다. 마을굿의 주요 공연자를 비롯해서, 무당굿·풍물굿·탈놀이·꼭두각시놀음·판소리·창극에 이르기까지, 모두 이 두 원리를 근간으로 해서 그 교육 이론이 이루어져 왔다. 신파극 이후 신극·마당극·마당놀이 등에 이르러서는 서양식 교육의 영향을 받아 이러한 전통적인 교육 원리들이 많이 약화되었으나, 신극의 교육 방법을 제외하고는 마당극·마당놀이의 교육 방법에도 이 전통적인 교육 원리가 매우 강한 영향을 미치고 있다. 예컨대, 마당극·마당놀이를 제대로 할 수 있는 배우는 풍물굿·탈놀이·판소리 등의 공연 능력을 기본적으로 갖추고 있어야만 하는데, 이러한 능력은 지금도 이 두 가지 원리에 크게 의존해서 교육되고 있기 때문이다.

15) 결어

이상에서, 우리는 앞장들에서 논의해온 우리 공연문화 관련 정보들과 지식들을 종합·분석·해석하여, 우리 공연문화의 이론을 구성하는 몇 가지 중요 원리들을 귀납적으로 추출하고, 이 원리들을 체계화 하여, 우리 공연문화 이론의 체계화 방향을 찾아보고자 하였다.

우리 공연문화의 '이론'은 그것을 구성하는 하위 개념인 여러

'원리'들로 체계화할 수 있으며, 그 이론은 대체로 14개의 영역으로 나누어 정리할 수 있다. 공연 본질 이론, 연기 이론, 극장 무대 이론, 대본 이론, 음악 무용 이론, 의상 분장 이론, 음향 조명 이론, 대소도구 이론, 연출 제작 이론, 공연 이론, 청관중 이론, 비평 이론, 미학 이론, 교육 이론 등이 그것이다.

이렇게 공연을 14개의 이론 영역별로 추출·정리해본 결과, 우리는 다음과 같은 결과를 얻게 되었다. 먼저, 공연의 본질 이론 분야에서는, '생명의 원리'와 '조화의 원리'를 추출할 수 있었다. 연기 이론 분야에서는 '4대 법례의 원리', '공소의 원리', '매개화의 원리'를, 극장 무대 이론 분야에서는 '짓고-헐기의 원리'를, 대본 이론 분야에서는 '구주-문종 원리'와 '덩어리의 원리'와 '집단 중심의 원리'를 추출할 수 있었다. 그리고 음악 무용 이론 분야에서는 '통합의 원리', '신명의 원리', '그물코의 원리'를, 의상 분장 이론 분야에서는 '매개화의 원리'와 '표지화의 원리'를, 음향 조명 이론 분야에서는 '자연화의 원리', '매개화의 원리', '표지화의 원리'를, 대소도구 이론 분야에서도 '매개화의 원리'와 '표지화의 원리'를 각각 추출할 수 있었다. 다음으로, 연출 제작 이론 분야에서는 '신명 창출의 원리'를, 청관중 이론 분야에서는 '추임새의 원리'를, 공연 이론 분야에서는 '비움-채움의 원리'와 '신명 창출의 원리'를, 비평 이론 분야에서는 '상호작용의 원리', '현장평가의 원리', '신명 창출의 원리'를, 그리고 미학 이론 분야에서는 '신명의 미학 원리'와 '관계의 미학 원리'를 추출할 수 있었으며, 마지막으로 교육 이론 분야에서는 '구전신수의 원리'와 '독공의 원리'를 발견할 수 있었다.

이러한 작업은 우리의 공연문화 자료들을 종합·정리·분석·해석하여 귀납적으로 도출해낸, 우리 공연문화의 원리들이다. 이런 주요 원리들이, 각 이론 영역별로 또는 전체 이론 영역에 걸쳐서, 서로 유기적인 연관 관계를 형성하면서, 우리 공연문화 이론을 구축하게 될 것이다.

물론, 이 장에서 추출해 본 공연 원리들이 가장 적절한 것이며 그 용어화 또한 가장 바람직한 것인가에 관해서는 아직 이론의 여지가 많을 것이다. 그러나 이러한 자주적 연구 작업을 우리가 그동안 거의 무관심 상태로 방치해 왔다는 부끄러움을 반성하는 계기는 될 수 있을 것이라 믿는다.

이 장의 이론적 논의는 아직 '시도'의 단계에 있는 것이다. 그러나 '시작이 반'이라는 교훈의 말처럼, 우리는 이러한 기초적인 논의를 단초로 해서, 우리 공연문화의 실체로부터 우리 공연문화의 이론을 귀납적으로 도출·체계화·이론화하여, 우리 나름의 '민족공연학'을 수립·발전시켜야 할 것이다.

Ⅸ. 결론

지금까지의 논의를 종합하면 다음과 같다. 이 연구는, 먼저 인간을 '신체적 인간homo corporeus', '공연적 인간homo performans'이라 전제하여 '공연performance'의 어원·정의·기원·범주·구성 요소·공연윤리 등을 살펴본 다음, 공연을 둘러싼 최근까지의 주요 논의들을 여러 각도에서의 종합해 보았다.

이어서, '공연'을 연구하는 학문, 곧 '공연학'이란 무엇인가에 주의를 돌려, 공연학의 정의·특징·목표·대상·범위, 그리고 기본적인 연구방법 등을 개괄한 다음, 공연학의 최근 연구 동향들을 전반적으로 살펴보았다.

다음에는, 공연학의 하위 범주로서 최근에 나타나고 있는 '민족공연학Ethno-performance Studies'이라는 학문을 소개하면서, 이것의 정의·의의, 연구대상, 연구방법, 공연학과의 관계 등을 기술하였다.

이어서, 좀 더 구체적으로 우리 공연문화 연구로 나아가, 한국 공연문화의 기원·역사·특징 등을 역사적인 관점에서 통시적으로 고찰하였다. 이 작업을 통해서 우리는, 부족국가시대에서 시작된 우리의 공연문화가 오랜 역사와 전통 속에서, 다양한 양식들로 분화·독립하면서 오늘에 이르는 과정을 살펴보았다. 이렇게 전개된 우리의 공연문화는, 원시 제천의식을 기원으로 하여, 이른바 '가무백희'를 중심으로 고대·중세적 변화·발전을 계속하다가, 근현대 일본·서양과의 영향 관계 속에서 다시 새로운 창의적인 변화들을 이루어 왔음을 알 수 있었다.

다음 장에서는, 한국 공연문화의 구체적인 주요 양식들을 통시–공시적인 관점에서 종합 추출하여, 이 주요 양식들의 공연적 특징들을 논의함으로써, 다음 장에서 이어지는 한국 공연문화에 대한 좀 더 본격적인 해석 작업의 서장으로 삼았다.

이어서, 저자는 한국 공연문화에 관한 본격적이고 구체적인 조사·기술·분석·해석 단계로 나아가, 우리 공연문화의 주요 양식들인 대동굿·무당굿·풍물굿·꼭두각시놀음·탈놀음·판소리·궁중가무희·신파극·신극 등, 주요 공연 양식들의 대표적인 작품들을 분석·해석하여, 우리 공연문화 양식들의 공연학적 의의와 가능성들을 탐구하였다.

이 과정에서 우리는, 대동굿이 공동체와 세계의 조화로운 관계를 추구하는 우리나라의 가장 전형적인 공연문화 양식이라는 관점에서 논의를 진행하였으며, 무당굿은 신과 인간, 삶과 죽음의 세계를 현전적으로 융합하는 위대한 공연 양식임을 논의하였다. 또한, 풍물굿은 특히 '청관중의 공연자화'라는 매우 혁명적인 공연 원리를 추구하고 그것을 공연학적으로 구현시키는 독특한 공연문화 양식이라는 점도 지적하였다. 그리고, 꼭두각시놀음은 우리 민족이 창조한 독특한 서사극 양식으로서, 이 양식을 통해서 우리는 '인생은 연극'이라는 보편적 아포리즘의 세계뿐만 아니라, 몰락 양반 '박첨지', 강렬한 민중적 생명력의 화신 '홍동지', 그리고 중세적 신분질서의 가장 밑바닥에 감추어진 여성성의 어두운 화신 '꼭두각시' 등의 정체성과 의미 지평을 펼쳐볼 수 있었다. 또한, 탈놀음 양식의 해석을 통해서, 우리는 이것이 세계인식의 이중적 비전으로서, '동화의 원리'와 '이화의 원리'를 조화롭게 융합하는 양식이라는 것도 인식할 수 있었다. 또한, 판소리라는 양식은 '공소의 원리'와 '추임새의 원리' 곧 시간적인 차원에서 '비움-채움의 원리'를 중심으로 하여, 바람직한 '구심적 인간관계'의 탐구를 가장 높은 지평에까지 들어 올린 독특한 공연 양식임을 알게 되었다.

한편, 이러한 양식과는 달리 상류층 궁중에서 전승되고 공연된 이른바 '궁중가무희'의 공연학적 접근을 통해서, 우리는 이 양식이 '조화와 아정의 미학'이라는 또 다른 공연미학을 우리 공연문화사에 구축해 놓았음도 살펴볼 수 있었다.

그리고 근현대에서는, 신파극이 중세적 신분 질서에서 신분 해방된 식민지 민중의 욕망 표출의 구조를 독특하게 구축한 공연 양식이라는 점을 밝혀내었다. 신극의 논의에서는, 우리 공연문화사 속에 '비추어 보기'라는 새로운 공연적 기법을 본격적으로 수립하는 역사적인 구실을 하였을 뿐만 아니라, 신극의 이러한 구실은 이후의 근현대 공연문화사 전체를 강력하게 지배하는 공연적 전통이 되었다는 점도 언급되었다.

마지막으로, 이러한 일련의 과정을 거쳐서 확인되는 우리 공연문화의 여러 주요 원리들과, 그러한 원리들로 구축되는 우리 공연문화 이론 체계에 관해 논의하는 것으로 본 연구를 종결하였다.

오늘날, 세계는 하나의 '지구촌'으로 통합되고 있으며, 문화의 초점과 중심은 '공연문화' 쪽으로 옮겨가고 있다. 인간은 이제 '호모 사피엔스'가 아니라, '호모 퍼포먼스homo performans', 즉 '공연하는 인간'이며, 우리의 삶은 어떤 일련의 의미 있는 행위를 이루어 나아가는 '공연'이 중심이 되는 시대에 살고 있다. 삶은 이제 문자로 기술되고 그것을 문자 형태로 연구하는 게 아니라, '행위' 형태로 동영상화되고, 그것을 공연 형태로 연구하는 시대로 접어들어 있다.

그뿐만 아니라, 세계 공연문화는 아시아, 그 가운데 동아시아 한국의 독특한 공연문화를 중심으로 한 어떤 새로운 '재활성화'를 강력히 요청하고 있다. 우리는 이러한 기미를 최근 들어 강력하게 전경화前景化되어 전 세계 지구촌 시민에게 새로운 비트를 제시하고 있는 'K-pop'과 같은 새로운 '집단적 신명'의 공연 양식에서도 어느 정도 감지할 수 있다.

우리 민족은, '여백의 미학'이라고 하는 동아시아적 보편 미학을, 공연문화의 장에서, '빈 곳'이 삶을 살리며 완성한다는 위대한 진리로 가장 탁월하게 구현해놓은 민족이다.

앞으로, 이 책에서 다루어진 공연학적 논의들이 우리 나름의 독자적인 '민족공연학'을 확립하고, 그것을 통해서 세계 '공연학'의 발전에 크게 기여하게 될 앞날을 희망해 본다.

발문跋文

'신명'과 '관계'의 미학을 여는 연구

유화수 (호원대 교수)

《한국 민족공연학》은 민요·마을굿·판소리 등 우리 고유의 공연예술에 대한 30여 년에 걸친 김익두 교수의 열정적 연구의 총결산이다. 그간의 노고에 경의를 표하면서 오랜 동안 그의 학문 활동을 옆에서 지켜본 동학으로서 김 교수의 역저를 읽고 느낀 소감을 몇 마디 적고자 한다.

김 교수는 우리 고유의 공연예술에 대해서 무한한 열정과 애정을 가지고 있다. 애초에 그는 한국 현대시를 전공으로 국문학 연구를 시작했는데, 1982년 초 전북지역 민요에 대한 조사를 시작하면서 구비문학에 관심을 가지게 되었고, 그 이후 자연스럽게 풍물굿·판소리 등 우리 고유의 공연예술 전반에 대한 조사·연구로 관심의 범위가 넓혀졌다. 우리 민족 고유의 문화에 대한 그의 뜨거운 관심은 서구의 근대성에 대한 생리적 거부감과 반항의식에 뿌리를 두고 있는 것이 아니었던가 생각된다. 따라서, 필자가 생각하기에, 이 저서는 김 교수의 생리적·본능적 요구가 필연적으로 도달한 결론이 아닌가 한다.

《한국 민족공연학》은 오랜 기간에 걸친 현지조사의 풍부하고 생생한 경험을 바탕으로 하여 쓰였다. '몸'의 경험에서 우러나온 사유의 산물인 것이다. 바로 이 점이 이 저서의 남다른 장점일 것이다. 현지조사의 경험이 있는 사람은 그게 여간 고역이 아님을 잘 안다. 때로는 여러 날씩 시골에서 지내면서 숙식의 불편을 무릅써야 하는가 하면, 다른 환경에서 낯선 공연자들과 친밀한 인간관계도 형성해야 하기 때문이다. 김 교수는 뛰어난 직관과 감수성으로 현지의 자연이나 문화 사람들과, 유기적인 관계를 맺고 조사를 진행하곤 했다. '위도띠배굿' 현지조사를 위해서도 김 교수는 한 동안 해마다 설 때가 되면 그곳 위도에 가서 여러 날을 보내곤 했는데, 이 저서의 충실성은 이러한 노고의 결과이다.

김 교수가 내세우고 있는 '민족공연학'의 개념은 우리 학계의 흐름을 선도할 수 있는 도발적이고도 참신한 개념으로서, 서구의 근대문명에 대한 김 교수 특유의 비판의식과 '지구촌' 시대의 절박한 삶의 문제를 해결할 수 있는 인문학의 방향에 대한 오랜 성찰과 고민의 산물이다. '민족공연학'이라는 새로운 학문 방향은 셰크너 등 서구의 학자들에게서 시사 받은 바가 크겠지만, 그에 앞서 우리 고유의 공연예술에 대한 열정과, 현지조사 경험, 성실하고도 치밀한 공연민족지 작성 경험이 없었다면, 외부에서 씨가 주어져도 싹이 틀 수 없었을 것이다.

'민족공연학'은 서구의 이론을 상대적인 관점에서 볼 수 있게 해 주었다. 김 교수는 서구의 공연 이론으로는 설명되지 않는 우리 공연예술의 특수성에 대해 설명하고자 노력해 왔으며, 아울러 특수성 가운데 담겨 있는 보편적 원리를 발견하고자 시도해 왔다. 우리 고유의 공연예술의 특수성에 주목하면서도 끊임없이 학문적 보편성을 지향하고 있는 점은 이 책이 가지고 있는 또 다른 장점일 것이다.

김 교수는 서양의 '카타르시스', 인도의 '라사', 중국의 '신사神似' 미학과 다른 우리 미학의 원리로 '신명'의 미학과 '관계'의 미학을 제시하고 있다. '신명'의 미학과 '관계'의 미학에 대한 그의 설명은 지금 이 땅의 우리에게 계시적이다. 생명의 억압과 관계의 단절을 불러옴으로써 막다른 길에 다다른 서구의 근대성이 낳은 문제들을 풀 수 있는 해답의 가능성이 여기에 담겨 있기 때문이다.

'공연학'이라는 개념은 '신체적 인간', '공연적 인간'이라는 새로운 인간관에 근거하고 있다. 근대의 '이성적 인간'이라는 테두리에서 벗어나 새로운 차원에서 인간에 대해 사유할 수 있는 근거를 제시해 주고 있는 이러한 인간관은, 이 저서에 심오한 깊이를 더해주고 있으며, 이 저서가 공연예술이나 한국학 분야뿐만 아니라 인문학이나 사회과학 등 다른 분야의 전공자들에게도 시사적일 수 있는 이유로 작용하고 있다.

끝으로, 김 교수의 《한국 민족공연학》 출간을 다시 한 번 축하하며, 이 저서가 세계 '공연학'의 발전에 기여할 수 있기를 바라는 김 교수의 희망이 실현되기를, 그의 학문적 열정과 재능을 아끼는 사람들과 함께 기원하는 바이다.

2013년 1월 15일

전주 우거에서

참고문헌

1. 국내논저

강영희(1989), 〈마당극 양식론의 정립과 올바른 대중노선의 모색〉, 《사상문예운동》 가을호. 쪽수 미상.

(1989), 〈일제 강점기 신파 양식에 관한 연구〉, 서울대 석사논문.

(1970), 〈한국 인형극본의 고찰〉, 《동아논총》7집, 동아대학교, 1~24쪽.

강한영(1971), 《신재효 판소리 사설집》, 서울: 민중서관.

(1977), 《판소리》, 서울: 세종대왕 기념사업회.

고승길 편역(1982), 《현대 연극의 이론》, 서울: 대광문화사.

(1993), 《동양연극 연구》, 서울: 중앙대학교 출판부.

고정옥(1959), 〈동리 신재효에 대하여〉, 《고전작가론》(2), 평양: 조선작가동맹출판사. 〔《판소리연구》제7집, 판소리학회, 1996, 265~306쪽에 재수록〕.

곽병창(2000), 〈한국 현대연극의 전통연희 계승 양상 연구〉, 전북대 국문과 박사논문.

구연학(1908), 《설중매雪中梅》, 서울: 회동서관.

유득공·김매순 외(2005), 《조선시대 세시기》Ⅲ, 서울: 국립민속박물관.

국립중앙극장 편(2002), 《세계화 시대의 창극》, 서울: 연극과인간.

국사편찬위원회 편(1986), 《국역 중국 정사 조선전國譯 中國 正史 朝鮮傳》, 서울: 천풍인쇄주식회사.

권순종(1981), 〈1920년대의 한국희곡 연구〉, 영남대 국문과 석사논문.

권오만(1970), 〈1910년대의 희곡 연구-'병자삼인'과 '규한'을 중심으로〉, 서울대 석사논문.

권택무(1966), 《조선 민간극》, 평양: 조선문학예술동맹출판사.

궤린, 윌프레드 L. 외 지음, 정재완 옮김(1983), 《문학의 이해와 비평》, 서울: 청록출판사.

김 구(1973), 《백범일지》, 서울: 서문당.

김 원(1988), 〈놀이마당-한국적 야외공연장의 제안〉. 〔이상일 엮음 (1988), 《놀이문화와 축제》, 성균관대출판부, 33~41쪽〕.

김광섭(1934), 〈관중시론〉, 《극예술》12월호, 13쪽.

김광억 외(1985), 《문화인류학개론》, 서울대학교출판부.

(1989), 〈정치적 담론기제로서의 민중문화운동: 사회극으로서의 마당극〉, 《한국문화인류학》21집, 한국문화인류학회, 53~77쪽.

김규남 외(2000), 《고군산군도》, 대전: 국립문화재연구소.

김근석(1984), 〈박승희 연구〉, 단국대 석사논문.

김기수(1980), 《종묘제례악》, 서울: 국립국악원.

김동욱(1968), 〈판소리사 연구의 제 문제〉, 《인문과학》20집, 연세대 인문과학연구소, 1~28쪽.

김두봉(1936), 《제주도실기》, 大阪: 제주도실적연구사.

김미도(1993), 〈1930년대 한국 희곡의 유형에 관한 연구〉, 고려대학교 국문과 박사논문.

김방옥(1983), 〈한국 연극사에 있어서 신파극의 의미〉, 《이화어문논집》6집, 이화여대 한국어문학연구소, 181~208쪽.

(1995), 〈마당극 연구〉, 《한국연극학》제7호, 한국연극학회, 227~298쪽.

김상선(1985), 《한국 근대 희곡론》, 서울: 집문당.

김석만 편(1993), 《스타니슬라브스키 연극론》, 서울: 이론과실천.

김성식 외(2000), 《전북의 무가》, 전주: 전북도립국악원.

김세영 외(1994), 《연극의 이해》(개정판), 서울: 새문사.

김수효(1935), 〈신흥연극의 무대장치 실제〉, 《예술》1월호, 쪽수 미상.

김연수(1967), 《창본 춘향가》, 광주: 전라남도청.

김열규(1971), 《한국민속과 문학연구》, 서울: 일조각.

(1977), 《한국신화와 무속연구》, 서울: 일조각.

김영돈·현용준(1965), 《제주도 무당굿놀이》(주요 무형문화재 지정자료), 서울: 문화재관리국.

김옥란(1994), 〈극전통과 판소리 미학〉, 《한국극예술연구》4집, 한국극예술연구회, 238~240쪽.

김용옥(1989), 《아름다움과 추함》, 서울: 통나무.

김우진(1983), 《김우진 전집》Ⅰ,서울: 전예원.

김우탁(1978), 《한국 전통연극과 그 고유무대》, 서울: 개문사.

김욱동(1994), 《탈춤의 미학》, 서울: 현암사.

김원극(1909), 〈아국我國의 연극장演劇場 소식消息〉. 〔서연호(1982), 《한국 근대 희곡사 연구》, 서울: 고려대 민족문화연구소, 39~40쪽에 재수록〕.

김원중(1980), 〈신파극에 관한 일 고찰〉, 《한민족어문학》7집, 영남어문학회, 45~54쪽.

(1983), 〈한국 근대 희곡문학 연구〉, 중앙대 박사논문.

김월덕(1996), 〈한국 마을굿에 대한 민족연극학적 연구〉, 전북대 국문과석사논문.

(2003), 〈전북지역 마을굿의 공연학적 연구〉, 전북대 국문과 박사논문.

김윤식(1974), 〈한국 근대 문예비평사 연구〉, 서울: 일지사.

김익두(1983), 〈초창기 창작희곡의 연구〉, 전북대 국문과 석사논문.

(1989), 〈민족연극학적 관점에서 본 신파극의 희곡사적 의의〉, 《하남 천이두 선생 화갑기념논총》, 하남 천이두 선생 화갑기념논총간행위원회, 199~222쪽.

(1989), 〈한국 민속예능의 민족연극학적 연구〉, 전북대 국문과 박사논문.

(1989), 《전북의 민요》, 전주: 전북애향운동본부.

(1990), 〈민족연극학적 관점에서 본 판소리 광대〉, 《장한기 박사

화갑기념논문집》, 장학기 박사 화갑기념논문집 발간위원회, 39~66쪽.

(1991), 〈창극화의 문제점〉, 《민족음악학보》2집, 한국민족음악학회, 5~31쪽.

(1991), 《한국희곡론》, 전주: 도서출판 신아.

(1995), 〈판소리 공연의 '너름새'에 대한 동작학적 시론〉, 《한국언어문학》34집, 한국언어문학회, 331~349쪽.

(1995), 〈판소리의 현전성과 그 연극학적 의미〉, 《소석 이기우 선생 고희기념논총》, 소석 이기우 선생 고희기념논총 간행위원회, 71~94쪽.

(1995), 〈풍물굿의 공연원리와 연행적 성격〉, 《한국민속학》27집, 한국민속학회, 97~132쪽.

(1998), 〈공연학적 관점에서 본 판소리〉, 《판소리연구》9집, 판소리학회, 141~172쪽.

(1998), 〈판소리 미학〉, 《국어문학》33집, 국어문학회, 163~191쪽.

(1998), 〈한국의 연극적 공연 양식에 있어서의 '공소'와 공연자-청관중 상호작용의 원리에 관하여〉, 《한국언어문학》41집, 한국언어문학회, 281~298쪽.

(1998), 《우리문화 길잡이》, 서울: 한국문화사.

(1999), 〈민족공연학이란 무엇인가〉, 《국어문학》34집, 국어문학회, 410~440쪽.

(2000), 〈동북아시아 공연예술상에서 본 판소리의 공연학적 위상〉, 《한국극예술연구》11집, 한국극예술학회, 1~22쪽.

(2001), 〈'꼭두각시놀음'의 의미와 그 한계〉, 《한국극예술연구》13집, 한국극예술학회, 1~34쪽.

(2002), 〈한국 희곡/연극 이론 수립을 위한 기초 연구〉, 《한국극예술연구》15집, 한국극예술학회, 11~53쪽.

(2003), 〈'비추어 보기'로부터 '관계맺기'에로〉, 《한국극예술연구》 7집, 한국극예술학회, 357~398쪽.

(2003), 〈한국 전통 공연예술 상에서 본 판소리의 공연예술적 특성〉, 《한국극예술연구》16집, 한국극예술학회, 15~50쪽.

(2003), 《연극개론》, 서울: 한국문화사.

(2003), 《판소리, 그 지고의 신체전략》, 서울: 평민사.

(2008), 《한국 희곡/연극 이론 연구》, 서울: 지식산업사.

김익두 외(1990), 《전북노동요》, 전북대박물관.

(1992), 《정읍지역 민속예능》, 전주: 전북대학교박물관.

(1995), 《한국민요대전-전라북도편》(해설집), 서울: 문화방송.

(1994), 《호남 우도 풍물굿》, 전북대학교 전라문화연구소.

(1999), 〈인문사회계열 분야 특성화사업: 한국 전통 공연예술 판소리의 세계화 전략 개발을 위한 학제적·종합적 연구〉, 전북대학교.

김익두·윤영근·주요섭(2001), 〈한국의 전통사상 · 문화에 기초한 새로운 환경운동론의 정립에 관한 연구-한국적 생태담론의 형성을 위하여〉, 《교보교육문화논총》3집, 쪽수 미상.

김익두 편(2009), 《풍물굿 연구》, 서울: 지식산업사.

김인회 외(1982), 《한국무속의 종합적 고찰》, 서울: 고려대 민족문화연구소 출판부.

김일출(1958), 《조선 민속탈놀이 연구》, 평양: 과학원출판사.

김재석(1998), 《한국연극사와 민족극》, 서울: 태학사.

(2003), 〈근대극 전환기 한일 신파극의 근대성에 대한 비교연극학적 연구〉, 《한국극예술연구》17집, 한국극예술학회, 13~49쪽.

김재철(1933), 《조선연극사》(조선어문학회 편), 경성: 청진서적.

(1939), 《조선연극사》, 경성: 학예사.

김정헌(2008), 〈호남 좌도농악 연구〉, 전북대 국문과 박사논문.

김종철(1987), 〈'산山돼지' 연구〉, 《김우진》, 한국극예술학회 편, 서울: 태학사, 149~170쪽.

김지하(1984), 《밥》, 왜관: 분도출판사.

(1985), 《남녘땅 뱃노래》, 서울: 두레.

(1999), 《예감에 가득 찬 숲 그늘》, 서울: 실천문학사.

(1999), 《율려란 무엇인가》, 서울: 한문화.

(2004), 《탈춤의 민족미학》, 서울: 실천문학사.

김청자(1985), 〈한국 전통 인형극의 새로운 접근〉, 《한국연극학》2집, 한국연극학회, 45~107쪽.

(1989), 〈한국 전통 인형극 꼭두각시놀음 연구(2)-어휘에 나타난 표상과 기호분석〉, 《한국연극학》3집, 한국연극학회, 25~47쪽.

(1996), 〈한국 전통극 꼭두각시놀음 텍스트 연구(1)〉, 《한국연극학》8집, 한국연극학회, 9~41쪽.

(1998), 〈한국 전통극 꼭두각시놀음 텍스트 연구(2)〉, 《한국연극학》10집, 한국연극학회, 7~24쪽.

(1999), 〈한국 전통극 꼭두각시놀음 텍스트 연구(3)〉, 《한국연극학》13집, 한국연극학회, 37~55쪽.

김태곤(1971, 1976, 1978, 1979), 《한국무가집》Ⅰ~Ⅳ, 서울: 집문당.

(1981), 《한국무속 연구》, 서울: 집문당.

(1983), 《한국 민간신앙 연구》, 서울: 집문당.

(1991), 《한국의 무속》, 서울: 대원사.

(1992), 《동신당》, 서울: 대원사.

외(1995), 《한국 구비문학 개론》, 서울: 민속원.

김택규(1970), 〈한국 부락 관습사〉, 《한국 문화사 대계》4, 고려대 민족문화연구소, 639~764쪽.

김학주(1994), 《한·중 두 나라의 가무와 잡희》, 서울: 서울대출판부.

김학주 옮김(1995), 《대학·중용》, 서울: 명문당.

김학현(1991), 《노오能》, 서울: 열화당.

(1997), 《가부키歌舞伎》, 서울: 열화당.

김한초(1982), 〈집단행동적 민속과 문화전승〉, 《정신문화》가을호, 한국정신문화연구원, 43~55쪽.

김헌선(2000),〈전라북도 무가 연구: 문제점 점검과 자료 검토를 중심으로〉, 《샤머니즘 연구》2집, 한국사머니즘학회, 83~102쪽.

(2007), 《서울 진진오기굿 무가 자료집》, 서울: 보고사.

김흥규(1978), 〈꼭두각시놀음의 연극적 공간과 산받이〉, 《창작과 비평》 49호 가을호, 쪽수 미상. 〔임재해 편(1988), 《한국의 민속예술》, 서울: 문학과지성사, 151~172쪽에 재수록〕.

(1978), 〈판소리의 서사적 구조〉, 《판소리의 이해》, 서울: 창작과 비평사, 103~127쪽.

(1993), 〈판소리 문헌 목록〉, 《판소리연구》4집, 판소리학회, 411~475쪽.

나진환(2006), 〈공연학으로 본 판소리 공연예술의 미학적 특질: 신재효의 '광대가'를 중심으로〉, 《판소리연구》21집, 판소리학회, 326~327쪽.

남우훈(1929), 〈후처後妻〉, 《문예공론》2호, 경성: 문예공론사, 쪽수 미상.

도노번, 조세핀 지음, 김익두·이월영 옮김(1993), 《페미니즘 이론》, 서울: 문예출판사.

랑게, 로데릭 지음, 최동현 옮김(1988), 《춤의 본질》, 전주: 도서출판 신아.

루스로프, 호스트 지음, 유화수 외 옮김(2008), 《언어 속의 몸》, 서울: 한국문화사.

메리엄, A. P. 지음, 이기우 옮김(1988), 《민족음악학》, 전주: 도서출판 신아.

명인서(2002), 〈한·일 신파극과 서구 멜로드라마의 비교 연구〉, 《한국연극학》18집, 한국연극학회, 5~48쪽.

문무병(1984), 〈제주도 굿의 연극성에 관한 연구〉, 제주대 교육대학원 석사논문.

문화재관리국(1969), 《문화재 대관》.

(1969), 《한국민속 종합조사 보고서》(전라남도편), 서울: 민속원, 582~586쪽.

(1969), 《한국민속 종합조사 보고서》(전라북도편), 서울: 민속원.

(1985), 《주요무형문화재 해설-음악편》.

민영환(연대미상), 《해천추범海天秋帆》, 서울: 서울대국사연구실.

민족극연구회 엮음(1988), 《민족극대본선》1~2, 서울: 풀빛.

바찌야얀, 카밀라 말릭, 김문환 옮김(1973), 〈아시아 공연예술의 미학적 원리〉, 《연극평론》8호, 서울: 연극평론사, 40~49쪽.

바흐찐, 미하일 지음, 이덕형 외 옮김(2001), 《프랑수아 라블레의 작품과 중세 및 르네상스의 민중문화》, 서울: 아카넷.

박 진(1966), 《세세년년歲歲年年》, 서울: 경화출판사.

(1972), 《한국연극사》상, 대한민국예술원.

박 황(1974), 《판소리소사》, 서울: 신구문화사.

(1976), 《창극사 연구》, 서울: 백록출판사.

박계홍(1985), 〈당제堂祭의 제일祭日에 대하여〉, 《한국문화인류학》17집, 한국문화인류학회, 185~197쪽.

박남준 외(1985), 〈땅풀이-계화도〉, 《남민》창간호, 서울: 지양사, 209~231쪽.

박동근(1936), 〈방송극소설〉, 《창작》2호, 34쪽.

박명진(1998), 〈한국 근대극의 대중성에 대한 비판적 접근〉, 《한국연극연구》창간호, 한국연극사학회, 283~313쪽.

박성석(1991), 〈한국 무가의 희곡적 연구〉, 충남대 국문과 박사논문.

박순호 외(1984), 《한국구비문학대계》5-4, 한국정신문화연구원.

(1987), 《한국구비문학대계》5-6, 한국정신문화연구원.

(1990), 《전북 전통 민속》하, 전주: 전라북도.

박용구(1939), 〈서론적緖論的인 음악극론〉, 《막》3호, 7쪽.

박윤모(1999), 〈개화기의 전통연극과 신파극의 관련 양상〉, 《드라마논총》13집, 한국드라마학회, 111~141쪽.

박의원(1939), 〈무대조명이란?〉, 《막》3호, 7쪽.

박인배·이영미(1987),〈마당극론의 진전을 위하여〉, 《민족극 정립을 위한 자료집》2권, 서울: 우리마당, 쪽수 미상.

박진태(1996), 《영남지방의 동제와 탈놀이》, 서울: 태학사.

(1998), 《한국 민속극 연구》, 서울: 새문사.

박진태 엮음(1999), 《동아시아 샤머니즘 연극과 탈》, 서울: 박이정.

박진태(2000), 〈현대 대중매체 문화와 구비 탈놀음과 방송 마당놀이〉, 《한국학논집》28집, 계명대 한국문학연구소, 41~54쪽.

(2000), 《동양 고전극의 재발견》, 서울: 박이정.

(2000), 《탈놀이의 기원과 구조》, 서울: 새문사.

(2009), 《한국 고전극사》, 서울: 민속원.

박현국(1997), 〈장자풀이 무가 고찰〉, 《비교민속학》14집, 비교민속학회, 159~188쪽.

박현국(1998), 〈바리데기 무가 고찰〉, 《비교민속학》15집, 비교민속학회, 253~283쪽.

백대웅(1985), 〈명창과 판소리의 미학〉. 〔정양·최동현 편(1990), 《판소리의 바탕과 아름다움》, 서울: 인동, 225~240쪽에 재수록〕.

백현미(1997), 《한국 창극사 연구》, 서울: 태학사.

법　현(1987), 《영산재 연구》, 서울: 운주사.

변기종(1962), 〈연극 50년을 말한다〉, 《예술원보》8호, 대한민국예술원, 48~56쪽.

변태섭(1991), 〈한국역사〉, 《한국민족문화대백과사전》23권, 한국정신문화연구원, 909~932쪽.

보알, 아우구스토 지음, 민혜숙 옮김(1985), 《민중연극론》, 서울: 창작과

비평사.

브레히트, 베르톨트 지음, 김기선 옮김(1989),《베르톨트 브레히트의 서사극 이론》, 서울: 도서출판 한마당.

사진실(1997),《한국 연극사 연구》, 서울: 태학사.

(1998),〈산대의 무대 양식적 특성과 공연방식〉,《구비문학연구》 7집, 349~373쪽.

(2002),《공연문화의 전통》, 서울: 태학사.

서대석(1980),《한국 무가의 연구》, 서울: 문학사상사.

서연호(1988),〈놀이마당, 마당놀이의 현대적 가능성〉.〔이상일 엮음(1988),《놀이문화와 축제》, 성균관대출판부, 105~111쪽〕.

(1988),〈친일연극의 역사적 배경〉,《일본학》7집, 동국대 일본학연구소, 73~88쪽.

(1990),《꼭두각시놀이》, 서울: 열화당.

(1991),《서낭굿탈놀이》, 서울: 열화당.

(1994),《한국 근대 희곡사》, 서울: 고려대출판부.

(2001),《꼭두각시놀음의 역사와 원리》, 서울: 연극과인간.

(2003),《한국연극사(근대편)》, 서울: 연극과인간.

(2005),《한국연극사(현대편)》, 서울: 연극과인간.

서연호 편(2001),《한국연극의 쟁점과 새로운 탐구》, 서울: 연극과인간.

서연호(1969),〈한국 신파극 연구〉, 고려대 석사논문.

(1976),〈1910년대의 희곡문학〉,《연극학보》9집, 동국대연극영화학과, 28~43쪽.

(1982),〈한국 무극의 원리와 유형〉,《한국 무속의 종합적 고찰》, 서울: 고려대 민족문화연구소, 231~264쪽.

(1982),《한국 근대 희곡사 연구》, 서울: 고려대 민족문화연구소.

서종문(1987),〈판소리 이면의 역사적 이해〉,《국어교육연구》19집, 경북대 사범대 국어교육과, 67~82쪽.

서종문·정병헌 편(1997), 《신재효 연구》, 서울: 태학사.

서홍관(1985), 〈고군산열도의 굿〉, 《남민》창간호, 서울: 지양사, 64~90쪽.

설성경(1976), 〈동리의 사설과 동학란-당시의 시대감각〉, 《국어국문학》 72·73집 통합호, 국어국문학회, 302~310쪽.

성경린(1976), 《국악감상》, 국민음악연구회.

(1976), 《한국음악 논고》, 서울: 동화출판공사.

성현 편찬, 이혜구·정연탁 옮김(1978), 《악학궤범》, 서울: 사단법인 민족문화추진회.

셰익스피어 지음, 김재경 옮김(1980), 《셰익스피어 전집》 I, 서울: 정음사.

셰크너, 리차드 지음, 김익두 옮김(2004), 《민족연극학》, 서울: 한국문화사.

송동준(1974), 〈서사극과 한국 민속극〉, 《문학과 지성》17호, 문학과지성사, 659~686쪽.

송석하(1960), 《한국민속고》, 서울: 일신사.

송영주(1987~1989), 〈고수론〉, 《소리와 장단》2호~13호, 전주: 대한고우회, 쪽수 미상.

쉐이퍼, 머레이 지음, 한명호·오양기 옮김(2008), 《사운드스케이프: 세계의 조율》, 서울: 그물코.

신구현 외(1964), 〈우리나라 고전작가들의 미학견해 자료집〉, 평양: 조선문학예술총동맹출판사.

신선희(2006), 《한국 고대 극장의 역사》, 파주: 열화당.

신아영(1995), 〈신파극의 대중성 연구 -'사랑에 속고 돈에 울고'를 중심으로〉, 《한국극예술연구》5집, 한국극예술학회, 67~95쪽.

신용하(1980), 《한국 근대사와 사회변동》, 서울: 문학과지성사.

신태영(2004), 〈명나라 사신 동월董越의 '조선부朝鮮賦'에 나타난 조선인식〉, 《한문학보》10권, 우리한문학회, 111~141쪽.

심상교(2000), 〈신파극과 조선후기 소설의 관련 양상 연구〉, 《어문연구》41집, 안암어문학회, 83~104쪽.

(2007), 《한국 전통희곡론》, 서울: 집문당.
심우성(1974), 《남사당패 연구》, 서울: 동화출판공사.
(1975), 《한국의 민속극》, 서울: 창작과비평사.
(1975), 《한국의 민속놀이》, 서울: 삼일각.
옮김(1991), 《아시아 무용의 인류학》, 서울: 동문선.
아야베 쓰네오, 이종원 옮김(1987), 《문화를 보는 열다섯 이론》, 서울: 인간사랑.
안종화(1955), 《신극사 이야기》, 서울: 진문사.
양승국(1989), 〈해방 직후의 진보적 민족연극 운동〉, 《창작과 비평》겨울호, 191~214쪽.
(1992), 〈1920년대 '신파극·신극논쟁' 연구〉, 《한국극예술연구》2집, 한국극예술학회, 79~104쪽.
(1994), 〈한국 최초의 신파극 공연에 대한 재론〉, 《한국극예술연구》4집, 한국극예술학회, 9~49쪽.
(1996), 《한국 근대 연극비평사 연구》, 서울: 태학사.
(1998a), 〈1910년대 한국 신파극의 레퍼토리 연구〉, 《한국극예술연구》8집, 한국극예술학회, 9~69쪽.
(1998b), 〈'신연극'과 '은세계' 공연의 의미〉, 《한국현대문학연구》6집, 한국현대문학회, 31~62쪽.
(1999), 〈1910년대 신파극과 전통 연희의 관련 양상〉, 《한국극예술연구》9집, 한국극예술학회, 47~68쪽.
(2001), 〈한국 근대문학 형성에 미친 일본 신파극의 영향에 대한 연구〉, 《한국극예술연구》14집, 한국극예술학회, 9~49쪽.
(2001), 《한국 현대 희곡론》, 서울: 연극과인간.
양회석(1994), 《중국희곡》, 서울: 민음사.
양 훈(1937), 〈라디오 드라마 예술론〉, 《동아일보》10월 13일자.
여석기(1979), 〈아시아 연극의 서사성과 양식성〉, 《연극평론》17호, 서

울: 연극평론사, 3~35쪽.

(1987), 《동서연극의 비교연구》, 서울: 고려대출판부.

우수진(2004), 〈신파극의 눈물, 동정의 정치학〉, 《현대문학의 연구》24집, 한국문학연구학회, 429~456쪽.

유경호(2004), 〈한국 신파극 연구〉, 전북대 국문과 석사논문.

유길준 지음, 허경진 역(1895), 《서유견문西遊見聞》, 서울: 서해문집.

유동식(1975), 《한국무교의 역사와 구조》, 연세대학교출판부.

유몽인 지음, 시귀선·이월영 역주(1996), 《어우야담》, 서울: 한국문화사.

유민영(1971a), 〈초성 김우진 연구〉상, 《한양대논문집》5집, 한양대학교, 79~109쪽.

(1971b), 〈초성 김우진 연구〉하, 《국어교육》17집, 서울사대 국어교육과, 130~154쪽.

(1972), 〈연극(판소리) 개량시대〉, 《연극평론》6호, 서울: 연극평론사, 23~43쪽.

(1975), 〈인습에 대한 도전과 좌절〉하, 《연극평론》13호, 서울: 연극평론사, 53~64쪽.

(1972a), 〈신파극의 발생과 그 전개〉, 《연극평론》7호, 연극평론사, 33~68쪽.

(1973), 〈20년대 초의 신극운동〉, 《한양대논문집》8집, 한양대학교, 33~62쪽.

(1975), 〈한국인형극의 유래〉, 《예술논문집》14집, 예술원, 254~275쪽.

(1982), 《한국 극장사》, 서울: 한길사.

(1982), 《한국연극의 미학》, 단국대학교출판부.

(1982a), 《한국 극장사》, 서울: 한길사.

(1982b), 《한국 현대희곡사》, 서울: 홍성사.

(1987), 《개화기 연극 사회사》, 서울: 새문사.

(1996), 《한국 근대 연극사》, 서울: 단국대출판부.

(2001), 《한국 연극운동사》, 서울: 태학사.

유창돈(1964), 《이조어사전李朝語辭典》, 서울: 연세대출판부.

유현석(2005), 〈케네스 버크Kennrth Burke의 레토릭 분석방법에 관한 연구〉, 《순천향사회과학연구》11권 1호, 순천향대학교 사회과학연구소, 114~119쪽.

윤광봉(1987), 《한국 연희시 연구》, 서울: 이우출판사.

윤달선 지음, 권택무 옮김(1989), 〈광한루 악부〉, 《조선 민간극》, 서울: 예니, 306~341쪽.

윤백남(1920), 〈연극과 사회: 병竝하야 조선 현대극장을 논함〉. 〔《연극평론》6호(1972년 봄호), 서울: 연극평론사, 45~56쪽에 재수록〕.

윤정선(1989), 〈연극과 제의, 그 뫼비우스의 띠〉, 《한국연극학》3호, 한국연극학회, 66~83쪽.

윤진현(2010), 《조선 시민극의 구상과 탈계몽극의 미학》, 서울: 창작과비평사.

이강숙 편(1982), 《종족음악과 문화》, 서울: 민음사.

이경숙(1999), 〈'양주별산대놀이'의 경기성〉, 《한국극예술연구》9집, 한국극예술학회, 11~46쪽.

이경엽(1998), 《무가문학 연구》, 서울: 박이정.

(2000), 《씻김굿 무가》, 서울: 박이정.

이경호(1998), 〈한국 풍물춤의 전반적 성격과 무용학적 특성〉, 《무용학회 논문집》24집, 대한무용학회, 297~320쪽.

이광규(1980), 《문화인류학의 세계》, 서울대출판부.

(1994), 《한국 전통문화의 구조적 이해》, 서울대출판부.

이규창(1994), 〈무경고巫經考-전북지방을 대상으로〉, 《전라민속논고》, 서울: 집문당, 408~434쪽.

(1994), 〈삼신굿 고考〉, 《전라민속논고》, 서울: 집문당, 285~323쪽.

(1994), 〈칠성굿 고考〉, 《전라민속논고》, 서울: 집문당, 325~345쪽.

이기세(1937), 〈신파극의 회고〉, 《매일신보》, 7월2일~7일자.

이기우(1989), 〈청관중론 유감〉, 《소리와 장단》14호, 전주: 대한고우회, 2~3쪽.

(1998), 〈명창론〉, 《판소리연구》, 국어국문학회 편, 서울: 태학사, 195~231쪽.

이기우 편역(1994), 《민속음악》, 전주: 도서출판 신아.

이기우·최동현 엮음(1990), 《판소리의 지평》, 전주: 도서출판 신아.

이남복 편(1996), 《연극사회학》, 서울: 현대미학사.

이능화 지음, 이재곤 옮김(1995), 《조선무속고》, 서울: 동문선, 52~100쪽.

이두현(1966), 《한국 신극사 연구》, 서울: 서울대출판부.

(1968), 〈양주 소놀이굿〉, 《국어국문학》39·40 합병호, 국어국문학회, 169~200쪽.

(1969), 《한국가면극》, 서울: 문화공보부 문화재관리국.

(1974), 《한국연극사》, 서울: 민중서관.

(1978), 〈동제와 당굿〉, 《사대논총師大論叢》17집, 서울대학교 사범대학, 31~62쪽.

(1979), 《한국의 가면극》, 서울: 일지사.

(1985), 《한국연극사》(개정판), 서울: 학연사.

(1996), 《한국무속과 연희》, 서울: 서울대출판부.

이두현·장주근 외(1983), 《한국민속학 개설》, 서울: 학연사.

이두현·장주근 외(1969), 《부락제당部落祭堂》, 문화재관리국.

이미원(1994), 〈신파극의 연극사적 의의〉, 《한국 근대극 연구》, 서울: 현대미학사, 85~104쪽.

(1994), 〈한국 현대연극의 전통 수용 양상〉, 《한국연극학》6호, 한국연극학회, 191~216쪽.

(2004), 《연극과 인류학》, 서울: 월인.

이민홍(2001), 《한국 민족예악과 시가문학》, 서울: 성균관대출판부.

이병옥(1994), 〈원시 한국무용의 유형과 특징 연구〉, 《논문집》10집, 용인대학교, 607~632쪽.

(2003), 〈동양춤과 서양춤의 생태적 특징 비교〉, 《동양예술》7집, 한국동양예술학회, 221~248쪽.

이병옥(2003), 〈탈춤의 지역성: 탈춤에 나타난 북방춤과 남방춤의 계통적 비교〉, 《공연문화연구》7집, 한국공연문화학회, 23~57쪽.

이병옥 외(1995), 〈불교 의식무용의 나비춤에 함유된 동작미 분석〉, 《논문집》11집, 용인대학교, 615~634쪽.

이보형(1971), 〈시나위권의 무속음악〉, 《한국문화인류학》4권 1호, 79~86쪽.

(1981), 〈마을굿과 두레굿의 의식구성〉, 《민족음악학》4집, 서울대 동양음악연구소, 9~20쪽.

(1976), 〈신대와 농기〉, 《한국문화인류학》8권 1호, 한국문화인류학회, 59~66쪽.

(1979), 〈시나위 청〉, 《한국음악연구》8권 1호, 한국국악학회, 30~31쪽.

(1984), 〈농악에서 길굿(길군악)과 채굿〉, 《민족음악학》6권 1호, 서울대학교 동양음악연구소, 31~47쪽.

(1991), 〈무속음악장단의 음악적 특성〉, 《한국음악연구》19권 1호, 한국국악학회, 125~132쪽.

(1995), 〈판소리 공연문화의 변동이 판소리에 끼친 영향〉, 《한국학연구》7집, 고려대학교 한국학연구소, 261~319쪽.

(1996), 〈조선후기 향촌사회의 변화와 연희조직〉, 《동양학》26집, 단국대학교 동양학연구소, 397~434쪽.

(1996), 〈조선후기의 공연집단과 음악문화〉, 《동양학》26집, 단국대학교 동양학연구소, 361~365쪽.

(1997), 〈전립氈笠과 농악의 상모象毛〉, 《한국민속학》29권 1호,

한국민속학회, 127~139쪽.

(1999), 〈새 쫓는 소리와 영노〉, 《한국민요학》6집, 한국민요학회, 339~350쪽.

(1999), 〈한국음악의 '시김새' 연구방법 시론: 민속음악을 중심으로〉, 《음악논단》13집, 한양대학교 음악연구소, 1~18쪽.

(2007), 〈가면극과 음악〉, 《공연문화연구》14집, 한국공연문화학회, 5~18쪽.

이상남(1936), 〈무대와 조명에 대하야〉, 《극예술》5호, 22쪽.

이상란(1993), 〈꼭두각시놀음의 담론분석〉Ⅰ, 《한국연극학》5집, 한국연극학회, 43~61쪽.

이상일(1977), 〈굿의 연극학과 사회적 기능〉, 《세계의 문학》 봄호, 64~95쪽.

(1981), 《한국인의 굿과 놀이》, 서울: 문음사.

(1986), 《축제와 마당극》, 서울: 조선일보사.

(1988), 〈놀이마당-그 현대적 관념의 정립〉. 〔이상일 엮음(1988), 《놀이문화와 축제》, 성균관대출판부, 25~32쪽〕.

(1988), 《놀이문화와 축제》, 성균관대출판부.

(1991), 《굿, 그 황홀한 연극》, 서울: 강천.

(1983), 〈놀이 문화와 민중예술〉, 《한국인의 생활의식과 민중예술》, 성균관대 대동문화연구원, 195~238쪽.

(1985), 《축제의 극화에 대한 비교연구》, 한국연극학회 편, 서울: 새문사.

이상호 편찬(1979), 《대순전경》, 김제: 증산교본부.

이석훈(1933), 〈'라디오 풍경'과 '라디오드라마'〉, 《동아일보》10월 1일자.

이선유(1934), 〈춘향가〉, 《오가전집》, 경성: 학예사.

이승희(1996), 〈1910년대 신파극의 통속성 연구〉, 《반교어문연구》7집, 반교어문학회, 245~275쪽.

이애주(1999), 〈고구려 춤의 상징체계〉, 서울대 박사논문.

(2006), 〈한국의 몸짓, 한밝춤〉, 《한국정신과학회 학술대회 논문집》, 한국정신과학회, 247~248쪽.

(2011), 〈역易으로 본 영가무도詠歌舞蹈〉, 《민족사상연구》20집, 경기대학교민족문제연구소, 63~80쪽.

(2004), 〈우리 몸짓과 소리를 통하여 본 민족의 정체성〉, 《한국정신과학회지》8권 2호, 한국정신과학학회, 11~24쪽.

(2001), 〈20세기 한국춤 연구의 현황과 전망〉, 《한국음악사학보》26권 1호, 한국음악사학회, 129~150쪽.

이영금(2000), 〈전북지역 무당굿 연구〉, 전북대 국문과 석사논문.

(2005), 〈전북지역 무당굿의 전반적 성격과 공연학적 특성〉, 《공연문화연구》10집, 한국공연문화학회, 283~322쪽.

이영미(1996), 《마당극 양식의 원리와 특성》, 서울: 한국예술종합학교 한국예술연구소.

(1997), 《마당극, 리얼리즘, 민족극》, 서울: 현대미학사.

이영배(2000), 〈필봉 풍물굿의 공연 구조 원리와 사회적 의미〉, 전북대 석사논문.

이완주·방혜선 외(1995), 〈음파가 곤충행동 양식에 미치는 영향에 관한 연구〉, 《'95 잠사곤충연구소 연구보고서》, 농촌진흥청 잠사곤충연구소, 쪽수 미상.

이용규(1934), 〈연출의 개성과 통일〉, 《극예술》1월호, 28쪽.

이인성 엮음(1980), 《연극의 이론》, 서울: 청하.

이혜구(1967), 《한국음악서설》, 서울대출판부.

(1996), 《한국음악연구》, 서울: 민속원.

임동철(1985), 〈판소리 배우론〉, 〔정양·최동현 편(1999), 《판소리의 바탕과 아름다움》, 서울: 인동, 357~373쪽에 재수록〕.

임명진(1995), 〈판소리 사설의 구술성과 전승 원리〉, 《국어문학》30집,

국어문학회, 23~44쪽.

(2002), 〈판소리의 서술상황과 현전성의 상관관계〉, 《판소리연구》13집, 판소리학회, 319~341쪽.

임재해(1981), 《꼭두각시놀음의 이해》, 서울: 홍성사.

(1986), 《민속문화론》, 서울: 문학과지성사.

(1991), 《한국민속과 전통의 세계》, 서울: 지식산업사.

(1994), 〈노래의 생명성과 민요 연구의 현장 확장〉, 《구비문학연구》1집, 한국구비문학회, 75~81쪽.

임진택(1987), 〈새로운 연극을 위하여: '마당극에 관한 몇 가지 견해〉, 《민족극 정립을 위한 자료집》2, 서울: 우리마당, 쪽수 미상.

(1988), 〈마당놀이의 문화적 공과〉. 〔이상일 엮음(1988), 《놀이문화와 축제》, 성균관대출판부, 93~98쪽〕.

(1990), 《민중연희의 창조》, 서울: 창작과비평사.

임진택·채희완(1988), 〈마당극에서 마당굿으로〉, 《한국문학의 현단계》 Ⅰ, 서울: 창작과비평사.

임진택·채희완 편(1985), 《한국의 민중극》, 서울: 창작과비평사.

임형수(2008), 〈춘향담론의 연극화에 관한 연구〉, 전북대 국문과 박사논문.

임형택 편역(1992), 《이조시대 서사시》하, 서울: 창작과비평사.

장덕순·조동일 외(1971), 《구비문학개설》, 서울: 일조각.

장사훈(1966), 《국악논고》, 서울대출판부.

(1976), 《국악통론》, 서울: 정음사.

(1977), 《한국 전통무용 연구》, 서울: 일지사.

장석규(1994), 〈허두가에 나타난 문제의식〉, 《문학과 언어》15호, 문학과언어연구회. 〔서종문·정병헌 편(1977), 《신재효연구》, 서울: 태학사, 397~418쪽에 재수록〕.

장주근·하효길(연도 미상), 〈위도蝟島 띠뱃놀이〉(무형문화재 조사보고서 제162호 '풍어제' 편), 《무형문화재 조사보고서》18집, 문화재관리국, 205~273쪽.

장한기(1983), 《민속극과 동양연극》, 서울: 우성문화사.

(2002), 《증보 한국연극사》, 서울: 동국대출판부.

장휘주(2006), 〈사당패 관련 명칭에 대한 사적 고찰〉, 《공연문화연구》13집, 363~387쪽.

전경수(1987), 〈섬사람들의 풍속과 삶〉, 《한국의 기층문화》, 서울: 한길사, 93~131쪽.

(1994a), 《문화의 이해》, 서울: 일지사.

(1994b), 《한국문화론-전통편》, 서울: 일지사.

전경욱(1998), 《한국 가면극, 그 역사와 원리》, 서울: 열화당.

(2004), 《한국의 전통연희》, 서울: 학고재.

(2007), 〈한국 민속극 연구의 현황과 전망〉, 《한국 가면극과 그 주변 문화》, 서울: 월인출판사, 116~170쪽.

역주(1993), 《민속극》, 서울: 고려대 민족문화연구소.

전신재(1980), 〈한국 가면극과 아르토 연극〉, 《연극평론》여름호, 연극평론사, 7~19쪽.

(1988), 〈판소리의 연극성에 관한 연구〉, 성균관대학교 국문과 박사논문.

(1999), 〈가면극 양반마당의 연극적 형상〉, 《역사민속학》9집, 한국역사민속학회, 57~73쪽.

(2000), 〈19세기 판소리의 연극적 형상〉, 《공연문화연구》1집, 한국공연문화학회, 333~354쪽.

(2001), 〈판소리의 생소화 효과〉, 《공연문화연구》3집, 한국공연문화학회, 151~158쪽.

(2005), 〈판소리의 공연 양식과 정서〉, 《공연문화연구》10집, 한국공연문화학회, 427~446쪽.

(2011), 〈판소리 공연학 총론〉, 《공연문화연구》23집, 한국공연문

화학회, 159~183쪽.

정노식(1940), 《조선창극사》, 경성: 조선일보사.

정병욱(1981), 《한국의 판소리》, 서울: 집문당.

정병헌(1998), 〈'춘향전' 공연과 창극의 지향〉, 《판소리연구》9집, 판소리학회, 55~76쪽.

(2007), 〈창극과 마당극의 판소리 수용 양상〉, 《한국어와 문화》2집, 숙명여자대학교 한국어문화연구소, 105~122쪽.

정병호(1994), 《농악》, 서울: 열화당.

정봉익(1986), 〈일본 신파극의 한국 이식에 관한 연구〉, 단국대 국문과 석사논문.

정상박(1986), 《오광대와 들놀음 연구》, 서울: 집문당.

(1993), 〈한국 탈놀음의 갈래〉, 《문학한글》7호, 한글학회, 119~142쪽.

정승모(1981), 〈마을 공동체의 변화와 당제〉, 《한국문화인류학》13집, 한국문화인류학회, 137~157쪽.

외(2001), 《동양 전통연극의 미학》, 서울: 현대미학사.

정충성(2003), 〈서사무가 '장자풀이' 연구〉, 원광대학교 교육대학원 석사논문.

정치창(1989), 《서사극·마당극·민족극》, 서울: 창작과비평사.

정하영(1983), 〈잡극 심청왕후전고〉, 《동방학지》36~37집, 연세대 국학연구원, 509~531쪽.

정현석 지음, 성무경 역주(2002), 《교방가요敎坊歌謠》, 서울: 보고사.

정형호(1988), 〈굿에서 가면극으로의 변이양상 연구〉, 중앙대 석사논문.

(2008), 《한국 전통연희의 전승과 미의식》, 서울: 민속원.

조동일(1977), 〈무당굿놀이, 꼭두각시놀음, 탈춤〉, 《연극평론》16호 여름호, 5~24쪽.

(1979), 〈판소리의 전반적 성격〉, 《판소리의 이해》, 서울: 창작과

비평사, 11~28쪽.

(1979), 《탈춤의 역사와 원리》, 서울: 홍성사.

(1980), 《구비문학의 세계》, 서울: 새문사.

(1994), 《한국문학통사》(3판) Ⅰ~Ⅴ, 서울: 지식산업사.

(1997), 《카타르시스, 라사, 신명풀이》, 서울: 지식산업사.

(2006), 《탈춤의 원리 신명풀이》, 서울: 지식산업사.

조동일·김흥규 편(1978), 《판소리의 이해》, 서울: 창작과비평사.

조 성(1965), 〈무속과 광대〉, 한국문화인류학회 제33회 발표회 발표문.

조우식(1938), 〈무대장치의 태도〉, 《막》2호(3월호).

조흥윤(1987), 〈한국무속의 세계와 성격〉, 《한국의 기층문화》, 서울: 한길사, 163~190쪽.

차범석(1991), 〈일본의 신파연극이 한국연극에 미친 영향〉, 《예술원논문집》30집, 대한민국예술원, 187~218쪽.

차봉희(1981), 《현대사조 12장》, 서울: 문학사상사.

차주환(1976), 《당악연구》, 서울: 범학도서.

채명석(1990), 〈미생물도 베토벤이 좋다〉, 《시사저널》9월 6일자 66쪽.

채희완(1988), 〈굿과 놀이와 마당굿〉, 《한국무용연구》6집, 한국무용연구회, 45~50쪽.

(2012), 〈민족춤의 기조基調를 어디에 둘 것인가>, 《공연과 리뷰》77호, 현대미학사, 110~114쪽.

천이두(1989), 〈시김새와 이면에 대하여〉, 《민족음악학보》4집, 전주: 한국민족음악학회, 5~41쪽.

(1985), 〈한과 판소리〉, 《한국문학과 한》, 서울: 이우출판사, 35~51쪽.

최길성(1972), 〈무가 거리굿〉, 《서낭당》3집, 한국민속극연구소 편, 도서출판 나래, 183~221쪽.

(1978), 〈부락제의 구조 및 기능〉, 《한국무속의 연구》, 서울: 아

세아문화사, 쪽수 미상.

(1981), 《한국무속론》, 서울: 형설출판사.

외(1971), 《한국민속종합조사보고서》(전북편), 문화재관리국.

최남선(1947), 《조선상식문답》, 서울: 동명사

최동현(1987), 〈민족음악의 장단에 있어서 '맺음'과 '풀음'에 관하여〉, 《민족음악학보》1집, 전주: 한국민족음악학회, 5~24쪽.

(1989), 〈판소리의 민족음악학적 연구〉, 전북대 박사논문.

(1991), 《판소리 연구》, 서울: 문학아카데미사.

최상수(1961), 《한국 인형극 연구》, 서울: 고려서적주식회사.

(1985), 《산대山臺·성황신제 가면극의 연구》, 서울: 성문각, 178~181쪽.

외(1974), 《한국 민속학 개설》, 서울: 민중서관.

최승범(1967), 〈호남가湖南歌에 대한 소고〉, 《논문집》9집, 전북대학교, 47~60쪽.

(1999), 〈조선시대 선비의 멋〉, 《전북사학》21집, 전북사학회, 3~9쪽.

최원식(1978), 〈개화기의 창극운동과 '은세계'〉, 《판소리의 이해》, 서울: 창작과비평사, 300~322쪽.

(1982), 〈'장한몽'과 위안으로서의 문학〉, 《민족문학의 논리》, 서울: 창작과비평사, 68~94쪽.

최정선(1989), 〈판소리 추임새〉, 《민족음악학보》5집, 전주: 한국민족음악학회, 5~41쪽.

최행귀 외(1964), 《우리나라 고전 작가들의 미학 견해 자료집》, 평양: 조선문학예술동맹출판사.

최혜진(1997), 〈신재효의 〈허두가〉에 나타난 세계인식과 그 의미〉, 《판소리연구》8집, 판소리학회, 281~303쪽.

카프라, 프리조프 지음, 이성범·김용정 옮김(1994), 《현대물리학과 동양

사상》, 서울: 범양사.

크로포드, J. L. & 스나이저, 조안 지음, 양광남 옮김(1998), 《연기》, 서울: 예하.

클리포드, 제임스 외 지음, 이기우 옮김(2000), 《문화를 쓴다》, 서울: 한국문화사, 17~57쪽 참조.

키스터, 다니엘 A.(1977), 〈무당 몸짓의 상징적 언어〉, 《문학사상》9월호(통권60호), 문학사상사.

(1986), 《무속극과 부조리극-원형극에 관한 비교연구》, 서강대출판부.

(1994), 〈굿의 연극적 특성〉, 《한국민속학보》4집, 한국민속학회, 251~279쪽.

탁석산(2000), 《한국의 정체성》, 서울: 책세상.

터너, 빅터 지음, 김익두 외 옮김(1996), 《제의에서 연극으로》, 서울: 현대미학사.

톰킨스, 피터 외 지음, 황금용·황정민 옮김(1992), 《식물의 정신세계》, 서울: 정신세계사.

하효길(2004), 《풍어제 무가》, 서울: 민속원.

외(1984), 《위도蝟島의 민속: 대리大里 원당제願堂祭 편》(민속박물관총서Ⅱ), 서울: 국립 민속박물관.

외(1985), 《위도蝟島의 민속: 상제례·장제·민간의료·민요·설화 편》(민속박물관총서Ⅲ), 서울: 국립 민속박물관.

외(1987), 《위도蝟島의 민속: 당제(진리鎭里 및 식도食島)·가신신앙·세시풍속·통과의례 편》(민속박물관 총서Ⅰ), 서울: 국립 민속박물관.

한국고전문학연구회 편(1983), 《근대문학의 형성과정》, 서울: 문학과지성사.

한국공연문화학회 편(2006), 《영산재의 공연문화적 성격》, 서울: 박이정.

한국비평문학회 편(1990), 《북한 가극·연극 40년》, 서울: 신원문화사.

한국연극학회 편(2010), 《퍼포먼스 연구와 연극》, 서울: 연극과인간.

한로단(1937), 〈연출론〉, 《조광》26호(12월호).

한상철(1970), 〈잔혹연극론〉, 《연극평론》1호, 서울: 연극평론사, 쪽수 미상.

한옥근(1994), 〈일본 신파극의 한국 이식에 관한 연구〉, 《한국언어문학》33집, 한국언어문학회, 321~339쪽.

한우근(1987), 《한국통사》, 서울: 을유문화사.

한 효(1937), 〈극작활동의 신전망〉, 《조선문학》1월호.

한 효(1956), 《조선 연극사 개요》, 평양: 국립출판사.

허 규(1988), 〈놀이마당, 마당놀이의 발상〉. 〔이상일 엮음(1988), 《놀이문화와 축제》, 성균관대출판부, 69~81쪽에 재수록〕.

허 술(1974), 〈전통극의 무대공간〉, 《창작과 비평》22호, 창작과비평사, 340~365쪽.

(1975), 〈인형극의 무대〉, 《창작과 비평》38호, 창작과비평사, 213~238쪽.

허동성(1991), 〈인도 민속극의 제의적 성격에 관한 연구〉, 중앙대 연극영화학과 석사논문.

옮김(1997), 《인도연극의 전통과 미학》, 서울: 동양 공연예술 연구소.

허원기(2001), 〈신재효의 세 가지 발언-생명사상의 문학적 변용을 중심으로〉, 《판소리연구》12집, 판소리학회, 111~136쪽.

(2001), 〈판소리의 신명풀이 미학〉, 서울: 박이정.

허정주(2011), 〈한국 곡예/서커스의 공연민족지적 연구〉, 전북대 국문과 박사논문.

허정주(2012), 〈한국 곡예/서커스의 역사적 전개 양상에 관한 역사기호학적 시론〉, 《비교민속학》49집, 비교민속학회, 269~299쪽.

현용준(1986), 《제주도 무속 연구》, 서울: 집문당.

홀, 칼빈 S. 지음, 이용호 옮김(1980), 《프로이트 심리학 입문》, 서울: 백조사.

(1980), 《정신분석 입문》, 서울: 백조출판사.

홍윤식(1976), 《한국 불교의례 연구》, 東京: 隆文館.

(1980), 《불교와 민속》, 동국대 역경원.

(2003), 《영산재》, 서울: 대원사.

홍태한(2004), 《서울 진오기굿》, 서울: 민속원.

(2007), 《서울굿의 양상과 의미》, 서울: 민속원.

홍해성(1934), 〈연출론에 대하야〉, 《극예술》12월호.

홍현식 외(1967), 《호남농악》, 문화재관리국.

황루시(1987), 〈무당굿놀이 연구-제의적 요소를 중심으로 한 민속 연희와의 비교 고찰〉, 이화여대 박사논문.

(1988), 《한국인의 굿과 무당》, 서울: 문음사.

(2001), 《진도 씻김굿》, 대전: 국립문화재연구소.

외(1983), 《한국민속종합조사보고서》(무의식편), 문화재관리국.

황패강(1983), 〈한국 문학사와 근대〉, 《근대문학의 형성과정》,한국고전문학연구회 편, 서울: 문학과지성사, 47~74쪽.

2. 국외논저

菅井幸雄(1979), 《近代日本演劇論爭史》, 東京: 未來社.

宮尾慈良(1987), 《亞細亞 舞踊の人類學》. 〔심우성 옮김(1991), 《아시아 무용의 인류학》, 서울: 동문선〕.

鄧綏甯(연도 미상), 《中國戲劇史》. 〔강계철 편역(1993), 《중국희극사》,서울: 명지출판사〕.

廖　奔(1994), 《中國古代劇場史》, 河南: 中洲古籍出版社.

余英時(1989), 《從價值系統看中國文化的現代意義》. 〔김병환(2007), 《동양적 가치의 재발견》, 서울: 동아시아〕.

鈴木忠志(1988), 《演劇とわ何か》, 東京: 岩波新書(新赤版) 32. 〔김의경옮김(1993), 《스즈키 연극론》, 서울: 현대미학사〕.

吳祖光·黃佐臨 外(1981), 《京劇與梅蘭芳》, 北京: 新世界出版社. 〔김의경 옮김(1993), 《경극과 매란방》, 서울: 지성의샘〕.

王國維(1974), 《宋元戲曲考》, 臺北: 藝文印書館.

俞爲民(2001), 〈論中國曲的藝術形態及美學特征〉, 《고전희곡연구》3집, 한국고전희곡학회, 323~365쪽.

李 漁(1975), 《閑情偶寄》, 臺灣: 臺灣時代書局.

赤松智城·秋葉 隆(1937), 《朝鮮巫俗の研究》. 〔심우성 옮김(1991), 《조선무속의 연구》상·하, 서울: 동문선〕.

正宗敦夫 編(1928), 〈伎樂〉, 《教訓抄》上, 東京: 출판사 및 쪽수 미상.

村山智順(1937), 《部落祭》, 京城: 朝鮮總督府.

秋葉 隆(1954), 《朝鮮民俗誌》. 〔심우성 옮김(1993), 《조선민속지》, 서울: 동문선.

Abrahams, Roger D.(1970), "A performance-centered approach togossip", *Man, New Series* 5(2): pp.290~301.

Albright, Ann Cooper(1998), "Strategic abilities: negotiating the disabled body indance", *Michigan Quarterly Review* 37:(2): pp. 475~501.

Alice, Rayner(1993), "Subjectivity, community, and the ethics of listening", in *Journal of Dramatic Theory and Criticism* 7(2): pp.3~24.

Allsop, Ric(1999), "Performance writing", *Performing Arts Journal* 21(1): pp.76~80.

Aristotle(1955), *de arte poetica* (corrected by Bywater), Oxonii: E Typographeo Clarendoniano. 〔손명현 옮김(1975), 《시학》, 서울: 박영사〕.

Artaud, Antonin(1938), *Théâtre et son Double*, Paris: Librairie Gallimard. 〔박형섭 옮김(1994), 《잔혹연극론》, 서울: 현대미학사〕.

(1958), *The Theater and Its Double*, trans. Richards, Mary Caroline, New York: Grove Press Inc.

Attali, Jacques(1977), *Noise-The Political Economy of Music*, (Translation by Brian Massumi), University of Minnesota Press.

Auslander, Philip(1997a), "Legally live", *TDR: The Journal of Performance Studies* 41(2): pp.9~29.

ed.(1997b), *From Acting to performance: Essay in Modernism and Postmodernism*, London: Routledge.

ed.(1999), *Liveniss: Performance in a Mediatized Culture*, London: Routledge.

ed.(2003), *Performance: Critical Concepts in Literary and Cultural Studies Ⅰ~Ⅲ*, London & New York: Routledge.

ed.(2008), Theory for Performance Studies: A Student's Guide, London & New York: Routledge.

Austin, Gayle(1990), *Feminist Theories for Dramatic Criticism*, Ann Arbor: The University of Michigan. 〔심정순 옮김(1995), 《페미니즘과 연극비평》, 서울: 현대미학사〕.

Austin, J. L.(1975), "Lecture I", in *How to Do Things with Words*, 2nd edn, J. O. 〔김영진 옮김(1992), 《말과 행위: 오스틴의 언어철학 의미론 화용론》, 서울: 서광사〕.

Bakhtin, Mikhail(1986), *Speech Genres and Other Late Essays*, trans. Vern W. McGee, Austin: University of Texas Press.

Barba, Eugenio(1982), "Theatre Anthropology", in *Drama Review* Vol.26, No.2.

Barba, Eugenio and Savarese, Nicola(1991), *A Dictionary of Theatre Anthropology: The Secret Art of the Performer*, London & New

York: Routledge.

(1993), *Le Canoe de Papier: Traite d'Anthropologie Theataie*, Lectoure: Bouffonneries. 〔안치운·이준재 옮김(2001), 《종이로 만든 배: 연극인류학》, 서울: 문학과지성사〕.

Barthes, Roland(1977), "The Death of Author", in *Image-Music-Text*, translated by Stephen Heath, London: Fontana.

Barthes, Roland(1984), "Jeunes Chercheurs" in *Le Bruissement de Langue*, Paris: Le Seuil.

Bauman, Richard(1975), "Verbal art as performance", *American Anthropologist* 77

Baxandall, Lee(1969), "Spectacles and scenarios: a dramaturgy of radical activity", in *The Drama Review* 13(4): pp.52~71.

Bédouin, Jean-Louis(1961), *Les Masques*, Paris: 출판사 미상. 〔이강렬 옮김(1986), 《가면의 민속학》, 서울: 경서원〕.

Bell, Elizabeth(1933), "Performance studies as women's work: historicalsights /sites/citations from the margin", *Text and Performance Quarterly* 13(4): pp.350~374.

Benamou, Michel & Caramello, Chales eds.(1977), *Performance in Postmodern Culture*, University of Wisconsin-Milwaukee: Coda Press Inc.

Bennett, Susan(1990), *Theatre Audiences: A Theory of Production and Reception*, London & New York: Routledge.

Benston, Kimberly W.(2000), "Prologue: performing blackness", in *Performing Blackness: Enactments of African-American*, Modernism, London: Routledge, pp.1~21.

Bernard, H. Russell(1988), *Research Methods In Cultural Anthropology*, Sage Publications.

Bharatamuni(1989), *The Natya Sastra of Bharatamuni*, trans. A Board of Scholars, Delhi: Sri Satguru Publications.

Bharucha, Rustom(1990), *Theatre and the World: Performance and the Politics of Culture*, London & New York: Routledge.

Bharucha, Rustom(1996), "Under the sign of the onion: intracultural negotiations in theatre", *New Theatre Quarterly* 12(46): pp.116~129.

Birdwistell, Ray L.(1952), *Introduction to Kinesics*, Louisville: University of Louisville Press.

(1964), "Body Behavior and Communication" in *International Encyclopedia of the Social Science*, New York: The Free Press, pp.379~385.

(1970), *Kinesics and Context: Essays on Body Motion Communication*, Philadelphia: University of Pennsylvania Press.

Blacking, John(1974), *How Musical is Man?*, University of Washington Press. 〔이기우 옮김(1988), 〈인간은 어떻게 음악적인가?〉, 《民族音樂學報》3집, 한국민족음악학회편, 전주 신아출판사, 39~140쪽〕.

Blau, Herbert(1982), *Take Up th Bodies: Theater at the Vanishing Point*, Urbana: University or Illinois Press.

(1985), "Odd, anonymous needs: the audience in a dramatized society(Part One)", *Performing Arts Journal* 9(2/3): pp.199~212.

Boal, Augusto(1974), *Theatre of the Oppressed*, New York: Theatre Communications Group. 〔민혜숙 옮김(1985) 《민중연극론》, 서울: 창작과비평사〕.

Borie, Monique and Rougemont, de Martine(1982), *Esthtique Théâtrale*, Paris: Edition Sedes. 〔홍지화 옮김(2003), 《연극미학》, 서울: 동문선〕.

Brailoiu, C. & Others(1973), *Probl mes d'ethnomusicologie*, Genve: Minkoff Reprint. 〔이기우 편역(1994), 《민속음악》, 전주: 신아출판사〕.

Brăiloiu, Constantin(1949), "Le folklore musical", *Problems d'ethnomusicology*. 〔이

기우 옮김(1989), 〈민속음악〉, 《民族音樂學報》5집, 한국민족음악학회 편, 전주: 신아출판사, 쪽수 미상〕.

Brecht, Bertolt(1964), *Brecht on Theatre*, edited & translated by J. Willett, Methuen. 〔김기선 옮김(1989), 《서사극이론》, 서울: 한마당〕.

Broadhurst, Susan(1999), *Liminal Act: A Critical Overview of Contemporary Performance and Theory*, London & New York: Cassell.

Brockett, Oscar G.(1979), *The Theatre: An Introduction*, New York: Holt, Rinehart & Winston, Inc. 〔김윤철 옮김(1989), 《연극개론》, 서울: 한신문화사〕.

Brockett, Oscar G. and Hildy, Franklin J.(2007), *History of the Theatre*, Boston: Allyn and Bacon.

Brook, Peter(1968), *The Empty Space*. 〔김선 옮김(1989), 《빈 공간》, 서울: 도서출판 청하〕.

(1973) "On Africa (an Interview)", *Drama Review* p17, 3.

Burke, Kenneth(1957), "Ritual drama as 'hub'", in *The Philosophy of Literary Form: Studies in Symbolic Action*, New York: Vintage Books, pp.87~113.

(1969), *A Grammar of Motives*, Berkeley: University of California Press.

Butler, Judith(1988), "Performative acts and gender constitution: an essay in phenomenology and feminist theory", in *Theatre Journal* 40(4): pp.519~531.

Caillois, Roger(1967), *Les jeux et les hommes,* Paris: Gallimard. 〔이상률 옮김(1994), 《놀이와 인간》, 서울: 문예출판사〕.

Capra, Fritjof(1975), *The Tao of Physics : An Exploration of the Parallels Between Modern Physics and Eastern Mysticism*. 〔이성범·김용정 옮김(1979), 《현대 물리학과 동양사상》, 서울: 범양사 출판부〕.

Carlson, Marvin(1985), "Theatrical performance: illustration, translation, fulfillment, or supplement", *Theatre Journal* 37(1): pp.5~11

(1993), *Bodies That Matter: On the Discursive Limits of Sex*, New York: Rotledge.

(1993), *Theories of the Theatre: A Historical and Critical Survey, from the Greeks to the Present* (Expanded Edition), Ithaca and London: Cornell University Press. 〔김익두·최낙용 외 옮김(2004), 《연극의 이론》, 서울: 한국문화사〕.

(1996), *Performance: A Critical Introduction*, London: Routledge.

(2001) "Theatre and performance at a time of shifting disciplines", *Theatre: Research International* 26(2): pp.137~144, Theatre Journal 47(1): pp.1~18.

Case, Sue-Ellen(1995), "Performing lesbian in thespace of technoloy", in *Theatre Journal* 47(1): pp.1~18.

Cassirer, Ernst(1944), *An Essay on Man: An Intriduction to a Philosophy of Human Culture*, New Heaven: Yale University Press. 〔최명관 옮김(1979), 《인간이란 무엇인가》, 서울: 전망사〕.

Causey, Matthew(1999), "The Screen test of th double: the uncanny performer in the space of technology", *Theatre Journal* 51(4): pp.383~394

Chaudhuri, Una(1994), "There must be a lot of fish in that lake: toward an ecological theater", *Theater* 25(1) pp.23~31.

Chin, Daryrl(1989), "interculturalism, postmodernism, plualism", *Performing Arts Journal* 11(3)/12(1): pp.163~175.

Clifford, James & Marcus, George E. eds.(1986), *Writing Culture: The Poetics and Politics of Ethnography*, Berkeley & Los Angeles: University of California Press. 〔이기우 옮김(2000), 《문화를 쓴다》, 서울: 한국문화사〕.

Cole, Toby & Chinoy, Helen Krich eds.(1954), *Actors on Acting,* New York:

Crown Publishers, Inc.

(1963), *Directors on Directing*, Indianapolis: Bobbs-Merrill Educational Publishing.

Compeanu, Pavel(1975), "Un role secondaire : le spectateur", in *Semiologie de la representationm Editions Comlexe*, pp.96~111. 〔이인성 옮김(1988), 《연극의 이론》, 서울: 청하, 325~340쪽〕.

Conquergood, Dwight(1985), "Performing as a Moral Act: Ethical Dimensions of the Ethnography of Performance.", *Literature in Performance* 5(2).

(1991), "Rethinking Ethnography: Towards a Critical Cultural Politics", in *Communication Monographs*, vol. 58, pp.180~190.

Copeland, Roger(1990), "The Presence of meditation", *TDR: The Journal of Performance Studies* 34: pp.28~44.

Counsell, Colin & Wolf, Laurie eds.(2001), *Performance Analysis*, London & New York: Routledge.

Cox, Harvey(1969), *The Feast of Fools*, Boston: Harvard University Press. 〔김천배 옮김(1973), 《바보제》, 서울: 현대사상사〕.

Crease, Robert. P(1993), "performance and production: The relation between science as inquiry and science as cultural practice", in *The play of Nature: Experimentation as Performance,* Bloomington: Indiana University Press, pp.158~177

Crow, Brian & Banfield, Chris(1996), *An Introduction to Post-colonial Theatre*, Cambridge: Cambridge University Press.

Croyden, Margaret(1974), *Lunatics, Lovers, and Poets : The contemporary experimental theatre*, New York: McGraw-Hill Book Company. 〔송혜숙 옮김(1992), 《현대연극개론》, 서울: 한마당〕.

Dallet, Claude Charles(1947), *Histoire De L'Englise De Corée*, 출판사 미상. 〔정

기수 옮김(1981), 《조선 교회사 서설》, 서울: 탐구당〕.

Dasguptam Gautam(1985), "From scince to Theatre: dramas of speculative thought", *Performing Arts Journal* 9(2/3): pp.237~246.

De Marinis, Marco(1987), "Dramaturgy of the spectator", *TDR: The Journal of Performance Studies* 31(2): pp.100~114.

Deleuze, Gilles & Guattari, Flix(1972), *L'Anti-Oedipe*, Paris: Editions de Minuit.

Derrida, Jacques(1987), "The Theater of cruelty and the closure of representation", in *Writing and Difference*, Alan Bass(Trans), Chicago: University Chicago Press, pp.232~250.

Desmond, Jane. C.(1993~4), "Embodying difference: issues in dance and cultural studies", *Cultural Critique* 26: pp.33~63.

Deutsch, Eliot(1975), *Studies in Comparative Aesthetics*, Honolulu: University of Hwaii Press. 〔민주식 옮김(2000), 《비교 미학연구》, 서울: 미술문화〕.

Diamand, Elin(1988), "Breachtian Theory/femenist theory": toward a gestic femenist criticism", *TDR: The Journal of Performance Studies* 31(2): pp.82~94.

edited.(1996), *Performance and Cultural Politics*, London & New York: Routledge.

Dicki, George(1971), *Aesthetics: An Introduction*, New York: Pegasus. 〔오병남·황유경 옮김(1980), 《미학입문》, 서울: 서광사〕.

Diderot, Denis(1883), *The Paradox of Acting*, trans. Walter H. Pollock, London: Chatto & Windus, Reprint(2007).

Dolan, Jill(1987), "The dynamics of desire: sexuality and gender in pornography and performance", *Theatre Journal* 39(2): pp.82~94.

(1993), "Geographics of Learning: Theatre Studies, Performance, and the

'Performative'", *Theatre Journal*, vol. 45, pp.432~442.

Dukore, Bernard F.(1974), *Dramatic Theory & Criticism*, New York: Holt, Rinehart & Winston, Inc.

Elam, Keir(1980), *The Semiotics of Theatre and Drama*, London & New York: Methuen. 〔이기한·이재명 옮김(1998), 《연극과 희곡의 기호학》, 서울: 평민사〕.

Eliade, Mircea(1945), *Shamanism: Archaic Techniques of Ecstasy*, 출판사 미상. 〔이윤기 옮김(1992), 《샤머니즘-고대적 접신술》, 서울: 까치〕.

Eliade, Mircea(1959), *The Sacred & The Profane,* New York: Harcourt Brace. 〔이동하(1983), 《성과 속-종교의 본질》, 서울: 학민사〕.

(1988), *Literacy & Orality,* OxfordBasil Blackwell

Erickson, Jon(1990), "The body as the object of mordern performance", *Journal of Dramatic theory and criticism*, 5(1): pp.231~245.

Eugenio Barba(1982), "Theatre Anthropology", *Drama Review* 94, 2: pp.5~32.

Feld, Steven(1982), *Sound and Sentiment*, Philadelphia: University of Pennsylvania Press.

Feral, Josette(1982), "Performance and Theatricality: the subject demystified", Terese Lyons(trans), *Modren Drama* 23(1): pp.171~181.

Fergusson, Francis(1949), *The Idear of Theatre: The Art of Drama in Changing Perspective*, Princeton: Princeton University Press. 〔이경식 옮김(1980), 《연극의 이념》, 서울: 현대사상사〕.

Finnegan, Ruth(1977), *Oral Poetry*, Cambridge: Cambridge University Press.

Fischer-Lichte, Erika(1997), "Performance art and ritual: bodies in performance", *Theatre Reseach International* 22(1): pp.22~37.

Forte, Jeannie(1998), "Woman's performance art; feminism and postmodernism", *Theatre Journal* 40(2): pp.217~235.

Foster, Susan Leigh(1998), "choreographies of gender", *Signs* 24(1): pp.1~34.

Freedman, Barbara(1988), "Frame–up; feminism, psychoanalysis, theatre", *Theatre Journal* 40(3): pp.375~307.

Freytag, Gustav(1886), *Die Technik des Dramas*. 〔임수택·김광요 옮김(1992), 《드라마의 기법》, 서울: 청록출판사〕.

Fried, Michael(1967), "Art and objecthood", *Art Forum* 5(10): pp.12~23.

Freud, Sigmund(1935) : *A General Introduction to Psychoanalysis, tans, Joan Riviere*, New York: Garden City Publishing Company Inc. 〔김성태 역(1976), 《정신분석 입문》, 서울: 삼성출판사〕.

Fuchs, Elinor(1985), "Presonce and the revenge of writing: rethinking theatre after derrida", *Performing Arts Journal* 9(2/3): pp.163~173.

Gabarinom, M. S.(1953), *Sociocultural Theory in Anthropology: A Short History*, New York : Holt. 〔한경구·임봉길 옮김(1994), 《문화인류학의 역사》, 서울: 일조각〕.

Gandhi, Leela(1998), *Postcolonial Theory: a Critical Introduction*, Australia: Allen & Unwin. 〔이영욱 옮김(2000), 《포스트식민주의란 무엇인가》, 서울: 현실문화연구〕.

Garner, Stanton B.(1994) *Bodied Spaces: Phenomenology and Performance in Contemporary Drama*, Ithaca & London: Cornell University Press.

Geertz, Clifford(1966), "Religion as a cultural system", In Michael Banton, ed., *Anthropological Approaches to the Study of Religion*, London : Tavistock.

(1973), *The Interpretation of Cultures*, New York: Basic Books. 〔문옥표 옮김(2009), 《문화의 해석》, 서울: 까치〕.

(1979), "Blurred genres: the refiguration of social thought". *The American Scholar* 49(2): pp.165~179.

(1983), *Local Knowledge: Further Essays in Interpretive Anthropology*, US: Basic Books Inc.

Gerould, Daniel ed.(2000), *Theatre/Theory/Theatre: The Major Critical Texts from Aristotle and Zeami to Soyinka and Havel*, New York and London: Applause.

Gilbert, Helen & Tompkins, Joanne(1996), *Post-Colonial Drama: Theory, Practice, Politics*, London and New York: Routledge.

Godlovithch, Stan(1993), "The intergrity of musical performance", *The Journal of Aesthetics and Art Criticism* 51(4): pp.573~587.

Goffman, Erving(1958), "Introduction", in *The Presentation of Self in Everyday life*, New York: Doubleday, pp.1~16

(1959), *The Presentation of Self in Everyday Life*, New York: Doubleday. 〔김병서 옮김(1987), 《자아표현과 인상관리》, 서울: 경문사〕.

(1967), *Interaction Ritual*, New York: Pantheon Books.

(1979), *Gender Advertisement*, New York: Harper & Row.

Goldburg, Rose Lee(1988), *Performance Art-from Futurism to the Present*, London: Thamse and Hudson.

(1998), *Performance: Live Art Since the 60s*, London: Thamse and Hudson.

Gouhier, Henri(1943), *L'Essence du Théâtre*, Paris: Plon. 〔박미리 옮김(1996), 《연극의 본질》, 서울: 집문당〕.

Gracyk, Theodore(1997), "Listening to music: Performances and recondings", *The Journal of Aesthetics and Art Criticism* 55(2): pp.139~151.

Graver, David(1997), "The Actor's Bodies", *Text and Performance Quartely* 17(3): pp.221~235.

Grossberg, Lawrence & Others(1992), *Cultural Studies*, New York & London: Routledge. 〔이기우 편역(1998), 《문화연구》, 서 울: 한국문화사〕.

Grotowski, Jerzy(1969), Towards a Poor Theatre, edited by E. Barba, London: Methuen. 〔고승길 옮김(1987), 《가난한 연극》, 서울: 교보문고〕.

Harding, Frances(1999) "Presenting and representing the self: from not-acting to acting in African performance", The Journal of Performance Studies43: pp.118~135.

Hartnoll, Phyllis(1985), A Concise History of the Theatre, New York: Harry N. Abrama. 〔심우성 옮김(1990), 《연극의 역사》, 서울: 동문선〕.

Hauser, Anold(1978), Soziologie der Kunst, Muchen: C. H. Beck. 〔최성만·이병진 역(1983), 《예술의 사회학》, 서울: 한길사〕.

Hawes, Leonard C.(1998) "Becoming other-wise: conversational performance and the Politics of experience", *Text and Performance Quartely* 18(4): pp.273~299

Henderson, Creig E.(1988), *Kenneth Burke: Literature and Language as Symbolic Action*, Athens and London: The University of Georgia Press.

(1988), *Kenneth Burke: Literature and Language as Symbolic Action*, Athens & London: The University of Georgia Press.

Henkmann, Wolfhart(1991), *Lexikon der Esthetik*. 〔김진수 옮김 (1998), 《미학사전》, 서울: 예경〕.

Hernadi, Paul(1972), *Beyond Genre*, Ithaca & London: Cornell University Press.

Herris, Janet C., Roberta J. Park(1983), *Play, Games, and Sports*, Illinois: Human Kinetics Publishers Inc.

Hibbits, Benard(1995), "Making motions: the embodiment of raw in gesture", *Journal of Contemparary Legal Issues* 6, pp.51~58.

Hillbert, Richard A.(1990), "The efficacy of performance science: comment on McCall and Becker", *Social Problems* 37(1): pp133~135.

Hodgson, Terry(1988), *The Batsford Dictionary of Drama*, London: B. T. Batsford Ltd. 〔김익두 외 옮김(1998), 《연극용어사전》, 서울: 한국문화사〕.

Hsü Tao-Ching(1985), *The Chinese Conception of the Theatre*, Seattle &

London: University of Washington Press.

Huizinga, Johan(1955), *Homo Ludens*, Boston: The Beacon Press. [김윤수 옮김(1993), 《호모 루덴스》, 서울: 까치]

Inoura, Yoshinobu & Kawatake, Toshio(1981), *Theatre of Japen*, New York & Tokyo: Weather Hill.

Iser, Wolfgang(1978), *The Act of Reading: A Theory of Aesthetic Response*, Baltimore & London: The Johns Hopkins University Press.

Jackson, Shannon(2001b), "Professing performance", *TDR: The Journal of Performance Studies* 45(1) pp.84~95.

(2001b), "Why modern plays are not culture: disciplinary blind spots", *Modern Drama* 44: pp.31~51.

Jenks, Chris(1993), *Culture*, New York & London: Routledge. [김윤용(1996), 《문화란 무엇인가》, 서울: 현대미학사].

Johnson E. Patrick(1995), "Snap! culture; a different kind of 'reading'" *Text and Performance Quartely* 15(2): pp.122~142.

Johnson, Mark Leonard(1987), *The Body in the Mind*, Chicago and London: The University of Chicago Press. [이기우 옮김(1992), 《마음속의 몸》, 서울: 한국문화사].

Joseph, Miranda(1998), "The Performance of production and consumption", *Social Text* 16(1): pp.25~61.

Karples, Maud(1973), *An Introduction to English Folk Song*, Oxford: Oxford University Press.

Kaye, Nick(1994), "British Live Art"("Live Art: Definition & Documentation") *Contemparary Theatre Review* 2(2): pp.1~7.

Kershaw, Baz(1997), "Fighting in the sreets: dramaturgies of popular protest 1968~1989", *New Theatre Quarterly* 13(3): pp.255~276.

Kirby, E. T. (1969), *Total Theatre*, New York: E. P. Dutton & Co.,Inc.

(1973), "Shamanism and Theatre", 출판 간행기 미상. 〔김문환 역(1976), 〈샤머니즘과 연극〉, 《연극평론》14호, 연극평론사, 15~34쪽〕.

(1975), *Ur-Drama: The Origins of Theatre*, New York: New York University Press.

(1976), *Ur-Drama: The Origins of Theatre*, New York University Press.

ed.(1969), *Total Theatre: A Critical Anthology*, New York: EP. Dutton & Co.,Inc.

Klever, Elizabeth(1995), "Spectatorial theory in the age of media culture", *New Theatre Quarterly* 11(44): pp.309~321.

Klotz, Volker(1968), *Geschlossene und offene Form im Drama*, Muenchen: Hanser. 〔송윤엽 편역(1981), 《현대희곡론-개방희곡과 폐쇄희곡》, 서울: 탑출판사〕.

Kobialk, Michal(1996), "Historical events and the historiography of tourism", *Journal of theatre and Drama* 2: pp.153~174.

Kolankeiwicz, Leszek(1978), *On the Road to Active Culture: The Activities of Grotowski's Theater Laboratory Institute in Years 1970~1977*, trans. Boleslaw Toborski, Publication of Laboratory Theatre.

Kubiak, Anthony(1987), "Disappearence as history: the stages of terror", *Theatre of Journal* 39(1): pp.78~88.

Lange, Roderyk(1975), *The Nature of Dance*, London: Macdonald and Evans Ltd.〔최동현 옮김(1988), 《춤의 본질》, 전주: 도서출판 신아〕.

Leitch, Vincent B.(1983), *Deconstructive Criricism; An Advanced Introduction,* New York: Columbia University Press.

Lendricchia, Frank & McLaughlin, Thomas eds.(1990), *Critical Terms for Literary Study*, Chicago: The University of Chicago Press. 〔정정호

외 옮김(1990), 《문학연구를 위 한 비평용어사전》, 서울: 한신문화사〕.

Lex, Barbara(1979), "The Neurobiology of Ritual Trance" in *The Spectrum of Ritual* by Eugene G. d'Aquili, Charles D. Laughlin, Jr., and John McMans, New York: Columbia University Press.

Lomax, Alan(1968), *Folk Song Style and Culture*, Washington D.C.: American Anthropologist for the Advancement ofScience Publication.

Lyotard, Jean-Francois(1974), *Economie Libidinale*, Paris: Editions de Minuit.

(1976), "The tooth The palm", Anne Knap Michel Benamou(trans), *Substance* 15: pp.105~110.

Mackerras, Colin(1983), *Chinese Theatre*, Honolulu: University of Hwaii Press.

Marranca, Bonnie & Dasgupta, Gautam eds.(1991), *Interculturalism and Performance: writing from PAJ*, New York: PAJ Publications.

McCall, Michal M. & Becker, Howard (1990), "performance science", *Social Problems* 37(1): pp.117~132.

McKenzi, Jon(1994), "Virtual Reality: performance, immersion, and the Thaw", *TDR: The Journal of Performance Studies* 38(4): pp.83~106.

(2001), *Perform or Else: From Disciplone to Performance*, London: Routledge.

McLuhan, Marshall(1964), *Understanding Media: The Extentions of Man*, New York: The New American Library, A Signet Book.

Meduri, Avanthi(1992) "Western feminist Theory, Asian Indian performance and a notion of agency", *Woman and Performance* 5(2): pp.90~103.

Merleau-Ponty, Maurice(1945), *Phenomenologie de la Perception*, Paris: Gallimard. 〔류의근 옮김(2002), 《지각의 현상학》, 서울: 문학과지성사〕.

Merriam, A. P.(1964), *The Anthropology of Music*, Northwestern University Press.

〔이기우 옮김(1988), 《민족음악학》, 전주: 도서출판 신아〕.

Merriam, Alan P.(1971), "The Arts and Anthropology", *In Anthropology and Art ; reading in cross-cultural aesthetics*, Otten, Charlotte M. ed. New York: The Natural History Press.

Messinger, Sheldon L., Sampson, Harold. and Towne, Robert D. (1962), "Life as Theater: some notes on the dramaturgy approach to social reality", *Sociometry* 25(1): pp.98~110.

Michael, Kirby(1972), "On acting and not-acting", *The Drama Review* 16(1): pp.3~15.

(1987), "acting and not-acting", *A Formalist Theatre*, Philadelphia: University of Pennsylvania Press.

Middleton, Peter(1999), "poetry's oral stage", in *Performance and Authenticity in the Arts*, Salim Kemal and Ivan Gaskell(eds), Cambridge: Cambridge University Press, pp.215~253.

Morris, Desmond(1978), *Manwatching-A Field Guide to Human Behavior*, New York: H. N. Abrams. 〔과학세대 옮김(1994), 《맨워칭: 인간 행동을 관찰한다》, 서울: 까치〕.

Munro, Thomas(1965), *Oriental Aesthetics*, Western Reserve University. 〔백기수 옮김(2002), 《동양미학》, 서울: 열화당〕.

Murphie, Andrew(c.1990), "Negotiating presence: performance and new technologie", in Philip Hayward (ed), *Culture, Technology & Creativity*, London: John Libbey, pp.209~226.

Myers, Helen ed.(1992), *Ethnomusicology: An Introduction*, London: The Macmillan Press.

Nettle, Brubo(1956), *The Music in Primitive Culture*, Cambridge: Harvard University Press, pp.12~19.

Nettle, Bruno(1985), *The Western Impact on World Music*, New York &

London: Collier Macmillan Publishers.

Nisbett, Richard E.(2003), *The Geography of Thought*, Free Press. 〔최인철 옮김(2004), 《생각의 지도》, 서울: 김영사〕.

Odum, Eugene(1993), *Ecology and Our Endangered Life–Support Systems*, Sinauer Associetes, Inc. 〔이도원·박은진 외(1995), 《생태학》, 서울: 민음사〕.

Ong, Walter J.(1982), *Orality and Literacy: The Technologizing of the Word*, London and New York: Methuen. 〔이기우·임명진 옮김(1995), 《구술문화와 문자문화》, 서울: 문예출판사〕.

Parker, Andrew(1996), "Praxis and performativity", *Women and Performance* 8(2): pp.265~273.

Patraka, Vivian M.(1996), "Spectacles of suffering: performing presence, absence, and historical memory at U.S. Holocaust museums", in *Performance and Cultural Politics*, Elin Diamond(ed), London: Routledge, pp.89~107.

Pavis, Patrice(1982), *Languages of the Stage: Essays in the Semiology of the Theatre*, New York: PAJ Publications.

(1987), *le Dictionnaire du Théâtre*, Paris: Messidor/Edotionssociales. 〔신현숙·윤학로 옮김(1999), 《연극학사전》, 서울: 현대미학사〕.

(ed)(1996), *The Intercultural Performance Reader*, London: Routledge.

Pelias, Ronald J., and VanOosting, James (1987), "A paradigm for performance studies", *Quarterly Journal of Speech* 73(2): pp.219~231.

Péral, Josette(1982), "Performance and Theatricality: the subject demystified:, translated by Terese Lyons, in *Modern Drama* 25(1): pp.171~181.

Brook, Peter (1973), "On Africa(an Interview)", *Drama Review* 17, 3: pp.37~51.

Phelan, Peggy(1993), "The ontology of performance: representation without reproduction", in *Unmarked: The Politics of Performance*, London: Routledge, pp.146~166.

Pignare(1974), *Histoire du Theatre, paris: Que Sais-Je?.* 〔김화영 역(1979), 《세계연극사》(삼성문화문고), 서울: 삼성미술재단 출판부, 104~105쪽〕.

Poirier, Richard(1971), *The Performing Self: Compositions and Decompositions in the Languages of Contemporary Life*, New York: Oxford University Press.

Pontbriand, Chantal(1982), "The audience: subjectivity, community and the ethics of listening", *Journal of Dramatic Theory and Criticism* 7(2): pp.3~24.

Rayner, Alice(1993), "Subjectivity, community, and the ethics of listening", in *Journal of Dramatic Theory and Criticism* 7(2): pp.3~24.

Read, Alan(1993), *Theatre & Everyday Life ; An Ethics of Performance*, New York : Routledge.

Reinelt, Janelle(2002), "The politics of discourse: performativity meets theatricality", *SubStance* 31(1-2).

Roach, Joseph(1998), "The future that worked:, *Theater* 8(2): pp.19~26.

Rogers, Richard A.(1994), "Rhythm and the performance of organization", *Text and Performance Quarterly* 14(3): pp.222~237.

Rokem, Freddie(1999), "Theatrical and transgressive energies", *assaph* 15: pp.19~38.

Roony, Kathy ed.(1990), "performance", *Encarta World English Dictionary, Bloomsburt*: Microsoft Corporation.

Rosaldo, Renato(1989), *Culture and Truth: The Remarking of Social Analysis*, Boston: Beacon Press, p.28, 45.

Royce, Anya Peterson(1976), *The Anthropology of Dance*, Alton, Hampshire: Dance Books. 〔김매자 옮김(1993), 《춤의 인류학》, 서울: 미리내〕.

Rubess, Benuta(1986), 'Vancouver: Hamlet, A New Canadian Play', in *Canadian Theatre Review* 49(winter).

Sachs, Curt(1937), *World History of Dance*, New York: W. W. Nortorn & Company Inc. 〔김매자 옮김(1983), 《세계무용사》, 서울: 풀빛〕.

Saltz, David Z.(1997), "the art of interaction: interactivity, and computers", *The Journal of Aesthetics and Art Criticism* 5(2)(1997): pp.117~127.

Sayre, Henry(1983), "The Object of performance: Aesthetics in the seventies", *The Goergia Review* 37(1): pp.166~188.

Schechner, Richard(1997), "Shape-Shifter, Shaman, Trickster, Artist, Adept, Director, Leader Grotowski", *Worlds of Performance,* London: Routledge, pp.460~494.

(1973), *Environmental Theatre*, New York: Hawthorn Books.

(1977), "Form Ritual to Theatre and Back", *Essays on Preformance Theory 1970~1976*, New York : Drama Book Specialists.

(1977), *Essays on Performance Theory*, New York: Drama Book Specialist Publications.

(1981), "performance and Speactators transforted and transformed", *The Kenyon Review, New seiries*, 3(4): pp.83~113.

(1985), *Between Theatre and Anthropology*, Philadelphia: University of Pennsylvania Press. 〔김익두 옮김(2005), 《민족연극학: 연극과 인류학 사이》, 서울: 한국문화사〕.

(2000), "Shape shifter Shaman Trickster Artist Adept Director Leader Grotowski", n.p.

(2001), 'Rasaeasthetics', in *The Drama Review* 45 Number 3 (T171), Fall, Cambridge: MIT Press.

(2001), 'Shape, Shifter, Shaman, Trickster, Artist, Adept Director, Leader, Grotowski', n.p.

(2001), "Rasaesthetics", *The Drama Review* 45, 3 (T171),Fall.

(2002), *Performance Studies: An Introduction*, London & New York: Routledge.

Schechner, Richard and Appel, Willa eds.(1990), *By Means of Performance ; Intercultural studies of theatre and ritual*, Cambidge·New York : Cambidge University Press.

Selden, Roman ed.(1988), The Theory of Criticism, London & New York: Longman.

Shank, Theodore(1969), *The Art of Dramatic Art*, Belmont: Dickenson Publishing Company, Inc. 〔김문환 옮김(1986), 《연극미학》, 서울: 서광사〕.

Singer, Milton(1972), "Search for a great tradition in cultural performances", in *When a Great Tradition Modernizes*, New York: Paeger, pp.67~80.

Sontag, Susan(1966), "Film and Theatre", *The Dama Review*11(1): pp.24~37.

Stanislavski, Constantin(1936), *An Actor Prepares*, London: Methuen. 〔오사량 옮김(1970), 《배우수업》, 서울: 성문각〕.

States, Bert O.(1996), "Performance as metaphor", *Theatre Journal* 48(1): pp.1~26.

Stern, Carol Simpson & Handerson, Bruce(1993) *Performance: Texts and Contexts*, New York & London: Longman Publishing Group.

Striff, Erin ed.(2003), *Performance Studies*, London & New York: Palgrave Macmillan.

Stucky, Nathan & Wimmer, Cynthia(2002), *Teaching Performance Studies*, Carbondale & Edwardsvill: Southern Illinois.

Susan Bennett(1990), *Theatre Audiences: A Theory of Production and Reception*, London & New York: Routledge.

Szondi, Peter(1981), *Theorie des modernen Dramas*(1880~1950), Frankfurt am Main: Suhrkamp Verlag. 〔송동준 역(1983), 《현대 드라마의 이론》, 서울: 탐구당〕.

Tait, Peta(1996) "Feminine free fail: a fantasy of freedom", *Theatre Journal* 48(1): pp.27~34.

Tax, Sol ed.(1964), *Horizons of Anthropology*. 〔이광규 옮김(1973), 《文化人類學入門》, 서울: 을유문화사〕.

Tennyson, G. B.(1966), *An Introduction to Drama*, Chicago: Aldine Pub. Co., 〔이태주 옮김(1992), 《연극원론》, 서울: 현대미학사〕.

Thom, Paul(1993), *For an Audience: Philosophy of Performing Arts*, Philadelphia: Temple University Press. 〔김문환 옮김(1998), 《관객을 위하여》, 서울: 평민사〕.

Thompson, Graham F.(1985), "Approches to 'performance'", *Screen* 26(5): pp.78~90.

Thompson, John O.(1978), "Screen acting and commutation test" *Screen* 19(2): pp.55~69.

Thoreu, Henry(1979), *Augusto Boal Theater der Unterdr ckten*, Frankfurt am Main: Suhrkamp Verlag. 〔김미혜 옮김(1989), 《아우구스또 보알-억압받는 자들의 연극》, 서울: 열화당〕.

Tillis, Steve(1999), "The art of puppetry in the age of media production", *TDR: The Journal of Performance Studies* 43(3): pp.182~195.

Turner, Graeme(1992), *British Cultural Studies: An Introduction,* Routledge. 〔김연종 옮김(1995), 《문화연구 입문》, 서울: 한나래〕.

Tumer, Victor(1974), *Dramas, Fields, and Metaphors*, Ithaca and London: Comell University Press.

(1977), "Flame, Flow and Reflection: Ritual and Drama as Public Liminality", Performance in *Postmodernism Culture*, edited by Michel Benamou & Charles Caramello, Madison & Wisconsin: Coda Press Inc. pp.33~55.

(1980), "Social dramas and stories about them", *Critical Inquiry* 7(1): pp.141~168.

(1982), *From Ritual to Theatre: The Human Seriousness of Play*, New York: Performing Arts Journal Publications. 〔김익두·이기우 옮김(1996), 《제의에서 연극으로》, 서울: 현대미학사〕.

(1982a), "Performing Ethnography", *The Drama Review*, Vol.26. No.2.(T94).

(1983), "Passages, Margins, and Poverty: Religious Symbol of Communitas", In *Play, Games and Sports in Cultural Contexts*, Janet C. Harris and Roberta J. Park eds. Illinois: Human Kinetics Publishers, Inc.

(1987), *The Anthropology of Performance*, New York: PAJ Publications.

Tyler, Stephen(1987), *The Unspeakable: Discourse, Dialogue, and Rhetoric in the Postmodern World*, Madison: University of Wisconsin Press, p.225.

Ubersfeld, Anne(1982), "The pleasure of the spectator", Pierre Bouillaguet and Charlse Jose(trans), *Modern Drama* 25(1): pp.127~139, Urmson and Marina Sbisa (eds), Cambridge: Harvard University Press, pp.1~11.

Van Gennep, Arnold(1960), *The Rites of Passage* (originally published in 1908), Monika B Vizedom & Gabrielle L. Caffee trans. 〔전경수 역(1985), 《통과의례》, 서울: 을유문화사〕.

Walcot, Peter(1976), *Greek Drama in its Theatrical and Social Context*, Cardiff: University of Wales Press.

Ward, Cynthia(1994), "Twins seperated at birth West African veracular and Western avant garde performativity in theory and practice", *Text and Performance Quarterly* 14(4): pp.269~288.

West, Candace & Fenstermaker, Susan (1995), "Doing difference", in *Gender and Society* 9(1): pp.8~37.

Watts, Harold H.(1966), "Myth and Drama", *Myth and Literature*, ed. John B. Vickery, Lincoln, University of Nebraska Press.

Wheeler, Britta B.(1999), "Negotiatong deviance and Normativity: performance art, boundary transgressions, and social change", in *Interogating Social Justice: Politics, Culture and Identity*, Marilyn Corsianos and Kelly Amanda Train (eds), Toronto :Canadian Scholars' Press, pp.155~179.

Wiles, Timothy(1980), *The Theater Event: Modern Theories of Performance*, Chicago & London: The University of Chicago Press.

Williams, Raymond(1975), *Drama in a Dramatised Society*, Cambridge: Cambridge University Press.

(1982), *The Sociology of Culture*, New York: Schocken Books. [설준규·송승철 역(1984), 《문화사회학》, 서울: 도서출판 까치, 100쪽].

Wilshire, Bruce(1982), *Role Playing and Identity: The Limits of Theatre as Metaphor*, Bloominton: Indiana University Press.

Wolff, Janet(1981), *The Social Production of Art*, London: The Macmillan Press Ltd.

Worthenm W. B.(1998) "Drama, performativity, and performance", *Publications of Modern Language Association* 113(5): pp.1093~1107.

Феп о т о в, A(연도미상), 원저서 미상. [심우성 옮김(1988), 《인형극의 기술》, 서울: 동문선].

3. 자료

1) 텍스트 자료

강용권(1977), 《야유野遊·오광대五廣大》, 형설출판사.

필자 미상(1982), 〈오거리 당산제〉, 《모양성牟陽城의 얼》, 고창군청, 151~152쪽.

국립문화재연구소 편(2001), 〈진도 씻김굿〉(DVD), 서울: 국립문화재연 구소.

국립영화제작소(1994), 〈위도 띠뱃굿〉, VT, 40 min.

국립창극단(1998), 〈완판 창극 대춘향전〉(공연대본).

국립창극단 촬영(1998), 〈완판 창극 대춘향전〉, VT. 120min. col. mo.

극단 미추(1992), 〈마당놀이 춘향전〉(공연대본).

극단 미추 촬영(1992), 〈마당놀이 춘향전〉, VT. 120min. col. mo.

김민기 정리(1974), 〈소리굿 아구〉. 〔임진택·채희완(1985), 서울: 창작과비평사, 49~67쪽에 재수록〕.

김연수 창본(1967), 《창본 춘향가》, 전남: 전라남도청.

김우진(1983), 〈산돼지〉, 《김우진 전접》, 서울: 전예원, 11~64쪽.

김익두 외(1994a), 《호남 좌도 풍물굿》, 전북대박물관.

김익두 외(1994b), 《호남 우도 풍물굿》, 전북대 전라문화연구소.

김익두 조사(1992), 〈전금순 무당굿 사설〉, 《정읍지역 민속예능》, 전주: 전북대박물관, 88~149쪽.

김익두 조사(1992), 〈전금순 무당굿〉, 녹음 테이프(240min).

김익두 촬영(1994), 〈영광 전경환패 풍물굿〉, VT, 8m Video Tape. 120min.

김익두 촬영(1994), 〈진안 김봉렬패 풍물굿〉, VT, 8m Video Tape. 120min.

김익두 촬영(1998), 〈고창 오거리 당산제〉, VT, 8m Video Tape.

김헌선(2007), 〈서울굿: 밀양 손씨 진진오기굿〉(촬영: 김헌선, 2007.05.21., 서울 인왕산 국사당, HD6mm→DVD) 자료.

김헌선(2010), 〈밀양 손씨 진진오기굿 무가 자료집〉(미공개 편집본).

남운룡 구술, 박헌봉 채록(1974), 〈꼭두각시놀음〉 대본.〔심우성(1974), 《남사당패연구》, 서울, 동화출판사, 269~303쪽〕.

남운룡(남형우)·양도일 구술, 심우성 채록(1974), 〈꼭두각시놀음〉 대본. 〔심우성(1974), 《남사당패연구》, 서울, 동화출판사, 304~336쪽〕.

남운룡·송복산 구술, 이두현 채록(1969), 〈꼭두각시놀음〉 대본. 〔이두현(1969), 《한국가면극》, 서울, 문화재관리국, 407~421쪽〕.

노득필 구술·최상수 채록(1961), 〈꼭두각시놀음〉 대본. 〔최상수(1961), 《한국인형극의 연구》, 서울, 고려서적주식회사, 24~55쪽〕.

박남준 정리(1985), 〈계화도 땅풀이〉, 《민족극 대본선》, 서울: 풀빛, 257~277쪽.

서울 문화방송 편(1995), 〈위도민요〉, 《한국민요대전》, CD 10 음반자료.

오정숙(1989), 〈춘향가〉(동영상: 전주 KBS TV 3월 26일 오전 9시 방영 '전라문화' 녹화비디오 테이프).

유치진(1931~2), 〈토막土幕〉, 《문예월간》1931년 12월호~1932년 1월호.

이두현 채록(1979), 〈양주별산대놀이〉(채록본), 《한국의 가면극》, 서울: 일지사, 140~181쪽.

필자 미상(1981), 〈금마 기세배金馬 旗歲拜〉, 《미륵산의 정기》, 익산군청, 731~734쪽.

임석재·김수남(1993), 《위도 띠배굿》, 서울: 열화당.

임선규(1936), 〈사랑에 속고 돈에 울고〉. 〔서연호 외(1993), 《한국 대표희곡 강론》, 서울: 현대문학사, 297~343쪽에 재수록〕.

전광식 · 박영하 구술, 김재철 채록(1933), 〈꼭두각시놀음〉대본. 〔김재철(1933), 《조선연극사》, 경성, 조선어문학회, 152~195쪽에 수록〕.

전주 KBS(1989), 〈오정숙 '춘향가' 공연 실황 녹화〉, VT, 35min. col. mo.

정읍군 편(1985), 《정읍군사》, 정읍군 문화공보실.

조중환(1912), 〈병자삼인〉, 《매일신보》1912년 11월 17일~12월 8일자.

지춘상·이보형·정병호 조사(1979), 《진도 씻김굿》(무형문화재조사보고서 129호), 문화재관리국.

하효길 외(1984), 《위도蝟島의 민속-대리大里 원당제願堂祭 편》, 서울: 국립민속박물관.

하효길 외(1985), 《위도蝟島의 민속-상·제례, 장제, 민간의료, 민요, 설화 편》(민속박물관총서Ⅲ), 서울: 국립 민속박물관.

한국문예진흥원(1979), 〈양주별산대놀이〉, VT-0099. U-matic. KBS. col. mo.

한국문예진흥원(연대미상), 〈금마 기세배〉, VT-0005. VHS. MBC. 28min. col. mo.

한국문예진흥원(연대미상), 〈꼭두각시놀음〉, VT-0104. U-matic. KBS. 52min. col. mo.

한국문예진흥원(연대미상), 〈위도 띠배굿〉, VT-0122. U-matic. KBS. 25min. col. mo.

한국문예진흥원(연대미상), 〈진도 씻김굿〉, VT-0285. U-matic. 문예진흥원. 60min. col. mo.

한국문예진흥원(연대미상), 〈처용무〉, VT-0169. U-matic. 20min. col. mo.

한국문화예술진흥원(1980), 〈위도 띠뱃굿〉, VT, 25 min.

한국민족음악학회 편(1987, 1988a, 1988b, 1989a, 1989b), 《민족음악학보》 1~5집, 전주: 한국민족음악학회.

한국브리태니커회사 편(1994),《브리태니커 세계 대백과사전》, 서울: 한국브리태니커.

2) 문헌자료

《경도잡지京都雜誌》

《경수당전고警修堂全稿》

《고려사高麗史》

《구당서舊唐書》, 〈음악지音樂志〉

《궁중정재무도홀기宮中呈才舞圖笏記》

《균여전均如傳》

《노상추일기盧尙樞日記》
《동경잡기東京雜記》
《동국세시기》
《동국이상국집東國李相國集》
《매천야록梅泉野錄》
《목은집牧隱集》
《발해국지장편渤海國志長編》
《봉성문여鳳城文餘》
《삼국사기三國史記》
《삼국유사三國遺事》
《삼국지三國志》, 〈위서魏書〉 '동이전東夷傳'
《삼탄선생집三灘先生集》
《석문의범釋門儀範》
《성호사설류선星湖僿說類選》
《속음청사續陰晴史》
《송사宋史》
《수서隋書》
《악장가사樂章歌詞》
《악학궤범樂學軌範》
《여지도서輿地圖書》
《용재총화慵齋叢話》
《조선부朝鮮賦》
《조선왕조실록朝鮮王朝實錄》
《주서周書》, 〈이역열전異域列傳〉 '고구려高句麗'
《증보문헌비고增補文獻備考》
《지양만록芝陽漫錄》
《총쇄록叢鎖錄》
《패관잡기稗官雜記》
《평산신씨고려태사장절공유사平山申氏高麗太師壯節公遺事》
《허백당집虛白堂集》
《황화집皇華集》
《후한서後漢書》, 〈동이열전東夷列傳〉

3) 간행물

《개벽》
《극예술》
《대한민보》
《동국대 연극학보》
《동광》
《동명》
《동아일보》
《막》
《문장》
《매일신보》
《박문》
《사해공론》
《삼사문학》
《삼천리》
《신생》
《신흥》
《신흥영화》
《예술》

《조광》
《조선농민》
《조선문학》
《조선어문학월보》
《조선일보》
《조선주보》
《조선중앙일보》
《조선지광》
《창작》
《태서문예신보》
《학등》
《혁명》
《황성신문》

Abstract

This study is about representative styles of Korean dramatic performing arts. I examine styles of Korean dramatic performing arts through the lens of "Performance Studies". I utilize a theory of "Ethno–performance Studies" to apply Korean performing arts in the field of "Performance Studies." The main discussions in this study are the followings:

First, I begin with investigating general theories in "performance", such as etymologies, definitions, origins, categories, elements, and ethics. In doing so, I synthesize discussions on recent developments in the field of "performance". For this I started with the premise that human being is "homo corporeus" and "homo performans".

Second, I analyze recent trends of "Performance Studies" by examining definitions, characteristics, purposes, and cases in the trajectory of 'Performance Studies'.

Third, I utilize a theory of 'Ethno–performance Studies' for a new trend in Performance Studies, thereby explaining definitions, meanings, cases, relevance with performance in the field of Performance Studies.

Forth, on the basis of general studies on "performance" above, I diachronically analyze the areas of Korean performance, including origins, history, and characteristics. In doing so, I identify the origin of Korean performance style in performing arts, that is, harvest ceremonies from which a myriad of classical styles are originated, Korean traditional performances from which 'Kamubaekhee(歌舞百戲)' are branched out, and contemporary style of Korean performances from which Korean performance styles are settled.

Fifth, based on the study in Fourth, I describe representative styles of Korean dramatic performing arts and their characteristics in style.

Sixth, I pay close attention to Korean dramatic performing arts, such as Deadonggut, Mudanggut, Poongmulgut, Kkokdugaksinorum, Talnorum, Pansori, Koongjunkamuhee, Sinpaguk, and Singuk, from the view of "Ethno-performance Studies" in order to discover main representative styles in them. As a result, I discover a myriad of meanings and capacities in performance from Korean dramatic performing arts. For example, the style of Deadonggut can be seen as a way of pursuing harmony between human community and universe; Mudanggut facilitates a style of reconciling between world of gods and men; Poongmulgut can be seen as a style that the role of audience shifts into the role of performer; Kkokdugaksinorum can be seen as a Korean unique epic theatre; Talnorum utilizes a style of reconciling between assimilating principle and dissimilating principle; Pansori can be seen as a style of centripetal human relationships by using a principle of 'blanks' and principle of 'chuimsea'; Koongjunkamuhee pursues a style of classical harmony and esthetics of 'elegance'; and, Sinpaguk reflects a desire of liberated people from medieval status by using a structure plotting, that is 'stimulation-pain-defeat.' Thus, Singuk creates a style of 'new illuminating'.

Finally, I conclude this study by deriving main principles of Korean performing arts from the discussions above.

찾아보기

ㅂ

ㅅ